Recurso de Revista

1ª edição, junho 2016
2ª tiragem, agosto 2016
2ª edição, março 2020

Carlos Augusto Marcondes de Oliveira Monteiro

Recurso de Revista

3ª Edição
Revista, ampliada e atualizada

LACIER

LACIER

Lacier Livraria e Editora
www.livrarialacier.com.br

Rua Doutor Quirino, 808 — Centro
CEP 13015-081 — Campinas, SP — Brasil

Setembro, 2024

Diretor: *Lacier José de Rezende*
Editoração Eletrônica/Capa: *Graphien Diagramação e Arte*

Ficha Catalográfica

Dados Internacionais de Catalogação na Publicação (CIP)
(Câmara Brasileira do Livro, SP, Brasil)

Monteiro, Carlos Augusto Marcondes de Oliveira
Recurso de revista / Carlos Augusto Marcondes de Oliveira Monteiro. — 3. ed. rev., ampl. e atual. — Campinas, SP : Lacier Editora, 2024.

ISBN 978-85-64412-42-2

1. Direito do trabalho 2. Direito processual do trabalho — Leis e legislação — Brasil 3. Recursos (Direito) — Leis e legislação — Brasil I. Título.

24-225520 CDU-34:331 (81)

Índices para catálogo sistemático:

1. Brasil : Direito do trabalho 34:331 (81)

Eliane de Freitas Leite - Bibliotecária — CRB 8/8415

Dedico este trabalho aos amores da minha vida.
Minha esposa Deborah Regina Salari Perestrello Monteiro
e às minhas filhas Laura Perestrello Monteiro e
Alice Perestrello Monteiro, com todo meu amor.

Agradecimentos

A Deus, pelo dom da vida!!!

Agradeço à minha esposa Deborah pelo apoio e incentivo, não só na elaboração deste trabalho, mas durante todo o curso de doutorado, bem como pela compreensão das minhas ausências. Foi ela quem acreditou primeiro que seria possível.

Minha gratidão especial ao meu orientador e amigo Ministro Pedro Paulo Teixeira Manus, exemplo de professor e pessoa de inteligência contagiante, que nos deixou de forma precoce em 2021, e a Maro, sua esposa e querida amiga.

À ministra Delaíde Alves Miranda Arantes, admirável magistrada e pessoa incrível, que gentilmente aceitou prefaciar esta terceira edição.

Meu agradecimento aos membros da banca de doutorado, Dra. Ivani Contini Bramante, Dr. Domingos Sávio Zainaghi, Dra. Carla Teresa Martins Romar e Dra. Fabíola Marques, pelas preciosas observações.

Agradeço à advogada e amiga Giovanna de Cássia Bettim Nogueira, pela valorosa colaboração na pesquisa de atualização desta terceira edição e pela parceria na advocacia.

Carlos Augusto Marcondes de Oliveira Monteiro

Advogado

Sumário

Para a plenitude do acesso à justiça importa remover os males resistentes à universalização da tutela jurisdicional e aperfeiçoar internamente o sistema, para que seja mais rápido e mais eficaz de oferecer soluções justas e efetivas.

Cândido Rangel Dinamarco

Se uma Justiça lenta demais é decerto uma Justiça má, daí não se segue que uma Justiça muito rápida seja necessariamente uma Justiça boa. O que todos devemos querer é que a prestação jurisdicional venha a ser melhor do que é. Se para torná-la melhor é preciso acelerá-la, muito bem: não, contudo, a qualquer preço.

José Carlos Barbosa Moreira

Prefácio 1ª Edição

O nosso ordenamento jurídico reconhece aos litigantes o direito de e acesso ao Poder Judiciário, assegurando a todos a possibilidade de obter uma decisão de mérito, desde que preenchidos os requisitos legais para tanto, bem como reconhece o duplo grau de jurisdição às partes litigantes, que significa a possibilidade de revisão da decisão judicial que lhes seja total ou parcialmente contrária.

Excepcionalmente, ainda, reconhece o ordenamento processual a possibilidade de recurso para o tribunal superior, quando se tratar de matéria estritamente de direito, com o objetivo de uniformização do entendimento jurisprudencial, função esta cometida ao Tribunal Superior do Trabalho, no âmbito do direito do trabalho, bem como ao Superior Tribunal de Justiça, no âmbito do direito comum.

Os recursos cabíveis para os tribunais superiores têm como exigência, além da sucumbência do recorrente, o preenchimento de requisitos específicos que licitamente o legislador impõe, uma vez que já cumprido o mencionado duplo grau de jurisdição.

Na Justiça do Trabalho, o recurso de revista é o instrumento que cumpre a função de levar o litígio do Tribunal Regional do Trabalho para o Tribunal Superior do Trabalho, a fim de que esta Corte dê a correta interpretação à norma legal, ou constitucional, cumprindo a função de uniformizar o entendimento jurisprudencial.

Vê-se, desde logo, que o recurso de revista não é um recurso colocado à disposição de todo litigante, como se fosse um direito de revisão de qualquer decisão regional desfavorável, mas exclusivamente para as questões de direito, com o fim de uniformizar os entendimentos regionais.

Não obstante, na prática, assim não tem ocorrido em todos os casos, utilizando os advogados indistintamente o recurso de revista como se fosse simples apelação, buscando, indevidamente, revisão de provas, reexame de matéria de fato, a que não se presta o recurso de revista.

Ademais, embora o art. 896 da Consolidação das Leis do Trabalho, em sua redação primitiva, determinasse que os tribunais regionais deveriam uniformizar seus entendimentos, assim na prática não ocorria, ocasionando uma distorção na função primordial do Tribunal Superior do Trabalho. Este, em realidade, cuidava de uniformizar os entendimentos de suas oito turmas, pela Seção de Dissídios Individuais I, por meio do recurso de embargos do art. 894 da Consolidação das Leis do Trabalho, ao invés de uniformizar os entendimentos dos vinte e quatro Tribunais Regionais do Trabalho.

A Lei n. 13.015, de 22 de julho de 2014, alterou profundamente a sistemática do recurso de revista, obrigando os tribunais regionais a uniformizar sua jurisprudência, como pré-requisito para o conhecimento do recurso de revista, inclusive, determinando ao Ministro relator que devolva o processo ao Tribunal Regional para tanto.

Passou o Tribunal Superior a conhecer e decidir recurso de revista somente após a uniformização regional e, portanto, passa na realidade a cumprir a sua função original.

Mas, para um recurso que sempre foi muito técnico, de difícil compreensão, e que agora passa a apresentar maior dificuldade em sua elaboração e processamento, que se necessário, com mais razão, um estudo profundo, eficiente e claro sobre o tema.

Para nossa satisfação, a LTr Editora lança o oportuno e competente livro "Recurso de Revista", da autoria do professor, advogado e doutor em direito Carlos Augusto Marcondes de Oliveira Monteiro, valiosa contribuição para o processo do trabalho.

O livro compõe-se de nove capítulos, além da conclusão, examinando todas as questões importantes e necessárias para a correta compreensão do tema e possibilitando as consultas dos profissionais da área para solucionar dúvidas sobre o recurso de revista, inclusive com o cuidado de apresentar decisões judiciais sobre os variados aspectos e exemplos práticos que em muito auxiliam o leitor.

O capítulo I, examinando as questões propedêuticas, cuida da evolução e da organização do Poder Judiciário. A seguir ocupa-se da Emenda Constitucional n. 45/2004, que conferiu a atual feição ao Judiciário Trabalhista, detendo-se no exame da Justiça do Trabalho e do Tribunal Superior do Trabalho.

O capítulo II trata da natureza extraordinária do recurso de revista no processo do trabalho, além de, oportunamente, fornecer ao leitor uma visão histórica do recurso em pauta.

A seguir detêm-se os capítulos III e IV no estudo dos princípios constitucionais e infraconstitucionais do processo, como pressupostos necessários para a compreensão e situação do recurso de revista no nosso ordenamento processual.

O capítulo V ingressa no objeto específico do livro, que é o recurso de revista, e cuida dos pressupostos genéricos do recurso, fornecendo orientação preciosa ao leitor quanto ao cabimento do apelo especial, tanto sob a ótica dos pressupostos genéricos extrínsecos quanto sob a ótica dos pressupostos genéricos intrínsecos.

Os capítulos VI e VII ocupam-se dos pressupostos específicos do recurso de revista e das hipóteses de cabimento do recurso de revista na fase de conhecimento. Cuida o autor com muita propriedade tanto do cabimento do recurso no caso de divergência jurisprudencial quanto do cabimento no caso de ofensa à lei federal ou à norma constitucional.

Ainda no capítulo VII a obra aborda o cabimento do recurso de revista nos processos submetidos ao rito sumaríssimo e na fase de execução, como exceção que é. Ademais, posiciona-se o autor no sentido da necessidade da ampliação das hipóteses de cabimento, além de seus efeitos.

O capítulo VIII examina o tema geral dos efeitos atribuídos aos recursos, além dos efeitos específicos do recurso de revista.

Seguem-se as conclusões do autor quanto ao tema do recurso de revista e exemplos extremamente úteis de petições de recursos de revista, que se somam às várias decisões que são trazidas ao longo da obra, como forma de tornar mais acessível a compreensão do cabimento do recurso em suas várias hipóteses.

O presente livro sobre "Recurso de Revista" é fruto do aprofundado estudo realizado por Carlos Augusto Monteiro, no Programa de Pós-Graduação em Direito pela Pontifícia Universidade Católica de São Paulo, o que lhe valeu, com todos os méritos, o título de Doutor em Direito.

O autor é advogado militante e professor de Direito do Trabalho e Processo do Trabalho, Coordenador do Curso de Pós-Graduação da Escola Paulista de Direito, Professor do Curso de Pós-Graduação da Escola Superior de Advocacia e dos cursos preparatórios para concursos públicos da IOB e Editora Saraiva.

Conheci-o no Programa de Pós-graduação da Pontifícia Universidade Católica de São Paulo, tendo se destacado pela sua dedicação efetiva, participação entusiasmada e excelente convívio com os colegas.

Tive muito prazer em ser seu orientador no doutoramento, alcançando com todo brilhantismo seu título de Doutor em Direito, com a defesa primorosa e competente de sua tese apresentada, enriquecida pela sua valiosa experiência profissional e larga experiência na advocacia, especialmente na atuação junto ao Tribunal Superior do Trabalho.

Este livro que Carlos Augusto Monteiro e a LTr Editora trazem ao público é uma valiosa e oportuna contribuição para o processo do trabalho e vem ocupar um lugar de destaque na nossa bibliografia, tanto pelo conteúdo acadêmico de excelente nível quanto pela circunstância de seu autor ser advogado especializado na área, destacando-se pela experiência e competência no trato do tema.

Professor Doutor Pedro Paulo Teixeira Manus

Diretor da Faculdade de Direito da PUC-SP.
Professor Titular de Direito do Trabalho da PUC-SP.
Ministro aposentado do Tribunal Superior do Trabalho.

Prefácio da 2ª edição

Com muita alegria constatamos o grande sucesso da 1ª edição do "Recurso de Revista" do professor doutor Carlos Augusto Marcondes de Oliveira Monteiro, o que resulta na necessidade do lançamento desta 2ª edição, para atender os reclamos da comunidade jurídica, atualizando o texto inicial.

Dúvidas não tínhamos da plena aceitação do livro, quer pelo sólido conteúdo do texto, sob o prisma teórico e técnico da abordagem do tema, quer pela preocupação didática do autor em fornecer informações preciosas da prática forense sobre o recurso de revista.

Conforme asseveramos no prefácio à 1ª edição, e que vale agora ser lembrado, "o nosso ordenamento jurídico reconhece aos litigantes o direito de acesso ao Poder Judiciário, assegurando a todos a possibilidade de obter uma decisão de mérito, desde que preenchidos os requisitos legais para tanto, bem como reconhece o duplo grau de jurisdição às partes litigantes, que significa a possibilidade de revisão da decisão judicial que lhes seja total ou parcialmente contrária".

Excepcionalmente, ainda, reconhece o ordenamento processual a possibilidade de recurso para o tribunal superior, quando se tratar de matéria estritamente de direito, com o objetivo de uniformização do entendimento jurisprudencial, função esta cometida ao Tribunal Superior do Trabalho, no âmbito do direito do trabalho, bem como ao Superior Tribunal de Justiça, no âmbito do direito comum.

Os recursos cabíveis para os tribunais superiores têm como exigência, além da sucumbência do recorrente, o preenchimento de requisitos específicos que licitamente o legislador impõe, uma vez que já cumprido o mencionado duplo grau de jurisdição.

Na Justiça do Trabalho o recurso de revista, que é o instrumento que cumpre a função de levar o litígio do Tribunal Regional do Trabalho para o Tribunal Superior do Trabalho, a fim de que esta Corte dê a correta interpretação à norma legal, ou constitucional, cumprindo a função de uniformizar o entendimento jurisprudencial.

Vê-se, desde logo, que o recurso de revista não é um recurso colocado à disposição de todo litigante, como se fosse um direito de revisão de qualquer decisão regional desfavorável, mas exclusivamente para as questões de direito, com o fim de uniformizar os entendimentos regionais.

Ademais, embora o art. 896 da Consolidação das Leis do Trabalho, em sua redação primitiva, determinasse que os tribunais regionais deveriam uniformizar seus entendimentos, assim na prática não ocorria, ocasionando uma distorção na função primordial do Tribunal Superior do Trabalho.

A Lei n. 13.015, de 22 de julho de 2014, alterou profundamente a sistemática do recurso de revista, obrigando os tribunais regionais a uniformizar sua jurisprudência, como pré-requisito para o conhecimento do recurso de revista, inclusive determinando ao Ministro relator que devolva o processo ao Tribunal Regional para tanto."

Estas nossas afirmações são confirmadas pelo enorme sucesso da obra, que ora agrega as alterações trazidas pela Lei n. 13.467/2017, conhecida como reforma trabalhista, que em matéria de recurso de revista aborda o tema da transcendência, agora definindo as hipóteses de transcendência jurídica, política, econômica e social, além do procedimento a ser adotado no cumprimento deste requisito.

O livro mantém sua estrutura e conteúdo original, examinando todas as questões importantes e necessárias para a correta compreensão do tema e possibilitando as consultas dos profissionais da área para solucionar dúvidas sobre o recurso de revista, inclusive com o cuidado de apresentar decisões judiciais sobre os variados aspectos e exemplos práticos que em muito auxiliam o leitor.

Importante lembrar ainda uma vez mais a preocupação do autor de agregar as alterações legislativa e dos necessários procedimentos a adotar, mantendo a extrema atualidade e utilidade da obra que ora nos oferece.

Seu autor é brilhante advogado militante e professor de Direito do Trabalho e Processo do Trabalho, Coordenador do Curso de Pós-Graduação da Escola Paulista de Direito, Professor do Curso de Pós-Graduação da Escola Superior de Advocacia e dos cursos preparatórios para concursos públicos da IOB e Editora Saraiva, o que o credencia para tratar deste tema difícil e importante no processo do trabalho.

A 2ª edição do livro "Recurso de Revista" que Carlos Augusto Marcondes de Oliveira Monteiro traz a público é uma preciosa e necessária contribuição para o processo do trabalho e vem ocupar um lugar de destaque na nossa bibliografia

Professor Doutor Pedro Paulo Teixeira Manus

Diretor da Faculdade de Direito da PUC-SP.
Professor Titular de Direito do Trabalho da PUC-SP.
Ministro aposentado do Tribunal Superior do Trabalho.

Prefácio da 3ª edição

À parte a honra em prefaciar tão exitosa obra jurídica em sua 3ª edição é a responsabilidade em suceder neste ato o grande jurista, professor e mestre de todos e todas nós, ministro do Tribunal Superior do Trabalho e um dos grandes homens e maiores humanistas do nosso tempo, Pedro Paulo Teixeira Manus, a quem homenageio sempre pelos incontáveis méritos conquistados em sua passagem por essa dimensão terrena.

O nosso homenageado prefaciou a 1ª e a 2ª edições e foi o mestre maior e orientador de doutorado do autor, que em seus dedicados estudos e aprofundadas pesquisas conseguiu, a partir de sua inteligência, perspicácia e dedicação, transformar neste livro já na 3ª edição e com o qual presenteou o mundo do trabalho.

Da leitura atenta dos escritos de seu autor, é possível sintetizar que o seu objetivo central foi o de dar a sua contribuição a partir de sua pesquisa acadêmica, orientando advogados e advogadas de todas as regiões do Brasil, no percurso espinhoso de vencer os muitos obstáculos até o Tribunal Superior do Trabalho pela via do Recurso de Revista.

E por que não dizer que a obra contém a essência de seu autor com criteriosos ensinamentos e acertadas e profundas lições jurídicas, estas ministradas com a maior retidão intelectual e com o empenho de todo o seu saber destinado a ultrapassar as barreiras do caminho em direção ao amplo acesso à Justiça, assegurado na Constituição Federal e em normas nacionais e internacionais.

Esta não é uma apresentação desta obra imprescindível, mas é válida aqui a referência ao seu Sumário para uma melhor compreensão de sua importância e extensão com destino ao acesso à justiça e frisa-se, garantia fundamental de cidadania assegurada na Constituição Federal de 1988 e em normas internas e internacionais.

A sua relevância é ainda maior, considerando o retrocesso social vivenciado há quase uma década no Brasil e que mesmo as ações empreendidas nos últimos anos recentes não foram ainda suficientes para assegurar a garantia constitucional de amplo acesso à justiça, é esta, dentre muitas outras, as razões da imprescindibilidade desta obra, editada em momento oportuno de reafirmação da democracia e de ações voltadas à concretização dos Direitos Sociais e da Justiça Social, no Brasil.

O autor é advogado, professor, pesquisador, pai e marido exemplar, pessoa humana admirável, demonstra em qualquer de suas conversas, palestras que ministra, na sala de aula, o seu entusiasmo com o Direito Social, com a Justiça do Trabalho e sua preocupação em contribuir para a sua valorização, crescimento e efetividade. Só esses atributos intrínsecos à autoria do livro já seriam suficientes para justificar a importância da obra, mas existem outros fatores de igual relevância, os quais é importante retratar ainda aqui brevemente, pois o espaço destinado a prefaciar não é infinito nem pode se tornar cansativo aos leitores e leitoras, suas excelências destinatárias da pesquisa, da dedicação e o esforço do autor em atualizar uma exitosa obra com duas edições já esgotadas.

A atualização desta obra se inicia com a contextualização dos/as leitores/as sobre o Poder Judiciário Trabalhista, passa pela natureza extraordinária do recurso de revista, os princípios constitucionais e infraconstitucionais que norteiam o processo; entra, abalizadamente, nos pressupostos específicos do recurso em todo o percurso do processo, tanto no primeiro quanto no segundo graus de jurisdição trabalhista. Segue aprofundando quantos ao cabimento, efeitos, o rito da ação, as hipóteses de cabimento do recurso de revista, inclusive na execução. Traz ainda exemplos de petições de Recursos de Revista, diversas referências bibliográficas e, como não poderia faltar, a sua conclusão.

Trata-se de uma obra que não pode faltar nas bibliotecas, nos escritórios de advocacia, nos gabinetes de magistrados e magistradas trabalhistas, procuradores e procuradoras do trabalho, no acervo de estudantes, enfim, recomendo como livro de cabeceira de quem abraçou a carreira jurídica.

E para concluir, registro a nossa gratidão pelo honroso convite e apresento aqui expressamente votos de que esta 3ª edição seja tão exitosa quanto as anteriores, e que o seu autor continue sendo essa pessoa fantástica e indispensável em todas as searas onde atua e em todos os lugares onde se faz presente.

Esta obra tem a nossa recomendação pela sua importância, densidade e profundos ensinamentos. Estou certa de que a sua leitura será para cada um e cada uma um aprendizado que vale a pena dedicar o tempo, trata-se de uma obra que contribui para o amplo acesso à justiça e para a efetividade de princípios constitucionais que são fundamentais ao Direito e à cidadania.

Brasília, 20 de agosto de 2024.

Delaíde Alves Miranda Arantes

Ministra do TST, Mestra em Direito pela Universidade de Brasília — UnB, Ouvidora-Geral da Justiça do Trabalho (TST/CSJT); integrante do Grupo de Pesquisa Trabalho, Constituição e Cidadania (UnB/FD/CNPq), da Associação Juízes para a Democracia — AJD, do Instituto de Pesquisa e Estudos Avançados da Magistratura e do Ministério Público do Trabalho (IPEATRA), e da Associação Luso-Brasileira de Juristas do Trabalho — JUTRA (2023/2024), Conselheira da ENAMAT (Escola Nacional da Magistratura Nacional) e Coordenadora do Comitê de combate à violência e assédio no trabalho (TST/CSJT).

Introdução

A presente obra teve origem na tese de doutorado, por mim defendida perante a banca examinadora da Pontifícia Universidade Católica de São Paulo, sob a orientação do professor Pedro Paulo Teixeira Manus, na qual tive a honra de ser aprovado. Participaram da banca os professores doutores Ivani Contini Bramante, Domingos Sávio Zainaghi, Carla Teresa Martins Romar e Fabíola Marques.

O objetivo da defesa da tese foi de analisar o Recurso de Revista na fase de conhecimento, abordando a sua eficácia e real função enquanto recurso de natureza extraordinária.

Para isso é importante abordar não só a evolução histórica da Organização Judiciária brasileira, a fim de contextualizar o Tribunal Superior do Trabalho na sua função precípua, mas também como confrontar o sistema atual com os princípios constitucionais contemplados pela Carta de 1988, bem como analisar os efeitos e pressupostos recursais existentes (sejam os genéricos, sejam os específicos).

No campo processual, a Constituição Federal adotou o princípio do devido processo legal, do qual decorrem todos os demais princípios, expressos ou não no texto constitucional, de forma a garantir aos jurisdicionados garantias mínimas e efetividade máxima.

Disso resulta que a efetividade do processo passa, em primeiro lugar pela reformulação do sistema recursal, não de forma a limitar o cabimento com regras simplistas como ocorreu com a Lei do rito sumaríssimo, que sem critério científico limitou o cabimento ao Recurso de Revista visando tão somente diminuir o número de recursos, e, com isso, o tempo de duração do processo.

É preciso diminuir o número de Recursos endereçados ao TST, mas por meio de uma reformulação do processamento, adequando-o aos mandamentos previstos na Constituição Federal, em especial, ao devido processo legal.

Mais ainda, é preciso remodelar o Recurso de Revista a fim de limitar sua utilização para as reais hipóteses de cabimento de um recurso de natureza extraordinária, o que não se verifica apenas nas hipóteses trazidas no art. 896 da CLT, mas também pela análise de questões envolvendo princípios constitucionais como da dignidade humana.

Ou seja, o positivismo preconizado pelo art. 896 da CLT é insuficiente para se atingir a real função do Recurso de Revista e extrair desta ferramenta a sua efetividade plena e desejada.

A reformulação passa não pela limitação ao cabimento e ao processamento por meio de reformas legislativas e criação de obstáculos, mediante jurisprudência e instruções normativas do TST, mas sim pela adequação do sistema recursal ao que preconizado pela Constituição Federal de 1988, pois em que pese o devido processo legal ser uma garantia processual da ampla defesa, também é uma garantia de celeridade e eficácia das decisões, o que a Emenda Constitucional n. 45/2004 chamou de "duração razoável do processo".

A duração razoável não se implementa retirando das partes seus direitos e garantias fundamentais, como a ampla defesa e o contraditório, como pode parecer crer em primeira análise, mas sim reformulando o sistema recursal, rompendo o paradigma consolidado de eterno inconformismo das partes.

É preciso que o Tribunal Superior do Trabalho exerça sua função extraordinária. E, para tanto, é necessário estabelecer um procedimento adequado de forma a permitir que apenas questões ditas "extraordinárias" mobilizem a interposição do recurso de revista.

O primeiro passo nos parece que é adequar os efeitos do recurso de revista aos princípios constitucionais do processo, razão pela qual neste trabalho, antes de adentrarmos às hipóteses de cabimento e ao processamento do Recurso de Revista, passamos a analisar parte deles que importam à fase recursal, em especial, o devido processo legal, o duplo grau de jurisdição e a duração razoável do processo.

Após, nos dedicamos a análise dos princípios recursais infraconstitucionais, de forma a demonstrar que não há nada no ordenamento jurídico que impede a limitação ou alteração dos efeitos pretendidos no Recurso de Revista.

Também se fez necessário um estudo sobre os atuais efeitos dos recursos que, se analisados com base na organização judiciária e nos princípios constitucionais, concluímos pela necessidade de uma reformulação dos efeitos do Recurso de Revista a fim de tornar o Tribunal Superior do Trabalho uma verdadeira instância extraordinária, como preconiza a organização judiciária brasileira.

Em suma, nossa pretensão com esta obra é analisar a real função do Recurso de Revista e as medidas para que tal espécie recursal atinja a sua eficácia dentro do ordenamento jurídico vigente.

Após a defesa da tese, foram feitas algumas alterações no texto a fim de tratar do recurso de revista como está previsto atualmente na legislação, incluindo a fase de execução, sendo que a tese defendida encontra-se nos capítulos 7.3 e 8.2, em que sustentamos a necessidade de ampliação das hipóteses do cabimento do recurso de revista e a criação de um efeito diferenciado para essa espécie de recurso.

1. Poder Judiciário

A análise da organização da Justiça do Trabalho atualmente se faz necessária para adentrar ao estudo da real importância do Recurso de Revista dentro do ordenamento jurídico vigente.

Para isso, é necessário o estudo da evolução histórica da organização judiciária como um todo, para posterior análise da organização judiciária da Justiça do Trabalho, sua alteração trazida pela Emenda Constitucional n. 45/2004, de forma a adequar o sistema recursal aos mandamentos constitucionais, sem deixar de lado a real finalidade da organização judiciária.

1.1. Evolução histórica da organização judiciária

É preciso recorrer à História para propiciar a contextualização sociológica e política do Poder Judiciário no Brasil. Antes de tratar do tema desta tese, propriamente dito, que é a efetividade e a função do Recurso de Revista, cremos que é necessário abordar a consolidação de conceitos e princípios existentes em nosso sistema jurídico, desde a recepção do direito romano até a fase das codificações, em benefício da distribuição da justiça. Por isso, faremos um breve apanhado antes de tratar da organização do Poder Judiciário em nosso país.

Do ponto de vista jurídico, o Brasil não ganhou identidade própria nem mesmo com a vinda da corte portuguesa, em 1808. O país era regido pelo mesmo sistema jurídico utilizado em Portugal, chamado de Ordenações Filipinas, preparadas em 1595 pelo rei Filipe I, à época em que a Espanha dominou Portugal, mas impostas efetivamente em 1603, já no reinado de Filipe II. As Ordenações Filipinas eram um conjunto de cinco livros, que apenas reuniram as leis esparsas vigentes no momento da sua elaboração: Direito Administrativo e Organização Judiciária; Direito dos Eclesiásticos, do Rei, dos Fidalgos e dos Estrangeiros (como se vê pela simples existência desse livro, a lei não valia para quem gozava de privilégios de família ou de fortuna); Processo Civil; Direito Civil e Direito Comercial; Direito Penal e Processo Penal. O conceito de catalogação das leis era o mesmo definido ainda na Idade Média pelo Papa Gregório IX — de triste memória, já que foi o fundador da Santa Inquisição, por meio da bula papal *Licet ad capiendos*, de 1233. O papa Gregório IX estudou Direito nas universidades de Paris e de Bolonha. E é importante lembrar que, nos países católicos como Espanha e Portugal, os casos omissos nas Ordenações eram resolvidos com base no direito canônico — ou no direito romano, se persistissem controvérsias. E mais: nos países absolutistas, quando o rei proferia uma sentença, ela era transcrita na forma de lei, formando parte da jurisprudência de que se valiam os julgadores da época.

As Ordenações Filipinas só começaram a ser revogadas, no Brasil, depois da independência, em 1822. Mas, grande parte do seu conteúdo continuou a ser aplicado até mesmo durante o primeiro período da República. O livro que vigorou por mais tempo foi o Livro IV, só definitivamente revogado pelo Código Civil de 1916.

No Brasil, a primeira notícia que se tem acerca da organização do Poder Judiciário foi o Decreto de 16 de fevereiro de 1822, de Dom Pedro I, que criou o Conselho de Procuradores Gerais do Brasil. Reproduzimos um trecho do decreto, que leva a rubrica "S. A. R." (Sua Alteza Real) e que vai assinado por José Bonifácio de Andrada e Silva, respeitando a linguagem da época:

> "Hei por bem mandar convocar um Conselho de Procuradores Geraes das Províncias do Brazil, que as representem interinamente, nomeando aquelas, que têm até quatro Deputados em Côrtes, um; as que têm de quatro até oito, dous; e as outras daqui para cima, três; os quaes Procuradores Geraes poderão ser removidos de seus cargos pelas suas respectivas Províncias, no caso de não desempenharem devidamente suas obrigações, si assim o requererem os dous terços das suas Câmaras em vereação geral e extraordinária, procedendo-se à nomeação de outros em seu logar."[(1)]

Tal Conselho, instalado em 3 de junho de 1822, formou a Assembleia Geral Constituinte, convocada na mesma data para elaboração da primeira Constituição Brasileira, a de 1824. Os 100 deputados convocados tinham a seguinte representação: Minas Gerais, 20; Pernambuco, 13; Bahia, 13; São Paulo, 9; Ceará, 8; Rio de Janeiro, 8; Alagoas, 5; Paraíba, 5; Maranhão, 4; Pará, 3; Rio Grande do Sul, 3; Goiás, 2; Província Cisplatina, 2; e, com um deputado, Santa Catarina, Mato Grosso, Capitania, Rio Grande Norte e Piauí. A história registra que a primeira assembleia foi dissolvida e um Conselho de Estado convocado para redigir a constituição (e mais dois, ao longo de 1823), afinal promulgada em 25 de março de 1824, sob o título de "Constituição Política do Império do Brazil", tendo o príncipe regente o papel de poder moderador. Já nesse momento os livros I e II das Ordenações Filipinas perdiam completamente o sentido de existência, dada a independência do Brasil.

Poucos anos depois da promulgação da Constituição, em 1827, os primeiros cursos acadêmicos de ciências jurídicas no Brasil foram criados pelo príncipe regente. Antes disso, todos os advogados brasileiros estudavam na Universidade de Coimbra, em Portugal.

---

(1) LOPES, José Reinaldo de Lima. *Curso de História do Direito*. São Paulo: Método, 2009. p. 269.

O Brasil independente precisava ganhar identidade própria. Para esse propósito, entre outras providências, era fundamental a formação de uma cultura jurídica nacional, que fortalecesse o sistema jurídico inaugurado com a nossa primeira Constituição, outorgada em 1824. Os líderes brasileiros, de inclinação liberal, já discutiam a necessidade dessa formação em 1823, durante as reuniões da Assembleia Constituinte. A primeira proposta de instalação de uma universidade brasileira foi apresentada por José Feliciano Fernandes Pinheiro, que mais tarde seria conhecido pelo título de Visconde de São Leopoldo. A história registra, na data de 19 de agosto de 1823, o primeiro projeto de lei que propunha a fundação de uma universidade no Brasil. Mas, com a dissolução da Assembleia Constituinte, o projeto não prosperou.

Dom Pedro I chegou a decretar a instalação de um curso jurídico na capital, Rio de Janeiro, em janeiro de 1825, mas o decreto não foi cumprido. O assunto foi postergado por mais de um ano, tempo que um grupo de parlamentares levou para aperfeiçoar o projeto do Visconde São Leopoldo e o apresentar ao plenário. Esse projeto foi votado e transformado na lei de 11 de agosto de 1827, que propiciou a criação de dois cursos superiores em Direito: o curso de Ciências Jurídicas e Sociais da Academia de São Paulo, que começou a funcionar em 1º de março de 1828 e o Curso de Ciências Jurídicas e Sociais de Olinda, inaugurado em 15 de maio de 1828.

A primeira geração de juristas formados em terras brasileiras foi a responsável pelo estabelecimento inicial das bases para o arcabouço jurídico do país, já no início do segundo reinado. Quase todos graduados nos cursos de Olinda e São Paulo, dedicaram-se à advocacia e à magistratura, e atuavam no Parlamento, em ministérios e no Conselho de Estado. Destacaram-se, entre outros, o carioca Tobias Barreto, o carioca nascido na França, Paulino José de Souza, conhecido como Visconde de Uruguai, o baiano Teixeira de Freitas, o mato-grossense Pimenta Bueno, o sergipano Sílvio Romero e o alagoano Aureliano Cândido Tavares Bastos.

Em 1828, conforme exigia a constituição, foi promulgada a lei que constituía o Supremo Tribunal de Justiça, que era a instância superior aos chamados Tribunais da Relação, e composto por "17 juízes letrados".

Em 1830 foi promulgado o Código Criminal do Império, elaborado para substituir o Livro V das Ordenações Filipinas. O Código criou a figura dos juízes municipais, escolhidos, de três em três anos, em lista tríplice elaborada pelas câmaras municipais, dentre habitantes do município, formados em direito ou advogados hábeis, ou ainda entre quaisquer outras pessoas bem conceituadas e instruídas, ressalvado, em caso de faltas repentinas, a nomeação pela câmara de um juiz interino.

Em 1832, depois que Pedro I abdicara do trono em favor do regente Pedro II, foi editado o Código de Processo Criminal de Primeira Instância, que entre outras decisões, regulamentava o *habeas corpus* e o tribunal do júri, reformando o processo e a magistratura. O código foi reformado em 1841.

Em 1838, era fundado o Instituto Histórico e Geográfico Brasileiro, instituição que participaria decisivamente da construção da identidade nacional. A maioria dos membros era composta pelos novos juristas formados no Brasil, nos cursos de São Paulo e Olinda.

Em 1843, sob inspiração de iniciativas semelhantes na Europa, notadamente Portugal e França, foi fundado o Instituto dos Advogados — que se transformaria mais tarde na Ordem dos Advogados. A instituição tinha por objetivo regularizar o serviço de administração da justiça e completar a organização do Poder Judiciário. Segue o comunicado oficial (mantida a linguagem da época) em que o imperador Dom Pedro II aprovava os estatutos da nova entidade.

AVISO DE 7 DE AGOSTO DE 1843

Approvando os Estatutos do Instituto dos Advogados Brasileiros.

Sua Magestade o Imperador, deferindo benignamente ao que lhe representarão diversos advogados d'esta Côrte, manda pela secretaria de Estado dos Negocios da Justiça, approvar os estatutos do Instituto dos advogados Brasileiros, que os supplicantes fizeram subir á sua Augusta Presença, e que com esta baixão assignados pelo Conselheiro Official-maior da mesma Secretaria de Estado; com a clausula porém de que será tambem submettido á Imperial approvação o regulamento interno, de que tratão os referidos estatutos. Palacio do Rio de Janeiro, em 7 de agosto de 1843.

Honorio Hermeto Carneiro Leão

ESTATUTOS DO INSTITUTO DOS ADVOGADOS BRASILEIROS

Art. 1º Haverá na capital do Imperio um Instituto com o titulo — Instituto dos Advogados Brasileiros —, do qual serão membros todos os Bachareis formados em Direito que se matricularem dentro do praso marcado no regimento interno, onde igualmente se determinarão o numero e qualificações dos membros effectivos, honorarios, e supranunmerarios residentes na Côrte e nas Provincias.

Art. 2º O fim do Instituto é organisar a ordem dos advogados, em proveito geral da sciencia da jurusprudencia.

Em 1850 surgiram o Regulamento 737 (que normatizava o processo civil) e o Código Comercial.

Praticamente unânime, entre os pensadores citados acima, era a inspiração da doutrina alemã para a organização do Poder Judiciário do Brasil, especialmente do jurista Rudolph Von Jhering e do seu livro *O Espírito do direito romano*, e do jurista Von Savigny e seu livro *A codificação*. Alguns livros nacionais se destacaram, como base para o pensamento jurídico brasileiro: *Direito Público Brasileiro* (Pimenta Bueno, o Marquês de São Vicente, 1857), *Ensaio de direito administrativo* (Visconde de Uruguai, 1862), *A Província* (Tavares Bastos, 1870). As leis que foram sendo promulgadas, nesse período, foram tratando de assuntos delicados para o governo e a sociedade, e, somadas, iam constituindo o manancial que seria organizado mais tarde. Uma delas foi a lei de terras (de 1850).

Posto isso, e tendo já tomado a bênção à História, vamos esclarecer o funcionamento do Poder Judiciário brasileiro, que contemporaneamente está disciplinado em consonância com os princípios previstos na Constituição de 1988. A nossa Constituição Cidadã, como a apelidou o constituinte Ulysses Guimarães, previu no seu art. 96, I, a eleição dos órgãos diretivos dos tribunais, premissa que lhes permitiu autonomia na elaboração dos regimentos internos, na organização dos juízos e serviços auxiliares, e no provimento dos cargos de cada jurisdição.

1.2. Organização do Poder Judiciário

O primeiro órgão de cúpula da Justiça brasileira foi instalado no dia 10 de maio de 1808. A Corte portuguesa, asilada no Brasil para escapar da invasão napoleônica, criou um aparelho semelhante à Casa da Suplicação de Portugal, e que se transformaria no Supremo Tribunal Federal. Estamos acostumados a pensar que esse foi o primeiro passo para a autonomia do poder Judiciário no Brasil. Mas, quase trezentos anos antes, um juiz pisava o solo brasileiro — então, Terra de Santa Cruz. Foi o frei Henrique Soares de Coimbra, que funcionava anteriormente como desembargador do Paço em Lisboa. O Desembargo do Paço era como que uma corte suprema de graça e justiça. Curiosamente, a primeira missa no Brasil foi rezada por um antigo magistrado.

Como registra Carlos Fernando Mathias, o primeiro a chegar ao Brasil com poder judicante foi o fidalgo Martim Afonso de Sousa.

> Recorde-se que, por dois alvarás de 1516, o rei Manuel I determinara medidas da maior importância, para o início da colonização da terra que “em tal maneira é graciosa querendo-a aproveitar, dar-se-á nela tudo, por bem das águas que tem” (carta de Caminha). Os alvarás integravam o elenco dos diplomas legais portugueses e continham, em geral, disposições que não deviam durar mais do que um ano, salvo exceções. Voltando-se aos dois alvarás do rei “o venturoso”, registre-se que foram dirigidos à Casa das Índias (órgão da maior importância, na organização colonial lusitana), determinando que se fornecessem “machados e enxadas e toda ferramenta às pessoas que fossem povoar o Brasil” e, pelo segundo, el-rei mandava, ao feitor e aos oficiais da mencionada Casa da Índia, que “procurassem e elegessem um homem prático e capaz de ir ao Brasil dar princípio a um engenho de açúcar; a que se lhe desse sua ajuda de custo, e também todo o cobre e ferro e mais coisas necessárias”.
>
> O homem prático e capaz escolhido (quatorze anos após os ditos alvarás) foi, precisamente, Martim Afonso de Sousa a quem o rei, a essas alturas João III, dirigiu três cartas-régias, datadas de 20 de novembro de 1530. (...) Com efeito, continham as cartas as normas que a coroa portuguesa entendia indispensáveis para que se desse início a uma administração colonial.

> Abrangiam elas todos os ramos da administração (e, aqui, que ninguém lembre Montesquieu, por incabível), como as de caráter político, de direito público (direito penal e processual, por exemplo), de direito judiciário, de caráter militar, etc.[2]
>
> Carlos Fernando Mathias comenta que a Martim Afonso foram conferidos poderes absolutos, não só de ditar leis, mas mandar aplicá-las e executá-las, *"com poder e alçada tanto no cível como no crime, dando as sentenças que lhe parecessem de justiça, até a morte natural sem apelo e sem agravo"*. Graças às cartas régias, teve autoridade para, por exemplo, fundar a vila de São Vicente (em 21 de janeiro de 1532), nomeando *"as autoridades municipais e judiciárias, isto é, os primeiros juízes do povo, além de escrivães, meirinhos, almotáceis (inspetores encarregados da aplicação exata de pesos e medidas e da taxação de gêneros alimentícios) e outros oficiais"*.

No regime das capitanias, o capitão mor (ou governador) tinha seus poderes expressos em dois diplomas legais, baseados nas Ordenações Manuelinas: a carta de doação e o foral da capitania, este também designado carta foral.

Com o fracasso do sistema de capitanias, a partir de 1549 foi criada a função de governador-geral. Começava uma nova legislação para a vida coletiva do Brasil, não só de ordem administrativa (como normas referentes aos índios e ao tráfico dos escravos negros), mas também em relação à atividade judiciária.

Entre 1580 e 1640 (depois da morte, em curto período de tempo, do rei Dom Sebastião e do sucessor Dom Henrique), por uma questão dinástica o trono passou para o rei da Espanha, Dom Felipe II, que decretou em 1603 as Ordenações Filipinas. Em boa parte, no Livro I, o rei Felipe II manteve a estrutura judiciária do reino — que incluía o Brasil —, já estabelecida nas Ordenações Manuelinas

Em 1652 (12 anos depois da restauração do trono português, com a ascensão do rei João IV), foi estabelecida a Relação do Brasil, com sede em Salvador. Mathias informa que essa Relação compunha-se de oito desembargadores: um juiz da chancelaria; dois desembargadores dos agravos e apelações; um ouvidor-geral dos feitos e causas crimes; um ouvidor-geral dos feitos e causas cíveis; um juiz dos feitos da coroa e fazenda; um procurador dos feitos da coroa, com função de promotor de justiça, e um procurador das fazendas dos defuntos e resíduos.

No fim do século XVII foi introduzida na organização judiciária do Brasil a figura do juiz de fora para cada município, isto é, um juiz que vinha de fora, para fiscalizar os juízes ordinários, integrantes da Câmara da respectiva vila, que eram eleitos, anualmente com os vereadores. Segundo Carlos Fernando Mathias "magistrado imposto pelo rei a

(2) MATHIAS, Carlos Fernando. *Notas para uma história do judiciário no Brasil*. Brasília: Fundação Alexandre de Gusmão, 2009. p. 32.

qualquer lugar, sob o pretexto de que administravam melhor a justiça aos povos do que os juízes ordinários ou do lugar, em razão de suas afeições (...)"[(3)].

Desde a posse do Marquês de Pombal, em 1750, até a vinda da família real portuguesa para as nossas terras, o Brasil esteve submetido à chamada Lei da Boa Razão. Entre outras coisas, essa lei tratou da organização judiciária, com a criação do Tribunal da Relação do Rio de Janeiro e das Juntas de Justiça e a das Juntas do Comércio.

No Brasil, o príncipe-regente tornou-se o rei João VI em 1816, com a morte da mãe, rainha Maria I. O novo rei criou tribunais ordinários novos, como a Mesa do Desembargo do Paço e da Consciência e Ordens, a Casa da Suplicação do Brasil, além de nova Relação (a do Maranhão) e Juntas de Justiça. Carlos Fernando Mathias dá notícia de que, "a par disso, foram criados tribunais especiais novos, como o Supremo Tribunal Militar ou Supremo Conselho Militar de Justiça, o Conselho da Fazenda, a Real Junta de Comércio (ou simplesmente Junta de Comércio) e uma outra Junta de Justiça Militar (para as capitanias do Maranhão e Piauí, com sede em São Luis do Maranhão) e órgãos singulares, como o juiz conservador da nação inglesa"[(4)].

Durante esse período, os juízes brasileiros julgavam processos de modo verbal e de rito sumaríssimo. Os principais magistrados eram o juiz superintendente geral dos contrabandos, o juiz conservador dos falidos (que julgava causas cíveis e crimes referentes aos falidos e comerciantes matriculados), o juiz conservador dos privilegiados da Junta do Comércio. Também havia a figura do Intendente Geral de Polícia, que julgava crimes de ordem penal.

Com a proclamação da República, foi criada a Justiça Federal e o Supremo Tribunal Federal, em 1890, já que o Estado brasileiro passava de unitário a federativo. Carlos Fernando Mathias informa o seguinte:

> "A Justiça Federal foi incluída no texto da Constituição de 24 de fevereiro de 1891 (arts. 55 e seguintes) e funcionou até o advento da Carta de 1937 — "a polaca", que a extinguiu. Mais tarde, como se sabe, por efeito do Ato Institucional n. 2 de 27.10.65 e da Constituição de 1967, foi restabelecida."[(5)]

A título de curiosidade, reproduzimos trecho da pesquisa de Carlos Fernando Mathias, recordando a primeira composição do Supremo Tribunal Federal:

> "Procedida logo a eleição, ficou como presidente o ministro João Antônio de Araújo Freitas Henriques. Também o compuseram os ministros João

(3) MATHIAS, Carlos Fernando. *Notas para uma história do judiciário no Brasil*. Brasília: Fundação Alexandre de Gusmão, 2009. p. 69.

(4) MATHIAS, Carlos Fernando. *Notas para uma história do judiciário no Brasil*. Brasília: Fundação Alexandre de Gusmão, 2009. p. 91.

(5) *Ibidem*, p. 228.

Evangelista de Negreiros Saião Lobato (visconde de Sabará), Olegário Herculano d'Aquino Castro, Tristão de Alencar Araripe, João José de Andrade Pinto, Joaquim Francisco de Faria, Inácio José de Mendonça Uchoa, Luis Corrêa de Queirós Barros, Antônio de Souza Mendes, Ovídio Fernandes Trigo de Loureiro, Joaquim da Costa Barradas (todos antigos integrantes do Supremo Tribunal de Justiça), além de José Júlio Albuquerque e Barros (barão de Sobral) e desembargadores Henrique Pereira de Lucena (barão de Lucena) e Luis Antônio Pereira Franco — barão de Pereira Franco (que foi nomeado em substituição a Bernardino de Campos, que recusou a nomeação) e o juiz de direito da Corte de Apelação do Distrito Federal Joaquim de Toledo Piza e Almeida."(6)

Outras alterações na organização do Poder Judiciário brasileiro foram promovidas nas constituições seguintes, mas passaremos ao largo, neste trabalho, para nos concentrar nos mandamentos da atual constituição em relação ao assunto.

A Constituição Federal de 1988 traz diretrizes básicas para a Organização do Poder Judiciário. Citaremos algumas, contempladas nos arts. 92 a 126.

Ingresso na carreira — fica definido que o cargo inicial é o de juiz substituto, mediante concurso público de provas e títulos, com a participação da Ordem dos Advogados do Brasil em todas as fases, exigindo-se do bacharel em direito no mínimo três anos de atividade jurídica;

Promoção de entrância para entrância — de maneira alternada, por antiguidade e merecimento (o juiz mais antigo pode ser recusado por voto fundamentado de dois terços do Tribunal);

Aferição do merecimento — avaliação de desempenho por meio de critérios objetivos de produtividade, celeridade no atendimento, frequência ao trabalho e em cursos de aperfeiçoamento.

O sistema judiciário brasileiro é composto pelos seguintes órgãos:

Supremo Tribunal Federal — STF. É a mais alta corte do país. Está acima do Superior Tribunal de Justiça. Tem como função principal zelar pelo cumprimento da Constituição. Parlamentares Federais, Ministros de Estado, o Presidente da República, entre outras autoridades, têm a prerrogativa de ser julgados pelo STF quando processados por infrações penais comuns. Órgão máximo do Judiciário brasileiro, o Supremo Tribunal Federal é composto por 11 Ministros indicados pelo Presidente da República e nomeados por ele após aprovação pelo Senado Federal,

(6) MATHIAS, Carlos Fernando. *Notas para uma história do judiciário no Brasil*. Brasília: Fundação Alexandre de Gusmão, 2009. p. 231.

em regime de maioria absoluta. Entre as diversas competências do STF, pode-se citar a de julgar as chamadas ações diretas de inconstitucionalidade, instrumento jurídico próprio para contestar a constitucionalidade de lei ou ato normativo federal ou estadual; apreciar pedidos de extradição requerida por Estado estrangeiro; e julgar pedido de *habeas corpus* de qualquer cidadão brasileiro.

Superior Tribunal de Justiça — STJ. Também é um Tribunal Superior. Tem a responsabilidade de fazer uma interpretação uniforme da legislação federal e é a instância competente para julgar governadores. O STJ, que uniformiza o Direito Nacional Infraconstitucional, é composto por, no mínimo, 33 Ministros nomeados pelo Presidente da República a partir de lista tríplice elaborada pela própria Corte. Os ministros do STJ também têm de ser aprovados pelo Senado antes da nomeação pelo Presidente do Brasil. O Conselho da Justiça Federal (CJF) funciona junto ao STJ e tem como função realizar a supervisão administrativa e orçamentária da Justiça Federal de primeiro e segundo graus.

Justiça Federal — Composta pela Justiça Federal (comum), que inclui os juizados especiais federais, e a Justiça Especializada, que abrange três ramos: Justiça do Trabalho, a Justiça Eleitoral e a Justiça Militar, que atuam no âmbito da União e dos estados, incluindo o Distrito Federal e Territórios. A Justiça Federal da União (comum) é composta por juízes federais que atuam na primeira instância e nos tribunais regionais federais (segunda instância), além dos juizados especiais federais. Sua competência está fixada nos arts. 108 e 109 da Constituição. Por exemplo, cabe a ela julgar crimes políticos e infrações penais praticadas contra bens, serviços ou interesse da União (incluindo entidades autárquicas e empresas públicas), processos que envolvam Estado estrangeiro ou organismo internacional contra município ou pessoa domiciliada ou residente no Brasil, causas baseadas em tratado ou contrato da União com Estado estrangeiro ou organismo internacional e ações que envolvam direito de povos indígenas. A competência para processar e julgar da Justiça federal comum também pode ser suscitada em caso de grave violação de direitos humanos.

Justiça Eleitoral — A Justiça Eleitoral integra a Justiça Federal especializada. Regulamenta os procedimentos eleitorais, garantindo o direito constitucional ao voto direto e sigiloso. Compete-lhe organizar, monitorar e apurar as eleições, e diplomar os candidatos eleitos. Tem o poder de decretar a perda de mandato eletivo federal e estadual e julgar irregularidades praticadas nas eleições. É composta por juízes eleitorais que atuam na primeira instância e nos tribunais regionais eleitorais (TRE), e por ministros que atuam no Tribunal Superior Eleitoral (TSE). Está regulada nos arts. 118 a 121 da Constituição.

Justiça Militar — A Justiça Militar é composta por juízes militares que atuam em primeira e segunda instância e por ministros que julgam no Superior Tribunal Militar (STM). A ela cabe processar e julgar os crimes militares definidos em lei (art. 122 a 124 da Constituição).

Justiça do Trabalho — À Justiça do Trabalho compete julgar conflitos individuais e coletivos entre trabalhadores e tomadores, incluindo aqueles que envolvam entes de direito público externo e a administração pública direta e indireta da União, dos estados, do Distrito Federal e dos municípios. É composta por juízes trabalhistas que atuam na primeira instância e nos Tribunais Regionais do Trabalho (TRT), e por Ministros que atuam no Tribunal Superior do Trabalho (TST). É regulada pelo art. 114 da Constituição Federal.

Justiça Estadual — Centradas nas capitais dos estados e do Distrito Federal, a Justiça Estadual inclui os juizados especiais cíveis e criminais. Os juizados especiais (tanto na Justiça da União quanto na Justiça dos Estados) são competentes para julgar causas de menor potencial ofensivo e de pequeno valor econômico.

A Justiça Estadual (comum) — é composta pelos juízes de Direito, que atuam na primeira instância, e pelos chamados desembargadores, que atuam nos Tribunais de Justiça (segunda instância), além dos juizados especiais cíveis e criminais. A ela cabe processar e julgar qualquer causa que não esteja sujeita à competência de outro órgão jurisdicional (Justiça Federal comum, do Trabalho, Eleitoral e Militar), o que representa o maior volume de litígios no Brasil. Sua regulamentação está expressa nos arts. 125 a 126 da Constituição.

Como regra, os processos se originam na primeira instância, podendo ser levados, por meio de recursos, para a segunda instância, para o STJ (ou demais tribunais superiores) e até para o STF, que dá a palavra final em disputas judiciais no país em questões constitucionais. Mas há ações que podem se originar na segunda instância e até nas Cortes Superiores. É o caso de processos criminais contra autoridades com prerrogativa de foro. Cabe à segunda instância da Justiça comum — os Tribunais de Justiça — julgar prefeitos acusados de crimes comuns.

1.3. Emenda Constitucional n. 45/2004

Em dezembro de 2004, no sentido de racionalizar procedimentos previstos pela Constituição de 1988, a Emenda Constitucional n. 45 promoveu reforma do Poder Judiciário, com importantes inovações que têm o propósito de lhe aumentar a transparência e a eficiência. Uma dessas inovações foi a criação do Conselho Nacional de Justiça (CNJ), órgão de controle do Poder Judiciário, composto por representantes da magistratura, do ministério público, da advocacia e da sociedade civil, e encarregado de realizar a supervisão da atuação administrativa e financeira do Judiciário.

A referida emenda inclui, no art. 5º da Constituição de 1988, o inciso LXXVII, com a seguinte determinação: *"a todos, no âmbito judicial e administrativo, são assegurados a razoável duração do processo e os meios que garantam a celeridade de sua tramitação"*. Entende-se que, para atender a essa determinação, o serviço público de prestação da justiça, deve passar por contínua melhoria da sua gestão administrativa e financeira. Desse modo, há um esforço no sentido de que os diversos órgãos jurisdicionais do país sejam integrados, sob a coordenação de um organismo central — não disciplinador, mas com atribuições de controle e fiscalização, por meio de mecanismos de caráter administrativo, financeiro e correicional. Sua função é aperfeiçoar e modernizar o sistema judiciário brasileiro.

Entre as iniciativas de modernização, podemos destacar a criação do Sistema CNJ de Processo Eletrônico (Projudi), que promoveu a tramitação totalmente eletrônica de processos judiciais; o BACEN JUD, sistema informatizado que permite aos juízes cadastrados no Banco Central reter judicialmente valores disponíveis em qualquer instituição bancária por meio eletrônico, para execução de ordens de penhora ou indisponibilidade; o Cadastro de Clientes do Sistema Financeiro Nacional (CCS), que substitui atos processuais realizados em papel pela consulta eletrônica para identificar possíveis fraudes como a utilização de "laranjas" em crimes de "lavagem" de dinheiro; o RENAJUD, que possibilita a efetivação de ordens judiciais de restrição de veículos cadastrados no Registro Nacional de Veículos Automotores — RENAVAM; o INFOJUD, que permite ao Poder Judiciário o envio à Secretaria da Receita Federal de requisições judiciais de informações protegidas pelo sigilo fiscal, bem como o acesso às respostas, por meio de ferramenta eletrônica segura e gratuita; o Cadastro Nacional de Improbidade Administrativa, que reúne os dados de pessoas ou empresas que tenham sido condenadas, na esfera cível, pela má administração de recursos públicos; o Sistema Nacional de Bens Apreendidos (SNBA), que permite o cadastro e o controle de todos os bens apreendidos em procedimentos criminais, tornando possível uma melhor gestão desses bens pelos tribunais.

Espera-se que essa modernização concorra para a consolidação de um sistema judiciário célere e eficiente, que diminua as desigualdades, que preserve as garantias constitucionais e que, em última análise, fortaleça a sociedade.

Contudo, de nada adianta a adoção de tais procedimentos se permanece em vigor um sistema recursal moroso, que milita contra o ideal de justiça. Não se pretende defender a extinção dos recursos, mas sim a sua utilização com efetividade, principalmente o Recurso de Revista, cuja finalidade não é a de auferir a melhor justiça.

1.4. Organização da Justiça do Trabalho

Todos sabemos os descalabros que foram cometidos na relação de trabalho, certamente herança maldita da Revolução Industrial, a despeito dos avanços no sentido da mecanização da produção e especialmente na eficiência na produção de alimentos e outros bens essenciais. Trabalhadores de todo o mundo precisaram se organizar para lutar por melhores condições de trabalho, no final do século XIX e início do século XX. Foi o período em que empregados de fábricas formaram os seus sindicatos, responsáveis pela conquista de diversos direitos políticos para os trabalhadores, como a limitação de jornada diária — que podia chegar, antes, a cerca de 16 horas, inclusive para crianças.

Na esteira dos movimentos europeus, que pleiteavam mudanças estruturais nas relações entre patrões e empregados, surgiu, em 1919, a Organização Internacional do

Trabalho, que estimulou o estabelecimento de órgãos jurisdicionais e a produção de normas de direito do trabalho em muitos países, para resolver conflitos. O Brasil não era exceção, com enorme êxodo rural.

Em 1935, foi enviado ao Congresso brasileiro o anteprojeto de lei que instituía e organizava o ramo especializado da Justiça do Trabalho (que se transformaria, quatro anos mais tarde, no Decreto n. 1.237/1939). Um dos autores do anteprojeto foi o sociólogo e jurista Oliveira Viana, ao lado de Luiz Augusto de Rego Monteiro, Deodato Maia, Oscar Saraiva, Geraldo Faria Baptista e Helvécio Xavier Lopes. O grupo defendia a implantação de um ramo especializado para prover a Justiça do Trabalho serviria para civilizar o Brasil. Oliveira Viana(7) afirmava que a Justiça do Trabalho era uma maneira de "impedir que os desfavorecidos dependessem unicamente da boa vontade dos mais abastados".

A Justiça do Trabalho foi instalada, no Brasil, em 1941, quando entrou em vigor o Decreto-lei n. 1.237/39, regulamentado pelo Decreto n. 6.596/40, embora seus órgãos não tivessem as garantias inerentes da magistratura, pois pretendente ao Poder Executivo.(8) O mundo estava em plena Segunda Guerra Mundial, conflito do qual o Brasil participaria apenas um ano depois, em 1942.

Na Justiça do Trabalho não há, na primeira instância, órgãos ou varas especializadas, como na Justiça Comum. Todas as Varas do Trabalho julgam as mesmas matérias.

A Justiça do Trabalho, sua organização e competências, estão previstas no art. 111 da Constituição Federal de 1988: "São órgãos da Justiça do Trabalho: I — o Tribunal Superior do Trabalho; II — os Tribunais Regionais do Trabalho; III — Juízes do Trabalho".

Portanto, são três graus de jurisdição. Primeiro grau denominada varas do trabalho, segundo grau, denominado Tribunais Regionais e, em terceiro, o grau extraordinário que é o Tribunal Superior do Trabalho.

Os órgãos de primeiro grau são os Juízes do Trabalho que atuam nas Varas do Trabalho. A regra geral é que a Vara do Trabalho é a instância competente no local da prestação dos serviços, seja o empregado reclamante ou reclamado, independentemente do local da contratação dos serviços. Curiosamente, quando a prestação de serviços se dá em localidades diferentes, a CLT não dispõe sobre isso, o que configura lacuna da lei. Nesse caso, a tendência majoritária é basear o julgamento na localidade da última prestação de serviços, com as devidas exceções previstas pela CLT.

---

(7) VIANA, Oliveira. *Direito do Trabalho e Democracia Social — O problema da incorporação do trabalhador no Estado*. Rio de Janeiro: José Olímpio, 1951. p. 23.

(8) BATALHA, Wilson de Souza Campos. *Tratado de Direito Judiciário do Trabalho*. São Paulo: LTr, 1977. p. 172.

A Emenda Constitucional n. 24/1999 extinguiu a representação classista na Justiça do Trabalho em todos os graus de jurisdição. Foram extintas as antigas Juntas de Conciliação e Julgamento, que passaram a denominar Varas do Trabalho, integradas por um juiz monocrático (singular) conforme o teor do art. 116 da Constituição de 1988: "Nas Varas do Trabalho, a jurisdição será exercida por um juiz singular." Há a possibilidade de a jurisdição trabalhista ser exercida por juízes de direito naqueles locais não abrangidos pela jurisdição laboral, com recurso para o respectivo Tribunal Regional do Trabalho, de acordo com o disposto no art. 112 da Constituição: *"A lei criará varas da Justiça do Trabalho, podendo, nas comarcas não abrangidas por sua jurisdição, atribuí-la aos juízes de direito, com recurso para o respectivo Tribunal Regional do Trabalho."* O mesmo tema é abordado pelo art. 895, I, da Consolidação das Leis do Trabalho: *"Cabe recurso ordinário para a instância superior: I — das decisões definitivas ou terminativas das Varas e Juízos, no prazo de 8 (oito) dias"*.

Os órgãos de segundo grau de jurisdição são os Tribunais Regionais do Trabalho, composto pelos seus juízes. Os TRTs são regulados pelo art. 115 da Constituição: *"Os Tribunais Regionais do Trabalho compõem-se de, no mínimo, sete juízes, recrutados, quando possível, na respectiva região, e nomeados pelo Presidente da República dentre brasileiros com mais de trinta e menos de sessenta e cinco anos, sendo um quinto dentre advogados com mais de dez anos de efetiva atividade profissional e membros do Ministério Público do Trabalho com mais de dez anos de efetivo exercício, observado o disposto no art. 94; II — os demais, mediante promoção de juízes do trabalho por antiguidade e merecimento, alternadamente. § 1º Os Tribunais Regionais do Trabalho instalarão a justiça itinerante, com a realização de audiências e demais funções de atividade jurisdicional, nos limites territoriais da respectiva jurisdição, servindo-se de equipamentos públicos e comunitários. § 2º Os Tribunais Regionais do Trabalho poderão funcionar descentralizadamente, constituindo Câmaras regionais, a fim de assegurar o pleno acesso do jurisdicionado à justiça em todas as fases do processo"*.

Esses juízes, atualmente denominados desembargadores, não precisam ser submetidos a sabatina no Senado Federal nem aprovados por maioria absoluta daquela Casa, como acontece com os ministros do STF. Também se aplica aos TRTs a regra do Quinto Constitucional, que prevê o preenchimento das vagas por membros advindos da advocacia, desde que possuam notório saber jurídico, reputação ilibada e mais de 10 (dez) anos de efetivo exercício profissional. Membros do Ministério Público do Trabalho também se beneficiam do Quinto Constitucional, cumprida a exigência de 10 (dez) anos de efetivo exercício na carreira. O restante das vagas será ocupado por juízes do trabalho, nomeados por promoção (antiguidade ou merecimento, alternadamente).

Alguns Tribunais Regionais do Trabalho outorgaram, via regimento interno, o título de Desembargador Federal do Trabalho aos seus Juízes, entretanto, o projeto de lei que alterava a denominação dos Juízes de segundo grau para desembargadores ainda está em trâmite no Congresso Nacional.

A Emenda Constitucional n. 45/2004 trouxe algumas novidades em relação aos Tribunais Regionais do Trabalho. Duas delas são especialmente importantes:

— A determinação de que os TRTs instalem a Justiça Itinerante, para a realização de audiências em equipamentos públicos e comunitários.

— A descentralização dos TRTs, funcionando nas Câmaras Regionais, para assegurar o amplo acesso das pessoas à Justiça, em todas as fases do processo.

O órgão de terceiro grau de jurisdição, que na verdade é um órgão de jurisdição extraordinária, é o Tribunal Superior do Trabalho, composto pelos Ministros, cuja principal finalidade é uniformizar a jurisprudência nacional, conforme será tratado do próximo capítulo.

1.5. Tribunal Superior do Trabalho (TST)

O TST é o órgão de cúpula da Justiça do Trabalho e tem como atribuição a uniformização Nacional da aplicação da Lei e da Constituição Federal. É regulado, pela Constituição, no art. 111-A:

> "O Tribunal Superior do Trabalho compor-se-á de vinte e sete Ministros, escolhidos dentre brasileiros com mais de trinta e cinco e menos de sessenta e cinco anos, nomeados pelo Presidente da República após aprovação pela maioria absoluta do Senado Federal, sendo um quinto dentre advogados com mais de dez anos de efetiva atividade profissional e membros do Ministério Público do Trabalho com mais de dez anos de efetivo exercício, observado o disposto no art. 94; II — os demais dentre juízes dos Tribunais Regionais do Trabalho, oriundos da magistratura da carreira, indicados pelo próprio Tribunal Superior. § 1º A lei disporá sobre a competência do Tribunal Superior do Trabalho. § 2º Funcionarão junto ao Tribunal Superior do Trabalho: I a Escola Nacional de Formação e Aperfeiçoamento de Magistrados do Trabalho, cabendo-lhe, dentre outras funções, regulamentar os cursos oficiais para o ingresso e promoção na carreira; II o Conselho Superior da Justiça do Trabalho, cabendo-lhe exercer, na forma da lei, a supervisão administrativa, orçamentária, financeira e patrimonial da Justiça do Trabalho de primeiro e segundo graus, como órgão central do sistema, cujas decisões terão efeito vinculante."

Na reforma do judiciário promovida pela Emenda Constitucional n. 45/2004, algumas inovações abrangeram o TST. Citaremos aqui duas delas: a criação da ENAMAT: Escola Nacional de Formação e Aperfeiçoamento de Magistrados do Trabalho, responsável por cursos relacionados ao ingresso, formação e promoção na carreira, e a criação do CSJT: Conselho Superior da Justiça do Trabalho, órgão central do sistema, responsável por fazer a supervisão administrativa, orçamentária, financeira e patrimonial (não jurisdicional) da Justiça do Trabalho de 1º e 2º graus.

Historicamente, foi com a Constituição de 1946 que a Justiça do Trabalho foi incluída constitucionalmente no Poder Judiciário, em que pese ter sido constituída em 1939, conforme já mencionado.

O TST é composto pelos seguintes órgãos: o Tribunal Pleno; o Órgão Especial (quando o tribunal tiver mais de 25 julgadores, conforme o art. 93, XI, da Constituição Federal de 1988); Seção Especializada em Dissídios Coletivos (SDC); Seção Especializada em Dissídios Individuais (SDI) — com uma Subseção I que trata de questões gerais e uma Subseção II que trata de ações especiais como *habeas corpus*, *habeas data*, ação rescisória e mandado de Segurança; e 8 Turmas. Também fazem parte do sistema as Comissões Permanentes de Regimento Interno, de Jurisprudência e Precedentes Normativos e de Documentação.

Complementarmente, a Justiça do Trabalho conta com Ministério Público do Trabalho, contemplado no art. 128 da Constituição, como um órgão extra poderes, que é o vinculado ao Ministério Público da União (ao lado do Ministério Público Federal; o Ministério Público Militar; o Ministério Público do Distrito Federal e Territórios e os Ministérios Públicos dos Estados).

O Ministério Público do Trabalho é especialmente regulado pela Lei Complementar n. 75/93, que revogou os arts. 736 a 757 da Consolidação das Leis Trabalhistas — a CLT. A carreira do Ministério Público é iniciada com o cargo de Procurador do Trabalho, e continua com a possibilidade de promoção para Procurador Regional do Trabalho e Subprocurador-Geral do Trabalho.

2. Recurso de Natureza Extraordinária

O ordenamento jurídico brasileiro, com a disposição de estabelecer segurança jurídica, tratou no Código de Processo Civil de regulamentar o cabimento do recurso de natureza extraordinária no âmbito civil. Indivíduos ou grupos, inconformados com determinada decisão judicial, podem interpor recurso para reconsideração de tal sentença. No entanto, segundo lição de Nelson Nery Júnior *"a proibição de utilizar-se discricionariamente um recurso dentre os vários previstos na lei é dada pelo princípio da singularidade, consoante o qual existe um único e típico recurso para cada decisão judicial impugnável"*[(9)].

Com a CLT não foi diferente: em seu art. 895 tratou de estabelecer o cabimento do Recurso Ordinário, como meio de impugnação da parte descontente e, em seu art. 896, as hipóteses de cabimento do Recurso de Revista, que é o recurso de natureza extraordinária no âmbito da Justiça do Trabalho.

Contudo, em se tratando de recurso de natureza extraordinária, o inconformismo da parte é insuficiente para seu processamento. Isto porque, conforme se verá adiante, justiça ou não de uma decisão se discute tão somente na instância ordinária.

Em se tratando de recurso de natureza extraordinária, o "foco" deixa de ser o direito da parte, que já foi apreciado por quatro juízes (um de primeiro grau e três desembargadores). Na instância extraordinária, o direito da parte pode ser atingido de forma "reflexa", pois o que se está analisando é uma questão supra partes.

Fomos buscar, em Júlio César Bebber, melhor esclarecimento para a questão. Diz ele:

> "Os recursos de natureza extraordinária (ou excepcional, ou estrita), têm por escopo a tutela do direito objetivo (voltada à unidade do direito). Em outras palavras, buscam averiguar, unicamente, se a lei foi corretamente aplicada ao caso. Daí por que:
>
> a) não se destinam a corrigir a injustiça da decisão (GRINOVER, 1975. p. 141-2). Pode até ser que a correção se dê e o direito subjetivo das partes reste protegido. Mas isso somente ocorrerá diante da constatação de lesão ao direito objetivo;

---

(9) NERY JR., Nelson. *Teoria Geral dos Recursos*. São Paulo: Revista dos Tribunais, 2004. p. 60.

b) não permitem a rediscussão da matéria fática, nem tampouco o reexame de provas. Somente a aplicação do direito em tese poderá constituir o objeto dessa modalidade recursal. Daí dizer-se que os recursos extraordinários são recursos de estrito direito ou recursos de natureza excepcional;

c) não admitem o reexame com fundamento no simples inconformismo. Exige-se, para admissibilidade dessa modalidade de recurso, o cumprimento de certos requisitos. Daí dizer-se que o juízo de admissibilidade dos recursos excepcionais é diferenciado e complexo."(10)

Reforçando: a classificação de um recurso na categoria de extraordinário remete ao entendimento de que ele não será rediscutido no tocante a fatos e provas, como se dá no recurso ordinário, mas apenas que sofrerá análise sobre eventual violação à norma jurídica.

Constituem recursos de natureza extraordinária no processo do trabalho os seguintes recursos: extraordinário (Constituição Federal, art. 102, III); revista (CLT, art. 896) e; embargos (CLT, art. 894, II; Lei n. 7.701/88, 3º, III, "*b*").

Para efeito de fundamentação, o recurso pode ser livre ou vinculado. Livre, quando a lei não impõe que a parte aponte vício específico na decisão que se pretende impugnar. Nesse caso, o mero inconformismo com a decisão é suficiente para o cabimento. Vinculado, quando a lei impõe que o recorrente aponte a existência de vício específico na decisão que se pretende impugnar. No caso do recurso de revista, é mandatório apontar violação do direito em tese ou divergência jurisprudencial.

Além do mais, o vício apontado deve ser considerado relevante e deve ser comprovado, conforme se verá adiante.

O que importa neste momento é estabelecer e distinguir um recurso de natureza extraordinária de um recurso na fase ordinária.

Antônio Álvares da Silva, ao distinguir a natureza de ambos os recursos, assim dispõe:

"Lopes da Costa salienta que, 'para recorrer de uma sentença injusta, basta que a parte se sinta prejudicada'. Abre-se assim a porta ampla da recorribilidade. A parte pugna contra o prejuízo que teve e apela à instância superior para corrigi-lo.

A partir daqui o mecanismo complica-se porque, para recorrer, não se exige apenas do recorrente o 'sentir-se prejudicado'. Há questões intrínsecas prévias, como as já citadas, pois o legislador parte do pressuposto de que a

(10) BEBBER, Júlio César. *Recursos no Processo do Trabalho*, São Paulo: LTr, 2011. p. 49.

> justiça já foi obtida com os dos julgamentos anteriores ou, pelo menos, foi dado a oportunidade de obtê-la."[11]
>
> O termo "Recurso de Revista" teve origem no processo civil, com previsão expressa no CPC de 1939, em seu art. 853, cabível no caso de haver divergência entre decisões finais das Câmaras, Turmas ou Grupos de um mesmo Tribunal, quanto à interpretação do direito[12].

Segundo Vicente de Faria Coelho, muito antes da previsão no CPC, a Revista apareceu nas Ordenações do Reino e, posteriormente, na Constituição do Império, a qual foi abolida pela Constituição Republicana de 1891, ressurgindo no CPC de 1939, com a ideia de divergência "quanto ao modo de interpretar o direito em tese".[13]

O recurso de revista, tal como previsto na CLT, tem o propósito de uniformizar a jurisprudência do país, portanto, destinado a proteger o direito objetivo. O que se pretende defender neste trabalho é que, em razão do direito subjetivo da parte encerrar-se no Regional, não há justificativa para se aguardar o trânsito em julgado definitivo na instância extraordinária.

É preciso estabelecer um procedimento em que se possibilite executar definitivamente qualquer julgado proferido por um Tribunal Regional, de forma a adaptar o sistema recursal vigente aos princípios Constitucionais do processo.

2.1. Função do Tribunal Superior do Trabalho como instância extraordinária — Finalidade do recurso de revista

A espécie recursal tem por finalidade corrigir decisão do TRT, dada em julgamento de recurso ordinário em dissídios individuais, na eventualidade de que essa decisão viole a lei federal ou a Constituição. A função do TST, como instância extraordinária, é promover a uniformização da jurisprudência entre os Tribunais Regionais do Trabalho. Em suma, a finalidade é a pacificação nacional.

Tanto é verdade que a divergência apta a ensejar Recurso de Revista é aquela entre Tribunais Regionais do Trabalho, sendo que divergência do mesmo Tribunal não enseja tal recurso. Ou seja, uma controvérsia à qual caiba recurso de revista é aquela que tenha acontecido entre Tribunais Regionais do Trabalho, e não a que possa ter ocorrido entre órgãos julgadores de um mesmo TRT.

Na qualidade de instância extraordinária, e conforme prescreve o art. 896 da CLT, os ministros do TST só poderão julgar questões que se refiram a violação de lei federal,

(11) SILVA, Antônio Álvares da. *Do Recurso Extraordinário no Direito Processual Brasileiro*. São Paulo: Revista dos Tribunais, 1999. p. 19.

(12) COELHO, Vicente de Faria. *Recurso de Revista*. Rio de Janeiro: Editora Nacional de Direito, 1957. p. 41.

(13) *Ibidem*, p. 13-38.

violação da constituição federal, contrariedade com súmula ou orientação jurisprudencial do próprio TST ou súmula vinculante do STF e divergência de interpretação de lei federal ou da Constituição. Portanto, o TST não poderá rever injustiça praticada na instância ordinária, sem que haja relevância nacional.

Sobre a importância da pacificação nacional pelo Tribunal Superior do Trabalho, assim é a doutrina de Manoel Antonio Teixeira Filho:

> "Conforme expusemos há instantes, da atuação da inteligência interpretativa do juiz quanto à norma legal apta para reger o caso concreto surgem, como resultado natural, as decisões divergentes; não nos esqueçamos de que aplicação do direito é vida e a vida humana não se deixa racionalizar por inteiro. Há casos em que esses pronunciamentos díspares subsistem ao longo dos anos, provocando mais do que uma inquietação, uma insegurança generalizada no espírito dos jurisdicionados; em outros casos, todavia, a cinca é efêmera, pois uma da correntes de opinião logo se torna prevalente, pacificando, a partir daí, a matéria, sob a perspectiva de sua interpretação em face do ordenamento jurídico.
>
> Mais do que qualquer outra — queremos crer — a jurisprudência trabalhista destaca-se por uma imensa sucessão de pronunciamentos (tornando, sobremodo, tormentoso o cotidiano dos que exercitam as profissões forenses), não raro colidentes entre si, como consectário da própria natureza plástica e dinâmica do direito material do trabalho. Embora o fato seja plenamente justificável, é imprescindível que a contar de certo momento o Judiciário defina a sua posição, o seu entendimento diante da matéria, à luz do qual todos passarão a orientar-se. Ou quase todos.
>
> Constitui, sem dúvida, tarefa difícil determinar-se até que momento essa dissensão pretoriana é útil e a partir de qual se torna desaconselhável, porque danosa para o interesse das partes e para a própria respeitabilidade do Poder Judiciário. A disseminação da dúvida, da incerteza, como se sabe, tende a provocar uma desestabilização das relações sociais, em que cada indivíduo acaba entendendo que o seu entendimento é o único acertado. E, assim, todos estão certos e todos estão errados, mesmo em assuntos de interpretação de norma legal; daí, a importante tarefa de pacificação, que o TST exercita em divergências dessa natureza."[14]

---

(14) TEIXEIRA FILHO, Manoel Antonio. *Sistema dos Recursos Trabalhistas*. São Paulo: LTr, 2011. p. 269-270.

Por essa mesma razão, o TST não é considerado terceira instância ou terceiro grau de jurisdição, mas apenas instância especial, extraordinária, que analisa a justiça do julgado de maneira indireta.

Sobre a questão, assim é a doutrina de Homero Batista Martins da Silva:

> "Assim sendo, muito embora a presença do TST chegue a lembrar uma 3ª instância ou 3º grau de jurisdição — expressões que devem ser combatidas porque não refletem o conteúdo jurídico desejado — sua atribuição corresponde muito mais a um centro de uniformização do direito disperso do que de revisão de fatos, provas e caos controvertidos."(15)

E a função desta jurisdição de natureza extraordinária é que se pretende analisar no presente trabalho.

2.2. Evolução histórica do recurso de natureza extraordinária

O recurso de revista, no Brasil, foi inicialmente denominado recurso extraordinário pelo art. 203 do Decreto n. 6.596/40. Esse decreto regulamentou o Decreto-lei n. 1.237/39, que apenas mencionava o termo recurso, no seu art. 76. Em obediência, a CLT, quando foi elaborada, utilizou a expressão recurso extraordinário no art. 896. Somente em 1949, com a Lei n. 861/49, assinada pelo então presidente Eurico Gaspar Dutra, foi que a expressão recurso de revista passou a ser utilizada:

> Art 1º Os arts. 893; 896, letras *"a"* e *"b"* e § 1º; e parágrafo único do 899, do Decreto-lei n. 5.452, de 1º de maio de 1943, passam a ter esta redação:
>
> "Art. 893 — Das decisões são admissíveis os seguintes recursos:
>
> I — embargos;
>
> II — recurso ordinário;
>
> III — recurso de revista;
>
> IV — agravo.
>
> Art. 896 — Cabe recurso de revista das decisões de última instância, quando:
>
> a) derem à mesma norma jurídica interpretação diversa da que tiver sido dada pelo mesmo Tribunal Regional ou pelo Tribunal Superior do Trabalho;
>
> b) proferida com violação da norma jurídica ou princípios gerais de direito.
>
> § 1º O recurso de revista será apresentado no prazo de quinze dias, ao Presidente do Tribunal recorrido, que poderá recebê-lo ou denegá-lo, fundamentando, em qualquer caso, a sua decisão.

(15) SILVA, Homero Batista Mateus da. *Curso de Direito do Trabalho Aplicado* — Volume 8 — Justiça do Trabalho. São Paulo: Revista dos Tribunais, 2015. p. 251-252.

Art. 899 — (...)

Parágrafo único. Tratando-se, porém, de reclamação sôbre férias, salários ou contrato de trabalho, de valor até Cr$ 10.000,00 (dez mil cruzeiros) só serão admitidos recursos, inclusive o de revista, mediante a prova do depósito da importância da condenação".

É preciso lembrar, porém, que a Constituição de 1824, ao criar o Superior Tribunal de Justiça, outorgou-lhe competência para anular os processos e sentenças que violassem leis, em causas cíveis. Nos arts. 163 e 164, a constituição do Império previa a existência do Supremo Tribunal de Justiça, na capital, com a seguinte competência:

Art. 163. Na capital do Império, além da Relação, que deve existir, assim como nas demais Províncias, haverá também um Tribunal com a denominação de — Supremo Tribunal de Justiça — composto de Juízes Letrados, tirados das Relações por suas antiguidades; e serão condecorados com o Titulo do Conselho. Na primeira organização poderão ser empregados neste Tribunal os Ministros daqueles, que se houverem de abolir.

Art. 164. A este Tribunal Compete:

I — Conceder, ou denegar Revistas nas Causas, e pela maneira, que a Lei determinar.

II — Conhecer dos delitos, e erros do Ofício, que cometerem os seus Ministros, os das Relações, os Empregados no Corpo Diplomático, e os Presidentes das Províncias.

III — Conhecer, e decidir sobre os conflitos da jurisdição, e das competências das Relações Providenciais.

O Supremo Tribunal de Justiça, no entanto, foi extinto pouco tempo depois de sua criação, e com ele o recurso de revista.

O assunto seria retomado pouco depois da proclamação da República, por meio do Decreto n. 848, de 11 de outubro de 1890, que ordenava a organização da Justiça Federal e o recurso extraordinário:

Art. 9º (...)

Parágrafo único. Haverá também recurso para o Supremo Tribunal Federal das sentenças definitivas proferidas pelos tribunais e juízes dos Estados:

a) quando a decisão houver sido contraria á validade de um tratado ou convenção, á aplicabilidade de uma lei do Congresso Federal, finalmente, à legitimidade do exercício de qualquer autoridade que haja obrado em nome da União — qualquer que seja a alçada;

b) quando a validade de uma lei ou ato de qualquer Estado seja posta em questão como contrario á Constituição, aos tratados e ás leis federais e a decisão tenha sido em favor da validade da lei ou ato;

c) quando a interpretação de um preceito constitucional ou de lei federal, ou da cláusula de um tratado ou convenção, seja posta em questão, e a decisão final tenha sido contrária à validade do título, direito e privilégio ou isenção, derivado do preceito ou cláusula.

Certamente inspirada nesse Decreto, a primeira Constituição da República trouxe previsão para o recurso extraordinário, embora somente em 1894 tenha sido efetivamente consolidado. Aquela constituição, no art. 59, inciso II, parágrafo primeiro, atribuía competência do Supremo Tribunal Federal para julgamento em grau de recurso, das sentenças das justiças dos Estados, em última instância. Diz o texto: "*§ 1º Das sentenças das Justiças dos Estados, em última instância, haverá recurso para o Supremo Tribunal Federal: a) quando se questionar sobre a validade, ou a aplicação de tratados e leis federais, e a decisão do Tribunal do Estado for contra ela; b) quando se contestar a validade de leis ou de atos dos Governos dos Estados em face da Constituição, ou das leis federais, e a decisão do Tribunal do Estado considerar válidos esses atos, ou essas leis impugnadas.*" Observe-se que não foi considerada a expressão recurso extraordinário, mas apenas recurso.

Em 1926, a reforma da Constituição de 1891, entre outras alterações que visavam a coibir abusos praticados pela União, restringiu o *habeas corpus* aos casos de prisão ou constrangimento ilegal na liberdade de locomoção, e estendeu, expressamente, à Justiça dos estados, as garantias asseguradas à magistratura federal. Foi essa reforma que reconheceu a hipótese de cabimento recursal com base em dissídio jurisprudencial.

O texto da Constituição de 1891 foi alterado, então, pela emenda de 3 de setembro de 1926, para a seguinte redação:

> Art. 60 (...)
>
> § 1º Das sentenças das Justiças dos Estados em última instância haverá recurso para o Supremo Tribunal Federal:
>
> a) quando se questionar sobre a vigência ou a validade das leis federais em face da Constituição e a decisão do Tribunal do Estado lhes negar aplicação;
>
> b) quando se contestar a validade de leis ou atos dos governos dos Estados em face da Constituição, ou das leis federais, e a decisão do tribunal considerar válidos esses atos, ou essas leis impugnadas;
>
> c) quando dois ou mais tribunais locais interpretarem, de modo diferente, a mesma lei federal, podendo o recurso ser também interposto por qualquer dos tribunais referidos ou pelo procurador geral da República;
>
> d) quando se tratar de questões de direito criminal ou civil internacional.

A Constituição de 1934 atribui à Corte Suprema, no art. 76, III, a competência de julgar em recurso extraordinário as causas decididas pelas Justiças locais em única ou última instância:

> Art. 76 (...)
>
> III — em recurso extraordinário, as causas decididas pelas Justiças locais em única ou última instância:
>
> a) quando a decisão for contra literal disposição de tratado ou lei federal, sobre cuja aplicação se haja questionado;

b) quando se questionar sobre a vigência ou validade de lei federal em face da Constituição, e a decisão do Tribunal local negar aplicação à lei impugnada;

c) quando se contestar a validade de lei ou ato dos Governos locais em face da Constituição, ou lei federal, e a decisão do Tribunal local julgar valido o ato ou a lei impugnada;

d) quando ocorrer diversidade de interpretação definitiva da lei federal entre Cortes de Apelação de Estados diferentes, inclusive do Distrito Federal ou dos Territórios, ou entre um destes Tribunais e a Corte Suprema, ou outro Tribunal Federal.

Foi a partir daí que se adotou expressamente a expressão "recurso extraordinário", maneira como tem sido referida até a atual Constituição. Uma nova alteração só seria realizada com a Constituição de 1988, que fez constar a separação entre recurso especial e recurso extraordinário, deixando ao STF uma função ainda mais próxima da função de corte constitucional.

Registre-se, igualmente, a orientação do Decreto-lei n. 1.237, de 2 de maio de 1939, que organizou a Justiça do Trabalho. O Decreto-lei dispunha, no art. 76 do Capítulo V, que trata dos recursos, o seguinte: "Quando a decisão do Conselho Regional der à mesma lei inteligência diversa da que tiver sido dada por outro Conselho ou pelo Conselho Nacional do Trabalho, caberá recurso para este".(16)

No ano seguinte, o Decreto-lei n. 6.596 aprovou o regulamento da Justiça do Trabalho, estabelecendo no art. 200 os recursos cabíveis da decisão: "Art. 200. Das decisões são admissíveis os seguintes recursos: I — embargos; II — recurso ordinário; III — recurso extraordinário; IV — agravo. [...]

O ordenamento jurídico brasileiro, então, passou a admitir duplicidade de recursos extraordinários: um que deveria ser encaminhado ao Conselho Nacional do Trabalho (conforme estabelecia o art. 203 do citado decreto), e outro que deveria ser endereçado ao Supremo Tribunal Federal (conforme o art. 76, III, da Constituição de 1934).

Em 1943, a Consolidação das Leis Trabalhistas, aprovada pelo Decreto-lei n. 5.452, de 1º de maio, manteve a expressão "recurso extraordinário", no art. 896.

Em 1946, uma confusão foi estabelecida. A Constituição de 1946 previa expressamente a possibilidade de recorrer para o STF sobre decisões proferidas em desconformidade com o disposto das normas constitucionais. Ou seja, um mesmo processo trabalhista podia ter dois recursos, um para o TST e outro para o STF. A ambiguidade foi corrigida pela Lei n. 861, de 13 de outubro de 1949, que alterou a redação de alguns artigos da CLT, entre eles o art. 896. A denominação "recurso de revista" foi dada pelo texto da Lei n. 861/49.

(16) Como já vimos, o Conselho Nacional do Trabalho passou a denominar-se Tribunal Superior do Trabalho por meio do Decreto-lei n. 9.797, de 9 de setembro de 1946.

No entanto, persistia a ambiguidade quando a questão envolvia recurso de revista no processo civil (que apresenta finalidade diferente). A questão foi solucionada em 1973, quando foi eliminado recurso de revista do CPC.

Novas alterações do art. 896 da CLT foram dadas pelas Leis ns. 7.033/82, 7.701/88, 9.756/98, 9.957/00 e, mais recentemente pela Lei n. 13.015/14.

José Afonso da Silva afirma: *"Nos termos em que o Recurso Extraordinário entrou na legislação nacional, reconhece-se, nitidamente, sua filiação ao Direito saxônico, através do Writ of error dos americanos"*[17].

Para apoiar a tese de José Afonso da Silva, observe-se que em 1789, apenas 13 anos após a sua independência da Inglaterra, os Estados Unidos lançaram a Lei Judiciária (*Judiciary Act*), que já previa a revisão de cortes estaduais pela suprema corte. A lei foi sendo aperfeiçoada, ao longo do tempo, com o contributo da jurisprudência, até atingir o estado atual, em que são separados o *writ of certiorari* (recurso que decorre, em geral, de divergência de interpretação entre os tribunais estaduais) e o *writ of error* (que revisa as decisões de tribunais inferiores aos estaduais).

Mas é possível voltar muito mais no tempo. José de Vicente y Caravantes[18] menciona, em seu livro *Tratado histórico, critico filosófico de los procedimientos judiciales de materia civil, según la Nueva Ley de Enjuiciamiento*, um trecho do Novo Testamento que evidencia já haver, à época, expectativa de obtenção de novo pronunciamento de autoridade hierarquicamente superior: *"Se fiz algum agravo, ou cometi alguma coisa digna de morte, não recuso morrer, mas, se nada há das coisas que estes me acusam, ninguém pode me entregar a eles; apelo para César"*.

Ainda, se voltarmos para o século XVIII antes de Cristo, o Código de Hamurabi também já previa, no § 5º, o seguinte:

> Se um juiz dirige um processo e profere uma decisão e redige por escrito a sentença, se mais tarde o seu processo se demonstra errado e aquele juiz, no processo que dirigiu, é convencido de ser causa do erro, ele deverá então pagar doze vezes a pena que era estabelecida naquele processo, e se deverá publicamente expulsá-lo de sua cadeira de juiz. Nem deverá ele voltar a funcionar de novo como juiz em um processo.[19]

Comenta Martha Rosinha que, muito embora não houvesse na Babilônia a previsão de recurso como tal, *"fica demonstrada a não rigidez das decisões face à possibilidade de erro, ponto de partida para a revisão recursal"*.

---

(17) SILVA, José Afonso da. *Do Recurso Extraordinário no Direito Processual Brasileiro*. São Paulo: Revista dos Tribunais, 1963. p. 105.

(18) José de Vicente y Caravantes, *Tratado histórico, critico filosófico de los procedimientos judiciales de materia civil, según la Nueva Ley de Enjuiciamiento apud* ROSINHA, Martha. *Os efeitos dos Recursos*. Porto Alegre: Livraria do Advogado, 2012. p. 20.

(19) *Idem.*

Portanto, a existência de um recurso de natureza extraordinária se faz necessária no ordenamento jurídico a fim de garantir segurança jurídica nas relações pelo país afora, de forma a não permitir que uma determinada Lei ou que a Constituição Federal seja interpretada de forma diversa por cada um dos Tribunais Regionais distribuídos pelo país.

Contudo, os recursos de natureza extraordinária, devem ser manejados com base nos princípios constitucionais do processo, em especial o devido processo legal e a duração razoável do processo, donde se extrai a celeridade e a efetividade. Também é preciso analisar o princípio do duplo grau de jurisdição (para alguns não se trata de princípio constitucional, posição com a qual não concordamos, conforme será tratado em capítulo específico) para contextualizar o Recurso de Revista em uma nova sistemática recursal.

3. Princípios Constitucionais do Processo

A palavra Princípio, na moderna ciência processual, refere-se à doutrina ou ao entendimento que deve nortear outros entendimentos. Os princípios são os pilares que dão forma e caráter aos sistemas processuais, mas nem sempre estão classificados em previsões legais expressas — a maioria deles é resultado de construção doutrinária. Isso porque inspiram a criação de normas, oferecem critérios de orientação e fornecem subsídios para o entendimento de questões não previstas em lei.

Para se extrair do Recurso de Revista sua real função, necessário se faz uma análise de alguns dos princípios constitucionais do processo, em especial, o princípio do devido processo legal, da duração razoável do processo e do duplo grau de jurisdição.

Este último princípio gerou grande discussão na doutrina e na jurisprudência sobre a sua previsão constitucional, o qual, desde já adiantamos a nossa posição no sentido de que tal princípio decorre do sistema constitucional vigente e que, se analisado em conjunto com os demais, é possível se concluir que o procedimento hoje vigente para o processamento do Recurso de Revista muito se distancia do que prega a Constituição Federal.

3.1. Devido processo legal

O devido processo legal, como expressão maior das garantias processuais fundamentais do cidadão, completa todas as demais garantias processuais, por ser o princípio base da observância do Estado Democrático de Direito em qualquer processo. Significa dizer que é em razão do devido processo legal que qualquer pessoa não será privada de seus bens ou de sua liberdade sem a observância de princípios como contraditório e ampla defesa.

Na lição de Nelson Nery Jr.: *"O princípio fundamental do processo civil, que entendemos como a base sobre a qual todos os outros se sustentam, é o devido processo legal, expressão oriunda da inglesa* due process of law. *A Constituição Federal brasileira de 1988 fala expressamente que 'ninguém será privado da liberdade ou de seus bens sem o devido processo legal' (art. 5º, n. LIV).*"[20]

Este princípio encontra sua origem Magna Charta de João Sem Terra. Sobre a origem deste princípio assim é a doutrina de Nelson Nery Jr.:

> "O primeiro ordenamento que teria feito menção a esse princípio foi a Magna Charta de João Sem Terra, do ano de 1215, quando se referiu à *law of the land* (art. 39), sem, ainda, ter mencionado expressamente a locução devido processo legal.
>
> O termo hoje consagrado, due process of law, foi utilizado somente em lei inglesa de 1354, baixada no reinado de Eduardo III, denominada *Statute of Westminster of the Liberties of London*, por meio de um legislador desconhecido (*some unknown drasftsman*).
>
> Embora a Magna Charta fosse um instrumento de acentuado e deliberado reacionarismo, criado como uma espécie de garantia dos nobres contra os abusos da coroa inglesa, continha exemplos de institutos originais e eficazes do ponto de vista jurídico, que até hoje têm provocado a admiração dos estudiosos da história do direito e da historiografia do direito constitucional.
>
> Antes mesmo da Constituição Federal americana, de 1787, algumas constituições estaduais daquele país já consagravam a garantia do *due process of law*, como, por exemplo, as de Maryland, Pensilvânia e Massachusetts, repetindo a regra da Magna Charta e da Lei de Eduardo III.
>
> Com efeito, a "Declaração dos Direitos" da Virgínia, de 16.8.1776, tratava na secção 8ª do princípio aqui mencionado, dizendo na parte final desse dispositivo que *"that no man be deprived of his liberty, except by the law of the land or the judgement of fis peers"*. Dias mais tarde, em 2.9.1776, surgia a "Declaração de Delaware", que ampliava e explicitava melhor a cláusula em sua secção 12: *"That every freeman for every injury done him in his goods, lands or person, by any other person, ought to have justice and right for the injury done to him freely without sale, fully without any denial, and speedily without delay, according to the law of the land"*.
>
> Mas foi a "Declaração dos Direitos" de Maryland, de 3.11.1776, que fez, pela primeira vez, expressa referência ao trinômio, hoje insculpido na Constituição Federal norte-americana, vida-liberdade-propriedade, dizendo e seu XXI que *"that no freeman ought to be taken, or imprisoned, or disseized of his freehold, liberties, or privileges, or outlawed, or exiled, or in any manner destroyed, or deprived of his life, liberty, or property, but by the judgement of his peers, or by the law of the land"*. Depois dela, veio a "Declaração dos Direitos"

(20) NERY JR., Nelson. *Princípios do Processo Civil na Constituição Federal*. São Paulo: Revista dos Tribunais, 2010. p. 60.

da Carolina do Norte, em 14.12.1776, fazendo também referência à vida-liberdade-propriedade como os valores fundamentais protegidos pela lei da terra: *"That no freeeman ought to be taken, imprisoned, or disseized of his freehold, liberties, or privileges, or outlawed, or exiled, or in any manner destroyed, or deprived of his life, liberty, or property, but by the law of the land"*. Posteriormente, as constituições das colônias de Vermont (por declaração que se incorporou à Constituição de 8.7.1777), de Massachusetts (25.10.1780) e de New Hampshire (2.6.1784), transformadas depois em estados federados, adotaram o mesmo princípio do devido processo legal em seus territórios.

Posteriormente, o postulado foi incorporado à Constituição de Filadélfia, pelas Emendas 5ª e 14ª."(21)

Nota-se ainda, conforme lembra Gerson Lacerda Pistori, que *"a cláusula do devido processo legal foi cristalizada pelo direito internacional na Declaração Universal dos Direitos do Homem, art. 10, em 1948, como um direito fundamental de cidadania. Entretanto tal cláusula já fazia parte da doutrina jurídica da maioria dos países civilizados desde o século XIX, pois está diretamente relacionada às conquistas de cidadania originárias da Revolução Francesa."*(22)

Decorrem do devido processo legal todos os demais princípios processuais estabelecidos na Constituição Federal, sendo inclusive ressaltado por Nelson Nery Jr. que *"bastaria a Constituição Federal de 1988 ter enunciado o princípio do devido processo legal, e o caput e os incisos do art. 5º, em sua grande maioria, seriam absolutamente despiciendos. De todo modo, a explicitação das garantias fundamentais derivadas do devido processo legal, como preceitos desdobrados nos incisos do art. 5º, CF, é uma forma de enfatizar a importância dessas garantias, norteando a administração pública, o Legislativo e o Judiciário para que possam aplicar a cláusula sem maiores indagações."*(23)

Segundo Rui Portanova *"O princípio é tão amplo e tão significativo que legitima a jurisdição e se confunde com o próprio Estado de Direito. Assim, aplica-se tanto na jurisdição civil e na penal como nos procedimentos administrativos. Ademais, engloba a reivindicação de direitos (inclusive de declarar a inconstitucionalidade de lei), a eficaz defesa e a produção de provas. No devido processo legal estão enfeixadas garantias representadas principalmente pelos princípios do contraditório, ampla defesa, duplo grau, publicidade, juiz natural, assistência judiciária gratuita."*(24)

Sérgio Luiz Wetzel de Mattos nos apresenta a seguinte informação: *"A Supreme Court divisou no* due process of law *"a fórmula feita 'sob medida' para patrocinar a expansão da judicial review, a ponto de controlar a 'razoabilidade' e a 'racionalidade' das leis e dos atos de governo em geral. De modo que qualquer lei que se revele "arbitrária", incorrendo "na falta*

(21) NERY JR., Nelson. *Princípios do Processo Civil na Constituição Federal*. São Paulo: Revista dos Tribunais, 2010. p. 61-63.

(22) PISTORI, Gerson Lacerda. *Dos Princípios do Processo*. São Paulo: LTr, 2001. p. 91.

(23) NERY JR., Nelson. *Princípios do Processo Civil na Constituição Federal*. São Paulo: Revista dos Tribunais, 2010. p. 70.

(24) PORTANOVA, Rui. *Princípios do Processo Civil*. Porto Alegre: Livraria do Advogado, 2013. p. 146.

de 'razoabilidade' ou de 'racionalidade'", não pode ser "considerada uma law of the land, *ou consentânea com o* due process of law. *Sob invocação do* substantive due process, *a Suprema Corte estadunidense há muito exige que "as classificações legislativas sejam razoáveis", isto é, que "apresentem uma plausível relação de congruência entre a classificação em si e os fins visados pela norma classificante". O* due process of law, *sob o influxo de uma interpretação construtiva (*constructive interpretation*)" da Suprema Corte norte-americana, fez-se "amálgama entre o princíipio da 'legalidade' (*rule of law*) e o da 'razoabilidade' (*rule of reasonableness*) para o controle da validade dos atos normativos e da generalidade das decisões estatais"*[25].

A procuradora Sandra Lia Simón assim trata do assunto:

> "Nos dias de hoje, a cláusula do *due process of law* tem conotação moderna, não se restringindo à mera sequência de atos processuais, com observância estrita de formas e prazos, tudo sob o crivo do contraditório. Caracteriza-se, também e especialmente, enquanto procedimento adequado, ligado à realidade social e em consonância com a relação de direito material controvertida. Trata-se, em última instância, de possibilitar o acesso ao Poder Judiciário, para que este, através do Estado-juiz, decida um conflito de interesses, possibilitando que as partes defendam suas razões, da maneira mais ampla possível, utilizando de todos os meios legais previstos no ordenamento jurídico. E a solução dada pelo Estado deverá ser efetiva e justa, adequando-se perfeitamente à situação de fato conflituosa."[26]

O exercício de equilíbrio que o Estado deve exercer, corresponde às balanças do direito, sustentada pelo Estado em que o exercício da cidadania se dá pelo direito de acesso à justiça e o cumprimento do dever-poder jurisdicional, em forma de equilíbrio. O devido processo legal possui, portanto, uma face processual de exercício político: é um princípio que garante um exercício de cidadania. Em figura de linguagem[27], o devido processo legal assoma a imagem das balanças do direito.

Mas adverte Rui Portanova:

> "Mas atenção: a tortura com objetivo de confissão já fez parte do devido processo legal. Por isso, o princípio não é estático. Como diz Galeno Lacerda, não se pode pensar *due process of law* só como as devastações concretas que a injustiça de um decreto de nulidade, de uma falsa preclusão, da frieza de uma presunção processual desumana, causam à parte inerme. Não é isso fazer justiça. Não é para isto que existe o processo."[28]

---

(25) MATTOS, Sérgio Luís Wetzel de. *Devido Processo Legal e Proteção de Direitos*. Porto Alegre: Livraria do Advogado, 2009. p. 98.

(26) SIMÓN, Sandra Lia. O Devido Processo Legal e a Tutela dos Interesses Metaindividuais. Brasília: *Revista do Ministério Público do Trabalho*, n. 15,. p. 23, 1988..

(27) PORTANOVA, Rui. *Princípios do Processo Civil*. Porto Alegre: Livraria do Advogado, 2013. p. 94-95.

(28) *Ibidem*,. p. 146.

O princípio nasceu com a preocupação de garantir ao cidadão um processo ordenado. Hoje o objetivo maior, de acordo com Rui Portanova: *"Adaptação à instrumentalidade, o processo legal é devido quando se preocupa com a adequação substantiva do direito em debate, com a dignidade das partes, com preocupações não só individualistas e particulares, mas coletivas e difusas, com, enfim, a efetiva igualização das partes no debate judicial."*(29)

Desta forma, tem-se que o princípio do devido processo legal caracteriza-se pelo trinômio vida-liberdade-propriedade(30), ou seja, tudo que se relaciona com tutela à vida, liberdade ou propriedade está protegido constitucionalmente pelo *due process of law*.

Para Ronnie Preuss Duarte: *"A evolução da interpretação da cláusula do due process veio a dar-lhe uma feição marcadamente adjetiva. O procedimento deveria ser conforme os costumes do local, sendo esta uma forma de procedimento pré-estabelecido, dada a ausência de lei escrita. Entendia-se que a citação e a participação do interessado eram requisitos da qualificação do processo como devido (*due*), tenho o delineamento da garantia consoante as regras da* commom law *se operado"*(31).

Ângelo Aurélio Gonçalves Pariz nos ensina que:

> "Modernamente, o princípio do devido processo legal é de extrema importância, merecendo expressa e significativa previsão na Constituição Federal de 1988. Além da ampliação da abrangência da proteção jurídica, estabeleceu-se, no art. 5º e seus incisos, da Carta Magna, um rol extenso de outras garantias derivadas do processo. Garante-se a proteção jurisdicional decorrente de lesão, ou, ainda, ameaça a direito; proíbe-se os juízos ou tribunais de exceção; impede-se que alguém seja processado ou sentenciado por autoridade incompetente; há previsão expressa do devido processo legal, protegendo-se a liberdade e os bens do cidadão."(32)

Podemos considerar que, na atual Constituição brasileira, o cidadão, de uma forma mais ampla, possui os seus direitos e garantias assegurados, pelo devido processo legal, sendo um avanço e aprimoramento a efetivação de novas conquistas constitucionais.

Afirma em sua obra Ângelo Aurélio Gonçalves Pariz que:

> "No Brasil, historicamente, o devido processo legal tem sido caracterizado pela timidez do Supremo Tribunal Federal em relação à cláusula consagrada, mundialmente, limitando-se a Corte Suprema brasileira a interpretar

(29) PORTANOVA, Rui. *Princípios do Processo Civil*. Porto Alegre: Livraria do Advogado, 2013. p. 147.

(30) NERY JR., Nelson. *Princípios do Processo Civil na Constituição Federal*. São Paulo: Revista dos Tribunais, 2010. p. 63.

(31) DUARTE, Ronnie Preuss. *Garantia ao Acesso à Justiça — Os direitos processuais fundamentais*. Coimbra: Coimbra Editora, 2007. p. 32.

(32) PARIZ, Ângelo Aurélio Gonçalves. *O Princípio do Devido Processo Legal — Direito Fundamental do Cidadão*. Coimbra: Almedina, 2009. p. 117.

a Constituição Federal apenas diante do caso concreto, deixando de dar a interpretação normativa a ser observada em casos futuros. Ademais, é comum o Supremo Tribunal Federal não conhecer de recurso sob fundamento de que ofensa reflexa à Constituição não pode ser apreciado pela Corte Maior, estando a jurisprudência a prevalecer nesse sentido. Na verdade, a crise do Judiciário brasileiro e o acúmulo de recursos nos Tribunais contribuem para que o princípio do devido processo legal não tenha a necessária e devida atenção que exigiria a sua importância."(33)

Não há como se falar em um conceito do devido processo legal tão facilmente, que seja reduzido a uma fórmula, pois o seu conteúdo não pode ser determinado pela referência a uma simples e qualquer norma; as decisões judiciais a respeito do tema são que melhor representam o seu conceito.

Para Cândido Rangel Dinamarco, Ada Pellegrini Grinover e Antônio Carlos de Araújo Cintra: "*O devido processo legal pode ser definido como o conjunto de garantias constitucionais que, de um lado, asseguram às partes o exercício de suas faculdades e poderes processuais e, do outro, são indispensáveis ao correto exercício da jurisdição.*"(34)

Em suma, é o devido processo legal, o princípio "mãe" do qual podemos extrair todo e qualquer outro princípio ou garantia constitucional. A EC n. 45/04 incluiu expressamente no texto constitucional a necessidade da duração razoável do processo. Contudo, muito antes da inclusão expressa poder-se-ia concluir pela necessidade de uma duração razoável, pois como advertiu Rui Barbosa, na famosa Oração aos Moços "*Mas justiça atrasada não é justiça, senão injustiça qualificada e manifesta*"(35).

Decorre, portanto, do Devido Processo Legal, que o processo tenha duração razoável, que é muito mais do que ser célere, pois celeridade sem efetividade não cumpre o que determina o devido processo legal.

3.2. Duração razoável do processo

Daremos início a uma análise doutrinária sobre este tema, para que possamos melhor entender a conceituação sobre o que seria uma duração razoável do processo, como nos determina o princípio e o que os doutrinadores têm analisado em suas obras na atualidade.

Temos no art. 5º, Inciso LXXVIII, da Constituição Federal:

> A todos, no âmbito judicial e administrativo, são assegurados a razoável duração do processo e os meios que garantam a celeridade de sua tramitação.

---

(33) PARIZ, Ângelo Aurélio Gonçalves. *O Princípio do Devido Processo Legal — Direito Fundamental do Cidadão*. Coimbra: Almedina, 2009. p. 118-119.

(34) DINAMARCO, Cândido Rangel; GRINOVER, Ada Pellegrini; CINTRA, Antônio Carlos de Araújo. *Teoria Geral do Processo*. São Paulo: Malheiros, 1998. p. 118.

(35) BARBOSA, Rui. *Oração aos Moços*. Rio de Janeiro: Ediouro, 1999. p. 74.

O art. 5º, inciso XXXV da Constituição de 1988, ao tratar de direitos fundamentais, obrigaria o legislador, o administrador e o juiz à prestação dos meios imprescindíveis à outorga de celeridade ao processo. É a interpretação defendida por alguns juristas, quando se referem ao direito à duração razoável do processo, considerando que a Constituição expressa que este direito requer meios que garantam a celeridade da tramitação de processos.

Mas a Emenda Constitucional n. 45 foi explícita, ao inserir na Constituição o inciso LXXVIII, que diz isto: "a todos, no âmbito judicial e administrativo, são assegurados a razoável duração do processo e os meios que garantam a celeridade de sua tramitação". Não podemos deixar de mencionar que a Constituição de 1934 já mencionava que a lei deve assegurar o "rápido andamento" dos processos nas repartições públicas. Queremos crer que o legislador da época considerou que o judiciário fazia parte do que chamou de "repartições públicas".

Diz Guilherme Marinoni:

> "O direito à duração razoável do processo está vinculado ao direito de ação, na concepção clássica e ainda presente em grande parte da doutrina do processo, e que nada mais é do que o direito à solução do litígio ou o direito a uma sentença sobre o mérito, seja ela de procedência ou de improcedência do pedido.
>
> (...)
>
> O direito do demandado à celeridade do processo não pode ser extraído do direito fundamental à tutela jurisdicional efetiva ou ser visto como seu corolário. O direito do réu, mais do que exigir prestações positivas do Estado, tem a configuração de direito de defesa, constituindo uma garantia do cidadão contra o Estado, precisamente uma garantia de que não será submetido ao poder estatal — jurisdicional ou administrativo — por mais tempo que o necessário."(36)

E quem são os principais destinatários do direito fundamental à duração razoável?

Em primeiro lugar o legislador, que tem o dever de proteção normativa, editando normas que regulem a prática dos atos processuais pelo estabelecimento de prazo razoável. Principalmente observando a circunstância de que um processo que se arrasta ocasiona ônus irreparável aos cofres públicos.

Também é destinatário o juiz, a quem cabe o dever de tutela jurisdicional em prazo razoável. E não somente para tutelar os direitos, mas igualmente para que o réu tenha um processo justo.

---

(36) MARIONI, Luís Guilherme. Direito fundamental à duração razoável do processo. Artigo publicado pela *Estação Científica de Juiz de Fora*, v. 01, n. 4,. p. 82, out./nov. 2009.

E, evidentemente, o Poder Executivo, que tem o dever de dotação. Ou seja, é quem autoriza orçamento para que o legislador e o juiz tenham boa estrutura administrativa, pessoal qualificado, tecnologia e material de qualidade.

O que se pode considerar como sendo uma duração razoável de um processo, um prazo fixo, determinando o início e fim de cada fase do processo, independentemente de sua complexidade, ou o seu prazo razoável deve ser considerado como o tempo que o mesmo deva durar, de acordo com a manifestação de seus operadores (partes, advogados, MP e juízes)?

Renato Luiz Miyasato de Faria traz que:

> "O inciso contém duas partes. A primeira que reconhece a todos, no âmbito judicial e no administrativo, a *razoável duração* do processo, mandamento que visa garantir uma resposta estatal em tempo considerado único para aquele feito, onde foram oportunizadas às partes o contraditório, a isonomia e a ampla defesa. A segunda refere-se à *celeridade da tramitação e meios garantidores*, ou seja, às *medidas de celeridade processual*, divididas em: (1) uma negação de excessos e (2) gestão judiciária. As demandas não podem ser maculadas pela morosidade, porque devem obedecer a um tramitar célere. Nos casos em que houver o desvio, devem ser oferecidos meios para a readequação da tramitação."(37)

Mauro Schiavi menciona em sua obra:

> "Trata-se de princípio inserido como uma garantia fundamental processual a fim de que a decisão seja proferida em tempo razoável. Dizia Carnelluti que o tempo é um inimigo no processo, contra o qual o Juiz deve travar uma grande batalha. Para *Rui Barbosa*, a justiça tardia é injustiça manifesta."(38)

Nelson Nery Junior, nos ensina:

> "Trata-se de desdobramento do princípio do direito de ação (CF 5º XXXV) que definimos como garantidor do direito de obter-se a tutela jurisdicional adequada. O Pacto de San José da Costa Rica (Convenção Interamericana de Direitos Humanos), de 22.11.1969, aprovado pelo Congresso Nacional por meio do Decreto Legislativo n. 27/92 e mandado executar pelo Decreto n. 678/92, prevê a garantia de que todos devem ser ouvidos em prazo razoável, o que não significa automática adoção do princípio da duração razoável do processo.

(37) FARIA, Renato Luiz Miyasato de. *Princípio da razoável duração do processo e medidas e celeridade processual.* São Paulo: LTr, 2013. p. 104-105.

(38) SCHIAVI, Mauro. *Manual de Processo do Trabalho.* São Paulo: LTr, 2011. p. 96.

O prazo razoável é garantido para que o processo se inicie e termine, incluída, portanto, a fase recursal, já que só se pode entender como terminado o processo no momento em que ocorre o trânsito em julgado, isto é, quando não couber mais recurso contra a última decisão proferida no processo. O tempo no processo assume importância vital nos dias de hoje, porquanto a aceleração das comunicações via *web* (*internet, e-mail*), fax, celulares, em conjunto com a globalização social, cultural e econômica, tem feito com que haja maior cobrança dos jurisdicionados e administrados para que haja solução rápida dos processos judiciais e administrativos. Essa globalização deu mais visibilidade às vantagens e desvantagens, acertos e equívocos dos poderes públicos em virtude da exposição a que eles estão sujeitos, situação que é decorrente da transparência que deve existir no estado democrático de direito. Se, numa demonstração de retórica jurídica. Se podia dizer que 'no processo o tempo é algo mais que ouro: é justiça', com muito maior razão se pode afirmar que a justiça tem de ser feita de forma mais rápida possível, sempre observados os preceitos constitucionais que devem ser agregados ao princípio da celeridade e razoável duração do processo, como o devido processo legal, a isonomia, o contraditório e a ampla defesa, o juiz natural (administrativo e judicial) etc."(39)

Luiz Guilherme Marinoni traz:

"A questão do tempo do processo sempre foi negligenciada pela doutrina do processo civil, que chegou a vê-la como "cientificamente" não importante. Não obstante, um dos grandes desafios — talvez o maior — da processualística moderna é conciliar o direito à tempestividade da tutela jurisdicional com o tempo necessário aos debates entre os litigantes, à investigação probatória e ao amadurecimento da convicção judicial."(40)

Dimas Ferreira Lopes, discorre em sua obra que:

"As antigas civilizações: Babilônia, Egito, Grécia, Índia e Palestina (hebreus), nenhuma delas, com a clareza romana, fixou limites temporais para a solução das demandas. Isto não significa que não fossem céleres os julgamentos. A tradição oral e escrita dá conta de muito expeditismo na solução das controvérsias solvidas pelos reis, sacerdotes ou seus prepostos na antiguidade história da humanidade."(41)

(39) NERY JR., Nelson. *Princípios do Processo Civil na Constituição Federal*. São Paulo: Revista dos Tribunais, 2010. p. 311-315.

(40) MARIONI, Luís Guilherme. Direito fundamental à duração razoável do processo. Artigo publicado pela *Estação Científica de Juiz de Fora*, v. 01, n. 4,. p. 11, out./nov. 2009. p. 11.

(41) LOPES, Dimas Ferreira. *Direito Processual na história*. Celeridade do processo como garantia constitucional — Estudo histórico-comparativo: Constituições brasileira e espanhola. Coordenação Cézar Fiuza. Belo Horizonte: Mandamentos, 2002. p. 288.

Um importante destaque na obra de Marco Félix Jobim, que transcrevemos:

> "No Brasil, a preocupação, a nível constitucional, com o prazo razoável do processo apenas iniciou com a discussão acerca do § 2º do art. 5º da Constituição Federal, que elenca "os direitos e garantias expressos nesta Constituição não excluem outros decorrentes do regime e dos princípios por ela adotados, ou dos tratados internacionais em que a República Federativa do Brasil seja parte", uma vez que o Brasil foi signatário do Pacto Internacional dos Direitos Civis e Políticos, que trazia o referido princípio em seu texto, no art. 8.1, com a seguinte redação — toda pessoa terá o direito de ser ouvida, com as devidas garantias e dentro de um prazo razoável, por um juiz ou tribunal competente, independente e imparcial, estabelecido anteriormente por lei, na apuração de qualquer acusação penal imputada a ela, ou na determinação de seus direitos e obrigações de caráter cível, trabalhista, fiscal ou de qualquer natureza."(42)

Luís Guilherme Marinoni destaca que: *"o direito à defesa, assim como o direito à duração razoável do processo, são direitos fundamentais. Após a Emenda Constitucional n. 45/2004, que acrescentou o inciso LXXVIII ao art. 5 da Constituição Federal, o titular do direito de ação possui direito fundamental à duração razoável do processo e às técnicas necessárias para lhe outorgar celeridade. E que tais técnicas devem ser legislativas, portanto, o legislador infraconstitucional tem a obrigação de construir procedimentos que tutelem de forma adequada e tempestiva os direitos, assim como o dever de instruir técnicas processuais que, atuando internamente no procedimento, permitam uma racional distribuição do tempo do processo."*(43)

Marco Félix Jobim menciona uma abordagem interessante que vale a pena destacar:

> "Jorge Luiz de Almeida, defende que a existência de um processo célere já estava contida com o Decreto de Carlos Magno, assim fundamentando sua afirmação: E se buscássemos, historicamente, origem a mais remota para a ideia de celeridade encontrar-se-ia na hilariante decretal de Carlos Magno, o mandamento — "autorizando o litigante, enquanto o juiz não provesse logo com a sentença, transportar-se à casa do Magistrado passando ali a viver sob suas custas até a solução". Mas pela leitura do Decreto de Carlos Magno vê-se que não é garantido o direito a uma decisão em tempo razoável, mas apenas o direito daquele que espera a decisão viver sob a tutela do juiz até que fosse proferida a sentença, muito na linha da penalização que imperava na antiguidade."(44)

(42) JOBIM, Marco Félix. *O direito à duração razoável do processo:* responsabilidade civil do Estado em decorrência da intempestividade processual. São Paulo: Livraria do Advogado, 2012. p. 76.

(43) MARIONI, Luís Guilherme. *Direito fundamental à duração razoável do processo.* Artigo publicado pela Estação Científica de Juiz de Fora, V. 01, n. 04, outubro e novembro de 2009. p. 20.

(44) JOBIM, Marco Félix. *O direito à duração razoável do processo:* responsabilidade civil do Estado em decorrência da intempestividade processual. São Paulo: Livraria do Advogado, 2012. p. 73.

Ainda no estudo da obra de Jobim, o autor destaca que: *"talvez a mais importante norma existente na esfera jurídica internacional seja aquela existente na Convenção Europeia para Salvaguarda dos Direitos do Homem e das Liberdades Fundamentais, no art. 6º, § 1º, ao prescrever — 'Qualquer pessoa tem direito a que a sua causa seja examinada, equitativa e publicamente, num prazo razoável por um tribunal independente e imparcial, estabelecido pela lei, o qual decidirá, quer sobre a determinação dos seus direitos e obrigações de caráter civil, quer sobre o fundamento de qualquer acusação em matéria penal dirigida contra ela. O julgamento deve ser público, mas o acesso à sala de audiências pode ser proibido à imprensa ou ao público durante a totalidade ou parte do processo, quando a bem da moralidade, da ordem pública ou da segurança nacional numa sociedade democrática, quando os interesses de menores ou a proteção da vida privada das partes no processo o exigirem, ou, na medida julgada estritamente necessária pelo tribunal, quando, em circunstâncias especiais, a publicidade pudesse ser prejudicial para os interesses da justiça'"*(45).

Frederico Augusto Leopoldino Koehler menciona:

> "A ideia do equilíbrio entre tempo e segurança no bojo do processo é muito bem expressa por Fernando da Fonseca Gajardoni 'ao acertar que o grande desafio do processo civil contemporâneo reside no equacionamento desses dois valores'. O autor defende que celeridade não pode ser confundida com precipitação, e segurança não pode ser confundida com eternização da demanda. De fato a demora processual não pode gerar a precipitação no julgamento e nem exime o julgador da obrigação de coligir cuidadosamente todas as informações e provas aptas a fundamentar a formação do juízo sobre a matéria sub judice. O juiz não pode, a pretexto de julgar em tempo razoável, proferir o julgamento sem os elementos probatórios imprescindíveis à elaboração da decisão. A solução ideal deve ser buscada no caso concreto, sob o manto do princípio da razoabilidade."(46)

Mesmo com o princípio da razoável duração do processo já expressamente contido no sistema jurídico pátrio desde 1992, com a incorporação do Pacto de São José da Costa Rica, a inclusão no inciso LXXVIII no art. 5º da Carta Magna trouxe várias consequências jurídicas, conforme menciona Frederico Augusto Leopoldino Koehler *"a consequência lógica foi tornar inequívoco o status constitucional do instituto"*(47), citando inclusive Cappelletti que afirmou que as garantias fundamentais do processo, por mais antigas que sejam, foram esquecidas e espezinhadas. Portanto, para que tenham uma

(45) JOBIM, Marco Félix. *O direito à duração razoável do processo:* responsabilidade civil do Estado em decorrência da intempestividade processual. São Paulo: Livraria do Advogado, 2012. p. 75.

(46) KOHLER, Frederico Augusto Leopoldino. *A razoável duração do processo.* São Paulo: Juspodivm, 2013. p. 34.

(47) JOBIM, Marco Félix. *O direito à duração razoável do processo: responsabilidade civil do Estado em decorrência da intempestividade processual.* São Paulo: Livraria do Advogado, 2012. p. 47.

aplicação mais efetiva, tais garantias passaram a integrar as modernas Constituições de vários países.

Marco Félix Jobim destaca em sua obra o posicionamento de alguns doutrinadores e magistrados, que transcrevemos:

> "Gilmar Ferreira Mendes, em recente artigo publicado, assegura que "o reconhecimento de um direito subjetivo a um processo célere — ou com duração razoável — impõe ao Poder Público em geral e ao Poder Judiciário em particular a adoção de medidas destinadas a realizar este objetivo". Ora, quando o ministro assenta a expressão "ou" em seu pensamento está a admitir que um acaba por ser o outro e vice-versa.
>
> Também parece ser a linha de raciocínio adotada por Fredie Didier Jr., em seu texto, aludir à duração razoável do processo como sendo o princípio de celeridade ao dizer: Sobre a duração razoável do processo, Pinto sustenta que a inserção do tema na Constituição Federal até agora não produziu o resultado que anunciou. Isso porque: É preciso, porém fazer uma reflexão como contraponto. Bem pensadas as coisas, conquistou-se, ao longo da história, um direito à demora na solução dos conflitos. A partir do momento em que se reconhece a existência de um direito fundamental ao processo está-se reconhecendo, implicitamente, o direito de que a solução do conflito deve cumprir, necessariamente, uma série de atos obrigatórios, que compõem o conteúdo mínimo do devido processo legal. A exigência do contraditório, o direito à produção de provas e aos recursos, certamente, atravancam a celeridade, mas são garantias que não podem ser desconsideradas ou minimizadas. É preciso fazer o alerta, para evitar discursos autoritários, que pregam a celeridade como valor insuperavél. Os processos da inquisição poderiam ser rápidos. Não parece, porém, que se sente saudades deles."[48]

Renato Luiz Miyasato de Faria, pela obra de Ronald Dworkin, traz que:

> "Na interpretação da leis, deve ser considerado o contexto histórico, os princípios gerais de direito, ou seja, "os juízes deveriam interpretar uma lei de modo a poderem ajustá-la o máximo possível aos princípios de justiça pressupostos em outras partes do direito, por duas razões: a) porque presume-se que o legislador tenha respeito aos princípios tradicionais da justiça e b) a lei faz parte de um todo, e o seu sentido deve apresentar coerência ao sistema.
>
> A própria Justiça é uma instituição interpretada segundo o momento histórico vivido; existe uma concepção de justiça por meio da qual crime, castigo, dívida são reinterpretados sucessivamente. A interpretação da lei não diz

(48) JOBIM, Marco Félix. *O direito à duração razoável do processo:* responsabilidade civil do Estado em decorrência da intempestividade processual. São Paulo: Livraria do Advogado, 2012. p. 118.

respeito tanto a " conceitos de linguagem e sim às concepções sociais sobre eles em um dado contexto e o caso concreto a ser resolvido pelo direito.

(...)

O direito deve ser entendido como integridade, negando que as manifestações do direito sejam relatos factuais do convencionalismo, voltados para o passado, ou programas instrumentais do pragmatismo jurídico, voltados para o futuro. As afirmações jurídicas são opiniões interpretativas que, por esse motivo, combinam elementos que se voltam tanto para o passado quanto para o futuro; interpretam a prática jurídica contemporânea como uma política em processo de desenvolvimento."(49)

E, mais adiante, continua o mesmo autor:

"Do Estado contemporâneo, a sociedade espera a solução dos conflitos que lhe são submetidos, não podendo esperar que os eventuais percalços da administração sejam desculpas para postergar a solução das controvérsias. Havendo a necessidade de o poder público fazer valer o direito positivado, criando mecanismos para a sua realização, em seu primeiro passo deve proporcionar ao homem um canal para responder às necessidades, criando um "guichê" para receber as reclamações. Às pretensões subjetivas daquele que teve o direito violado, deve corresponder um serviço público. Assim, o acesso à Justiça é o primeiro passo para ao restabelecimento de direitos violados e a concretização da cidadania.

Nesse caso, cabe à parte que se considera lesada requerer que o andamento apresente-se em tempo razoável; além disso, o serviço público judiciário tem a obrigação de velar pela correta observação desta garantia fundamental, sob pena de o procedimento ser ordenado por eventual instância revisora, pois não se trata, apenas, de mais uma norma de procedimento; o enfoque é diferente agora, a norma que determina a razoável duração do processo é um dogma constitucional, da categoria garantias fundamentais, que tem aplicação imediata. Seu descumprimento afeta o sistema jurídico como um todo, eis que tem como fundamento irradiante os direitos fundamentais."(50)

Quando pensamos qual seria um limite de tempo considerado razoável para a duração de um processo, Frederico Augusto Leopoldino Koehler nos apresenta alguns posicionamentos de doutrinadores como destacamos a seguir:

"Fernando da Fonseca Gajardoni, opina que, em sistemas processuais preclusivos e de prazos majoritariamente peremptórios como o brasileiro, o

(49) FARIA, Renato Luiz Miyasato de. *Princípio da razoável duração do processo e medidas e celeridade processual.* São Paulo: LTr, 2013. p. 73-74.

(50) *Ibidem*, p. 102.

> tempo ideal do processo é aquele resultante do somatório dos prazos do Código de Processo Civil para o cumprimento de todos os atos que compõem o procedimento, somado ao tempo de trânsito em julgado, a tutela jurisdicional prestada além desse prazo seria intempestiva.
>
> Carlos Henrique Haddad, o lapso de conclusão dos processos cíveis em primeira instância resultará do total de prazos previstos em lei, sendo este o melhor critério, por derivar da lei e, consequentemente, por ser peremptório e objetivo.
>
> Alessandra Spalding, somou os prazos de cada fase do procedimento ordinário, desde o ajuizamento da ação até a prolação de sentença de primeiro grau, obtendo o total de 131 (cento e trinta e um) dias, período de tempo este que identificaria um processo com duração razoável, ressaltando, no entanto, que o prazo variaria de acordo com a peculiaridades da lide."[51]

Para esta análise do princípio da duração razoável do processo trazemos o destaque de Marco Félix Jobim:

> "A duração razoável do processo tem por finalidade a garantia ao jurisdicionado que ingressa no Poder Judiciário de que, em determinado tempo, e que este seja razoável, o seu processo tenha sido efetivado, ou pelo menos tenha sua sentença transitado em julgado.
>
> Já a celeridade processual é garantia ao jurisdicionado de que os atos processuais sejam realizados ao menor espaço de tempo possível, numa linha mais de economia processual.
>
> José Renato Nalini, contribui para a diferenciação dizendo entender que a expressão [...] razoável é algo logicamente plausível. É acessível pela razão. Ostenta sinonímia com racional. Todavia é um termo cuja densidade semântica dependerá de subjetivismo. Não é tarefa singela definir o que seja duração razoável do processo."[52]

O antagonismo entre celeridade processual e segurança jurídica é apenas aparente, e o que garantirá a aplicação ao caso concreto, ao fim e ao cabo, é o equilíbrio entre ambas. Deve o legislador, portanto, colocar os dois princípios em uma balança, sopesando-os com prudência, para que não exista, de um lado, celeridade excessiva, que pode gerar injustiça na decisão, e, de outro, uma perpetuação de discussões e recursos, que prolonguem indefinidamente a prestação da justiça. O processo justo não é necessariamente o que é mais célere, mas sim aquele no qual há o mais fino equilíbrio entre o

---

(51) KOHLER, Frederico Augusto Leopoldino. *A razoável duração do processo.* São Paulo: Juspodivm, 2013. p. 82.

(52) JOBIM, Marco Félix. *O direito à duração razoável do processo:* responsabilidade civil do Estado em decorrência da intempestividade processual. São Paulo: Livraria do Advogado, 2012. p. 119.

tempo requerido e a segurança jurídica obtida, não se pode confundir duração razoável do processo a todo custo, sob pena de pôr-se em risco a segurança jurídica e a própria justiça das decisões.

Definimos o princípio da duração razoável do processo como a necessidade de observância dos princípios da efetividade e da celeridade concomitantemente, ou seja, é o ponto de equilíbrio entre esses dois princípios.

Considerando a sistemática recursal existente e os princípios constitucionais do processo, defender a eliminação do Recurso de Revista é solução simplista e inconstitucional, pois não permite o controle difuso da constitucionalidade não só pelo Tribunal Superior do Trabalho mas em final análise pelo Supremo Tribunal Federal, como também retira do Tribunal Superior do Trabalho sua função de instância suprema da Justiça do Trabalho, conforme preceitua a Constituição Federal, ao passo que a efetividade do processo passa pela reanálise do processamento do Recurso de Revista e de seus efeitos.

3.3. Duplo grau de jurisdição

O duplo grau de jurisdição já era encontrado no direito grego em algumas situações, como nos recursos endereçados ao Tribunal dos Heliastas[(53)]. Pode-se, assim dizer que essa é uma das primeiras manifestações do Duplo Grau de Jurisdição, guardadas as devidas proporções com a realidade da época e a evolução do Direito, uma vez que os gregos não desenvolveram as noções de Direitos Individuais.

O duplo grau de jurisdição, segundo informa Manoel Antonio Teixeira Filho[(54)], se firmou no direito processual moderno com o Decreto francês de 1º de maio de 1790 (consequência da Revolução Francesa), na qual se passou a assegurar ao litigante vencido, total ou parcialmente, o direito de submeter a matéria contida na decisão de primeiro grau a reexame por órgão superior.

Na busca de um conceito de duplo grau de jurisdição, Joaquim Henrique Gatto nos apresenta: *"diz-se que se trata da possibilidade de um novo julgamento, por órgão diverso do prolator — formado por juízes de mesma ou superior hierarquia — das sentenças de 1º grau, mediante recurso voluntário ou em caráter cogente no reexame necessário, prevalecendo a segunda decisão sobre a primeira"*[(55)].

No Brasil, a Constituição de 1824 estabelecia, em seu art. 158: *"Para julgar as Causas em segunda, e última instância haverá nas Províncias do Império as Relações, que forem necessárias para comodidade dos Povos."*

(53) LIMA, Carolina Alves de Souza. *O princípio constitucional do duplo grau de jurisdição*. Barueri: Manole, 2003. p. 24.

(54) TEIXEIRA FILHO, Manoel Antonio. *Sistema dos Recursos Trabalhistas*. São Paulo: LTr, 2011. p. 54.

(55) GATTO, Joaquim Henrique. *O duplo grau de jurisdição e a efetividade do processo*. São Paulo: Editora do Advogado, 2010. p. 23.

Carolina Alves de Souza Lima, faz um levantamento histórico sobre a origem do Duplo Grau de Jurisdição, do qual citamos:

> "A origem e a evolução do Duplo Grau de Jurisdição estão diretamente relacionadas ao surgimento e ao aprimoramento do recurso de apelação. Nas civilizações antigas, o direito processual teve um desenvolvimento semelhante. Segundo Oreste Nestor de Souza Laspro: Em um primeiro momento, os litígios eram resolvidos pelas partes ou pelos grupos familiares a que pertenciam. Numa segunda fase, os conflitos passaram a ser dirimidos através da escolha de árbitros, que decidiam a respeito da contenda, tratando-se, portanto, de uma arbitragem facultativa, baseada na vontade das partes. A terceira etapa seria caracterizada pela arbitragem obrigatória, ou seja, o Estado passa a impor às partes a escolha de um árbitro, garantindo, por outro lado, a executoriedade da decisão desse mediador. Finalmente, temos a quarta etapa, em que a intervenção do Estado é definida na aplicação da justiça, suprimindo-se a vontade das partes no tocante à submissão aos julgamentos, que são, pois, impostos."(56)

Uma outra passagem interessante destacada da obra de Carolina Alves de Souza Lima: *"Os Direitos e as Garantias do Homem não estavam dentre as preocupações e conquistas dos romanos. O que se garantia eram os direitos das classes privilegiadas, como os imperadores e os patrícios. No entanto, havia a possibilidade de reexame das decisões judiciais, mediante apelação, no período da extraordinária cognitio. O surgimento da apelação demonstra a existência de um sistema recursal e da garantia do Duplo Grau de Jurisdição, guardadas as suas devidas proporções com a realidade da época. Todavia, convém ressaltar que a possibilidade de recurso no Direito Romano visava possibilitar à autoridade superior o controle em relação a seus subalternos, e, assim, deter o controle das decisões. A Magna Carta não foi uma declaração universal de direitos. Ao contrário, foi escrita durante o regime feudal para proteger os privilégios de nobres e barões e assim os proteger do despotismo dos reis. A Magna Carta não cuidou do princípio do Duplo Grau de Jurisdição. O direito ao recurso foi muito pouco empregado na Idade Média."*(57)

A adoção do duplo grau de jurisdição, pelo direito processual brasileiro, foi antecedida de diversas críticas, conforme nos lembra Manoel Antonio Teixeira Filho, nos seguintes termos:

> "(a) ou os órgãos da jurisdição superior são, presumivelmente, mais capacitados que os inferiores, quanto à realização da justiça, e neste caso seria recomendável encaminhar diretamente a eles a ação que se pretendesse propor, ou, ao contrário; (b) não devem ser depositários dessa presunção

(56) LIMA, Carolina Alves de Souza. *O princípio constitucional do duplo grau de jurisdição*. Barueri: Manole, 2003. p. 12.

(57) *Ibidem*, p. 31.

de preeminência jurídica, diante do que haveria um grande risco confiar-se-lhes o reexame da matéria, visto que poderiam substituir uma decisão correta por uma errada."[58]

Seguem abaixo algumas objeções formuladas em oposição ao duplo grau de jurisdição, citadas pelo mesmo autor:

a) a confirmação da sentença, pelo órgão superior, implicaria supérflua atividade para o Judiciário, porquanto a manutenção do julgado traria em si uma declaração de ter sido perfeita a decisão do grau inferior;

b) ao contrário, eventual reforma da decisão secundária envolveria um certo desprestígio do Estado, porque isto importaria no reconhecimento de um erro daquela decisão, que fora prolatada, em última análise, pelo mesmo Estado (Poder Judiciário);

c) os recursos retardam a formação da *"res iudicata"* e provocam um prolongamento do conflito de interesses em que se encontram enredadas as partes, além de infundir-lhes maior insegurança quanto ao êxito ou ao fracasso final das pretensões que deduziram em juízo;

d) a utilização dos recursos, pelo litigante de má-fé, ao invés de servir ao direito, o escoria sensivelmente.

Ainda, enumera o mesmo autor alguns argumentos favoráveis ao duplo grau de jurisdição:

a) a garantia dos recursos está jungida a uma necessidade humana, pois ninguém se conforma com um julgamento único e desfavorável;

b) o recurso atua como forma de purificação da sentença, escoimando-a de erros;

c) os recursos são apreciados por um órgão colegiado, composto de juízes dotados de maior experiência no ofício de julgar;

d) a possibilidade de recorrer faz com que o juízo inferior seja mais prudente, mais cioso no proferimento da decisão, sabendo que esta poderá ser submetida ao crivo do órgão superior, que tem competência para reformá-la, se for o caso.

Sobre esta questão, assim é a posição de Amauri Mascaro Nascimento:

"Longe de ferir a autonomia dos diferentes órgãos jurisdicionais, esse sistema confere à função, globalmente considerada, maior respeitabilidade e segurança de atuação. Se é certo que um ou alguns juízes podem errar,

(58) TEIXEIRA FILHO, Manoel Antonio. *Sistema dos Recursos Trabalhistas*. São Paulo: LTr, 2011. p. 50.

é quase improvável e muito difícil mesmo que com todo o Poder Judiciário aconteça o mesmo, pois nos processos, mediante os recursos, os casos são apreciados por muitos juízes, o juiz-presidente e os classistas nas Juntas, os juízes dos Tribunais Regionais e os ministros do Tribunal Superior do Trabalho, tudo para possibilitar uma estrutura organizada de modo a garantir, na medida do possível, pela participação de muitas pessoas na decisão de um mesmo processo, o maior grau de acerto nas decisões."[59]

Coqueijo Costa justifica o duplo grau da seguinte forma: *"as apreciações sucessivas garantem uma solução melhor e o julgamento do recurso, em geral, comete a um colegiado, que se debruça sobre uma decisão anterior que já considerou os fatos e o direito da causa. O Juiz, sabendo que sua decisão pode ser revista, procura julgar melhor psicologicamente e a parte se conforma mais amiúde com a sentença desfavorável pronunciada em novo grau de jurisdição."*[60]

De Carnelutti vem a lição precisa acerca do conteúdo do duplo grau de jurisdição:

> "A função da apelação está em submeter a lide e o negócio a um segundo exame que ofereça maiores garantias que o primeiro, já que se serve da experiência deste e realiza um ofício superior; porém este não é um caráter essencial, já que pronunciou a sentença impugnada; o essencial é que se trata de um exame reiterado, isso é, de uma revisão de tudo quanto se fez pela primeira vez, e essa reiteração permite evitar os erros e suprir as lacunas em que eventualmente incorreu o exame anterior."[61]

A razão de ser do princípio do duplo grau de jurisdição encontra-se na persecução da segurança como elemento ínsito da justiça que se concretiza por meio do pronunciamento do órgão jurisdicional.

Para Cândido Rangel Dinamarco, Ada Pelegrini Grinover e Antônio Carlos de Araújo Cintra, todos os atos estatais devem possuir seus necessários controles: *"o Poder Judiciário, principalmente onde seus membros não são sufragados pelo povo é, dentre todos, o de menor representatividade. Não o legitimaram as urnas, sendo o controle popular sobre o exercício da função jurisdicional ainda incipiente em muitos ordenamentos, como o nosso. É preciso, portanto, que se exerça ao menos o controle interno sobre a legalidade das decisões judiciárias. Eis a conotação política do princípio do duplo grau de jurisdição".*[62]

Certamente, a imposição do princípio da justiça no provimento jurisdicional leva à conclusão de que esta deva ser o resultado de um exame acurado e exaustivo dos fatos e das provas que se contêm no processo.

---

(59) NASCIMENTO, Amauri Mascaro. *Curso de Direito Processual do Trabalho*. São Paulo: Saraiva, 2013. p. 470.

(60) COSTA, Coqueijo. *Direito Processual do Trabalho*. São Paulo: Forense, 1986. p. 458.

(61) CARNELUTTI, Francesco. *Instituciones del proceso civil*, Buenos Aires: EJEA,1973. p. 227.

(62) CINTRA, Antônio Carlos Araújo; GRINOVER, Ada Pellegrini; CÂNDIDO, Rangel Dinamarco. *Teoria Geral do Processo*. São Paulo: Malheiros, 2006. p. 74.

Por outro lado, a justiça tardia não conduz aos resultados colimados pelo exercício da atividade jurisdicional, porque o processo deve produzir o máximo resultado, o máximo proveito prático, que é a pacificação social segundo critérios de segurança e justiça, com o mínimo de dispêndio de tempo e energia.

Trata-se de dois valores envolvidos, que devem ser conciliados, balanceados, de forma a se chegar ao conceito de justiça ideal.

Sem dúvida nenhuma, quanto mais se examina uma sentença, mais perfeita é a distribuição da justiça, o que equivale a dizer que o princípio do duplo grau constitui garantia fundamental de boa justiça, o que torna de suma importância e indispensável sua instituição no ordenamento legal.

A questão controvertida é sobre a previsão constitucional deste importante princípio.

Para alguns, o princípio do duplo grau de jurisdição encontra-se garantido pela Constituição Federal de 1988, não só pelo disposto em seu art. 5º, inciso LV, que assim dispõe: "*aos litigantes, em processo judicial ou administrativo, e aos acusados em geral são assegurados o contraditório e ampla defesa, com os remédios e recursos a ela inerentes*", mas, também, pela previsão expressa na Constituição Federal da organização judiciária. Neste sentido, é a doutrina de Djanira Maria Radamés de Sá ao dispor:

> "quanto mais se examina uma sentença, mais perfeita é a distribuição da justiça, o que equivale a dizer que o princípio não só constitui garantia fundamental de boa justiça, como se revela essencial à organização judiciária."(63)

Neste sentido também é o entendimento de Odonel Urbano Gonçalves e Pedro Paulo Teixeira Manus ao justificarem a limitação do efeito devolutivo do recurso de revista:

> "... Não se pode perder de vista que já foi ultrapassado o constitucional duplo grau de jurisdição. Apresenta-se, pois, dotada de razoabilidade a interpretação restritiva com que devem ser vislumbradas as hipóteses de admissibilidade de recurso extraordinário."(64)

Para outros, apenas na Constituição do Império de 1824, especificamente no art. 158, havia garantia absoluta ao duplo grau de jurisdição, o que não ocorreu nas demais constituições, inclusive na de 1988. Neste sentido, é a posição de Nelson Nery Jr., ao dispor:

> "As constituições que se lhe seguiram limitaram-se a apenas mencionar a existência de tribunais, conferindo-lhes competência recursal.

(63) SÁ, Djanira Maria Radamés de. *Duplo Grau de Jurisdição:* Conteúdo e Alcance Constitucional. Porto Alegre: Saraiva, 1999. p. 99.

(64) GONÇALVES, Odonel Urbano; MANUS, Pedro Paulo Teixeira. *Recursos no Processo do Trabalho.* São Paulo: LTr, 1997. p. 62.

Implicitamente, portanto, havia previsão para a existência de recurso. Mas, frise-se, não garantia absoluta ao duplo grau de jurisdição. A diferença é sutil, reconheçamos, mas de grande importância prática. Com isto queremos dizer que, não havendo garantia constitucional do duplo grau, mas mera previsão, o legislador infraconstitucional pode limitar o direito de recurso..."(65)

Aqueles que entendem que não é garantia constitucional, fazem uma ressalva quanto ao processo penal, em razão do disposto no art. 8º, n. 2, letra h, da Convenção Interamericana de Direitos Humanos (Pacto de San José da Costa Rica), de 22.11.1969, da qual o Brasil é signatário, que assim dispõe:

"Art. 8º. Garantias judiciais.

(...)

2. Toda pessoa acusada de um delito tem direito a que se presuma sua inocência, enquanto não for legalmente comprovada sua culpa. Durante o processo, toda pessoa tem direito, em plena igualdade, às seguintes garantias mínimas:

(...)

h) direito de recorrer da sentença a juiz ou tribunal superior."

Sobre esta questão, assim é o entendimento de Manoel Antonio Teixeira Filho:

"Em nenhum momento, *data venia*, o texto constitucional proclama, mesmo pela via implícita, a presuntiva garantia do duplo grau de jurisdição; o que o art. 92, *caput*, está a indicar, é a mera possibilidade de o interessado interpor recurso para os graus superiores da jurisdição, sendo exatamente para esse fim que os seus incisos cuidaram de detalhar a competência recursal dos tribunais ali mencionados, sem que seja lícito ao intérprete vislumbrar na dicção do precitado artigo qualquer declaração assecuratória da presença institucional de uma duplicidade de graus jurisdicionais.

(...)

Disto resulta que eventuais leis ordinárias que tenham vetado a interponibilidade de recursos das sentenças de primeiro grau não trouxeram em si, como se chegou a arguir, a eiva da inconstitucionalidade, precisamente porque inexiste em nosso sistema constitucional qualquer declaração, ainda que implícita, da duplicidade de graus jurisdicionais como direito ou garantia do indivíduo."(66)

(65) NERY JR., Nelson. *Princípios do Processo Civil na Constituição Federal*. São Paulo: Revista dos Tribunais, 2010. p. 211.

(66) TEIXEIRA FILHO, Manoel Antonio. *Sistema dos Recursos Trabalhistas*. São Paulo: LTr, 2011. p. 54.

Humberto Theodoro Júnior, assim nos ensina:

> "Não se trata, é bom se ver, de um princípio absoluto e inafastável. O ideal é que haja recorribilidade, mas a Constituição não se refere a ela da maneira com que o faz em relação ao contraditório. Razões de conveniência prática, portanto, podem ampliá-lo ou restringi-lo em determinadas circunstâncias. Por isso, as chamadas causas de alçada nunca foram consideradas como ofensivas às garantias constitucionais do processo."[67]

Mauro Schiavi traz em sua obra:

> "Tem prevalecido o entendimento, no nosso sentir, correto, de que o duplo grau de jurisdição não é um princípio constitucional, pois a Constituição não o prevê expressamente, tampouco decorre do devido processo legal, do contraditório ou da inafastabilidade da jurisdição. O acesso à Justiça e o contraditório são princípios constitucionalmente consagrados, mas não o duplo grau de jurisdição, pois o art. 5º, LV, da CF alude aos meios e recursos inerentes ao contraditório e ampla defesa. O termo recursos não está sendo empregado no sentido de ser possível recorrer de uma decisão favorável, mas dos recursos previstos em lei para o exercício do contraditório e ampla defesa. Portanto, o direito de recorrer somente pode ser exercido quando a Lei o disciplinar e forem observados os pressupostos."[68]

O Supremo Tribunal Federal adotou a segunda corrente, se filiando à doutrina majoritária.[69].

Contudo, entendemos de forma contrária e nos filiamos à primeira corrente, segundo o qual o direito ao duplo grau de jurisdição é uma garantia constitucional, decorrente do Estado Democrático de Direito.

O devido processo legal está inserido na Constituição Federal como direito fundamental, que decorre do Estado Democrático de Direito no qual, são assegurados os direitos fundamentais consagrados pela Constituição sob dois prismas: o da regularidade e justiça da elaboração legislativa e o da regularidade e justiça da elaboração judicial.

E, o duplo grau de jurisdição não decorre simplesmente do direito fundamental da ampla defesa, mas também do Estado Democrático de Direito, eis que nenhum ato estatal pode ficar imune a controle.

---

(67) THEODORO JR., Humberto. Os Princípios Constitucionais do Processo Civil e o Processo do Trabalho. In: *Compêndio de Direito Processual do Trabalho* — obra em memória de Celso Agrícola Barbi. São Paulo: LTr, 2002. p. 56.

(68) SCHIAVI, Mauro. *Recursos no Processo do Trabalho*. São Paulo: LTr, 2013. p. 93.

(69) STF — 2ª T., AgRg AI n. 209.954-1/SP, rel. Min. Marco Aurélio, julg. em 15.09.98, DJU de 4.12.1998; STF — 2ª T., RHC n. 80.919-SP, rel. Min. Nelson Jobim, julg. em 12.6.2001; STF — 1ª T., AgAICrim n. 248.761/RJ, rel. Min. Ilmar Galvão, julg. em 11.4.2000, DJU de 23.6.2000; STF — 1ª T., HC n. 71.124/RJ, rel. Min. Sepúlveda Pertence, julg. em 28.6.1994, DJU de 23.9.1994.

Segundo o direito processual moderno, a Garantia do Duplo Grau de Jurisdição prescinde de outro órgão (superior ou não) para a análise da matéria em discussão.

O controle das decisões judiciais por meio dos recursos visa a observância do Estado Democrático e da legalidade, daí porque trata-se de uma garantia constitucional. Impor celeridade, sem observância de garantias mínimas, é prevalecer um determinado princípio em detrimento de outros, tão importantes quanto.

Onde há exercício de poder público é necessário que haja mecanismo de controle. E, no processo judicial, o controle do exercício do poder se dá por meio do recurso. Permitir decisões judiciais irrecorríveis, como regra, é permitir que o autoritarismo prevaleça em detrimento do Estado Democrático de Direito.

Joaquim Henrique Gatto traz em sua obra: "*não se poderia cogitar da uniformização de jurisprudência, da redução nas chances de equívocos pela falibilidade humana e na satisfação pelo ser humano com a existência de um duplo grau, se, ao cidadão, não fosse permitido um novo julgamento da decisão final do processo. Salvo exceções previstas pelo legislador, é possível dizer que, embora toda a argumentação contrária, o duplo grau de jurisdição está consolidado no sistema processual civil. Mesmo os que negam a qualidade de princípio não negam sua plena vigência. O princípio do duplo grau de jurisdição constitui elemento do almejado equilíbrio entre a segurança jurídica e a ponderação nos julgamentos, responsáveis pela qualidade, confiabilidade e brevidade dos julgados*".[(70)]

O mesmo autor apresenta um contraponto aos argumentos desfavoráveis ao princípio do duplo grau de jurisdição, o qual destacamos: "*... a reforma da sentença indica mau funcionamento do sistema judiciário; o recurso retarda e encarece a solução do conflito; a existência de recurso apaga os benefícios da oralidade, imediação e concentração dos atos; a confirmação de uma sentença justa constitui inutilidade; o tribunal pode confirmar uma sentença injusta, e, se justa, a própria interposição do recurso ofende o direito; o tribunal pode substituir uma sentença justa por um acórdão injusto; o recurso serve para a concentração de poder numa aristocracia judiciária e; não há demonstração de que o segundo grau ofereça maior coeficiente de certeza e de justiça, ainda assim, segundo Tesheiner, não se deve suprimir o duplo grau de jurisdição, mas admitir restrições ao direito de recorrer.*"[(71)]

Não há previsão expressa do duplo grau de jurisdição na Constituição Federal, eis que implícito, decorrente do Estado Democrático de Direito.

Isso não significa dizer que o duplo grau de jurisdição é uma garantia plena, ou seja, que deva ser aplicada a todas as decisões, pois neste caso o processo passaria a ter caráter protelatório, em desrespeito a outros princípios tão fundamentais do processo.

---

(70) GATTO, Joaquim Henrique. *O duplo grau de jurisdição e a efetividade do processo*. São Paulo: Editora do Advogado, 2010. p. 49.

(71) *Idem*.

Segundo Araken de Assis(72), se todos os atos decisórios fossem recorríveis, jamais teria fim o processo, prejudicando sua finalidade social. Por tal razão, haverá um momento em que a irrecorribilidade das decisões será adotada com mais vigor, dependendo da opção política do sistema jurídico. Nessa hora, não haverá alegação de ofensa aos direitos fundamentais pela irrecorribilidade dos provimentos proferidos pelo Judiciário.

É o que ocorre com o princípio infraconstitucional da irrecorribilidade imediata das decisões interlocutórias, prevista no art. 893, § 1º, da CLT. Não há qualquer inconstitucionalidade do referido dispositivo, pois a irrecorribilidade é apenas imediata, o que significa dizer que a decisão é recorrível, mas em um momento posterior.

Conforme já mencionado neste trabalho, o direito individual da parte se limita ao duplo grau e não a um "terceiro" grau, que sequer existe, pois instância extraordinária é diferente de terceiro grau. Em sede de natureza extraordinária o direito da parte pode ser atingido de forma "reflexa" mas não é o objetivo principal desta espécie de recurso. Daí porque se defende nesta tese a existência de um Recurso de Revista com efeito rescisório, o que será explorado mais adiante em capítulo específico, pois uma vez julgado pelo Regional, tem-se esgotado o direito da parte e, desta forma, é possível se atender ao mandamento constitucional da duração razoável do processo.

(72) ASSIS, Araken de. *Manual dos Recursos*. São Paulo: Revista dos Tribunais, 2013. v.1, p. 80.

4. Princípios Infraconstitucionais do Processo

Analisados os princípios constitucionais do processo, necessário uma abordagem a respeito de alguns princípios infraconstitucionais do processo, em especial do processo do trabalho, a fim de sustentar que a tese que ora se apresenta não possui qualquer incompatibilidade com o sistema vigente.

É por meio dos princípios que em geral se dá a realização prática do sistema recursal. No entanto, seu estudo ainda não está completamente sistematizado e seu elenco varia de autor para autor. Na presente obra procuramos abordar os princípios infraconstitucionais referentes aos recursos.

4.1. Princípio da irrecorribilidade imediata das decisões interlocutórias

Desde o tempo do direito romano antigo era clara a separação da *sententia* em confronto com a *interlocutio*; aquela ficava reservada para a solução do mérito da causa, destinando-se a esta o papel de resolver certos expedientes do processo, como a produção de provas. As interlocutórias não tinham caráter de sentença típica. Caracterizavam-se também pela irrecorribilidade, razão por que não passavam em julgado e, em consequência, não ensejavam o surgimento da *res iudicata*, ainda que formal.

O princípio da irrecorribilidade imediata das decisões interlocutórias decorre do princípio da oralidade do processo do trabalho.

Conforme nos relata Jorge Luiz Souto Maior:

> "A ideia de oralidade, nos países de *civil law*, surge como reação aos defeitos do processo romano-canônico e comum, como símbolo do movimento de crítica e de reforma radical àquele tipo de procedimento. A exclusividade do elemento escrito no processo conduziu ao aforismo, *quod non est in actis non est in mundo* (o que não está nos autos não está no mundo), que foi levado a extremos por obra da famosa Decretal do Papa Inocêncio III, em 1216, segundo a qual a sentença deve pautar-se sempre pelos escritos dos autos, não eram colhidas pelo juiz e sim por terceiro ou terceiros interrogadores. Consequentemente, também, os processos não eram públicos.

> Além disso, os processos eram longos, fragmentados e complicados, pois os escritos provocam sempre **?contraescritos?**. Assim havia a contestação, a réplica, a tréplica e assim por diante... Porque o juiz não intervinha diretamente no desenvolvimento do processo, este se apresentava como 'coisa das partes', com todos os abusos que esta situação podia resultar. Assim, não só as partes que quisessem retardar o procedimento encontravam neste tipo de procedimento meios de fazê-lo, como juízes e advogados acabavam agindo da mesma forma para atender a interesses pessoais. [...] Além disso, havia a possibilidade de recurso imediato de qualquer decisão do juiz, o que, evidentemente, contribuía para o prolongamento dos feitos. Por fim, destaque-se que o processo era marcado pelo sistema da prova legal, pelo qual uma prova somente era admitida e valorada nos moldes traçados pela lei".(73)

Além do mais referido princípio está em compasso com o sistema do processo do trabalho de imprimir maiores poderes do Juiz na condução do processo, e celeridade do procedimento, conforme preceituado no arts. 765 e 878 da CLT.

O vocábulo *irrecorribilidade* utilizado na denominação do princípio não deve impressionar a ponto de conduzir a equivocada interpretação de irrecorribilidade em sentido amplo.

O momento de se impugnar as decisões interlocutórias é por ocasião do recurso em face da decisão final do processo.

Nos ensina Manoel Antonio Teixeira Filho:

> "Mesmo nos tempos modernos, seria sobremaneira prejudicial à celeridade do procedimento se fosse permitida a interposição de recursos dessa espécie de decisão, proferida interlocutoriamente (= em meio ao processo). Sendo assim, as questões por ela abrangidas somente poderão ser contrariadas ao ensejo do recurso que vier a ser interposto da sentença de fundo, que compuser a lide. Esta é a regra cristalina insculpida no art. 893, §1º, da CLT, que não se restringe, como se possa pensar, às hipóteses lá previstas".(74)

Já o processo civil permite que certas decisões proferidas pelo juiz no processo sejam impugnadas por agravo de instrumento (CPC, art. 1.015), embora preveja, para outras, o agravo retido (*idem*) — ressalvados os casos previstos pelos arts. 1.001 (despachos de mero expediente) e 1.009 (apelação) do mesmo Código, que não admitem recurso.

---

(73) SOUTO MAIOR, Jorge Luiz. *Direito Processual do Trabalho*, São Paulo: LTr, 1998. p. 37-38.

(74) TEIXEIRA FILHO, Manoel Antonio. *Curso de Direito Processual do Trabalho, vol. II*. São Paulo: LTr, 2009. p. 1460.

Sobre a recorribilidade das decisões interlocutórias, assim é a doutrina de Costa Machado:

> "A existência do agravo, no sistema do nosso direito processual civil, significa atenuação do princípio da oralidade que tem na concentração de atos em audiência, na imediatidade e, justamente, na irrecorribilidade das interlocutórias os seus subprincípios; tal atenuação não existe no processo do trabalho, por exemplo."(75)

O processo do trabalho, contudo, prevê algumas exceções ao princípio da irrecorribilidade da interlocutórias. Uma delas é a decisão proferida pelo juiz, com o objetivo de fixar o valor da causa (quando este for indeterminado) na forma do art. 2º da Lei n. 5.584/70. Sucede que se essa decisão for mantida (por força da rejeição do pedido de reconsideração feito pela parte na oportunidade das razões finais), poderá o interessado *formular pedido de revisão* do valor fixado, que será encaminhado ao Presidente do Tribunal Regional do Trabalho correspondente, no prazo de quarenta e oito horas, o pedido será instruído apenas com cópia da petição inicial e da ata da audiência, sem prejuízo da junção de outros documentos que o requerente entenda serem úteis ou necessários.(76)

Outra exceção é a decisão (a que o art. 897, *"b"*, da CLT, denomina, erroneamente, de despacho) unipessoal que não admite recurso. Referida decisão que denega seguimento a outro recurso tem natureza jurídica de decisão interlocutória pois não põe fim ao processo e resolve questão incidente.

Referido princípio está amparado no disposto no art. 893, § 1º da CLT que estabelece: "*Os incidentes do processo serão resolvidos pelo próprio Juízo ou Tribunal, admitindo-se a apreciação do merecimento das decisões interlocutórias somente em recurso da decisão definitiva.*"

Em sua obra, Manoel Antonio Teixeira Filho nos traz alguns exemplos de interlocutórias:

> "Como exemplos de interlocutórias (logo, irrecorríveis), podemos mencionar, dentre tantas, as decisões sobre exceções de impedimento ou de suspeição (CLT, art. 799, § 2º); a "sentença" de liquidação (CLT, art. 884, § 3º); a que decidir o incidente de falsidade documental (CPC, art. 395). Das decisões sobre incompetência (relativa), como vimos, não se admitirá recurso, exceto na hipótese de que cogita a letra c, da Súmula n. 214, do TST. Recurso também poderá haver da sentença que acolher preliminar de

---

(75) MACHADO, Costa. *Código de Processo Civil Interpretado*. Barueri: Manole, 2013. p. 628.

(76) Na prática isso não ocorre mais, uma vez que a indicação do valor da causa na petição inicial tornou-se necessário para a sua distribuição. Contudo, permanece em vigor o recurso de Pedido de Revisão, para a hipótese do juiz, em audiência, alterar o valor da causa e, consequentemente o procedimento. Situação pouco comum, que torna em desuso referido recurso.

incompetência absoluta, uma vez que, neste caso, a demanda estará sendo subtraída da competência da Justiça do Trabalho, vale dizer, a sentença será 'terminativa' da jurisdição trabalhista".[77]

Doutrina e jurisprudência admitem, excepcionalmente, a impugnação de decisões interlocutórias por meio de mandado de segurança sempre que: a) o ato jurisdicional mostrar-se teratológico; ou b) não houver outro meio de prontamente impedir ou corrigir ilegalidade ou abuso de poder manifestos e com capacidade de causar prejuízo irreparável ou de difícil reparação.

Além das exceções previstas em lei, o Tribunal Superior do Trabalho editou a Súmula n. 214[78], onde trata de outras decisões interlocutórias que comportam recurso imediato, sendo uma delas o Recurso de Revista. É a hipótese do item *"a"* da referida súmula.

Sobre referida hipótese, diz Carlos Henrique Bezerra Leite: *"Andou bem o TST ao permitir a interposição imediata de recurso de decisões dos TRTs contrárias às Súmulas e Orientações Jurisprudenciais. Trata-se de homenagem aos princípios da economia e celeridade processuais, pois evita que o processo retorne à Vara do Trabalho quando a decisão atacada (do TRT) esteja em desconformidade com entendimento sumulado, reiterado, iterativo e atual do TST"*[79].

A hipótese contemplada no item *"a"* da Súmula n. 214 diz respeito a acórdão do Regional que determina o retorno dos autos para o primeiro grau de jurisdição para novo julgamento. Ocorre, por exemplo, quando o Regional reconhece o vínculo empregatício e determina o retorno dos autos para análise dos demais pedidos ou, quando afasta a prescrição e determina o retorno dos autos para o primeiro grau se pronunciar sobre os demais pleitos ou ainda quando anula um processo e determina o retorno para a reabertura da instrução processual. Nestas hipóteses estaremos diante de um acórdão Regional com natureza jurídica de decisão interlocutória e, portanto, irrecorrível de imediato, salvo se contrariar Súmula ou Orientação jurisprudencial do TST.

Nesse sentido, assim decidiu o Tribunal Superior do Trabalho:

"AGRAVO RECONHECIMENTO DO VÍNCULO DE EMPREGO PELO TRIBUNAL REGIONAL. RETORNO DOS AUTOS À VARA DO TRABALHO DE ORIGEM. DECISÃO INTERLOCUTÓRIA. IRRECORRIBILIDADE. SÚMULA 214. EXCEÇÃO NÃO DEMONSTRADA. NÃO PROVIMENTO. No presente agravo, embora a parte recorrente demonstre seu inconformismo,

(77) TEIXEIRA FILHO, Manoel Antonio. *Sistema dos Recursos Trabalhistas*. São Paulo: LTr, 2011. p. 112.

(78) Na Justiça do Trabalho, nos termos do art. 893, § 1º, da CLT, as decisões interlocutórias não ensejam recurso imediato, salvo nas hipóteses de decisão: a) de Tribunal Regional do Trabalho contrária à Súmula ou Orientação Jurisprudencial do Tribunal Superior do Trabalho; b) suscetível de impugnação mediante recurso para o mesmo Tribunal; c) que acolhe exceção de incompetência territorial, com a remessa dos autos para Tribunal Regional distinto daquele a que se vincula o juízo excepcionado, consoante o disposto no art. 799, § 2º, da CLT.

(79) BEZERRA LEITE, Carlos Henrique. *Curso de Direito Processual do Trabalho*. São Paulo: LTr, 2010. p. 874.

não apresenta argumentos que demovam a decisão denegatória do agravo de instrumento. Com efeito, a decisão do Tribunal Regional que reconheceu a existência de vínculo entre o autor e a reclamada, com determinação do retorno dos autos ao Juízo de origem para prosseguir no exame dos pedidos decorrentes, cuida de decisão interlocutória, irrecorrível de imediato, nos termos do artigo 893, § 1º, da CLT, conforme preconizado na Súmula nº 214. Agravo a que se nega provimento" (Ag-ED-AIRR-1000622-16.2020.5.02.0023, 8ª Turma, Relator Desembargador Convocado Eduardo Pugliesi, DEJT 25/3/2024).

Sobre essa questão, assim é a doutrina de Kátia Magalhães Arruda e Rubem Milhomem:

> "Em todos os casos nos quais não é cabível de imediato o recurso de revista, ante a natureza jurídica da decisão recorrida, subsiste que, após o exame dos pedidos no primeiro grau de jurisdição, pode ser interposto novo recurso ordinário (para impugnar o acolhimento ou a rejeição das pretensões) e, em seguida, novo recurso de revista por meio do qual poderão ser impugnados, direta e simultaneamente, sem nenhum prejuízo processual, o primeiro acórdão do TRT do qual não se pôde recorrer de imediato e o segundo acórdão da Corte Regional no qual foram apreciadas as matérias remanescentes."(80)

Poderá ocorrer de no mesmo acórdão ser proferida decisão cuja natureza jurídica seja interlocutória e, também, de decisão final. Ocorre quando, além de determinar a devolução dos autos para o primeiro grau, também enfrenta questões de mérito, em decisão definitiva. É o exemplo da decisão que determina o retorno dos autos à origem sobre um tema, e sobre outro tema contraria uma súmula. Nesse caso, mudando posicionamento anterior, entendemos que cabe recurso imediato quanto ao tema da contrariedade à súmula.

Outra hipótese é a determinação do Regional que determina o retorno dos autos à origem para instauração de incidente de desconsideração da personalidade jurídica. Trata-se de decisão interlocutória e, portanto, irrecorrível de imediato. Nesse sentido, assim decidiu o Tribunal Superior do Trabalho:

"AGRAVO EM AGRAVO DE INSTRUMENTO EM RECURSO DE REVISTA. DECISÃO INTERLOCUTÓRIA. IRRECORRIBILIDADE IMEDIATA. INCIDÊNCIA DA SÚMULA Nº 214 DO TST. No caso, o Tribunal Regional deu provimento ao agravo de petição do exequente e determinou "a intimação dos sócios/administradores da executada para se manifestarem sobre o pedido de instauração do incidente de desconsideração da personalidade jurídica". Nesse contexto, verifica-se que a decisão da Corte Regional reveste-se de caráter interlocutório e, por isso, é irrecorrível de imediato, admitindo-se a apreciação do tema somente em recurso da decisão definitiva, nos termos

(80) ARRUDA, Kátia Magalhães; MILHOMEM, Rubem. *A Jurisdição Extraordinária do TST na Admissibilidade do Recurso de Revista*. São Paulo: LTr, 2012. p. 60.

da Súmula 214/TST. Frise-se, ainda, não estar caracterizada nenhuma das exceções previstas pela Súmula 214 do TST. Agravo conhecido e desprovido" (Ag-AIRR-637-71.2013.5.06.0011, 7ª Turma, Relator Ministro Alexandre de Souza Agra Belmonte, DEJT 14/6/2024).

"AGRAVO INTERNO. AGRAVO DE INSTRUMENTO. RECURSO DE REVISTA. ACÓRDÃO REGIONAL PUBLICADO NA VIGÊNCIA DA LEI Nº 13.467/2017. FASE DE EXECUÇÃO. INCIDENTE DE DESCONSIDERAÇÃO DA PERSONALIDADE JURÍDICA. RETORNO DOS AUTOS À VARA DO TRABALHO DE ORIGEM. DECISÃO INTERLOCUTÓRIA. SÚMULA Nº 214 DO TST. ÓBICE PROCESSUAL. TRANSCENDÊNCIA. EMISSÃO DE JUÍZO POSITIVO. IMPOSSIBILIDADE. I. Não merece reparos a decisão unipessoal, em que se negou provimento ao agravo de instrumento, uma vez que a decisão regional, em que se determinou o retorno dos autos à Vara do Trabalho de origem para instauração de incidente de desconsideração da personalidade jurídica da empresa executada, possui natureza interlocutória, atraindo a incidência do óbice processual da Súmula 214 do TST, o que inviabiliza a intelecção da matéria, tal como posta, deduzida ou apresentada, obstando assim a emissão de juízo positivo de transcendência. II. Agravo interno de que se conhece e a que se nega provimento" (Ag-AIRR-156400-25.2009.5.01.0050, 7ª Turma, Relator Ministro Evandro Pereira Valadão Lopes, DEJT 14/6/2024).

A adoção do princípio da irrecorribilidade das decisões interlocutórias pelo processo do trabalho é uma das formas pela qual se garante a celeridade processual, fazendo com que o princípio da razoabilidade da duração do processo, insculpido pelo texto constitucional, por meio da EC n. 45/2004, seja de fato observada.

4.2. Princípio da proibição da "*reformatio in pejus*"

O princípio da *reformatio in pejus* (também chamado de *princípio do efeito devolutivo* e de *princípio de defesa da coisa julgada parcial*) não possui previsão legal expressa e sua adoção decorre do sistema recursal previsto pelo direito processual brasileiro, e está amparado no princípio da demanda — art. 2º do CPC. Enuncia a vedação da piora da situação do recorrente no julgamento do recurso: ao julgar o recurso interposto contra uma decisão, não pode o órgão recursal piorar a situação do recorrente.

Nelson Nery Junior, menciona em sua obra:

> "Em nosso direito positivo não há regra explícita a respeito da proibição da *reformatio in peius*. Essa proibição, que entre nós efetivamente existe, é extraída do sistema, mais precisamente da conjugação do princípio dispositivo, da sucumbência como requisito de admissibilidade e, finalmente, do efeito devolutivo do recurso.
>
> Em certa medida, o sistema processual vigente entre nós rompeu com as tradições do direito luso-brasileiro, que adotava francamente o instituto do *beneficium commune* relativamente ao recurso de apelação. Era permitido ao tribunal reformar a sentença como bem quisesse, ainda que contra aquele

que, sozinho, o interpusera. Dir-se-ia que o princípio então vigorante era o da realidade, oposto ao da proibição da *reformatio in peius*."(81)

Em nosso sistema, não se admite a reforma da decisão atacada para pior, para a parte recorrente. Seria contraditório para a parte recorrente ser prejudicada com a nova decisão, já que o recurso é um ato voluntário.

Manoel Antonio Teixeira Filho nos traz:

> "A decisão que reformar para pior a sentença impugnada estará, num certo sentido, julgando *ultra* ou *extra petita*, conforme seja o caso, na medida em que terá apreciado matéria que não foi trazida à sua cognição jurisdicional de reexame pelo recurso."(82)

A expressão *reformatio in pejus* traduz em si mesma paradoxo, pois ao mesmo tempo em que se tem a "reforma" como providência solicitada pelo recorrente de modo a propiciar-lhe situação mais vantajosa em relação à decisão impugnada, se vê a "piora" como sendo exatamente o contrário daquilo que se pretendeu com o recurso.

Esse princípio não impede que o órgão julgador analise questões de ordem pública, como as condições da ação, matérias que podem ser expressamente conhecidas de ofício (decadência e prescrição), direito superveniente, litigância de má-fé, dano processual etc.

Conforme nos relata Manoel Antonio Teixeira Filho:

> "A prestação jurisdicional, seja a realizada pela sentença ou pelo acórdão (em grau de recurso ou nas ações de competência originária dos tribunais), deve conter-se nos limites do pedido, como exige a lei (CPC, art. 460), até porque qualquer pronunciamento fora desses limites estaria ocorrendo sem a necessária provocação da parte interessada (CPC, art. 2º). Quanto a isso, todavia, há no processo do trabalho uma exceção significativa no plano de ações (dissídios) coletivas, pois aqui a lei nem ao menos exige que da inicial conste(m) o(s) pedido(s); fala, apenas, dos *motivos* (*causa petendi*) e das bases da conciliação (CLT, art. 858, b)."(83)

O ponto central da proibição é a limitação imposta pelo princípio dispositivo, refletindo, consequentemente, nos limites do efeito devolutivo do recurso.

O objeto do recurso é, tão somente, a matéria efetivamente impugnada, acrescida daquelas questões que o juiz deva conhecer de ofício. Se julgar fora do que foi pedido, haverá infringência ao princípio dispositivo.

---

(81) NERY JR., Nelson. *Princípios do Processo Civil na Constituição Federal*. São Paulo: Revista dos Tribunais, 2010. p. 185.

(82) TEIXEIRA FILHO, Manoel Antonio. *Sistema dos Recursos Trabalhistas*. São Paulo: LTr, 2011. p. 131.

(83) TEIXEIRA FILHO, Manoel Antonio. *Sistema dos Recursos Trabalhistas*. São Paulo: LTr, 2011. p. 132.

Nelson Nery Junior, discorre sobre outra questão sobre a *reformatio in pejus*:

> "... que tem sido muito debatida, respeita à remessa obrigatória do CPC 475 I. O equacionamento da questão é o seguinte: poderia o tribunal *ad quem*, ao tomar conhecimento da remessa obrigatória, piorar a situação da entidade estatal, que já teria contra si sentença desfavorável?
>
> A tendência da jurisprudência do STF é no sentido de negar essa possibilidade, tachando o írrito o acórdão que assim procede, sob o fundamento de que haveria *reformatio in peius*. Isso porque teria havido trânsito em julgado à parte privada que não recorrera da sentença. Ademais, a remessa obrigatória teria sido instituída em favor dos organismos públicos, de modo que contra estes não se poderia decidir, piorando-lhes a situação já desvantajosa pela decisão que lhes fora adversa."(84)

A proibição da reforma para pior deve ser efetiva, deve se verificar na prática, assim, se o tribunal mantiver a decisão originária, modificando apenas o fundamento, não há de se falar em *reformatio in pejus*.

4.3. Princípio da fungibilidade

Tanto o Código de Processo Civil de 1973 quanto o Código de Processo Civil de 2015 não contém nenhuma regra explícita que aluda ao instituto da fungibilidade, como o fazia o revogado diploma anterior, de 1939: "Art. 810 — Salvo a hipótese de má-fé ou erro grosseiro, a parte não será prejudicada pela interposição de um recurso por outro, devendo os autos ser enviados à Câmara, ou Turma, a que competir julgamento".

Como destaca Wilson de Souza Campos Batalha:

> "A jurisprudência admitia a inexistência de má-fé quando o recurso equivocado fora interposto no prazo do recurso certo (...) Hoje, prevalece o princípio da fungibilidade dos recursos, sobretudo porque uniformizados os prazos de todos eles"(85).

Como o próprio nome indica, fungibilidade significa troca, substituição. Tal princípio decorre do caráter instrumental do processo e do princípio do aproveitamento dos atos processuais já praticados.

A doutrina e jurisprudência passaram a recepcionar o princípio da fungibilidade dos recursos, o princípio é de larga aceitação, uma vez que *"em última ratio, a deficiência é do próprio sistema"*. O importante é que a parte não venha a ser prejudicada por uma situação criada pelo próprio sistema.

---

(84) NERY JR., Nelson. *Princípios do Processo Civil na Constituição Federal*. São Paulo: Revista dos Tribunais, 2010. p. 189.

(85) BATALHA, Wilson de Souza Campos. Tratado de Direito Judiciário do Trabalho. São Paulo: LTr, 1977. p. 768.

Assim é a doutrina de Daniel Amorim Assumpção Neves:

> "O Novo Código de Processo Civil adotou a técnica do CPC/1973 de não prever como regra ou princípio a fungibilidade recursal, ainda que contenha duas previsões específicas nesse sentido: embargos de declaração e agravo interno e recurso especial e extraordinário. O princípio, entretanto, continua em plena vigência, sendo nesse sentido o Enunciado n. 104 do Fórum Permanente de Processualistas Civis (FPPC): '*O princípio da fungibilidade recursal é compatível com o NCPC e alcança todos os recursos, sendo aplicável de ofício*'."(86)

Para aplicação do princípio da fungibilidade, porém, exigem-se certas condições, sendo elas: a) inexistência de erro grosseiro; b) a existência de dúvida objetiva sobre o meio de impugnação; e c) respeito aos pressupostos exigidos pelo recurso correto.

Omissa a CLT, o princípio da fungibilidade se alinha com as diretrizes básicas do Processo do Trabalho (art. 769, da CLT), máxime os princípios da informalidade, simplicidade e efetividade deste ramo especializado da ciência processual.

Há situações, entretanto, que dão margem à dúvida, dificultando a aferição do recurso adequado. O sistema processual vigente padece, em muitos pontos, da clareza que foi almejada, com relação à exata tipificação de quais recursos caberiam em determinados casos, e isso pode levar à interposição do recurso inadequado à espécie decisória.

No processo do trabalho, por exemplo, já se discutiu muito quanto ao recurso cabível das sentenças resolutivas de embargos de terceiro. A dúvida atual reside em saber se a sentença de liquidação desafia recurso e, sendo afirmativa a resposta, qual é o recurso cabível.

Situações como essas revelam, então, a importância do princípio da fungibilidade dos recursos que autoriza, observados certos requisitos, o recebimento do recurso erroneamente interposto como se fosse o correto.

Manoel Antonio Teixeira Filho nos traz:

> "Em concreto, portanto, no processo do trabalho, se ocorrer de a parte interpor, digamos, o recurso de agravo de petição, quando o correto seria o ordinário, deverá o juízo de admissibilidade *a quo* (e por igual o *ad quem*) conhecer do recurso errôneo (agravo de petição) como se o legalmente adequado fosse (ordinário), dado que, longe de estar fazendo um favor ao recorrente (o que lhe é defeso pelas regras de equanimidade processual), estará, assim, respeitando os princípios da *simplicidade* e da *instrumentalidade das formas*, que, por sua vez, dão conteúdo ao da *fungibilidade*.

---

(86) NEVES, Daniel Amorim Assumpção. *Novo Código de Processo Civil — Lei n. 13.105/2015*. São Paulo: Método, 2015. p. 537.

(...)

De lege ferenda, contudo, o ideal seria que não se fizesse qualquer distinção quanto à nomenclatura dos recursos trabalhistas, a fim de possibilitar que a parte manifestasse a sua contrariedade à decisão que lhe foi desfavorável sem preocupar-se em 'escolher' qual, dentre tantos, seria o remédio cabível; a adoção de um sistema caracterizado pela inespecificidade (ou 'indiferença') dos recursos seria congruente com a tantas vezes invocada simplicidade do processo especializado e respeitante do *ius postulandi* que ele outorga à partes.

Independentemente de tornar-se concreto esse anseio, o princípio da fungibilidade (ou da conversibilidade) deve ser admitido, com certa amplitude, no processo do trabalho, salvo se a interposição imprópria decorrer de má-fé ou de erro. O simples *erro* (portanto, não grosseiro), por si só, não deve ser causa impediente da aplicação prática do princípio da fungibilidade, sob pena de escoriação do princípio da simplicidade e da informalidade, característicos do processo do trabalho.

(...)

Se vale a crítica, devemos observar que o processo do trabalho, em si, é verdadeiramente simples; a complexidade, que se lhe vem atribuindo, na prática, tem sido produto de certas concepções civilistas, de que se deixam influenciar, ora os juízes, ora os advogados, ora o Ministério Público — afeitos, por vícios acadêmicos, ao formalismo e às regras algo bizantinas do procedimento judicial civil.

(...)

Esclareça-se que a simpleza do processo trabalhista não significa que se deva fazer tábua rasa das regras elementares e estruturais do procedimento, cuja observância atende à necessidade de segurança jurídica das partes, além do que traçam os caminhos a ser percorridos pelo juiz, na qualidade de reitor do processo; tais regras são componentes do *due process of law*, que compreende, também, o especializado.

(...)

Reitere-se que o processo moderno já não é coisa das partes; segue-se que a margem de disponibilidade lhes é restrita, sendo desaconselhável, por isso, qualquer elastecimento da disciplina processual a que estão vinculadas. O princípio da fungibilidade dos recursos em nada distende essa disciplina, pois a conversão é ato do juiz — ao qual não se poderá, com agir assim, assacar um propósito tumultuário do procedimento, de modo a torná-lo suscetível de medida correcional."[(87)]

(87) TEIXEIRA FILHO, Manoel Antonio. *Sistema dos Recursos Trabalhistas*. São Paulo: LTr, 2011. p. 107-108.

Já Odonel Urbano Gonçalves e Pedro Paulo Teixeira Manus sugerem que tal princípio deve ser analisado de forma diferenciada ao estabelecerem:

> "A fungibilidade, no processo do trabalho, não pode ser vislumbrada tão somente pelos ângulos da 'dúvida objetiva' e da 'inexistência de erro grosseiro'. Isso porque tanto uma quanto outra ficam dentro da subjetividade do julgador. O tema, pelo ângulo processual trabalhista, tem, necessariamente, seu debate ligado ao *jus postulandi* outorgado às partes. Se se afastar peremptoriamente a fungibilidade ou condicioná-la a requisitos como a 'dúvida objetiva' ou a 'inexistência de erro grosseiro' o direito de postular de parte, no processo do trabalho, esvai-se. Prejudica-se, nuclearmente, a aplicação do disposto no art. 791 da Consolidação das Leis do Trabalho.
>
> Por outro lado, o princípio da 'instrumentalidade dos atos processuais', previsto no art. 244 do Código de Processo Civil, conduz à conclusão de que a fungibilidade recursal pode e deve continuar sendo acolhida pelo direito processual do trabalho. Em especial quando se sabe que deve sempre estar presente o propósito de salvar os recursos, que podem ser interpostos "por simples petição."(88)

Segundo o TST, pelo princípio da fungibilidade, o recurso ordinário interposto contra despacho monocrático indeferitório da petição inicial de ação rescisória ou de mandado de segurança pode ser recebido como agravo regimental. Hipótese de não conhecimento do recurso pelo TST e devolução dos autos ao TRT, para que aprecie o apelo como agravo regimental (OJ n. 69, SDI-II)(89).

No nosso entender *"data maxima venia"* a hipótese contemplada pela referida orientação jurisprudencial não se trata de aplicação da fungibilidade, pois não há dúvida razoável quanto ao recurso cabível, traduzindo-se em erro grosseiro.

Outra hipótese de fungibilidade mencionada pelo TST, encontramos na Orientação Jurisprudencial n. 152 da SDI-II(90) do TST, que considera erro grosseiro a

---

(88) GONÇALVES, Odonel Urbano; MANUS, Pedro Paulo Teixeira. *Recursos no Processo do Trabalho*. São Paulo: LTr, 1997. p. 73-74.

(89) 69. FUNGIBILIDADE RECURSAL. INDEFERIMENTO LIMINAR DE AÇÃO RESCISÓRIA OU MANDADO DE SEGURANÇA. RECURSO PARA O TST. RECEBIMENTO COMO AGRAVO REGIMENTAL E DEVOLUÇÃO DOS AUTOS AO TRT (inserida em 20.9.2000). Recurso ordinário interposto contra despacho monocrático indeferitório da petição inicial de ação rescisória ou de mandado de segurança pode, pelo princípio de fungibilidade recursal, ser recebido como agravo regimental. Hipótese de não conhecimento do recurso pelo TST e devolução dos autos ao TRT, para que aprecie o apelo como agravo regimental.

(90) 152. AÇÃO RESCISÓRIA E MANDADO DE SEGURANÇA. RECURSO DE REVISTA DE ACÓRDÃO REGIONAL QUE JULGA AÇÃO RESCISÓRIA OU MANDADO DE SEGURANÇA. PRINCÍPIO DA FUNGIBILIDADE. INAPLICABILIDADE. ERRO GROSSEIRO NA INTERPOSIÇÃO DO RECURSO. (DEJT divulgado em 3, 4 e 5.12.2008). A interposição de recurso de revista de decisão definitiva de Tribunal Regional do Trabalho em ação rescisória ou em mandado de segurança, com fundamento em violação legal e divergência jurisprudencial e remissão expressa ao art. 896 da CLT, configura erro grosseiro, insuscetível de autorizar o seu recebimento como recurso ordinário, em face do disposto no art. 895, *"b"*, da CLT.

interposição de Recurso de Revista contra decisão proferida pelo Tribunal Regional do Trabalho em ação de sua competência originária. O mesmo se verifica na Orientação Jurisprudencial n. 412[91] da SDI-I do TST.

E, por fim, outra hipótese de fungibilidade invocada pelo TST encontramos no item II da n. Súmula n. 421[92], o que, tecnicamente, *"data maxima venia"* não se trata de fungibilidade, mas tão somente celeridade, pois não houve a apresentação de recurso errado pela parte que, ao revés, utilizou-se do recurso adequado para sanar vício existente em um julgado equivocado. No mesmo sentido da referida súmula é o disposto no § 3º do art. 1.024 do CPC, que assim dispõe:

> Art. 1.024 (...)
>
> (...)
>
> § 3º O órgão julgador conhecerá dos embargos de declaração como agravo interno se entender ser este o recurso cabível, desde que determine previamente a intimação do recorrente para, no prazo de 5 (cinco) dias, complementar as razões recursais, de modo a ajustá-las às exigências do art. 1.021, § 1º.

Sobre referido dispositivo assim é a doutrina de Daniel Amorim Assumpção Neves:

> "O art. 1.024, § 3º, do Novo CPC trata da tradicional aplicação de fungibilidade recursal, o recebimento de embargos de declaração contra decisão monocrática em tribunal como agravo interno, exigindo do juízo a intimação prévia do recorrente para que, no prazo de cinco dias, complemente as razões recursais, de modo a ajustá-las às exigências do art. 1.021, § 1º. O dispositivo deve ser saudado porque a causa de pedir recursal dos embargos de declaração, voltada a vícios formais previamente determinados em lei, não se confunde com a causa de pedir do agravo interno, que se presta a impugnar os fundamentos da decisão monocrática. Sem a adaptação, como

---

(91) 412. AGRAVO INTERNO OU AGRAVO REGIMENTAL. INTERPOSIÇÃO EM FACE DE DECISÃO COLEGIADA. NÃO CABIMENTO. ERRO GROSSEIRO. INAPLICABILIDADE DO PRINCÍPIO DA FUNGIBILIDADE RECURSAL (nova redação em decorrência do CPC de 2015) — Res. n. 209/2016, DEJT divulgado em 1º, 02 e 03.06.2016É incabível agravo interno (art. 1.021 do CPC de 2015, art. 557, §1º, do CPC de 1973) ou agravo regimental (art. 235 do RITST) contra decisão proferida por Órgão colegiado. Tais recursos destinam-se, exclusivamente, a impugnar decisão monocrática nas hipóteses previstas. Inaplicável, no caso, o princípio da fungibilidade ante a configuração de erro grosseiro.

(92) SÚMULA N. 421 do TST. EMBARGOS DE DECLARAÇÃO. CABIMENTO. DECISÃO MONOCRÁTICA DO RELATOR CALCADA NO ART. 932 DO CPC DE 2015. ART. 557 DO CPC DE 1973. (atualizada em decorrência do CPC de 2015) — Res. n. 208/2016, DEJT divulgado em 22, 25 e 26.4.2016.I — Cabem embargos de declaração da decisão monocrática do relator prevista no art. 932 do CPC de 2015 (art. 557 do CPC de 1973), se a parte pretende tão somente juízo integrativo retificador da decisão e, não, modificação do julgado. II — Se a parte postular a revisão no mérito da decisão monocrática, cumpre ao relator converter os embargos de declaração em agravo, em face dos princípios da fungibilidade e celeridade processual, submetendo-o ao pronunciamento do Colegiado, após a intimação do recorrente para, no prazo de 5 (cinco) dias, complementar as razões recursais, de modo a ajustá-las às exigências do art. 1.021, § 1º, do CPC de 2015.

ocorre atualmente, o recorrente tem o agravo interno julgado sem ter tido a oportunidade de arrazoá-lo."[93]

Sobre o segundo requisito para a aplicação do referido princípio, qual seja, que os pressupostos do recurso certo estejam presentes do errado, quanto ao prazo, assim ressalta Nelson Nery Junior:

> "Não seria razoável exigir-se do recorrente que observasse o prazo do recurso que deveria haver sido interposto (o correto), porque: a) isto configuraria imputar-se-lhe, presumivelmente, a má-fé, quando o contrário é que seria verdadeiro (a presunção é a da boa-fé); b) em assim agindo, estar-se-ia, em última análise, negando a existência do princípio da fungibilidade; c) essa atitude caracterizaria *ofensa do direito constitucional do devido processo legal*, pois que se estaria subtraindo do recorrente o *direito*, que pelas regras processuais ele possui, de, por exemplo, interpor o recurso de apelação em quinze dias. Poder-se-ia citar, para reforçar nosso argumento, a tendência do direito alemão de considerar inconstitucional por ferir a garantia de acesso à justiça o fato de não se aplicar a fungibilidade nos casos de dúvida objetiva sobre qual o recurso correto a ser interposto. No Brasil, a questão ganhou fundamental importância no STF, que acolheu a relevância da questão federal para preservar o princípio da fungibilidade dos recursos. Tal princípio é *atenuação* ao da singularidade, na medida em que proporciona o conhecimento de mais de uma espécie de recurso contra única decisão judicial. Também decorre de postulado maior, que é o princípio da instrumentalidade das formas, estatuído expressamente no CPC 250".[94]

O princípio da fungibilidade possui estreitíssima ligação com o princípio da instrumentalidade das formas processuais — art. 277, CPC, que evidencia a tarefa do processo de atingir seus escopos (social, político e jurídico). E, para a sua aplicação, deve ser analisado o conteúdo do recurso e seu pedido.

4.4. Princípio da taxatividade

Pelo princípio da taxatividade, somente são cabíveis os recursos previstos na Lei Processual Trabalhista, tanto na CLT quanto na legislação extravagante.

Por ser rol dos recursos trabalhistas taxativo, ou seja, *numerus clausus*, não há possibilidade de interpretação extensiva ou analógica, para se admitirem outros recursos que não têm previsão na Lei processual .

(93) NEVES, Daniel Amorim Assumpção. *Novo Código de Processo Civil — Lei n. 13.105/2015*. São Paulo: Método, 2015. p. 537.

(94) NERY JR., Nelson. *Teoria Geral dos Recursos*. São Paulo: Revista dos Tribunais, 2004. p. 175.

Júlio César Bebber destaca que:

> "O princípio da taxatividade dos recursos: a) não possui previsão legal expressa. Sua adoção decorre do sistema recursal previsto pelo direito processual brasileiro; b) enuncia que somente são considerados recursos aqueles expressamente enumerados pela lei federal. Somente a lei federal pode criar, extinguir ou modificar recursos, uma vez que é da União a competência privativa para legislar sobre a matéria processual (CF, art. 22, I). O art. 893 (e seu correspondente no CPC, art. 496) relaciona taxativamente os recursos sistematiza no seu texto (*embargos, ordinário, revista, agravo*). Além deles, admitem-se, ainda, os recursos de *revisão* (Lei n. 5.584/70, art. 2º, § 1º); de *agravo interno* (CPC, 557, § 1º), *extraordinário* (CF, art. 102, III; CPC, art. 508) e de *embargos de divergência* (CPC, art. 508)".[95]

De acordo com a sistemática da CLT, no processo do trabalho, são cabíveis, os seguintes recursos: Recurso ordinário (art. 895, da CLT); Recurso de revista (art. 896, da CLT); Embargos para o TST (Art. 894, da CLT); Agravo de instrumento (art. 897, da CLT); Agravo de petição (art. 897, da CLT); Embargos de declaração (art. 897-A, da CLT); Agravo regimental (art. 709, § 1º, da CLT); Pedido de revisão do valor atribuído à causa (art. 2º, § 1º, da Lei n. 5.584/70).

Havendo, ainda, a possibilidade de interposição do Recurso Extraordinário do Direito Processual Trabalhista, mesmo este não sendo um recurso trabalhista *"stricto sensu"*, mas por ser um recurso constitucional, aplica-se ao processo do trabalho, conforme dispõe o art. 102 da Carta Magna.

Mauro Schiavi nos alerta sobre:

> "O princípio da taxatividade, é bem verdade, não impediu que Regimentos Internos de tribunais criassem o recurso de agravo regimental, destinado à impugnação de decisões monocráticas de Desembargadores ou Ministros, nas quais já lesividade a uma das partes e não há remédio de impugnação específico."[96]

Contudo, referido Recurso previsto no Regimento Interno do Tribunal Superior do Trabalho possui previsão expressa no art. 709, § 1º da CLT, o que afastar qualquer alegação de inobservada da taxatividade ou ainda de inconstitucionalidade, em razão do disposto no art. 22 da Constituição Federal, que estabelece que cabe a União legislar sobre direito processual.

---

(95) BEBBER, Júlio César. *Recursos no Processo do Trabalho*, São Paulo: LTr, 2011. p. 236-237.

(96) SCHIAVI, Mauro. *Recursos no Processo do Trabalho*. São Paulo: LTr, 2013. p. 41.

4.5. Princípio da singularidade ou unirrecorribilidade

O princípio da unirrecorribilidade significa que para cada ato jurisdicional que se deseja impugnar existe um recurso único e adequado; é o que ocorre no sistema processual brasileiro vigente, inclusive do trabalho, em que cada recurso possui, não apenas uma destinação específica, mas também uma exclusividade no ataque à decisão relativamente à qual o interessado se manifesta insatisfeito. A CLT não prevê dois recursos para o mesmo caso.

Manoel Antonio Teixeira Filho, discorre que:

> "A discussão doutrinária e jurisprudencial (que existiu no passado) quanto a ser cabível recurso ordinário ou agravo de petição da decisão do juiz do trabalho proferida em embargos de terceiro levou a admitir-se ora aquele, ora este recurso; isso não representava, contudo, uma exceção ao princípio da unirrecorribilidade, pois não se tratava de permitir qualquer opção entre ambos os remédios, mas, ao contrário, de buscar uma *definição* quanto ao que seria, adequadamente, o único interponível, com a consequente eliminação do outro. Posteriormente, doutrina e jurisprudência concluíram ser admissível, no caso, apenas o agravo de petição, em virtude da regra genérica estampada na alínea '*a*' do art. 897 da CLT, segundo a qual cabe esse recurso 'das decisões do Juiz ou Presidente, nas exceções', sem levar em conta se os interesses contrariados foram das partes ou terceiro".[(97)]

Na visão de Campos Batalha: *"No Direito Processual do Trabalho não se admite duplicidade de recursos ao mesmo tempo. Os recursos devem ser interpostos sucessiva e não simultaneamente."*[(98)]

Como bem adverte Nelson Nery Jr. *"É importante lembrar que, quando se fala em princípio da singularidade dos recursos, não se está querendo considerar o numeral um em acepção literal. O CPC pretende, com a adoção do princípio, evitar a promiscuidade e a proliferação de mais de um tipo de recurso contra determinado ato judicial. Fixada a natureza do pronunciamento judicial, contra esta admite-se apenas um tipo de meio impugnativo dentro da mesma relação processual."*[(99)]

Wagner D. Giglio sustenta que no processo do trabalho, há decisões que podem ensejar mais de um recurso.

> "Existe, contudo, a possibilidade de uma mesma decisão ensejar embargos de declaratórios e recurso, seja este ordinário, de revista, embargos de

(97) TEIXEIRA FILHO, Manoel Antonio. *Sistema dos Recursos Trabalhistas*. São Paulo: LTr, 2011. p. 107.

(98) BATALHA, Wilson de Souza Campos. *Tratado de Direito Judiciário do Trabalho*. São Paulo: LTr, 1977. p. 768.

(99) NERY JR., Nelson. *Teoria Geral dos Recursos*. São Paulo: Revista dos Tribunais, 2004. p. 135.

divergência ou extraordinário. Neste caso, aguarda-se a solução dos embargos de declaração para, em seguida, processar o outro recurso, e porventura ou inadvertência a parte apresenta-lo concomitantemente".(100)

Mauro Schiavi discorre em sua obra que há duas exceções ao princípio da unirrecorribilidade, quais sejam:

> "a) decisão que indefere o processamento do recurso, contendo manifesto equívoco nos pressupostos extrínsecos de admissibilidade. Tal decisão pode ser impugnada tanto pelo agravo de Instrumento (art. 897-B da CLT), como por meio de embargos de declaração (art. 897-A da CLT). De nossa parte, a parte deverá opor os embargos de declaração e também o Agravo de Instrumento. Caso não acolhidos os embargos, deverá requerer o prosseguimento do Agravo; b) Acórdão de TST em parte divergindo de outra turma do TST, e em parte contrariando texto da Constituição Federal. Nessa hipótese, será possível a interposição de dois recursos. Um de embargos para o TST em razão da divergência jurisprudencial, e recurso extraordinário para o STF em razão da contrariedade ao texto constitucional. Neste caso, o recurso extraordinário ficará sobrestado até o julgamento dos embargos no TST. Aplicam-se, aqui, subsidiariamente (art. 769, da CLT), os art. 542 e 543 do CPC."(101)

Nelson Nery Junior discorre que ainda que os atos tenham sido praticados no mesmo momento, podem ser impugnados por recursos distintos:

> "A circunstância de esses atos haverem sido praticados quase que concomitantemente, na mesma audiência, é decorrente da sistemática do código, que determinou que a contestação e os demais atos do procedimento, inclusive sentença, fossem realizados em único momento processual (CPC 278 e 281). Isto, contudo, não tem o condão de equiparar atos distintos, reduzindo-os à mesma categoria para o fim de classificá-los e estabelecer-lhes a recorribilidade.
>
> (...)
>
> Seguindo a sistemática do código, não seria possível qualificar-se o ato judicial objetivamente complexo, que resolve várias questões incidentais e julga o mérito, colocando fim ao processo, como sendo, a um só tempo, decisão interlocutória e sentença. Se assim fosse, deveria ser reconhecida a possibilidade de interpor-se, simultaneamente, agravo e apelação contra esse mesmo

(100) GIGLIO, Wagner D.; CORRÊA, Claudia Giglio Veltri. *Direito processual do trabalho*. São Paulo: Saraiva, 2005. p. 443

(101) SCHIAVI, Mauro. *Recursos no Processo do Trabalho*. São Paulo: LTr, 2013. p. 42.

ato. Quanto à negativa da interponibilidade simultânea, a doutrina parece estar de acordo, pois ao invés de aventar essa possibilidade, prefere discutir a natureza de determinado pronunciamento judicial, a fim de atribuir-lhe o *único* recurso apropriado, em fiel observância ao princípio da singularidade recursal."(102)

Júlio César Bebber, por sua vez, apresenta uma distinção mais simplista ao afirmar:

> "Única e verdadeira exceção ao princípio da unirrecorribilidade é a possibilidade, no processo civil, de interposição simultânea dos recursos especial e extraordinário (CPC, 541). Não excepciona ao princípio da singularidade a possibilidade, no processo civil, de interposição simultânea de embargos infringentes (CPC, 530) e de recurso extraordinário (CF, 102, III), uma vez que a simultaneidade (que é expressamente dispensada) somente é possível se disserem respeito a capítulos diferentes: os embargos infringentes do capítulo do acórdão que decide por maioria de votos e o recurso extraordinário do capítulo do acórdão que decide por maioria de votos e o recurso extraordinário do capítulo do acórdão que decide por unanimidade de votos."(103)

Manoel Antonio Teixeira Filho ao tratar do assunto, ressalta que:

> "A discussão doutrinária e jurisprudencial (que existiu no passado), quanto a ser cabível recurso ordinário ou agravo de petição da decisão do juiz do trabalho proferida em embargos de terceiro levou a admitir-se ora aquele, ora este recurso; isso não representava, contudo, uma exceção ao princípio da unirrecorribilidade, pois não se tratava de permitir qualquer opção entre ambos os remédios, mas, ao contrário, de buscar uma *definição* quanto ao que seria, adequadamente, o único interponível, com a consequente eliminação do outro. Posteriormente, doutrina e jurisprudência concluíram ser admissível, no caso, apenas o agravo de petição, em virtude da regra genérica estampada na alínea *a* do art. 897 da CLT, segundo a qual cabe esse recurso 'das decisões do Juiz ou Presidente, nas execuções', sem levar em conta se os interesses contrariados foram das partes ou de terceiro."(104)

Em suma, o princípio da singularidade ou unirrecorribilidade se traduz na regra de que para cada ato judicial caberá um único recurso.

---

(102) NERY JR., Nelson. *Teoria Geral dos Recursos*. São Paulo: Revista dos Tribunais, 2004. p. 123-125.

(103) BEBBER, Júlio César. *Recursos no Processo do Trabalho*, São Paulo: LTr, 2011. p. 239.

(104) TEIXEIRA FILHO, Manoel Antonio. *Sistema dos Recursos Trabalhistas*. São Paulo: LTr, 2011. p. 105.

4.6. Princípio da variabilidade e da dialeticidade

Pontes de Miranda destaca que a variabilidade constitui velha tradição do direito processual, *"que cedo evitou atribuir-se às interposições o efeito exaustivo, com o que se evitava a cumulação de recursos"*.(105)

O CPC de 1939 permitiu o retrocesso procedimental ao expressamente prever o princípio da variabilidade dos recursos no art. 809. Por meio dele, as partes estavam autorizadas a variar o recurso, desde que o fizessem dentro do prazo legal. Assim, se a parte interpusesse o recurso incorreto poderia dele desistir e interpor o recurso adequado.

Referida regra não foi repetida no CPC de 1973, pois esse fato deve-se à eleição do princípio da consumação (em detrimento do da variabilidade) para reger o sistema recursal. E a preclusão somente se desfaz mediante expressa autorização legal, e não havendo, prevalece a preclusão. Dessa forma, exercido o direito de recorrer, o ato de consuma (exaure-se a oportunidade impugnativa). A desistência do recurso, portanto, não apaga os efeitos do ato praticado, nem faz renascer o direito ao recurso.

A CLT jamais conteve qualquer precisão acerca da matéria. Campos Batalha, comentando o fato de o CPC/73 atual não haver reproduzido a norma constante do art. 809 do Código anterior, afirma que a variabilidade já não é possível, argumentando que *"Interposto o recurso, mesmo antes do término do prazo, operou-se a preclusão da recorribilidade, sendo impossível alterar ou complementar recurso já interposto"*.(106)

Manoel Antonio Teixeira Filho discorda do posicionamento de Campos Batalha: *"Discordamos, data venia, desse entendimento, que apenas poderia ser sustentado (e ainda não pacificamente) no âmbito do processo civil, porquanto não se pode ignorar que o do trabalho é informado. Dentre outros princípios, pelo da simplicidade (tanto do processo quanto do procedimento). Parece-nos, portanto, desrespeitosa desse princípio qualquer vedação à possibilidade de a parte variar de recurso quando ainda não esgotado o prazo para o exercício dessa pretensão. É sempre útil lembrar que o processo do trabalho permite que as partes ingressem em juízo pessoalmente, sem o patrocínio de advogado, podendo, por isso, "acompanhar as suas reclamações até o final" (CLT, art. 791,* caput*), inclusive, interpondo recurso "por simples petição" (CLT, art. 899,* caput, *primeira parte)"*.(107)

E ainda, o mesmo autor: *"Dessa maneira não se deverá obstar, no processo do trabalho, que o recorrente (autor ou réu) varie de recurso, com a finalidade de interpor aquele que seria o correto ou o adequado, segundo a especificação legal, desde que todos os pressupostos para a admissibilidade do remédio tenham sido satisfeitos"*.

Finaliza o mesmo autor: *"A faculdade de variar o recurso interposto também encontra fundamento no princípio da unirrecorribilidade, já examinada, e de acordo com o qual não*

---

(105) MIRANDA, Pontes de. *Comentários ao Código de Processo Civil — Tomo VII*. São Paulo: Forense, 1975. p. 55.
(106) BATALHA, Wilson de Souza Campos. *Tratado de Direito Judiciário do Trabalho*. São Paulo: LTr, 1977. p. 768.
(107) TEIXEIRA FILHO, Manoel Antonio. *Sistema dos Recursos Trabalhistas*. São Paulo: LTr, 2011. p. 106.

se consente que se interponha, de uma só decisão, mais de um apelo. Impedir-se a alteração do remédio recursal seria, de certa forma, obrigar a que a parte interpusesse um outro recurso, que seria o adequado, fazendo com que, desse modo, restasse sensivelmente escoriado o princípio da unirrecorribilidade. Para que o princípio da variabilidade seja apropriadamente exercido, é indispensável que a parte, ao ingressar com o recurso correto, desista do anterior incorreto, sob pena de ofensa ao aludido princípio".

Em sentido contrário, preceitua Mauro Schiavi que:

> "Pensamos que, atualmente, diante da sistemática processual vigente, tanto da CLT que não contém regra a respeito, como do CPC de 1973, que não repetiu o disposto do art. 809 do CPC, não existir o princípio da variabilidade no ordenamento processual vigente, tampouco no Processo do Trabalho. Desse modo, uma vez interposto o recurso, o recorrente consuma o ato, não podendo alterar a medida recursal, pois estará configurada a preclusão consumativa, ainda que não escoado o prazo recursal. Pelas mesmas razões, entendemos que, mesmo ainda em curso o prazo recursal, o recorrente não poderá aditar o recurso interposto, tampouco alterar as razões já expostas."(108)

Nos posicionamentos ao lado de Mauro Schiavi, em que tal princípio não se aplica ao direito processual trabalhista, na medida em que interposto o recurso opera-se a preclusão consumativa. Se assim não fosse, teríamos verdadeiro tumulto processual.

Quanto ao princípio da dialeticidade, também chamado de princípio da discursividade, significa a necessidade do recorrente fundamentar seu inconformismo com a decisão, bem como apontar os tópicos da decisão que pretende reformar. Também serve para possibilitar que a parte contrária exerça seu direito do contraditório e da ampla defesa.

Segundo o princípio da dialeticidade, o recurso deverá ser dialético, isto é, discursivo. O recorrente deverá declinar o porquê do pedido do reexame da decisão, só assim a parte contrária poderá contra-arrazoá-lo, formando-se o imprescindível contraditório em sede recursal.

As razões do recurso são elementos indispensáveis a que o tribunal, para o qual se dirige, possa julgar o mérito do recurso, ponderando-se as em confronto com os motivos da decisão recorrida. A sua falta acarreta o não conhecimento. Tendo em vista que o recurso visa, precipuamente, modificar ou anular a decisão considerada injusta ou ilegal, é necessária a apresentação das razões pelas quais se aponta a ilegalidade ou injustiça da referida decisão judicial.

---

(108) SCHIAVI, Mauro. *Recursos no Processo do Trabalho*. São Paulo: LTr, 2013. p. 46.

Nelson Nery Junior discorre que:

> "A exposição dos motivos de fato e de direito que levaram o recorrente a interpor o recurso, bem como o pedido de nova decisão em sentido contrário ao que restou decidido, são requisitos *essenciais* e, portanto, *obrigatórios*. A inexistência de razões ou de pedido de nova decisão realmente não se configura como causa de nulidade do processo, mas acarreta a sanção de proferir-se juízo de admissibilidade negativo, não se o conhecendo.
>
> (...)
>
> *Sem as razões seria impossível formar-se o contraditório, pois o recorrido não saberia o que rebater; nem seria viável, ainda, delinear-se o Âmbito de devolutividade do recurso, já que o efeito devolutivo tem a aptidão para devolver ao conhecimento do tribunal somente a matéria impugnada. A discursividade é inerente, portanto, a todos os recursos previstos pelo ordenamento brasileiro. Existe alguma controvérsia a respeito da necessidade ou não de o agravo retido ser acompanhado de razões. Parece-nos claro que a necessidade realmente existe, pois que se trata apenas de uma forma de interposição do recurso de agravo, para o qual a lei exige fundamentação e o pedido de nova decisão (CPC 524 e 525), no momento da interposição."*[109]

Conforme Júlio César Bebber:

> "O princípio da dialeticidade dos recursos: a) possui previsão legal expressa (CPC, arts. 514 e 541; e CLT, art. 899) e está amparado no *princípio do contraditório* (CF, 5º, LV); b) enuncia a necessidade de as razões recursais possuírem motivação pertinente para viabilizarem o conhecimento do recurso. Vale dizer: as razões do recurso devem ser dialéticas, discursivas. Em outras palavras, devem guardar simetria com a decisão impugnada (Súmula TST n. 422). Ao recorrente, portanto, incumbe declarar expressamente a sua insatisfação (*elemento volitivo*) e os motivos desta (*elemento de razão ou descritivo*), sob cominação de não conhecimento do recurso interposto.
>
> A simples repetição de peças ou razões já rechaçadas não atende à dialeticidade e, por conseguinte, à regularidade formal. É imprescindível que o recorrente contraste, impugne os fundamentos que suportam a conclusão do juízo (Súmula STJ n. 182), uma vez que a tônica do recurso é remover o obstáculo criado pela decisão e não reavivar razões já repelidas".[110]

---

(109) NERY JR., Nelson. *Teoria Geral dos Recursos*. São Paulo: Revista dos Tribunais, 2004. p. 177.

(110) BEBBER, Júlio César. *Recursos no Processo do Trabalho*, São Paulo: LTr, 2011. p. 249.

Muito se discutiu a respeito da aplicação do referido princípio no processo do trabalho frente ao contido no art. 899 da CLT, que estabelece que os recursos serão interpostos por mera petição.

Sobre o tema, Wagner Giglio[111] afirma que a autorização contida no art. 899, CLT, significa que basta uma simples petição para desencadear a revisão do julgado, mesmo que não se denunciem os motivos da irresignação, o mero pedido de reexame, despido de qualquer fundamentação, é hábil par provocar novo pronunciamento judicial.

Francisco Ferreira Jorge Neto e Jouberto de Quadros Pessoa Cavalcante apresentam em sua obra:

> "No entanto, esse dispositivo não deve ser interpretado com o espírito de quando foi editada a CLT: As questões processuais e matériais são intricadas e merecem um tratamento profissional adequado, o que, infelizmente, não é mais possível às partes. É hora de se abolir das partes a faculdade processual de requerer pessoalmente no Judiciário Trabalhista os seus direitos. A moderna ciência jurídica processual não mais permite a um leigo a devida articulação de suas posições e convicções. É obrigação da parte, no exercício do seu direito de recorrer, expor os motivos do pedido de reexame da decisão, delimitando com exatidão os limites da impugnação".[112]

Acrescentamos aos argumentos acima que, conforme já mencionado, a discursividade serve para fazer valer princípios constitucionais do processo, em especial o contraditório e a ampla defesa, de forma que o disposto no art. 899 da CLT é inconstitucional, o que remete ao não conhecimento do recurso desprovido de fundamentação.

Neste sentido, editou o Tribunal Superior do Trabalho a Súmula n. 422, abaixo transcrita:

> Súmula n. 422 do TST. RECURSO. FUNDAMENTO AUSENTE OU DEFICIENTE. NÃO CONHECIMENTO (redação alterada, com inserção dos itens I, II e III) — Res. n. 199/2015, DEJT divulgado em 24, 25 e 26.6.2015. Com errata publicado no DEJT divulgado em 1º.7.2015
>
> I — Não se conhece de recurso para o Tribunal Superior do Trabalho se as razões do recorrente não impugnam os fundamentos da decisão recorrida, nos termos em que proferida.
>
> II — O entendimento referido no item anterior não se aplica em relação à motivação secundária e impertinente, consubstanciada em despacho de admissibilidade de recurso ou em decisão monocrática.
>
> III — Inaplicável a exigência do item I relativamente ao recurso ordinário da competência de Tribunal Regional do Trabalho, exceto em caso de recurso cuja motivação é inteiramente dissociada dos fundamentos da sentença.

---

(111) GIGLIO, Wagner D.; CORRÊA, Claudia Giglio Veltri. *Direito processual do trabalho*. São Paulo: Saraiva, 2005. p. 436.

(112) JORGE NETO, Francisco Ferreira e CAVALCANTE, Jouberto de Quadros Pessoa. *Direito Processual do Trabalho — Tomo II*. Rio de Janeiro: Lumen Juris, 2009. p. 789.

Poder-se-ia sustentar que em razão do *"jus postulandi"* prevalece o disposto no art. 899 da CLT. Contudo, tal argumento é inválido, pois tal direito não deve prevalecer em detrimento de princípios básicos consagrados pela Constituição Federal, em especial o princípio do contraditório, além de violar o princípio dispositivo previsto no art. 2º do CPC e que vincula o disposto no art. 492 no mesmo diploma legal.

4.7. Princípio da primazia do julgamento do mérito

O princípio da primazia do julgamento do mérito vem consagrado no art. 4º CPC que estabelece: "As partes têm o direito de obter em prazo razoável a solução integral do mérito, incluída a atividade satisfativa."

Assim é a doutrina de Fredie Didier Jr. sobre referido princípio:

> "O CPC consagra o princípio da primazia da decisão de mérito. De acordo com esse princípio, deve o órgão julgador priorizar a decisão de mérito, tê-la como objetivo e fazer o possível para que ocorra. A demanda deve ser julgada — seja ela a demanda principal (veiculada pela petição inicial), seja um recurso, seja uma demanda incidental."(113)

No âmbito recursal, referido princípio aparece no art. 1.007, §§ 2º, 4º e 7º do Código de Processo Civil, que assim estabelece:

> Art. 1.007. No ato de interposição do recurso, o recorrente comprovará, quando exigido pela legislação pertinente, o respectivo preparo, inclusive porte de remessa e de retorno, sob pena de deserção.
>
> (...)
>
> § 2º A insuficiência no valor do preparo, inclusive porte de remessa e de retorno, implicará deserção se o recorrente, intimado na pessoa de seu advogado, não vier a supri-lo no prazo de 5 (cinco) dias.
>
> (...)
>
> § 4º O recorrente que não comprovar, no ato de interposição do recurso, o recolhimento do preparo, inclusive porte de remessa e de retorno, será intimado, na pessoa de seu advogado, para realizar o recolhimento em dobro, sob pena de deserção.
>
> (...)
>
> § 7º O equívoco no preenchimento da guia de custas não implicará a aplicação da pena de deserção, cabendo ao relator, na hipótese de dúvida quanto ao recolhimento, intimar o recorrente para sanar o vício no prazo de 5 (cinco) dias.

E,o Tribunal Superior do Trabalho estabeleceu no art. 10 da Instrução Normativa n. 39 a aplicação do referido dispositivo no processo do trabalho

(113) DIDIER JR., Fredie. *Curso de Direito Processual Civil.* 19. ed. Salvador: JusPodivm, 2017. p. 153.

Art. 10. Aplicam-se ao Processo do Trabalho as normas do parágrafo único do art. 932 do CPC, §§ 1º a 4º do art. 938 e §§ 2º e 7º do art. 1007.

Referidos dispositivos são perfeitamente compatíveis com o processo do trabalho, nos termos do art. 769 da CLT e 15 do CPC, principalmente por se tratar de dispositivos que visam a observância do princípio da primazia do julgamento de mérito, previsto no art. 4º do CPC, que, inclusive, inspirou Tribunal Superior do Trabalho a alterar diversas súmulas e orientações no sentido de possibilitar o saneamento de questões processuais de forma a privilegiar o mérito, abandonando a formalidade de outrora.

Formalidade esta não aceita mais nos dias de hoje, não só em razão da evolução no campo legislativo (que veda expressamente), mas também pelos princípios que norteiam o direito processual, em especial o da instrumentalidade e o mencionado princípio da primazia do julgamento de mérito.

Nesta mesma linha, assim estabelece o Enunciado n. 372 do Fórum Permanente de Processualistas Civis:

"O art. 4º tem aplicação em todas as fases e em todos os tipos de procedimento, inclusive em incidentes processuais e na instância recursal, impondo ao órgão jurisdicional viabilizar o saneamento de vícios para examinar o mérito, sempre que seja possível a sua correção."

Importante aqui trazer à baila a conclusão do processualista do trabalho Manoel Antonio Teixeira Filho, após análise do art. 1.007 e de seus parágrafos do CPC:

> "A norma é compatível com o processo do trabalho, ao qual repugna determinados formalismos bizantinos."(114)

Nesse sentido também é a doutrina de Daniel Amorim Assumpção Neves que indica o art. 1007 do CPC um dos dispositivos de concretização do princípio da primazia da realidade:

> "A concretização do princípio é encontrada em diversas passagens do Novo Código de Processo Civil, que dá especial ênfase à oportunidade concedida às partes para o saneamento de vícios que impeçam o julgamento do mérito (arts. 139, IX, 317 e 319, §§ 1º, 2º, 3º, do Novo CPC), inclusive no ambiente recursal (arts. 932, parágrafo único; art. 1007, §§ 2º e 4º do Novo CPC), quando o vício formal pode inclusive ser desprezado se não for reputado grave (art. 1029, § 3º do Novo CPC)."(115)

---

(114) TEIXEIRA FILHO, Manoel Antonio. *Comentários ao Novo Código de Processo do Trabalho sob a perspectiva do processo do trabalho.* São Paulo: LTr, 2015, p. 1.269.

(115) Neves, Daniel Amorim Assumpção. *Manual de Direito Processual Civil.* Volume único. 9. ed. Salvador: JusPodivm, ?ANO?. p. 215.

5. Pressupostos Genéricos dos Recursos

Os pressupostos genéricos dos recursos se dividem em subjetivos ou intrínsecos e objetivos ou extrínsecos. A ausência de qualquer um deles importa o não conhecimento do recurso.

São pressupostos extrínsecos: recorribilidade do ato, adequação, regularidade de representação, tempestividade e preparo.

São pressupostos intrínsecos: legitimidade, capacidade, interesse e inexistência de fato extintivo do direito de recorrer.

A classificação dos pressupostos não é unânime. A divisão acima sugerida teve como base o critério de parte da doutrina de que deve ser classificado como intrínsecos os pressupostos atinentes à parte que recorre. Ela deve ter legitimidade, capacidade, interesse e não ter praticado nenhum fato extintivo do direito de recorrer. Daí denominar-se também e pressuposto subjetivo. Já os pressupostos extrínsecos dizem respeito ao recurso e não ao recorrente ou ao exercício do direito de recorrer. Daí porque denomina-se também de pressupostos objetivos.

Pressupostos recursais são, portanto: "*adjetivo qualificado de algo que se conjectura fazer. No direito passa a ter significado substantivo de 'circunstância ou fato considerado antecedente de outro'. Neste último sentido, exato, restrito, devem ser compreendidos pressupostos recursais em qualquer sistema processual, inclusive o trabalhista, uma vez que todo recurso tem seu processamento e seu conhecimento invariavelmente sujeitos ao exame de atendimento de antecedentes imediatos, sem os quais a interposição se torna inoperante.*"(116)

Adverte Mauro Schiavi: "*Trata-se na verdade de pressupostos de validade e desenvolvimento do recurso e também requisitos de viabilidade da pretensão recursal. São pressupostos processuais e condições da ação na esfera recursal.*"(117)

Os pressupostos devem existir quando da interposição do recurso sendo inadmissível prazo suplementar.

(116) PINTO, José Augusto Rodrigues. *Manual dos Recursos nos Dissídios do Trabalho*. São Paulo: LTr, 2006. p. 99.

(117) SCHIAVI, Mauro. *Recursos no Processo do Trabalho*. São Paulo: LTr, 2013. p. 85.

Neste sentido, assim decidiu o TST:

"PRESSUPOSTOS RECURSAIS. IMPRESCINDIBILIDADE DE SUA SATISFAÇÃO NO MOMENTO DA INTERPOSIÇÃO DO RECURSO. MATÉRIA DE ORDEM PÚBLICA. Salvo no que se refere às custas, que tem disciplina legal específica, os demais pressupostos processuais, objetivos e subjetivos, devem ser satisfeitos pelo recorrente, quando da interposição do seu recurso, sendo inviável a concessão de prazo para emenda ou correção quando não satisfeitos. A matéria é de ordem pública e se insere no devido processo legal, como garantia dos litigantes, tendo o Estado interesse em preservar as regras do processo e do procedimento como garantia dos cidadãos que buscam a prestação jurisdicional. Agravo não provido." (TST — SDI-I — A-E-AIRR 579/2004-012-08-40 — Rel. Min. Milton de Moura França — j. 27.3.5006 — DJ 28.4.2006)

Contudo, o Novo Código de Processo Civil, no seu art. 1.007, admite que eventual vício existente quanto ao preparo do recurso seja sanado antes de ser inadmitido, o que está de acordo com o princípio da primazia do julgamento de mérito, previsto no art. 4º do CPC.

5.1. Pressupostos extrínsecos

Como mencionado cinco são os pressupostos extrínsecos ou objetivos dos recursos: 1) recorribilidade do ato; 2) adequação; 3) regularidade de representação; 4) tempestividade e; 5) preparo.

Nelson Nery Jr. assim conceitua pressupostos extrínsecos fazendo classificação distinta:

> "Os pressupostos extrínsecos respeitam os fatores externos à decisão judicial que se pretende impugnar, sendo normalmente posteriores a ela. Neste sentido, para serem aferidos não são relevantes os dados que compõem o conteúdo da decisão recorrida mais sim fatos a esta supervenientes. Deles fazem parte a tempestividade, a regularidade formal, a inexistência de fato impeditivo ou extintivo do direito de recorrer e o preparo."(118)

São, portanto, pressupostos previamente previstos, objetivos que dizem respeito a aspectos externos do próprio recurso. A seguir, passaremos a tratar de cada um deles.

5.1.1. Recorribilidade do ato

O primeiro pressuposto extrínseco é a Recorribilidade do ato, ou seja, deve haver previsão legal contra o ato praticado. Decorre do princípio do devido processo legal.

(118) NERY JR., Nelson. *Teoria Geral dos Recursos.* São Paulo: Revista dos Tribunais, 2004. p. 274.

Nelson Nery Jr. denomina referido pressuposto como "cabimento" e o classifica como pressuposto intrínseco. E assim o define: *"o cabimento, impede observar que o recurso precisa estar previsto na lei processual contra determinada decisão judicial, e, ainda, que seja o adequado para aquela espécie. Estes dois fatores, a recorribilidade, de um lado, e a adequação, de outro, compõem o requisito cabimento para a admissibilidade do recurso".*[(119)]

Em sendo interposto recurso imediato de uma decisão interlocutória, não será conhecido por falta deste pressuposto, em face do princípio da irrecorribilidade imediata das decisões interlocutórias (art. 893, § 1º CLT)[(120)].

5.1.2. Adequação

O segundo pressuposto extrínseco é a adequação. Ou seja, a parte deve utilizar do recurso adequado, sob pena de não conhecimento. Este pressuposto deve ser analisado em sintonia com o princípio da fungibilidade, segundo o qual, conforme já tratado no capítulo 4.3., o juiz poderá admitir um recurso inadequado como se fosse o correto.

Para isso, é necessário que não haja erro grosseiro, que haja dúvida razoável quanto ao recurso a ser interposto e que os pressupostos do recurso certo estejam preenchidos no errado, conforme já tratado neste trabalho.

5.1.3. Regularidade de representação

O terceiro pressuposto é a regularidade de representação, segundo o qual o recurso só será conhecido se assinado por advogado com procuração nos autos. O Tribunal Superior do Trabalho havia pacificado este entendimento por meio da Súmula 164, cancelada mediante Resolução n. 210/2016 em razão da sua incorporação à nova redação da súmula n. 383.

O TST também admite mandato tácito, conforme se infere da cancelada Súmula n. 164 e da atual Súmula n. 383. Mandato tácito ocorre quanto o advogado atuou em diversos atos processuais em primeiro grau, sem procuração expressa. Importante destacar que o advogado munido de procuração tácita não poderá substabelecer a outro advogado, conforme dispõe a OJ n. 200 da SDI-I do TST:

> OJ N. 200 SDI-I. MANDATO TÁCITO. SUBSTABELECIMENTO INVÁLIDO (inserido dispositivo) — DJ 20.4.2005. É inválido o substabelecimento de advogado investido de mandato tácito.
>
> Em se tratando de mandato expresso, se pessoa jurídica, é necessária a identificação do outorgante e de seu representante, conforme dispõe a Súmula n. 456 do TST, abaixo transcrita:

(119) *Idem.*

(120) Há três exceções a referido princípio previstos na Súmula n. 214 do TST.

REPRESENTAÇÃO. PESSOA JURÍDICA. PROCURAÇÃO. INVALIDADE. IDENTIFICAÇÃO DO OUTORGANTE E DE SEU REPRESENTANTE. (inseridos os itens II e III em decorrência do CPC de 2015) — Res. n. 211/2016, DEJT divulgado em 24, 25 e 26.8.2016

I — É inválido o instrumento de mandato firmado em nome de pessoa jurídica que não contenha, pelo menos, o nome do outorgante e do signatário da procuração, pois estes dados constituem elementos que os individualizam.

II — Verificada a irregularidade de representação da parte na instância originária, o juiz designará prazo de 5 (cinco) dias para que seja sanado o vício. Descumprida a determinação, extinguirá o processo, sem resolução de mérito, se a providência couber ao reclamante, ou considerará revel o reclamado, se a providência lhe couber (art. 76, § 1º, do CPC de 2015).

III — Caso a irregularidade de representação da parte seja constatada em fase recursal, o relator designará prazo de 5 (cinco) dias para que seja sanado o vício. Descumprida a determinação, o relator não conhecerá do recurso, se a providência couber ao recorrente, ou determinará o desentranhamento das contrarrazões, se a providência couber ao recorrido (art. 76, § 2º, do CPC de2015).

O art. 76 do CPC/15, que permite ao juiz conceder prazo para regularizar a representação processual e o art. 104 do CPC/15, que permite o oferecimento tardio da procuração, provocou alteração na Súmula n. 383 do TST, que a partir da Resolução n. 210/2016 passou a ter a seguinte redação:

RECURSO. MANDATO. IRREGULARIDADE DE REPRESENTAÇÃO. CPC DE 2015, ARTS. 104 E 76, § 2º (nova redação em decorrência do CPC de 2015) — Res. n. 210/2016, DEJT divulgado em 30.6.2016 e 1º e 4.7.2016

I — É inadmissível recurso firmado por advogado sem procuração juntada aos autos até o momento da sua interposição, salvo mandato tácito. Em caráter excepcional (art. 104 do CPC de 2015), admite-se que o advogado, independentemente de intimação, exiba a procuração no prazo de 5 (cinco) dias após a interposição do recurso, prorrogável por igual período mediante despacho do juiz. Caso não a exiba, considera-se ineficaz o ato praticado e não se conhece do recurso.

II — Verificada a irregularidade de representação da parte em fase recursal, em procuração ou substabelecimento já constante dos autos, o relator ou o órgão competente para julgamento do recurso designará prazo de 5 (cinco) dias para que seja sanado o vício. Descumprida a determinação, o relator não conhecerá do recurso, se a providência couber ao recorrente, ou determinará o desentranhamento das contrarrazões, se a providência couber ao recorrido (art. 76, § 2º, do CPC de 2015).

Ou seja, a alteração do CPC ampliou a possibilidade de o advogado atuar sem procuração, quais sejam: para evitar a prescrição, a decadência, a preclusão ou praticar ato urgente. Contudo, o prazo de 15 dias previsto no artigo 104 do CPC foi reduzido pelo TST para 5 dias. O item I da súmula trata da hipótese de atuação de advogado sem procuração, o que não se confunde com irregularidade de representação, tratada no item II da súmula. Não haverá intimação para cumprimento do prazo da hipótese do item I. Nesse sentido, assim decidiu o Tribunal Superior do Trabalho:

> "AGRAVO. AGRAVO DE INSTRUMENTO EM RECURSO DE REVISTA. REGIDO PELA LEI 13.467/2017. IRREGULARIDADE DE REPRESENTAÇÃO. INEXISTÊNCIA DE PROCURAÇÃO OUTORGANDO PODERES AO ADVOGADO SUBSCRITOR DO RECURSO DE REVISTA. AUSÊNCIA DE MANDATO TÁCITO. IMPOSSIBILIDADE DE CONCESSÃO DE PRAZO. INCIDÊNCIA DA SÚMULA 383, II, DO TST. TRANSCENDÊNCIA NÃO RECONHECIDA NA DECISÃO AGRAVADA. Hipótese em que verificada a irregularidade de representação do Reclamado na interposição do recurso de revista. O advogado subscritor do apelo não consta dos instrumentos de mandato trazidos aos autos e não se trata da hipótese de mandato tácito. A regularidade de representação constitui pressuposto recursal inarredável, sendo certo que a sua inobservância inviabiliza o conhecimento do recurso. A análise dos pressupostos recursais deve ser feita com base na realidade contida nos autos no instante da interposição do recurso ou, quando menos, durante o próprio fluxo do prazo recursal, cumprindo ao julgador editar comando negativo de admissibilidade se verificar a ausência de qualquer deles. Na espécie, não há espaço para a adoção de diligência saneadora prevista na Súmula 383 do TST, porquanto não se trata de qualquer das hipóteses do artigo 104 do CPC de 2015, tampouco de irregularidade em procuração ou substabelecimento já constante dos autos. Julgados. Nesse contexto, não afastados os fundamentos da decisão agravada, nenhum reparo enseja a decisão. Agravo não provido, com acréscimo de fundamentação" (AIRR-0000074-60.2022.5.09.0017, 5ª Turma, Relator Ministro Douglas Alencar Rodrigues, DEJT 23/4/2024).

Já o item II da Súmula 383, inspirada no artigo 76 do CPC, alterou entendimento anterior adotado pelo TST de não admitir regularização da representação na fase recursal. Desse modo, passou a ser possível a regularização desde que a procuração ou substabelecimento já constem dos autos.

Ainda sobre procuração e substabelecimento, importante destacar os termos da Súmula n. 395 do TST, que pacificou entendimento acerca da validade do substabelecimento, conforme segue transcrito:

> MANDATO E SUBSTABELECIMENTO. CONDIÇÕES DE VALIDADE (nova redação dos itens I e II e acrescido o item V em decorrência do CPC de 2015) — Res. n. 211/2016, DEJT divulgado em 24, 25 e 26.8.2016
>
> I — Válido é o instrumento de mandato com prazo determinado que contém cláusula estabelecendo a prevalência dos poderes para atuar até o final da demanda (§ 4º do art. 105 do CPC de 2015). (ex -OJ n. 312 da SBDI-1 — DJ 11.8.2003)
>
> II — Se há previsão, no instrumento de mandato, de prazo para sua juntada, o mandato só tem validade se anexado ao processo o respectivo instrumento no aludido prazo. (ex-OJ n. 313 da SBDI-1 — DJ 11.8.2003)
>
> III — São válidos os atos praticados pelo substabelecido, ainda que não haja, no mandato, poderes expressos para substabelecer (art. 667, e parágrafos, do Código Civil de 2002). (ex-OJ n. 108 da SBDI-1 — inserida em 1º.10.1997)
>
> IV — Configura-se a irregularidade de representação se o substabelecimento é anterior à outorga passada ao substabelecente. (ex-OJ n. 330 da SBDI-1 — DJ 09.12.2003)
>
> V — Verificada a irregularidade de representação nas hipóteses dos itens II e IV, deve o juiz suspender o processo e designar prazo razoável para que seja sanado o vício, ainda que em instância recursal (art. 76 do CPC de 2015).

A juntada de nova procuração nos autos é causa de revogação tácita da anterior, conforme entendimento pacificado pelo TST, por meio da OJ n. 349 da SDI-I, abaixo transcrita:

> OJ n. 349. MANDATO. JUNTADA DE NOVA PROCURAÇÃO. AUSÊNCIA DE RESSALVA. EFEITOS (DJ 25.4.2007). A juntada de nova procuração aos autos, sem ressalva de poderes conferidos ao antigo patrono, implica revogação tácita do mandato anterior.

Por fim, cumpre destacar que recurso apócrifo não será conhecido, conforme entendimento do TST, por meio da OJ n. 120 da SDI-I, entendimento alterado em 2016 para estabelecer a necessidade de intimação da parte para regularizar a petição. É uma hipótese cada vez mais rara em razão da substituição do processo físico por eletrônico

> 120. RECURSO. ASSINATURA DA PETIÇÃO OU DAS RAZÕES RECURSAIS. ART. 932, PARÁGRAFO ÚNICO, DO CPC DE 2015. (alterada em decorrência do CPC de 2015) Res. n. 212/2016, DEJT divulgado em 20, 21 e 22.9.2016
>
> I — Verificada a total ausência de assinatura no recurso, o juiz ou o relator concederá prazo de 5 (cinco) dias para que seja sanado o vício. Descumprida a determinação, o recurso será reputado inadmissível (art. 932, parágrafo único, do CPC de 2015).
>
> II — É válido o recurso assinado, ao menos, na petição de apresentação ou nas razões recursais.

Em suma, em que pese o processo do trabalho primar pela informalidade e possibilitar o exercício do *"jus postulandi"*, nos termos do art. 791 da CLT, na hipótese da representação por advogado, a regularidade da representação torna-se necessária para que o mérito do recurso seja apreciado.

5.1.4. Tempestividade

O quarto pressuposto é a tempestividade. Os recursos devem ser interpostos no prazo legal. Passado o prazo, opera-se a preclusão temporal e, via de consequência, opera-se a coisa julgada (formal ou material, dependendo da decisão).

Nelson Nery Jr. classifica o prazo recursal em comum e particular. *"Quando houver sucumbência recíproca o prazo é comum, ao passo que havendo sucumbência total de uma das partes, o prazo para a outra recorrer é particular. Quando o ato judicial é proferido, em tese pode ser impugnado por embargos de declaração. Durante essa impugnabilidade, o prazo é comum porque qualquer das partes ou interessados pode interpor embargos declaratórios. Ultrapassado o prazo para embargos, o prazo será particular se vencida totalmente apenas uma das partes"*.(121)

Em regra, o prazo é de oito dias (art. 6º da Lei n. 5584/70). Para o recurso de Embargos de Declaração, o prazo é de cinco dias.

---

(121) NERY JR., Nelson. *Teoria Geral dos Recursos*. São Paulo: Revista dos Tribunais, 2004. p. 339.

De acordo com o Decreto n. 779/69 o prazo será de dezesseis dias para a União, Estados, Distrito Federal e Municípios, bem como autarquias ou fundações de direito público federais, estaduais e municipais que não explorem atividade econômica.

Ressalta Nelson Nery Jr., que a concessão de prazos diferenciados é tradição no direito brasileiro, existente desde as Ordenações Filipinas, quando à defesa do réu preso, o que foi mantido pelo Regulamento n. 737 e mantido nas codificações estaduais posteriores e, finalmente, no Código de Processo Civil de 1939, o que também ocorreu quanto ao prazo para a Fazenda Pública, cuja diferenciação existe desde à época dos códigos estaduais, o que foi mantido pelo Código de 1939 e de 1973, no art. 188, o que também se verifica no direito comparado(122).

Os prazos são peremptórios e, portanto, em regra não podem ser prorrogados ou reduzidos pelas partes. O juiz poderá prorrogar apenas nos locais em que for difícil o transporte ou em casos de calamidade pública, por até 2 meses, conforme determina o art. 182 do CPC(123).

A regra de contagem de prazo encontra-se no art. 774 e 775 da CLT(124), ou seja, exclui-se o dia da publicação ou recebimento da notificação e inclui o dia do vencimento e serão contados em dias úteis.

A Lei n. 13.467/17, chamada reforma trabalhista, alterou o disposto no art. 775 da CLT para estabelecer a contagem dos prazos em dias úteis, o que sempre foi uma reivindicação da advocacia. O novo CPC já assim estabelece, em seu art. 219, inaplicável ao processo do trabalho em razão da ausência de omissão da CLT quanto à esta questão, conforme consta do art. 2º, III, da IN 39/16 do TST.

---

(122) *Ibidem*, p. 348-351.

(123) Art. 182. É defeso às partes, ainda que todas estejam de acordo, reduzir ou prorrogar os prazos peremptórios. O juiz poderá, nas comarcas onde for difícil o transporte, prorrogar quaisquer prazos, mas nunca por mais de 60 (sessenta) dias.

Parágrafo único. Em caso de calamidade pública, poderá ser excedido o limite previsto neste artigo para a prorrogação de prazos.

(124) Art. 774 — Salvo disposição em contrário, os prazos previstos neste Título contam-se, conforme o caso, a partir da data em que for feita pessoalmente, ou recebida a notificação, daquela em que for publicado o edital no jornal oficial ou no que publicar o expediente da Justiça do Trabalho, ou, ainda, daquela em que for afixado o edital na sede da Junta, Juízo ou Tribunal.

Parágrafo único — Tratando-se de notificação postal, no caso de não ser encontrado o destinatário ou no de recusa de recebimento, o Correio ficará obrigado, sob pena de responsabilidade do servidor, a devolvê-la, no prazo de 48 (quarenta e oito) horas, ao Tribunal de origem.

Art. 775. Os prazos estabelecidos neste Título serão contados em dias úteis, com exclusão do dia do começo e inclusão do dia do vencimento. (Redação dada pela Lei n. 13.467, de 2017)

§ 1º Os prazos podem ser prorrogados, pelo tempo estritamente necessário, nas seguintes hipóteses: (Incluído pela Lei n. 13.467, de 2017)

I — quando o juízo entender necessário; (Incluído dada pela Lei n. 13.467, de 2017)

II — em virtude de força maior, devidamente comprovada. (Incluído pela Lei n. 13.467, de 2017)

§ 2º Ao juízo incumbe dilatar os prazos processuais e alterar a ordem de produção dos meios de prova, adequando-os às necessidades do conflito de modo a conferir maior efetividade à tutela do direito.

Contudo, com a alteração da CLT, referida regra também passa a ser observada no processo do trabalho.

O argumento de que contagem em dias úteis contraria o princípio da duração razoável do processo "data maxima venia" não se sustenta, pois, referido princípio diz respeito à efetividade do processo, à necessidade de um processo equilibrado. E, a contagem em dias úteis serve para fazer valer tal princípio, razão pela qual muito bem-vinda referida alteração.

Um prazo de cinco dias que se inicia na segunda-feira, na terça-feira ou na quarta-feira, pela sistemática anterior à reforma, em todos os casos terminaria na segunda-feira seguinte, o que deixa de ocorrer com a reforma.

Outra alteração trazida pela reforma diz respeito à prorrogação dos prazos. Pelo texto anterior poderá ser prorrogado "pelo tempo estritamente necessário pelo juiz ou tribunal ou em virtude de força maior, devidamente comprovada". A nova sistemática, no nosso entender, apenas faz uma correção para melhor interpretação do texto.

São duas hipóteses que se poderá prorrogar o prazo e, em ambas, pelo tempo estritamente necessário. São elas: 1º) quando o juízo entender necessário e, 2º) em virtude de força maior, devidamente comprovada.

Evidentemente que a prorrogação de prazos é exceção para casos extremos e a possibilidade conferida no § 1º diz respeito à interpretação e à aplicação de regras sobre prazo.

Sobre esta questão, importante destacar a doutrina de Humberto Theodoro Júnior:

> "A inobservância dos prazos acarreta pesadas consequências para a parte que se manifesta sob a forma de perda de faculdades processuais, com reflexos, muitas vezes, até no plano do direito material.
>
> Nem sempre, porém, é fácil a determinação de ter sido, ou não, inobservado o prazo legal para a prática do ato. Às vezes os fatos são pouco elucidativos e outras vezes a própria norma não é suficientemente clara, gerando dúvidas e perplexidades tanto para as partes como para o juiz.
>
> Há por isso, uma regra de hermenêutica a ser observada em tal situação: se a norma restringe direito, como é a dos prazos, e, se há dúvida, deve-se preferir a interpretação que assegure o exercício do direito e não a que o limite. Toda norma restritiva é de ser aplicada estritamente, sem qualquer tipo de ampliação."[125]

Nesse sentido, assim decidiu o Superior Tribunal de Justiça: "Em se tratando de prazos, o intérprete, sempre que possível, deve orientar-se pela exegese mais liberal,

(125) THEODORO JÚNIOR, Humberto. *Curso de Direito Processual Civil.* Vol. I, 58. ed. Rio de Janeiro: Forense, 2017. p. 528.

atento às tendências do processo civil contemporâneos — calcado nos princípios da efetividade e da instrumentalidade — e a advertência da doutrina de que as sutilezas da lei nunca devem servir para impedir o exercício de um direito". (STJ, 4ª T. REsp n. 11.834/PB, rel. Min. Sálvio de Figueiredo, ac. 17.12.1991, RSTJ 34/362)

Sobre a contagem do prazo, seguem abaixo os posicionamentos pacíficos TST:

> Súmula n. 1 — Quando a intimação tiver lugar na sexta-feira, ou a publicação com efeito de intimação for feita nesse dia, o prazo judicial será contado da segunda-feira imediata, inclusive, salvo se não houver expediente, caso em que fluirá no dia útil que se seguir.
>
> Súmula n. 262 TST — I — Intimada ou notificada a parte no sábado, o início do prazo se dará no primeiro dia útil imediato e a contagem no subsequente; II — O recesso forense e as férias coletivas dos Ministros do Tribunal Superior do Trabalho suspendem os prazos recursais.

Até junho de 2015, o entendimento do TST era de que a interposição do recurso antes do início do prazo também implicava em não conhecimento do recurso, conforme estabelecia a Súmula n. 434[(126)], cancelada por meio da Resolução n. 198/2015 em razão do disposto no art. 218, § 4º, do CPC/15.

No mesmo sentido da referida súmula cancelada é a posição da doutrina de Nelson Nery Jr.:

> "A tempestividade do recurso somente tem lugar a partir da impugnabilidade do ato judicial, isto é, da prolação do provimento jurisdicional. O direito brasileiro não conhece o recurso *ante tempus* contra decisão não definitiva a respeito da qual se fez reserva. "O prazo é contado da intimação do ato judicial". Esta intimação pode dar-se pela leitura do ato em audiência, pela intimação da parte quando o ato não for proferido em audiência ou pela publicação da súmula do julgamento no órgão oficial (art. 506, CPC).
>
> No caso de decisão proferida em audiência, considera-se intimada da decisão a parte que, regularmente intimada para a audiência, deixa de comparecer. O *dies a quo* para a interposição do recurso, portanto, é o da data da audiência onde foi proferida a decisão."[(127)]

Em sentido contrário, é a posição de Júlio César Bebber:

> "Parece-me equivocado, exagerado e extremamente formalista esse entendimento. Se a decisão não existe juridicamente antes de sua publicação, o

---

(126) RECURSO. INTERPOSIÇÃO ANTES DA PUBLICAÇÃO DO ACÓRDÃO IMPUGNADO. EXTEMPORANEIDADE. (Conversão da Orientação Jurisprudencial n. 357 da SBDI-1 e inserção do item II à redação) — Res. n. 177/2012, DEJT divulgado em 13, 14 e 15.2.2012. I — É extemporâneo recurso interposto antes de publicado o acórdão impugnado (ex-OJ n. 357 da SBDI-1 — inserida em 14.3.2008). II — A interrupção do prazo recursal em razão da interposição de embargos de declaração pela parte adversa não acarreta qualquer prejuízo àquele que apresentou seu recurso tempestivamente.

(127) NERY JR., Nelson. *Teoria Geral dos Recursos*. São Paulo: Revista dos Tribunais, 2004. p. 122-123.

pressuposto que falta é a recorribilidade (supra, n. 72), e não a tempestividade. Além disso:

— confunde publicidade com publicação. A decisão adquire publicidade e passa a ter existência como ato jurídico quando se torna pública. E se torna pública quando é redigida em sessão de julgamento ou entregue na secretaria do juízo. Tornada pública a decisão, as partes serão dela intimadas mediante publicação no órgão oficial. Assim, se com a publicação se dá existência jurídica à decisão, a partir dela permite-se a impugnação, independentemente da sua publicação no órgão oficial. Interposto o recurso, então, tem-se por antecipada a intimação da parte;

— não leva em consideração as particularidades do julgamento dos recursos pelos tribunais. Embora o acórdão somente venha a ser redigido posteriormente, as partes, a partir da sessão de julgamento, têm ciência dos fundamentos adotados para conhecer, não conhecer, dar ou negar provimento ao recurso;

— exigir ratificação do ato da interposição do recurso após a publicação da decisão no órgão oficial é de uma inutilidade inconcebível."(128)

O Enunciado n. 22 do Fórum Permanente de Processualistas Civis, reunidos para tratar do Novo Código de Processo Civil, assim estabelece:

Enunciado n. 22: O Tribunal não poderá julgar extemporâneo ou intempestivo recurso, na instância ordinária ou extraordinária, interposto antes da abertura do prazo.(129)

Em sendo decisão proferida em audiência, o Tribunal Superior do Trabalho pacificou entendimento de que o prazo inicia-se da publicação na audiência, conforme estabelece a Súmula n. 197(130).

Será causa de interrupção do prazo o falecimento da parte ou do advogado ou motivo de força maior, conforme estabelece o art. 507 do CPC. Trata-se de interrupção e não suspensão razão pela qual a devolução do prazo será integral.

Já quando ocorre suspensão do prazo, a contagem paralisa-se por um determinado período e retorna do ponto em que paralisou, como ocorre nas férias e no recesso forense, conforme disposto no item II da Súmula n. 262 do TST, acima transcrito(131).

---

(128) BEBBER, Júlio César. *Recursos no Processo do Trabalho*, São Paulo: LTr, 2011. p. 122-123.

(129) BUENO, Cássio Scarpinella. *Novo Código de Processo Civil anotado*. São Paulo: Saraiva, 2015. p. 642.

(130) PRAZO (mantida) — Res. n. 121/2003, DJ 19, 20 e 21.11.2003. O prazo para recurso da parte que, intimada, não comparecer à audiência em prosseguimento para a prolação da sentença conta-se de sua publicação.

(131) Há controvérsia sobre a suspensão do prazo no recesso, pois a Lei n. 5.010/66, em seu art. 62 estabelece que o recesso tem natureza judicial de feriado e, este não é causa de suspensão dos prazos.

De acordo com o art. 229 do CPC, o prazo será em dobro quando os litisconsortes tiverem diferentes procuradores. Contudo, referido dispositivo não se aplica ao processo do trabalho por ser incompatível com os princípios deste ramo do direito. Neste sentido é o teor da OJ n. 310 da SDI-I do TST:

> 310. LITISCONSORTES. PROCURADORES DISTINTOS. PRAZO EM DOBRO. ART. 229, *CAPUT* E §§ 1º E 2º, DO CPC DE 2015. ART. 191 DO CPC DE 1973. INAPLICÁVEL AO PROCESSO DO TRABALHO (atualizada em decorrência do CPC de 2015) — Res. n. 208/2016, DEJT divulgado em 22, 25 e 26.4.2016. Inaplicável ao processo do trabalho a norma contida no art. 229, *caput* e §§ 1º e 2º, do CPC de 2015 (art. 191 do CPC de 1973), em razão de incompatibilidade com a celeridade que lhe é inerente.

É ônus do recorrente comprovar a existência de feriado local para efeito de suspensão do prazo recursal, conforme entendimento pacificado pelo TST, por meio da Súmula n. 385, abaixo transcrita:

> Súmula n. 385 do TST — FERIADO LOCAL OU FORENSE. AUSÊNCIA DE EXPEDIENTE. PRAZO RECURSAL. PRORROGAÇÃO. COMPROVAÇÃO. NECESSIDADE. (alterada em decorrência do CPC de 2015) — Res. n. 220/2017, DEJT divulgado em 21, 22 e 25.9.2017)
>
> I — Incumbe à parte o ônus de provar, quando da interposição do recurso, a existência de feriado local que autorize a prorrogação do prazo recursal (art. 1.003, § 6º, do CPC de 2015). No caso de o recorrente alegar a existência de feriado local e não o comprovar no momento da interposição do recurso, cumpre ao relator conceder o prazo de 5 (cinco) dias para que seja sanado o vício (art. 932, parágrafo único, do CPC de 2015), sob pena de não conhecimento se da comprovação depender a tempestividade recursal;
>
> II — Na hipótese de feriado forense, incumbirá à autoridade que proferir a decisão de admissibilidade certificar o expediente nos autos;
>
> III — Admite-se a reconsideração da análise da tempestividade do recurso, mediante prova documental superveniente, em agravo de instrumento, agravo interno, agravo regimental, ou embargos de declaração, desde que, em momento anterior, não tenha havido a concessão de prazo para a comprovação da ausência de expediente forense.

A regra contida no item I da referida orientação jurisprudencial foi adotada pelo Código de Processo Civil de 2015 no § 6º do art. 1003, que dispõe: *"§ 6º O recorrente comprovará a ocorrência de feriado local no ato de interposição do recurso."*

Na hipótese de interposição do Recurso, por fac-símile, estabelece a Lei n. 9.800/99, o prazo de cinco dias para apresentação dos originais começa a fluir no dia seguinte do término do prazo recursal, independentemente do dia em que foi interposto o recurso e de intimação para tanto, não se aplicando os termos do art. 184 do CPC quanto ao *"dies a quo"*, podendo coincidir com sábado, domingo ou feriado, conforme já pacificou entendimento o TST, por meio da Súmula n. 387, abaixo transcrita:

> Súmula n. 387 do TST — RECURSO. FAC-SÍMILE. LEI N. 9.800/1999 (atualizada em decorrência do CPC de 2015) — Res. n. 208/2016, DEJT divulgado em 22, 25 e 26.4.2016.

I — A Lei n. 9.800, de 26.05.1999, é aplicável somente a recursos interpostos após o início de sua vigência. (ex-OJ n. 194 da SBDI-1 — inserida em 8.11.2000)

II — A contagem do quinquídio para apresentação dos originais de recurso interposto por intermédio de fac-símile começa a fluir do dia subsequente ao término do prazo recursal, nos termos do art. 2º da Lei n. 9.800, de 26.5.1999, e não do dia seguinte à interposição do recurso, se esta se deu antes do termo final do prazo. (ex-OJ n. 337 da SBDI-1 — primeira parte — DJ 4.5.2004)

III — Não se tratando a juntada dos originais de ato que dependa de notificação, pois a parte, ao interpor o recurso, já tem ciência de seu ônus processual, não se aplica a regra do art. 224 do CPC de 2015 (art. 184 do CPC de 1973) quanto ao *"dies a quo"*, podendo coincidir com sábado, domingo ou feriado. (ex-OJ n. 337 da SBDI-1 — *"in fine"* — DJ 4.5.2004)

IV — A autorização para utilização do fac-símile, constante do art. 1º da Lei n. 9.800, de 26.5.1999, somente alcança as hipóteses em que o documento é dirigido diretamente ao órgão jurisdicional, não se aplicando à transmissão ocorrida entre particulares. Mediante a Instrução Normativa n. 30/07, o Tribunal Superior do Trabalho regulamentou a informatização do processo judicial no âmbito da Justiça do Trabalho. De acordo com referida instrução, considera realizado o ato processual no dia e hora do seu envio ao sistema do Poder Judiciário, o que se verificará por meio do protocolo eletrônico, sendo tempestivos os transmitidos até as 24 horas do seu último dia.

Aplica-se ao processo do trabalho o disposto no art. 180 do CPC/15, que estabelece: *"Art. 180. O Ministério Público gozará de prazo em dobro para manifestar-se nos autos, que terá início a partir de sua intimação pessoal, nos termos do art. 183, § 1º"*. Referido dispositivo corresponde ao art. 188 do CPC/73, que tratava de prazo diferenciado para o MPT e para a Fazenda Pública. O novo dispositivo não faz menção quanto à Fazenda Pública, que permanece com prazo diferenciado em razão do Decreto n. 769/69. A concessão de prazo diferenciado para a Fazenda Pública e o Ministério Público sempre foi observado no direito brasileiro e também no direito estrangeiro.

O prazo recursal, portanto, é peremptório e a sua inobservância acarreta o não conhecimento do recurso.

5.1.5. Preparo

O quinto e último pressuposto extrínseco é o preparo. Preparo é o pagamento das custas e do depósito recursal.

Custas processuais são espécie do gênero despesas processuais. Equivalem a dois por cento do valor da condenação, observado o mínimo de R$ 10,64, limitado ao teto de quatro vezes o limite máximo dos benefícios do Regime da Previdência Social e estão disciplinadas pelos arts. 789 e seguintes da CLT.

A reforma trabalhista (Lei n. 13.467/17) alterou o disposto no art. 789 da CLT para fixar um teto para pagamento das custas processuais.

De acordo com a redação do art. 789, § 1º da CLT não há custas para ambas as partes (*pro rata*), mas serão pagas sempre pelo vencido, com exceção a hipótese de acordo, em que o pagamento das custas caberá a ambos os litigantes, conforme dispõe o § 3º do art. 789 da CLT.

Se houver inversão de sucumbência, a parte vencida em segundo grau deverá pagar as custas, independentemente de intimação, conforme Súmula n. 25[132] do TST. Caso já tenha sido pago pela parte contrária, não há que se falar em novo pagamento, mas sim em ressarcimento da quantia.

Em caso de procedência parcial ou total, o reclamado deverá comprovar o recolhimento quando da interposição do recurso. Neste caso, o reclamante não paga custas. Só serão devidas pelo reclamante em caso de improcedência e quando não for beneficiário da Justiça Gratuita.

O pagamento das custas na fase de conhecimento só será exigido uma única vez, ou seja, se a parte efetua o recolhimento para a interposição do Recurso Ordinário e obtém a anulação da sentença, ao interpor novo recurso em face da nova sentença, não será exigido novo pagamento de custas, salvo se o valor da condenação arbitrada na segunda sentença for superior ao valor arbitrado na primeira sentença. E, para interpor Recurso de Revista, só será exigido o complemento das custas na hipótese de majoração da condenação pelo Tribunal Regional.

Já o depósito recursal equivale ao valor da condenação, limitado a um teto reajustado anualmente. Este último tem natureza jurídica de garantia do juízo, ou seja, só é devido pelo devedor em ação, cuja condenação implica em pagamento em pecúnia.

Neste sentido, assim é o entendimento do TST:

> Súmula n. 161 TST — Se não há pagamento em pecúnia, descabe o depósito de que tratam os §§ 1º e 2º do art. 899 da CLT.
>
> Súmula n. 99 TST — Havendo recurso ordinário em sede de rescisória, o depósito recursal só é exigível quando for julgado procedente o pedido e imposta condenação

(132) Súmula n. 25 do TST — CUSTAS PROCESSUAIS. INVERSÃO DO ÔNUS DA SUCUMBÊNCIA. (alterada a Súmula e incorporadas as Orientações Jurisprudenciais n.s 104 e 186 da SBDI-1) — Res. n. 197/2015 — DEJT divulgado em 14, 15 e 18.5.2015.

I — A parte vencedora na primeira instância, se vencida na segunda, está obrigada, independentemente de intimação, a pagar as custas fixadas na sentença originária, das quais ficara isenta a parte então vencida;

II — No caso de inversão do ônus da sucumbência em segundo grau, sem acréscimo ou atualização do valor das custas e se estas já foram devidamente recolhidas, descabe um novo pagamento pela parte vencida, ao recorrer. Deverá ao final, se sucumbente, reembolsar a quantia; (ex-OJ n. 186 da SBDI-I)

III — Não caracteriza deserção a hipótese em que, acrescido o valor da condenação, não houve fixação ou cálculo do valor devido a título de custas e tampouco intimação da parte para o preparo do recurso, devendo ser as custas pagas ao final; (ex-OJ n. 104 da SBDI-I)

IV — O reembolso das custas à parte vencedora faz-se necessário mesmo na hipótese em que a parte vencida for pessoa isenta do seu pagamento, nos termos do art. 790-A, parágrafo único, da CLT.

em pecúnia, devendo este ser efetuado no prazo recursal, no limite e nos termos da legislação vigente, sob pena de deserção.

Deve ser realizado na conta vinculada do reclamante junto ao FGTS, conforme dispõe o § 4º do art. 899 da CLT. Em se tratando de controvérsia envolvendo relação de trabalho não submetida ao regime do FGTS, admite-se o depósito recursal através de depósito judicial, conforme preceitua a Súmula n. 426 do TST, abaixo transcrita:

Para Mauro Schiavi, o depósito recursal *"tem natureza jurídica híbrida, pois além de ser um pressuposto recursal objetivo, que se não preenchido importará a deserção do recurso, é uma garantia de futura execução por quantia certa. Não se trata de taxa judiciária, pois não está vinculado a um serviço específico do Poder Judiciário, e sim de um requisito para o conhecimento do recurso e uma garantia de futura execução."*[133]

Em se tratando de recurso de massa falida, não há que se falar em preparo, conforme já pacificou o TST:

Súmula n. 86 TST — Não ocorre deserção de recurso da massa falida por falta de pagamento de custas ou de depósito do valor da condenação. Esse privilégio, todavia, não se aplica à empresa em liquidação extrajudicial.

O TST editou a Súmula n. 128, da qual destacamos o item III que pacificou entendimento sobre o depósito recursal nas condenações de mais de uma reclamada no mesmo processo.

Súmula N. 128 — TST. DEPÓSITO RECURSAL (incorporadas as Orientações Jurisprudenciais ns. 139, 189 e 190 da SBDI-1) — Res. n. 129/2005, DJ 20, 22 e 25.4.2005.

I — É ônus da parte recorrente efetuar o depósito legal, integralmente, em relação a cada novo recurso interposto, sob pena de deserção. Atingido o valor da condenação, nenhum depósito mais é exigido para qualquer recurso. (ex-Súmula n. 128 — alterada pela Res. n. 121/2003, DJ 21.11.2003, que incorporou a OJ n. 139 da SBDI-1 — inserida em 27.11.1998)

II — Garantido o juízo, na fase executória, a exigência de depósito para recorrer de qualquer decisão viola os incisos II e LV do art. 5º da CF/1988. Havendo, porém, elevação do valor do débito, exige-se a complementação da garantia do juízo. (ex-OJ n. 189 da SBDI-1 — inserida em 8.11.2000)

III — Havendo condenação solidária de duas ou mais empresas, o depósito recursal efetuado por uma delas aproveita as demais, quando a empresa que efetuou o depósito não pleiteia sua exclusão da lide. (ex-OJ n. 190 da SBDI-1 — inserida em 8.11.2000)

As guias do preparo devem ser apresentadas nos autos no prazo do recurso e não necessariamente com o recurso, conforme estabelece a Súmula n. 245 do TST.

Súmula n. 245: O depósito recursal deve ser feito e comprovado no prazo alusivo ao recurso. A interposição antecipada deste não prejudica a dilação legal.

(133) SCHIAVI, Mauro. *Recursos no Processo do Trabalho*. São Paulo: LTr, 2013. p. 108.

Referido entendimento não tem sido adotado no recurso de Agravo de Instrumento em razão do que dispõe o § 7º do art. 899 da CLT: "*§ 7º No ato de interposição do agravo de instrumento, o depósito recursal corresponderá a 50% (cinquenta por cento) do valor do depósito do recurso ao qual se pretende destrancar.*"

Nesse sentido, assim vem decidindo o Tribunal Superior do Trabalho:

> "AGRAVO DE INSTRUMENTO INTERPOSTO PELAS RECLAMADAS. DESERÇÃO DO AGRAVO DE INSTRUMENTO. AUSÊNCIA DE DEPÓSITO RECURSAL. NÃO COMPROVAÇÃO DO RECOLHIMENTO DO PREPARO RECURSAL. TRANSCENDÊNCIA. NÃO RECONHECIDA. NÃO CONHECIMENTO. A não realização do depósito recursal, na forma exigida no § 7º do artigo 899 da CLT, à época da interposição do agravo de instrumento, enseja a sua deserção, nos termos da Súmula nº 128, I e 245. Ademais, a jurisprudência pacífica desta Corte é no sentido que é ônus da parte comprovar o preenchimento dos pressupostos recursais dentro do prazo alusivo ao recurso interposto (Súmula nº 245), o que não foi observado pelas partes ora agravantes. Na hipótese, as reclamadas tiveram o seguimento do seu recurso de revista negado pela Vice-presidência do egrégio Tribunal Regional, o que implicou a interposição do presente agravo de instrumento, em relação ao qual as partes agravantes não efetuaram a comprovação do devido preparo recursal. Dessa forma, em razão de a parte não haver efetuado o preparo no prazo recursal, tem-se por deserto o agravo de instrumento. Ressalta-se que, tampouco é cabível concessão de prazo para a regularização do feito, nos termos da Orientação Jurisprudencial nº 140 da SBDI-1, porquanto o entendimento ali preconizado é direcionado apenas às hipóteses de recolhimento insuficiente, o que não é o caso dos autos. Nesse contexto, a incidência da deserção é suficiente para afastar a transcendência da causa, uma vez que inviabilizará a aferição da existência de eventual questão controvertida no recurso de revista, e, por conseguinte, não serão produzidos os reflexos gerais, nos termos previstos no § 1º do artigo 896-A da CLT. Agravo de instrumento de que não se conhece..." (ARR-1001917-93.2017.5.02.0023, 8ª Turma, Relator Desembargador Convocado Eduardo Pugliesi, DEJT 25/3/2024).

O Novo Código de Processo Civil traz uma regra específica para a comprovação do preparo, em seu art. 1.007, ao dispor:

> Art. 1.007. No ato de interposição do recurso, o recorrente comprovará, quando exigido pela legislação pertinente, o respectivo preparo, inclusive porte de remessa e de retorno, sob pena de deserção.
>
> § 1º São dispensados de preparo, inclusive porte de remessa e de retorno, os recursos interpostos pelo Ministério Público, pela União, pelo Distrito Federal, pelos Estados, pelos Municípios, e respectivas autarquias, e pelos que gozam de isenção legal.
>
> § 2º A insuficiência no valor do preparo, inclusive porte de remessa e de retorno, implicará deserção se o recorrente, intimado na pessoa de seu advogado, não vier a supri-lo no prazo de 5 (cinco) dias.
>
> § 3º É dispensado o recolhimento do porte de remessa e de retorno no processo em autos eletrônicos.

> § 4º O recorrente que não comprovar, no ato de interposição do recurso, o recolhimento do preparo, inclusive porte de remessa e de retorno, será intimado, na pessoa de seu advogado, para realizar o recolhimento em dobro, sob pena de deserção.
>
> § 5º É vedada a complementação se houver insuficiência parcial do preparo, inclusive porte de remessa e de retorno, no recolhimento realizado na forma do § 4º.
>
> § 6º Provando o recorrente justo impedimento, o relator relevará a pena de deserção, por decisão irrecorrível, fixando-lhe prazo de 5 (cinco) dias para efetuar o preparo.
>
> § 7º O equívoco no preenchimento da guia de custas não implicará a aplicação da pena de deserção, cabendo ao relator, na hipótese de dúvida quanto ao recolhimento, intimar o recorrente para sanar o vício no prazo de 5 (cinco) dias.

Sobre a aplicação dos referidos dispositivos o Tribunal Superior do Trabalho editou a Instrução Normativa n. 39, editada pela Resolução n. 203, de 15 de março de 2016, cujo art. 10 assim estabelece:

> Art. 10. Aplicam-se ao Processo do Trabalho as normas do parágrafo único do art. 932 do CPC, §§ 1º a 4º do art. 938 e §§ 2º e 7º do art. 1.007.
>
> Parágrafo único. A insuficiência no valor do preparo do recurso, no Processo do Trabalho, para os efeitos do § 2º do art. 1.007 do CPC, concerne unicamente às custas processuais, não ao depósito recursal.

A Resolução n. 218, de 17.4.2017, revogou o parágrafo único que excluía a aplicação do § 2º do art. 1.007 do CPC ao depósito recursal, limitando apenas às custas. De fato, a distinção feita pela instrução normativa não se sustentava frente ao princípio da primazia do julgamento de mérito.

Tanto é assim que o Tribunal Superior do Trabalho, por meio da Resolução 217/17 alterou a orientação jurisprudencial n. 140 da SDI-I do TST, que passou a ter a seguinte redação:

> Em caso de recolhimento insuficiente das custas processuais ou do depósito recursal, somente haverá deserção do recurso se, concedido o prazo de 5 (cinco) dias previsto no § 2º do art. 1.007 do CPC de 2015, o recorrente não complementar e comprovar o valor devido.

Já em sentido contrário à redação antiga da referida orientação jurisprudencial era a doutrina de Mauro Schiavi: *"No nosso sentir, em caso de diferença de centavos referente ao depósito recursal a deserção somente deveria ser decretada após intimação da parte para complementação do depósito em 24 horas, entretanto, a lei não faz qualquer distinção e não prevê a possibilidade de intimação para a parte complementar o depósito faltante"*.[134]

Sobre a aplicação do referido dispositivo no processo do trabalho, assim dispôs os Enunciados ns. 106 e 353 do Fórum Permanente de Processualistas Civis:

---

(134) SCHIAVI, Mauro. *Recursos no Processo do Trabalho*. São Paulo: LTr, 2013. p. 112.

"Enunciado n. 106: Não se pode reconhecer a deserção do recurso, em processo trabalhista, quando houver recolhimento insuficiente das custas e do depósito recursal, ainda que ínfima a diferença, cabendo ao juiz determinar a sua complementação."

"Enunciado n. 353: No processo do trabalho, o equívoco no preenchimento da guia de custas ou de depósito recursal não implicará a aplicação da pena de deserção, cabendo ao relator, na hipótese de dúvida quanto ao recolhimento, intimar o recorrente para sanar o vício no prazo de cinco dias."

Estevão Mallet, ao comentar o disposto no § 11 do art. 896 da CLT, introduzido pela Lei n. 13.015/14, que estabelece *"Quando o recurso tempestivo contiver defeito formal que não se repute grave, o Tribunal Superior do Trabalho poderá desconsiderar o vício ou mandar saná-lo, julgando o mérito"*, faz referência expressa à insuficiência do depósito recursal, ao dispor:

> "A regra do § 11 há de ser compreendida, portanto, de maneira mais dilatada, para abranger inclusive as condições de admissibilidade do recurso. Um bom exemplo, que altera o cenário hoje dominante, diz respeito ao depósito recursal feito em valor alguns centavos aquém do exigível. A jurisprudência — acertada, diga-se de passagem, pois o legislador, ao quantificar a exigência, afastou o juízo de qualificação feito pelo julgador — considera deserto o recurso. Com a nova disposição, todavia, é legítimo considerar-se sanável o defeito, a fim de intimar o recorrente a completar a garantia, par que prossiga e exame do recurso. Tanto o defeito não é grave que no processo civil a prévia intimação, em caso de preparo insuficiente, é de rigor."(135)
>
> Contudo, sustenta o mesmo autor que referida interpretação deve limitar-se ao recurso de revista, embargos ou agravo que visa destrancar tais recursos, pois "No caso de recurso ordinário ou agravo de petição, no entanto, como não está em causa interesse na uniformização da jurisprudência, não é de se aplicar o benefício. O defeito formal, desde que não abrangido pelos arts. 794 da CLT e 244 do CPC — ou seja, não passível de superação por força do princípio da instrumentalidade das formas —, não terá como ser relevado."(136)

O § 6º do mesmo art. 1.007 do Novo CPC, também inova ao permitir prazo suplementar para comprovação do preparo na hipótese de "justo impedimento". Assim dispõe referido dispositivo:

Art. 1.007 (...)

(...)

§ 6º Provando o recorrente justo impedimento, o relator relevará a pena de deserção, por decisão irrecorrível, fixando-lhe prazo de 5 (cinco) dias para efetuar o preparo.

---

(135) MALLET, Estevão. Reflexões sobre a Lei n. 13.015/14, *Revista LTr* 79-01/45.

(136) *Idem.*

Já o § 7º do art. 1.007 do Novo CPC permite ao relator conceder prazo ao recorrente para que sane o vício em caso de equivoco no preenchimento das guias, ao dispor:

> Art. 1.007 (...)
>
> (...)
>
> § 7º O equívoco no preenchimento da guia de custas não implicará a aplicação da pena de deserção, cabendo ao relator, na hipótese de dúvida quanto ao recolhimento, intimar o recorrente para sanar o vício no prazo de 5 (cinco) dias.

Sobre a sua aplicação ao processo do trabalho, assim estabelece o Enunciado n. 353 do Fórum Permanente de Processualistas Civis:

> "Enunciado n. 353: No processo do trabalho, o equívoco no preenchimento da guia de custas ou de depósito recursal não implicará a aplicação da pena de deserção, cabendo ao relator, na hipótese de dúvida quanto ao recolhimento, intimar o recorrente para sanar o vício no prazo de cinco dias."

O § 1º do art. 899 da CLT determina que, após o trânsito em julgado, o juízo deve determinar o levantamento imediato do valor depositado à parte vencedora. Contudo, entendo que tal providência deva ser tomada após a liquidação do julgado.(137)

Ao contrário do que sustentamos na primeira edição deste livro, a exigência do depósito recursal se aplica tanto a autor como ao réu, salvo se empregado ou sindicato na qualidade de substituto processual.

Neste sentido, a jurisprudência do TST:

> PRELIMINAR DE NÃO CONHECIMENTO DO RECURSO DE REVISTA , SUSCITADA EM CONTRARRAZÕES. CONDENAÇÃO AO PAGAMENTO DE HONORÁRIOS ADVOCATÍCIOS. AUSÊNCIA DO DEPÓSITO RECURSAL. DESERÇÃO. Para o fim da exigência do depósito recursal de que cogita o parágrafo único do art. 2º da Instrução Normativa n. 27 desta Corte, constitui condenação em pecúnia a condenação ao pagamento de honorários de sucumbência, na medida em que a finalidade do depósito recursal é a garantia da execução, a cujo procedimento também estão sujeitos os honorários advocatícios. Recurso de Revista de que não se conhece. (RR 147791.2010.5.03.0004, rel. João Batista Brito Pereira, Data de Julgamento: 6.2.2013, 5ª Turma, Data de Publicação: 15.2.2013)
>
> RECURSO DE REVISTA. CONDENAÇÃO DO AUTOR EM PECÚNIA. HONORÁRIOS ADVOCATÍCIOS. EQUIVALÊNCIA AO DEPÓSITO RECURSAL. DESERÇÃO DO RECURSO ORDINÁRIO. A interpretação predominante nesta Corte é no sentido de que, havendo condenação em pecúnia, é sempre exigível o depósito recursal, mesmo se relacionada aos honorários advocatícios, cujo valor arbitrado deve ser recolhido pela parte recorrente, sob pena de deserção. Recurso de revista conhecido e não provido. (RR 238200 93.2007.5.02.0090, rel. Min. Augusto César Leite de Carvalho, Data de Julgamento: 21.3.2012, 6ª Turma, Data de Publicação: 3.4.2012)

---

(137) No mesmo sentido: SCHIAVI, Mauro. *Recursos no Processo do Trabalho*. São Paulo: LTr, 2013. p. 109. e TEIXEIRA FILHO, Manoel Antonio. *Sistema dos Recursos Trabalhistas*. São Paulo: LTr, 2003. p. 188.

> DESERÇÃO NÃO RECOLHIMENTO DO DEPÓSITO RECURSAL EXISTÊNCIA DE CONDENAÇÃO NO PAGAMENTO DE HONORÁRIOS ADVOCATÍCIOS. 1. Nos termos da Súmula n. 161 do TST, se não há condenação a pagamento em pecúnia, descabe o depósito recursal de que tratam os §§ 1º e 2º do art. 899 da CLT. 2. No caso vertente, o recurso ordinário foi reputado deserto em razão da ausência de recolhimento do depósito recursal, haja vista a existência de condenação em pecúnia (honorários advocatícios). 3. Assim, conforme reiterada jurisprudência desta Corte Superior e de acordo com a Súmula n. 161 do TST, remanesce a necessidade de recolhimento do depósito recursal como requisito para a admissibilidade do recurso, não merecendo reforma a decisão recorrida. Recurso de revista não conhecido. (RR 15600 52.2007.5.02.0061, rel. Min. Ives Gandra Martins Filho, Data de Julgamento: 7.3.2012, 7ª Turma, Data de Publicação: 9.3.2012)

Até a reforma trabalhista (Lei n. 13.467/19), a doutrina não era unânime sobre a isenção do pagamento do depósito recursal em se tratando de reclamada beneficiária da justiça gratuita. Parte entendia que é possível pois o art. 3º, inciso VII da Lei n. 1.060/50 estabelece que a assistência jurídica gratuita compreende os depósitos previstos em lei para a interposição de recursos.

Neste sentido é a doutrina de Renato Saraiva:

> "... a concessão do benefício da justiça gratuita à reclamada a isenta também da obrigação em caso de eventual recurso, de efetuar o depósito recursal, conforme estabelece o art. 3º, VII, da Lei n. 1.060/50..."(138)

Em sentido contrário é a doutrina de Mauro Schiavi:

> "Com efeito, o depósito recursal tem natureza híbrida, pois além de ser um pressuposto recursal objetivo, que se não preenchido importará a deserção do recurso, é uma garantia de futura execução por quantia certa. Não se trata de taxa judiciaria, pois não está vinculado a um serviço específico do poder judiciário, e sim de um requisito para o conhecimento do recurso e uma garantia de futura execução. Além disso, o depósito recursal visa a coibir recursos protelatórios.
>
> Posto isso, conforme vem entendendo, acertadamente, a doutrina e a jurisprudência majoritária, o duplo grau de jurisdição não é um princípio constitucionalmente albergado, pois não está inserido na cláusula do contraditório e da ampla defesa.
>
> Conclui-se que o art. 3º, VII da Lei n, 1.060/1950 não se aplica ao processo do trabalho quanto ao depósito recursal, pois este tem natureza jurídica não só de um pressuposto recursal, mas também de garantia para a execução.

(138) SARAIVA, Renato. *Curso de Direito Processual do Trabalho*. São Paulo: Método, 2010. p. 455.

> Sob outro enfoque, a regra específica do art. 899 da CLT prevalece sobre a regra geral do art. 3º, da Lei n. 1.060/1950, que não fora idealizada para o processo do trabalho."(139)

Sempre estive ao lado da primeira corrente, não só porque perfilo do entendimento de que o duplo grau de jurisdição possui amparo na Constituição Federal, conforme já tratado nesta obra, mas também porque a condição híbrida do depósito é insuficiente para exigir o seu recolhimento face a necessidade da gratuidade processual, como pode ocorrer, por exemplo, no âmbito residencial ou empregador pessoa física.

Assim era o entendimento do Tribunal Superior do Trabalho em decisão da lavra do Ministro Ives Gandra Martins Filho:

> "Agravo de instrumento. Benefício da justiça gratuita. Empregador pessoa física. Isenção do depósito recursal. Possibilidade. 1. A Lei n. 1.060/50, que estabelece as normas para a concessão da assistência judiciaria gratuita aos necessitados, assenta no parágrafo único do art. 2º que, para os fins legais, considera-se necessitado aquele cuja situação econômica não lhe permita pagar custas do processo e os honorários de advogado sem prejuízo do sustento próprio. 2. Na hipótese vertente, o reclamado, pessoa física, postulou o direito à gratuidade da justiça e apresentou declaração de que não pode arcar com as despesas do processo sem prejuízo do sustento próprio, com fulcro na referida lei. 3. O Regional negou o pedido, ao fundamento de que a jurisprudência do Tribunal Superior do Trabalho segue no sentido da inaplicabilidade da justiça gratuita com relação ao depósito recursal. 4. Quanto ao tema, vale destacar que esta Turma entendeu possível a dispensa do referido depósito na hipótese de insuficiência econômica do empregador, pessoa física, conforme consta dos autos do Proc. RR 932/2004-043-12-40.1 (TST), assentando que a dispensa do depósito recursal se justifica, na hipótese de insuficiência econômica, como sendo condição de revisão de eventual sentença injusta ou ilegal, representando apenas a não exigência temporária do pagamento dos débitos trabalhistas que forem judicialmente reconhecidos, até que transite em julgado a decisão, em situação análoga à da multa do art. 557, § 2º do CPC. 5. Assim, tendo o reclamado, pessoa física, postulado o direito à gratuidade de justiça e apresentado declaração de que não pode arcar com as despesas do processo sem prejuízo do sustento próprio, com fundamento na Lei n. 1.060/50, verifica-se a possibilidade de deferimento do pleito..."(140)

Contudo, a reforma trabalhista (Lei n. 13.467/17) acabou com essa discussão inserindo o § 10 no art. 899 da CLT, com a seguinte redação:

> "§ 10 — São isentos do depósito recursal os beneficiários da justiça gratuita, as entidades filantrópicas e as empresas em recuperação judicial."

Ainda, estabeleceu no § 9º que: "O valor do depósito recursal será reduzido pela metade para entidades sem fins lucrativos, empregadores domésticos, microempreendedores individuais, microempresas e empresas de pequeno porte".

---

(139) SCHIAVI, Mauro. *Recursos no Processo do Trabalho*. São Paulo: LTr, 2013. p. 117.

(140) (TST, AgIn em RR 435/2006-071-03-40.3, 7ª T., j. 24.6.2008, rel. Min. Ives Gandra Martins Filho, DJ 15.8.2008)

O § 10 do art. 899 da CLT é claro no sentido de que o depósito recursal não será devido pelos beneficiários da justiça gratuita, pelas entidades filantrópicas e empresas em recuperação judicial, o que já defendíamos antes da reforma conforme exposto acima.

Sobre a deserção de recurso interposto por empregador pessoa física, assim decidiu o Tribunal Superior do Trabalho:

> "I — AGRAVO EM AGRAVO DE INSTRUMENTO. RECURSO DE REVISTA SOB A ÉGIDE DA LEI 13.467/2017. REQUISITOS DO ART. 896, § 9º, DA CLT, ATENDIDOS. Ficou demonstrado o desacerto da decisão monocrática que negou provimento ao agravo de instrumento. Agravo provido para determinar o processamento do agravo de instrumento. II — AGRAVO DE INSTRUMENTO EM RECURSO DE REVISTA SOB A ÉGIDE DA LEI 13.467/2017. RITO SUMARÍSSIMO. EMPREGADOR PESSOA FÍSICA. DESERÇÃO DO RECURSO ORDINÁRIO. COMPROVAÇÃO DE INSUFICIÊNCIA DE RECURSOS. ART. 790, § 4º, DA CLT. RECLAMAÇÃO TRABALHISTA INTERPOSTA APÓS A EFICÁCIA DA LEI 13.467/2017. DECLARAÇÃO DE HIPOSSUFICIÊNCIA ECONÔMICA APRESENTADA. TRANSCENDÊNCIA JURÍDICA. No caso em tela, o debate acerca da concessão dos benefícios da justiça gratuita nos termos do novel art. 790, § 4º, da CLT, em reclamação trabalhista proposta após a eficácia da Lei 13.467/2017, demonstra "a existência de questão nova em torno da interpretação da legislação trabalhista", o que configura a transcendência jurídica, nos termos do art. 896-A, § 1º, IV, da CLT. Transcendência reconhecida. AGRAVO DE INSTRUMENTO EM RECURSO DE REVISTA SOB A ÉGIDE DA LEI 13.467/2017. RITO SUMARÍSSIMO. EMPREGADOR PESSOA FÍSICA. DESERÇÃO DO RECURSO ORDINÁRIO. COMPROVAÇÃO DE INSUFICIÊNCIA DE RECURSOS. ART. 790, § 4º, DA CLT. RECLAMAÇÃO TRABALHISTA INTERPOSTA APÓS A EFICÁCIA DA LEI 13.467/2017. DECLARAÇÃO DE HIPOSSUFICIÊNCIA ECONÔMICA APRESENTADA. TRANSCENDÊNCIA JURÍDICA. Ante possível contrariedade à Súmula 463, I, do TST, provê-se o agravo de instrumento para determinar o processamento do recurso de revista. III — RECURSO DE REVISTA SOB A ÉGIDE DA LEI 13.467/2017. RITO SUMARÍSSIMO. EMPREGADOR PESSOA FÍSICA. DESERÇÃO DO RECURSO ORDINÁRIO. COMPROVAÇÃO DE INSUFICIÊNCIA DE RECURSOS. ART. 790, § 4º, DA CLT. RECLAMAÇÃO TRABALHISTA INTERPOSTA APÓS A EFICÁCIA DA LEI 13.467/2017. DECLARAÇÃO DE HIPOSSUFICIÊNCIA ECONÔMICA APRESENTADA. REQUISITOS DO ART. 896, §1º-A, DA CLT, ATENDIDOS. Trata-se de debate acerca da concessão dos benefícios da justiça gratuita a empregador, pessoa física, em reclamação trabalhista ajuizada após a eficácia da Lei 13.467/2017, que alterou o art. 790, § 3º, e incluiu o § 4º na CLT. De acordo com a nova redação, o benefício da justiça gratuita somente será concedido àqueles que perceberem salário igual ou inferior a 40% do limite máximo dos benefícios do Regime Geral de Previdência Social ou no caso de comprovação de insuficiência de recursos. Contudo, tem se firmado nesta Corte Superior o entendimento de que, mesmo após a vigência da Lei 13.467/2017, a declaração da parte de que não dispõe de recursos suficientes para o pagamento das custas do processo goza de presunção *juris tantum* de veracidade e se revela suficiente para comprovar tal condição. Referido entendimento também é aplicável ao empregador, pessoa física. Precedentes. Recurso de revista conhecido e provido" (RR-27-75.2022.5.12.0026, 6ª Turma, Relator Ministro Augusto Cesar Leite de Carvalho, DEJT 7/6/2024).

> "AGRAVO DE INSTRUMENTO. RECURSO DE REVISTA. INTERPOSIÇÃO SOB A ÉGIDE DA LEI Nº 13.467/2017. DESERÇÃO DO RECURSO ORDINÁRIO — PESSOA NATURAL E PESSOA JURÍDICA — DECLARAÇÃO DE HIPOSSUFICIÊNCIA. Verifica-se que a presente hipótese versa sobre a interposição de um único recurso ordinário por dois reclamados: um sen-

do pessoa jurídica e outro pessoa física. Não obstante a apresentação da declaração de hipossuficiência firmada pelo réu, pessoa natural, o TRT entendeu que a apresentação de declaração de hipossuficiência econômica pela parte, pessoa física, não se mostraria hábil ao deferimento dos benefícios da gratuidade de justiça. Portanto, ante a plausibilidade da tese de contrariedade ao item I da Súmula nº 463 do TST, mostra-se recomendável o processamento do recurso de revista, para melhor exame da matéria veiculada em suas razões. Agravo de instrumento provido. RECURSO DE REVISTA. INTERPOSIÇÃO SOB A ÉGIDE DA LEI Nº 13.467/2017. DESERÇÃO DO RECURSO ORDINÁRIO — PESSOA NATURAL E PESSOA JURÍDICA — DECLARAÇÃO DE HIPOSSUFICIÊNCIA. A partir da entrada em vigor da Lei nº 13.467/2017, a concessão do benefício da justiça gratuita passou a ser condicionada à comprovação da insuficiência de recursos pela parte requerente, nos termos do artigo 790, § 4º, da CLT. Diante dessa previsão, esta Corte Superior vem consolidando o entendimento de que tal dispositivo deve ser interpretado sistematicamente com outras normas do ordenamento jurídico, em especial os artigos 5º, LXXIV, da Constituição Federal e 99, §§ 1º a 4º, do CPC, bem como tendo em vista o teor da Súmula nº 463, item I, deste Tribunal. Nesses termos, entende-se suficiente para a concessão do benefício da justiça gratuita a declaração de hipossuficiência econômica firmada pela pessoa natural. No caso dos autos, o TRT concluiu pela deserção do recurso ordinário interposto pelo segundo reclamado, pessoa natural, não obstante a apresentação de sua declaração de pobreza, por entender que "o recorrente Alexandre André de Oliveira Pires não comprovou a contento fazer jus ao benefício". Nesses termos, observa-se que o TRT contrariou o teor do item I da Súmula nº 463 do TST, haja vista que a parte apresentou nos autos declaração de insuficiência de recursos e visto que a simples afirmação de que não tem condições financeiras de arcar com as despesas do processo autoriza a concessão da Justiça gratuita à pessoa natural. Todavia, quanto ao reclamado pessoa jurídica, cabe referir que faz jus ao benefício da Justiça Gratuita mediante a comprovação cabal da insuficiência econômica, nos termos estabelecidos pelo item II da Súmula 463 do TST. No presente caso, contudo, não houve comprovação da incapacidade econômica do primeiro reclamado para suportar as despesas processuais, motivo pelo qual o benefício não lhe foi concedido, ocasionando a deserção do recurso ordinário. Verifica-se, portanto, que o acórdão recorrido, quanto ao primeiro reclamado, pessoa jurídica, encontra-se em consonância com o item II da Súmula nº 463 do TST. Portanto, no presente caso, deve ser deferido somente ao segundo reclamado, pessoa natural, o benefício da justiça gratuita e conhecido o recurso de revista, por contrariedade ao item I da Súmula nº 463 do TST, para, no mérito, dar-lhe provimento parcial para conceder somente ao segundo reclamado, Sr. Alexandre André de Oliveira Pires, os benefícios da justiça gratuita, isentando-o do pagamento do preparo recursal, e, assim, afastar a deserção do seu recurso ordinário, determinando-se o retorno dos autos ao Tribunal Regional para que, ultrapassado esse óbice, prossiga no julgamento do seu recurso ordinário, como entender de direito. Recurso de revista conhecido e parcialmente provido" (RR-10465-87.2016.5.09.0016, 2ª Turma, Relatora Ministra Liana Chaib, DEJT 10/11/2023).

Quanto à empresas em recuperação judicial, o entendimento anterior era da exigência do depósito recursal. A única exceção era para a massa falida, conforme Súmula n. 86 do TST.

Conforme já tratado nesta obra, entendemos que o duplo grau de jurisdição é princípio constitucional, razão pela qual é preciso permitir o acesso aos Tribunais pelas partes. Por outro lado, a natureza jurídica do depósito recursal, que é a de garantia de uma futura execução de crédito de natureza alimentar, deve ser preservada. Desta forma, entendemos que a solução concedida pelo legislador no § 9º do art. 899 da CLT contempla as duas necessidades.

A reforma trabalhista (Lei n. 13.467/17) também alterou a guia do depósito recursal ao alterar a redação do § 4º do art. 899 da CLT, cuja redação anterior exigia o depósito em conta vinculada do empregado. Só se admitia depósito judicial ao invés de depósito em conta vinculada na hipótese de relação de trabalho não submetida ao FGTS, conforme disposto na Súmula n. 426 do TST.

> Súmula n. 426 do TST — DEPÓSITO RECURSAL. UTILIZAÇÃO DA GUIA GFIP. OBRIGATORIEDADE (editada em decorrência do julgamento do processo TST-IUJEEDRR 91700-09.2006.5.18.0006) — Res. n. 174/2011, DEJT divulgado em 27, 30 e 31.5.2011
>
> Nos dissídios individuais o depósito recursal será efetivado mediante a utilização da Guia de Recolhimento do FGTS e Informações à Previdência Social — GFIP, nos termos dos §§ 4º e 5º do art. 899 da CLT, admitido o depósito judicial, realizado na sede do juízo e à disposição deste, na hipótese de relação de trabalho não submetida ao regime do FGTS.

Com a nova redação, o recursal passa a ser efetuado por meio de depósito judicial e passará a ser corrigido pelos mesmos índices da poupança.

Outra importante alteração trazida pela reforma trabalhista (Lei n. 13.467/17) foi permitir depósito recursal por seguro garantia judicial ou fiança bancária, conforme estabelece o § 11 do art. 899 da CLT.

O Tribunal Superior do Trabalho, por intermédio do ATO CONJUNTO TST. CSJT.CGJT n. 1 de 16 de outubro de 2019, dispôs sobre o uso do seguro garantia judicial e fiança bancária.

Muito já se questionou sobre a constitucionalidade do depósito recursal, pois restringe o duplo grau de jurisdição àqueles que possuem condições financeiras para recorrer. O entendimento majoritário é no sentido de que não há nenhuma inconstitucionalidade por não ser constitucional o princípio do duplo grau de jurisdição.

Conforme já visto, entendemos de forma diversa quanto à constitucionalidade do princípio do duplo grau. Contudo, não há inconstitucionalidade no depósito recursal, pois a restrição ao duplo grau não se confunde com vedação. É lícito lei infraconstitucional limitar o cabimento do recurso, o que não se confunde com vedação, que contraria o Estado Democrático de Direito.

Em se tratando de Recurso de Revista, o depósito recursal só será devido se ainda não atingido o valor da condenação arbitrada ou se majorado o valor no Tribunal Regional, sempre limitado ao teto fixado. Uma vez efetuado o depósito total, nenhum outro será exigido.

O Tribunal Superior do Trabalho tem decidido que o recolhimento do preparo por terceiros é causa de deserção. Nesse sentido:

> RECURSO DE REVISTA REGIDO PELA LEI 13.467/2017. DESERÇÃO DO RECURSO ORDINÁRIO. CUSTAS PROCESSUAIS E DEPÓSITO RECURSAL. PAGAMENTO. PESSOA ESTRANHA À LIDE. SÚMULA 128, I, DO TST. TRANSCENDÊNCIA POLÍTICA CARACTERIZADA . 1. De acordo com o artigo 896-A da CLT, o Tribunal Superior do Trabalho, no recurso de revista, deve examinar previamente se a causa oferece transcendência com relação aos reflexos gerais de natureza econômica, política, social ou jurídica. 2. A jurisprudência desta Corte firmou-se no sentido de que o preparo deve ser realizado pela parte Recorrente, conforme diretriz da Súmula 128, I, do TST, não sendo válido o recolhimento do depósito recursal ou das custas processuais por pessoa estranha à lide, ainda que integrante do mesmo grupo econômico. 3. No caso, restou consignado no acórdão regional que a Reclamada (BIOPALMA DA AMAZÓNIA S/A), ao interpor o recurso ordinário, juntou comprovantes do recolhimento das custas processuais e do pagamento do depósito recursal efetuados por pessoa jurídica estranha à lide, sendo noticiado que os respectivos valores foram debitados em conta bancária de empresa que, embora compondo o mesmo grupo econômico da Reclamada, não integra a relação jurídico-processual. 4. Nesse contexto, a rejeição da preliminar de deserção do recurso ordinário, cujo preparo foi realizado por pessoa estranha à lide, destoa da orientação da Súmula 128, I, do TST. Julgados do TST. Divisada a transcendência política do debate proposto. Recurso de revista conhecido e provido" (RR-95-05.2022.5.08.0101, 5ª Turma, Relator Ministro Douglas Alencar Rodrigues, DEJT 31/3/2023).
>
> "AGRAVO . AGRAVO DE INSTRUMENTO EM RECURSO DE REVISTA . RECURSO DE REVISTA DESERTO. CUSTAS PROCESSUAIS RECOLHIDAS POR PARTE ESTRANHA À LIDE . Conforme salientado na decisão agravada, o comprovante de pagamento juntado aos autos por ocasião da interposição do recurso de revista demonstra que as custas processuais foram recolhidas por pessoa física, que não integra o polo passivo da presente demanda, razão pela qual o preparo por ela efetuado não produz os efeitos pretendidos em relação à parte efetivamente indicada como ré, estando, efetivamente, deserto o recurso. Agravo desprovido" (Ag-AIRR-69-47.2022.5.08.0120, 3ª Turma, Relator Ministro José Roberto Freire Pimenta, DEJT 15/9/2023).
>
> "RECURSO DE REVISTA DO AUTOR. LEI Nº 13.467/2017. DESERÇÃO DO RECURSO ORDINÁRIO INTERPOSTO PELA RECLAMADA. CUSTAS PROCESSUAIS. VALOR DEBITADO EM CONTA DE TERCEIRO ESTRANHO À LIDE. COMPROVANTE DE RECOLHIMENTO SEM ELEMENTOS DE IDENTIFICAÇÃO DO PROCESSO. TRANSCENDÊNCIA POLÍTICA CONSTATADA. A jurisprudência desta Corte Superior é firme no sentido de que a não comprovação do recolhimento das custas processuais no prazo alusivo ao recurso implica a deserção do apelo, incumbindo à parte recorrente a comprovação quanto à efetiva satisfação desse ônus. Exegese da Súmula nº 128, I, do TST. No caso em exame, conquanto tenha o Tribunal Regional rejeitado a arguição de não conhecimento do recurso ordinário da reclamada, suscitada pelo autor, verifica-se que as custas processuais foram recolhidas por terceiro, estranho à lide, sendo que o comprovante de recolhimento não consigna o número deste processo nem contém qualquer indicação dos nomes das partes que integram esta relação processual. Ausentes, pois, dados capazes de caracterizar a vinculação das custas processuais ao presente feito, há de se concluir que não restou atendida a finalidade do ato, concernente à comprovação da regularidade do preparo do referido apelo . Recurso de revista conhecido e provido" (RR-415-55.2022.5.08.0101, 7ª Turma, Relator Ministro Claudio Mascarenhas Brandão, DEJT 29/9/2023).

Por fim, cumpre destacar que a Instrução Normativa n. 3 do TST[141], alterada pela Resolução n. 190, de 11 de dezembro de 2013 interpreta os dispositivos legais quanto ao depósito recursal no processo do trabalho.

5.2. Pressupostos intrínsecos

São pressupostos intrínsecos: legitimidade, capacidade, interesse e inexistência do direito de recorrer. Há quem defina os pressupostos intrínsecos como sendo cabimento, legitimação e interesse. Neste sentido é a doutrina de Nelson Nery Jr.:

> "Os pressupostos intrínsecos são aqueles que dizem respeito à decisão recorrida em si mesmo considerada. Para serem aferidos leva-se em consideração o conteúdo e a forma da decisão impugnada. De tal modo, que, para proferir-se o juízo de admissibilidade, toma-se o ato judicial impugnado no momento e da maneira como foi prolatada. São eles o cabimento, a legitimação para recorrer e o interesse em recorrer.
>
> Justamente porque o recurso é manifestação, no curso do procedimento, do direito de ação, repete-se aqui, analogicamente, a exigência das "condições da ação": à possibilidade jurídica do pedido corresponde o cabimento; à legitimação para a causa a legitimidade para recorrer, e ao interesse processual corresponde o interesse em recorrer."[142]

Júlio César Bebber os define como: "são os que dizem respeito à decisão impugnada em si mesma considerada. Relacionam-se diretamente com o conteúdo e com a forma da decisão." E os classifica como: "a recorribilidade, a adequação (ou cabimento), a legitimidade para recorrer, a capacidade e o interesse em recorrer."[143]

Como já visto, entendemos que pressupostos intrínsecos dizem respeito à subjetividade ligada às partes. Daí porque definimos os pressupostos como a legitimidade, a capacidade da parte, o interesse da parte em recorrer e a inexistência do direito de recorrer.

5.2.1. Legitimidade

Legitimidade *"é a pertinência subjetiva da ação, ou seja, quais pessoas têm uma qualidade especial para postular em juízo, pois têm ligação direta com a pretensão posta em juízo. No*

---

(141) Antônio Álvares da Silva sustenta em seu artigo publicado no *Suplemento Trabalhista* da LTr 058/93 a inconstitucionalidade da referida Instrução sob diversos fundamentos, dentre os quais destacamos a violação ao art. 2º da CF, no que tange a divisão de poderes; ao art. 22, inciso I da Constituição Federal, no que tange à competência para legislar e; aos arts. 44 e 59 da Constituição Federal, no que tange a competência para regulamentar a lei.

(142) NERY JR., Nelson. *Teoria Geral dos Recursos*. São Paulo: Revista dos Tribunais, 2004. p. 273- 274.

(143) BEBBER, Júlio César. *Recursos no Processo do Trabalho*. São Paulo: LTr, 2011. p. 97.

processo de conhecimento, a legitimidade deve ser aferida no plano abstrato. Desse modo, está legitimado aquele que se afirma titular do direito e em face de quem o direito é postulado".(144)

Trata-se de aplicação da teoria da asserção, segundo o qual *"a aferição das condições da ação deve ser realizada mediante a simples indicação na inicial, independentemente das razões da contestação e também de prova no processo. Se, pela indicação da inicial, estiverem presentes a legitimidade, o interesse de agir e a possibilidade jurídica do pedido, deve o Juiz proferir decisão de mérito".*(145)

Contudo, referida teoria não se aplica à fase recursal, eis que o CPC determina quem pode recorrer.

O recurso pode ser interposto pela parte vencida, por terceiro prejudicado e pelo Ministério Público, conforme dispõe o art. 499 do CPC/73, aplicável subsidiariamente ao processo do trabalho, abaixo transcrito:

> Art. 499. O recurso pode ser interposto pela parte vencida, pelo terceiro prejudicado e pelo Ministério Público.
>
> § 1º Cumpre ao terceiro demonstrar o nexo de interdependência entre o seu interesse de intervir e a relação jurídica submetida à apreciação judicial.
>
> § 2º O Ministério Público tem legitimidade para recorrer assim no processo em que é parte, como naqueles em que oficiou como fiscal da lei.

Referido dispositivo corresponde ao art. 996 do Código de Processo Civil de 2015, que possui redação similar:

> Art. 996. O recurso pode ser interposto pela parte vencida, pelo terceiro prejudicado e pelo Ministério Público, como parte ou como fiscal da ordem jurídica.
>
> Parágrafo único. Cumpre ao terceiro demonstrar a possibilidade de a decisão sobre a relação jurídica submetida à apreciação judicial atingir direito que se afirme titular ou que possa discutir em juízo como substituto processual.

Sobre a alteração trazida pelo Novo CPC, assim é a doutrina de Daniel Amorim Assumpção Neves:

> "O art. 996, *caput*, do Novo CPC conserva os três legitimados recursais previstos no art. 499 do CPC/1973 (partes, terceiro prejudicado e Ministério Público), apenas passando a tratar o Ministério Público como fiscal da ordem jurídica, e não mais como fiscal da lei. E mantém o equívoco de confundir legitimidade recursal ao sustentar a previsão da "parte vencida" como legitimidade recursal.

(144) BEBBER, Júlio César. *Recursos no Processo do Trabalho*. São Paulo: LTr, 2011. p. 87.

(145) *Idem*.

> No parágrafo único melhora-se a definição de interesse a ser demonstrado pelo terceiro que pretenda recorrer como terceiro prejudicado. Segundo o dispositivo legal, cumpre ao terceiro demonstrar a possibilidade de a decisão sobre a relação jurídica submetida à apreciação judicial atingir direito de que se afirme titular ou que possa discutir em juízo como substituto processual."(146)

Júlio César Bebber define parte como *"Todo aquele que interveio e permanece na relação jurídica processual como autor ou réu é parte e tem, por isso, legitimidade para recorrer"*. E, mais adiante explica:

> "Destaquei, anteriormente, os vocábulos 'interveio' e 'permanece' porque:
>
> a) a qualidade de parte é adquirida pela:
>
> — demanda, uma vez que aquele que toma a iniciativa de ingressar em juízo assume a posição de autor;
>
> — citação, uma vez que aquele em face de quem o autor deduz pretensão se converte em réu;
>
> — sucessão subjetiva na posição da parte originária;
>
> — intervenção voluntária ou compulsória de terceiros no processo;
>
> b) a posição jurídica de parte deve ser averiguada no momento em que o recurso é interposto. Assim, o sujeito que não é parte no processo no momento em que a sentença foi proferida será terceiro."(147)

De acordo com o art. 499 do CPC/73, terceiro interessado é aquele que demonstra nexo de interdependência com a relação jurídica.

Sobre o terceiro interessado, assim é a doutrina de Nelson Nery Jr., com base no art. 499 do CPC/73:

> "O CPC confere legitimidade para recorrer ao terceiro prejudicado pela decisão. Exige, no entanto, a demonstração, pelo terceiro, do liame existente entre a decisão e o prejuízo que esta lhe causou. É terceiro aquele que não foi parte no processo, quer porque "nunca o tenha sido, quer haja deixado de sê-lo em momento anterior àquele em que se profira a decisão.
>
> Este recurso do terceiro prejudicado não é mais do que uma espécie de intervenção de terceiros na fase recursal. Não se caracteriza como uma nova ação deduzida no segundo grau de jurisdição, pois entre nós vige a proibição de

---

(146) NEVES, Daniel Amorim Assumpção. *Novo Código de Processo Civil — Lei n. 13.105/2015*. São Paulo: Método, 2015. p. 539.

(147) NERY JR., Nelson. *Teoria Geral dos Recursos*. São Paulo: Revista dos Tribunais, 2004. p. 99-100.

inovar em sede recursal, pois estes dois institutos têm natureza jurídica de ação. Deflui deste raciocínio a consequência de que o nosso recurso de terceiro prejudicado não se identifica com a *opposizione di terzo* do direito italiano nem a *tierce opposition* do direito francês, que são um misto de recurso e de ação revocatória.

Em suma, o terceiro legitimado a recorrer é aquele que tem interesse jurídico em impugnar a decisão, não um mero interesse econômico. O requisito do interesse jurídico é o mesmo exigido para que alguém ingresse como assistente no processo civil (art. 50, CPC). Decorre daí que somente aquele terceiro que poderia haver sido assistente (simples ou litisconsorcial) no procedimento de primeiro grau é que tem legitimidade para recorrer como terceiro prejudicado."(148)

Para Júlio César Bebber, terceiro é determinado por exclusão, ou seja, quem não é parte no processo. E acrescenta: *"A partir do momento em que o terceiro, por uma das formas de intervenção, ingressa no processo, deixa de ser terceiro para se transformar em parte. Trata-se, portanto, de uma situação cambiável. A intervenção de terceiros, segundo José Alberto dos Reis, é instituto que propõe transformar o terceiro em parte."*(149)

Sobre a legitimidade do Ministério Público, cumpre destacar a Orientação n. 237 da SDI-I do Tribunal Superior do Trabalho:

237. MINISTÉRIO PÚBLICO DO TRABALHO. LEGITIMIDADE PARA RECORRER. SOCIEDADE DE ECONOMIA MISTA. EMPRESA PÚBLICA (incorporada a Orientação Jurisprudencial n. 338 da SBDI-I) — Res. n. 210/2016, DEJT divulgado em 30.6.2016 e 1º e 4.7.2016

I — O Ministério Público do Trabalho não tem legitimidade para recorrer na defesa de interesse patrimonial privado, ainda que de empresas públicas e sociedades de economia mista.

II — Há legitimidade do Ministério Público do Trabalho para recorrer de decisão que declara a existência de vínculo empregatício com sociedade de economia mista ou empresa pública, após a Constituição Federal de 1988, sem a prévia aprovação em concurso público, pois é matéria de ordem pública.

Segundo Francisco Antônio de Oliveira *"Está legitimado para recorrer todo aquele que, colocado em um dos polos da demanda, tenha sido vencido no todo ou em parte ou, ainda, o terceiro que, de alguma forma, possa ser prejudicado pela decisão"*.(150)

O perito não pode interpor recurso, ainda que seja para discutir valor dos honorários arbitrados, pois não é parte e nem terceiro interessado. O entendimento é que o

(148) NERY JR., Nelson. *Teoria Geral dos Recursos*. São Paulo: Revista dos Tribunais, 2004. p. 310-311.

(149) BEBBER, Júlio César. *Recursos no Processo do Trabalho*, São Paulo: LTr, 2011. p. 99-100.

(150) OLIVEIRA, Francisco Antônio de. *Manual de Processo do Trabalho*. São Paulo: Revista dos Tribunais, 2005. p. 387.

interesse é econômico e não jurídico. Neste sentido, assim decidiu o Superior Tribunal de Justiça:

> "A atuação do perito subordina-se ao magistrado condutor do feito, não guardando qualquer relação com as partes, razão pela qual não pode ser considerado terceiro prejudicado. Falta-lhe, portanto, legitimidade para recorrer, devendo buscar a defesa de seus interesses contra os atos do juiz por meio de mandado de segurança." (SJT, 3ª T., Resp n. 166.976, rel. Min. Eduardo Ribeiro, DJU 28.8.2000)

Contudo, entendemos de forma contrária. Tanto o perito como o advogado possuem legitimidade para recorrer, principalmente este último quando lhe é imposta condenação solidária em multa por litigância de má-fé ou ainda para discutir honorários advocatícios. Neste sentido, assim decidiu o TST:

> RECURSO DE REVISTA — ADVOGADO EXECUTADO — MULTA POR LITIGÂNCIA DE MÁ-FÉ — CONDENAÇÃO SOLIDÁRIA — TERCEIRO PREJUDICADO — LEGITIMIDADE PARA INTERPOR RECURSO — ART. 499 DO CPC — Embora o Recorrente não tenha figurado como parte no processo, por tratar-se de advogado da Executada, deve-se considerá-lo como terceiro prejudicado pela decisão no agravo de petição, nos termos do art. 499 do CPC, uma vez que condenado solidariamente à Empresa-Executada para pagar multa por litigância de má-fé. (TST — RR 695622 — 4ª T. — rel. Min. Ives Gandra Martins Filho — DJU 22.11.2002)

> "RECURSO DE REVISTA. CPC/2015 . LEI Nº 13.467/2017. DESERÇÃO DO RECURSO ORDINÁRIO POR AUSÊNCIA DE RECOLHIMENTO DAS CUSTAS PROCESSUAIS. CONDENAÇÃO AO PAGAMENTO DE HONORÁRIOS SUCUMBENCIAIS. PEDIDO FORMULADO DIRETAMENTE PELO ADVOGADO DA RÉ, NA QUALIDADE DE RECORRENTE. ESCRITÓRIO DE ADVOCACIA. AUSÊNCIA DE CONDENAÇÃO SUCUMBENCIAL AO RECORRENTE. TRANSCENDÊNCIA JURÍDICA RECONHECIDA. O advogado da ré, na qualidade de recorrente, defende seu direito autônomo aos honorários sucumbenciais, sob o argumento de não ter sido vencido na demanda e, por isso, não é obrigado a recolher as custas processuais, ante a previsão do parágrafo único do artigo 2º da Instrução Normativa nº 27/2005 do TST. Acerca da questão, esta Corte possui o entendimento, sintetizado na Súmula nº 161, segundo o qual descabe o depósito se não há condenação a pagamento em pecúnia . Isso porque, não se há falar em garantia da execução em prol do pagamento das verbas trabalhistas inerentes ao reclamante, objetivo esse do depósito recursal. Quanto ao pagamento das custas processuais, uma vez que os honorários advocatícios sucumbenciais constituem mero acessório da condenação e inexistindo condenação em pecúnia em desfavor do patrono, igualmente dispensa-se o recolhimento. Exegese que se extrai dos artigos 789, § 1º e 899, ambos da CLT, assim como da aplicação analógica da Súmula nº 161 desta Corte. Recurso de revista conhecido e provido para afastar a deserção do recurso ordinário" (RR-100294-17.2017.5.01.0065, 7ª Turma, Relator Ministro Claudio Mascarenhas Brandão, DEJT 20/10/2023).

> "RECURSO DE REVISTA DE TERCEIRO PREJUDICADO. LEI 13.467/2017. LEGITIMIDADE DE TERCEIRO INTERESSADO. HONORÁRIOS ADVOCATÍCIOS DE SUCUMBÊNCIA. ESCRITÓRIO DE ADVOCACIA. Reputa-se legitimo o interesse recursal do terceiro interessado, no caso o escritório de advocacia, na medida em que busca a condenação do reclamante no pagamento de verba que lhe é próprio, consoante o disposto no art. 23 da Lei nº 8.906/1994. HONORÁRIOS ADVOCATÍCIOS QUE DECORREM DA SUCUMBÊNCIA.

PARTE AUTORA BENEFICIÁRIA DA JUSTIÇA GRATUITA. ADI 5766 DO STF. DECLARAÇÃO PARCIAL DE INCONSTITUCIONALIDADE DO ARTIGO 791-A, §4º, DA CLT. ADI 5766. EFEITO VINCULANTE. TRANSCENDÊNCIA JURÍDICA RECONHECIDA. Há transcendência jurídica da causa que trata da discussão acerca da condenação do empregado, beneficiário da justiça gratuita, ao pagamento de honorários advocatícios que decorrem da sucumbência, por se tratar de questão nova referente à alteração realizada pela reforma trabalhista e em razão da decisão do e. STF na ADI 5766 (DJE 3/5/2022) que declarou parcialmente inconstitucional o artigo 791-A, § 4º, da CLT. Logo, trata-se de matéria nova a ser examinada nesta c. Corte, nos termos do art. 896, § 1º, inciso IV, da CLT. A expressão contida no § 4º do art. 791-A "desde que não tenha obtido em juízo, ainda que em outro processo, créditos capazes de suportar a despesa" foi declarada inconstitucional pelo e. STF na ADI 5766 (DJE 3/5/2022), mantendo-se o comando legal do dispositivo no que se refere às obrigações decorrentes da sucumbência do beneficiário da justiça gratuita ficarem sob condição suspensiva de exigibilidade. Nesse contexto, é de ser reformada a decisão do eg. Tribunal Regional para deferir o pedido de honorários advocatícios sucumbenciais e declarar que a condenação prevista no caput do art. 791-A c/c § 4º da CLT ao empregado, beneficiário da justiça gratuita, ficará sob a condição suspensiva de exigibilidade por dois anos subsequentes ao trânsito em julgado da decisão, cabendo ao credor demonstrar que deixou de existir a situação de insuficiência de recursos que justificou a concessão de gratuidade. Findo o prazo, extingue-se a obrigação e em adequação à decisão proferida na ADI-5766, afasta-se da condenação em honorários advocatícios eventual compensação com direitos recebidos nesta ou em outra ação. Transcendência jurídica reconhecida e recurso de revista conhecido e parcialmente provido" (RR-1077-79.2019.5.08.0115, 8ª Turma, Relator Ministro Aloysio Correa da Veiga, DEJT 12/9/2022).

AGRAVO. AGRAVO DE INSTRUMENTO EM RECURSO DE REVISTA. ACÓRDÃO PUBLICADO NA VIGÊNCIA DA LEI Nº 13.467/2017. PERITO JUDICIAL. ILEGITIMIDADE PARA RECORRER. TRANSCENDÊNCIA POLÍTICA RECONHECIDA. Agravo a que se dá provimento para examinar o agravo de instrumento em recurso de revista. Agravo provido. AGRAVO DE INSTRUMENTO EM RECURSO DE REVISTA. ACÓRDÃO PUBLICADO NA VIGÊNCIA DA LEI Nº 13.467/2017. PERITO JUDICIAL. ILEGITIMIDADE PARA RECORRER. TRANSCENDÊNCIA POLÍTICA RECONHECIDA. Em razão de provável caracterização de ofensa ao art. 791, da CLT, dá-se provimento ao agravo de instrumento para determinar o prosseguimento do recurso de revista. Agravo de instrumento provido. RECURSO DE REVISTA. ACÓRDÃO PUBLICADO NA VIGÊNCIA DA LEI Nº 13.467/2017. PERITO JUDICIAL. ILEGITIMIDADE PARA RECORRER. TRANSCENDÊNCIA POLÍTICA RECONHECIDA. A jurisprudência desta Corte se orienta no sentido de que o perito judicial não detém legitimidade para recorrer visando ao pagamento de honorários periciais, não sendo considerado parte ou terceiro prejudicado, na forma do art. 996, do CPC, mas auxiliar da justiça (art. 149, do CPC), não tendo, portanto, legitimidade para interpor recurso em que requer a majoração do valor ajustado a título de honorários periciais, como no caso destes autos. Com efeito, o perito não detém capacidade postulatória (*jus postulandi*) para tanto. No processo do trabalho, nas lides derivadas da relação de emprego, têm capacidade postulatória as partes, assim compreendidas "os empregados e os empregadores", sendo facultada sua representação por intermédio de sindicato ou advogado inscrito na OAB, nos exatos termos do art. 791, da CLT. Precedentes. Recurso de revista conhecido e provido (RR-10833-33.2020.5.03.0078, 5ª Turma, Relator Ministro Breno Medeiros, DEJT 22/9/2023).

RECURSO ORDINÁRIO EM AGRAVO REGIMENTAL EM MANDADO DE SEGURANÇA. REDUÇÃO DOS HONORÁRIOS PERICIAIS. NÃO APLICAÇÃO DA ORIENTAÇÃO JURIS-

PRUDENCIAL 92 DA SBDI-2. EXAME DO MÉRITO DO MANDADO DE SEGURANÇA. INVIABILIDADE. AUSÊNCIA DE CITAÇÃO DOS LITISCONSORTES PASSIVOS NECESSÁRIOS. DETERMINAÇÃO DE RETORNO DOS AUTOS AO TRIBUNAL DE ORIGEM. 1 — Hipótese em que o mandado de segurança foi impetrado contra decisão que reduziu o valor dos honorários periciais. 2 — Não aplicação da Orientação Jurisprudencial 92 da SBDI-2, porque o perito judicial, como auxiliar do juízo, não possui legitimidade para recorrer no processo que atuou. O perito judicial não é parte, por óbvio, e nem tampouco interessado na causa, pois não há nexo de interdependência entre o seu interesse de intervir e a relação jurídica submetida à apreciação judicial, nem mesmo há possibilidade dela discutir em juízo como substituto processual acerca daquela relação jurídica, segundo exigência contida no art. 996, parágrafo único, do CPC de 2015. 3 — Todavia, apesar de afastada a conclusão do Tribunal Regional acerca do não cabimento do mandado de segurança, esta SBDI-2 não está habilitada a examinar, desde logo, o mérito, pois os litisconsortes passivos necessários não foram devidamente citados, diante do indeferimento liminar da petição inicial. Resulta, pois, imprescindível o retorno dos autos ao Tribunal de origem para o processamento do mandado de segurança. Recurso ordinário conhecido e provido (RO-6461-53.2017.5.15.0000, Subseção II Especializada em Dissídios Individuais, Relatora Ministra Delaide Miranda Arantes, DEJT 29/3/2019).

No mesmo sentido é a doutrina de Júlio César Bebber:

> "Não se pode negar, porém, a existência de vínculo de dependência jurídica. Os honorários de sucumbência fixados na sentença pertencem ao advogado (Lei n. 8.904/94, 23) e possuem relação de subordinação com a pretensão da parte. Daí a razão pela qual tanto a parte quanto seu advogado, em nome próprio, têm legitimidade para recorrer de decisão que cuida de honorários advocatícios.
>
> Essas mesmas considerações valem para sustentar a legitimidade recursal do sindicato profissional que assiste o trabalhador em demanda judicial, quanto aos honorários assistenciais (Lei n. 5.584/70, 16)".[151]

Quanto à legitimidade do perito, Julio César Bebber, também comunga no mesmo entendimento, no sentido de que há legitimidade para recorrer, ao dispor:

> "Sob ponto de vista estritamente técnico, não há como tecer críticas ao entendimento jurisprudencial dominante, tendo a ele aderido na primeira edição do livro *Recursos no processo do Trabalho* — teoria geral (São Paulo: LTr, 2000). Esforçando-me, porém, para manter um pensamento jurídico mais sadio, menos legalista e mais voltado à efetividade do direito, logrei mudar meu entendimento.
>
> Se bem observarmos, veremos que:
>
> a) embora o perito não possa ter interesse na relação jurídica litigiosa, uma vez que é auxiliar do juízo (CPC, 139), não fica obstado de buscar o

(151) BEBBER, Júlio César. *Recursos no Processo do Trabalho*, São Paulo: LTr, 2011. p. 99-108.

aumento da sua remuneração pelas vias independentes (ação própria). Por que razão, então, não simplificarmos as coisas? Em vez de nova movimentação da máquina judiciária em todas as suas instâncias, com formação de nova relação jurídica, será mais simples, prático e efetivo admitir a legitimidade recursal do perito e solucionar imediatamente a sua pretensão;

Vale destacar que em julgamento proferido pela SBDI-2, o TST já se disse satisfeito com a simples existência de *vínculo de dependência jurídica* (reduzindo, assim, a esfera do nexo de interdependência entre o interesse e a relação jurídica litigiosa). No julgamento do ROAR-60795-2002-900-02-00-8 a SBDI-2, por unanimidade, considerou o perito parte legítima passiva em ação rescisória que buscava reduzir os honorários fixados na decisão rescindenda. Em seu voto assim se expressou sua Excelência o Ministro Relator Gelson de Azevedo: "Quanto ao segundo Réu, o perito (...), prevalece a titularidade do interesse material debatido naquele feito de redução de seus honorários periciais, mesmo que não tenha sido parte da relação processual em que proferido o acórdão rescindendo. Pode a decisão causar eficácia reflexa sobre o direito de quem não foi parte no feito, situação em que o atingido terá legitimidade para figurar como parte na ação rescisória. Assim, fica caracterizada a legitimidade do Réu (...) em razão da existência do vínculo de dependência jurídica";

b) pela pragmaticidade e pela simplicidade processuais, não há razão alguma para remeter o perito às vias independentes quando a *invasão direta da sua esfera jurídica* puder ser resolvida de modo ágil, simples e eficaz nos próprios autos. Somente se justifica a remessa do perito às vias independentes se, além de reverter o julgamento que o considerou suspeito ou impedido, desejar obter reparação pecuniária pelos danos advindos com as alegações das partes."[152]

Os Estados e Municípios não possuem legitimidade para recorrer em nome das autarquias de personalidade jurídica própria, conforme pacificou o TST, por meio da OJ n. 318 da SDI-I:

318. AUTARQUIA. FUNDAÇÃO PÚBLICA. LEGITIMIDADE PARA RECORRER. REPRESENTAÇÃO PROCESSUAL. (incluído o item II e alterada em decorrência do CPC de 2015) — Res. n. 220/2017, DEJT divulgado em 21, 22 e 25.9.2017

I — Os Estados e os Municípios não têm legitimidade para recorrer em nome das autarquias e das fundações públicas.

II — Os procuradores estaduais e municipais podem representar as respectivas autarquias e fundações públicas em juízo somente se designados pela lei da respectiva unidade da federação (art. 75, IV, do CPC de 2015) ou se investidos de instrumento de mandato válido.

(152) BEBBER, Júlio César. *Recursos no Processo do Trabalho*, São Paulo: LTr, 2011. p. 99, 106-107.

A grande discussão gira em torno do terceiro interessado. A grande maioria tem sustentado que o terceiro deve demonstrar "interesse jurídico", como ocorre com a intervenção de terceiros na fase de conhecimento. O TST já se posicionou neste sentido ao admitir a assistência no processo do trabalho, conforme se verifica da Súmula n. 82[153].

Exemplo de legitimidade de terceiro trazida por Mauro Schiavi: *"Podemos citar como terceiros que podem recorrer no Processo do Trabalho: o sócio de empresa reclamada que foi condenada; a empresa do mesmo grupo econômico que não participou do processo".*[154]

Acrescentamos como exemplo aquele que vem sendo responsabilizado em outros processos como sucessor ou por qualquer outra forma de responsabilidade.

5.2.2. Capacidade

Capacidade processual é um pressuposto de validade do processo e o recurso é um desdobramento do direito de ação.

Segundo a doutrina, a capacidade para fins processuais se subdivide em:

> "a) capacidade de direito ou de ser parte: toda pessoa, desde que tenha adquirido a personalidade, tem capacidade de ser parte, para figurar nos polos ativo ou passivo de uma reclamação trabalhista."

Neste sentido dispõem os art. 1º e 2º do CCb, *in verbis*:

Art. 1º do CC: "Toda pessoa é capaz de direitos e deveres na ordem civil."

Art. 2º do CC: "A personalidade civil da pessoa começa do nascimento com vida; mas a lei põe a salvo, desde a concepção, os direitos do nascituro."

> b) capacidade de fato ou *ad processum*: é a capacidade de estar em juízo sem necessidade de representação ou assistência (é denominada também pela doutrina de *legitimatio ad processum*), ou seja, de estar em juízo por si só."[155]

O menor de dezoito anos de idade tem legitimidade, mas não capacidade. Para interpor recurso é necessária a assistência de que trata o art. 793 da CLT, abaixo transcrito:

Art. 793. A reclamação trabalhista do menor de 18 anos será feita por seus representantes legais e, na falta destes, pela Procuradoria da Justiça do Trabalho, pelo sindicato, pelo Ministério Público estadual ou curador nomeado em juízo.

---

(153) ASSISTÊNCIA (nova redação) — Res. n. 121/2003, DJ 19, 20 e 21.11.2003. A intervenção assistencial, simples ou adesiva, só é admissível se demonstrado o interesse jurídico e não o meramente econômico.

(154) SCHIAVI, Mauro. *Recursos no Processo do Trabalho*. São Paulo: LTr, 2013. p. 89.

(155) SCHIAVI, Mauro. *Recursos no Processo do Trabalho*. São Paulo: LTr, 2013. p. 94.

Aos menores emancipados também possuem capacidade *"ad processum"*, nos termos do art. 5º do Código Civil brasileiro. Sobre a emancipação decorrente da existência da relação de emprego, prevista no inciso V do mencionado dispositivo legal, assim é a doutrina de Mauro Schiavi:

> "Quanto ao inciso V do art. 5º do CC, que prevê a emancipação do menor em razão da relação de emprego e desde que, em razão dela, o menor tenha economia própria, pensamos que a menoridade cessará pela existência do vínculo de emprego, caso o menor receba um salário mínimo por mês. Embora se possa dizer que o menor que recebe apenas um salario mínimo não tem economia própria, acreditamos que a finalidade da lei ao conceder a emancipação legal foi no sentido de deferir a emancipação ao menor que apresenta maior maturidade em razão das responsabilidades inerentes ao contrato de emprego.
>
> Portanto, desde que receba um salário mínimo e exista a relação de emprego, o menor de 18 anos e maior de 16 anos estará emancipado de pleno direito, inclusive para postular em juízo sem necessidade de representação ou assistência, independentemente de declaração judicial de emancipação.
>
> No nosso sentir, apesar de o salário mínimo ser muito baixo no Brasil, segundo disposição constitucional, ele atende às necessidades do trabalhador (art. 7º, IV, da CF). De outro lado, o menor empregado estará emancipado a partir de 16 anos completos, pois o trabalho é proibido antes dessa idade (art. 7º, XXIII, da CF)"[156]

Para Francisco Antônio de Oliveira, a entrada em vigor do Código Civil tornou desnecessária a assistência prevista no art. 793 da CLT, ao dispor:

> "Temos para nós que, com o advento do novo Código Civil, que entrou em vigor no dia 10.1.2003, desnecessária a assistência de que trata o art. 793 da CLT.
>
> Pondere-se que o fato de possuir relação de emprego não significa estabilidade financeira, podendo perder o emprego no dia seguinte. Em ocorrendo a hipótese, a situação se reverteria ao *status quo ante*? A cessação da incapacidade impõe consequências outras que um desempregado (menor) não teria condições de suportar. Quanto ao significado de 'economia própria' seria a possibilidade de sobrevivência do menor emancipado. Isso, todavia, dependerá do quanto que aufere como empregado ou do *pro labore* que

(156) *Ibidem*, p. 95.

> retira como comerciante. O fato de haver colado grau em curso de ensino superior não significa certeza de emprego na carreira. Para esta hipótese, o legislador não vinculou à 'economia própria'."(157)

Carlos Henrique Bezerra Leite assim conclui ao examinar o art. 793 da CLT e o art. 5º, parágrafo único, inciso V do Código Civil:

> "Assim, cotejando o art. 793 da CLT e o art. 5º, parágrafo único, inciso V, do CCB, parece-nos factível a seguinte construção hermenêutica com relação à capacidade do empregado menor de 18 (dezoito) anos:
>
> a) entre 16 completos e 18 anos incompletos — adquire capacidade plena (por emancipação) para exercer todos os atos da vida civil, desde que tenha carteira de trabalhado devidamente anotada e percebendo os direitos sociais trabalhistas correspondentes. Logo, além de poder celebrar e rescindir contrato de trabalho, adquirirá capacidade processual para demandar pessoalmente (*ius postulandi*) na Justiça do Trabalho ou contratar advogado para representá-lo;
>
> b) abaixo de 16 (dezesseis) anos — é incapaz para a prática de atos da vida civil. Logo, será representado por quem detenha o poder familiar (CCB, art. 1.634) ou, na sua falta, de forma sucessiva, pelo MPT, pelo sindicato da correspondente categoria profissional, pelo MPT estadual ou curador nomeado pelo juiz.
>
> Parece-nos, porém, que mesmo adquirindo a capacidade processual em decorrência de sua emancipação civil, contra o menor de 18 (dezoito) anos não corre prescrição, tendo em vista a norma especial e mais favorável prevista no art. 440 da CLT."(158)

Entendemos como Carlos Henrique Bezerra Leite, eis que necessária a distinção — não feita pela CLT — entre o menor de 18 e 16 anos. Entre 16 e 18 anos prejudicado o art. 793 da CLT em razão do disposto no art. 5º, parágrafo único, inciso V do CCB; já para os menores de 16 anos, necessária a representação de que trata o art. 793 da CLT.

5.2.3. *Interesse*

Interesse nada mais é do que a sucumbência. É preciso que a parte tenha sido sucumbente. O que caracteriza o interesse é a lesividade.

---

(157) OLIVEIRA, Francisco Antônio de. *Manual de Processo do Trabalho*. São Paulo: Revista dos Tribunais, 2005. p. 241.

(158) BEZERRA LEITE, Carlos Henrique. *Curso de Direito Processual do Trabalho*. São Paulo: LTr, 2010. p. 420.

Neste sentido, assim é a doutrina de Mauro Schiavi:

> "A sucumbência é o não atendimento, total ou parcial, da pretensão posta em juízo, ou seja: a improcedência total ou parcial dos pedidos elencados na inicial ou em eventual reconvenção."(159)

Assim é a definição de Nelson Nery Jr.:

> "Da mesma forma com que se exige o interesse processual para que a ação seja julgada pelo mérito, há necessidade de estar presente o interesse recursal para que o recurso possa ser examinado em seus fundamentos. Assim, poder-se-ia dizer que incide no procedimento recursal o binômio necessidade + utilidade como integrantes do interesse de recorrer.
>
> Deve o recorrente ter necessidade de interpor o recurso, como único meio para obter, naquele processo, o que pretende contra a decisão impugnada. Se ele puder obter a vantagem sem a interposição do recurso, não estará presente o requisito do interesse recursal."(160)

O interesse não pode ser visto sob prisma econômico ou patrimonial, mas sim pelo aspecto jurídico, que é qualquer situação desfavorável.

Assim adverte Nelson Nery Jr.:

> "A sucumbência há de ser aferida sob o ângulo estritamente objetivo, quer dizer, sob critérios objetivos de verificação do gravame ou prejuízo. Não basta, pois, a simples "afirmação" do recorrente de que sofrera prejuízo com a decisão impugnada. É preciso que o gravame, a situação desvantajosa realmente exista, já que o interesse recursal é condição de admissibilidade do recurso. Não é suficiente que o recorrente assuma posição jurídica diversa da que sustentou no primeiro grau de jurisdição.
>
> É verdade que a sucumbência é aferível objetivamente, pois basta examinar-se a decisão impugnada e já se saberá se o recorrente teve sua esfera jurídica atingida, piorada, ou não recomposta. Agora, se o recurso é fundado, isto é, se houve realmente erro, falha, injustiça, má aplicação do direito ao caso concreto, isto é matéria do próprio mérito do recurso, a ser decidida após ser ultrapassada a fase de admissibilidade."(161)

---

(159) SCHIAVI, Mauro. *Recursos no Processo do Trabalho*. São Paulo: LTr, 2013. p. 103.

(160) NERY JR., Nelson. *Teoria Geral dos Recursos*. São Paulo: Revista dos Tribunais, 2004. p. 315.

(161) NERY JR., Nelson. *Teoria Geral dos Recursos*. São Paulo: Revista dos Tribunais, 2004. p. 316-317.

Contra a decisão do juiz que homologa acordo não há interesse recursal das partes em interpor recurso (Súmula n. 259 TST[(162)]).

O fato do juiz acolher a preliminar arguida pelo réu, não significa dizer que este não possui interesse em recorrer a fim de que o mérito seja analisado, pois também enfrentou o mérito na contestação e após o encerramento da instrução processual, é possível que a análise do mérito seja mais interessante ao réu, razão pela qual poderá interpor recurso. Neste sentido:

> "Pensamos que estão corretos os que pensam que a parte tem interesse processual ao recorrer para buscar um pronunciamento de mérito, pois em caso de extinção do processo sem resolução de mérito, a pretensão pode ser renovada em outro processo, tendo a parte ora beneficiada pela extinção, de responder a outro processo. De outro lado, a possibilidade de recurso nesse situação atende aos princípios da efetividade e economia processual, pacificando o conflito evitando que o litígio se perpetue."[(163)]

Em sentido contrário é a posição de Nelson Nery Jr., segundo o qual o interesse recursal só existe quando a preliminar tratar de matéria de ordem pública, que independe de alegação da parte. Em se tratando de preliminar que dependa de arguição da parte, em sendo acolhida, segundo o autor, falta-lhe interesse recursal, conforme abaixo transcrito:

> "Mas parece assistir razão a Blomeyer, quando argumenta que a carência de ação, por se medida que deve ser tomada *ex officio* pelo juiz, independe de requerimento do réu, sendo de todo "supérfluo" esse requerimento, em face da desnecessidade de o réu na contestação, alegar a carência. Ao contrário, no mérito o requerimento de improcedência é normalmente de rigor, pois o juiz não poderá conhecer de ofício, matérias que se encaixam no princípio dispositivo: há necessidade de o réu pedir.
>
> Como se trata de matéria de ordem pública, devendo a carência ser pronunciada *ex officio*, a sucumbência formal é destituída de significado para efeitos de interesse recursal. O réu poderá recorrer porque a sentença de carência é menos do que a de improcedência. Portanto, a despeito de aparentemente "vencedor", ele não obteve o máximo que poderia extrair do processo, possuindo, portanto, interesse recursal.
>
> O mesmo se pode dizer de outras causas de extinção do processo que devam ser conhecidas *ex officio* pelo juiz. Em se tratando de matérias que dependam de alegação da parte para serem apreciadas, aí sim haveria a

(162) TERMO DE CONCILIAÇÃO. AÇÃO RESCISÓRIA (mantida) — Res. n. 121/2003, DJ 19, 20 e 21.11.2003. Só por ação rescisória é impugnável o termo de conciliação previsto no parágrafo único do art. 831 da CLT.

(163) SCHIAVI, Mauro. *Recursos no Processo do Trabalho*. São Paulo: LTr, 2013. p. 104.

> *incompatibilidade lógica* obstativa do interesse em recorrer, se o réu as alegasse e, uma vez acolhidas, pretendesse recorrer da decisão judicial que o beneficiaria."(164)

Júlio César Bebber entende de forma contrária ao dispor:

> "Se o réu arguiu a ausência de pressuposto processual ou de condição da ação e requereu a extinção do processo sem resolução de mérito, a decisão que lhe acolheu a sua arguição atendeu ao seu pedido. Não há, então, como considerá-lo vencido, não havendo, por isso, interesse recursal.
>
> Não se queira justificar a atitude do réu que pede a extinção do processo sem julgamento de mérito com o princípio da *eventualidade*. Primeiro, porque não é o princípio da eventualidade que exige que o réu deduza na contestação toda a matéria de defesa, mas sim, o *princípio da concentração da defesa*. Segundo, porque tanto o princípio da *eventualidade* quanto o da *concentração da defesa* não autorizam as partes a deduzirem alegações contraditórias, sendo absurdo o clássico exemplo ditado por Eduardo Juan Couture: "En primer término, no me has dado dinero alguno; en segundo término, te há sido devuelto hace ya un año; en tercer término, tú me aseguraste que me lo regalabas; y por último, há prescrito ya".
>
> Refutam-se as alegações contraditórias, porque aceitá-las é o mesmo que repugnar a lógica e legitimar a litigância de má-fé, com infração ao disposto no art. 14, I a III, do CPC.
>
> Se o que a parte deseja é ver examinado o mérito, não deverá requerer a extinção do processo sem a resolução deste. Se o faz e é atendido, afronta a lógica, considerá-lo legitimado para recorrer da decisão."(165)

Entendemos que sempre haverá interesse recursal, pois as preliminares são enfrentadas por dever de ofício e em razão do princípio da eventualidade, sendo que o julgamento do mérito pode ser de interesse do réu, não obstante a presença de objeções processuais.

O que não ocorre com o inverso, ou seja, se o juiz julgar improcedentes os pedidos, falta ao réu o interesse recursal para que uma preliminar seja acolhida, conforme doutrina de Nelson Nery Jr. *"se a sentença julgou improcedente o pedido do autor, o réu não terá interesse em recorrer para pleitear a extinção do processo pela carência, pois a improcedência é o máximo que poderia obter no processo. E obteve. O julgamento de carência não lhe traria nenhuma utilidade prática, pelo contrário, lhe causaria desvantagem em relação à cômoda situação que lhe foi outorgada pela sentença"*.(166)

(164) NERY JR., Nelson. *Teoria Geral dos Recursos*. São Paulo: Revista dos Tribunais, 2004. p. 320.

(165) BEBBER, Júlio César. *Recursos no Processo do Trabalho*, São Paulo: LTr, 2011. p. 99, 113-114.

(166) NERY JR., Nelson. *Teoria Geral dos Recursos*. São Paulo: Revista dos Tribunais, 2004,. p. 321-322.

Também é possível em se falar no interesse recursal do reclamado ainda que os pedidos tenham sido julgados improcedentes, conforme exemplifica Mauro Schiavi:

> "os pedidos do reclamante foram julgados improcedentes, entretanto, o Juiz de primeiro grau indeferiu a produção de prova por parte do reclamado por entender que o ônus da prova quanto à subordinação para configuração do vínculo de emprego era do reclamante. Pela oitiva das testemunhas do autor, entendeu não ter havido prova de tal subordinação, uma vez que as testemunhas do autor não trabalharam para o reclamado e, desse modo, julgou improcedente o pedido de reconhecimento do vínculo e todos os outros dele decorrente. O reclamante recorre, e o Tribunal Regional do Trabalho, uma vez entendendo que o ônus da prova era do reclamado, uma vez que este admitiu a prestação pessoal dos serviços do autor e, como o reclamado não recorreu, reformou a decisão, e julgou procedentes todos os pedidos alinhavados na inicial.
>
> Questiona-se se o reclamado teria interesse processual em recorrer postulando a nulidade da decisão em razão do cerceamento de defesa, uma vez que foi obstada a possibilidade de comprovar sua versão em juízo? Pensamos que sim, o que justifica o interesse recursal do reclamado autônomo."[167]

No exemplo supracitado é possível se falar no chamado recurso adesivo condicionado, na qual a parte que obteve sucesso em sua pretensão recorra de forma adesiva para que, antes de enfrentar o recurso da parte contrária se anule a sentença de primeiro grau por cerceamento de defesa, com a consequente remessa dos autos à Vara do Trabalho para oitiva das testemunhas do reclamado.

Neste sentido, pede vênia para transcrever a doutrina de Barbosa Moreira, *in verbis*:

> "(...) Supondo-se, por conseguinte, que o recurso principal não venha fundamento, será preferível, para o recorrente adesivo, que o seu próprio recurso não chegue a ser julgado! Daí a conveniência, que surge para ele, de inverter-se a ordem do julgamento, só se passando ao exame da matéria veiculada no recurso adesivo na hipótese de verificar-se que a outra parte tem razão no que tange a matéria do recurso principal; do contrário, simplesmente se negará provimento a este, 'confirmando-se' a decisão de improcedência do pedido, sem tocar no recurso adesivo. Com base nesse raciocínio é que em mais de um país, ainda que não sem resistência, se tem admitido um recurso adesivo condicionado, isto é, interposto *ad cautelam*, para ser julgado unicamente no caso de convencer-se o órgão ad quem da procedência do recurso principal."[168]

(167) SCHIAVI, Mauro. *Recursos no Processo do Trabalho*. São Paulo: LTr, 2013. p. 105.

(168) MOREIRA, José Carlos Barbosa. *Comentários ao Código de Processo Civil*. Vol. 5. Rio de Janeiro: Forense, 2003. p. 329.

Também é possível se falar em interesse recursal do autor, quando houver julgamento *"ultra petita"* ou *"extra petita"*, conforme destaca Nelson Nery Jr.:

> "Evidentemente, se o foi *citra petita*, estará patente o interesse do autor em recorrer, pois não obteve tudo o que pretendia no processo. No caso de sentença dada *ultra* ou *extra petita*, quando o autor for vencedor, estará presente o interesse dele em recorrer, a fim de afastar a nulidade da sentença, circunstância que lhe interessa do ponto de vista da utilidade prática.
>
> É que estes vícios da sentença podem ensejar ação rescisória, porque ofendem os arts. 128 e 460, do CPC, normas estas que preceituam a regra de que deve haver congruência entre o pedido e a sentença, não podendo o juiz dar ao autor mais ou coisa diversa da pedida. A rescisória seria fundamentada, portanto, no art. 485, V, do CPC.
>
> Ao autor não interessa a manutenção de uma sentença nula, passível de ser rescindida, ainda que haja saído vencedor na ação judicial. Tem interesse em recorrer, de conseguinte, a fim de obter o ajustamento da decisão a seu pedido".(169)

De fato em se tratando de decisão *ultra* ou *extra petita*, há interesse do autor, o que demonstra que o interesse recursal não se resume a interesse econômico, como pode ocorrer também de recurso em face de sentença obscura. Em não sendo sanada a obscuridade em sede de embargos de declaração, para evitar discussões intermináveis na fase de execução, é lícito à parte que interponha recurso, a fim de que o Tribunal esclareça a prestação jurisdicional.

5.2.4. Inexistência de fato extintivo do direito de recorrer

Haverá fato extintivo do direito de recorrer quando a parte praticar um ato incompatível com o direito de recorrer, conforme preceitua o art. 1.000 do CPC/15(170) (refere-se ao art. 503 do CPC/73) ou ainda quando renunciar expressamente.

Sobre este pressuposto recursal, assim é a doutrina de Luiz Guilherme Marinoni e Sérgio Cruz Arenhart:

> "Certas circunstâncias, quando presentes no processo, tomam caráter de verdadeiro negócio processual, alterando os direitos processuais conferidos aos sujeitos do processo. Assim também pode acontecer com o direito de recorrer, que pode ser objeto de negócio processual, capaz de extingui-lo.

(169) NERY JR., Nelson. *Teoria Geral dos Recursos*. São Paulo: Revista dos Tribunais, 2004. p. 330.

(170) Art. 1.000. A parte que aceitar expressa ou tacitamente a decisão não poderá recorrer.

Parágrafo único. Considera-se aceitação tácita a prática, sem nenhum reserva, de ato incompatível com a vontade de recorrer.

> Tem-se, neste ponto, a figura da *renúncia* do direito de recorrer, como principal instituto. A parte prejudicada por certa decisão judicial pode renunciar ao direito de interpor recurso, acelerando com isso o procedimento. Neste caso, uma vez praticado o ato de disposição, opera-se a preclusão lógica, não mais existindo o direito de recorrer. Conforme prevê o art. 502, "a renúncia ao direito de recorrer independe de aceitação da outra parte", indicando que este ato de disposição é potestativo, produzindo efeitos ainda que disso discorde a parte adversária. Note-se, todavia, que, em caso de litisconsórcio unitário, essa renúncia somente operará efeitos se corroborada pelos demais litisconsortes."[171]

Conforme dispõe o art. 502 do CPC/1973 (corresponde ao art. 999 do CPC/15), a renúncia ao direito de recorrer é ato unilateral, ou seja, independe de aceitação da parte contrária, diferentemente do direito italiano que exige a comunicação à parte contrária.

Nelson Nery Jr. classifica referido pressuposto como extrínseco e não intrínseco sob o seguinte fundamento: *"A ocorrência de algum dos fatos que ensejam a extinção ou impedem o poder de recorrer faz com que o recurso eventualmente interposto não seja conhecido, proferindo-se, portanto, juízo de admissibilidade negativo. Estes fatores nada têm a ver com a decisão que se pretende impugnar em si mesmo considerada, razão pela qual colocamos a inexistência deles como requisito extrínseco de admissibilidade dos recursos. Assim procedemos porque, ao classificarmos os pressupostos recursais, adotando o critério sugerido por Barbosa Moreira, levamos em consideração a decisão recorrida para determinar os pressupostos intrínsecos, e os demais fatores, alheios à decisão, para estabelecer os pressupostos extrínsecos".*[172]

Conforme já mencionado neste trabalho, entendemos que deve ser classificado como intrínsecos os pressupostos atinentes à parte que recorre. Ela deve ter legitimidade, capacidade, interesse e não ter praticado nenhum fato extintivo do direito de recorrer. Daí denominar-se também de pressuposto subjetivo. Já os pressupostos extrínsecos dizem respeito ao recurso e não ao recorrente.

Quanto ao disposto no art. 503 do CPC (corresponde ao art. 1000 do CPC/15), assim ensina Mauro Schiavi:

> "A aceitação expressa se dá por termo nos autos. A aceitação tácita se configura quando a parte vencida pratica atos inequívocos que são incompatíveis com a vontade de recorrer. No processo do trabalho, são exemplos de aceitação tácita da decisão: a) o pagamento da condenação; b) a reintegração do empregado espontaneamente, quando não concedida antecipação de tutela na sentença."[173]

(171) MARINONI, Luís Guilherme; ARENHART, Sérgio Cruz. *Curso de Processo Civil — processo de conhecimento*, vol. 2. São Paulo: Revista dos Tribunais, 2008. p. 518.

(172) NERY JR., Nelson. *Teoria Geral dos Recursos*. São Paulo: Revista dos Tribunais, 2004. p. 395.

(173) SCHIAVI, Mauro. *Recursos no Processo do Trabalho*. São Paulo: LTr, 2013. p. 106.

De acordo com Nelson Nery Jr.: *"Os fatos extintivos do poder de recorrer são a renúncia ao recuso e a aquiescência à decisão; os impeditivos do mesmo poder são a desistência do recurso ou da ação, o reconhecimento jurídico do pedido, a renúncia ao direito sobre que se funda a ação. Do ponto de vista prático, a presença de qualquer deles no processo faz com que o recurso seja inadmissível, não conhecível. Daí por que são chamados pressupostos negativos de admissibilidade dos recursos."*(174)

A renúncia ao recurso é prevista expressamente no Código de Processo Civil. Contudo, há controvérsia na doutrina(175) sobre a possibilidade de renúncia prévia, ou seja, renúncia manifestada antes de prolação da prolação da decisão que ensejaria o recurso objeto do referido ato de disposição.

Entendemos que não é possível renunciar o direito de recorrer antecipadamente, não só por tratar-se de norma de ordem pública e pelo fato de que o direito a que estivesse sendo renunciado sequer existe, mas também em razão do princípio da indisponibilidade, que deve prevalecer no direito processual do trabalho, de forma que, a renúncia em juízo não haveria qualquer óbice, mas a renúncia extrajudicial encontraria obstáculo na essência do próprio processo do trabalho.

Importante destacar que é lícito ao réu desejar cumprir espontaneamente a sentença de primeiro grau, sem que tal prática seja considerada fato extintivo do direito de recorrer, como ocorre, por exemplo, em condenações de trato sucessivo. A reclamada é condenada a pagar salários vencidos e vincendos, em razão da determinação de uma reintegração. Pode interpor recurso e, ainda que não tenha sido concedida tutela antecipada na sentença, convocar o reclamante para retornar ao trabalho até decisão final.

---

(174) NERY JR., Nelson. *Teoria Geral dos Recursos*. São Paulo: Revista dos Tribunais, 2004,. p. 395.

(175) Barbosa Moreira e Ada Pelegrina Grinover defendem a impossibilidade de renúncia prévia ao recurso. Nelson Nery JR. defende a possibilidade. In: NERY JR., Nelson. *Teoria Geral dos Recursos*. São Paulo: Revistas dos Tribunais, 2004. p. 400-406.

6. Pressupostos Específicos do Recurso de Revista na Fase de Conhecimento

Os pressupostos recursais se dividem em pressupostos genéricos e específicos. O primeiro, de caráter geral, devem ser observados por todo e qualquer recurso. Já os pressupostos específicos dizem respeito à características especiais de um determinado recurso.

E, o Recurso de Revista, por se tratar de um recurso de natureza extraordinária, cujo efeito devolutivo não é amplo, possui pressupostos específicos e peculiares desta modalidade de recurso, os quais passamos a analisar.

6.1. Prequestionamento

Prequestionamento é o primeiro pressuposto específico do Recurso de Revista, que significa dizer que a matéria ventilada no recurso deve, obrigatoriamente, ter sido discutida na instância ordinária.

Sobre o prequestionamento, assim é a doutrina de Manoel Antonio Teixeira Filho:

> "Conquanto o vocábulo prequestionamento não se encontre dicionarizado, esse neologismo significa, na terminologia processual, o ato de discutir-se, de ventilar-se, de questionar-se, de maneira prévia, perante o órgão *a quo*, determinada matéria ou tema, a fim de que o tribunal ad quem os possa reexaminar, em grau de recurso de natureza extraordinária (usada a expressão, aqui, em contraposição ao recurso ordinário).
>
> A cláusula do prequestionamento surgiu no direito norte-americano por meio do *Judiciary Act*, de 24 de setembro de 1789. Esse *Act*, adaptando o *writ of error* do direito inglês às singularidades da organização da Colônia, permitiu recurso para a Suprema Corte. No Brasil, a primeira alusão ao prévio questionamento foi feita pelo Decreto n. 510, de 22 de junho de 1890, do Governo Provisório, cujo art. 59 inspirou-se no mencionado *Judiciary Act*.
>
> A exigência de que a parte interessada ventile a questão, no âmbito do juízo emissor do acórdão a ser impugnado mediante recurso de natureza extraordinária, decorre, em tese, da necessidade de o órgão ad quem poder, em face

disso, subsumir o tema à moldura legal e, em consequência, formular sobre o mesmo um juízo de valor. Como argumentou, certa feita, em voto, o Min. Marco Aurélio de Farias Mello: 'A exigência do prequestionamento não decorre de simples apego a determinada forma. A razão de ser do instituto esta na necessidade de proceder-se ao cotejo para, somente então, assentar-se o enquadramento do recurso no permissivo próprio (STF, AgRg em Ag 178.745-7-DF, DJU de 30.5.97. p. 23.181)'."[(176)]

Conforme mencionado pelo autor, a primeira aparição do prequestionamento surge no direito norte-americano, com o *Judiciary Act* de 24 de setembro de 1789 que, segundo a doutrina de Estevão Mallet: "exigia, de modo expresso, houvesse sido arguida a aplicação ou incidência da lei questionada, para interposição do *writ of error*. Daí afirmar Coolley ser indispensável, para o cabimento deste, constar nos autos, "ou expressamente, ou por manifestação clara e necessária, que qualquer uma das questões enumeradas haja surgido no Tribunal do Estado e aí haja sido rejeitada". Tinha-se, pois, imposta pelo direito e reconhecida pela doutrina, a exigência de prévia discussão da validade da lei ou do tratado, sem o que ficava tolhido o acesso à Corte Suprema."[(177)]

No Brasil, a exigência prevista no Decreto n. 510 de 1890 foi mantida na Constituição Federal de 1891, em seu art. 59, § 1º, o que permaneceu até a Constituição de 1937. Na Constituição Federal de 1946 tal exigência desapareceu, iniciando-se uma série de decisões que dispensavam a necessidade do prequestionamento. Com o passar do tempo, em razão dos inúmeros processos pendentes no Supremo Tribunal Federal, este cuidou de estabelecer por meio de súmula a necessidade do prequestionamento.[(178)]

Até o advento da Lei n. 13.015/14 não havia qualquer previsão na lei quanto ao prequestionamento, razão pela qual cuidou o Tribunal Superior do Trabalho de editar a Súmula tratando do assunto[(179)], abaixo transcrita:

> Súmula n. 297 do TST — PREQUESTIONAMENTO. OPORTUNIDADE. CONFIGURAÇÃO (nova redação) — Res. 121/2003, DJ 19, 20 e 21.11.2003
>
> I. Diz-se prequestionada a matéria ou questão quando na decisão impugnada haja sido adotada, explicitamente, tese a respeito.
>
> II. Incumbe à parte interessada, desde que a matéria haja sido invocada no recurso principal, opor embargos declaratórios objetivando o pronunciamento sobre o tema, sob pena de preclusão.
>
> III. Considera-se prequestionada a questão jurídica invocada no recurso principal sobre a qual se omite o Tribunal de pronunciar tese, não obstante opostos embargos de declaração.

---

(176) TEIXEIRA FILHO, Manoel Antonio. *Comentários à lei n. 13.015/14*. São Paulo: LTr, 2015. p. 34-35.

(177) MALLET, Estêvão. *Do Recurso de Revista no Processo do Trabalho*. São Paulo: LTr, 1995. p. 89.

(178) Inicialmente com a Súmula n. 282 e posteriormente com a Súmula n. 356.

(179) Primeiro por meio da Súmula n. 184 e, posteriormente, com a Súmula n. 297. Assim é o teor da Súmula n. 184: Ocorre preclusão se não forem opostos embargos declaratórios para suprir omissão apontada em recurso de revista ou de embargos.

Referida súmula vai além da simples definição, que se dá no item I, mas também trata do procedimento a ser tomado na hipótese do acórdão Regional se negar a pronunciar sobre o tema. Neste caso, caberá Embargos de Declaração para sanar a omissão que, se mantida, restará prequestionada a matéria.

Pois bem, referido verbete deixa claro que o Recurso de Revista se inicia na instância ordinária, pois o Regional só está vinculado ao que discutido nas petições do Recurso Ordinário e das contrarrazões, de forma que se a violação da Lei ou da Constituição Federal não for abordada quando da elaboração da peça na instância ordinária, ficará prejudicada qualquer análise em sede de Recurso de Revista(180).

Contrariamente ao disposto no item III da Súmula n. 297 do TST, é o entendimento do Superior Tribunal de Justiça, por meio da Súmula n. 211: *"Inadmissível recurso especial quanto à questão que, a despeito da oposição de embargos declaratórios, não foi apreciada pelo tribunal* a quo." No mesmo sentido é a posição do STF, por meio da Súmula n. 356 *"O ponto omisso da decisão, sobre o qual não foram opostos embargos declaratórios, não pode ser objeto de recurso extraordinário, por faltar o requisito do prequestionamento"*.

O Novo CPC trata do assunto no art. 1.025, que assim estabelece: *"Consideram-se incluídos no acórdão os elementos que o embargante suscitou, para fins de prequestionamento, ainda que os embargos de declaração sejam inadmitidos ou rejeitados, caso o tribunal superior considere existentes erro, omissão, contradição ou obscuridade."*

Sobre o disposto no mencionado artigo, assim é a doutrina de Cássio Scarpinella Bueno:

> "O art. 1.025 quer consagrar o que parcela da doutrina e da jurisprudência chama de 'prequestionamento ficto', forte no que dispõe a Súmula n. 356 do STF.
>
> A regra, bem-entendida a razão de ser do recurso extraordinário e do recurso especial a partir do 'modelo constitucional do direito processual civil', não faz nenhum sentido e apenas cria formalidade totalmente estéril, que nada acrescenta ao conhecimento daqueles recursos a não ser a repetição de um verdadeiro ritual de passagem, que vem sendo cultuado pela má compreensão e pelo mau uso do enunciado da Súmula n. 356 do STF e pelo desconhecimento da Súmula n. 282 do STF e da Súmula n. 211 do STJ. Mais ainda e sobretudo: pela ausência de uma discussão séria e centrada sobre o que podo e sobre o que não pode ser compreendido como 'prequestionamento', tendo presente a sua inescondível fonte normativa, qual seja, o

(180) Esse é mais um dos fundamentos pelo qual entendemos que a Súmula n. 425 do TST, que trata do *jus postulandi* na Justiça do Trabalho, é equivocada. Como admitir interposição de recurso na instância ordinária sem advogado e limitar a sua exigência apenas à interposição de Recurso de Revista? Ora, é na instância ordinária que se inicia a preparação do Recurso de Revista, razão pela necessário a assistência de um advogado para que o efetivo controle do exercício do poder seja exercido.

modelo que a Constituição Federal dá aos recursos extraordinários e especial, e, para ir direto ao ponto, à interpretação da expressão 'causa decidida' empregada pelos incisos III dos arts. 102 e 105 da CF."[181]

Ainda sobre a divergência existentes nos tribunais superiores (STJ e STF) sobre o prequestionamento e o que estabelece o Novo CPC, assim é a doutrina de Daniel Amorim Assumpção Neves:

> "Há divergência nos tribunais superiores quanto à configuração do prequestionamento para a admissão do recurso especial e extraordinário. Enquanto o Superior Tribunal de Justiça exige o prequestionamento expresso (Súmula n. 221/STJ), o Supremo Tribunal Federal adite o prequestionamento tácito (Súmula n. 356/STF), ainda que em decisões recentes tenha entendido que tal forma de prequestionamento não seria suficiente para a admissão do recurso extraordinário.
>
> O entendimento consagrado no Superior Tribunal de Justiça foi rejeitado pelo Novo Código de Processo Civil, que preferiu a solução mais pragmática adotada pelo entendimento sumulado do Supremo Tribunal Federal sobre o tema. No art. 1.025 está previsto que a mera interposição de embargos de declaração é o suficiente para prequestionar a matéria. Dessa forma, mesmo diante da rejeição dos embargos, caberá recurso especial contra o acórdão originário, e, mesmo que o tribunal superior entenda que realmente houve o vício apontado nos embargos de declaração e não saneado pelo tribunal de segundo grau, considerará a matéria prequestionada."[182]

Apesar da questão encontrar-se sumulada pelo TST, muito ainda se discutiu a respeito da presença ou não destes pressupostos, nas hipóteses em que o Tribunal Regional trata da matéria sem indicar o dispositivo em discussão, o que fez com que o Tribunal Superior do Trabalho editasse a Orientação Jurisprudencial n. 118 da SDI-I nos seguintes termos: *"Havendo tese explícita sobre a matéria, na decisão recorrida, desnecessário contenha nela referência expressa do dispositivo legal para ter-se como prequestionado este"*, bem como a Orientação Jurisprudencial n. 256 da SDI-I: *"Para fins do requisito do prequestionamento de que trata a Súmula n. 297, há necessidade de que haja, no acórdão, de maneira clara, elementos que levem à conclusão de que o Regional adotou uma tese contrária à lei ou à súmula."*

Quando o objeto dos embargos de declaração for tão somente prequestionamento não se pode falar em embargos procrastinatórios e, consequentemente, inaplicável a multa

(181) BUENO, Cássio Scarpinelli. *Novo Código de Processo Civil anotado*. São Paulo: Saraiva, 2015. p. 662.

(182) NEVES, Daniel Amorim Assumpção. *Novo Código de Processo Civil — Lei n. 13.105/2015*. São Paulo: Método, 2015. p. 577.

do art. 1.026, § 2º, do CPC (corresponde ao art. 538, parágrafo único, do CPC/73), conforme já pacificou entendimento o Superior Tribunal de Justiça, por meio da Súmula n. 98:

> EMBARGOS DE DECLARAÇÃO MANIFESTADOS COM NOTORIO PROPOSITO DE PREQUESTIONAMENTO NÃO TEM CARATER PROTELATORIO.

No mesmo sentido é a doutrina de Estevão Mallet:

> "A respeito de tais embargos é preciso dizer, em primeiro lugar, que não há como considerá-los protelatórios, já que o propósito da parte é, tão somente, dar cumprimento à exigência imposta pela jurisprudência, e nunca adiar a solução do litígio. Descabida, em tal hipótese, a aplicação da penalidade prevista no parágrafo único, do art. 538, do CPC, ainda quando não providos os embargos, porque se entenda não configurada a omissão arguida."[(183)]

A exigência do prequestionamento é obrigatória ainda que se trate de questões de ordem pública, como a competência absoluta, conforme já pacificou entendimento o TST, por meio da Orientação Jurisprudencial n. 62 da SDI-I:

> PREQUESTIONAMENTO. PRESSUPOSTO DE ADMISSIBILIDADE EM APELO DE NATUREZA EXTRAORDINÁRIA. NECESSIDADE, AINDA QUE SE TRATE DE INCOMPETÊNCIA ABSOLUTA (republicada em decorrência de erro material) — DEJT divulgado em 23, 24 e 25.11.2010. É necessário o prequestionamento como pressuposto de admissibilidade em recurso de natureza extraordinária, ainda que se trate de incompetência absoluta.

Apenas quando a violação houver nascido na decisão recorrida é que se admite o processamento do Recurso de Revista sem o devido prequestionamento, conforme pacificou o TST, por meio da OJ n. 119 SDI-I:

> PREQUESTIONAMENTO INEXIGÍVEL. VIOLAÇÃO NASCIDA NA PRÓPRIA DECISÃO RECORRIDA. SÚMULA N. 297 DO TST. INAPLICÁVEL (inserido dispositivo) — DEJT divulgado em 16, 17 e 18.11.2010. É inexigível o prequestionamento quando a violação indicada houver nascido na própria decisão recorrida. Inaplicável a Súmula n. 297 do TST.

Podemos citar como exemplo de violação nascida na própria decisão recorrida os julgamentos *"ultra"*, *"extra"* ou *"citra" petita*, que são hipóteses em que a parte não poderia ter tratado da matéria ventilada, pois inexistia quando da interposição do Recurso Ordinário.

Ainda, podemos falar em violação nascida na própria decisão quando a parte não deveria ter tratado do assunto nas razões do Recurso Ordinário, como ocorre, por

(183) MALLET, Estêvão. *Do Recurso de Revista no Processo do Trabalho*. São Paulo: LTr, 1995. p. 94.

exemplo, nos casos de não conhecimento do Recurso Ordinário por ausência de um dos pressupostos genéricos do recurso. Neste sentido, assim decidiu o Tribunal Superior do Trabalho(184) ao admitir Recurso de Revista por violação a dispositivo constitucional sequer invocado na fase ordinária:

> "AGRAVO DE INSTRUMENTO EM RECURSO DE REVISTA. DESERÇÃO DO RECURSO ORDINÁRIO. CUSTAS. COMPROVANTE DE PAGAMENTO. Comprovada a violação do art. 5º, LV, da Constituição Federal, dá-se provimento ao Agravo de Instrumento, determinando-se o processamento do Recurso de Revista. Agravo de Instrumento conhecido e provido. RECURSO DE REVISTA. DESERÇÃO DO RECURSO ORDINÁRIO. GUIA DE CUSTAS. COMPROVANTE DE PAGAMENTO. RECOLHIMENTO EFETUADO ANTES DE 1º/1/2011. ART. 4º DO ATO CONJUNTO TST/CSJT/GP/SG N. 21 DE 2010. O pagamento das custas deve ser efetuado dentro do prazo e no valor estipulado, consoante dispõe o art. 789, § 4º, da CLT. Na hipótese dos autos, consta da guia DARF o recolhimento devido, a código da Receita, o número do CNPJ da Reclamada, o nome do Reclamante, e a observância do prazo previsto na lei. Ademais, constata-se que a Reclamada recolheu as custas judiciais em período anterior ao previsto no art. 1º do ATO CONJUNTO N. 21/2010 — TST/CSJT/GP/SG, devendo ser aplicada a exceção contida no art. 4º da mencionada norma, sob pena de violação do art. 5º, LV, da Constituição Federal. Outrossim, o processo é regido pelo princípio da boa-fé das partes e, no caso dos presentes autos, houve informações suficientes na guia que comprovam o seu correto pagamento, à disposição da Receita Federal, constatando-se que o ato atingiu a sua finalidade. Recurso de Revista conhecido e provido."

Estevão Mallet exemplifica referida hipótese da seguinte forma:

> "É o que ocorre, por exemplo, quando não se faz o julgamento do recurso preceder de publicação da pauta no órgão oficial, com a antecedência imposta pelo art. 552, § 1º, do CPC. A ofensa a esse preceito pode ser de imediato alegada no recurso cabível, sem necessidade de prévia arguição na instância recorrida. Outro exemplo de *error in procedendo*, até de maior interesse, é fornecido pelas ações em que se invoca direito adquirido a certo índice de correção salarial (URP, IPC, etc.), suprimido por dispositivo legal taxado de inconstitucional. Não poucas vezes têm os Tribunais Regionais proclamado, através de seus órgãos fracionários, a inconstitucionalidade do dispositivo legal impugnado, desrespeitando o art. 97, da Constituição. Em casos tais, poder-se-á impugnar de pronto a decisão prolatada, sem necessidade de prévio questionamento da ofensa à Constituição no juízo *a quo*, com a imediata interposição do recurso de revista."(185)

Sobre a aplicação da Orientação Jurisprudencial nº 119 da SDI-I, assim julgou o Tribunal Superior do Trabalho:

---

(184) TST — processo n. 160800-64.2007.5.02.0003, 4ª Turma — relatora Ministra Maria de Assis Calsing.

(185) MALLET, Estêvão. *Do Recurso de Revista no Processo do Trabalho*. São Paulo: LTr, 1995. p. 93.

"(...) 2 — INTERVALO INTERJORNADAS. INOBSERVÂNCIA. EFEITOS. COMISSIONISTA. PREQUESTIONAMENTO. VIOLAÇÃO NASCIDA NA PRÓPRIA DECISÃO. 2.1. A questão que tangencia a insurgência do agravante foi objeto de provimento pelo Tribunal Regional. A Corte de origem reconheceu o direito do reclamante às horas relativas ao intervalo interjornadas suprimido, porém, limitou a condenação apenas ao respectivo adicional, à luz da Súmula 340 do TST. 2.2. Considerando-se que a insurgência da parte refere-se à forma de cálculo da hora intervalar, inviável se mostra a exigência do prequestionamento, por força da OJ 119 da SBDI-1 do TST. Agravo de instrumento provido. III — RECURSO DE REVISTA INTERPOSTO PELO RECLAMANTE NA VIGÊNCIA DA LEI 13.015/2014. INTERVALO INTERJORNADAS. INOBSERVÂNCIA. EFEITOS. COMISSIONISTA. A jurisprudência do TST se inclina ao entendimento de que a Súmula 340 do TST não se aplica aos casos de intervalo intrajornada (ou interjornadas, como no caso) suprimido ou concedido apenas parcialmente. Assim, mesmo em se tratando de comissionista puro, a redução/supressão do período destinado a descanso gera direito ao recebimento da hora integral, nos termos da Súmula 437, I, do TST e da OJ 355 da SBDI-1 também desta Corte, e não apenas do adicional de horas extras. Precedentes. Recurso de revista conhecido e provido" (RRAg-696-41.2014.5.03.0065, 8ª Turma, Relatora Ministra Delaide Alves Miranda Arantes, DEJT 5/12/2022).

"(...) III — RECURSO DE REVISTA SOB A ÉGIDE DA LEI 13.467/2017. HORAS EXTRAS. JULGAMENTO *ULTRA PETITA*. CONFIGURAÇÃO. REQUISITOS DO ART. 896, §1º-A, DA CLT, ATENDIDOS. A SBDI-1 do TST já se manifestou acerca da incidência da OJ 119 da SBDI-1, no tocante à inexigência de prequestionamento em relação a vícios procedimentais nascidos na própria decisão recorrida, inclusive quanto à inobservância aos limites da lide. No caso em tela, extrai-se da exordial que, de fato, o pedido formulado pelo reclamante limita-se ao pagamento das horas extras, e consectários, até abril de 2014, sendo incontroverso que sua dispensa ocorreu em 17/4/2014. No entanto, não obstante provocado nos embargos de declaração, o Regional manteve a condenação até 17/4/2015. Destaque-se que, conforme a jurisprudência predominante na SBDI-1, a análise da data de ajuizamento da demanda, dos pedidos formulados na petição inicial e os provimentos a eles relacionados não implica revolvimento de fatos e provas. Há precedentes. Portanto, o exame da petição inicial, para fins de aferição de ocorrência ou não de julgamento *ultra petita*, mesmo em sede de recurso de revista, não encontra óbice na Súmula 126 desta Corte. Tal como proferida, a decisão regional viola o art. 492, *caput*, do CPC. Recurso de revista conhecido e provido" (RR-1848-36.2017.5.11.0053, 6ª Turma, Relator Ministro Augusto Cesar Leite de Carvalho, DEJT 2/12/2022).

"EMBARGOS INTERPOSTOS SOB A ÉGIDE DA LEI 13.015/2014. I RREGULARIDADE DE REPRESENTAÇÃO PROCESSUAL. INAPLICABILIDADE DA SÚMULA 297 DO TST. CONTRARIEDADE À OJ 119 DA SBDI-1, DO TST. No caso, a Reclamada insurge-se contra acórdão proferido pela 6ª Turma que não conheceu do recurso de revista interposto pela Embargante quanto à irregularidade de representação processual do Reclamante, ante o óbice previsto na Súmula 297 do TST. Nesse sentido, verifica-se que, nas hipóteses de a violação legal, indicada no recurso de revista, ter origem na própria decisão combatida, não se aplica o disposto na Súmula 297 do TST, porquanto é desnecessário o prequestionamento explícito, na forma da Orientação Jurisprudencial 119 da SBDI-1, do TST. Por conseguinte, constata-se, que no caso vertente, a Eg. 6ª Turma incorreu em erro ao suscitar o óbice da Súmula 297 do TST e, assim, não analisar a alegação de irregularidade de representação do recurso ordinário do Reclamante. Prejudicada a análise dos demais temas. Precedentes. Recurso de embargos conhecido e provido " (E-ED-RR-2607-89.2010.5.12.0029, Subseção I Especializada em Dissídios Individuais, Relator Ministro Alexandre Luiz Ramos, DEJT 30/7/2021).

Também é necessário, para fins de prequestionamento, que a matéria seja tratada no acórdão Regional, ainda que já tratada na sentença. Se o acórdão Regional simplesmente adota os fundamentos da sentença em que a matéria foi tratada, não serve para fins de prequestionamento, conforme já pacificou o TST, por meio da OJ n. 151(186) da SDI-I.

Importante destacar que o prequestionamento é pressuposto específico de recurso de natureza extraordinária, razão pela qual não se pode falar em Embargos de Declaração em primeira instância para tal finalidade. Até porque, em sede de instância ordinária o efeito devolutivo é amplo, podendo todas as questões (independentemente de ter sido invocado expressamente na sentença) serem objeto do recurso.

Neste sentido é a doutrina de Estevão Mallet:

> "É impossível deixar de ressaltar, nesta altura, ainda que apenas de passagem, que só se cogita de prequestionamento em recurso de natureza extraordinária, providência absolutamente inexigível em recurso ordinário ou mesmo em agravo de petição, ambos recursos de natureza ordinária. Trata-se de decorrência do efeito devolutivo amplo inerente aos recursos da última espécie, que faz com que se transfira 'ao juízo recursal a competência originária do juízo recorrido para conhecer de todas as questões nele suscitadas e discutidas, mesmo que a sentença não as tenha julgado por inteiro. Assim, a atividade cognitiva e decisória do Tribunal incide sobre as questões suscitadas e discutidas, ainda que não as tenham sido resolvidas'.
>
> (...)
>
> Portanto, a circunstância de a sentença recorrida não haver apreciado certo ponto da controvérsia não impede que a segunda instância julgue, bastando, para isso, levantá-lo no recurso, sem que se imponha o prévio oferecimento de embargos de declaração. Dizendo de outro modo, a não interposição dos embargos de declaração não torna preclusa a matéria, passível de abordagem, pois, em recurso de revista apresentado contra o acórdão lavrado no julgamento do recurso ordinário."(187)

Cumpre destacar que a razão dos Embargos de Declaração é a existência de omissão no julgado para fins de prequestionamento. Opor embargos de declaração para prequestionar matéria não tratada na instância ordinária não é adequado. Neste sentido, é a doutrina de Estevão Mallet:

> "Por outro lado, não servem os embargos de declaração para, a pretexto de prequestionar determinado ponto, suscitar matéria nova, antes não alegada.

(186) PREQUESTIONAMENTO. DECISÃO REGIONAL QUE ADOTA A SENTENÇA. AUSÊNCIA DE PREQUESTIONAMENTO (inserida em 27.11.1998). Decisão regional que simplesmente adota os fundamentos da decisão de primeiro grau não preenche a exigência do prequestionamento, tal como previsto na Súmula n. 297.

(187) MALLET, Estêvão. *Do Recurso de Revista no Processo do Trabalho*. São Paulo: LTr, 1995. p. 92.

Nesse caso, a omissão não seria do julgado, mas da parte que, no momento adequado, não deduziu corretamente seu articulado."[188]

O prequestionamento, fruto da criação da jurisprudência, é objeto de crítica por parte da doutrina por ter como real finalidade obstar o aumento do elevado número de processos aos Tribunais Superiores. Dentre as principais críticas, merece referência o argumento de que o prequestionamento é inconciliável com a liberdade do juiz na qualificação dos fatos, conforme bem assevera Estevão Mallet:

> "Mais importante que isso, todavia, é a impossibilidade de se conciliar o prequestionamento com a liberdade dada ao juiz na qualificação jurídica dos fatos, em conformidade com a velha máxima do *iura novit curia*. Realmente, se, como diz José Alberto dos Reis, 'o juiz não está sujeito às alegações das partes no tocante à indagação, interpretação e aplicação das regras de direito, é evidente não ficar descaracterizada a ofensa à lei, que autoriza a interposição de certo recurso, pela simples circunstância de não haver sido esta mesma lei invocada pela parte interessada. Daí assinalar Pontes de Miranda, de modo enfático, que "em sistema jurídico que tem o princípio *iura novit curia*, seria absurdo que se não desse o recurso extraordinário contra decisão do tribunal que, sem alegação contrária, deixou de aplicar regra jurídica federal, ou aplicou regra jurídica, não referida, por entender não ser contrária à Constituição, ou à lei federal, a despeito de não se lhe haver 'contestado' a validade'. O importante é, pois, apenas a violação da regra; o não haver sido ela invocada é sem pertinência, em face da reconhecida possibilidade de atuar o juiz com liberdade em matéria de qualificação jurídica dos fatos alegados pelas partes. Na verdade, como adverte Rosenberg, tem o juiz não apenas a prerrogativa como 'o dever de examinar de cada um de seus possíveis pontos de vista jurídicos o estado de fato apresentado pelo demandante', dever ser subsiste 'mesmo quando o autor não haja afirmado nenhum ponto de vista jurídico'. Assim, em matéria de definição da regra aplicável, a omissão das partes não exime o juiz de decidir em conformidade com o direito vigente, nem faz com que sua decisão, quando contrária a texto expresso de lei, torne-se insusceptível de impugnação. Por isso mesmo é que, consoante sublinha Chiovenda ao escrever sobre o recurso de cassação italiano — com natureza extraordinária tal como o recurso de revista do direito brasileiro —, 'se pode denunciar (por esse recurso) a violação de lei mesmo quando conforme às alegações das partes em primeira ou segunda instância: em virtude do princípio *iura novit curia*, efetivamente, o juiz deve de ofício aplicar a norma de lei cabível no caso, e a demanda do particular não o vincula nesta matéria'.

(188) *Ibidem*, p. 95.

(...)

'o descumprimento de regra jurídica não invocada, mas aplicável à hipótese, não é menos grave, para a integridade do ordenamento jurídico, do que o descumprimento de regra invocada'."(189)

Por esses motivos, a exigência do prequestionamento é criticada pela doutrina, o qual acrescentamos a necessária possibilidade de recurso de revista em face de princípios não positivados, conforme será tratado neste trabalho.

Limitar o processamento do Recurso de Revista pela criação do pressuposto do prequestionamento é, em final análise, permitir que violações de Lei e da Constituição Federal ocorram na instância ordinária, afastando da instância extraordinária sua real finalidade. O que é preciso é modelar os efeitos do recurso de revista, conforme será tratado neste trabalho, de forma a permitir que apenas processos em que realmente se discutem matérias sujeitas ao exame da instância extraordinária sejam de fato processados.

Cumpre destacar a doutrina de Homero Batista Mateus da Silva, sobre o prequestionamento e o Código de Processo Civil de 2015:

> "O prequestionamento poderá eventualmente ser agilizado se o processo do trabalho admitir a aplicação subsidiária do CPC/2015 no tocante à proclamação dos votos vencidos e à incorporação das razões dos embargos de declaração ao teor do acórdão. São as propostas encontradas em dispositivos da legislação processual civil que talvez dissipem algumas dúvidas sobre o alcance do prequestionamento. Segundo o art. 941, § 3º, 'o voto vencido será necessariamente declarado e considerado parte integrante do acórdão para todos os fins legais, inclusive de prequestionamento'. E, por sua vez, o art. 1.025 estatui: 'Consideram-se incluídos no acórdão os elementos que o embargante suscitou, para fins de prequestionamento, ainda que os embargos de declaração sejam inadmitidos ou rejeitados, caso o tribunal superior considere existentes erro, omissão, contradição ou obscuridade'."(190)

De fato, nos parece que o Código de Processo Civil de 2015 traz em seu bojo soluções práticas para a questão do prequestionamento. Quanto a declaração do voto vencido, sempre defendemos a sua necessidade em prol do princípio da motivação das decisões judiciais o que também poderá servir para o preenchimento do prequestionamento, conforme estabelece o novo CPC.

Por fim, importante destacar que a Lei n. 13.015/14 inseriu o § 1º-A no art. 896 da CLT para estabelecer que é ônus da parte "indicar o trecho da decisão recorrida que

(189) MALLET, Estêvão. *Do Recurso de Revista no Processo do Trabalho*. São Paulo: LTr, 1995. p. 96-98.

(190) SILVA, Homero Batista Mateus da. *Curso de Direito do Trabalho Aplicado*. Volume 8 — Justiça do Trabalho. São Paulo: Revista dos Tribunais, 2015. p. 273-274.

consubstancia o prequestionamento da controvérsia objeto do recurso de revista", o que já era obrigatório por força de entendimento jurisuprudencial e também decorrente da IN n. 23 do TST.

6.2. Impossibilidade de reexame de fatos e provas

A impossibilidade de reexame de fatos é provas é considerado um pressuposto negativo de processamento do Recurso de natureza extraordinária, de forma que, se necessária a análise do conjunto probatório e dos fatos controvertidos, inviável o conhecimento do Recurso, pois o que se discute em recursos de natureza extraordinária é o direito objetivo e não o direito subjetivo das partes.

Sobre esta questão, assim é a doutrina de Estevão Mallet:

> "Conforme sublinhado anteriormente, a finalidade para a qual se instituiu o recurso de revista não foi a tutela do direito subjetivo dos litigantes, mas a preservação da integridade do direito objetivo, tanto com a garantia de observância da lei posta como com a busca de uniformização jurisprudencial, verdadeira decorrência do princípio constitucional da igualdade. Decorre daí ser despicienda a reapreciação, em recurso de revista, do aspecto fático da controvérsia, uma vez que o julgamento em que se apreciou mal a prova, podendo causar lesão ao direito das partes, em nada abala o ordenamento jurídico. Trata-se de *sententia lata contra ius litigatoris*, injusta com certeza, mas cuja correção não se mostra viável por meio de recurso de revista, e que não se confunde com a *sententia contra ius in thesi*, essa sim passível de reforma por meio de impugnação extraordinária, dado incorrer o juiz em erro na interpretação ou na aplicação do direito objetivo."(191)

Referido pressuposto consta da Súmula n. 126 do Tribunal Superior do Trabalho, que possui a seguinte redação: "Incabível o recurso de revista ou de embargos (arts. 896 e 894, '*b*', da CLT) para reexame de fatos e provas.", bem como na Súmula n. 279 do Supremo Tribunal Federal e Súmula n. 7 do Superior Tribunal de Justiça.

Contudo, é importante distinguir reexame de fatos e provas de reenquadramento jurídico de fatos, conforme bem explica os autores Kátia Magalhães Arruda e Rubem Milhomem:

> "Conforme registrado nos primeiros tópicos, o recurso de revista tem natureza jurídica de recurso extraordinário, cuja finalidade é uniformizar a jurisprudência, protegendo o direito objetivo (interpretação da norma/matéria eminentemente de direito), de modo a prestigiar a segurança jurídica.

(191) MALLET, Estêvão. *Do Recurso de Revista no Processo do Trabalho*. São Paulo: LTr, 1995. p. 99-100.

Assim, cabe à Corte Superior rever a tese jurídica adotada no acórdão recorrido, a partir de premissas fático-probatórias já assentadas, bem ou mal, pelo TRT. A Corte Regional é soberana na apreciação do conteúdo da prova e na respectiva valoração, assim como tem a última palavra quando se trata de afirmar ou negar a existência de um fato controvertido. Há duplo grau de jurisdição, quanto aos fatos e provas, nas instâncias ordinárias. O TST não é terceiro grau de jurisdição, mas grau especial, extraordinário. O TRT analisa os fatos e provas e lhes dá o enquadramento jurídico. A Corte Superior verifica se deve permanecer ou não o enquadramento jurídico dado aos fatos e provas na decisão recorrida.

Em síntese, se o recorrente pretende discutir a conclusão do TRT a respeito da valoração do conjunto fático-probatório, o caso não é, materialmente, de tese jurídica a ser confrontada. A matéria de direito a ser examinada no TST, pressupõe que as premissas fático-probatórias levadas em conta pela Corte regional não sejam objeto de inconformismo do recorrente na Corte Superior, quer dizer, é preciso que, partindo dos fatos e provas produzidas, esteja em debate somente o enquadramento jurídico do caso concreto."(192)

Por tal motivo, deve o Tribunal Regional do Trabalho não só expor os fundamentos do seu convencimento, mas também explicitar no acórdão toda matéria fática discutida pelas partes de forma a permitir que as partes discutam o correto enquadramento jurídico e, portanto, a correta aplicação da Lei no caso concreto, sob pena negativa de prestação jurisdicional.

Ao contrário do prequestionamento, este pressuposto encontra-se sedimentado no direito comparado, previsto expressamente no Código de Processo Civil de Portugal e da França, dentre outros países.

Segundo Odonel Urbano Gonçalves e Pedro Paulo Teixeira Manus: *"Revolvimento de fatos ou reapreciação da prova não são possíveis no recurso de revista. O Tribunal Superior do Trabalho, no seu julgamento, apoia-se no quadro fático traçado pelo Tribunal Regional do Trabalho. É o que igualmente ocorre no Supremo Tribunal Federal e no Superior Tribunal de Justiça quando, respectivamente, apreciam o cabimento do recurso extraordinário e do recurso especial; aqui também não se toca no quadro fático traçado na instância inferior (ordinária)"*.(193)

Reenquadramento jurídico dos fatos nada mais é do que a análise da matéria de direito com base nos fatos estampados no acórdão Regional.

Contudo, a grande dificuldade é separar matéria fática de matéria de direito. A teoria tradicional que considera a sentença um silogismo, em que a norma é a premissa

(192) ARRUDA, Kátia Magalhães; MILHOMEM, Rubem. *A Jurisdição Extraordinária do TST na Admissibilidade do Recurso de Revista.* São Paulo: LTr, 2012. p. 71.

(193) GONÇALVES, Odonel Urbano; MANUS, Pedro Paulo Teixeira. *Recursos no Processo do Trabalho.* São Paulo: LTr, 1997. p. 47.

maior, a situação concreta a premissa menor e o enquadramento de uma a outra a conclusão é insuficiente para distinguir fato de direito, conforme ressalta Estevão Mallet:

> "Mas a simplicidade sedutora dessa concepção não resiste ao estudo mais aprofundado da verdadeira natureza da sentença. Realmente, como notou Calamandrei, o trabalho lógico que o juiz deve desenvolver para chegar à conclusão é muito mais complexo do que faz supor o esquema silogístico.
>
> (...)
>
> Mais ainda, a atividade decisória do juiz não se reduz à análise lógica dos elementos da causa. Como anota Couture, '*ni el juez es una máquina de razonar ni la sentencia una cadena de silogismos*'. Reconhecido papel criador da função judicante, é evidente não se prestar a explicá-la por inteiro o singelo esquema da subsunção, decorrente do modo silogístico. Segundo ressalta Miguel Reale, 'interpretar o Direito é trabalho axiológico, e não puramente lógico, como se se desenrolassem as consequências das leis mercê de simples dedução. A sentença do juiz é também um trabalho estimativo, de compreensão axiológica, e não mero silogismo'.
>
> Aliás, ainda por outros aspectos é passível de questionamento a concepção rigidamente silogística da sentença. Em primeiro lugar, mostra-se discutível, sob o aspecto filosófico, a licitude de comparar-se um conceito (representado, no pretenso silogismo jurídico, pela norma legal) com algo real (correspondente ao caso concreto), para daí tirar alguma conclusão. *Sommer*, por exemplo, é peremptório ao afirmar que a um conceito só se pode subsumir outro conceito, não uma realidade, no que é seguido por Larenz, para quem 'é irredutível a distância entre o particular e o geral'. Nunca, pois, se poderia, aceita essa concepção, enquadrar o caso verificado na previsão normativa, já que os dois polos da relação são distintos e inconfundíveis."(194)

Estevão Mallet, sugere a distinção nos seguintes termos:

> "A distinção entre fato e direito mais nitidamente se formula levando-se em conta que o primeiro termo da dicotomia está relacionado com o passado. Fato é 'o que aconteceu', algo já realizado. Por isso ressalta Carnelutti que 'o conceito de fato está ligado ao tempo', pois 'o fato pertence ao passado'. Não é por outra razão que Calamandrei encontrou grande semelhança entre o trabalho desenvolvido pelo juiz e a atividade do historiador. Já que um caso como noutro o de que se trata é de apurar a verdade de certos fatos passados, *'l'accertamento probatorio compiuto dal giudice è sostanzialmente identico alla riconstruzione storiografia dei fatti compiuta dallo storico'*.

(194) MALLET, Estêvão. *Do Recurso de Revista no Processo do Trabalho*. São Paulo: LTr, 1995. p. 102-103.

Daí concluir-se constituir questões de fato tudo que diga respeito à determinação do que aconteceu, ou seja, do que já se passou. Engish reforça tal conclusão ao escrever que ao se falar em fato tem-se em vista 'acontecimentos, circunstâncias relações, objectos e estados, todos eles situados no passado, espácio-temporalmente ou mesmo só temporalmente determinados'. Tudo mais que cabe ao juiz apurar, não estando relacionado com o que aconteceu, constitui questão do direito, e não matéria de fato. A interpretação da norma aplicável, a definição de seu alcance ou de seu conteúdo, por exemplo, são atividades caracterizadores de questão de direito, admitido, pois, revisão em recurso de revista. Da mesma forma, saber se a norma invocada aplica-se ou não ao caso julgado é também questão de direito.

Constitui questão de direito, outrossim, a qualificação jurídica dos fatos apurados. Não pode haver dúvida a propósito desse ponto, porque ao qualificar incorretamente os fatos acaba o juiz por aplicar à situação verificada lei diversa da que a deveria reger, incorrendo naquilo que os franceses chamam de '*violation de la loi par fausse application*'. O erro ocorre, portanto, não no esclarecimento dos fatos, mas na aplicação da norma. Típica caso de erro de direito. A doutrina é firme no particular, bastando citar Chiovenda, que ressalta: 'Não constitui questão de fato ou juízo de fato, mas de direito, a concernente à natureza jurídica de um fato, a saber, se um fato considerado como verdadeiro é ou não regulado por determinada norma'. Compreende-se com facilidade, aliás, tal conclusão, importando apenas ter presente, como lembra Marty, autor de célebre monografia sobre a distinção entre fato e direito, que: '*par l'identification d'une certaine situation de fait avec une notion légale, toute qualification entraine indirectement une définition de cette notion*'. Assim, o enquadramento jurídico dos fatos da causa induz, de modo necessário, a definição do conceito estabelecido pela norma legal aplicada, constituindo, portanto, operação tipicamente jurídica, passível de controle mediante recurso de revista."(195)

Sobre a questão, assim decidiu o Supremo Tribunal Federal, em acórdão da lavra do Ministro Marco Aurélio:

"RECURSO EXTRAORDINÁRIO — MOLDURA FÁTICA — INTANGIBILIDADE — CONSIDERAÇÕES. No julgamento de recurso de natureza extraordinária, há de se distinguir entre o revolvimento de fatos e provas coligidos na fase de instrução e o enquadramento jurídico da matéria contida no próprio acórdão impugnado. A vedação limita-se ao assentamento de moldura fática diversa da retratada pela Corte de origem para, à mercê de acórdão inexistente, concluir-se pelo conhecimento do recurso." (RE 182555/MG, DJ — 24.5.1996)

(195) MALLET, Estêvão. *Do Recurso de Revista no Processo do Trabalho*. São Paulo: LTr, 1995. p. 103-105.

Cumpre destacar que a valoração da prova não pode ser tida como matéria de direito, pois decorre da livre apreciação pelo juiz, sendo vedada, portanto, sua discussão em sede de recurso de natureza extraordinária, o que não ocorre quando o Tribunal deixa de considerar, por exemplo, a confissão real de uma das partes. Neste caso não se trata de valoração da prova, mas sim violação de dispositivo legal.

Assim conclui Kátia Magalhães Arruda e Rubem Milhomem:

> "Em resumo, a sistemática é a seguinte: se o TRT diz que houve a prova do fato, não pode o TST afirmar que a prova não teria sido produzida — isso é discussão vedada pela Súmula n. 126 do TST; diferentemente, se a Corte regional decide que houve a prova do fato, e, daí, interpretando a norma em debate, reconhece o efeito jurídico "A", pode o TST concluir, levando em conta as premissas fático-probatórias constantes na decisão recorrida, que a interpretação da norma em debate leva ao reconhecimento do efeito jurídico "B".
>
> Se o conteúdo do documento, do testemunho, do depoimento, do laudo pericial, bem assim de quaisquer outras espécies de prova, estiver transcrito na decisão recorrida (com ou sem aspas), o TST pode levá-lo em consideração para dar o enquadramento jurídico que achar adequado ao caso concreto. Contrariedade à Súmula n. 126 do TST somente haveria se a Corte Superior, ultrapassando as informações contidas no acórdão recorrido, fosse retroceder à fase de instrução para diretamente estudar as provas.
>
> Todavia, embora a verdade processual seja aquela fixada no segundo grau de jurisdição, deve-se ter especial atenção para aqueles acórdãos nos quais o TRT afirma peremptoriamente que houve a prova do fato alegado, mas, ao registrar os fatos e provas a partir dos quais decidiu, acaba demonstrando flagrantemente que a conclusão assentada não se sustenta. Nesse caso, pode o TST conhecer da controvérsia trazida ao seu exame, não resolvendo fatos e provas, mas, sim, dando-lhes outro enquadramento jurídico.
>
> Exemplo: o TRT afirma textualmente que ficou provado que a reclamante era empregada doméstica. Aí, quando discorre sobre os motivos que levaram à sua conclusão, diz que ficou demonstrada a prestação de serviços como diarista, um dia por semana, em residência familiar, durante seis meses. Nesse caso, não importa que a Corte regional tenha dito: "houve prova". O que se leva em conta, para o fim de conhecimento do recurso de revista, é que a prestação de serviços, nas circunstâncias registradas pelo TRT, por si mesmas, não levam ao reconhecimento do vínculo de emprego, conforme a atual jurisprudência do TST. Isso é matéria de direito. Logo, não se aplica a Súmula n. 126 do TST.
>
> Em outro exemplo, estando em discussão uma norma coletiva, se o TRT diz que ela não prevê o direito alegado pelo reclamante, e não a transcreve

no acórdão recorrido (ou não faz o resumo fático do seu conteúdo), o TST não pode chegar a conclusão contrária. Mas, se o conteúdo da norma coletiva consta da decisão recorrida (seja mediante transcrição, seja mediante o resumo fático registrado pela Corte regional), pode o TST examinar a matéria, tanto no que diz respeito ao sentido e ao alcance do ajuste coletivo firmado (art. 896, '*b*', da CLT), quanto no que se refere ao controle da sua legalidade (art. 896, '*c*', da CLT), sem o óbice da Súmula n. 126 do TST."(196)

Ou seja, a reapreciação da prova é vedada em sede de recurso de revista, mas o correto enquadramento jurídico dos fatos se traduz em análise de matéria de direito. Daí porque, ao TRT é vedado fundamentar de forma genérica como "as provas produzidas nos autos", mas é importante a fundamentação indicando as provas que conduziram o entendimento ao final consagrado, para possibilitar à parte que discuta o correto enquadramento jurídico daqueles fatos.

Podemos tomar como exemplo a ação da qual o Tribunal Regional do Trabalho nega provimento ao recurso do autor sob o fundamento de que este não teria direito a horas extras em razão da existência de acordo de compensação de horas, conforme provado pelo réu. Contudo, se o Regional consignar a existência de horas extras habituais, é possível se concluir pela possibilidade de análise do TST quanto a tal matéria, por divergência com o item IV da Súmula n. 85. Para isso, desnecessário apreciar fatos e provas, mas tão somente dar o correto enquadramento jurídico a fato incontroverso constante do acórdão Regional, qual seja, a realização de horas extras habituais, o que é causa de descaracterização do acordo de compensação.

Outro exemplo: podemos citar o acórdão Regional que reconhece o direito a indenização decorrente de assédio moral por perseguição do empregador durante todo o contrato de trabalho e nega direito à rescisão indireta do contrato de trabalho por ausência de prova do disposto no art. 483 da CLT. Neste caso, é possível ao TST reconhecer a rescisão indireta, sem o risco de incidir o disposto na Súmula n. 126 do TST, pois consta do próprio acórdão Regional o reconhecimento de uma perseguição do empregador, o que caracteriza em rescisão indireta do contrato, por força das alíneas "*b*", "*d*" e "*e*" do art. 483 da CLT.

Também não se trata da aplicação da Súmula n. 126 do TST, quando o que se discute no processo é o ônus da prova. O Regional julga improcedente o reconhecimento do vínculo empregatício sob o fundamento de que o reclamante não se desincumbiu do ônus da prova. Constando no acórdão Regional que a alegação da empresa não foi de negativa do vínculo, é possível sustentar em sede de Recurso de Revista a violação da Lei quanto a distribuição do ônus da prova(197).

(196) ARRUDA, Kátia Magalhães; MILHOMEM, Rubem. *A Jurisdição Extraordinária do TST na Admissibilidade do Recurso de Revista*. São Paulo: LTr, 2012. p. 75-76.

(197) Kátia Magalhães de Arruda e Rubem Milhomem quanto a possibilidade de análise do ônus da prova, assim estabelecem:"Um exemplo, clássico, que quase sempre enseja alguma dúvida no exame do recurso de revista:a) o TRT diz

Importante destacar que para o correto enquadramento jurídico dos fatos, é possível o Tribunal Superior do Trabalho levar em consideração o voto vencido, eis que faz parte do acórdão Regional. Neste sentido, segue abaixo trecho do voto do Ministro Alexandre Agra Belmonte:

> "Conforme mencionado, a Corte Regional, por maioria de votos, vencida a relatora (Desembargadora Ana Luiza Heineck Kruse), deu provimento parcial ao recurso ordinário do reclamado para absolvê-lo da condenação imposta, relativa ao pagamento de indenização por danos morais e materiais.
>
> No acórdão recorrido foram transcritos todos os votos (vencido e vencedores), permitindo, assim, o sopesamento dos fatos ali disponibilizados sem atentar contra a Súmula n. 126/TST. Firme nesse entendimento é que me permito fazer um novo enquadramento dos fatos disponibilizados, repito, para concluir que, no caso, assiste razão ao reclamante, diferentemente do que entendera a Corte Regional, em sua maioria.
>
> Explico.
>
> Mesmo dos votos vencedores, conforme aduzi em sede de agravo de instrumento provido, resta patente a cobrança do Banco-reclamado por metas, assim como a admissão de que a perita concluiu pela "existência do nexo causal, ou mesmo concausa, entre a prestação de serviços e a doença que inegavelmente acometeu o reclamante (fls. 564/579 e 614/618), conclusão esta inclusive referida nos laudos trazidos às fls. 122/140" (fl. 1608).
>
> Ademais, do voto vencido, que integra o acórdão regional, extraio os seguintes elementos fáticos:..." (RR TST-RR-72600-23.2009.5.04.0404)

Ao julgar o agravo de instrumento, no mesmo processo, assim foi a fundamentação do Ministro Relator:

> Pois bem, a tese recursal, conforme acima exposta, mostra-se razoável, uma vez que, mesmo sem considerar o voto da Desembargadora Relatora Ana Luiza Heineck Kruse (vencida), que negava provimento ao recurso ordinário do reclamado, resta patente do entendimento vencedor a cobrança por metas, assim como a admissão de que o perito concluiu pela "existência do nexo causal, ou mesmo concausa, entre a prestação de serviços e a doença que inegavelmente acometeu o reclamante (fls. 564/579 e 614/618), conclusão esta inclusive referida nos laudos trazidos às fls. 122/140" (fl. 1608).

---

que não houve prova das horas extras e era do reclamante o ônus de provar o fato constitutivo do direito;b) o reclamante diz que houve prova sim e, ainda que assim não fosse, o ônus probatório era da reclamada;c) primeiramente, se o TRT disse que não houve prova pelo reclamante, não se pode chegar a conclusão contrária — nesse ponto se aplica a Súmula n. 126 do TST;d) contudo, ultrapassado o aspecto fático-probatório, tem-se que a questão da distribuição do ônus da prova é eminentemente de direito, pois quando não há nenhuma prova nos autos, ou a prova é insuficiente, o TRT decide levando em conta o encargo processual de cada um;e) portanto, é necessário analisar se houvesse ou não afronta aos arts. 818 da CLT e 333 do CPC, e, nesse caso, houve, pois, ante o princípio da aptidão para a prova, o encargo probatório, quanto às horas extras, era da empresa;f) se ônus da prova era da reclamada, é irrelevante que o reclamante não tenha provado o direito, devendo ser deferido o pedido;g) aplicar a Súmula n. 126 do TST para afastar de plano o exame dos referidos dispositivos infraconstitucionais, nesse caso, seria um equívoco." ARRUDA, Kátia Magalhães; MILHOMEM, Rubem. *A Jurisdição Extraordinária do TST na Admissibilidade do Recurso de Revista*. São Paulo: LTr, 2012. p. 78, 79.

E, exatamente por integral o acórdão é que defendemos que a declaração do voto vencido não é faculdade do julgador, mas sim direito da parte, em razão do princípio da motivação das decisões judiciais, razão pela qual cabe a parte opor embargos de declaração objetivando a declaração do voto vencido, sob pena de negativa de prestação jurisdicional.

O Tribunal Superior do Trabalho já tem decidido pela nulidade do acórdão regional por ausência da declaração do voto vencido, por violação ao art. 941, § 3º do CPC, conforme se verifica da decisão abaixo:

> "(...)PRELIMINAR DE NULIDADE DO ACÓRDÃO DO TRT POR AUSÊNCIA DE JUNTADA DA FUNDAMENTAÇÃO DO VOTO VENCIDO 1 — Deve ser reconhecida a transcendência jurídica para exame mais detido da controvérsia devido às peculiaridades do caso concreto. O enfoque exegético da aferição dos indicadores de transcendência em princípio deve ser positivo, especialmente nos casos de alguma complexidade, em que se torna aconselhável o debate mais aprofundado do tema. 2 — No caso concreto, o TRT consignou que a exigência de juntada do voto vencido não se compatibiliza com o processo trabalhista, registrando que "Não há falar em omissão porque não houve declaração escrita de voto vencido, que nem sequer é obrigatório no Processo do Trabalho". 3 — Dispõe o art. 941, § 3º, do CPC/15 que "o voto vencido será necessariamente declarado e considerado parte integrante do acórdão para todos os fins legais, inclusive de pré-questionamento". Daí se infere que o voto vencido, seja do relator, seja dos demais membros, passa necessariamente a ser considerado como parte integrante do acórdão principal, inclusive, para fins de prequestionamento da matéria. 4 — Tal determinação se coaduna perfeitamente com os preceitos estabelecidos pela sistemática processual estabelecida pela Lei nº 13.015/2014, a qual determina ser ônus da parte transcrever todos os trechos do acórdão recorrido que demonstrem a amplitude do prequestionamento da matéria, e, ainda, nesse particular, apresentar impugnação específica demonstrando analiticamente por que o recurso de revista deveria ser conhecido. 5 — Ao contrário do que ocorre com o recurso ordinário/agravo de petição, cujo efeito devolutivo é amplo, o recurso de revista tem devolução restrita, motivo pelo qual a nova sistemática recursal (Novo CPC e Lei nº 13.015/2014) impõe à parte o ônus de demonstrar o prequestionamento desejado por meio de teses jurídicas e premissas fático-probatórias constantes, inclusive, no voto vencido, a fim de permitir ao recorrente a oportunidade de buscar enquadramento jurídico diverso daquele emitido pelo voto vencedor na análise da matéria, já que houve divergência de entendimento pelo órgão colegiado de segunda instância. Há julgados desta Corte. 6 — Recurso de revista a que se dá provimento. (...)" (RRAg-1001841-73.2017.5.02.0442, 6ª Turma, Relatora Ministra Katia Magalhaes Arruda, DEJT 8/9/2023).

Contudo, é importante verificar se os fatos descritos no voto vencido se identificam com aqueles postos no voto prevalecente.

Se o voto vencido dissocia dos fatos estampados no voto prevalecente, os fatos ali constantes não podem ser considerados válidos para análise do correto enquadramento jurídico. Isso porque, nesse caso, a maioria dos julgadores no Regional estabeleceu a questão fática de forma diversa do voto vencido.

Essa tem sido a posição do Tribunal Superior do Trabalho, conforme se verifica da decisão abaixo transcrita, da Subseção Especializada em Dissídios Individuais — 1, da lavra do ministro Breno Medeiros:(198)

> AGRAVO REGIMENTAL EM RECURSO DE EMBARGOS EM RECURSO DE REVISTA COM AGRAVO. ACÓRDÃO PUBLICADO ANTES DA VIGÊNCIA DA LEI Nº 13.467/2017 — HORAS *IN ITINERE*. DELINEAMENTO FÁTICO DO VOTO VENCIDO DISSONANTE DO VOTO VENCEDOR. PREVALÊNCIA. ALEGAÇÃO DE CONTRARIEDADE À SÚMULA 126 DO TST. Demonstrada contrariedade à Súmula 126 do TST, merece processamento o recurso de embargos. Agravo regimental conhecido e provido. RECURSO DE EMBARGOS — HORAS *IN ITINERE*. DELINEAMENTO FÁTICO DO VOTO VENCIDO DISSONANTE DO VOTO VENCEDOR. PREVALÊNCIA. ALEGAÇÃO DE CONTRARIEDADE À SÚMULA 126 DO TST. A jurisprudência desta Subseção admite a utilização de fatos consignados no voto vencido, desde que não estejam contrários àqueles delineados no voto vencedor. No caso concreto, verifica-se que a maioria do Colegiado Regional concluiu que "não restou demonstrado pela reclamada que houvesse transporte público regular compatível com horários de entrada e saída do reclamante", havendo um voto vencido no sentido de que "o reclamante admite que havia transporte público compatível com os horários de início e fim de sua jornada", cuja premissa fática, contrária àquela adotada pela maioria, foi utilizada para reforma do acórdão regional pela Turma desta Corte. Configura-se, pois, a hipótese excepcional de cabimento do recurso de embargos por contrariedade à Súmula 126 do TST, porquanto a c. Turma procedeu ao exame do mérito, ignorando delineamento fático posto pela maioria do Colegiado regional, insuscetível de afastamento em sede extraordinária. Recurso de embargos conhecido e provido.

No mesmo sentido, diversas outras decisões, das quais destacamos a decisão abaixo transcrita da 7ª Turma do Tribunal Superior do Trabalho, da lavra do ministro Douglas Alencar Rodrigues:(199)

> RECURSO DE REVISTA. 1 (...). 2. REGIME DE COMPENSAÇÃO DE JORNADA (BANCO DE HORAS). INVALIDADE. REEXAME DO CONTEXTO FÁTICO-PROBATÓRIO. IMPOSSIBILIDADE (SÚMULA 126/TST). O Tribunal Regional, com base nos elementos probatórios dos autos, concluiu pela validade do sistema de compensação adotado (Banco de Horas), elucidando a correção das informações relativas às horas creditadas e debitadas nos cartões de ponto. Nesse contexto, para acolher a tese recursal de que as anotações constantes dos cartões de ponto, quanto ao regime de compensação, não atendiam ao disposto nas normas coletivas, sendo inválido o regime de compensação e existindo horas extras remanescentes a pagar, seria necessário o revolvimento do contexto fático-probatório dos autos, procedimento, contudo, vedado nesta instância extraordinária, nos termos da Súmula 126/TST. Convém registrar que as premissas fático-probatórias do voto vencido (transcrito na fundamentação do acórdão) não podem ser consideradas para formulação de novo juízo de mérito, eis que contrárias àquelas fixadas no voto prevalecente. Ademais, os arestos transcritos às fls. 496/498 não se mostram específicos (Súmula 296, I, do TST), porquanto não se referem a premissas fáticas idênticas àquelas constantes do acórdão recorrido. Recurso de revista não conhecido. (Grifamos)

---

(198) E-ARR-64100-61.2009.5.04.0761, Subseção I Especializada em Dissídios Individuais, Relator Ministro Breno Medeiros, DEJT 28/5/2021.

(199) RR-320-88.2013.5.12.0049, 7ª Turma, Relator Ministro Douglas Alencar Rodrigues, DEJT 4/9/2015.

Contudo, situação diversa é aquela em que, apesar de haver identidade entre os fatos do voto prevalecente com o voto vencido, este leva em consideração outras premissas capazes de conduzir a conclusão diversa.

É o exemplo do voto vencido que não desconsidera as premissas fáticas do voto prevalecente, mas com base nas mesmas premissas, somadas a outras, chega à conclusão diversa. Nesse caso, tais fatos não são contrários àqueles estabelecidos no voto vencedor.

Conforme se verifica da decisão acima transcrita da SDI-1 do TST, se o voto prevalecente estabelece a existência de um fato (no exemplo inexistência de transporte público regular) e o voto vencido estabelece fato diverso (existência de transporte público), prevalece o fato estampado no voto vencedor, não podendo o voto vencido ser utilizado pelo Tribunal Superior para reenquadramento jurídico da questão.

Nesse sentido, assim decidiu o Tribunal Superior do Trabalho, em acórdão da lavra do ministro Maurício Godinho Delgado:

> A) AGRAVO DE INSTRUMENTO. RECURSO DE REVISTA. PROCESSO SOB A ÉGIDE DA LEI 13.015/2014 E DA LEI 13.467/2017. INTERVALO INTRAJORNADA. SUPRESSÃO E REDUÇÃO. CONTRATO DE TRABALHO ANTERIOR À LEI 13.467/2017. PREMISSAS FÁTICAS CONSIGNADAS NO VOTO VENCIDO. CONCLUSÃO DO ACÓRDÃO DISSONANTE DO QUADRO FÁTICO DELINEADO NOS AUTOS. POSSIBILIDADE DE ENQUADRAMENTO JURÍDICO DISTINTO. Demonstrado no agravo de instrumento que o recurso de revista preenchia os requisitos do art. 896 da CLT, dá-se provimento ao agravo de instrumento para melhor análise da arguição de contrariedade à Súmula 437, I, do TST, suscitada no recurso de revista. Agravo de instrumento provido. B) RECURSO DE REVISTA. PROCESSO SOB A ÉGIDE DA LEI 13.015/2014 E DA LEI 13.467/2017. 1. INTERVALO INTRAJORNADA. SUPRESSÃO E REDUÇÃO. CONTRATO DE TRABALHO ANTERIOR À LEI 13.467/2017. PREMISSAS FÁTICAS CONSIGNADAS NO VOTO VENCIDO. CONCLUSÃO DO ACÓRDÃO DISSONANTE DO QUADRO FÁTICO DELINEADO NOS AUTOS. POSSIBILIDADE DE ENQUADRAMENTO JURÍDICO DISTINTO. A fundamentação do voto vencido, integrante do acórdão regional para todos os fins (art. 941, § 3º, CPC), consigna que o Reclamante, conforme provas testemunhais produzidas na fase de instrução, era orientado pela Reclamada a permanecer em certos lugares de suas dependências durante o período do intervalo intrajornada, munido de instrumento de comunicação a distância, capaz de lhe transmitir ordens oriundas do poder diretivo patronal. Observa-se que tal fundamentação é atrelada às circunstâncias fáticas devidamente comprovadas na instância ordinária. Todavia, ao contrário do voto vencido, que estabelece todas as premissas necessárias ao julgamento do feito e toma em consideração o material probatório (permanência do Reclamante nas dependências da empresa e sujeição a ordens durante o período destinado ao repouso), o voto vencedor limita-se a afirmar que o intervalo teria sido usufruído nas dependências da empresa, o que, por si só, não é suficiente para o exame da controvérsia. Com efeito, o voto vencedor não discorreu sobre as demais circunstâncias fáticas, limitando-se a afirmar a inexistência do direito. Portanto, o caso em exame demanda enquadramento jurídico adequado às circunstâncias fáticas, que foram examinadas a partir de depoimentos testemunhais especificamente referenciados e abordados no acórdão regional. O enquadramento jurídico que a situação em exame exige é o confronto entre o direito aplicável (art. 71, § 4º, da CLT; Súmula 437 do TST) e as premissas fáticas consignadas no acórdão regional

no voto vencido. Em razão de não haver controvérsia a respeito da efetiva permanência do Reclamante nas dependências da empresa e da sua efetiva sujeição a ordens da Reclamada durante o período em que deveria usufruir o intervalo intrajornada, é imprescindível a reforma do acórdão regional, de maneira a tornar prevalecentes os fundamentos do voto então vencido naquela instância. Recurso de revista conhecido e provido no aspecto. 2. HORAS EXTRAORDINÁRIAS. REGIME ESPECIAL DE TRABALHO "12X36" PACTUADO EM ATIVIDADES INSALUBRES ANTERIORMENTE À LEI 13.467/2017. INVALIDADE. A fundamentação do voto vencido, integrante do acórdão regional para todos os fins (art. 941, § 3º, CPC), consigna que o ambiente de trabalho do Reclamante era insalubre e que não foi demonstrada a autorização do Ministério do Trabalho, o que torna inválida a instituição de regime de trabalho "12x36" e, consequentemente, exigível o pagamento de horas extraordinárias pelo labor além da carga horária diária ou do módulo semanal ordinários. Por sua vez, o fundamento do voto vencedor — divergência acompanhada na Corte Regional — limita-se a afirmar que o regime "12x36" deveria ser reconhecido por bastar a sua previsão em lei ou em norma coletiva, sem considerar o fato de o ambiente laboral do Reclamante ser insalubre. Logo, a decisão regional resultante do acompanhamento do voto divergente violou o art. 60, *caput*, da CLT. Recurso de revista conhecido e provido no aspecto" (RR-11209-33.2017.5.03.0075, 3ª Turma, Relator Ministro Mauricio Godinho Delgado, DEJT 21/6/2024).

6.3. Transcendência

A transcendência é um pressuposto criado por Medida Provisória (MP n. 2226/01), que acrescentou o art. 896-A na CLT, com a seguinte redação: *"O Tribunal Superior do Trabalho, no recurso de revista, examinará previamente se a causa oferece transcendência com relação aos reflexos gerais de natureza econômica, política, social ou jurídica."*

De acordo com o art. 2º da referida Medida Provisória, caberia ao Tribunal Superior do Trabalho regulamentar tal pressuposto, o que ocorreu por meio da Lei n. 13.467/17, a chamada reforma trabalhista, com a inclusão dos §§ 1º ao 6º ao art. 896-A da CLT, com a seguinte redação:

§ 1º São indicadores de transcendência, entre outros:

I — econômica, o elevado valor da causa;

II — política, o desrespeito da instância recorrida à jurisprudência sumulada do Tribunal Superior do Trabalho ou do Supremo Tribunal Federal;

III — social, a postulação, por reclamante-recorrente, de direito social constitucionalmente assegurado;

IV — jurídica, a existência de questão nova em torno da interpretação da legislação trabalhista.

§ 2º Poderá o relator, monocraticamente, denegar seguimento ao recurso de revista que não demonstrar transcendência, cabendo agravo desta decisão para o colegiado.

§ 3º Em relação ao recurso que o relator considerou não ter transcendência, o recorrente poderá realizar sustentação oral sobre a questão da transcendência, durante cinco minutos em sessão.

§ 4º Mantido o voto do relator quanto à não transcendência do recurso, será lavrado acórdão com fundamentação sucinta, que constituirá decisão irrecorrível no âmbito do tribunal.

§ 5º É irrecorrível a decisão monocrática do relator que, em agravo de instrumento em recurso de revista, considerar ausente a transcendência da matéria.

§ 6º O juízo de admissibilidade do recurso de revista exercido pela Presidência dos Tribunais Regionais do Trabalho limita-se à análise dos pressupostos intrínsecos e extrínsecos do apelo, não abrangendo o critério da transcendência das questões nele veiculadas.

Também há previsão no Regimento Interno do TST, nos arts. 246 a 249.

Por primeiro, cumpre destacar que, independentemente da regulamentação, entendemos que a transcendência é inerente a todo e qualquer recurso de natureza extraordinária. Se equipara ao pressuposto do Recurso Extraordinário denominado "repercussão geral".

Isto porque, conforme já tratado neste trabalho, o que se discute no Recurso de Revista são questões ultra-partes ou, que estão acima do direito individual dos litigantes, o que pode ser denominado de transcendência.

No dicionário da língua portuguesa, transcendência significa "importância superior", ou seja, é da essência de qualquer recurso de natureza extraordinária que haja transcendência.

O § 1º do referido artigo traz 4 indicadores da transcendência e permite a possibilidade da existência de outros, ou seja, não se trata de hipóteses taxativas. Entendemos que os critérios devem ser interpretados de forma objetiva, afastando-se qualquer subjetividade em sua análise.

Há quem defenda que se trata de um pressuposto específico subjetivo e que por meio dele os ministros do Tribunal Superior do Trabalho podem "escolher" quais processos ou matérias serão julgados; "Data maxima venia", entendemos de forma diversa, pois defendemos que se trata de pressuposto específico objetivo de forma que os critérios para conhecimento do recurso de revista são definidos por lei.

Conforme mencionado acima, sempre defendemos a existência da transcendência como pressuposto para conhecimento do recurso de revista, independentemente da regulamentação. Por isso que perfilhamos o entendimento de que a nova legislação muito pouco alterou do ponto de vista prático. Ex.: não basta a violação da lei, é preciso que tal violação transcenda o interesse subjetivo das partes, como já era observado antes da lei da reforma trabalhista. O que é necessário em razão da regulamentação da transcendência é que o Tribunal Superior do Trabalho organize um banco de dados sobre as matérias que ofereça transcendência, conforme estabelece o art. 248 do Regimento Interno.

Por isso que é chamado por alguns de um "filtro", que será estabelecido pelo TST, por meio de critérios objetivos e considerando a interpretação sistemática do dispositivo.

Não pode, por exemplo, diante da divergência com uma determinada súmula do TST, o relator "optar" por não analisar o mérito, com base na transcendência. Se julgou contrário ao entendimento já pacificado pelo TST, a transcendência está presente (art. 896, alínea "*a*" da CLT e art. 896-A, § 1º II da CLT).

Posição em sentido contrário é defendida pelo Ministro Ives Gandra da Silva Martins, que sustenta a existência de um novo modelo criado para tornar o TST de fato uma instância extraordinária. Assim fundamenta o ministro:

> "Portanto, o espírito novo com que se deve olhar para o recurso de revista, à luz do art. 896-A da CLT, tal como regulamentado pela Lei n. 13.467/2017, é o de que o TST passou, efetivamente, a ser instância extraordinária, de julgamento efetivo apenas dos processos mais relevantes, para fixação de sua jurisprudência e depois para resguardá-la. Querer continuar fazendo justiça a granel, como ocorria antes, é colocar vinho novo em odres velhos, que terminarão por rebentar, ou seja, "emenda ficará pior que o soneto" e a celeridade e simplificação do sistema estará irremediavelmente comprometidas.
>
> O que se procurará mostrar no presente estudo é, também, que não se fazem omeletes sem quebrar os ovos, não se podendo afastar inteiramente o subjetivismos dos julgadores ao selecionarem os processos transcendentes, com maior ou menor prodigalidade ou avareza na escolha, pois o desejo de critérios absolutamente objetivos é humanamente impossível de se atingir, e só engessaria o sistema, voltando à massificação decisória que hoje se vivencia no TST, com um controle quase que apenas espiritual dos ministros em relação àquilo que se decide em seu nome."(200)

Com a devida vênia entendemos que não se resolve o problema do excesso de processos com a criação de um pressuposto de conteúdo subjetivo, que em final análise afastará o TST da sua função precípua de uniformização da jurisprudência, principalmente se prevalecer o disposto no § 5º do art. 896-A da CLT que trata de decisões monocráticas irrecorríveis. Como solução, ousamos defender no capítulo 8.2 deste livro, a alteração do efeito do recurso de revista.

Desse modo, cabe ao TST eleger as matérias que possuem transcendência, mas, frise-se, não de forma subjetiva por meio de critérios aleatórios e de cunho estritamente pessoal de cada ministro, e sim mediante critérios objetivos definidos em lei, de forma a fixar teses jurídicas de conteúdo normativo e que, de certa forma, vinculam o conhecimento de outros recursos de revista.

---

(200) MARTINS FILHO, Ives Gandra. O critério de transcendência do Recurso de Revista e sua aplicação efetiva pelo TST, *Revista LTr 82-06/647, vol. 82, n. 06, junho de 2018.*

Nesse sentido, a doutrina de Mauro Schiavi sobre o tema:

> "A transcendência funciona como um filtro para o recurso de revista, a fim de impedir que certos recursos, que não tenham repercussão para a coletividade, sejam admitidos.
>
> Trata-se de um requisito que impede o julgamento do Recurso de Revista, se a matéria de mérito versada no recurso não oferecer transcendência, segundo os parâmetros da legislação.
>
> A causa para ter transcendência, deve discutir tese jurídica relevante e que transcende o interesse das partes envolvidas no processo. Sem dúvida, há certa discricionariedade em sua avaliação, mas tal é própria dos recursos de natureza extraordinária, como o recurso de revista que não tem por função precípua a justiça da decisão e sim uniformizar a interpretação do direito no âmbito da competência da Justiça do Trabalho.
>
> Embora a doutrina tenha fixado que a transcendência é mais um requisito de admissibilidade do recurso, mais um pressuposto subjetivo a ser preenchido pelo recorrente no ato da interposição do recurso, pensamos ser a transcendência, em verdade, uma prejudicial de mérito, do recurso, pois, apreciá-la, o TST obrigatoriamente está enfrentando o mérito do recurso."(201)

Dentre os indicadores de transcendência, o primeiro (transcendência econômica) é o único que se admitiria uma análise que aparentemente comporta subjetividade, eis que depende da condição econômica das partes envolvidas.

Sim, pois, o "elevado valor" que se refere o dispositivo tem que ser analisado com base no caso concreto, visto que, dependendo das condições econômicas do empregador o elevado valor da causa poderá por a perder o próprio negócio e os empregados por ele gerados. Não é demais lembrar que, no Brasil, é a pequena empresa o elemento gerador do maior número de empregos. Ainda que não seja geradora do maior número de empregados é uma grande geradora de empregos, o que dá forma para a tese de transcendência com fundamento numa variante distinta, conforme o porte da empresa. Portanto, a transcendência relacionada ao elevado valor da causa só pode ser reconhecida, ou afastada, diante da análise do porte econômico do demandado. E, mais ainda, não se deve analisar referida transcendência para toda e qualquer causa. Não significa que toda ação de elevado valor terá transcendência.

Entendemos que a transcendência econômica se verifica somente nas ações que dependam de arbitramento, como ocorre nas ações de responsabilidade civil, pois a ideia não é criar um novo procedimento em fase recursal de acordo com o valor da causa, mas sim um critério que aproxima o TST de sua função uniformizadora e pacificadora.

---

(201) SCHIAVI, Mauro. A Reforma Trabalhista e o Processo do Trabalho. São Paulo: Ltr, 2017, p. 110.

Contudo, há decisões do TST que analisam, em primeiro lugar, somente o valor da condenação para concluir pela transcendência ou não, conforme se verifica das decisões abaixo:

> "No caso em apreço, o recurso de revista patronal tropeça, de plano, na transcendência econômica, por não atender à exigência legal de "elevado valor da causa".
>
> Com efeito, à presente causa, que diz respeito unicamente à indenização por danos morais em decorrência do transporte de valores, foi atribuído o valor de R$ 55.000,00 (seq. 3, p. 7). A condenação, por sua vez, foi fixada em R$ 5.000,00 pelo juízo de piso (seq. 3, p. 229), valor, este, que restou mantido pelo Regional, diante do registro de que a testemunha ouvida no feito confirmou o transporte habitual de dinheiro pelo Reclamante, motorista da empresa Recorrente que fazia entregas e recebia pelas mercadorias entregues, em quantias que variavam entre R$ 8.000,00 e R$ 10.000,00 por dia, restando configurado o dano moral (seq. 3, p. 324-327)." (AIRR — 1128-05.2016.5.23.0107, 5ª Turma, Ministro Ives Gandra Martins Filho)
>
> "O valor dado à causa na inicial foi de R$ 7.613,67 (sete mil, trezentos e treze reais e sessenta e sete centavos), com a procedência total da ação, em uma condenação fixada em R$ 7.000,00, importância que não pode ser considerada relevante para as Recorrentes, empresas concessionárias do transporte público urbano da capital do Estado do Amazonas, razão pela qual a causa não atende aos ditames do art. 896-A, § 1o, I, da CLT, quanto ao "elevado valor da causa", não havendo, pois, de se falar em transcendência econômica do apelo.
>
> Assim, o recurso de revista não logra ultrapassar a barreira da transcendência, razão pela qual não merece seguimento." (TST-RR-1988-55.2015.5.11.0016, 5ª Turma, Ministro Ives Gandra Martins Filho)

A sétima turma do TST tem utilizado como parâmetro para análise da transcendência econômica o disposto no art. 496, § 3º, do CPC, conforme se verifica do trecho da seguinte decisão:

> AGRAVO INTERNO EM AGRAVO DE INSTRUMENTO EM RECURSO DE REVISTA DAS RÉS. LEI Nº 13.467/2017. TRANSCENDÊNCIA ECONÔMICA CONSTATADA. Em relação à transcendência econômica, esta Turma estabeleceu como referência, para o recurso da empresa, os valores fixados no artigo 496, § 3º, do CPC, conforme seu âmbito de atuação. No caso, o valor da execução é de R$ 1.347.524,83 (fl. 1.530). Assim, admite-se a transcendência da causa (...) (RR-120500-55.2009.5.10.0009, 7ª Turma, Relator Ministro Claudio Mascarenhas Brandão, DEJT 2/6/2023).
>
> AGRAVO DE INSTRUMENTO. RECURSO DE REVISTA. INTERPOSIÇÃO SOB A ÉGIDE DA LEI Nº 13.467/2017. EXECUÇÃO — ADICIONAL DE PERICULOSIDADE — BASE DE CÁLCULO — COISA JULGADA. TRANSCENDÊNCIA ECONÔMICA CONSTATADA. O processamento do recurso de revista na vigência da Lei nº 13.467/2017 exige que a causa apresente transcendência com relação aos aspectos de natureza econômica, política, social ou jurídica. Em relação à transcendência econômica, esta Turma estabeleceu como referência, para o recurso da empresa, os valores fixados no artigo 496, § 3º, do CPC, conforme seu âmbito de atuação. No presente caso, considerando que o processo se encontra na fase de execução e que o último valor atualizado da liquidação corresponde a R$ 1.058.535,58 (um milhão, cinquenta e oito mil, quinhentos e trinta e cinco reais e cin-

quenta e oito centavos), relativo à totalidade do tema recorrido, é de se concluir que o referido montante ultrapassa o valor de 1.000 (mil) salários mínimos indicado para empresas de âmbito nacional (...) (RR-174000-38.2008.5.15.0007, 7ª Turma, Relator Desembargador Convocado João Pedro Silvestrin, DEJT 7/10/2022).

E quando se trata de recurso interposto por empregado, a mesma 7ª Turma tem utilizado o artigo 852-A da CLT para análise da transcendência econômica, conforme se verifica das decisões abaixo:

AGRAVO INTERNO DA PARTE RÉ EM RECURSO DE REVISTA DA PARTE AUTORA. LEI Nº 13.467/2017. HORAS EXTRAS. REGISTRO DA JORNADA DE TRABALHO. LABOR EXTRAORDINÁRIO E EM DIAS DESTINADOS AO DESCANSO, APENAS DE FORMA EVENTUAL. NULIDADE DO AJUSTE DE COMPENSAÇÃO NÃO CONFIGURADA. Constatado equívoco na decisão agravada, dá-se provimento ao agravo interno da ré para melhor exame do recurso de revista do reclamante. Agravo interno conhecido e provido. RECURSO DE REVISTA DA PARTE AUTORA. LEI Nº 13.467/2017. TRANSCENDÊNCIA ECONÔMICA DA CAUSA RECONHECIDA. Em relação à transcendência econômica, esta Turma estabeleceu como referência, para o recurso do empregado, o valor fixado no artigo 852-A da CLT e, na hipótese dos autos, há elementos a respaldar a conclusão de que os pedidos rejeitados e devolvidos à apreciação desta Corte ultrapassam o valor de 40 salários mínimos. Assim, admite-se a transcendência econômica da causa. HORAS EXTRAS. REGISTRO DA JORNADA DE TRABALHO. EVENTUALIDADE DO LABOR EXTRAORDINÁRIO EM DIAS DESTINADOS AO DESCANSO. NULIDADE DO AJUSTE DE COMPENSAÇÃO NÃO CONFIGURADA. TRANSCENDÊNCIA ECONÔMICA DA CAUSA RECONHECIDA. Correta a decisão regional, ao manter a validade do regime de compensação de jornada firmado entre as partes, considerando o registro fático de que o labor em dias destinados à compensação ocorreu apenas de forma esporádica. Precedentes. O exame da tese recursal, no sentido de que tal ocorrência era habitual, esbarra no óbice da Súmula nº 126 do TST. Recurso de revista não conhecido. (Ag-RR-RRAg-10949-46.2018.5.03.0163, 7ª Turma, Relator Ministro Claudio Mascarenhas Brandão, DEJT 2/8/2024).

AGRAVO DE INSTRUMENTO EM RECURSO DE REVISTA DA PARTE AUTORA. LEI Nº 13.467/2017. TRANSCENDÊNCIA ECONÔMICA DA CAUSA RECONHECIDA. Em relação à transcendência econômica, esta Turma estabeleceu como referência, para o recurso do empregado/parte autora, o valor fixado no artigo 852-A da CLT e, na hipótese dos autos, há elementos a respaldar a conclusão de que os pedidos rejeitados e devolvidos à apreciação desta Corte ultrapassam o valor de 40 salários mínimos. RESPONSABILIDADE CIVIL OBJETIVA DO EMPREGADOR. ACIDENTE DE TRABALHO COM MORTE. INDENIZAÇÃO POR DANOS MORAIS E MATERIAIS. MECÂNICO DE AUTOS. USO DE EQUIPAMENTO DE ELEVAÇÃO DE VEÍCULOS. ATIVIDADE DE RISCO. REPARAÇÕES POR DANOS MORAIS E MATERIAIS. TEMA Nº 932 DE REPERCUSSÃO GERAL DO SUPREMO TRIBUNAL FEDERAL. APLICAÇÃO. NÃO COMPROVAÇÃO DE FATO EXCLUSIVO DA VÍTIMA. TRANSCENDÊNCIA ECONÔMICA DA CAUSA RECONHECIDA. Agravo de instrumento provido para determinar o processamento do recurso de revista, em face de haver sido demonstrada possível afronta ao artigo 927, parágrafo único, do Código Civil. RECURSO DE REVISTA DA PARTE AUTORA. LEI Nº 13.467/2017. RESPONSABILIDADE CIVIL OBJETIVA DO EMPREGADOR. ACIDENTE DE TRABALHO COM MORTE. INDENIZAÇÃO POR DANOS MORAIS E MATERIAIS. MECÂNICO DE AUTOS. USO DE EQUIPAMENTO DE ELEVAÇÃO DE VEÍCULOS. ATIVIDADE DE RISCO. REPARAÇÕES POR DANOS MORAIS E MATERIAIS. TEMA Nº 932 DE REPERCUSSÃO GERAL DO SUPREMO TRIBUNAL FEDERAL.

APLICAÇÃO. NÃO COMPROVAÇÃO DE FATO EXCLUSIVO DA VÍTIMA. TRANSCENDÊNCIA ECONÔMICA DA CAUSA RECONHECIDA. Perante o Direito do Trabalho, a responsabilidade do empregador pela reparação de dano, no seu sentido mais abrangente, derivante do acidente do trabalho ou de doença profissional a ele equiparada, sofrido pelo empregado, é subjetiva, conforme prescreve o artigo 7º, XVIII, da Constituição Federal de 1988. No entanto, podem-se considerar algumas situações em que é recomendável a aplicação da responsabilidade objetiva, especialmente quando a atividade desenvolvida pelo empregador causar ao trabalhador um risco muito mais acentuado do que aquele imposto aos demais cidadãos, conforme previsto no parágrafo único do artigo 927 do Código Civil Brasileiro. No aspecto, é de salientar que no julgamento do RE nº 828040 o Supremo Tribunal Federal firmou tese de repercussão geral no Tema 932 no seguinte sentido: "O artigo 927, parágrafo único, do Código Civil é compatível com o artigo 7º, XXVIII, da Constituição Federal, sendo constitucional a responsabilização objetiva do empregador por danos decorrentes de acidentes de trabalho, nos casos especificados em lei, ou quando a atividade normalmente desenvolvida, por sua natureza, apresentar exposição habitual a risco especial, com potencialidade lesiva e implicar ao trabalhador ônus maior do que aos demais membros da coletividade". No presente caso, o quadro fático delineado na decisão regional revela que "o Sr. Genésio Zeferino Rocha Junior sofreu acidente de trabalho que o vitimou fatalmente, enquanto laborava nas dependências da reclamada na função de mecânico" e que "A morte do autor se deu por esmagamento quando realizava a manutenção de um ônibus por baixo e este cedeu aos macacos hidráulicos utilizados para erguê-lo caindo sobre o corpo do autor lhe achatando o tórax". Contudo, não há nos autos qualquer informação que possa imputar ao recorrente o fato exclusivo pela ocorrência do infortúnio. No que se refere ao ônus da prova, incumbe ao empregador comprovar que cumpriu as normas de segurança do ambiente laboral, bem como instruiu os empregados quanto às precauções de acidentes de trabalho, consoante determinação expressa contida no artigo 157 da CLT. Precedentes. Nesse contexto, é possível concluir que o empregado, em razão de suas funções, especialmente no que se refere ao uso de equipamento de elevação de veículos, foi exposto à situação de risco apta a atrair a responsabilidade objetiva do empregador. Logo, devidas as reparações por danos morais e materiais. Precedentes desta Corte. Recurso de revista conhecido e provido (RR-16206-14.2019.5.16.0015, 7ª Turma, Relator Ministro Claudio Mascarenhas Brandão, DEJT 2/8/2024).

Ainda, segundo a CLT, há transcendência política quando o TRT desrespeita jurisprudência sumulada do Tribunal Superior do Trabalho ou do Supremo Tribunal Federal, que é a hipótese de cabimento do recurso de revista previsto na alínea *"a"* do art. 896 da CLT, mas também é possível sustentar a existência de transcendência política quando se verifica o desrespeito a decisões iterativas do Tribunal Superior do Trabalho, inclusive aquelas proferidas em incidente de uniformização. Neste sentido, assim decidiu o TST:

RECURSO DE REVISTA REGIDO PELAS LEIS 13.015/2014 E 13.467/2017. MULTA DO ART. 523, § 1º, DO CPC/2015 (ART. 475-J DO CPC/1973). RECONHECIMENTO DE TRANSCENDÊNCIA POLÍTICA DA CAUSA. MULTA INAPLICÁVEL AO PROCESSO DO TRABALHO. 1. Do exame prévio da causa verifica-se a existência de transcendência política, nos termos do art. 896-A, § 1º, inciso II, da CLT. 2. Esta Corte firmou o posicionamento no sentido da inaplicabilidade da multa prevista no art. 523, § 1º, do CPC/2015 (art. 475-J do CPC/1973) ao processo trabalhista. Entendimento este confirmado no julgamento do IRR n. 1786-24/2015, em sessão realizada pelo Pleno desta Corte, em 21/8/2017. Recurso de revista conhecido e provido. (RR — 1721-27.2016.5.08.0018, relatora Ministra: Delaíde Miranda Arantes, Data de Julgamento: 15.5.2019, 2ª Turma, Data de Publicação: DEJT 17.5.2019)

RECURSO DE REVISTA INTERPOSTO NA VIGÊNCIA DAS LEIS 13.015/2014 E 13.467/2017. TRANSCENDÊNCIA POLÍTICA. RESPONSABILIDADE SUBSIDIÁRIA. ENTE PÚBLICO TOMADOR DE SERVIÇO. CULPA PRESUMIDA. ÔNUS DA PROVA. No caso dos autos, não houve prova concreta da omissão do Poder Público na fiscalização do cumprimento das obrigações trabalhistas pela prestadora de serviços, tendo esta sido presumida pela instância de origem, que imputou ao ente público o ônus da prova, contrariamente ao decidido pelo STF no RE 760.931/DF, razão pela qual deve ser afastada a responsabilidade subsidiária. Recurso de revista conhecido e provido. (RR — 1293-92.2014.5.21.0005, relatora Ministra: Delaíde Miranda Arantes, Data de Julgamento: 15.5.2019, 2ª Turma, Data de Publicação: DEJT 17.5.2019)

I — AGRAVO DE INSTRUMENTO EM RECURSO DE REVISTA INTERPOSTO PELA RECLAMADA. ACÓRDÃO REGIONAL PUBLICADO NA VIGÊNCIA DAS LEIS Nº 13.015/2014 E Nº 13.467/2017 — MINUTOS RESIDUAIS. MINUTOS QUE ANTECEDEM A JORNADA. TRAJETO INTERNO. LIMITAÇÃO EM NORMA COLETIVA. TEMA 1.046 DA TABELA DE REPERCUSSÃO GERAL. TRANSCENDÊNCIA POLÍTICA RECONHECIDA. Diante da superveniência do julgamento do Tema 1.046 da Tabela de Repercussão Geral do STF e das peculiaridades do caso concreto, reconheço a transcendência política da causa e dou provimento ao apelo. Agravo de instrumento conhecido e provido. II — RECURSO DE REVISTA INTERPOSTO PELA RECLAMADA. ACÓRDÃO REGIONAL PUBLICADO NA VIGÊNCIA DAS LEIS Nº 13.015/2014 E Nº 13.467/2017 — MINUTOS RESIDUAIS. MINUTOS QUE ANTECEDEM A JORNADA. TRAJETO INTERNO. LIMITAÇÃO EM NORMA COLETIVA. TEMA 1.046 DA TABELA DE REPERCUSSÃO GERAL. TRANSCENDÊNCIA POLÍTICA RECONHECIDA. No julgamento do Tema 1.046 da tabela de repercussão geral, a Suprema Corte reconheceu, como regra geral, a prevalência do negociado sobre o legislado, em prestígio ao princípio da autonomia coletiva, consagrado no inciso XXVI do art. 7º da Constituição da República. Assim, afasta-se a validade da norma coletiva apenas e tão somente nas situações em que a negociação vilipendie direito indisponível do trabalhador, o que não é a hipótese dos autos. Recurso de revista de que se conhece e a que se dá provimento. (...) (RRAg-1002275-90.2017.5.02.0465, 8ª Turma, Relator Ministro Sergio Pinto Martins, DEJT 25/6/2024).

Neste sentido, assim é a doutrina do Ministro Ives Gandra da Silva Martins Filho:

> "Assim, não será apenas a jurisprudência sumulada do STF e TST que caracterizará a transcendência política, quando contrariada, mas também aquela oriunda de precedentes firmados em repercussão geral ou em incidente de recursos repetitivos obviamente. E mais. O simples fato de determinado tema estar pautado pelo STF como de repercussão geral, ainda que não julgado no mérito pelo STF, torna o recurso de revista que o discute como reconhecidamente transcendente politicamente. É o caso, por exemplo, dos recursos discutindo a licitude da terceirização, em face dos Temas 725 e 739 da tabela de repercussão geral do STF, em que se reconhece a transcendência política, ainda que, ressalvado entendimento pessoal, aplique-se

a jurisprudência dominante no TST, refratária à terceirização (cfr. AIRR 74-83.2016.5.13.0009, 5ª Turma, pautado no plenário virtual a partir de 12.6.2018 até a sessão presencial de 20.6.2018).[202]

A transcendência social diz respeito a direito social do empregado constitucionalmente assegurado. Aqui é possível se incluir não só os direitos constitucionais, mas também todos os princípios e regras de direitos humanos consagrados em normas internacionais. Apesar do dispositivo mencionar direito do empregado-recorrente, nada obsta reconhecer a transcendência social quando um direito social constitucionalmente assegurado for invocado pelo empregador, conforme ensina o ministro Ives Gandra da Silva Martins:

> "Do mesmo modo, a transcendência social não pode ser considerada como via de mão única para o empregado, pois desde que estejam em discussão os direitos sociais elencados nos arts. 6º a 11 da CF, independentemente de quem os esgrima, patrão ou empregado, a questão terá relevância social. Exemplo disso é o art. 7º, XXVI, da CLT, que estabelece o respeito à negociação coletiva, que pode ser esgrimido por empresas e sindicatos, quando em discussão a anulação de cláusulas de acordo ou convenções coletivas, postuladas pelo Ministério Pública. Outro eventual elastecimento do conceito de direitos sociais constitucionalmente assegurados poderá levar ao reconhecimento da transcendência social nas causas relativas a danos morais, atualmente apenas esgrimidos com base constitucional no art. 5º, V e X, se a eventual lesão for gritante ou, ao contrário, exagero no vislumbre de atentado à dignidade, honra e imagem do trabalhador."[203]

Sobre transcendência social, assim vem decidindo o Tribunal Superior do Trabalho:

RECURSO DE REVISTA. ADICIONAL DE INSALUBRIDADE. FARMACÊUTICA HOSPITALAR. ATIVIDADE ADMINISTRATIVA. CONTATO COM MÉDICOS E ENFERMEIROS QUE TRABALHAVAM EM ÁREAS DE ISOLAMENTO. TRANSCENDÊNCIA SOCIAL RECONHECIDA. 1. A NR-15 do MTE, Anexo 14, dispõe que é devido o pagamento do adicional de insalubridade em grau máximo quando o trabalho ou operações é realizado em contato permanente com "pacientes em isolamento por doenças infecto-contagiosas, bem como objetos de seu uso, não previamente esterilizados". 2. Segundo o quadro fático anotado pelo Tribunal Regional, apesar de a reclamante não ter contato direto com pacientes em isolamento por doenças infectocontagiosas, atendia médicos e enfermeiros que trabalhavam nas UTI's e não retiravam a vestimenta usada na área de isolamento, o que configura um risco de contaminação por contato indireto, ainda que intermitente. 3. Logo, considerando que a empregada laborava em situação que permite enquadrá-la no Anexo 14 da NR-15 da Portaria nº 3.214/78 do MT, é devido o adicional de insalubridade em grau máximo, nos termos do art. 192 da CLT e art. 7º XXIII, da

(202) MARTINS FILHO, Ives Gandra. O critério de transcendência do Recurso de Revista e sua aplicação efetiva pelo TST, *Revista LTr 82-06/649*, vol. 82, n. 06, jun. 2018.

(203) *Idem*.

Constituição Federal. Precedentes. Recurso de revista conhecido e provido (RR-584-78.2021.5.12.0032, 3ª Turma, Relator Ministro Alberto Bastos Balazeiro, DEJT 8/3/2024).

RECURSO DE REVISTA. LEIS Nºs 13.015/2014 E 13.467/2017. TRANSCENDÊNCIA SOCIAL RECONHECIDA. MINISTÉRIO PÚBLICO DO TRABALHO. AÇÃO CIVIL PÚBLICA. CONTRATAÇÃO DE PORTADORES DE NECESSIDADES ESPECIAIS E REABILITADOS. NÃO PREENCHIMENTO INTEGRAL DA COTA. DANO MORAL COLETIVO. DANO *IN RE IPSA*. 1. Trata-se de ação civil pública proposta pelo Ministério Público do Trabalho, em razão da inobservância da cota legal de contratação de pessoas com necessidades especiais e reabilitadas. O Tribunal Regional, embora ratificando a condenação da ré nas obrigações de fazer, excluiu o dano moral coletivo, por entender ausente repercussão do ilícito na coletividade. 2. Ratificada pelo Brasil, a Convenção n. º 159 da Organização Internacional do Trabalho (Decreto Legislativo n. 129/91) traz consigo em seu artigo 1º, item 2, que " todo país membro deverá considerar que a finalidade da reabilitação profissional é a de permitir que a pessoa deficiente obtenha e conserve um emprego e progrida no mesmo, e que se promova, assim, a integração ou a reintegração dessa pessoa na sociedade". Tal previsão encontra-se em consonância, ainda, com o artigo 7º, XXXI, da Constituição Federal, na qual estabelece a "proibição de qualquer discriminação no tocante a salário e critérios de admissão do trabalhador portador de deficiência;". 3. Há a configuração de ato ilícito pela não contratação de pessoas com deficiência conforme cota legal, que atinge a todos os trabalhadores que poderiam ingressar no mercado de trabalho, e o dano moral coletivo, por se cuidar de tutela de direitos metaindividuais. 4. Trata-se de incontroverso ato lesivo a toda uma coletividade, que se reconhece na forma de "*damnum in re ipsa*", que prescinde de comprovação. Basta, portanto, a demonstração do ato ilícito e do nexo causal, que restaram evidenciados na hipótese. Precedentes. 5 . Diante do entendimento colecionado nos autos, resta incontroverso a deliberada omissão (*willful blindness*) da reclamada ao descumprimento da exigência estabelecida pelo artigo 93, *caput* e § 1º da Lei 8.213/91. Pontue-se que dificuldades financeiras não são oponíveis à contratação de pessoas com deficiência, sob risco de reduzir-se o indivíduo ao custo monetário, legitimando o descumprimento do princípio fundamental da dignidade da pessoa humana, preconizado pelo art. 1º, III da Carta Magna. 6. Caracterizada a lesão à ordem jurídica em esfera transindividual dos empregados prejudicados, de modo a atingir de forma objetiva o patrimônio jurídico da coletividade, gerando repercussão social. Recurso de revista de que se conhece e a que se dá provimento (RR-1000858-35.2020.5.02.0033, 3ª Turma, Relator Ministro Alberto Bastos Balazeiro, DEJT 18/9/2023).

RECURSO DE REVISTA INTERPOSTO PELA RECLAMANTE. ACÓRDÃO REGIONAL PUBLICADO NA VIGÊNCIA DA LEI Nº 13.015/2014 E ANTES DA VIGÊNCIA DA LEI Nº 13.467/2017. 1. COMPETÊNCIA DA JUSTIÇA DO TRABALHO. EXPEDIÇÃO DE ALVARÁ JUDICIAL PARA SAQUE DOS DEPÓSITOS DO FGTS NA CONTA VINCULADA DO TRABALHADOR. TRANSCENDÊNCIA SOCIAL RECONHECIDA. CONHECIMENTO E PROVIMENTO. I. A Corte Regional declarou de ofício a incompetência material da Justiça do Trabalho para apreciação da presente reclamatória, sob o fundamento de que a presente demanda "não tem causa de pedir conexa com à relação de trabalho, vez que pautada na pandemia do novo coronavírus, bem como entendimento de que com o cancelamento da Súmula n. 176 do TST não se pretendeu atrair para o âmbito da Justiça do Trabalho toda e qualquer questão afeta ao gerenciamento das movimentações das contas do FGTS pelo órgão gestor, mas apenas aquelas que demandem, como pressuposto subjacente à ação proposta, o necessário equacionamento de questões tipicamente trabalhistas, o que não é o caso dos autos". II. Contudo, no âmbito deste Tribunal Superior está consolidado o entendimento de que se insere na competência da Justiça do Trabalho processar e julgar o pedido de expedição de alvará judicial para o fim de saque dos depósitos do FGTS junto à Caixa Econômica Federal, estabelecida a relação processual diretamente entre o trabalhador titular da conta vinculada e a CEF, na qualidade de órgão gestor do FGTS, ainda que não haja demanda entre empregado e empregador. Nesse passo, foi cancelada a Súmula nº 176 do TST, em face da superveniência da Emenda Constitucional nº 45/2004. III. Portanto, ao afastar a devida competência da Justiça do Trabalho para o julgamento da presente causa, em que se postula direito social constitucionalmente assegurado (FGTS), o Tribunal Regional violou o art. 114, I, da Constituição Federal. IV. Transcendência social reconhecida. V. Recurso de revista de que se conhece, por violação do art. 114, I, da Constituição Federal, e a que se dá provimento (RR-392-75.2020.5.12.0002, 4ª Turma, Relator Ministro Alexandre Luiz Ramos, DEJT 9/12/2022).

Já a transcendência jurídica diz respeito "a existência de questão nova em torno da interpretação da legislação trabalhista", o que inclui não só a legislação nova, mas também qualquer questão nova ainda que com base em legislação antiga.

Sobre a transcendência jurídica, assim vem decidindo o Tribunal Superior do Trabalho:

RECURSO DE REVISTA. Lei n. 13.467/2017. SEGURO GARANTIA JUDICIAL. PRAZO DE VIGÊNCIA. RECURSO ORDINÁRIO NÃO CONHECIDO POR DESERTO. TRANSCENDÊNCIA. A matéria diz respeito à eficácia do seguro garantia judicial, com prazo de vigência limitado, para fins de garantia do juízo. Trata-se de recurso ordinário interposto de r. sentença publicada na vigência da Lei n. 13.467/2017, que não foi conhecido por deserto, em razão de a apólice de seguro garantia judicial apresentar prazo de vigência de dois anos. O eg. Tribunal Regional decidiu que "o seguro garantia tem validade de apenas dois anos, o que se mostra incompatível com a natureza da garantia ofertada". A causa apresenta transcendência jurídica, nos termos do art. 896-A, § 1º, IV, da CLT, uma vez que a questão referente à incompatibilidade da fixação de prazo de vigência da apólice do seguro garantia judicial com a efetiva garantia do juízo não se encontra pacificada no âmbito desta Corte Superior. Nos termos do art. 899, § 11, da CLT, acrescido pela Lei n. 13.467/2017, "o depósito recursal poderá ser substituído por fiança bancária ou seguro garantia judicial". O dispositivo não impôs nenhuma restrição/limitação quanto ao prazo de vigência da apólice. Nem mesmo a Orientação Jurisprudencial 59 da SBDI-1 desta Corte, ao equiparar o seguro garantia judicial a dinheiro, faz referência ao requisito imposto pelo eg. TRT (prazo de vigência indeterminado). Isso porque, pela própria natureza do contrato de seguro, não há como se estabelecer cobertura por prazo indeterminado. É o que se extrai do art. 760 do CCB, que dispõe que "a apólice ou o bilhete de seguro serão nominativos, à ordem ou ao portador, e mencionarão os riscos assumidos, o início e o fim de sua validade, o limite da garantia e o prêmio devido, e, quando for o caso, o nome do segurado e o do beneficiário", e, ainda, da Circular 477, de 30/9/2013, emitida pela Superintendência de Seguros Privados — SUSEP, que, em seu art. 8º, regulamentou o prazo de vigência dessa modalidade de seguro. Assim, tendo em vista que, na ocasião da interposição do recurso ordinário (26/02/2018), a reclamada anexou apólice de seguro garantia judicial no valor de R$ 9.189,00, com vigência até 23/02/2020, deve ser reformada a decisão regional. Transcendência jurídica reconhecida, recurso de revista de que se conhece e a que se dá provimento. (RR — 11135-26.2016.5.03.0006, relatora Desembargadora convocada: Cilene Ferreira Amaro Santos, Data de Julgamento: 7.8.2019, 6ª Turma, Data de Publicação: DEJT 9.8.2019).

A) AGRAVO DE INSTRUMENTO DO RECLAMANTE — ADICIONAL SALARIAL — TRANSCENDÊNCIA ECONÔMICA RECONHECIDA — ÓBICE DO ART. 896, § 1º-A, I E III, DA CLT — DESPROVIMENTO. 1. Em face do elevado valor atribuído à causa, reconheço a transcendência econômica do feito, nos termos do art. 896-A, § 1º, I, da CLT. 2. *In casu*, verifica-se que o apelo não logra seguimento, porquanto o Recorrente não cumpriu o comando do art. 896, § 1º-A, I e III, da CLT quanto à delimitação da controvérsia e ao cotejo analítico com os fundamentos jurídicos recursais, pois a transcrição no início da revista, sem a demonstração analítica das violações, das contrariedades e do dissenso jurisprudencial, não atende à exigência do comando legal mencionado, nos termos da jurisprudência pacificada pela SDI-1. 3. Assim, no caso concreto, o recurso de revista não logra seguimento, uma vez que tropeça no óbice do art. 896, § 1º-A, I e III, da CLT. Agravo de instrumento do Reclamante desprovido. B) AGRAVO DE INSTRUMENTO DA RECLAMADA. I) GRATUIDADE DE JUSTIÇA — SALÁRIO SUPERIOR A 40% DO TETO DOS BENEFÍCIOS DA PREVIDÊNCIA SOCIAL — PROVA DA INSUFICIÊNCIA ECONÔMICA ALEGADA — CLT, ART. 790, §§ 3º E 4º — SÚMULA 463, I, DO TST SUPERADA PELA LEI 13.467/17 — TRANSCENDÊNCIA JURÍDICA RECONHECIDA — ÓBICE DA SÚMULA 126 DO TST — DESPROVIMENTO. 1. No caso, em se tratando de questão nova, ligada à gratuidade de justiça disciplinada pelos dispositivos da CLT que foram alterados pela Lei 13.467/17, da reforma trabalhista, é de se reconhecer a transcendência jurídica da matéria, nos exatos termos do inciso IV do § 1º do art. 896-A da CLT. 2. O debate jurídico que emerge do presente tópico diz respeito à interpretação do art. 790, §§ 3º e 4º, da CLT, com a redação dada pela Lei 13.467/17, que estabelece novas regras para a concessão da gratuidade de justiça no Processo do Trabalho, questão que exige fixação de entendimento pelo TST, uma vez que a Súmula 463, I, desta Corte, que trata da matéria, albergava interpretação do ordenamento jurídico vigente antes da reforma trabalhista de 2017. 3. Ora, o referido verbete sumulado estava calcado na redação anterior do § 3º do art. 790 da CLT, que previa a mera declaração de insuficiência econômica para isentar das custas processuais. Com a Lei 13.467/17, se o trabalhador percebe salário superior a 40% do teto dos benefícios da previdência social, há necessidade de comprovação da insuficiência econômica (CLT, art. 790, §§ 3º e 4º). A mudança foi clara e a súmula restou superada pela reforma laboral. 4. Por outro lado, o art. 5º, XXXV e LXXIV, da CF, trata do acesso à justiça e da assistência judiciária gratuita de forma genérica, sendo que à lei processual cabe dispor sobre os modos e condições em que se dará esse acesso e essa gratuidade, tal como o fez. Nesse sentido, exigir a comprovação da hipossuficiência econômica de quem ganha acima do teto legal não atenta contra o acesso à justiça nem nega a assistência judicial do Estado. Pelo contrário, o que não se pode admitir é que o Estado arque com os custos da prestação jurisdicional de quem pode pagar pelo acionamento da Justiça, em detrimento daqueles que efetivamente não dispõem de condições para demandar em juízo sem o comprometimento do próprio sustento ou do de sua família. 5. Assim, diante da mudança legislativa, não se pode pretender que o verbete sumulado superado continue disciplinando a concessão da gratuidade de justiça, transformando alegação em fato provado, invertendo presunção e onerando o Estado com o patrocínio de quem não faz jus ao benefício, em detrimento daqueles que o merecem. Nem se diga ser difícil provar a insuficiência econômica, bastando elencar documentalmente os encargos que se tem, que superam a capacidade de sustento próprio e familiar, comparados aos gastos que se terá com o acionamento da Justiça. 6. *In casu*, conforme se depreende do acórdão Regional, verifica-se que o Reclamante comprovou a impossibilidade de arcar com as despesas processuais, na forma preconizada pelo art. 790, §§ 3º e 4º, da CLT. 7. Com efeito, a questão também envolve o reexame de fatos e provas, uma vez que da análise da revista, percebe-se que não há tese jurídica a ser firmada pelo TST, mas tão somente reavaliação de prova a fim de se fazer justiça no caso concreto. Assim, somente com o reexame do conjunto fático-probatório dos autos é que se poderia chegar a conclusão diversa, providência, no entanto, vedada nesta Instância Recursal de natureza extraordinária ante o óbice da Súmula 126 do TST. Agravo de instrumento da Reclamada desprovido, no tópico. II) LIMITAÇÃO DA CONDENAÇÃO AOS VALORES INDICADOS NA INICIAL — TRANSCENDÊCIA JURÍDICA — PROVIMENTO. Considerando que recentemente a SBDI-1 desta Corte firmou precedente em sentido diverso do que vem sendo aplicado por este Tribunal (E-RR-555-36.2021.5.09.0024, Rel. Min. Alberto Bastos Balazeiro, DEJT de 7/12/23), e diante de possível violação do art. 840, § 1º, da CLT, deve ser reconhecida a transcendência jurídica da matéria, nos termos do art. 896-A, §1º, IV, da CLT, dando-se provimento ao agravo de instrumento para determinar o processamento do recurso de revista da Reclamada. Agravo de instrumento provido, no tema. III) INTERVALO INTERJORNADAS PARCIALMENTE CONCEDIDO — ORIENTAÇÃO JURISPRUDENCIAL 355 DA SDI-1 DO TST — APLICAÇÃO ANALÓGICA DO ART. 71, § 4º, DA CLT COM A NOVA REDAÇÃO DADA PELA LEI 13.467/17 — NATUREZA INDENIZATÓRIA — CONTRATO INICIADO ANTERIORMENTE E FINDADO APÓS A REFORMA TRABALHISTA — TRANSCENDÊNCIA JURÍDICA RECONHECIDA — POSSÍVEL VIOLAÇÃO DO ART. 5º, XXXVI, DA CF — PROVIMENTO. Diante da transcendência jurídica da causa e da possível afronta ao art. 5º, XXXVI, da CF, dá-se provimento ao agravo de instrumento da Reclamada para determinar o processamento do seu recurso de revista. Agravo de instrumento da Reclamada provido, no tema. C) RECURSO DE REVISTA DA RECLAMADA. I) LIMITAÇÃO DA CONDENAÇÃO AOS VALORES INDICADOS NA PETIÇÃO INICIAL — EXIGÊNCIA DO ART. 840, § 1º, DA CLT, ACRESCIDO PELA LEI 13.467/17 — POSSIBILIDADE DE INDICAÇÃO DE VALORES POR ESTIMATIVA APENAS QUANDO HOUVER RESSALVA EXPRESSA E FUNDAMENTADA PELO RECLAMANTE — TRANSCENDÊNCIA JURÍDICA RECONHECIDA — PROVIMENTO. 1. Nos termos do art. 896-A, § 1º, IV, da CLT, constitui transcendência jurídica da causa a existência de questão nova em torno da interpretação da legislação trabalhista. 2. Com efeito, o entendimento uníssono e pacífico desta Corte se orienta no sentido de que, nas hipóteses em que o reclamante indica, na petição inicial, os valores líquidos atribuídos a seus pedidos, sem registrar ressalva, a decisão judicial que não observa os termos delineados pelo autor extrapola os limites da lide. 3. Ademais, esta 4ª Turma do TST exige que a ressalva seja precisa e fundamentada, de modo a não se frustrar a exigência legal com ressalvas genéricas (TST-RR-1001511.97-2019.5.02.0089, Rel. Min. Alexandre Luiz Ramos, julgado em 16/8/22). 4. Ressalte-se, ainda, que o precedente em sentido diverso, firmado no âmbito da SBDI-1 (E-RR-555-36.2021.5.09.0024, Rel. Min. Alberto Bastos Balazeiro, DEJT de 7/12/23), não tem o condão de alterar o entendimento indicado, porquanto não revela o posicionamento consolidado da Subseção dado que estavam ausentes nesse julgamento seis Ministros dela integrantes. 5. No presente caso, embora o Reclamante tenha inserido ressalva quanto aos valores indicados, o fez de forma genérica e não fundamentada, razão pela qual o acórdão regional foi proferido em contrariedade com a jurisprudência pacífica do TST e desta 4ª Turma, que só excepciona seu entendimento em casos de ressalva expressa, precisa e fundamentada — o que não ocorreu nos autos. Recurso de revista provido, no aspecto. II) INTERVALO INTERJORNADAS PARCIALMENTE CONCEDIDO — ORIENTAÇÃO JURISPRUDENCIAL 355 DA SDI-1 DO TST — APLICAÇÃO ANALÓGICA DO ART. 71, § 4º, DA CLT COM A NOVA REDAÇÃO DADA PELA LEI 13.467/17 — NATUREZA INDENIZATÓRIA — CONTRATO INICIADO ANTERIORMENTE E FINDADO APÓS A REFORMA TRABALHISTA — TRANSCENDÊNCIA JURÍDICA RECONHECIDA — VIOLAÇÃO DO ART. 5º, XXXVI, DA CF — PROVIMENTO. 1. Considerando-se a inovação à CLT e o fato de que a questão jurídica ainda não foi analisada pela SDI-1 deste Tribunal em sede jurisdicional, reconheço a transcendência jurídica deste aspecto da causa, nos termos do art. 896-A, § 1º, IV, da CLT. 2. No caso dos autos, o contrato de trabalho do Reclamante iniciou-se anteriormente e findou-se posteriormente à vigência da Lei 13.467/17, sendo determinada a observância, por analogia, da nova redação conferida ao art. 71, § 4º, da CLT, para o período a partir de 11/11/17 que confere natureza indenizatória à parcela. 3. Ora, a reforma trabalhista de 2017 alterou substancialmente a CLT, modificando mais de 100 de seus dispositivos, alterando, assim, o regime jurídico dos trabalhadores celetistas, num verdadeiro balanceamento entre obrigações e direitos, ampliando uns e limitando outros. 4. Ademais, tais modificações aplicam-se aos contratos em curso, pois não é possível a convivência com regimes distintos dentro do âmbito das empresas, com empregados regidos pela CLT pré-reforma e outros com empregados pós-reforma. Isso levaria à substituição de empregados velhos por novos, de modo a haver um único regime jurídico dentro da empresa. Nesse sentido, o STF, nos temas 24 e 528 de repercussão geral, já sinalizou inexistir direito adquirido a regime jurídico e que a redação de dispositivos da CLT revogados ou reformados são aplicados apenas até a entrada em vigor da Lei 13.467/17. 5. No tocante aos intervalos interjornadas, é de se pontuar que a sua não observância acarreta, por aplicação analógica, os mesmos efeitos previstos no art. 71, § 4º, da CLT, inclusive em relação ao descumprimento do intervalo intrajornada, devendo-se observar a aplicação dos efeitos da Súmula 437, III, do TST, permanecendo aplicável ao contrato de trabalho do Reclamante a Súmula 437, I e III, do TST, da qual ainda guardo reserva, no período laborado anteriormente à 11/11/17. 6. Por outro lado, a teor do entendimento consolidado por esta Corte Superior na Orientação Jurisprudencial 355 da SBDI-1, o desrespeito ao intervalo interjornadas mínimo de 11 (onze) horas, previsto no art. 66 da CLT, acarreta, por analogia, os mesmos efeitos previstos no § 4º do art. 71 da CLT e na Súmula 110 do TST, implicando o pagamento das horas suprimidas, acrescidas do adicional de horas extras. 7. *In casu*, o Regional, ao determinar a aplicação analógica ao intervalo interjornadas da antiga redação do art. 71, § 4º, da CLT, para todo o período do contrato de trabalho do Reclamante, desconsiderando os termos da Lei 13.467/17, acabou por violar diretamente a atual redação do referido dispositivo, para o período posterior a sua vigência. 8. Assim, ante a violação do art. 5º, XXXVI, da CF, a reforma da decisão é medida que se impõe para reconhecer a natureza indenizatória do intervalo interjornadas a partir de 11/11/17. Recurso de revista da Reclamada provido, no tema. III) HONORÁRIOS ADVOCATÍCIOS SUCUMBENCIAIS — GRATUIDADE DE JUSTIÇA — EXIGIBILIDADE — JULGAMENTO DA ADI 5.766-DF PELO STF — DECLARAÇÃO DE INCONSTITUCIONALIDADE DE PARTE DO § 4º DO ART. 791-A DA CLT — MANUTENÇÃO DA PARTE QUE ADMITE A COBRANÇA DOS HONORÁRIOS UMA VEZ COMPROVADA PELO CREDOR POSTERIOR SUFICIÊNCIA ECONÔMICA DO RECLAMANTE — TRANSCENDÊNCIA POLÍTICA — PROVIMENTO PARCIAL. 1. Nos termos do art. 896-A, § 1º, II, da CLT, constitui transcendência política da causa a existência de questão nova em torno da interpretação da legislação trabalhista. 2. O Pleno do STF, em sessão de 20/10/21, entendeu parcialmente inconstitucionais as normas que obrigam a parte beneficiária da justiça gratuita a arcar com as despesas processuais nas condições estabelecidas na Lei 13.467/17 (arts. 790-B, caput e § 4º, e 791-A, § 4º, da CLT) (cfr. ADI 5.766, Red. Min. Alexandre de Moraes, DJe de 3/5/22). Assim, tratando-se de tese firmada pelo STF em sede de controle de constitucionalidade, cabe às demais instâncias do Poder Judiciário sua observância e aplicação na solução das lides apresentadas. 3. A disciplina jurídica dos honorários sucumbenciais em caso de gratuidade de justiça norteava-se pelas seguintes regras: 1) presunção da insuficiência econômica daqueles que percebem salário inferior a 40% do limite máximo dos benefícios do RGPS (CLT, art. 790, § 3º); 2) necessidade de comprovação da insuficiência econômica pelo reclamante que percebe remuneração acima desse teto (CLT, art. 790, § 4º); 3) incidência dos honorários sucumbenciais, mesmo em relação a reclamante beneficiário da justiça gratuita, em duas hipóteses (CLT, art. 791-A, § 4º): a) obtenção pelo reclamante, no processo em curso ou em outro, de créditos capazes de suportar a verba honorária; b) comprovação pela reclamada da posterior suficiência econômica do reclamante, no prazo de 2 anos do trânsito em julgado da ação trabalhista. 4. Ora, em relação a tais regras, apenas a primeira condição para imposição de honorários sucumbenciais ao beneficiário da justiça gratuita foi declarada inconstitucional pelo Supremo Tribunal Federal, conforme constou do voto do Redator Designado para a ADI 5.766-DF, Min. Alexandre de Moraes. 5. Ou seja, não foi declarado inconstitucional todo o § 4º do art. 791-A da CLT, mas apenas a expressão assinalada. Assim, o fato de o reclamante gozar de gratuidade de justiça não o exime de forma absoluta dos honorários sucumbenciais, mas apenas condicionalmente, sendo que uma das condições — obter créditos judiciais na ação proposta ou em outra — foi considerada inconstitucional, mas a outra condição — demonstração, por parte da reclamada, dentro de 2 anos do trânsito em julgado, da suficiência econômica do reclamante — continua vigente, por não ter sido considerada inconstitucional pela Suprema Corte. Nesse sentido, basta que a reclamada demonstre que o reclamante passou a ter condições de suportar as despesas processuais para que possa ser cobrada a verba honorária em ação própria perante a Justiça Comum. 6. Ademais, permanece incólume a orientação do *caput* do art. 791-A da CLT, que admite honorários de sucumbência na Justiça do Trabalho, a serem arcados tanto pelo empregador quanto pelo empregado, tornando responsável o Processo do Trabalho, ou seja, quem litiga postulando o que não lhe é devido deve arcar com os ônus da sucumbência. 7. No caso *sub judice*, a Corte Regional não condenou o Autor ao pagamento de honorários advocatícios sucumbenciais, por ser beneficiário da justiça gratuita, em desacordo aos exatos parâmetros estabelecidos pelo STF no julgamento da ADI 6766-DF. 8. Nesse contexto e diante da decisão da Suprema Corte, o apelo merece provimento para restabelecer a sentença que condenou o Reclamante ao pagamento de honorários advocatícios sucumbenciais, contudo, condicionando a sua exigibilidade à comprovação, no prazo de dois anos contados do trânsito em julgado da ação, da suficiência econômica do Reclamante para arcar com os referidos custos, não se autorizando a dedução dos créditos obtidos judicialmente pelo Obreiro, neste ou em outro processo. Recurso de revista da Reclamada parcialmente provido, no tema (RRAg-1000932-76.2021.5.02.0026, 4ª Turma, Relator Ministro Ives Gandra da Silva Martins Filho, DEJT 21/6/2024).

Quanto ao procedimento previsto nos §§ 2º a 5º do art. 896-A da CLT, importante destacar a ampliação dos poderes do relator, que passa a ter a faculdade de julgar monocraticamente a causa que não demonstrar transcendência, sendo que desta decisão em recurso de revista cabe agravo ao colegiado, podendo o advogado sustentar oralmente na sessão de julgamento. Contudo, em sendo referida decisão proferida em sede de agravo de instrumento, segundo o § 5º, será decisão irrecorrível.

Entendemos que esse dispositivo fere a Constituição Federal, tendo inclusive já sido suscitada sua inconstitucionalidade no próprio Tribunal Superior do Trabalho e também no Supremo Tribunal Federal.

Nos autos do Mandado de Segurança n. 1000354-22.2019.5.00.000 o ministro Claudio Brandão sustentou a inconstitucionalidade do referido dispositivo. Primeiro porque viola o princípio da colegialidade, que decorre da composição dos Tribunais prevista na Constituição Federal, bem como do devido processo legal, conforme questionamentos diversos já apresentados ao Supremo Tribunal Federal que já se posicionou contrário a possibilidade de decisão monocrática irrecorrível, conforme decisão proferida no Recurso Extraordinário com Repercussão Geral n. 612.359, em que a Ministra Ellen Gracie, invocando decisões anteriores, assim decidiu:

> "1. A hipótese dos autos versa sobre o cabimento de agravo interno no âmbito dos Juizados Especiais. 2. Este Tribunal, no julgamento do RE n. 612.359, de minha relatoria, reconheceu a existência da repercussão geral da matéria para que os efeitos do art. 543-B do CPC possam ser aplicados. Esta Corte firmou o entendimento de que é possível que o relator decida monocraticamente o recurso, desde que tal decisão possa ser submetida ao órgão colegiado. Nesse sentido cito: MI n. 595, rel. Min. Carlos Velloso, Plenário, DJ 23.4.1999, RE n. 496.111, rel. Min. Sepúlveda Pertence, 1ª Turma, DJ 6.8.2004; RE n. 459.227-AgR, rel. Min. Eros Grau, 2ª Turma, DJ 5.5.2006; AI n. 749.682, rel. Min. Ricardo Lewandowski, DJe 26.6.2009; RE 422.122, rel. Min. Celso de Mello, DJ 7.10.2004; RE n. 422.241-AgR, rel. Min. Gilmar Mendes, DJ 17.8.2004; AI n. 527.566, rel. Min. Joaquim Barbosa, DJe 4.11.2009; AI n. 728.514, relª. Minª. Cármen Lúcia, DJe. 3.6.2009; RE n. 418.918, de minha relatoria, Pleno, DJ 1º.7.2005; RE 427.076, rel. Min. Ayres Britto, DJ 29.9.2004; AI n. 524.703, rel. Min. Cezar Peluso, DJ 17.12.2004. O acórdão recorrido divergiu desse entendimento. 3. Ante o exposto, dou provimento ao recurso extraordinário. Publique-se. Brasília, 2 de setembro de 2010. Ministra Ellen Gracie Relatora". (RE 612.359, relator(a): Min. ELLEN GRACIE, julgado em 2.9.2010, publicado em DJe-207 DIVULG 27.10.2010 PUBLIC 28.10.2010)

No mesmo sentido, decisão do Ministro Dias Toffoli, proferida no Agravo Regimental em Mandado de Segurança no 35.054/DF:

> "EMENTA Agravo regimental em mandado de segurança. Concessão da segurança. Vedação ao seguimento do recurso administrativo interposto perante o Conselho Nacional de Justiça. Violação da garantia do devido processo legal. Inobservância do art. 115, § 2º, do Regimento Interno do CNJ e do art. 61, § 2º, do Regulamento Geral da Corregedoria Nacional de Justiça. Prerrogativas indisponíveis do contraditório e da plenitude de defesa, com os meios e recursos a elas inerentes, mesmo em procedimentos de índole administrativa. Artigos 5º, incisos LIV e LV, da Constituição Federal. Precedentes. Agravo regimental não provido. 1. A vedação, por decisão monocrática, ao prosseguimento de recurso interposto em face de decisão singular, com impedimento de submissão da insurgência ao colegiado do órgão, configura medida violadora do devido processo legal e está desconforme com o art. 115, § 2º, do Regimento Interno do CNJ e com o art. 61, § 2º, do Regulamento Geral da Corregedoria Nacional de Justiça. 2. Assistem ao interessado, mesmo em procedimentos de índole administrativa, como direta emanação da própria garantia constitucional do due process of law (CF, art. 5º, LIV) — independentemente, portanto, de haver previsão normativa nos estatutos que regem a atuação dos órgãos do Estado —, as prerrogativas indisponíveis do contraditório e da plenitude de defesa, com os meios e recursos a elas inerentes (CF, art. 5º, LV). Precedentes: MS n. 32.559-AgR/DF, relator o Ministro Celso de Mello, Segunda Turma, DJe de 9.4.2015; e MS n. 32.937-AgR/DF, Segunda Turma, de minha relatoria, DJe de 29.2.2016. 3. Agravo regimental não provido". (MS 35054 AgR, relator:

> Min. DIAS TOFFOLI, Segunda Turma, julgado em 4.4.2018, PROCESSO ELETRÔNICO DJe-089 DIVULG 8.5.2018 PUBLIC 9.5.2018)[(204)]

Além disso, a consagração da decisão monocrática nos Tribunais Superiores viola os princípios da segurança jurídica, da proteção, da confiança e da isonomia.

Estabelece o art. 926 do CPC que "Os Tribunais devem uniformizar sua jurisprudência e mantê-la estável, íntegra e coerente".

A função dos Tribunais é a de pacificação da jurisprudência, o que em final análise serve para garantir a segurança jurídica e estabilidade nas relações, o que desaparece com decisões monocráticas.

Conforme fundamenta o ministro Claudio Brandão em voto proferido no referido processo: "Ao invés de uma Corte de Precedentes, este Tribunal corre o sério risco de se transformar em "ilhas de jurisdição", mais precisamente, "um arquipélago composto por 24 ilhas de jurisdição" em que cada um dos seus Ministros com atuação nas Turmas, inclusive eu, poderá definir, de modo isolado e sem qualquer espécie de parâmetro objetivo, qual causa é transcendente ou não, o que contribuirá, ainda como devido respeito, para que não seja exercitada a sua principal função de definir a interposição definitiva sobre a norma trabalhista em território nacional".[(205)]

O Supremo Tribunal Federal, nos autos da Medida Cautelar na Reclamação n. 35.816, em decisão da Ministra Carmen Lúcia suspendeu decisão do TST proferida com base no § 5º do art. 896-A, § 1º da CLT:

> "6. Daí a interposição do recurso de revista ao qual o Tribunal Superior do Trabalho reputou destituído de transcendência econômica, política, social e jurídica a justificar seu exame e determinou a certificação do trânsito em julgado, com a consequente baixa dos autos à origem. Ao fazê-lo, subtraiu da parte a possibilidade de impugnar a decisão monocrática no órgão colegiado daquele Tribunal e, em seguida, submeter o exame da controvérsia ao Supremo Tribunal em recurso extraordinário. Eventual recurso extraordinário, se interposto, conduziria o Presidente daquele Tribunal a cotejar a matéria recorrida com paradigma emanado no julgamento de repercussão geral. Se reconhecida a incompatibilidade e o órgão julgador do qual emanou a decisão recorrida não retratasse sua decisão, o recurso extraordinário seria encaminhado a este Supremo Tribunal para julgamento. Por outro lado, se aquela autoridade assentasse a compatibilidade com a matriz jurisprudencial, a parte disporia do instrumento da reclamação para arguir a harmonia, ou não, desta decisão com o paradigma de repercussão geral, podendo trazer a questão ao cuidado deste Supremo Tribunal em sede de reclamação, desde que esgotada a instância ordinária.
>
> Agregue-se a isso que, enquanto pendesse de julgamento pela instância superior, a parte poderia ainda ter impugnado a decisão proferida pelo Tribunal Regional do

(204) Extraído do voto do ministro Claudio Brandão nos autos do MS n. 1000354-22.2019.5.00.0000

(205) *Idem.*

Trabalho, por possível contrariedade a precedente jurisprudencial dotado de efeito vinculante e *erga omnes* ou por descumprimento de súmula vinculante.

7. Ao decretar a ausência de transcendência da matéria veiculada no recurso e a imediata certificação de trânsito em julgado e baixa à origem, a autoridade reclamada cuidou de suprimir, a um só tempo, todos os meios de submissão da questão constitucional controvertida ao órgão colegiado que integra e ao Supremo Tribunal Federal."

No ano de 2020 o Pleno do Tribunal Superior do Trabalho decidiu pelo reconhecimento da inconstitucionalidade do referido dispositivo:

ARGUIÇÃO DE INCONSTITUCIONALIDADE. ARTIGO 896-A, § 5º, DA CLT. NORMA QUE DISCIPLINA A IRRECORRIBILIDADE DE DECISÃO UNIPESSOAL PROFERIDA PELO RELATOR EM RECURSO DE COMPETÊNCIA DO COLEGIADO. AFRONTA AOS PRINCÍPIOS DO JUIZ NATURAL (ARTIGOS 5º, LIII, E 111, II, CF/88); DO DEVIDO PROCESSO LEGAL (ARTIGO 5º, LIV E LV, CF/88) DA ISONOMIA (ARTIGO 5º, CAPUT, CF/88); DA COLEGIALIDADE (DE ACORDO COM O STF, INTEGRANTE DA FORMAÇÃO HISTÓRICA DA ORGANIZAÇÃO JUDICIÁRIA NACIONAL, PORTANTO, PRINCÍPIO CONSTITUCIONAL IMPLÍCITO); DAS GARANTIAS DA SEGURANÇA JURÍDICA E DA PROTEÇÃO DA CONFIANÇA (ARTIGO 5º, *CAPUT*, CF/88). ÓBICE AO EXAME DA MATÉRIA OBJETO DO APELO PELO SUPREMO TRIBUNAL FEDERAL. INCONGRUÊNCIA DOS PROCEDIMENTOS ADOTADOS PELA LEI NO JULGAMENTO DOS RECURSOS DE REVISTA E DE AGRAVOS DE INSTRUMENTO. FALTA DE RAZOABILIDADE DA INTERPRETAÇÃO LITERAL DO DISPOSITIVO (STF, ADI Nº 1.511-MC). É inconstitucional a regra inserida no artigo 896-A, § 5º, da CLT, ao prever a irrecorribilidade da decisão monocrática proferida pelo relator que rejeita a transcendência da questão jurídica versada no agravo de instrumento em recurso de revista. Tal prática viola os princípios da colegialidade, do juiz natural, do devido processo legal, da segurança jurídica, da proteção da confiança e da isonomia; impede o exame futuro da controvérsia pelo Supremo Tribunal Federal; revela a incongruência de procedimentos adotados no julgamento de recursos de revista e de agravos de instrumento, o que viola o princípio da razoabilidade; obstaculiza o exercício da competência reservada, por lei, às Turmas deste Tribunal; dificulta a fixação de precedentes por este Tribunal, considerando a ausência de parâmetros objetivos fixados para o reconhecimento da transcendência e a atribuição de elevado grau de subjetividade por cada relator — que não constitui órgão julgador, mas, sim, instância de julgamento, cuja atuação decorre de delegação do Colegiado. Arguição acolhida, para se declarar a inconstitucionalidade do dispositivo, no caso concreto. Vistos, relatados e discutidos estes autos de Arguição de Inconstitucionalidade nº TST-ArgInc-1000845-52.2016.5.02.0461, em que é Suscitante SÉTIMA TURMA — TST; Suscitado TRIBUNAL PLENO — TST; Agravante ALEXANDRE CESAR DAS CHAGAS; Agravado FORD MOTOR COMPANY BRASIL LTDA. e AMICI CURIAE FEDERAÇÃO INTERESTADUAL DOS TRABALHADORES E PESQUISADORES EM SERVIÇOS DE TELECOMUNICAÇÕES — FITRATELP, INSTITUTO DOS ADVOGADOS BRASILEIROS — IAB, FEDERAÇÃO BRASILEIRA DE BANCOS — FEBRABAN e ASSOCIAÇÃO BRASILEIRA DE ADVOGADOS TRABALHISTAS — ABRAT (ArgInc-Ag-AIRR-1000845-52.2016.5.02.0461, Tribunal Pleno, Relator Ministro Claudio Mascarenhas Brandão, DEJT 17/12/2020).

Por fim, de acordo com o § 6º do art. 896-A, § 1º da CLT, referido pressuposto é de apreciação exclusiva do Tribunal Superior do Trabalho, ao contrário dos demais pressupostos.

De acordo com o art. 247 do Regimento Interno do TST o pressuposto da transcendência será analisado de ofício, de forma que independe de indicação pela parte na peça do recurso de revista.

Dentre os pressupostos recursais (genéricos e específicos), deverá os TST apreciar em primeiro lugar os pressupostos genéricos dos recursos e depois os específicos, começando pela transcendência, conforme sugere o ministro Ives Gandra Martins Filho:

> "Não há dúvida quanto à natureza jurídica da transcendência: trata-se de pressuposto intrínseco do recurso de revista, ou seja, específico dessa modalidade recursal. Já os pressupostos extrínsecos de um recurso são aqueles genéricos, comuns a qualquer recurso, como tempestividade, regularidade de representação, preparo, adequação e motivação.
>
> No entanto, se a transcendência constitui pressuposto intrínseco do recurso, precede a todos os demais. Ou seja, os pressupostos elencados no art. 896 da CLT só serão, em princípio, analisados, se for reconhecida a transcendência do recurso nos termos do art. 896-A da CLT.
>
> Já os pressupostos extrínsecos, na teoria processual, precedem os intrínsecos na análise recursal, na medida em que seu não preenchimento impede a abertura da petição recursal, pois se o recurso é intempestivo, o processo já transitou em julgado, o mesmo ocorrendo se o recurso interposto era incabível; se o advogado não tem procuração, o recurso é reputado inexistente; sem depósito recursal ou pagamento de custas, nem se conhece do apelo.
>
> Assim, a ordem de precedência no exame do recurso de revista é do exame prévio dos pressupostos extrínsecos, seguida da transcendência e dos demais pressupostos intrínsecos do apelo."(206)

Com a devida vênia entendemos que não se resolve o problema do excesso de processos com a criação de um pressuposto de conteúdo subjetivo, que em final análise afastará o TST da sua função precípua de uniformização da jurisprudência, principalmente se prevalecer o disposto no § 5º do art. 896-A da CLT que trata de decisões monocráticas irrecorríveis. A solução ousamos defender no capítulo 8.2 deste livro, com a alteração do efeito do recurso de revista.

De fato, cabe ao TST eleger as matérias que possuem transcendência, mas, frise-se, não de forma subjetiva por meio de critérios aleatórios e de cunho estritamente pessoal de cada ministro, e sim mediante critérios objetivos definidos em lei, de forma a fixar teses jurídicas de conteúdo normativo e que de certa forma vinculam o conhecimento de outros recursos de revista.

---

(206) MARTINS FILHO, Ives Gandra. O critério de transcendência do Recurso de Revista e sua aplicação efetiva pelo TST, *Revista LTr 82-06/650, vol. 82, n. 06, jun. 2018.*

6.4. Ônus processual do recorrente e o processamento do recurso

Também podemos definir como pressuposto específico intrínseco do Recurso de Revista a observância pelo recorrente de determinadas formalidades, sob pena de não conhecimento.

Tais formalidades definimos como ônus processual do recorrente, que a Lei n. 13.015/14 teve o cuidado de inserir na CLT, ao criar o § 1º-A, incisos I, II e III, do art. 896 e a Lei n. 13.467/17 criou o inciso IV, abaixo transcrito:

> § 1º-A. Sob pena de não conhecimento, é ônus da parte:
>
> I — indicar o trecho da decisão recorrida que consubstancia o prequestionamento da controvérsia objeto do recurso de revista;
>
> II — indicar, de forma explícita e fundamentada, contrariedade a dispositivo de lei, súmula ou orientação jurisprudencial do Tribunal Superior do Trabalho que conflite com a decisão regional;
>
> III — expor as razões do pedido de reforma, impugnando todos os fundamentos jurídicos da decisão recorrida, inclusive mediante demonstração analítica de cada dispositivo de lei, da Constituição Federal, de súmula ou orientação jurisprudencial cuja contrariedade aponte.
>
> IV — transcrever na peça recursal, no caso de suscitar preliminar de nulidade de julgado por negativa de prestação jurisdicional, o trecho dos embargos declaratórios em que foi pedido o pronunciamento do tribunal sobre questão veiculada no recurso ordinário e o trecho da decisão regional que rejeitou os embargos quanto ao pedido, para cotejo e verificação, de plano, da ocorrência da omissão.

Sobre esta questão, assim decidiu o Tribunal Superior do Trabalho em acórdão da lavra do Ministro Claudio Mascarenhas Brandão:

> AGRAVO DE INSTRUMENTO EM RECURSO DE REVISTA EM FACE DE DECISÃO PUBLICADA A PARTIR DA VIGÊNCIA DA LEI N. 13.015/2014. SUMARÍSSIMO. HORAS EXTRAS. MINUTOS QUE ANTECEDEM E SUCEDEM A JORNADA DE TRABALHO. TEMPO À DISPOSIÇÃO. ATOS PREPARATÓRIOS. DEDUÇÃO DE VALORES. AUSÊNCIA DE COMPROVAÇÃO DO EFETIVO PREQUESTIONAMENTO. NECESSIDADE DE TRANSCRIÇÃO DO TRECHO DA SENTENÇA, QUANDO MANTIDA PELO TRIBUNAL PELOS SEUS PRÓPRIOS FUNDAMENTOS. REQUISITO PREVISTO NO ART. 896, § 1º-A, I, DA CLT. Dentre as alterações promovidas à sistemática recursal pela Lei n. 13.015/2014 encontra-se a criação de pressuposto intrínseco do recurso de revista consistente na indicação (transcrição) do fragmento da decisão recorrida que revele a resposta do tribunal de origem sobre a matéria objeto do apelo. O requisito encontra-se previsto no art. 896, § 1º-A, I, da CLT, cujo teor dispõe que: § 1º-A. Sob pena de não conhecimento, é ônus da parte: I — indicar o trecho da decisão recorrida que consubstancia o prequestionamento da controvérsia objeto do recurso de revista. Cumpre esclarecer que, em se tratando de processo submetido ao rito sumaríssimo, no qual o Tribunal Regional, na certidão de julgamento, se limita a confirmar a sentença pelos seus próprios fundamentos — conforme permissivo contido na parte final do art. 895, § 1º, da CLT —, caberá à recorrente transcrever o trecho da decisão adotada pelo magistrado de primeira instância que comprove o

prequestionamento da discussão objeto do apelo, pois, caso contrário, estará desatendida a disciplina contida no aludido dispositivo legal, que lhe atribui tal ônus. Agravo de instrumento a que se nega provimento. (AIRR — 794-78.2014.5.03.0080, relator Ministro: Cláudio Mascarenhas Brandão, Data de Julgamento: 5.8.2015, 7ª Turma, Data de Publicação: DEJT 7.8.2015)

Referido ônus já estava previsto na Instrução Normativa n. 23 do TST, editada pela Resolução n. 118, de 5.8.2003, o que se faz necessário por se tratar de recurso de natureza extraordinário, conforme enfatiza Manoel Antonio Teixeira Filho:

> "Conquanto o conjunto dos ônus processuais descritos nos incisos I a III do art. 896, da CLT, pareça ser nutrido de um rigor excessivo, supostamente inconciliável com a simplicidade do processo do trabalho, devemos reconhecer que esse rigor é de certo modo justificável no plano dos recursos de natureza extraordinária — como é o de revista —, que não se vinculam ao duplo grau de jurisdição."(207)

Sobre o cotejo analítico de teses, assim é a doutrina de Maurício de Figueiredo Corrêa da Veiga:

> "Por se tratar de um recurso de natureza extraordinária, a interposição do recurso de revista deverá observar determinados critérios, cabendo ao advogado da parte observar o preenchimento dos pressupostos de admissibilidade que antes eram destacados pela doutrina e pela jurisprudência, sendo que, a partir da alteração legislativa, passarão a ser exigidos também por imposição legal, sob pena de não conhecimento do apelo.
>
> Com efeito, sob pena de não conhecimento do recurso, a parte deverá indicar o trecho da decisão recorrida que consubstancia o prequestionamento da controvérsia objeto do recurso de revista.
>
> Trata-se do cotejo analítico de teses, razão pela qual não basta a transcrição integral do acórdão regional, mas sim o destaque do trecho referente a cada tema, cuja reforma é pretendida no recurso.
>
> Feita a indicação do trecho da decisão recorrida, a parte deverá confrontá-la com a violação ou divergência que entende existente, sendo que, para fazer este cotejo deverá a parte indicar, de forma explícita e fundamentada, contrariedade a dispositivo de lei, Súmula ou Orientação Jurisprudencial do Tribunal Superior do Trabalho que conflite com a decisão regional.
>
> É bem verdade que muitos advogados já adotavam este procedimento, pois além de possibilitar uma melhor visualização dos temas objeto do recurso

(207) TEIXEIRA FILHO, Manoel Antonio. Comentários à Lei n. 13.015/2014. *Revista LTr*, São Paulo, 2015. p. 40.

por parte do julgador, permite que o recurso seja mais objetivo, pois o que vale no recurso de natureza extraordinária é o cotejo analítico de teses, pois as discussões doutrinárias, infelizmente, se restringem às instâncias ordinárias.

O sítio do Tribunal Superior do Trabalho noticiou em 13 de fevereiro de 2015 que a Egrégia 6ª Turma do TST julgou os primeiros recursos com base na Lei n. 13.015/2014, sendo que em um dos analisados o recurso não foi conhecido, pois a parte não indicou o trecho que pretendia prequestionar com o fim de demonstrar a violação dos dispositivos mencionados (no caso concreto, os arts. 818 da CLT e 333, inciso I do CPC, ou 5º, inciso X, da Constituição da República).

Naquela oportunidade, conforme notícia extraída do próprio Tribunal o Ministro Relator destacou que 'É dever de quem recorre definir a tese jurídica e refutar todos os fundamentos contidos no julgado, além de proceder à demonstração analítica dos dispositivos invocados'.

Por fim, prevaleceu o entendimento do qual não basta a indicação de violação de dispositivo da Constituição Federal e de lei e a apresentação de julgados para confronto de jurisprudência, devendo a parte fazer a correta indicação, que no caso se efetiva com a transcrição.

Além disso, o item III do § 1º-A do art. 896/CLT incorporou a previsão contida na Súmula n. 23 do TST, ao determinar que também será ônus da parte expor as razões do pedido de reforma, impugnando todos os fundamentos jurídicos da decisão recorrida, inclusive mediante demonstração analítica de cada dispositivo de lei, da Constituição Federal, de súmula ou Orientação Jurisprudencial cuja contrariedade aponte."(208)

6.4.1. *Primeiro ônus da parte* — § 1º-A, inciso I do artigo 896 da CLT

Assim estabelece o § 1º-A, inciso I do artigo 896 da CLT:

> § 1º-A. Sob pena de não conhecimento, é ônus da parte:
>
> I — indicar o trecho da decisão recorrida que consubstancia o prequestionamento da controvérsia objeto do recurso de revista.

A indicação do trecho que consubstancia o prequestionamento é questão muito discutida no Tribunal Superior do Trabalho, não sendo admitida a transcrição integral do acórdão recorrido ou ainda a transcrição integral do capítulo impugnado. É necessário

(208) VEIGA, Maurício de Figueiredo Corrêa da. *Admissibilidade do Defeito Formal que não seja Reputado Grave e a Obrigatoriedade do Cotejo Analítico de Teses*. In A Nova Lei de Recursos Trabalhistas — Lei n. 13.015/14. Coord. Alexandre Agra Belmonte, São Paulo: LTr, 2015. p. 130-131.

que a transcrição se limite à controvérsia objeto do recurso de revista, de modo a viabilizar a análise de controvérsia.

Em havendo a necessidade de transcrição de trechos longos, recomenda-se destacar (em negrito ou grifado) trechos que permitam a análise da tese jurídica discutida no recurso de revista.

Abaixo, decisões do Tribunal Superior do Trabalho, no sentido de que a transcrição integral do acórdão recorrido não atende o disposto no artigo 896, § 1º-A, I da CLT.

> AGRAVO. AGRAVO DE INSTRUMENTO. RECURSO DE REVISTA. LEIS 13.015/2014 E 13.467/2017. EXECUÇÃO. LIMITAÇÃO DA CONDENAÇÃO AOS VALORES CONSIGNADOS NA INICIAL. DESCUMPRIMENTO DO ART. 896, § 1º-A, I, DA CLT. TRANSCRIÇÃO INTEGRAL DO ACÓRDÃO REGIONAL. O recurso de revista mostra-se inviável, visto que as diretrizes consubstanciadas no art. 896, § 1º-A, I, da CLT emergem como obstáculo a sua admissibilidade. A parte descumpriu o requisito do art. 896, § 1º — A, I, da CLT, **pois procedeu à transcrição integral do acórdão do agravo de petição**, sem destacar os trechos que consubstanciam o prequestionamento da tese que pretende debater. Precedentes. Agravo não provido (Ag-AIRR-1193-66.2019.5.07.0001, 2ª Turma, Relatora Ministra Maria Helena Mallmann, DEJT 28/6/2024).

> AGRAVO. AGRAVO DE INSTRUMENTO EM RECURSO DE REVISTA. VIGÊNCIA DA LEI Nº 13.467/2017. EXECUÇÃO. INOBSERVÂNCIA DO PRESSUPOSTO DE ADMISSIBILIDADE RECURSAL PREVISTO NO ART. 896, § 1º-A, I, DA CLT. TRANSCRIÇÃO INTEGRAL DO ACÓRDÃO REGIONAL, SEM DESTAQUES. TRANSCENDÊNCIA NÃO EXAMINADA. 1. Conforme a jurisprudência desta Corte Superior, não reúne condições de prosseguir o recurso de revista interposto em face do acórdão do Tribunal Regional, publicado após a vigência da Lei nº 13.015/14, que deixa de observar pressuposto previsto no art. 896, § 1º-A, I, da CLT, no sentido de ser ônus da parte, sob pena de não conhecimento do recurso, a indicação do trecho da decisão recorrida que consubstancia o prequestionamento da controvérsia objeto do apelo. 2. No caso, a parte agravante não logrou demonstrar o cumprimento desse pressuposto de admissibilidade recursal, **uma vez que transcreveu no recurso de revista a integralidade do acórdão regional, sem qualquer destaque.** Prejudicado o exame da transcendência. Agravo a que se nega provimento (Ag-AIRR-10590-11.2017.5.18.0003, 1ª Turma, Relator Ministro Amaury Rodrigues Pinto Junior, DEJT 7/6/2024).

> AGRAVO. AGRAVO DE INSTRUMENTO EM RECURSO DE REVISTA. VIGÊNCIA DA LEI Nº 13.015/2014. HORAS EXTRAS. HONORÁRIOS DE SUCUMBÊNCIA. TRANSCRIÇÃO INTEGRAL DO CAPÍTULO DO ACÓRDÃO RECORRIDO. INOBSERVÂNCIA DOS PRESSUPOSTOS RECURSAIS PREVISTOS NO ART. 896, § 1º-A, I e III, DA CLT. TRANSCENDÊNCIA NÃO RECONHECIDA. Por força do comando do art. 896, § 1º-A, I e III, da CLT, para viabilizar o exame do recurso de revista, a parte deve transcrever nas razões de recorrente o trecho do acórdão regional que consubstancia o prequestionamento da controvérsia e proceder ao cotejo analítico entre os fundamentos da decisão recorrida e os dispositivos que entende violados. Na hipótese, a parte agravante não atendeu aos referidos pressupostos intrínsecos de admissibilidade recursal, **na medida em que transcreveu a integralidade do acórdão regional,** sem particularizar o trecho que consubstancia a controvérsia. Resulta inviável, assim, o processamento do apelo. Agravo a que se nega provimento (Ag-ED-AIRR-10545-52.2020.5.03.0186, 3ª Turma, Relator Ministro Alberto Bastos Balazeiro, DEJT 23/8/2024).

A seguir, decisões do Tribunal Superior do Trabalho no sentido de que a transcrição do capítulo impugnado sem qualquer destaque também não atende o disposto no artigo 896, § 1º-A inciso I da CLT.

> AGRAVO INTERNO EM AGRAVO DE INSTRUMENTO EM RECURSO DE REVISTA DOS RECLAMADOS — CONTRATO INDIVIDUAL DE TRABALHO — RECONHECIMENTO DE RELAÇÃO DE EMPREGO — PRESSUPOSTOS RECURSAIS — ART. 896, § 1º-A, I, DA CLT — TRECHO QUE CONSUBSTANCIA O PREQUESTIONAMENTO DA CONTROVÉRSIA — DEFICIÊNCIA DE TRANSCRIÇÃO. 1. Interposto o recurso de revista sob a égide da Lei nº 13.015/2014, a parte recorrente deve indicar precisamente o trecho da decisão recorrida que consubstancia o prequestionamento da controvérsia, conforme determina o art. 896, § 1º-A, I, da CLT, sob pena de não conhecimento do apelo. 2. **No caso, a transcrição integral do capítulo do acórdão regional que tratou sobre o tema recorrido, sem o destaque** (negrito ou sublinhado) da parte, em tópico dissociado dos argumentos recursais, não permite identificar e confirmar precisamente onde reside o prévio questionamento da controvérsia e não é suficiente para o cumprimento desse requisito legal na forma exigida pelo art. 896, § 1º-A, I, da CLT. Agravo interno desprovido (Ag-AIRR-1001488-81.2022.5.02.0434, 2ª Turma, Relator Ministro Luiz Philippe Vieira de Mello Filho, DEJT 23/8/2024).

> AGRAVO DE INSTRUMENTO EM RECURSO DE REVISTA. ACÓRDÃO REGIONAL PUBLICADO NA VIGÊNCIA DA LEI Nº 13.467/2017. PROCESSO REDISTRIBUÍDO POR SUCESSÃO. RESPONSABILIDADE SUBSIDIÁRIA. ENTE DA ADMINISTRAÇÃO PÚBLICA. DEFEITO DE TRANSCRIÇÃO. RECURSO DE REVISTA QUE NÃO ATENDE À EXIGÊNCIA DO ART. 896, § 1º-A, I, DA CLT. TRANSCENDÊNCIA NÃO RECONHECIDA. 1. O art. 896, § 1º-A, I a III, da CLT, introduzido pela Lei nº 13.015/2014, inseriu novo pressuposto de admissibilidade do recurso de revista, consubstanciado na necessidade de a parte indicar, em razões recursais, os trechos do acórdão regional que evidenciem os contornos fáticos e jurídicos prequestionados da matéria em debate, com a devida impugnação de todos os fundamentos adotados pelo Tribunal Regional, mediante cotejo analítico entre as teses enfrentadas e as alegadas violações ou contrariedades invocadas em seu apelo. 2. **No caso, a transcrição integral do capítulo do acórdão recorrido, não sucinto, sem nenhum destaque que delimite especificamente a controvérsia**, não atende o requisito do art. 896, § 1º-A, I, da CLT. Agravo de instrumento conhecido e desprovido" (AIRR-12148-74.2018.5.15.0097, 5ª Turma, Relatora Ministra Morgana de Almeida Richa, DEJT 23/8/2024).

É necessário também que a transcrição não esteja em tópico dissociado dos argumentos recursais, como por exemplo a transcrição do acórdão regional no início do recurso, totalmente dissociado das razões de reforma. Nesse sentido, assim vem decidindo o Tribunal Superior do Trabalho:

> AGRAVO. INTERPOSTO NA VIGÊNCIA DA LEI Nº 13.467/2017. REFLEXOS EM ANUÊNIO. CÁLCULOS DAS FÉRIAS. BASE DE CÁLCULO DAS HORAS EXTRAORDINÁRIAS. NÃO CUMPRIMENTO DO REQUISITO CONSTANTE DO ARTIGO 896, § 1º-A, DA CLT. NÃO PROVIMENTO. Esta Corte Superior firmou o entendimento no sentido de ser necessário que a parte recorrente transcreva os trechos da decisão regional que consubstanciam o prequestionamento das matérias objeto do recurso de revista, promovendo o cotejo analítico entre os dispositivos legais e constitucionais invocados ou a divergência

jurisprudencial noticiada e os fundamentos adotados pela Corte de Origem, não sendo suficiente a mera menção às folhas do acórdão regional nem a transcrição integral e genérica da decisão recorrida nas razões do recurso de revista. Inteligência do artigo 896, § 1º-A, I, da CLT. No caso dos autos , constata-se, da leitura das razões do recurso de revista, que a reclamante não cumpriu esse requisito para a admissibilidade do apelo. Isso porque, para fins de demonstração do prequestionamento, **procedeu à transcrição integral do acórdão regional no início do arrazoado recursal e, portanto, de forma dissociada das razões de reforma do apelo**, o que, a toda evidência, não atende ao pressuposto de admissibilidade recursal previsto no artigo 896, §1º-A, I, da CLT. Desta forma, constata-se que o recurso de revista outrora interposto não se mostra, de fato, admissível, ante a incidência à espécie do óbice perfilhado no artigo 896, § 1º-A, I, da CLT. Agravo a que se nega provimento (Ag-AIRR-10195-69.2021.5.15.0065, 8ª Turma, Relator Desembargador Convocado Carlos Eduardo Gomes Pugliesi, DEJT 25/6/2024).

AGRAVO INTERNO EM AGRAVO DE INSTRUMENTO EM RECURSO DE REVISTA DO MUNICÍPIO DE MOGI DAS CRUZES — ART. 896, § 1º-A, I E III, DA CLT — TRANSCRIÇÃO INTEGRAL DO ACÓRDÃO REGIONAL. 1. Constata-se que a parte, por duas vezes nas razões recursais, transcreveu a íntegra do acórdão regional, contemplando os dois temas objeto do recurso de revista, sem, contudo, reiterá-los nos tópicos recursais adequados. 2. Nos termos do art. 896, § 1º-A, I e III, da CLT, é ônus do recorrente indicar o trecho da decisão recorrida que consubstancia o prequestionamento da controvérsia objeto do apelo e expor as razões do pedido de reforma, impugnando todos os fundamentos jurídicos da decisão recorrida, inclusive mediante demonstração analítica de cada dispositivo cuja contrariedade aponte. 3. Não se presta ao cumprimento do pressuposto processual o registro conjunto dos trechos das matérias objeto de insurgência no início da petição do recurso de revista, sem que haja a remissão expressa, em cada um dos capítulos do apelo, aos excertos anteriormente trasladados. 4. **Esta Corte Superior entende que a mera transcrição de trechos do acórdão recorrido que consubstancia o prequestionamento da matéria veiculada no recurso de revista desatrelada das razões recursais, ou mesmo a transcrição integral do acórdão no início ou no final do recurso de revista, não atende as exigências contidas no art. 896, § 1º-A, I e III, da CLT, na medida em que torna inviável o cotejo analítico entre a tese nele apresentada e os fundamentos lançados pelo Tribunal Regional**. Precedentes. Agravo interno desprovido (Ag-AIRR-1000989-23.2021.5.02.0373, 2ª Turma, Relatora Desembargadora Convocada Margareth Rodrigues Costa, DEJT 2/7/2024).

AGRAVO INTERNO EM AGRAVO DE INSTRUMENTO EM RECURSO DE REVISTA DA RECLAMADA — ART. 896, § 1º, I, II E III, DA CLT — TRANSCRIÇÃO INTEGRAL DO ACÓRDÃO RECORRIDO NO INÍCIO DAS RAZÕES RECURSAIS — VÁRIOS TEMAS — AUSÊNCIA DE COTEJO ANALÍTICO. 1. Nos termos do art. 896, § 1º-A, I e III, da CLT, incluído pela Lei nº 13.015/2014, compete ao recorrente indicar o trecho da decisão recorrida que consubstancia o prequestionamento da controvérsia, assim como indicar de forma fundamentada a contrariedade a dispositivo de lei, súmula ou orientação jurisprudencial, inclusive mediante demonstração analítica das violações apontadas. 2. **Não se presta ao cumprimento do pressuposto processual a transcrição integral do acórdão regional no início da petição do recurso de revista, sem que haja a remissão expressa, em cada um dos capítulos do apelo, aos excertos anteriormente trasladados**. Precedentes. Agravo interno desprovido (Ag-AIRR-610-65.2021.5.05.0034, 2ª Turma, Relatora Desembargadora Convocada Margareth Rodrigues Costa, DEJT 2/7/2024).

Hipótese distinta é aquela da parte recorrente criar subtópicos nas razões recursais para tratar exclusivamente do cumprimento do artigo 896, § 1º-A, inciso I da CLT, desde que referente a um tema específico do recurso. Para cada questão tratada no recurso recomenda-se que a parte insira um tópico específico para tratar do assunto apontando, de forma a destacar o prequestionamento e permitir o cotejo analítico do tema e dos fundamentos trazidos pelo regional.

Sobre o destaque, importante se atentar para o alerta feito pelo ministro Breno Medeiros e professor Pedro de Assis:

> "O último cuidado a ser tomado pela parte tem por finalidade evitar erros de julgamento em razão do processamento dado às peças processuais que hoje são remetidas ao Tribunal Superior do Trabalho.
>
> Isso porque há no TST hoje dois sistemas para a tramitação processual: a) o PJe "puro", no qual os processos sobem da forma como tramitam no Tribunal Regional, ou seja, sem nenhum tratamento nas peças que as torne diferentes em relação à qualidade e cores aplicadas nas petições; e b) o sistema legado (ESIJ), atualmente em processo de extinção, no qual o Tribunal Regional gera o arquivo em formado "PDF" com as peças processuais e eventualmente tais peças sofrem tratamento que reduz a qualidade e **retira a coloração aplicada pelas partes.**"[209]

6.4.2. *Segundo ônus da parte* — § 1º-A, inciso II do artigo 896 da CLT

Referido dispositivo estabelece que:

> § 1º-A. Sob pena de não conhecimento, é ônus da parte:
>
> (...)
>
> II — indicar, de forma explícita e fundamentada, contrariedade a dispositivo de lei, súmula ou orientação jurisprudencial do Tribunal Superior do Trabalho que conflite com a decisão regional;

A indicação do dispositivo legal de súmula ou orientação jurisprudencial é pressuposto essencial para análise do recurso de revista, conforme inclusive estabelece a Súmula 221 do TST, que possui a seguinte redação:

> Súmula 221 — RECURSO DE REVISTA. VIOLAÇÃO DE LEI. INDICAÇÃO DE PRECEITO. A admissibilidade do recurso de revista por violação tem como pressuposto a indicação expressa do dispositivo de lei ou da Constituição tido como violado.

Se o dispositivo, súmula ou orientação jurisprudencial possui incisos ou parágrafos, é necessário a transcrição exata do dispositivo. Neste sentido assim decidiu o Tribunal

(209) MEDEIROS, Breno e DE ASSIS, Pedro. *Recurso de Revista Descomplicado.* Ed. Venturoli, 2024, p. 136.

Superior do Trabalho em caso que a parte indicou apenas divergência com a Súmula 378 do TST sem indicar o item da referida súmula.

> (...) 5. DOENÇA OCUPACIONAL. GARANTIA PROVISÓRIA DE EMPREGO. REQUISITOS. 5.1. A tese suscitada pela recorrente refere-se à ausência de afastamento do trabalho com a percepção de auxílio-doença, hipótese que obstaria o reconhecimento da estabilidade ora apreciada. 5.2. Observa-se, contudo, que o referido requisito não se encontra disciplinado nos dispositivos legais apontados como violados pela recorrente, subsistindo a apreciação de contrariedade à Súmula nº 378 do TST. 5.3. **Ocorre que a reclamada não indicou qual inciso da súmula em questão o acórdão recorrido teria violado. 5.4. O art. 896, § 1º-A, II a III, da CLT, introduzido pela Lei nº 13.015/2014, inseriu novo pressuposto de admissibilidade do recurso de revista, consubstanciado na necessidade de a parte demonstrar de forma analítica a contrariedade a dispositivo de lei, súmula ou orientação jurisprudencial do Tribunal Superior do Trabalho. 5.5. Na hipótese, a mera a alegação genérica de contrariedade à Súmula 378 do TST, sem apontamento específico de item que entende maculado, não impulsiona o trânsito do recurso de revista, na esteira do entendimento da Súmula 221 do TST**. Recurso de revista não conhecido. 6. DOENÇA OCUPACIONAL. INDENIZAÇÃO POR DANO MATERIAL. VALOR ARBITRADO. 6.1. A tese de que a indenização prevista no art. 950 do Código Civil seria de responsabilidade do órgão previdenciário não foi objeto de apreciação pelo Tribunal Regional, motivo pelo qual a alegada violação do art. 201, I da CF não foi prequestionada, nos termos da Súmula nº 297, I do TST. 6.2. Ademais, embora aponte suposta violação dos critérios para a condenação ao pagamento de indenização por dano material em parcela única no importe de R$ 5.000,00, observa-se que o arbitramento levou em consideração a redução da capacidade laborativa, além do período estipulado pelo perito para a recuperação, hipótese insuscetível de reapreciação por esta instância extraordinária, nos termos da Súmula nº 126 do TST. 6.3. Por fim, não obstante suscite violação do art. 944 do Código Civil, a recorrente não demonstra em que medida o valor arbitrado superaria a extensão do dano, limitando-se a apenas reproduzir o teor dos dispositivos legais suscitados. Recurso de revista não conhecido. (RR-414-18.2013.5.09.0567, 5ª Turma, Relatora Ministra Morgana de Almeida Richa, DEJT 24/6/2024).

Seguem abaixo trechos de decisões do Tribunal Superior do Trabalho de não conhecimento do recurso de revista em razão da citação, somente o *caput* do artigo de lei sem referência ao inciso, alínea ou parágrafo do dispositivo, em razão do descumprimento do disposto no artigo 896, §1º-A, inciso II da CLT.

> (...) DESCONTOS PREVIDENCIÁRIOS. MULTA. JUROS. A Súmula 368, II, do TST e os arestos colacionados são inespecíficos, pois não tratam da responsabilidade pelo pagamento dos juros e multas incidentes sobre a contribuição previdenciária recolhida extemporaneamente. A indicação de violação dos arts. 30 e 43 da Lei 8.212/91, sem a especificação do parágrafo eventualmente transgredido não impulsiona o recurso, nos termos da Súmula 221 desta Corte. O art. 44 da referida lei foi revogado em 2007, antes do ajuizamento da presente ação. Por fim, eventual ofensa ao princípio geral da legalidade (art. 5º, II, da CF) não estaria apta a impulsionar o conhecimento do recurso de revista, no caso concreto, porquanto somente ocorreria de forma reflexa, a depender da verificação de ofensa à legislação infraconstitucional (Súmula 636 do STF).

Recurso de revista não conhecido (RR-4700-34.2011.5.17.0002, 6ª Turma, Relator Ministro Augusto Cesar Leite de Carvalho, DEJT 15/3/2024).

(...) RESCISÃO INDIRETA. A alegação genérica de ofensa ao art. 483 da CLT, sem, contudo, indicar expressamente a alínea tida por violada, atrai a incidência da Súmula 221 deste Tribunal Superior do Trabalho ao processamento do recurso de revista. Ademais, a divergência jurisprudencial colacionada mostra-se inespecífica, na forma da Súmula 296 do TST. Recurso de revista não conhecido (RR-511-94.2012.5.05.0007, 6ª Turma, Relator Ministro Augusto Cesar Leite de Carvalho, DEJT 11/12/2023).

(...) 2. RESPONSABILIDADE SUBSIDIÁRIA DA ADMINISTRAÇÃO PÚBLICA. INDICAÇÃO GENÉRICA DE DISPOSITIVO LEGAL (SÚMULA 221, TST). ARESTOS INESPECÍFICOS E SEM INDICAÇÃO DA FONTE OFICIAL (SÚMULAS 296 E 337 DO TST). PREJUDICADO O EXAME DA TRANSCENDÊNCIA. O recorrente não especifica o parágrafo do dispositivo que entende violado, realizando indicação genérica do art. 840 da CLT, que além do *caput* é composto de três parágrafos. Desatendido, portanto, o previsto no art. 896, § 1º-A, II da CLT e na Súmula 221 do TST. Quanto à divergência jurisprudencial apontada, os arestos colacionados são inservíveis ao confronto de teses, na medida em que além de inespecíficos (Súmula 296 do TST), já que não abordam as mesmas premissas fáticas apontadas pelo acórdão regional, não contêm indicação de fonte oficial ou repositório autorizado em que foram publicados (Súmula 337, I, a, do TST e § 8º do art. 896 da CLT). Fica prejudicada a análise da transcendência em decorrência do não preenchimento dos pressupostos intrínsecos de admissibilidade recursais. Recurso de revista não conhecido (RR-1000257-96.2018.5.02.0001, 6ª Turma, Relator Desembargador Convocado José Pedro de Camargo Rodrigues de Souza, DEJT 14/8/2023).

Além da indicação expressa e específica do dispositivo, a parte também deverá expor as razões pelas quais o acórdão regional (cujo trecho está transcrito no recurso de revista) violou o mencionado. É preciso que o Tribunal Superior do Trabalho analise se a consequência jurídica dada pelo regional está de acordo com o dispositivo indicado.

6.4.3. Terceiro ônus da parte — § 1º-A, inciso III do artigo 896 da CLT

Dispõe o artigo 896, § 1º-A inciso III da CLT que:

§ 1º-A. Sob pena de não conhecimento, é ônus da parte:

(...)

III — expor as razões do pedido de reforma, impugnando todos os fundamentos jurídicos da decisão recorrida, inclusive mediante demonstração analítica de cada dispositivo de lei, da Constituição Federal, de súmula ou orientação jurisprudencial cuja contrariedade aponte.

Trata-se da hipótese prevista no item I da Súmula 422 do TST, segundo o qual "Não se conhece de recurso para o Tribunal Superior do Trabalho se as razões do recorrente não impugnam os fundamentos da decisão recorrida, nos termos em que proferida".

Trata-se do princípio da dialeticidade, com previsão no artigo 1.010, inciso III do CPC, essencial para a análise do recurso de revista.

Importante destacar que devem ser impugnados "todos os fundamentos jurídicos da decisão recorrida", significa dizer que se a decisão for proferida por vários fundamentos, é necessário atacar cada um deles e não somente o "principal" fundamento.

Nesse sentido, é a súmula 283 do Supremo Tribunal Federal: "É inadmissível o recurso extraordinário, quando a decisão recorrida assenta em mais de um fundamento suficiente e o recurso não abrange a todos eles".

Abaixo, decisão do Tribunal Superior do Trabalho, da lavra do ministro Douglas de Alencar Rodrigues, que não conheceu o recurso de revista, pois o Tribunal Regional concedeu três fundamentos para impor determinada condenação e o recurso de revista não se insurgiu contra o terceiro fundamento.

> "Sustenta a Reclamada que o termo inicial da falência foi decretado em momento anterior àquele da rescisão contratual da Reclamante. Alega que "à época da rescisão do contrato de trabalho, a Via Uno S.A., empregadora da reclamante, já se encontrava sob os efeitos da falência, nos termos do art. 99, II da Lei 11.101/2005, portanto deve-se aplicar o entendimento vertido na Súmula n. 388 do TST, para afastar as multas dos arts. 467 e 477, § 8º da CLT". (fl. 296).
>
> Aponta violação dos artigos 467 da CLT; 6º, § 2º, 83, e 99, VI, da Lei de Falências, bem como contrariedade à Súmula 388 do TST. Traz arestos para o cotejo de teses.
>
> À análise.
>
> O Tribunal Regional manteve a condenação ao pagamento da multa em questão, aos seguintes fundamentos: 1) ausência da quitação das verbas rescisórias; 2) inexistência de óbice à condenação, em se tratando de empresa em recuperação judicial; 3) ser inovatória a alegação da embargante quanto à incidência da Súmula 388 do TST, mediante a qual pretendeu-se afastar a condenação ao pagamento das multas dos arts. 467 e 477, § 8º, da CLT.
>
> **Da leitura acurada do recurso de revista, não se divisa tenha a Reclamante impugnado esse último fundamento, limitando-se a reafirmar o argumento de que o termo inicial da falência foi fixado em sentença, em data anterior à rescisão contratual, nos termos do art. 99, II da Lei 11.101/05, o que determinaria a aplicação da Súmula 388/TST.**
>
> **Cumpre registrar que o princípio da dialeticidade impõe à parte o ônus de se contrapor direta e especificamente à decisão agravada, demonstrando o seu desacerto e as razões de sua reforma.**
>
> Nesse contexto, uma vez que a Recorrente não se insurgiu, fundamentadamente, contra a decisão que deveria impugnar, nos termos do artigo 1.010, III, do CPC/2015 e na esteira da Súmula 422 do TST, o recurso de revista, no aspecto, encontra-se desfundamentado." (RR-20413-80.2014.5.04.0301, 5ª Turma, Relator Ministro Douglas Alencar Rodrigues, DEJT 29/3/2019).

No mesmo sentido seguem abaixo duas outras decisões do Tribunal Superior do Trabalho de não conhecimento do recurso de revista por ausência de impugnação a todos os fundamentos trazidos pelo acórdão regional.

(...) II — AGRAVO DE INSTRUMENTO EM RECURSO DE REVISTA DA RECLAMADA. REGIDO PELA LEI 13.015/2014. 1. HORAS EXTRAS. REGIME DE COMPENSAÇÃO DE JORNADA. RECURSO DE REVISTA DESFUNDAMENTADO. ARTIGO 1.010, III, DO CPC. SÚMULA 422/TST. O Tribunal Regional decidiu a controvérsia, adotando os seguintes fundamentos: i) registrou que o regime compensatório somente se mostraria válido caso não excedido o limite legal de prorrogação da jornada por, no máximo, duas horas diárias, o que não restou observado pela Ré; ii) destacou a prestação de horas extras habituais; iii) anotou que a própria Reclamada descumpria a norma coletiva, estando descaracterizado o regime de compensação. A Reclamada, no recurso de revista, limitou-se a dizer que o regime de compensação mensal encontra-se previsto em norma coletiva, que deve ser prestigiada. Da leitura do recurso de revista, não se divisa tenha a Reclamada impugnado os fundamentos adotados pela Corte Regional para julgar o pleito. Cumpre registrar que o princípio da dialeticidade impõe à parte o ônus de se contrapor direta e especificamente à decisão agravada, demonstrando o seu desacerto e as razões de sua reforma. Nesse contexto, uma vez que a Recorrente não se insurgiu, fundamentadamente, contra a decisão que deveria impugnar, nos termos do artigo 1.010, III, do CPC/2015 e na esteira da Súmula 422 do TST, o recurso de revista, no aspecto, encontra-se desfundamentado. Agravo de instrumento não provido. (...) (ARR-21793-08.2014.5.04.0021, 5ª Turma, Relator Ministro Douglas Alencar Rodrigues, DEJT 16/8/2024).

RECURSO DE REVISTA INTERPOSTO PELA RECLAMANTE SOB A VIGÊNCIA DA LEI Nº 13.467/2017. AUSÊNCIA DE IMPUGNAÇÃO. INOBSERVÂNCIA DO PRINCÍPIO DA DIALETICIDADE RECURSAL. ART. 1.021, § 1º, DO CPC DE 2015 E SÚMULA Nº 422, I, DO TST. Em sede de recurso de revista, a parte não impugna os fundamentos adotados pelo Tribunal Regional quanto ao indeferimento do intervalo do art. 384 da CLT e se reporta à discussão de mérito do tema, o que desatende à diretriz contida no art. 1.021, §1º, do CPC. Logo, atrai a incidência da Súmula nº 422, I, do TST (correspondente ao art. 1.010, II e III, do CPC de 2015). Prejudicada a análise da transcendência. Recurso de revista de que não se conhece (RR-98-70.2018.5.12.0009, 6ª Turma, Relator Desembargador Convocado José Pedro de Camargo Rodrigues de Souza, DEJT 12/5/2023).

A "demonstração analítica" que estabelece referido dispositivo nada mais é do que apontar de forma específica o dispositivo legal violado ou quando se tratar de divergência com súmula ou orientação a demonstração da especificidade entre o que decidido pelo regional e o verbete contrariado.

Nas lições do ministro Breno Medeiros e do professor Pedro de Assis, a demonstração analítica se verifica da seguinte forma:

> "Dessa forma, é ônus da parte, ao veicular sua argumentação recursal, realizar o que chamamos de **argumentação triangular**, devendo: 1) fazer referência direta à fundamentação regional; 2) apontar o equívoco desses fundamentos e, caso o Tribunal Regional tenha se utilizado de mais que um, impugnar todos eles; 3) indicar qual dispositivo de lei, da constituição federal ou verbete de súmula teria sido desrespeitado em razão da compreensão equivocada do Tribunal Regional."
>
> Ligados esses três pontos, estará realizado o chamado "cotejo analítico".[210]

(210) MEDEIROS, Breno e DE ASSIS, Pedro. *Recurso de Revista Descomplicado.* Ed. Venturoli, 2024, p. 151.

Importante dizer que os incisos I, II e III do artigo 896, § 1º-A da CLT têm como finalidade estabelecer de forma dialética e discursiva a violação ou divergência apontada. É preciso que fique demonstrado de forma clara e precisa que a consequência jurídica conferida pelo regional não é adequada.

6.4.4. Quarto ônus da parte — § 1º-A, inciso IV do artigo 896 da CLT

O inciso IV do art. 896, §1º-A, da CLT, inserido pela Lei n. 13.467/17 trata da hipótese de recurso de revista por negativa de prestação jurisdicional, matéria a ser invocada em preliminar do recurso quando o Tribunal Regional do Trabalho deixar de apreciar alguma matéria fática ou de direito invocada no recurso ordinário.

A necessidade de o Tribunal Regional apreciar todas as matérias e fundamentos devolvidos no recurso se torna fundamental, em prol do princípio da motivação, e também serve para permitir a possibilidade da parte preencher o requisito da especificidade, conforme tratado em capítulo próprio deste livro.

Se no recurso ordinário a parte invocou 4 argumentos para prosperar seu inconformismo e o Regional não aprecia os 4 sob o fundamento de que não está obrigado a analisar cada um dos fundamentos invocados pela parte, além de violar o princípio da motivação, não permite a parte cumprir o requisito da especificidade. Daí porque o Tribunal Superior do Trabalho editou a Súmula n. 459 permitindo nestas hipóteses o cabimento do recurso de revista por violação ao art. 93, inciso IX da Constituição Federal ou art. 832 da CLT ou art. 489 do CPC, conforme abaixo transcrito:

> Súmula n. 459 do TST — RECURSO DE REVISTA. NULIDADE POR NEGATIVA DE PRESTAÇÃO JURISDICIONAL (atualizada em decorrência do CPC de 2015) — Res. n. 219/2017, DEJT divulgado em 28, 29 e 30.6.2017 — republicada — DEJT divulgado em 12, 13 e 14.7.2017
>
> O conhecimento do recurso de revista, quanto à preliminar de nulidade, por negativa de prestação jurisdicional, supõe indicação de violação do art. 832 da CLT, do art. 489 do CPC de 2015 (art. 458 do CPC de 1973) ou do art. 93, IX, da CF/1988.

Nesse sentido, assim decidiu o Tribunal Superior do Trabalho:

> I — AGRAVO DE INSTRUMENTO DO AUTOR. RECURSO DE REVISTA. LEI Nº 13.467/2017. NEGATIVA DE PRESTAÇÃO JURISDICIONAL. SÚMULA 459 DO TST. 1 — A Súmula 459 do TST enuncia o entendimento de que o conhecimento do recurso de revista, quanto à preliminar de nulidade, por negativa de prestação jurisdicional, supõe indicação de violação do art. 832 da CLT, do art. 489 do CPC de 2015 (art. 458 do CPC de 1973) ou do art. 93, IX, da CF/1988. 2 — No caso concreto, o autor não fundamentou a arguição de nulidade por negativa de prestação jurisdicional em quaisquer dos dispositivos indicados na Súmula 459 do TST. A arguição, na verdade, limitou-se a suposta violação aos arts. 5°, XXXV, LIV e LV, da Constituição Federal, 319, II, e 485, IV, do CPC. O conteúdo normativo desses dispositivos não alberga substrato jurídico suficiente a evidenciar que o Regional tenha proferido decisão com defeito de fundamentação. Logo, o recurso de revista obstaculizado é insuscetível de conhecimento. 3 — Prejudicada a

análise da transcendência quando o recurso de revista não preenche pressuposto de admissibilidade. 4 — Agravo de instrumento a que se nega provimento . (...) (RRAg-1000518-27.2020.5.02.0022, 6ª Turma, Relatora Ministra Katia Magalhaes Arruda, DEJT 15/12/2023).

É preciso que o recorrente demonstre a configuração da negativa de prestação, apontando a questão relevante não analisada e que se tivesse sido, em tese, poderia chegar a conclusão diversa daquela dada pelo regional. Nesse sentido, assim decidiu o TST, em acórdão da lavra do desembargador convocado Claudio Armando Couce de Menezes:

> "Cumpre destacar, por oportuno, que, nos moldes da Orientação Jurisprudencial no 115 da SBDI-1 do C. TST, apenas a indicação de violação dos arts. 832 da CLT, 458 do CPC ou 93, inciso IX, da Constituição Federal é capaz de fundamentar o conhecimento do recurso de revista, no que concerne à prefacial de nulidade por negativa de prestação jurisdicional. Como em sede de recurso de revista, a recorrente indica expressamente tais artigos, passa-se à apreciação do tema.
>
> A arguição de nulidade de decisão judicial por negativa de prestação jurisdicional requer a identificação dos pontos que não foram enfrentados, a fim de viabilizar a análise da entrega da efetiva tutela jurisdicional, pois a mera alegação genérica de sua ocorrência, torna impossível sua aferição. Portanto, cumpre à recorrente demonstrar onde estaria configurada a negativa de prestação jurisdicional pelo Regional e qual o ponto relevante que não foi analisado pelo Colegiado Trabalhista Regional.
>
> E para a declaração de nulidade, há de se mostrar omissa a decisão, mesmo após a provocação por intermédio de embargos declaratórios, para que reste demonstrada a negativa de prestação jurisdicional ensejadora do conhecimento do recurso de revista." (Processo N. RR-0000197-37.2012.5.02.0362).

Em razão de diversas decisões neste sentido, é que o legislador inseriu na CLT o disposto no inciso IV do art. 896, § 1º-A.

É negativa de prestação jurisdicional deixar de consignar fatos relevantes no acórdão regional necessários para análise da controvérsia, como a título de exemplo se verifica da decisão abaixo:

> I — AGRAVO EM AGRAVO DE INSTRUMENTO. RECURSO DE REVISTA ANTERIOR A LEI 13.015/2014. NEGATIVA DE PRESTAÇÃO JURISDICIONAL. Ficou demonstrado o desacerto da decisão monocrática que negou provimento ao agravo de instrumento. Agravo provido. II — AGRAVO DE INSTRUMENTO. RECURSO DE REVISTA ANTERIOR A LEI 13.015/2014. NEGATIVA DE PRESTAÇÃO JURISDICIONAL. Deve ser provido o agravo de instrumento para melhor análise da alegada violação do arts. 93, IX, da Constituição Federal, do art. 458 do CPC/1973 (art. 489 do CPC/2015) e do art. 832 da CLT. Agravo de instrumento provido. III — RECURSO DE REVISTA. NEGATIVA DE PRESTAÇÃO JURISDICIONAL. REGISTRO ACERCA DOS TERMOS DA TRANSAÇÃO. O princípio da persuasão racional exige que, a partir da apreciação dos fatos e das provas constantes dos autos, o julgador exponha de forma fundamentada os motivos da decisão. Nas razões de embargos de declaração, o reclamante questionou a omissão no tocante aos termos da transação, em especial quanto ao teor das cláusulas 2ª e 9ª, que, segundo alega o obreiro, trazem previsão dos direitos abrangidos e dos danos efetivamente

reparados. No caso concreto, conquanto instado por embargos declaratórios, em nenhum momento houve registro no acórdão acerca de tais aspectos fáticos. O reclamante tem direito a pronunciamento jurisdicional que explicite quais os bens da vida que foram objeto de transação extrajudicial e as circunstâncias em que se deu esse ajuste, inclusive quanto à prévia existência de enfermidade e à assistência de advogado. Assim, por se tratar de questão eminentemente fática a qual não consta de nenhum dos acórdãos da Corte de origem, a omissão tornou inviável o exame do mérito da controvérsia trazido no presente agravo de instrumento, sob pena de contrariedade à Súmula 126 do TST. E como há jurisprudência desta Corte em que figura no polo passivo a reclamada, afastando a validade de instrumento de transação que envolva renúncia a direito ou reivindicação relacionado a qualquer dano, perda ou incapacidade física, estética ou moral causada por exposição à poeira de amianto na unidade fabril da ré, necessário o dado fático para se seguir no exame da controvérsia. Portanto, violados os comandos dos artigos 93, IX, da Constituição Federal, 489 do CPC/2015 e 832 da CLT. Anulado o acórdão relativo aos embargos de declaração, inclusive no tocante à multa aplicada, com retorno dos autos à Corte de origem para sanar a omissão, como entender de direito. Recurso de revista conhecido e provido. MULTA POR EMBARGOS DECLARATÓRIOS. Ante o provimento do apelo quanto à negativa de prestação jurisdicional, com anulação do acordão relativo aos embargos declaratórios e determinação de retorno dos autos ao Tribunal Regional, não mais remanesce a multa aplicada no acórdão anulado, perdendo objeto o apelo no particular (RR-1186-98.2010.5.06.0007, 6ª Turma, Relator Ministro Augusto Cesar Leite de Carvalho, DEJT 11/2/2022).

Sobre referido dispositivo, assim é a doutrina de Homero Batista Mateus da Silva:

> "A transcrição dos embargos de declaração no corpo do recurso de revista já vinha sendo exigida pela jurisprudência do TST, para aqueles casos em que a parte requer a nulidade do julgado por negativa de prestação jurisdicional. Trata-se de uma questão de lógica, por assim dizer: se o advogado está obrigado a transcrever no recurso de revista o trecho do acórdão que ele pretende atacar, cotejando-o com a jurisprudência dissonante de outro acórdão de outro tribunal, como resolver a questão da transcrição do trecho quando ele não possui nada para transcrever? Em outras palavras, se o objetivo do advogado é justamente se queixar da omissão do desembargador, afirmando que ele não entregou a prestação jurisdicional inteira, como exigir que ele transcreva o trecho atacado? A única solução possível — já que alguma transcrição tem de existir, diante da disciplina contemporânea do recurso de revista e diante da premissa de que os Ministros não devem analisar o processo por inteiro mas apenas o núcleo da divergência a ser uniformizada — é precisamente exigir que o advogado demonstre que já havia levantado aquele tópico em sede de embargos de declaração. Pode parecer estranho que uma parte tenha de refazer seu próprio recurso, ou seja, tenha que repetir no corpo do recurso de revista as razões já manifestadas no corpo dos embargos de declaração. Mas esse estranhamento decai quando se entende que o recurso de revista deve ser uma peça independente, capaz, por si só, de demonstrar a vulnerabilidade do acórdão e a divergência jurisprudencial.

Diferente é o caso do recurso ordinário, por exemplo, em que a parte pode manifestar seu inconformismo e pedir que o desembargador reveja, item por item, a colheita das provas, a valoração dos testemunhos e o enquadramento legal efetuado, o que tornaria inviável repetir 100% dos autos nas folhas recursais. Vista a questão por esse ângulo e conhecida a jurisprudência prévia sobre a matéria, a inovação do art. 896, §1º-A, IV, não representa grande espanto. Vai dificultar ainda mais o processamento das revistas, cuja taxa de êxito já está perto de 1% apenas, é verdade, mas está dentro do contexto restritivo desse remédio jurídico."[211]

Para cumprimento do disposto no inciso IV do artigo 896, § 1-A da CLT, é preciso que a parte transcreva o trecho dos embargos de declaração em que se objetiva o pronunciamento sobre a questão não tratada e o trecho do acórdão regional que rejeitou os embargos. Não consta no dispositivo, mas é importante transcrever também o trecho do acórdão embargado que tratou do tema, para demonstrar que determinada questão não foi apreciada e que justificou a oposição dos embargos de declaração.

RECURSO DE EMBARGOS EM RECURSO DE REVISTA REGIDO PELA LEI N. 13.015/2014. NEGATIVA DE PRESTAÇÃO JURISDICIONAL. DEMONSTRAÇÃO DE EFETIVA E OPORTUNA ARGUIÇÃO DA MATÉRIA EM SEDE DE EMBARGOS DE DECLARAÇÃO. AUSÊNCIA. NÃO CUMPRIMENTO DO DISPOSTO NO ARTIGO 896, § 1º-A, I, DA CLT. Da natureza especial do recurso de revista decorre a necessidade de observância de requisitos próprios de admissibilidade, entre os quais cabe destacar o disposto no artigo 896, § 1º-A, I, da CLT, introduzido pela Lei n.13.015/2014, que disciplina ser ônus da parte a indicação do trecho da decisão recorrida que consubstancia o prequestionamento da controvérsia objeto do apelo. A previsão contida no novel dispositivo, juntamente com os incisos que lhe sucedem, representa a materialização dos princípios da impugnação específica e dialeticidade recursal, pois objetiva evitar que seja do órgão julgador a tarefa de interpretar a decisão impugnada, para deduzir a tese nela veiculada e a fundamentação que ampara a pretensão, naquilo que corresponde ao atendimento dos pressupostos singulares do recurso interposto. Transpondo tal exigência para os casos em que a parte busca o reconhecimento da negativa de prestação jurisdicional, constata-se que será necessária a demonstração, inequívoca, de provocação da Corte de origem, mediante a oposição de embargos de declaração, no que se refere à matéria desprovida de fundamentação, com fulcro no entendimento da Súmula n. 459 do TST, bem como do trecho do respectivo acórdão, a fim de comprovar a recusa da Corte de origem em apreciar as questões suscitadas nos embargos. A inobservância desse procedimento que comprove a oportuna invocação e delimitação, em sede de embargos de declaração, dos pontos sobre os quais o Tribunal Regional, supostamente, teria deixado de se manifestar, torna inviável a análise da nulidade. Assim, a parte recorrente, ao arguir a nulidade por negativa de prestação jurisdicional, deve indicar no recurso de revista: a) os excertos da petição de embargos de declaração em que se buscou o pronunciamento do Tribunal Regional sobre os vícios apontados; e b) os trechos que demonstrem a recusa do TRT à complementação da prestação jurisdicional,

(211) DA SILVA, Homero Batista Mateus. *Comentários à Reforma Trabalhista*. São Paulo: Revista dos Tribunais, 2017. p. 178/179.

seja porque rejeitou, seja porque ignorou o argumento contido nos embargos de declaração. Recurso de embargos de que se conhece e a que se nega provimento. (TST--E-RR-1522-62.2013.5.15.0067 SDI-1 — Ministro Claudio Brandão)

Sobre referido dispositivo legal, foram editados dois enunciados no Fórum Permanente de Processualistas do Trabalho — FPPT, realizado em março de 2018, com a seguinte redação:

Enunciado n. 218. (art. 896, §1º-A, IV, da CLT) É condição para a discussão de negativa de prestação jurisdicional em sede de Recurso de Revista a oposição de Embargos de Declaração em Recurso Ordinário, pois o art. 896, §1º-A, IV da CLT criou um requisito formal que impede a interposição direta de Recurso de Revista de decisão proferida em Recurso Ordinário.

Enunciado n. 219. (art. 896, §1º-A, IV, da CLT) Preexistindo discussão acerca de questão fática, não há que se falar em prequestionamento ficto, cabendo à parte recorrente, quando da arguição de nulidade do julgado por negativa de prestação jurisdicional, transcrever o trecho dos embargos de declaração em que se requereu o pronunciamento do Regional, bem como o trecho da decisão regional que negou provimento ao recurso.

Ou seja, o legislador nada mais fez do que consignar na CLT condição para o processamento do recurso de revista já exigido pelo Tribunal Superior do Trabalho, o que tornou a questão mais clara e previsível do que anteriormente quando tratado apenas em decisões judiciais.

6.5. Defeito formal que não se repute grave — § 11 do artigo 896 da CLT

A Lei n. 13.015/14 criou o § 11[(212)] no art. 896 da CLT, de forma a possibilitar ao TST que desconsidere defeito formal e aprecie o mérito do Recurso de Revista. Sobre tal dispositivo, assim é a doutrina de Manoel Antonio Teixeira Filho:

> "Em princípio, os atos e termos processuais, para terem validade, não dependem de forma determinada, salvo quando a lei a exigir de modo expresso (CPC, art. 154, caput, primeira parte). Os defeitos formais se referem, pois, aos atos em relação aos quais a forma é imposta por lei. Já se disse, com propriedade, que a forma dos atos processuais é necessária para conferir segurança jurídica às partes — mas o formalismo constitui uma deformidade, uma deturpação dos princípios processuais.
>
> Diante de recurso de revista que apresente defeito meramente formal, que não seja grave, o relator poderá adotar uma destas duas atitudes: a) desconsiderar a falha e prosseguir com o processo ou b) mandar saná-la — podendo

(212) § 11. Quando o recurso tempestivo contiver defeito formal que não se repute grave, o Tribunal Superior do Trabalho poderá desconsiderar o vício ou mandar saná-lo, julgando o mérito.

suspender o processo, conforme seja o caso —, para, depois, retomar o curso processual em direção ao julgamento. A norma em foco revela, portanto, a presença de um poder discricionário do relator, que o exercerá segundo o seu prudente arbítrio.

O § 11 do art. 896, da CLT, torna concreta a incidência de dois princípios moderadores das nulidades processuais, a saber: a) da instrumentalidade, conforme o qual consideram-se válidos os atos que, 'realizados de outro modo, lhe preencham a finalidade essencial' (CPC, art. 154, *caput*, parte final); b) da proteção, segundo o qual não se declara a nulidade quando for possível suprir a falta ou repetir o ato (CLT, art. 796, '*a*'; CPC, art. 249, § 2º).

A definição sobre ser grave, ou não, o defeito formal, poderá, na prática, ser produto de subjetivismo, pois a lei não fornece elementos capazes de conduzir a uma conclusão verdadeiramente objetiva. Haverá necessidade, pois, que a doutrina e, máxime, a jurisprudência preencham essa lacuna, a partir da classificação dos defeitos em veniais (ou escusáveis) e graves (ou grosseiros). Somente no caso destes últimos é que não se aplicará o disposto no parágrafo em estudo."(213)

Entendemos por "defeito formal que não se repute grave" a ausência da observância de um pressuposto específico, que analisado concretamente, possa ser dispensado ou o equívoco no cumprimento de um pressuposto objetivo do recurso, como ocorre com o preenchimento equivocado das guias do preparo.

Não se trata de admitir recurso sem que estejam presentes um dos pressupostos recursais, mas sim admitir recurso que o pressuposto processual foi atendido de forma diversa do que determina a lei.

Esse já era o entendimento do Tribunal Superior do Trabalho ao determinar, por exemplo, o processamento do Recurso de Revista, ainda que as custas tenham sido recolhidas de forma diversa, conforme decisões abaixo transcritas:

> DESERÇÃO — INOCORRÊNCIA. Não ocorre deserção quando, embora tenha havido equívoco no preenchimento do código da guia DARF, foi alcançada a sua finalidade processual, considerando-se que a importância, devidamente identificada quanto ao processo e as partes, foi recolhida aos cofres do Tesouro Nacional.(214)
>
> DESERÇÃO DO RECURSO DE REVISTA. GUIA GFIP. ILEGIBILIDADE DA AUTENTICAÇÃO BANCÁRIA. PETICIONAMENTO ELETRÔNICO (E-DOC). Sobre a matéria, o entendimento desta Corte é no sentido de que não há como reputar ilegível a autenticação mecânica constante na guia GFIP juntada aos autos, e, com isso, considerar deficiente o preparo do recurso, quando no documento indicado verifica-se que na autenticação mecânica

(213) TEIXEIRA FILHO, Manoel Antonio. *Comentários à Lei n. 13.015/2014*. São Paulo: Revista LTr, 2015. p. 60.

(214) TST, decisão 13.11.2002, RR 788724, ano 2001, Região 12, 4ª T., rel. Ministro Milton de Moura França.

encontram-se registrados o banco recebedor e a data do recolhimento, além de, no campo 42 da guia, constar o valor do depósito. Se o Banco efetuou a autenticação da GFIP é porque o valor recolhido é o efetivo lançado no campo 42 do aludido documento, razão pela qual a ilegibilidade parcial da guia não compromete a aferição do requisito atinente à garantia do Juízo. HONORÁRIOS ADVOCATÍCIOS. Havendo indícios nos autos de existência de possível contrariedade à Súmula n. 219/TST, no que se refere ao deferimento de honorários advocatícios na Justiça do Trabalho, deve ser dado provimento ao Agravo de Instrumento para destrancar o recurso de revista neste aspecto.(215)

RECURSO DE EMBARGOS INTERPOSTO ANTES DA NOVA REDAÇÃO DO INCISO II DO ART. 894 DA CLT CONFERIDA PELA LEI N. 11.496/2007 — AGRAVO DE INSTRUMENTO — AUTENTICAÇÃO MECÂNICA ILEGÍVEL — DEPÓSITO RECURSAL — DEFICIÊNCIA DE TRASLADO. Não há como reputar ilegível a autenticação mecânica constante na guia GFIP juntada aos autos, e, com isso, considerar deficiente o traslado na formação do agravo de instrumento quando no documento indicado verifica-se que na autenticação mecânica encontram-se registrados o banco recebedor e a data do recolhimento, além de, no campo 42 da Guia, o valor correto do depósito. Se o Banco efetuou a autenticação da GFIP é porque o valor recolhido é o efetivo lançado no campo 42 do aludido documento, razão pela qual a ilegibilidade parcial da guia não compromete a aferição do requisito atinente à garantia do Juízo. Aliado a esse fundamento tem-se que, na autenticação do documento firmada pelo patrono da reclamada, nos termos do art. 544, § 1º, do CPC, foi declarada a conferência da guia de recolhimento, com o original constante nos autos. Recurso de embargos conhecido e provido.(216)

RECURSO DE EMBARGOS INTERPOSTO SOB A ÉGIDE DA LEI N. 11.496/2007 — REEXAME DOS PRESSUPOSTOS EXTRÍNSECOS DE CABIMENTO DO AGRAVO DE INSTRUMENTO — AUTENTICAÇÃO MECÂNICA ILEGÍVEL — DEPÓSITO RECURSAL — DEFICIÊNCIA DE TRASLADO. Os julgados desta Subseção vêm entendendo que somente quando existente tese jurídica no acórdão embargado e demonstrada a divergência jurisprudencial é possível submeter a matéria ao crivo deste Colegiado, devido à sua função precípua de órgão uniformizador das decisões trabalhistas. No entanto, excepciona-se desse rigor a hipótese em que se discute o acerto ou desacerto da decisão da Turma quanto a pressuposto extrínseco do agravo de instrumento, no caso, a deficiência do traslado decretada devido à ilegibilidade da autenticação da guia do depósito recursal. Nesta hipótese específica, é preciso ter em conta que a matéria ora debatida é de ordem pública, pois alude a pressuposto extrínseco do agravo de instrumento, cujo exame é dever de ofício do juízo. Não há como reputar ilegível a autenticação mecânica constante na guia GFIP juntada aos autos, e, com isso, considerar deficiente o traslado na formação do agravo de instrumento quando no documento indicado verifica-se que na autenticação mecânica encontram-se registrados o banco recebedor e a data do recolhimento, além de, no campo 42 da Guia, o valor correto do depósito. Se o Banco efetuou a autenticação da GFIP é porque o valor recolhido é o efetivo lançado no

(215) TST, decisão 19.12.2014, RR 2722-29.2012.5.11.0010, 6ª Turma, relator desembargador convocado Américo Bedê, 6a Turma.

(216) ED-AIRR — 335240-84.2002.5.09.0016 Data de Julgamento: 10.3.2008, relator Ministro: Luiz Philippe Vieira de Mello Filho, Subseção I Especializada em Dissídios Individuais, Data de Publicação: DJ 18.3.2008.

campo 42 do aludido documento, razão pela qual a ilegibilidade parcial da guia não compromete a aferição do requisito atinente à garantia do Juízo. Recurso de embargos conhecido e provido.(217)

"(...) AGRAVO DE WIZ SOLUÇÕES E CORRETAGEM DE SEGUROS S/A. AGRAVO DE INSTRUMENTO EM RECURSO DE REVISTA. ACÓRDÃO PUBLICADO NA VIGÊNCIA DA LEI Nº 13.015/2014. EQUÍVOCO NO NOME DO RECORRENTE. POSSIBILIDADE DA SUA CORRETA IDENTIFICAÇÃO POR OUTROS MEIOS. ILEGITIMIDADE RECURSAL QUE NÃO SE CONFIGURA. Nas razões da revista constam corretamente o endereçamento, o número do processo, o nome das reclamadas e a fundamentação do apelo é condizente com o acórdão prolatado pelo Tribunal Regional nestes autos. Nesse contexto, é possível a correta identificação do recorrente, razão pela qual o equívoco ocorrido não configura a hipótese de ilegitimidade recursal, tratando-se de mero erro formal que pode ser desconsiderado pelo Relator, a teor do que dispõe o § 11º do art. 896 da CLT. Precedentes. Superado o óbice apontado no despacho agravado, passo ao exame dos demais pressupostos de admissibilidade do recurso de revista, nos termos da Orientação Jurisprudencial nº 282 da SBDI-1 desta Corte." (Ag-AIRR-1195-81.2015.5.17.0006, 5ª Turma, Relator Ministro Breno Medeiros, DEJT 28/2/2020).

"EMBARGOS. ERRO MATERIAL APENAS NA INDICAÇÃO DO NOME DA RECLAMADA NA PETIÇÃO DO AGRAVO REGIMENTAL. ILEGITIMIDADE RECURSAL. AGRAVO REGIMENTAL NÃO CONHECIDO PELA C. TURMA. PROVIMENTO. Trata-se de erro formal que não se reputa grave, e que pode ser desconsiderado pelo julgador, nos termos do § 11 do art. 896 da CLT, aquele em que a parte equivoca-se apenas na indicação do nome do reclamado, mas traz corretamente o nome do Relator do Agravo Regimental, das partes agravadas e com fundamentação recursal pertinente ao recurso interposto. Embargos conhecidos e providos" (E-ED-AgR-AIRR-96000-60.2009.5.04.0018, Subseção I Especializada em Dissídios Individuais, Relator Ministro Aloysio Correa da Veiga, DEJT 15/12/2017).

Trata-se de aplicação do princípio da finalidade, previsto no Código de Processo Civil, em seu art. 277, bem como decorrente da Constituição Federal, e especial incisos XXXV, LIV, LV do art. 5º, que consagram o devido processo legal.

Sobre esta questão, assim é a doutrina de Alexandre Agra Belmonte: "Quanto ao defeito formal que não se repute grave, trata-se de cláusula aberta, a ser preenchida pela jurisprudência. São exemplos: uma folha faltante ou ilegível do recurso ou da transcrição do acórdão paradigma, que não comprometa a sua compreensão; guia de depósito com autenticação ilegível, sem impugnação da parte contrária; falta de indicação do número do PIS/Pasep na guia do depósito recursal (OJ n. 264); nomes errados das partes no recolhimento, mas com número correto do processo e dados que permitam a identificação; esmaecimento temporal da autenticação bancária."(218)

---

(217) TST — E-Ag-AIRR — 561440-02.2001.5.09.0010 Data de Julgamento: 17.6.2010, relator Ministro: Luiz Philippe.

(218) BELMONTE, Alexandre Agra. *Breves comentários ao novo sistema recursal trabalhista (Lei n. 13.015/2014).* Revista LTr, São Paulo, vol. 79,. p. 21, jan.2015.

Sobre o disposto no § 11 do art. 896 da CLT, assim é a doutrina de Claudio Brandão:

> "Trata-se de regra propositalmente redigida de forma aberta, característica predominante nos textos legais contemporâneos, para, por primeiro, permitir a sua constante atualidade; segundo, ser dotada de amplo alcance e, finalmente, pela impossibilidade de o legislador disciplinar todas as situações de sua incidência.
>
> Contém, por isso, conceito jurídico indeterminado, assim compreendido como o uso intencional de uma fattispecie (tipificação completa e rigorosa), repita-se, caracterizada pela sua natureza vaga e incompleta; possui definição aberta.
>
> (...)
>
> Não se tratou, por conseguinte, de imperfeição ou deslize do legislador, mas de acurado zelo na redação de regra consentânea com a moderna técnica legislativa."(219)

No mesmo sentido, é a doutrina de Maurício Figueiredo Corrêa da Veiga:

> "Assim, natural que o § 11 não contenha de forma expressa as hipóteses de defeito formal que não sejam graves. Afinal, já ensinava Carlos Maximiliano que "as leis positivas são formuladas em termos gerais; fixam regras, consolidam princípios, estabelecem normas, em linguagem clara e precisa, porém ampla, sem descer a minúcias".
>
> O ato n. 491/2014 editado pelo Tribunal Superior do Trabalho, de igual forma, não enumera essas hipóteses, razão pela qual caberá à jurisprudência a tarefa de ponderar o texto abstrato com o caso concreto, no intuito de orientar o operador do direito.
>
> Como fonte de inspiração deste § 11 podem ser apontados dois princípios: o da instrumentalidade e o da proteção. O primeiro é largamente utilizado na Justiça do Trabalho. Prevê o art. 154 do CPC que o ato que atingiu sua finalidade deve ser convalidado, mesmo quando praticado de forma diversa.
>
> Insta ressaltar que a mesma regra que passa a ser aplicada na Justiça do Trabalho também encontra previsão no novo Código de Processo Civil, mais especificamente no § 3º do art. 1.042.
>
> Por oportuno, cabe registrar que os princípios do devido processo legal e da ampla defesa passarão a ser efetivamente respeitados pelo Tribunal Superior do Trabalho a partir da vigência da nova lei, tendo em vista a prevalência

(219) BRANDÃO, Claudio. O defeito formal nos recursos de revista e de embargos — possibilidade de correção. *Revista LTr*, São Paulo, vol. 79,. p. 30, jan. 2015.

da análise da matéria de mérito em detrimento de filigranas jurídicas que nortearam a jurisprudência defensiva (*v.g.*, o protocolo integrado que era apontado como óbice ao conhecimento do recurso — OJ n. 320/TST, felizmente cancelada)."[220]

Já para Estevão Mallet, o fundamento de tal dispositivo encontra-se na real função do Tribunal Superior do Trabalho, que é de exercer seu papel de órgão uniformizador, ao dispor:

> "O fundamento da norma permite também delimitar melhor quando cabe relevar o defeito formal. Ainda que a lei se refira ao fato de que o Tribunal Superior do Trabalho, 'poderá' desconsiderar o vício ou mandar saná-lo, deve-se entender que assim há de agir sempre que a relevância da matéria em discussão recomende pronunciamento uniformizador da jurisprudência. Onde aparentemente está uma faculdade ('poderá') encontra-se, no fundo, um dever de agir, presentes certas circunstâncias. Calha bem, no caso, a advertência de Carlos Maximiliano: "pouco importa que a competência ou autoridade seja conferida, direta ou indiretamente; em forma positiva, ou negativa: o efeito é o mesmo; os valores jurídico-sociais conduzem a fazer o *poder* redundar em *dever*, sem embargo do elemento gramatical em contrário. Não há campo, portanto, para arbítrio ou mero *fiat* judicial, incompatível com a própria ideia de Estado de Direito. Tampouco cabe pensar em simples tolerância. Se, por exemplo, a matéria em discussão no recurso não apresenta nenhuma relevância, não se justifica relevar o defeito, por piedade ou benevolência.
>
> É também o fundamento da norma, juntamente com o seu teor, que delimita a competência para aplicá-la. Como deixa claro o preceito, cabe ao Tribunal Superior do Trabalho relevar o defeito, por ser sua a competência para avaliar a relevância da matéria debatida no recurso. Quer dizer, não o poder fazer o juízo *a quo*, incumbido do primeiro exame da admissibilidade do recurso de revista."[221]

6.6. Processamento do recurso de revista

Importante destacar ainda que interposto Recurso de Revista por uma das partes e Embargos de Declaração pela outra, desnecessário que a parte que interpôs o revista o

(220) VEIGA, Maurício de Figueiredo Corrêa da. Admissibilidade do Defeito Formal que não seja Reputado Grave e a Obrigatoriedade do Cotejo Analítico de Teses. In: BELMONTE, Alexandre Agra (Coord.). *A Nova Lei de Recursos Trabalhistas — Lei n. 13.015/14*. São Paulo: LTr, 2015. p. 124-125.

(221) MALLET, Estevão. Reflexões sobre a Lei n. 13.015/14. *Revista LTr*, 79-01/44-45.

reitere após o julgamento dos Embargos de Declaração, por falta de amparo legal. Neste sentido, é a doutrina de Heitor Vitor Mendonça Sica:

> "Em apenas duas hipóteses o ordenamento processual estabelece a necessidade de reiteração de recurso previamente interposto: (a) no caso de agravo retido, que deve ser reiterado pelo recorrente quando apelar da sentença final, ou quando contra-arrazoar recurso da parte adversa (CPC, art. 523, § 1º); ou, (b) no caso de recurso especial ou extraordinário contra 'acórdão interlocutório' que tenha porventura ficado retido nos autos, que igualmente deve ser reiterado pelo recorrente quando interpuser ou responder a recurso especial ou extraordinário contra o 'acórdão final' (CPC, art. 542, § 3º).
>
> Exigir-se a reiteração, à margem dessas duas taxativas previsões legais, sem exagero algum, atenta contra o devido processo legal e contra a garantia de fazer ou deixar de fazer apenas o que determina a lei (art. 5º, LIV e II, da Carta Constitucional, respectivamente)."[222]

Além disso, em se tratando de divergência jurisprudencial, conforme já mencionado neste trabalho, será ônus do recorrente comprovar a existência da divergência, nos termos do § 7º do art. 896 da CLT e da Súmula n. 337 do TST.

O Recurso de Revista é interposto no juízo *"a quo"*, ou seja, perante o Tribunal Regional do Trabalho, que exercerá o primeiro juízo de admissibilidade, conforme determina o art. 896, § 1º da CLT, cuja competência para apreciar é do Presidente do Tribunal, nos termos do art. 682, inciso IX da CLT, o que poderá ser delegado ao Vice-Judicial, através do Regimento Interno dos Tribunais, como ocorre, por exemplo, no Tribunal Regional do Trabalho da 15ª Região, através do art. 25-A, inciso III do seu Regimento Interno.

O juízo de admissibilidade será exercido quanto as hipóteses de cabimento e quanto a presença tanto dos pressupostos genéricos quanto dos específicos. Jorge Pinheiro Castelo critica o exercício de tal juízo de admissibilidade ao dispor:

> "Pelo exposto, entendo que tendo o recorrente arguido em sua revista a ofensa a lei (art. 896, letra *"b"* da CLT), preencheu esse requisito de admissibilidade, não podendo o Presidente do Tribunal perante o qual se interpõe o recurso denegar seu processamento por não vislumbrar a ofensa alegada ou por entender que a tese da violação deve ser respaldada em divergência jurisprudencial.
>
> Portanto, não compete ao órgão *"a quo"* examinar o mérito da revista, nem lhe é lícito indeferi-la por entender que o recorrente não tem razão, pois estaria usurpando a competência da turma do A. TST.

(222) SICA, Heitor Vitor Mendonça. Recurso intempestivo por prematuridade? In: NERY JR., Nelson; WAMBIER, Teresa Arruda Alvim (Coords.). *Aspectos Polêmicos e Atuais dos Recursos Cíveis*. São Paulo: Revista dos Tribunais, 2007. p. 137

Finalmente, observe-se que nem mesmo a turma do E. TST pode não conhecer da revista por entender inexistente a ofensa a lei, porque ao dizer que não há ofensa a lei arguida está adentrando no mérito do recurso e para tanto, é necessário já se ter transporto a admissibilidade, pois esta pressupõe o conteúdo."(223)

Entendemos equivocada a posição do mencionado autor, uma vez que o juízo de admissibilidade não se limita ao pressupostos genéricos do recurso (a não ser quando se trata de recurso na instância ordinária, onde o efeito devolutivo é amplo), pois no recurso de natureza extraordinária, além da necessidade da presença de pressupostos específicos, a matéria a ser discutida é limitada, razão pela qual é necessária a verificação da presença não só os pressupostos (genéricos e específicos), como também das hipóteses de cabimento, o que, sem dúvida nenhuma fará com que a decisão do processamento ou conhecimento do recurso passe pela verificação do mérito, mas não se confunde com a análise do mérito, pois neste momento, o que se verifica é a sua violação "em tese", sem adentrar ao conteúdo e na profundeza da matéria, cuja competência é da Turma do TST, ou de seu relator, de forma monocrática, nas hipóteses autorizadas por lei.

Em sede de primeiro juízo de admissibilidade, o Tribunal Superior do Trabalho cancelou a Súmula n. 285(224), por meio da Instrução Normativa n. 40/2016, para estabelecer:

> "Art. 1º Admitido apenas parcialmente o recurso de revista, constitui ônus da parte impugnar, mediante agravo de instrumento, o capítulo denegatório da decisão, sob pena de preclusão.
>
> § 1º Se houver omissão no juízo de admissibilidade do recurso de revista quanto a um ou mais temas, é ônus da parte interpor embargos de declaração para o órgão prolator da decisão embargada supri-la (CPC, art. 1.024, § 2º), sob pena de preclusão.
>
> § 2º Incorre em nulidade a decisão regional que se abstiver de exercer controle de admissibilidade sobre qualquer tema objeto de recurso de revista, não obstante interpostos embargos de declaração (CF/88, art. 93, inciso IX e § 1º do art. 489 do CPC de 2015).
>
> §3º No caso do parágrafo anterior, sem prejuízo da nulidade, a recusa do Presidente do Tribunal Regional do Trabalho a emitir juízo de admissibilidade sobre qualquer tema equivale à decisão denegatória. É ônus da parte, assim, após a intimação da decisão dos embargos de declaração, impugná-la mediante agravo de instrumento (CLT, art. 896, § 12), sob pena de preclusão.
>
> §4º Faculta-se ao Ministro Relator, por decisão irrecorrível (CLT, art. 896, § 5º, por analogia), determinar a restituição do agravo de instrumento ao Presidente do Tribunal Regional do Trabalho de origem para que complemente o juízo de admissibilidade, desde que interpostos embargos de declaração."

---

(223) CASTELO, Jorge Pinheiro. Da Admissibilidade do Recurso de Revista a ofensa de lei. *Suplemento Trabalhista LTr*, 108/85. p. 462.

(224) RECURSO DE REVISTA. ADMISSIBILIDADE PARCIAL PELO JUIZ-PRESIDENTE DO TRIBUNAL REGIONAL DO TRABALHO. EFEITO (mantida) — Res. n. 121/2003, DJ 19, 20 e 21.11.20036. O fato de o juízo primeiro de admissibilidade do recurso de revista entendê-lo cabível apenas quanto a parte das matérias veiculadas não impede a apreciação integral pela Turma do Tribunal Superior do Trabalho, sendo imprópria a interposição de agravo de instrumento.

Da decisão que denega seguimento ao Recurso de Revista caberá a interposição do Recurso de Agravo de Instrumento nos termos do art. 897, alínea *"b"*, da CLT, que também será endereçado ao Presidente do Tribunal (não para exercer juízo de admissibilidade), mas sim para exercer ou não o juízo de retratação. Não o exercendo, determinará a intimação da parte contrária a fim de responder aos recursos (Agravo e Revista) para após remeter os autos ao Tribunal Superior do Trabalho. De acordo com a Resolução Administrativa n. 1.418/10 do Órgão Especial do TST, para a interposição do Agravo de instrumento ao TST, desnecessário a formação do instrumento.

A mencionada Instrução Normativa do TST, também cancelou a Orientação Jurisprudencial n. 377[(225)] da SDI-I do TST, cujo entendimento era de ser incabível embargos de declaração em face de decisão denegatória de recurso de revista.

Havendo omissão na decisão denegatória, a parte terá que opor embargos de declaração, conforme estabelece a IN 40/2016 acima transcrita.

Referida mudança se deu em razão da entrada em vigor do novo Código de Processo Civil que, em seu art. 1.022 estabelece que caberão embargos de declaração contra qualquer decisão judicial. O Tribunal Superior do Trabalho, através da Instrução Normativa n. 39/16, editada pela Resolução n. 203, de 15 de março de 2016 estabelece em seu art. 9º que será aplicada ao processo do trabalho o disposto nos arts. 1022 a 1025 e §§ 2º, 3º e 4º do art. 1.026 do novo CPC, excetuada a garantia de prazo em dobro para os litisconsortes (§ 1º do art. 1.023).

A sistemática adotada pelo novo CPC quanto à admissão dos recursos extraordinário e especial, inclusive com a alteração trazida pela Lei n. 13.256/16, é inaplicável ao recurso de revista, eis que possui previsão expressa na CLT para sua tramitação, como também é inaplicável o art. 1.042 do novo CPC, em razão do disposto no art. 897, alínea *"b"*, da CLT, que estabelece que o recurso cabível em caso de denegação do recurso de revista é o agravo de instrumento, no prazo de 8 dias.

Por fim, a reforma trabalhista também inseriu na CLT o disposto no § 14 do art. 896 que estabelece que "O relator do recurso de revista poderá denegar-lhe seguimento, em decisão monocrática, nas hipóteses de intempestividade, deserção, irregularidade de representação ou de ausência de qualquer outro pressuposto extrínseco ou intrínseco de admissibilidade".

Trata-se de ampliação dos poderes do relator, sendo que desta decisão caberá agravo interno ao colegiado.

---

(225) EMBARGOS DE DECLARAÇÃO. DECISÃO DENEGATÓRIA DE RECURSO DE REVISTA EXARADO POR PRESIDENTE DO TRT. DESCABIMENTO. NÃO INTERRUPÇÃO DO PRAZO RECURSAL. (DEJT divulgado em 19, 20 e 22.4.2010). Não cabem embargos de declaração interpostos contra decisão de admissibilidade do recurso de revista, não tendo o efeito de interromper qualquer prazo recursal.

7. Hipóteses de Cabimento do Recurso de Revista na Fase de Conhecimento

Como enquadramento legal, o cabimento do recurso de revista está previsto no art. 896 da CLT.

É cabível em face de decisões colegiadas dos Tribunais Regionais do Trabalho que julgam Recurso Ordinário (fase de conhecimento) ou Agravo de Petição (fase de execução). É o que se extrai do disposto no *caput* do art. 896 da CLT.

Nas palavras de Kátia Magalhães Arruda e Rubem Milhomem, "*o* caput *do art. 896 da CLT não limita o cabimento do recurso de revista à impugnação de acórdão em recurso ordinário, mas, sim, refere-se à insurgência contra acórdão proferido em grau de recurso ordinário — o que guarda correspondência com o § 2º, o qual cita as decisões colegiadas da Corte regional na fase de execução, quando se examina o segundo grau de jurisdição o agravo de petição*".(226)

Contudo, conforme ressalta Claudio Brandão, também é cabível recurso de revista das decisões proferidas pelos Regionais em agravo regimental, ao dispor:

> "É conveniente também mencionar, como destacado em trabalho publicado a respeito, que, apesar da referência contida no *caput* do artigo a "decisões proferidas em grau de recurso ordinário", é cabível o recurso de revista de decisão proferida pelo TRT em agravo regimental por se tratar, na essência, da apreciação em momento diferido da pretensão nele contida, inicialmente sob exame de forma monocrática. Ou seja, o agravo assume a natureza do próprio recurso ordinário cujo seguimento foi denegado ou, o que é mais significativo, a análise do seu próprio mérito, desta vez pelo órgão colegiado."(227)

Já em se tratando de decisão Regional que julga Agravo de Instrumento, não é cabível recurso de revista, por ausência de previsão legal. Neste sentido, o TST já se posicionou por meio da Súmula n. 218, abaixo transcrita:

---

(226) ARRUDA, Kátia Magalhães; MILHOMEM, Rubem. *A Jurisdição Extraordinária do TST na Admissibilidade do Recurso de Revista.* São Paulo: LTr, 2012. p. 44.

(227) BRANDÃO, Cláudio. *Reforma do Sistema Recursal Trabalhista — Comentários à Lei n. 13.015/2014.* São Paulo: LTr, 2015. p. 51.

RECURSO DE REVISTA. ACÓRDÃO PROFERIDO EM AGRAVO DE INSTRUMENTO (mantida) — Res. n. 121/2003, DJ 19, 20 e 21.11.2003. É incabível recurso de revista interposto de acórdão regional prolatado em agravo de instrumento.

Aqui merece referência a crítica feita por Antônio Álvares da Silva: *"É preciso, entretanto, ficar claro que todo ordenamento jurídico é um sistema lógico que deve ser preservado. Se o TRT pode violar a lei, divergir de outro tribunal ou dar interpretação divergente de outro tribunal ao julgar agravos de instrumento e de petição, deles deveria caber recurso de revista."*(228)

No entanto, conforme já mencionado, o efeito devolutivo é restrito, eis que limitado à discussão de determinadas matérias, estabelecidas expressamente em Lei.

Importante destacar também o disposto na Orientação Jurisprudencial n. 334 da SDI-I do TST, que pacificou o entendimento quanto ao NÃO CABIMENTO do Recurso de Revista pelo ente público quando não apresentado recurso ordinário voluntário.

OJ n. 334 SDI-I — REMESSA *"EX OFFICIO"*. RECURSO DE REVISTA. INEXISTÊNCIA DE RECURSO ORDINÁRIO VOLUNTÁRIO DE ENTE PÚBLICO. INCABÍVEL (DJ 9.12.2003). Incabível recurso de revista de ente público que não interpôs recurso ordinário voluntário da decisão de primeira instância, ressalvada a hipótese de ter sido agravada, na segunda instância, a condenação imposta.

Em se tratando de ação que tramita pelo rito ordinário as hipóteses de cabimento encontram-se previstas nas alíneas *"a"*, *"b"* e *"c"* do art. 896 da CLT; em se tratando de rito sumaríssimo caberá nas hipóteses contempladas no § 9º do mesmo artigo; e, por fim, na execução nas hipóteses previstas nos §§ 2º e 10 do art. 896 da CLT.

Passemos a analisar cada uma das hipóteses de cabimento do Recurso de Revista na fase de conhecimento.

7.1. Rito ordinário

O que define o rito no processo do trabalho é o valor da causa. Para ações cujo valor da causa é superior a quarenta salários mínimos, irá tramitar pelo rito ordinário.

No procedimento ordinário ou comum é que encontramos as hipóteses mais amplas de cabimento do Recurso de Revista. São duas hipóteses estabelecidas nas alíneas *"a"*, *"b"* e *"c"* do art. 896 da CLT. As duas primeiras alíneas tratam do cabimento por divergência jurisprudencial e a terceira por violação direta de Lei ou da Constituição Federal.

(228) SILVA, Antônio Álvares da. *Do Recurso Extraordinário no Direito Processual Brasileiro*. São Paulo: Revista dos Tribunais, 1999. p. 41.

A simples leitura das referidas alíneas nos faz compreender a verdadeira função do TST, que é a de uniformizar jurisprudência e controlar a correta aplicação da Lei Federal e da Constituição Federal.

7.1.1. Divergência jurisprudencial na interpretação de Lei Federal e da Constituição Federal

A primeira hipótese de cabimento, é de divergência jurisprudencial quando *"derem ao mesmo dispositivo de lei federal interpretação diversa da que lhe houver dado outro Tribunal Regional do Trabalho, no seu Pleno ou Turma, ou a Seção de Dissídios Individuais do Tribunal Superior do Trabalho, ou contrariarem súmula de jurisprudência uniforme dessa Corte ou súmula vinculante do Supremo Tribunal Federal"* (alínea *"a"* do art. 896 da CLT).

Referida alínea foi incluída na CLT pela Lei n. 9.756/98, em substituição ao inciso I do mesmo art. 896[(229)]. A alteração ocorrida substituiu a expressão "o mesmo" antes de "outro Tribunal Regional". Ou seja, deixou de ser possível Recurso de Revista por divergência no mesmo Regional[(230)]. Tal alteração transferiu para os Regionais a obrigatoriedade de uniformização interna.

Sobre o cabimento do Recurso de Revista por divergência no mesmo Tribunal, o TST editou a Orientação Jurisprudencial n. 111 da SDI-I, abaixo transcrita:

> OJ n. 111 SDI-I. RECURSO DE REVISTA. DIVERGÊNCIA JURISPRUDENCIAL. ARESTO ORIUNDO DO MESMO TRIBUNAL REGIONAL. LEI N. 9.756/98. INSERVÍVEL AO CONHECIMENTO (nova redação) — DJ 20.4.2005. Não é servível ao conhecimento de recurso de revista aresto oriundo de mesmo Tribunal Regional do Trabalho, salvo se o recurso houver sido interposto anteriormente à vigência da Lei n. 9.756/98.

---

(229) Referido dispositivo foi alterado, primeiramente, pela Lei n. 7.701/88. Antes da referida lei, o texto da CLT fazia referência ao cabimento do Recurso de Revista por divergência com decisão do Pleno do TST, o que foi abolida pela Lei n. 7.701/88.

(230) Antes da Lei n. 9.756/98 surgiu a discussão sobre a possibilidade de acórdão da mesma Turma do mesmo Regional servir de paradigma. Estevão Mallet sustentava que é possível com os seguintes argumentos: "Demonstrável o dissídio, portanto, ainda que com arestos oriundos de idêntica Turma, até porque, se assim não fosse, ficaria sem sentido, para as Cortes não divididas em Turmas, a referência da alínea *'a'*, do art. 896, a decisão do mesmo Tribunal Regional. Consequentemente, até decisões extraídas do mesmo processo podem dar ensejo à interposição de revista por dissídio jurisprudencial. Considere-se este exemplo: condenada a reclamada pela Junta de Conciliação e Julgamento, seu recurso ordinário, em que se invoca preliminar de cerceamento de defesa, é interposto sem a realização de depósito recursal, porque inexigível, no entender da reclamada, na hipótese. O reclamante, em suas contra-razões, fala em deserção do recurso, contestando a isenção pretendida pela reclamada. A Turma julgadora rejeita a alegação de deserção, acolhendo a preliminar de cerceamento, anulando a sentença e mandando que outra seja proferida. Baixando os autos, nova decisão condenatória é prolatada e ao impugná-la deixa a reclamada, uma vez mais, de efetuar o depósito recursal. Voltando a causa ao Tribunal, a mesma Turma, que antes houvera considerado inexigível o depósito, agora, composta por juízes distintos, muda de orientação, não conhecendo do recurso da reclamada. Terá inquestionável cabimento a revista em tal situação, diante da divergência interpretativa, não a prejudicando a circunstância de promanarem do mesmo processo as decisões divergentes." (1995. p. 134)

Sobre a alteração trazida pela Lei n. 9.756/98 assim escreveu Antônio Álvares da Silva à época:

> "Agora, com a uniformização obrigatória da jurisprudência nos TRTs, esta tarefa passou a ser deles próprios, numa louvável evolução, pois, sendo os órgãos fracionários o próprio Tribunal, não se compreendia que ele divergisse de si próprio, mesmo quando dividido em Turmas.
>
> A aceitação da divergência parecia indicar que as Turmas são órgãos estranhos dentro do mesmo TRT."(231)

Mais adiante, Antônio Álvares da Silva, em dura crítica ao sistema de uniformização existente, faz as seguintes colocações, que de um certo modo guarda relação com o que se defende nesta obra, conforme abaixo transcrito:

> "O fato que se descreve na linguagem normativa baseia-se na experiência, como de resto toda atividade humana. Mas não descreve acontecimentos limitados, em sua causalidade própria e específica. Generaliza e abstrai exatamente para que o aplicador possa operar com uma série de casos semelhantes, dando à norma a plasticidade necessária para acompanhar a variedade da vida e dos fenômenos.
>
> Porém, no instante em que se torna um fator de aplicação do Direito nas mãos do legislador, assume um aspecto e incide em relações de fato reais, como fenômeno da vida de relação entre os homens.
>
> Estes fatos, tanto podem verificar-se na vida normal de relação entre os homens, que têm na lei a orientação de sua conduta, como também nas relações litigiosas que se transformam em conteúdo das relações processuais. Se, na vida quotidiana do cidadão, a lei incide automaticamente, já nas questões litigiosas o juiz a faz incidir.
>
> Pouco importa. Automaticamente ou provocada pelas partes e manejada pelo juiz, a lei cumpre sua função na vida social — regulamentar a vida de relação entre homens. Por isso é que o Direito precisa de um certo grau de harmonização e certeza para que seja, não somente um elemento de pacificação social, mas também exerça uma função pedagógica, orientando a conduta dos indivíduos e evitando incerteza nos negócios humanos e a vacilação dos cidadãos, ao procurarem a conduta adequada requerida pelo legislador.
>
> Conforme se viu, ninguém nega o mérito da jurisprudência uniforme. Dando-lhe a condição de fonte de direito, embora em menor grau do que

---

(231) SILVA, Antônio Álvares da. *Do Recurso Extraordinário no Direito Processual Brasileiro*. São Paulo: Revista dos Tribunais, 1999. p. 46-47.

o legislador, ela superpõe à norma um certo grau de criatividade, cortando-lhe arestas menores, suprindo-lhe lacunas, estendendo-a ou restringindo-a às necessidades da vida.

Dando-lhe apenas um papel interpretativo ela exerce a mesma função: não cria mas adapta, fazendo uma ponte de aproximação entre a lei e a vida.

Toda lei começa no parlamento e acaba nos tribunais. Abstração e vida são dois componentes inseparáveis de sua estrutura. A lei não aplicada é uma palavra sem sentido. A aplicação da norma, sem lei que a defina, é fruto do arbítrio e da força.

Não será possível, principalmente numa época como a nossa, de intensa variedade de microcosmos, necessidades específicas, círculos especiais e condições próprias de cada sociedade, uma lei que a tudo proveja e sirva.

Mais do que nunca a sociedade precisa de um direito flexível, adaptador, contingente e maleável que permita ao jurista acompanhar a vida e não distanciar-se dela. Decisões divergentes, numa época em que a competição é acirrada e radical, desestabiliza as relações sociais e impede a circulação de bens e serviços de modo desimpedido, rápido e seguro.

Se assim é, conforme a unanimidade dos autores, como então compreender o legislador que permite novamente o ressuscitamento de questões já decididas pelo mais alto órgão do TST em dissídios individuais — SDI — e, pior ainda, por Súmula de Jurisprudência Uniforme do próprio TST?

É claro que a revista, baseada em decisão que desrespeitou decisão da SDI ou Súmula de Jurisprudência Uniforme, vai ser modificada. E a razão é a mesma apontada pelos autores citados e por todos os outros que já escreveram sobre o tema: autoridade e certeza do Direito.

Não se compreenderia que o TST, por respeito à sua própria condição de mais alto tribunal trabalhista do país, julgasse hoje de um modo e amanhã de outro. Então, por que admitir recurso de decisões que contrariam as suas?

Se todos os autores exaltam a necessidade de uniformização, por que não dar concretude ao princípio e fazê-la valer no mundo da realidade?

Fica difícil de entender a 'lógica' explicativa desta contradição. Todos ressaltam as vantagens da uniformização mas não aceitam que se decida de modo uniforme os casos concretos que se apresentam. É preciso uniformizar mas na prática o que se faz é variar...

Alega-se que qualquer vinculação engessaria a jurisprudência e não permitiria sua renovação. Assim ela não deixaria de cumprir sua função perante a vida.

O engessamento se verifica em função da segurança, para evitarem-se os efeitos deletérios que os autores em coro apontam. Se o receito é a imobilidade além do necessário, o processo tem meios fáceis e prontos para resolver a questão.

Se o juiz de primeiro grau decidir contra súmula ou precedente, o relator, imediatamente, dará provimento ao recurso, ordenando a execução definitiva da ação, medida que já pode ser tomada com base no art. 557, § 1º, do CPC, com a nova redação da Lei n. 9.756/98, exceto quanto à execução definitiva, que infelizmente não constou da reforma.

O certo, portanto, teria sido que o legislador, permitindo o indeferimento do recurso no juízo de admissibilidade dos TRTs, autorizasse logo a execução definitiva de sentença que contrariasse qualquer tipo de jurisprudência do TST.

O alegado 'engessamento' da jurisprudência e redução da atividade dos tribunais a um simples e insignificante mecanismo não teria procedência. O recurso continuaria existindo. Os advogados poderiam recorrer à mais alta instância, expondo razões que julgassem necessárias para alterar a jurisprudência e atender aos reclamos da vida. Mas a Justiça daria resposta ao caso concreto, decidindo a ação, pois é com ele o seu maior compromisso.

Entendo que ao próprio juiz deveria estender-se tal faculdade. Quando, decidindo o caso e aplicando a jurisprudência dominante do TST, o juiz entendesse que ela não mais atende às necessidades sociais, poderia juntar às razões dos advogados também as suas, tornando, por iniciativa própria, um meio de provocação do debate e renovação da jurisprudência cristalizada. Mas deixando resolvido o caso concreto e satisfeita a prestação jurisdicional.

O que não se pode admitir é que as partes fiquem à espera do resultado desta discussão, sem que tenham a prestação judiciária que solicitaram aos órgãos competentes.

O Judiciário não é feito para alimentar discussões mas para resolvê-las. Se advogados e juízes acham importante renovar as discussões sobre jurisprudência já cristalizada em súmula ou iterativamente repetida em tribunal superior, então que o façam sem prejudicar o direito da parte de ter logo a prestação jurisdicional que a Constituição lhe prometeu.

Enfim, não se pode esquecer o compromisso dos tribunais com o caso concreto e a eficiente aplicação da lei. Que se suscitem quantas discussões as partes quiserem, mas que se faça a prestação jurisdicional, depois de já ter havido no processo um debate seguro e aberto para garantir a melhor decisão para o caso concreto."[232]

(232) SILVA, Antônio Álvares da. *Do Recurso Extraordinário no Direito Processual Brasileiro*. São Paulo: Revista dos Tribunais, 1999. p. 57-59.

Fato é que a divergência jurisprudencial é sem dúvida uma das razões de ser do TST mais importante, pois visa a pacificação nacional quanto à correta aplicação da Lei. O que se defende neste trabalho é que tal função não pode fazer com que o TST se confunda com uma terceira instância, como ocorre na prática, ante a simplicidade dos efeitos concedidos ao Recurso de Revista.

E, de acordo com o disposto na alínea *"a"* do art. 896 da CLT, não serve como divergência acórdãos do mesmo Tribunal e acórdãos de Turma do Tribunal Superior do Trabalho. É necessário que o acórdão tenha sido proferido pela Seção de Dissídios Individuais.

Sobre a impossibilidade de divergência com acórdão de turma do TST, assim é a doutrina de Homero Batista Mateus da Silva:

> "Um acórdão localizado no âmbito de uma das turmas do Tribunal Superior do Trabalho não representa a voz autorizada daquela corte, porque ainda está sujeito ao crivo do recurso de embargos para a Seção Especializada em Dissídios Individuais. O acórdão da SDI pode ser considerado, sim, a última palavra em matéria de direito do trabalho infraconstitucional no Brasil. Logo, está correto o legislador ao retirar turmas do Tribunal Superior do Trabalho do rol dos acórdãos que podem servir de paradigma para a divergência jurisprudencial. É comum esse tipo de confusão quando se faz uma leitura apressada do art. 896, *'a'*, por se acreditar que a localização de um acórdão de turma do Tribunal Superior do Trabalho tenha um peso decisivo no cotejo com o acórdão que se pretende reformar. Engano. O acórdão de turma pode ter sido revisado posteriormente por acórdão da SDI, de tal forma que, na dúvida se isso ocorreu ou não, o legislador o retira da lista dos acórdãos servíveis."[(233)]

Pensamos que com a alteração do recurso de embargos à SDI[(234)], pela Lei n. 11.496/07, que alterou o art. 894 da CLT e da Lei n. 7.701/88, necessário seria a possibilidade de divergência com acórdãos de turma do TST (o que só seria possível através de uma alteração legislativa na redação da alínea *"a"* do art. 896 da CLT), pois é este o último órgão da Justiça do Trabalho que analisa violação direta de Lei Federal e da Constituição Federal após referida Lei, uma vez que os Embargos à Seção de Dissídios Individuais se limitam à divergência no TST.

---

(233) SILVA, Homero Batista Mateus da. *Curso de Direito do Trabalho Aplicado* — Volume 8 — Justiça do Trabalho. São Paulo: Revista dos Tribunais, 2015. p. 269.

(234) Até a edição da referida lei, das decisões das turmas do TST nos dissídios individuais, era cabível recurso de Embargos à SDI em duas hipóteses: 1ª) por meio do chamado Embargos de Nulidade para discutir violação de Lei Federal e da Constituição Federal; 2ª) por meio do chamado Embargos de Divergência, em casos de divergência com outra decisão do TST. A primeira hipótese foi retirada do ordenamento jurídico, mediante a Lei n. 11.496/07, o que restringiu os Embargos à SDI à segunda hipótese.

A primeira discussão que surgiu quanto ao disposto na alínea *"a"* do art. 896 da CLT foi quanto à possibilidade de divergência com orientação jurisprudencial do Tribunal Superior do Trabalho. O dispositivo não menciona expressamente, mas faz menção acórdão da SDI (Seção de Dissídios Individuais), órgão responsável pela edição das orientações jurisprudenciais, razão pela qual pacificou o TST entendimento no sentido de que a divergência com OJs também é causa de Recurso de Revista. É o que consta da Orientação Jurisprudencial n. 219 da SDI-I, abaixo transcrita:

> RECURSO DE REVISTA OU DE EMBARGOS FUNDAMENTADO EM ORIENTAÇÃO JURISPRUDENCIAL DO TST (inserida em 2.4.2001). É válida, para efeito de conhecimento do recurso de revista ou de embargos, a invocação de Orientação Jurisprudencial do Tribunal Superior do Trabalho, desde que, das razões recursais, conste o seu número ou conteúdo.

Não serve como decisão paradigma decisões proferidas por outro Tribunal Superior, com exceção às súmulas vinculantes do Supremo Tribunal Federal, incluído expressamente na alínea *"a"* do art. 896 da CLT pela Lei n. 13.015/14.

Contudo, mesmo antes da reforma advinda pela Lei n. 13.015/14, já era possível se falar em cabimento do Recurso de Revista, com base no art. 103-A da Constituição Federal, inserido pela EC n. 45/04.

Para que a divergência seja apta, necessário observar dois requisitos, quais sejam: atualidade e especificidade. A atualidade está prevista no § 7º do art. 896 da CLT quando dispõe que *"A divergência apta a ensejar o recurso de revista deve ser atual, não se considerando como tal a ultrapassada por súmula do Tribunal Superior do Trabalho ou do Supremo Tribunal Federal, ou superada por iterativa e notória jurisprudência do Tribunal Superior do Trabalho"*.

A redação do referido parágrafo foi dada pela Lei n. 13.015/14. Contudo, já havia previsão para tal requisito no antigo parágrafo 4º do art. 896 da CLT, cuja redação era idêntica, exceto quanto à referência à Súmula do Supremo Tribunal Federal. O antigo § 4º foi inserido na CLT pela Lei n. 9.756/98, que se baseou na Súmula n. 333(235) do TST(236).

Conforme preceitua Estevão Mallet: *"A origem desses óbices à interposição de recurso de revista encontrava-se na Lei n. 319, de 25 de novembro de 1936, cujo art. 3º, dispunha: 'Não caberá a alegação de que a decisão recorrida diverge de outra, quando, depois desta, a mesma Câmara, ou turma, que a proferiu, ou a Corte Plena, tenha firmado jurisprudência uniforme, no sentido daquela mesma decisão'. A restrição passou ao texto do Código de Processo de 1939, que, no parágrafo único de seu art. 853, previa: 'Não será lícito alegar que uma interpretação diverge de outra, quando, depois desta, a mesma Câmara ou turma, que a adotou, ou as*

(235) RECURSOS DE REVISTA. CONHECIMENTO (alterada) — Res. n. 155/2009, DEJT 26 e 27.2.2009 e 2.3.2002. Não ensejam recurso de revista decisões superadas por iterativa, notória e atual jurisprudência do Tribunal Superior do Trabalho.

(236) Referido entendimento anteriormente previsto na Súmula n. 42 do TST.

Câmaras reunidas hajam firmado jurisprudência uniforme no sentido da interpretação contra a qual se pretende reclamar"'.(237)

Ou seja, atualidade para fins de conhecimento do Recurso de Revista por divergência em nada tem relação com data, mas sim com posição adotada com base no entendimento do Tribunal Superior do Trabalho. O dispositivo legal é claro ao dispor que deverá ser analisada a jurisprudência "iterativa e notória" do TST e não apenas Súmulas e Orientações Jurisprudenciais.

Manoel Antonio Teixeira Filho, ao discorrer sobre o tema, critica o disposto na Súmula n. 333 do TST, ao dispor:

> "Julgamos que até mesmo o pressuposto da notoriedade seja imperfeito. Realmente, o que pretende a Súmula n. 333 expressar com 'jurisprudência notória'?
>
> A que é conhecida por todos os juízes do órgão *ad quem*, ou basta que a conheça apenas o relator? Além do mais, a notoriedade não se confundiria com a iteratividade e com a própria atualidade? Haveria notoriedade da jurisprudência que fosse conhecida pelas partes, mas desconhecida por todos os membros da Corte?
>
> Não nos parece, por essas razões, tenha sido feliz a Súmula ao eleger a notoriedade como fator impediente do recurso de revista, visto que poderia acontecer de a jurisprudência ser iterativa e atual, mas não notória, de modo a não se admitir, só por isso, o recurso."(238)

E, ao tratar do novo § 7º do art. 896 da CLT, assim menciona o mesmo autor:

> "Repete-se a redação do § 2º do art. 894, da CLT, que dispõe sobre os embargos no TST. *Mutatis mutandis*, é o que também consta da Súmula n. 333, do TST.
>
> Com os olhos postos no § 6º do art. 896, da CLT, só podemos concluir que a divergência, de que trata o § 7º do mesmo preceito legal, deve ser cristalizada em súmula regional ou em tese jurídica prevalecente no Tribunal Regional do Trabalho."(239)

Por isso, importante destacar que acórdãos de turmas, apesar de não servirem para comprovação da divergência, podem ser importantes para demonstrar a atualidade de um acórdão paradigma de outro Tribunal.

---

(237) MALLET, Estêvão. *Do Recurso de Revista no Processo do Trabalho*. São Paulo: LTr, 1995. p. 135-136.

(238) TEIXEIRA FILHO, Manoel Antonio. *Sistema dos Recursos Trabalhistas*. São Paulo: LTr, 2011. p. 269.

(239) TEIXEIRA FILHO, Manoel Antonio. *Comentários à Lei n. 13.015/2014*. São Paulo: LTr, 2015. p. 56.

Importante destacar que acórdão de Turma contrário a Súmula Regional também não se mostra atual, conforme é doutrina do Ministro João Orestes Dalazem:

> "Com efeito. Penso que a decisão de Turma 'rebelde' que não encampar a tese jurídica de Súmula regional já adotada anteriormente, se é certo que prevalece no caso concreto, com vistas aos casos futuros não serve como paradigma para viabilizar recurso de revista, por divergência, porquanto não representa a posição jurídica definitiva do TRT.
>
> De fato, parece-me inconcebível, prestigiar-se, para caracterização da disceptação jurisprudencial, uma tese que não exprime com fidelidade o pensamento definitivo e predominante na Corte sobre a questão jurídica, se o propósito explícito da lei é alcançar a homogeneização da jurisprudência interna do regional, cometendo ao TST a excelsa tarefa de uniformizar a jurisprudência trabalhista nacional, isto é, entre regionais e não nos regionais."(240)

Manoel Antonio Teixeira Filho, ao comentar a nova Lei n. 13.015/14, ressalta a necessidade de se extrair o verdadeiro sentido da expressão "interpretação diversa", ao dispor:

> "Cumpre, agora, precisarmos o verdadeiro sentido da expressão interpretação diversa constante da alínea *'a'* do art. 896 da CLT. Em nosso entender, ela guarda sinonímia com conflitante, porquanto, em rigor, podem existir interpretações 'diversas' de norma legal sem que haja, necessariamente, divergência ou colisão entre uma e outra. E assim o é porque, como dissemos, o escopo do recurso de revista é a homogeneização da jurisprudência, cuja medida visa não a estratificar o direito ou a estabelecer estereótipos hermenêuticos, mas, sim, a preservar a inteligência do TST a respeito de matérias controvertidas — com o que se procura, em última análise, atender ao anseio de segurança dos jurisdicionados (quanto à atitude de jurisprudência diante de tais questões controversas) e contribuir para a própria estabilidade das relações sociais intersubjetivas, nos campos dos direitos do trabalho e processual do trabalho. Acrescente-se o argumento de que, muitas vezes, a jurisprudência dominante no TST se cristaliza em súmula, passando esta a servir como diretriz segura a todos os que pretendem interpor recurso de revista para a mais alta Corte de Justiça Trabalhista do País. Conforme sustenta a doutrina, o prestígio da lei, o seu alcance e o seu vigor dependem, entre outros fatores, de sua interpretação uniforme e de sua aplicação sem discrepâncias pelos tribunais. Não é recomendável, por isso, que haja cortes trabalhistas interpretações antagônicas acerca de matéria idêntica, por isso

(240) DALAZEM, João Orestes. Recurso de Revista — Lei n. 9.756/98. *Síntese Trabalhista*, p. 139, jul. 1999.

infunde grande insegurança nos jurisdicionados, que se sentem confusos e de certo modo desalentados sempre que os tribunais não lhes definem a exata interpretação da norma legal.

A bem da verdade, entretanto, essa dissenção jurisprudencial é inevitável, porquanto não se pode exigir dos juízes uma interpretação padronizada, rigorosamente unívoca, a propósito de certos assuntos submetidos à sua cognição, na medida em que essa uniformidade encontra barreiras na própria natureza humana, à qual são próprias as idiossincrasias interpretativas, e, também no princípio da livre formação do convencimento jurídico dos julgadores (CPC, art. 131). O homem, afinal, não é um computador que se tenha programado para proferir decisões; é, antes, e acima de tudo, um ser racional, capaz de formular juízos de valor acerca de coisas do mundo sensível. Nem se esqueça que na aplicação do direito não há uniformidade lógica do raciocínio matemático, mas, sim, a flexibilidade do entendimento razoável do preceito, segundo opinião de Luís Recaséns Siches (*Filosofia de la interpretación jurídica*, 1956. p. 158).

Essas particularidades do ser humano, contudo, não impedem que diante de uma antinomia de decisões judiciárias se procure estabelecer, por intermédio de órgão hierarquicamente superior, qual a interpretação correta, ou adequada, assim entendida não apenas aquela que se harmonize com os preceitos jurídicos incidentes, mas a que melhor consulte aos interesses da coletividade dos jurisdicionados — e, por isso, atenda ao próprio interesse público. De qualquer forma, não podemos deixar de reconhecer que essa contraposição de pronunciamentos judiciais tem o mérito inegável de contribuir para o refinamento das interpretações das normas legais, a par de servir ao aprimoramento dos conceitos dos institutos."(241)

Ainda nesta hipótese de cabimento, há outro pressuposto específico a ser atendido que é o da especificidade, exigido pelo item I da Súmula n. 296 do TST, que assim dispõe: *"A divergência jurisprudencial ensejadora da admissibilidade, do prosseguimento e do conhecimento do recurso há de ser específica, revelando a existência de teses diversas na interpretação de um mesmo dispositivo legal, embora idênticos os fatos que a ensejam"*.

A profundidade da especificidade pode ser verificada por meio da Súmula de n. 23 do TST, que assim estabelece:

> RECURSO (mantida) — Res. n. 121/2003, DJ 19, 20 e 21.11.2003. Não se conhece de recurso de revista ou de embargos, se a decisão recorrida resolver determinado item do pedido por diversos fundamentos e a jurisprudência transcrita não abranger a todos.

(241) TEIXEIRA FILHO, Manoel Antonio. *Comentários à Lei n. 13.015/2014*. São Paulo: LTr, 2015. p. 30.

Decorre daí que não basta a similitude entre a decisão recorrida e o acórdão paradigma. Ambos devem ter tratado do mesmo assunto e utilizado dos mesmos fundamentos, sob pena do não conhecimento do recurso de revista.

Sobre esta questão assim é a doutrina de Odonel Urbano Gonçalves e Pedro Paulo Teixeira Manus:

> "A divergência ou o dissídio jurisprudencial caracteriza-se quando revela para o mundo jurídico a existência de conclusões diversas na interpretação de uma mesma norma legal, malgrado tenha incidência sobre um mesmo fato. Isto é, a lei a ser aplicada é a mesma. Daí a razão de se exigir seja a divergência específica; isto é, adoção de teses diversas quando os fatos são idênticos.
>
> O denominado acórdão paradigma, que permite o cotejo de hipóteses, já de conter inferência diversa daquela adotada pelo acórdão recorrido. Em ambas as ações, para que se caracterize a divergência, necessário que o fato sobre o qual a lei incidiu seja o mesmo. Nessa caracterização, a própria natureza da matéria debatida (direito individual) conduz à impossibilidade do cotejo entre acórdãos prolatados em processo de dissídio individual e em dissídios coletivos...
>
> (...)
>
> Cuidando-se de recurso de sede extraordinária (*lato sensu*), o recurso de revista exige, na caracterização de dissídio interpretativo, divergência específica. Considerada sua natureza, não se admite divergência que estaria ocorrendo num campo aleatório, genérico. Na dúvida se o dissídio é específico ou genérico, conclui-se pela sua generalidade, com o consequente trancamento ou não conhecimento do recurso."(242)

Antônio Álvares da Silva, ao tratar da mencionada Súmula n. 23 do TST, faz a seguinte colocação:

> "Esta súmula coloca situação quase impossível de ocorrer na prática e extrapola o papel da jurisprudência que é o de interpretar e não de legislar sobre a lei interpretada, acrescentando-lhe condições de que o legislador não cuidou.
>
> Geralmente toda sentença traz argumentos vários. O raciocínio humano, principalmente quando manipulado para decidir questão controversa, é múltiplo porque o problema em discussão oferece vários ângulos de análise.

(242) GONÇALVES, Odonel Urbano; MANUS, Pedro Paulo Teixeira. *Recursos no Processo do Trabalho*. São Paulo: LTr, 1997. p. 61.

Esta visão nunca é exclusiva de um juiz porque raramente será igual o modo de pensar e deduzir entre os homens. Há ainda a questão da linguagem que não será a mesma, o que ocasiona variações nos argumentos. Por isso, exigir que uma decisão judicial resolva a controvérsia dos autos com os mesmos fundamentos de outra é pedir o impossível.

O Direito é, ao mesmo tempo, 'ato de autoridade e ato de persuasão'. O juiz deve, antes de tudo, convencer-se a si próprio, deduzindo motivos, para depois convencer os outros, usando a fundamentação. Os elementos, subjetivo e objetivo, se entrelaçam no ato de julgar. É impossível querer que um fundamento se desdobra em vários. Outras vezes, vários fundamentos se condensam em um. Por isso foi muito mais razoável a Súmula n. 528 do STF:

'Se a decisão contiver partes autônomas, a admissão parcial, pelo Presidente do Tribunal *a quo* de recurso extraordinário que, sobre qualquer delas se manifestar, não limitará apreciação de todas pelo Supremo Tribunal Federal, independentemente de interposição de agravo de instrumento.'

O mesmo princípio deveria ser adotado no processo do trabalho. Se há vários fundamentos e a jurisprudência abranger apenas um ou alguns, está suficientemente fundada a admissão do recurso de revista. E note-se que a Súmula do STF fala em partes autônomas da sentença e a Súmula n. 23 apenas em fundamentos diversos. Isto quer dizer que uma parte autônoma da sentença contamina a outra para efeito de recurso extraordinário. Por que não há de acontecer o mesmo com os motivos que sequer pressupõem sentença com segmentos independentes?"[243]

A Lei n. 13.015/14 poderia ter tratado expressamente da especificidade, mas não o fez. Contudo, é possível se extrair do inciso III do § 1º-A do art. 896[244] da CLT, a exigência da especificidade, quando o dispositivo menciona que a parte deverá demonstrar de *forma analítica* a divergência com súmula ou orientação jurisprudencial.

Podemos definir especificidade como o requisito essencial para se conhecer do Recurso de Revista por divergência, que estará presente quando os mesmos fundamentos analisados pelo acórdão paradigma tenham sido analisados pelo acórdão recorrido. Se a mesma matéria foi analisada por fundamentos distintos, não haverá especificidade.

(243) SILVA, Antônio Álvares da. *Do Recurso Extraordinário no Direito Processual Brasileiro*. São Paulo: Revista dos Tribunais, 1999. p. 61-62.

(244) § 1º-A. Sob pena de não conhecimento, é ônus da parte: I — indicar o trecho da decisão recorrida que consubstancia o prequestionamento da controvérsia objeto do recurso de revista; II — indicar, de forma explícita e fundamentada, contrariedade a dispositivo de lei, Súmula ou Orientação Jurisprudencial do Tribunal Superior do Trabalho que conflite com a decisão regional; III — expor as razões do pedido de reforma, impugnando todos os fundamentos jurídicos da decisão recorrida, inclusive mediante demonstração analítica de cada dispositivo de lei, da Constituição Federal, de Súmula ou Orientação Jurisprudencial cuja contrariedade aponte.

Daí porque a importância do acórdão Regional apreciar todos os fundamentos invocados pelas partes, sob pena de negativa de prestação jurisdicional. Em primeiro grau, não se exige do juiz que analise todos os fundamentos trazidos pela parte, em razão da existência do efeito devolutivo amplo. Contudo, em se tratando de acórdão Regional, necessária a manifestação sobre todos os pontos trazidos no recurso.

Em sendo analisado apenas um dos fundamentos trazidos pela parte, haverá omissão, o que é causa de Embargos de Declaração. Mantida a omissão estaremos diante de negativa de prestação jurisdicional, o que deverá ser alegado em preliminar de Recurso de Revista, por violação aos arts. 93, inciso IX, da CF/88, arts. 489 do CPC e 832 da CLT(245)(246).

A alínea *"a"* do art. 896 da CLT restou alterada pela Lei n. 13.015/14 tão somente para incluir divergência com Súmula vinculante do Supremo Tribunal Federal, o que na prática já era possível por outro caminho (alínea *"c"* — violação da Constituição Federal).

O Tribunal Superior do Trabalho, estabeleceu que, em sendo contrariada súmula de Regional, também é possível se falar em Recurso de Revista. É o que consta do disposto no art. 4º do Ato n. 491/SEGJUD.GP, de 23/09/14 do TST:

> Art. 4º A comprovação da existência da súmula regional ou da tese jurídica prevalecente no Tribunal Regional do Trabalho e não conflitante com súmula ou orientação jurisprudencial do Tribunal Superior do Trabalho servirá para os efeitos do art. 896, a, da CLT, desde que regularmente demonstrada sua fonte de publicação.

Ainda, para a interposição do Recurso de Revista por esta hipótese, necessária a observância do disposto na Súmula n. 337 do TST, que assim dispõe:

> COMPROVAÇÃO DE DIVERGÊNCIA JURISPRUDENCIAL. RECURSOS DE REVISTA E DE EMBARGOS (redação do item IV alterada na sessão do Tribunal Pleno realizada em 14.9.2012) — Res. n. 185/2012, DEJT divulgado em 25, 26 e 27.9.2012.

---

(245) Súmula n. 459 do TST. RECURSO DE REVISTA. NULIDADE POR NEGATIVA DE PRESTAÇÃO JURISDICIONAL (conversão da Orientação Jurisprudencial n. 115 da SBDI-1) — Res. n. 197/2015, DEJT divulgado em 14, 15 e 18.5.2015. O conhecimento do recurso de revista, quanto à preliminar de nulidade por negativa de prestação jurisdicional, supõe indicação de violação do art. 832 da CLT, do art. 458 do CPC ou do art. 93, IX, da CF/1988.

(246) Sobre a negativa de prestação jurisdicional, assim decidiu o TST em acórdão da lavra do desembargador convocado Claudio Armando de Menezes: "Cumpre destacar, por oportuno, que, nos moldes da Orientação Jurisprudencial no 115 da SBDI-1 do C. TST, apenas a indicação de violação dos arts. 832 da CLT, 458 do CPC ou 93, inciso IX, da Constituição Federal é capaz de fundamentar o conhecimento do recurso de revista, no que concerne à prefacial de nulidade por negativa de prestação jurisdicional. Como em sede de recurso de revista, a recorrente indica expressamente tais artigos, passa-se à apreciação do tema.

A arguição de nulidade de decisão judicial por negativa de prestação jurisdicional requer a identificação dos pontos que não foram enfrentados, a fim de viabilizar a análise da entrega da efetiva tutela jurisdicional, pois a mera alegação genérica de sua ocorrência, torna impossível sua aferição. Portanto, cumpre à recorrente demonstrar onde estaria configurada a negativa de prestação jurisdicional pelo Regional e qual o ponto relevante que não foi analisado pelo Colegiado Trabalhista Regional.

E para a declaração de nulidade, há de se mostrar omissa a decisão, mesmo após a provocação por intermédio de embargos declaratórios, para que reste demonstrada a negativa de prestação jurisdicional ensejadora do conhecimento do recurso de revista. (Processo N. RR-0000197-37.2012.5.02.0362).

I — Para comprovação da divergência justificadora do recurso, é necessário que o recorrente:

a) Junte certidão ou cópia autenticada do acórdão paradigma ou cite a fonte oficial ou o repositório autorizado em que foi publicado; e

b) Transcreva, nas razões recursais, as ementas e/ou trechos dos acórdãos trazidos à configuração do dissídio, demonstrando o conflito de teses que justifique o conhecimento do recurso, ainda que os acórdãos já se encontrem nos autos ou venham a ser juntados com o recurso.

II — A concessão de registro de publicação como repositório autorizado de jurisprudência do TST torna válidas todas as suas edições anteriores.

III — A mera indicação da data de publicação, em fonte oficial, de aresto paradigma é inválida para comprovação de divergência jurisprudencial, nos termos do item I, *"a"*, desta súmula, quando a parte pretende demonstrar o conflito de teses mediante a transcrição de trechos que integram a fundamentação do acórdão divergente, uma vez que só se publicam o dispositivo e a ementa dos acórdãos;

IV — É válida para a comprovação da divergência jurisprudencial justificadora do recurso a indicação de aresto extraído de repositório oficial na internet, desde que o recorrente:

a) transcreva o trecho divergente;

b) aponte o sítio de onde foi extraído; e

c) decline o número do processo, o órgão prolator do acórdão e a data da respectiva publicação no Diário Eletrônico da Justiça do Trabalho.

Referida súmula motivou o legislador a incluir do art. 896, por meio da Lei n. 13.015/14, o § 8º, que assim dispõe:

"§ 8º Quando o recurso fundar-se em dissenso de julgados, incumbe ao recorrente o ônus de produzir prova da divergência jurisprudencial, mediante certidão, cópia ou citação do repositório de jurisprudência, oficial ou credenciado, inclusive em mídia eletrônica, em que houver sido publicada a decisão divergente, ou ainda pela reprodução de julgado disponível na internet, com indicação da respectiva fonte, mencionando, em qualquer caso, as circunstâncias que identifiquem ou assemelhem os casos confrontados."

Claudio Brandão ao analisar a referida Súmula n. 337 do TST e a regra trazida pelo § 8º do art. 896 da CLT, assim estabelece:

"Neste aspecto, conjugando a interpretação solidificada na Súmula e a nova regra, algumas conclusões podem ser extraídas:

a) ao utilizar a expressão 'mencionando [...] as circunstâncias que identifiquem ou assemelhem os casos confrontados', o legislador valeu-se de comando necessariamente genérico e valida a interpretação contida no item I, '*b*' da citada Súmula (demonstrar o conflito de teses que justifique o conhecimento;

b) exige-se a clara identificação da fonte originária do aresto paradigma e da discrepância de teses, motivo pelo qual deve ser indicada a data de publicação e transcrito o trecho que a comprove;

c) em se tratando de informações obtidas na internet, além da transcrição já mencionada, incumbe ao recorrente indicar os dados informativos do processo (número, órgão prolator do acórdão, e data de publicação no DEJT, como também o sítio em que publicado)..."[247]

Em suma, a divergência jurisprudencial apta ao conhecimento do Recurso de Revista serve para que o Tribunal Superior do Trabalho cumpra sua principal função, qual seja, uniformizar a jurisprudência Nacional e, assim, pacificar as relações decorrentes do trabalho.

O dispositivo legal não exige a comprovação do trânsito em julgado da decisão paradigma. Contudo, se reformada ou anulada, deixa de existir a divergência. Caberá ao recorrido o ônus de comprovar tal fato, em sede contrarrazões ou memoriais ou até mesmo por simples petição.

A divergência é verificada em dois momentos. Primeiro, no ato da interposição do Recurso de Revista. Segundo, no momento do julgamento, quando o recurso poderá ser desprovido em razão do desaparecimento ou superação daquela divergência.

Outra questão que surge é a respeito da possibilidade de utilizar de acórdão proferido em agravo de instrumento como divergente. O fato de referido acórdão não ser impugnável mediante Recurso de Revista[248], em nada altera a sua condição de acórdão paradigma, como também é possível utilizar de acórdão proferido em execução para comprovar a divergência em outro feito na fase de conhecimento.

7.1.1.1. Decisões

Sobre a hipótese da alínea *"a"* do art. 896 da CLT, seguem abaixo algumas decisões do Tribunal Superior do Trabalho que conheceram do Recurso de Revista para análise do mérito.

1º Salário

Divergência com Súmula n. 247 do TST, que estabelece "A parcela paga aos bancários sob a denominação 'quebra de caixa' possui natureza salarial, integrando o salário do prestador de serviços para todos os efeitos legais".

RECURSO DE REVISTA. ADICIONAL DE QUEBRA DE CAIXA. NATUREZA JURÍDICA. I — A Súmula n. 247 do TST enuncia que "a parcela paga aos bancários sob a denominação

---

(247) BRANDÃO, Cláudio. *Reforma do Sistema Recursal Trabalhista — Comentários à Lei n. 13.015/2014*. São Paulo: LTr, 2015. p. 68.

(248) Súmula n. 218 do TST. RECURSO DE REVISTA. ACÓRDÃO PROFERIDO EM AGRAVO DE INSTRUMENTO (mantida) — Res. n. 121/2003, DJ 19, 20 e 21.11.2003. É incabível recurso de revista interposto de acórdão regional prolatado em agravo de instrumento.

'quebra de caixa' possui natureza salarial, integrando o salário do prestador de serviços, para todos os efeitos legais". Embora conste do texto do referido verbete jurisprudencial que esse entendimento se destina aos bancários, esta Corte Superior já decidiu ser possível a aplicação desse enunciado a outros empregados que exercem a função de caixa. II — Recurso de revista de que se conhece, por contrariedade à Súmula n. 247 do TST, e a que se dá provimento. INTERVALO INTRAJORNADA. CONCESSÃO PARCIAL. I — É pacífico o entendimento deste Tribunal Superior no sentido de que, "após a edição da Lei n. 8.923/94, a não concessão ou a concessão parcial do intervalo intrajornada mínimo, para repouso e alimentação, a empregados urbanos e rurais, implica o pagamento total do período correspondente, e não apenas daquele suprimido, com acréscimo de, no mínimo, 50% sobre o valor da remuneração da hora normal de trabalho (art. 71 da CLT), sem prejuízo do cômputo da efetiva jornada de labor para efeito de remuneração" (Súmula n. 437, I, desta Corte). Assim, ao limitar a condenação ao pagamento apenas dos minutos faltantes do intervalo intrajornada mínimo, a Corte de origem deu interpretação equivocada ao referido precedente sumular e terminou por contrariá-lo, razão pela qual o provimento ao recurso de revista é de rigor. II. Recurso de revista de que se conhece, por contrariedade ao item I da Súmula n. 437 do TST, e a que se dá provimento. (RR — 250200-98.2009.5.12.0051, relator Ministro: Fernando Eizo Ono, Data de Julgamento: 27/05/2015, 4ª Turma, Data de Publicação: DEJT 29/05/2015)

Conhecimento do Recurso de Revista por má-aplicação da Orientação Jurisprudencial n. 358 da SDI-I, que estabelece: "Havendo contratação para cumprimento de jornada reduzida, inferior à previsão constitucional de oito horas diárias ou quarenta e quatro semanais, é lícito o pagamento do piso salarial ou do salário mínimo proporcional ao tempo trabalhado".

"I — AGRAVO DE INSTRUMENTO DA UNIÃO. RECURSO DE REVISTA. INTERPOSIÇÃO SOB A ÉGIDE DAS LEIS 13.015/2014 E 13.467/2017. RESPONSABILIDADE SUBSIDIÁRIA. ENTIDADE PÚBLICA. CULPA *IN VIGILANDO* CARACTERIZADA. PRESENÇA DE TRANSCENDÊNCIA JURÍDICA. A matéria detém transcendência jurídica, nos termos do art. 896-A, § 1º, IV, da CLT. Ao julgar a ADC 16, o STF decidiu que o artigo 71, § 1º, da Lei nº 8.666/93 é constitucional, mas que isso não impede a responsabilidade subsidiária da Administração Pública, desde que constatado que o ente público agiu com culpa *in vigilando*. Acompanhando o entendimento do Supremo Tribunal Federal, o Tribunal Superior do Trabalho alterou a redação da Súmula nº 331, incluindo o item V. Registre-se ainda, por oportuno, a recente decisão do STF no RE nº 760.931, com repercussão geral, que exige prova efetiva e concreta da ausência de fiscalização e da configuração da culpa *in vigilando* da administração pública. Além disso, a Eg. SBDI-1, em sessão realizada no dia 12/12/2019, nos autos dos Embargos E-RR-925-07.2016.5.05.0281, relator Min. Cláudio Mascarenhas Brandão, entendeu que a questão relativa ao ônus da prova da fiscalização do contrato tem caráter infraconstitucional, não tendo sido brandida nas decisões proferidas pelo Supremo Tribunal Federal no RE 760.931, razão pela qual aquela Subseção fixou a tese de que é do Poder Público, tomador dos serviços, o ônus de demonstrar que fiscalizou de forma adequada o contrato de prestação de serviços, repelindo o entendimento de que o encargo era do empregado. Na hipótese dos autos, o TRT concluiu que "constatando qualquer irregularidade era obrigação do Município tomar medidas contra ela, inclusive, cessando o repasse das verbas até que regularizasse a situação dos contratos firmados com seus empregados. Assim o Recorrido não procedeu, negligenciando o seu dever de cuidar da regularidade contratual na prestação de serviços, caracterizando, desta forma, a sua culpa *in vigilando*, pelo que responde, de forma subsidiária, pelo pagamento dos débitos oriundos da presente ação, nos termos do item V da Súmula n.º 331, do c. TST. Com efeito, em que pese identificar-se nos autos as publicações de aplicação de multa em desfavor da contratada, ID 86b8752, de 1%, estas não eximem a segunda reclamada de culpa, pois não evidenciam mais nenhuma atitude concreta acerca do cumprimento do contratado. A propósito, não identifico nos autos sequer a juntada do referido contrato. Note-se que não estamos aqui evidenciando a culpa unicamente por força da caracterização da inadimplência da primeira reclamada, mas sim porque o Município alegou que procedeu a fiscalização, mas assim não procedeu". Portanto, o v. acórdão recorrido, ao determinar a culpa *in vigilando* da União através das provas concretas e efetivamente produzidas nos autos, está em consonância com a iterativa e atual jurisprudência do Tribunal Superior do Trabalho, notadamente o item V da supramencionada Súmula 331, incidindo, portanto, o óbice do artigo 896, § 7º, da CLT c/c a Súmula 333/TST a inviabilizar o conhecimento do pleito. Agravo de instrumento conhecido e desprovido . II — AGRAVO DE INSTRUMENTO EM RECURSO DE REVISTA DO AUTOR. BASE DE CÁLCULO PARA PAGAMENTO DO ADICIONAL DE INSALUBRIDADE . NORMA COLETIVA . TRANSCENDÊNCIA JURÍDICA. Em face de possível má-aplicação da Orientação Jurisprudencial 358 da SBDI-1 do TST, dá-se provimento ao agravo de instrumento, para melhor exame do recurso de revista. Agravo de instrumento conhecido e provido. III — RECURSO DE REVISTA. BASE DE CÁLCULO PARA PAGAMENTO DO ADICIONAL DE INSALUBRIDADE. NORMA COLETIVA. O TRT indeferiu o pagamento do pleito de diferenças de adicional de insalubridade previsto em norma coletiva. A Corte Regional registra que o reclamante laborava 40 horas semanais e recebia o adicional de insalubridade sobre o salário normativo de 200 horas mensais. Consignou que a norma coletiva previa o pagamento do adicional de insalubridade sobre o salário normativo da categoria, observada a carga horária de 220 horas. Aplicou, de forma analógica, o entendimento disposto na OJ nº 358 da SBDI-I do TST. Ainda que aplicada por analogia, a referida Orientação Jurisprudencial não guarda pertinência com o caso dos autos, na medida em que desconsiderou a existência de norma coletiva que previa a base de cálculo do adicional de insalubridade, sendo, pois, referido verbete mal aplicado. Ademais, cumpre registrar que, e m recente decisão proferida no Tema nº 1046 da Tabela de Repercussão Geral (ARE 1121633), o STF fixou a tese jurídica de que "são constitucionais os acordos e as convenções coletivos que, ao consideraram a adequação setorial negociada, pactuam limitações ou afastamentos de direitos trabalhistas, independentemente da explicitação especificada de vantagens compensatórias, desde que respeitados os direitos absolutamente indisponíveis". (destaquei) Nos termos da referida tese, portanto, a validação da norma coletiva que reduz ou suprime direitos não indisponíveis independe da existência de contraprestação por parte do empregador. Ao assim decidir, a Suprema Corte buscou reforçar o compromisso constitucionalmente assumido de dar validade e reconhecimento às convenções e aos acordos coletivos de trabalho (art. 7º, XXVI, da CF/88). Assim, e tendo em vista que a referida decisão possui eficácia contra todos (*erga omnes*) e efeito vinculante, não prospera a decisão do Regional que não aplicou a convenção coletiva que previa o pagamento do adicional de insalubridade sobre o salário normativo da categoria, observada a carga horária de 220 horas, porquanto se entende que, ao assim estipular, a norma coletiva levou em consideração a adequação dos interesses das partes. Estando a decisão posta em sentido diverso, merece reforma. Recurso de revista conhecido por má-aplicação da Orientação Jurisprudencial 358 da SBDI-1 do TST e provido. Conclusão: Agravo de instrumento da União conhecido e desprovido. Agravo de instrumento e recurso de revista do autor conhecidos e providos" (RRAg-20428-73.2015.5.04.0702, 8ª Turma, Relator Ministro Alexandre de Souza Agra Belmonte, DEJT 3/7/2023).

Recurso de revista por contrariedade à OJ n. 297 da SDI-I, que estabelece: "O art. 37, inciso XIII, da CF/88 veda a equiparação de qualquer natureza para o efeito de remuneração do pessoal do serviço público, sendo juridicamente impossível a aplicação da norma infraconstitucional prevista no art. 461 da CLT quando se pleiteia equiparação salarial entre servidores públicos, independentemente de terem sido contratados pela CLT."

RECURSO DE REVISTA. RECURSO INTERPOSTO ANTES DA LEI N. 13.015/2014. EQUIPARAÇÃO SALARIAL. EMPREGADO PÚBLICO. FUNDAÇÃO. OJ N. 297 DA SBDI-1. O Tribunal Regional, ao manter o deferimento de diferenças salariais em decorrência da aplicação do princípio da isonomia, concluiu pela possibilidade de equiparação salarial no âmbito da Administração Pública. Contudo, a jurisprudência consolidada desta Corte Superior, nos termos da Orientação Jurisprudencial n. 297 da SBDI-1, é no sentido de que o art. 37, inciso XIII, da CF/1988 veda a equiparação de qualquer natureza para o efeito de remuneração do pessoal do serviço público, sendo juridicamente impossível a aplicação da norma infraconstitucional prevista no art. 461 da CLT quando se pleiteia equiparação salarial entre servidores públicos, independentemente de terem sido contratados pela CLT. Precedentes. Recurso de revista conhecido e provido. (RR — 1210-58.2012.5.04.0025, relatora Ministra: Maria Helena Mallmann, Data de Julgamento: 5.8.2015, 5ª Turma, Data de Publicação: DEJT 14.8.2015)

2º Jornada de trabalho

Recurso de Revista por divergência com a Súmula n. 423 do Tribunal Superior do Trabalho que estabelece: "Estabelecida jornada superior a seis horas e limitada a oito horas por meio de regular negociação coletiva, os empregados submetidos a turnos ininterruptos de revezamento não têm direito ao pagamento da 7ª e 8ª horas como extras." Em razão do tema 1046 do STF, retornou ao debate a aplicação da referida súmula.

"TURNOS ININTERRUPTOS DE REVEZAMENTO. FIAT CHRYSLER. ELASTECIMENTO DA JORNADA POR ACT PARA 8 HORAS E 48 MINUTOS DE SEGUNDA A SEXTA-FEIRA, SEM LABOR AOS SÁBADOS. ACÓRDÃO DO TRT EM CONSONÂNCIA COM A DECISÃO VINCULANTE DO STF PROFERIDA NO TEMA 1046 E NO RE 1.476.596-MG. SÚMULA 423 DO TST. TRANSCENDÊNCIA JURÍDICA RECONHECIDA. O debate sobre o acordo coletivo firmado pela Fiat Chrysler para o elastecimento da jornada para oito horas e quarenta e oito minutos, em turnos ininterruptos de revezamento, foi objeto de decisão do STF ao apreciar o ARE n.º 1.121.633 — Tema 1046 da Tabela de Repercussão Geral e no RE 1.476.596/MG. Portanto, detém transcendência jurídica, nos termos do art. 896-A, § 1º, IV, da CLT. Necessário se faz o provimento do recurso de agravo para melhor exame do agravo de instrumento da reclamada. AGRAVO DE INSTRUMENTO. TURNOS ININTERRUPTOS DE REVEZAMENTO. FIAT CHRYSLER. ELASTECIMENTO DA JORNADA POR ACT PARA 8 HORAS E 48 MINUTOS DE SEGUNDA A SEXTA-FEIRA, SEM LABOR AOS SÁBADOS. ACÓRDÃO DO TRT EM CONSONÂNCIA COM A DECISÃO VINCULANTE DO STF PROFERIDA NO TEMA 1046 E NO RE 1.476.596-MG. SÚMULA 423 DO TST. TRANSCENDÊNCIA JURÍDICA RECONHECIDA. Uma vez reconhecida, no exame do agravo, a transcendência jurídica da matéria, dada a relevante controvérsia acerca da alegada violação do art. 7º, XXVI, da Constituição Federal, determina-se o processamento do recurso de revista. Agravo de instrumento provido. RECURSO DE REVISTA. INTERPOSTO SOB A ÉGIDE DA

LEI 13.467/2017 OU 13.015/2014. TURNOS ININTERRUPTOS DE REVEZAMENTO. FIAT CHRYSLER. ELASTECIMENTO DA JORNADA POR ACT PARA 8 HORAS E 48 MINUTOS, DE SEGUNDA A SEXTA-FEIRA, SEM LABOR AOS SÁBADOS. EXAME DE CONTRARIEDADE À DECISÃO VINCULANTE DO STF PROFERIDA NO TEMA 1046 E NO RE 1.476.596-MG. SÚMULA 423 DO TST. TRANSCENDÊNCIA JURÍDICA. REQUISITOS DO ART. 896, § 1º-A, DA CLT ATENDIDOS. Esta Sexta Turma esteve a assentar que o limite de oito horas previsto na Súmula 423 do TST era o máximo aceitável para as negociações coletivas acerca da jornada desempenhada em turnos ininterruptos de revezamento. E assim o fez porque no voto condutor do acórdão relativo ao Tema 1046 da Tabela de Repercussão Geral do Supremo Tribunal Federal (RE nº 1.121.633, DJE de 14/6/2022), o relator expressamente citou a aludida súmula desta Corte para exemplificar os limites de disponibilidade já bem divisados pela jurisprudência do STF e do TST. Todavia, no caso específico do acordo coletivo firmado pela Fiat Chrysler, em que estabelecida jornada em turnos ininterruptos de revezamento de 8 horas e 48 minutos, de segunda a sexta-feira — sem labor aos sábados –, houve nova decisão do Pleno do STF. Trata-se de acórdão proferido no RE 1.476.596/MG (DJE de 18/4/2024), no qual o Pleno daquela Corte, analisando a validade da norma coletiva em exame, decidiu "determinar a devolução dos autos ao Tribunal de origem, a fim de que observe a tese fixada pelo Supremo Tribunal Federal no ARE 1.121.633, Rel. Min. Gilmar Mendes, Tema 1.046/RG". Assim, por apreço ao escopo legal de manter a jurisprudência estável, íntegra e coerente, deve ser reconhecida a validade do ACT da Fiat Chrysler e, assim, determinar-se o pagamento como extras apenas das horas que sobejaram da jornada de 8 horas e 48 minutos prevista no ACT ou das quarenta e quatro horas semanais. Recurso de revista conhecido e provido" (RR-11150-72.2017.5.03.0163, 6ª Turma, Redator Ministro Augusto César Leite de Carvalho, DEJT 28/6/2024).

"RECURSO DE REVISTA INTERPOSTO NA VIGÊNCIA DA LEI 13.467/2017. HORAS EXTRAS. TURNOS ININTERRUPTOS DE REVEZAMENTO. NORMA COLETIVA QUE ELASTECEU A JORNADA DE TRABALHO. VALIDADE. TRANSCENDÊNCIA POLÍTICA. O debate acerca da aplicabilidade de norma coletiva que elasteceu a jornada de trabalho de trabalhadores de turnos ininterruptos detém transcendência política, nos termos do art. 896-A, § 1º, II, da CLT. O Tribunal *a quo* reconheceu a validade da norma coletiva que elasteceu a jornada de trabalho dos empregados da reclamada que trabalham em turnos ininterruptos, para 8 horas diárias e 44 horas semanais. Apesar disso, o Regional decidiu que o reclamante teria direito ao recebimento, como extras, das horas superiores à sexta diária e trigésima sexta semanal, com fulcro na Súmula 136 do TRT da 4ª Região. O acórdão recorrido afronta diretamente a orientação preconizada na Súmula 423 do TST, segundo a qual: "Estabelecida jornada superior a seis horas e limitada a oito horas por meio de regular negociação coletiva, os empregados submetidos a turnos ininterruptos de revezamento não têm direito ao pagamento da 7ª e 8ª horas como extras". Convém salientar que a mencionada Súmula 423 do TST está em consonância com a tese fixada pelo STF ao decidir o tema n. 1046 da sistemática de repercussão geral e assentar então a tese: "São constitucionais os acordos e as convenções coletivas que, ao considerarem a adequação setorial negociada, pactuem limitações ou afastamentos de direitos trabalhistas, independentemente da explicitação especificada de vantagens compensatórias, desde que respeitados os direitos absolutamente indisponíveis". Ao enumerar a jurisprudência do TST que teria delimitado o âmbito de disponibilidade de direitos, o STF incluiu a diretriz traçada pela Súmula n. 423 do TST entre os verbetes de súmula que já teriam estabelecido adequadamente essa delimitação. Recurso de revista conhecido e provido" (RR-20310-70.2020.5.04.0234, 6ª Turma, Relator Ministro Augusto Cesar Leite de Carvalho, DEJT 3/5/2024).

"I — AGRAVO EM AGRAVO DE INSTRUMENTO EM RECURSO DE REVISTA INTERPOSTO PELA RECLAMADA — TURNOS ININTERRUPTOS DE REVEZAMENTO. FIXAÇÃO DE JORNADA SUPERIOR A OITO HORAS POR MEIO DE NORMA COLETIVA. TEMA 1046 DA TABELA DE REPERCUSSÃO GERAL DO STF. TRANSCENDÊNCIA JURÍDICA RECONHECIDA. Constatada violação do inciso XXVI do artigo 7º da Constituição da República, impõe-se o provimento do agravo a fim de prover o agravo de instrumento e determinar o processamento do recurso de revista. Agravo provido, no particular. MINUTOS RESIDUAIS. TEMPO À DISPOSIÇÃO. SÚMULA 333 DO TST. Não merece reparos a decisão monocrática que negou seguimento ao agravo de instrumento interposto pela reclamada, neste particular. Agravo não provido. II — RECURSO DE REVISTA INTERPOSTO PELA RECLAMADA — TURNOS ININTERRUPTOS DE REVEZAMENTO. FIXAÇÃO DE JORNADA SUPERIOR A OITO HORAS POR MEIO DE NORMA COLETIVA. TEMA 1046 DA TABELA DE REPERCUSSÃO GERAL DO STF. TRANSCENDÊNCIA JURÍDICA RECONHECIDA. É válida a norma coletiva que elastece a jornada em turnos ininterruptos de revezamento para 8h48min diários, considerando que o inciso XIV do art. 7º da Constituição da República permite a fixação de jornada superior a 6h para o labor realizado nesse regime especial de trabalho. Dessa forma, está superada a Súmula 423 do TST quanto ao elastecimento máximo da jornada diária em 8 horas, tendo em vista que tal limite não é direito de indisponibilidade absoluta previsto constitucionalmente, infenso à negociação coletiva, conforme parâmetros definidos pelo STF no julgamento do tema 1046 da tabela de repercussão geral. Recurso de revista conhecido e provido" (RRAg-10831-58.2016.5.03.0028, 8ª Turma, Relator Ministro Sergio Pinto Martins, DEJT 10/6/2024).

Recuso de Revista conhecido por contrariedade à Súmula n. 118 do TST, que assim dispõe: "Os intervalos concedidos pelo empregador na jornada de trabalho, não previstos em lei, representam tempo à disposição da empresa, remunerados como serviço extraordinário, se acrescidos ao final da jornada."

AGRAVO DE INSTRUMENTO DA RECLAMANTE. INTERVALO PARA CAFÉ. TEMPO À DISPOSIÇÃO. PROVIMENTO. Por prudência, ante possível contrariedade à Súmula n. 118, o destrancamento do recurso de revista é medida que se impõe. Agravo de instrumento a que se dá provimento. RECURSO DE REVISTA DA RECLAMANTE. 1. INTERVALO PARA CAFÉ. TEMPO À DISPOSIÇÃO. INTEGRAÇÃO NA JORNADA DE TRABALHO. SÚMULA N. 118. PROVIMENTO. A Corte Regional, ao indeferir a integração na jornada de trabalho do segundo intervalo intrajornada concedido ao trabalhador no dia (intervalo para o café — sem previsão legal), proferiu decisão em dissonância com a Súmula n. 118, segundo a qual os intervalos concedidos pelo empregador na jornada de trabalho, não previstos em lei, representam tempo à disposição da empresa, remunerados como serviço extraordinário, se acrescidos ao final da jornada. Recurso de revista de que se conhece e a que se dá provimento. (RR — 179000-30.2008.5.09.0025, relator Ministro: Guilherme Augusto Caputo Bastos, Data de Julgamento: 25.3.2015, 5ª Turma, Data de Publicação: DEJT 31.3.2015)

3º Adicional de periculosidade

Recurso de Revista por divergência com a Súmula n. 364 do TST, que estabelece: "Tem direito ao adicional de periculosidade o empregado exposto permanentemente ou que, de forma intermitente, sujeita-se a condições de risco. Indevido, apenas, quando o contato dá-se de forma eventual, assim considerado o fortuito, ou o que, sendo habitual, dá-se por tempo extremamente reduzido. (ex-Ojs da SBDI-1 ns. 05 — inserida em 14.3.1994 — e 280 — DJ 11.8.2003)".

> RECURSO DE REVISTA DO RECLAMANTE. CPFL. ADICIONAL DE PERICULOSIDADE. VIGILANTE EM EMPRESA DE DISTRIBUIÇÃO DE ENERGIA ELÉTRICA. RONDA. EXPOSIÇÃO AO RISCO POR 90 MINUTOS DIÁRIOS. INTERMITÊNCIA. A Súmula n. 364 do TST considera devido o pagamento do adicional de periculosidade ao empregado que, de forma permanente ou intermitente, sujeita-se a condições de risco. Ressalta ser indevido o pagamento do referido adicional somente quando o contato ocorre de forma eventual com o agente perigoso, assim considerado aquele fortuito, ou o que, sendo habitual, dá-se por tempo extremamente reduzido. Nesse contexto, a permanência do reclamante na área de risco, diariamente (90 minutos), para executar tarefas inerentes ao cargo de vigilante, não consubstancia contato acidental, casual ou fortuito com agente de perigo, mas sim contato intermitente, com potencial risco de dano efetivo ao trabalhador (rondas realizadas debaixo das 12 linhas de transmissão existentes que oscilavam entre 23 e 88 KV, ou seja, alta tensão; adentrando em áreas de risco ao passar por baixo dos cabos em pelo menos 5 minutos diários a cada ronda, totalizando 90 minutos diários e dentro das áreas de risco para as linhas de transmissão de energia da subestação ao lado), situações aptas a ensejar o pagamento do adicional de periculosidade. Vale destacar que independentemente do cargo, categoria ou ramo da empresa, basta que fique configurada a exposição do empregado ao risco de choque elétrico, em decorrência do contato direto ou da proximidade física com as instalações ou equipamentos energizados, ainda que em unidade consumidora de energia elétrica. Neste sentido é a OJ n. 324 da SBDI-1 do TST. Há precedentes. Recurso de revista conhecido e provido. SALÁRIOS APÓS ALTAS PREVIDENCIÁRIAS. Em que pese a reclamada insurgir-se quanto ao tema em epígrafe, o conhecimento do recurso de revista, no particular, não é possível, porque encontra-se desfundamentado, à luz do art. 896 da CLT, pois a parte não indicou violação de qualquer dispositivo constitucional ou legal, nem colacionou arestos para a verificação de um possível conflito pretoriano. Recurso de revista não conhecido. HONORÁRIOS ADVOCATÍCIOS. A decisão regional está em consonância com as Súmulas ns. 219 e 329 e com a OJ n. 305 da SBDI-1, todas do TST. Destarte, a admissibilidade do recurso de revista encontra óbice no § 4º do art. 896 da CLT (conforme redação vigente antes da Lei n. 13.015/14) e na Súmula n. 333 do TST. Recurso de revista não conhecido. (RR — 62300-17.2008.5.15.0085, relator Ministro: Augusto César Leite de Carvalho, Data de Julgamento: 5.8.2015, 6ª Turma, Data de Publicação: DEJT 21.8.2015)
>
> "(...) II — RECURSO DE REVISTA. ADICIONAL DE PERICULOSIDADE. 1. O Tribunal Regional consignou que o autor trabalhava no bloco B, mas comparecia "constantemente ao bloco C, tendo em vista o fato de guardar seu veículo nesse estacionamento e, no horário de almoço, participava de algumas reuniões neste local". A Corte de origem ainda registrou que "à época da vigência do contrato de trabalho existiam dois tanques aéreos, metálicos, com capacidade de armazenamento de 1000 litros cada, localizados no bloco "C". Diante destas características, o sr. perito classificou o bloco "C" como área de risco, com base na NR 16 e anexo 2 da NR 20". 2. Constata-se dos autos que o autor comparecia constantemente ao bloco C, onde havia armazenamento de dois tanques aéreos, metálicos, com capacidade de armazenamento de 1.000 litros cada, o que levou o Sr. Perito a classificar tal bloco como área de risco, com base na NR 16 e anexo 2 da NR 20. 3. O pressuposto fático delineado no acórdão recorrido, de que havia armazenamento de inflamáveis em quantidade superior ao limite de 200 litros, estabelecidos na NR 16, dá, em tese, o direito ao adicional de periculosidade. 4. Quanto

ao tempo de permanência do autor no interior do bloco "C", onde estariam armazenados esses tanques, a Corte *a quo* consignou que o perito apurou que "o reclamante se dirigia constantemente a este bloco, tendo em vista o fato de guardar seu veículo nesse estacionamento e, no horário de almoço, participava de algumas reuniões neste local". 5. Apesar de o Regional não precisar do tempo de permanência na área de risco, entende-se que configura contato intermitente. Com efeito, o contato do empregado com os agentes de risco, no caso dos autos, não pode ser considerado eventual, uma vez que ocorria, nas palavras do Sr. Perito, "constantemente". 6. A situação de risco não é cumulativa, mas instantânea, de modo que, ainda que seja intermitente a exposição ao agente de risco, subsiste o direito ao adicional de periculosidade. 7. Apenas o contato fortuito/casual configura a eventualidade para fins de caracterização do adicional de periculosidade, ao passo que a exposição habitual ao perigo (caso dos autos), ainda que por poucos minutos, enseja o pagamento do adicional em questão. 8. A Súmula nº 364, I, do TST orienta no sentido de que: "Tem direito ao adicional de periculosidade o empregado exposto permanentemente ou que, de forma intermitente, sujeita-se a condições de risco. Indevido, apenas, quando o contato dá-se de forma eventual, assim considerado o fortuito, ou o que, sendo habitual, dá-se por tempo extremamente reduzido". 9. A Subseção I Especializada em Dissídios Individuais do TST entende que a exposição por minutos não pode ser tida por extremamente reduzida a ponto de minimizar substancialmente o risco e afastar o direito ao adicional de periculosidade. Precedentes. Recurso de revista conhecido por contrariedade à Súmula nº 364, do TST e provido" (RRAg-1480-85.2015.5.02.0008, 7ª Turma, Relator Ministro Alexandre de Souza Agra Belmonte, DEJT 21/6/2024).

"I — AGRAVO DE INSTRUMENTO DA RECLAMANTE. RECURSO DE REVISTA SOB A ÉGIDE DA LEI 13.467/2017. ADICIONAL DE PERICULOSIDADE. CONTATO HABITUAL COM A ÁREA DE RISCO. EXPOSIÇÃO NÃO EVENTUAL POR CERCA DE 2 A 4 MINUTOS DIÁRIOS. TRANSCENDÊNCIA POLÍTICA. No caso em tela, o entendimento consignado no acórdão regional apresenta-se em dissonância do desta Corte, consubstanciado na Súmula 364, I, do TST, circunstância apta a demonstrar o indicador de transcendência política, nos termos do art. 896-A, § 1º, II, da CLT. Agravo de instrumento provido ante possível contrariedade à Súmula 364, I, do TST. II — RECURSO DE REVISTA SOB A ÉGIDE DA LEI 13.467/2017. ADICIONAL DE PERICULOSIDADE. CONTATO HABITUAL COM A ÁREA DE RISCO. EXPOSIÇÃO NÃO EVENTUAL POR CERCA DE 2 A 4 MINUTOS DIÁRIOS. TRANSCENDÊNCIA POLÍTICA. REQUISITOS DO ART. 896, § 1º-A, DA CLT, ATENDIDOS. Discute-se o direito ao adicional de periculosidade de empregado exposto a agente perigoso por cerca de 2 a 4 minutos no fim do expediente. Trata-se de exposição não eventual, embora intermitente, e por tempo que não pode ser considerado extremamente reduzido a ponto de minimizar de forma substancial o risco. Esta Corte Superior possui o entendimento de que tem direito ao adicional de periculosidade o empregado exposto permanentemente ou que, de forma intermitente, se sujeita a condições de risco. Indevido, apenas, quando o contato ocorre de forma eventual, assim considerado o fortuito ou o que, sendo habitual, é por tempo extremamente reduzido. Nesse sentido, a Súmula 364, I, do TST. Recurso de revista conhecido e provido" (RR-100055-07.2018.5.01.0282, 6ª Turma, Relator Ministro Augusto Cesar Leite de Carvalho, DEJT 29/5/2024).

4º Dano moral

Recurso de Revista por divergência jurisprudencial no que tange à indenização por danos morais pela limitação ao uso do banheiro.

Divergência com Tribunal Regional do Trabalho da 9ª Região:

RECURSO DE REVISTA. DANO MORAL. INDENIZAÇÃO. LIMITAÇÃO AO USO DO BANHEIRO 1. A limitação ao uso do banheiro por determinação do empregador acarreta constrangimento, lesão à dignidade humana e risco grave de comprometimento da própria saúde. Tal situação gera direito à indenização por dano moral. 2. Direito à indenização por dano moral assegurado. 3. Recurso de revista conhecido e provido, no particular. (RR — 122-22.2011.5.12.0049, relator Ministro: João Oreste Dalazen, Data de Julgamento: 12.8.2015, 4ª Turma, Data de Publicação: DEJT 21.8..2015)

Divergência jurisprudencial com Tribunal Regional do Trabalho da 3ª Região:

RECURSO DE REVISTA. DANO MORAL. RESTRIÇÃO AO USO DOS BANHEIROS. 1. A Corte Regional, escorada no depoimento da testemunha da reclamante, consignou que os intervalos eram em horários fixos e outras pausas para ir ao banheiro precisavam de autorização do superior; que o superior perguntava o que tinham para fazer e se iria demorar; que nem sempre o superior autorizava a ida ao banheiro; que presenciou pelo menos uma vez o superior da autora perguntando a esta sobre o motivo e o tempo de pausa para o banheiro. Registrou, ainda, que o controle de idas ao banheiro também se insere dentro do poder potestativo da empresa e que tal conduta se justifica pela própria atividade desenvolvida pela autora, qual seja, teleatendimento. 2. A limitação para o uso do banheiro revela extrapolação do poder de comando do empregador, causando constrangimento e humilhação ao trabalhador. O exercício pelo empregador, de forma abusiva, do seu poder diretivo — art. 2º da CLT —, com a utilização de práticas degradantes imprimidas à coletividade de trabalhadores, caracteriza a violação dos direitos de personalidade e à própria dignidade da pessoa humana, constitucionalmente consagrada (art. 1º, III), ensejando a condenação ao pagamento de indenização por dano moral. Recurso de revista conhecido e provido, no tema. [...]. (RR-1145-41.2010.5.09.0010, relator Ministro: Hugo Carlos Scheuermann, Data de Julgamento: 17.12.2013, 1ª Turma, Data de Publicação: DEJT 7.2.2014)

Acórdão paradigma utilizado para conhecimento do recurso de revista:

LIMITAÇÃO DO USO DAS INSTALAÇÕES SANITÁRIAS — ASSÉDIO MORAL — DANO MORAL — INDENIZAÇÃO — Não obstante seja compreensível que o empresário vise ao lucro, isto não lhe dá o direito de impor aos seus empregados limitações de ordem fisiológicas, como no caso da utilização de sanitários, violando normas de proteção à saúde c impondo-lhe uma situação degradante e vexatória, com o escopo de alcançar maior produtividade e, assim, deixando de respeitar os limites de cada um daqueles que coloca sob o seu comando hierárquico. Efetivamente, tanto a higidez física como a mental do ser humano são bens fundamentais de sua vida, privada e pública, de sua intimidade, de sua auto-estima e afirmação social, inquestionavelmente tutelados pela Lei Maior (art. 5º, incisos V e X). A violência psicológica sofrida implica lesão de um interesse extrapatrimonial, juridicamente protegido, gerando direito à reparação do dano moral.

Recurso de Revista conhecido por divergência jurisprudencial com decisão do TRT da 12ª Região, para afastar a condenação por danos morais em razão da empresa ter utilizado o carimbo de "cancelado" no registro de trabalho da Carteira de Trabalho e Previdência Social do empregado. Entendeu o TST que a conduta da empresa foi lícita.

> RECURSO DE REVISTA EM FACE DE DECISÃO PUBLICADA ANTES DA VIGÊNCIA DA LEI N. 13.015/2014. RESPONSABILIDADE CIVIL DO EMPREGADOR. DANO MORAL. APOSIÇÃO DE CARIMBO DE CANCELAMENTO NA CTPS. CONDUTA LÍCITA. AUSÊNCIA DE NEXO DE CAUSALIDADE. A responsabilidade civil do empregador pela reparação decorrente de danos morais pressupõe a existência de três requisitos, quais sejam: a conduta (culposa, em regra), o dano propriamente dito (violação aos atributos da personalidade) e o nexo causal entre esses dois elementos. O primeiro é a ação ou omissão de alguém que produz consequências às quais o sistema jurídico reconhece relevância. É certo que esse agir de modo consciente é ainda caracterizado por ser contrário ao Direito, daí falar-se que, em princípio, a responsabilidade exige a presença da conduta culposa do agente, o que significa ação inicialmente de forma ilícita e que se distancia dos padrões socialmente adequados, muito embora possa haver o dever de ressarcimento dos danos, mesmo nos casos de conduta lícita. O segundo elemento é o dano que, nas palavras de Sérgio Cavalieri Filho, consiste na "[...] subtração ou diminuição de um bem jurídico, qualquer que seja a sua natureza, quer se trate de um bem patrimonial, quer se trate de um bem integrante da própria personalidade da vítima, como a sua honra, a imagem, a liberdade etc. Em suma, dano é lesão de um bem jurídico, tanto patrimonial como moral, vindo daí a conhecida divisão do dano em patrimonial e moral". Finalmente, o último elemento é o nexo causal, a consequência que se afirma existir e a causa que a provocou; é o encadeamento dos acontecimentos derivados da ação humana e os efeitos por ela gerados. Na hipótese em exame, o quadro fático delineado nos autos revela que o suposto prejuízo, resultante do "cancelamento" lançado em registro de admissão na CTPS, decorreu de conduta lícita da empresa que, conforme consignado pelo Tribunal Regional, "impingiu todos os esforços para efetivar a contratação", enquanto que o autor negligenciou "a efetivação do Contrato", ao não comparecer ao processo de integração, realizado após o exame admissional, apresentando-se apenas para receber o documento após uma semana. Tal circunstância afasta a caracterização de nexo de causalidade entre a conduta do empregador e o dano, na medida em que efetivado o registro de admissão após findo o processo de seleção, no qual foi o autor considerado apto em exame admissional, com regular agendamento de sua integração à empresa, a justificar o lançamento do cancelamento aposto no documento, o qual foi motivado pela conduta do próprio autor. Recurso de revista de que se conhece e a que se dá provimento. (RR — 650-51.2010.5.09.0671, relator Ministro: Cláudio Mascarenhas Brandão, Data de Julgamento: 23.9.2015, 7ª Turma, Data de Publicação: DEJT 2.10.2015)

Por violação aos artigos 186 e 927 do Código Civil, o Tribunal Superior do Trabalho conheceu o recurso de revista que trata do dano moral pelo não pagamento das verbas rescisórias para afastar a condenação imposta pelo Regional.

> DANO MORAL. INADIMPLEMENTO DE VERBAS RESCISÓRIAS. TRANSCENDÊNCIA POLÍTICA RECONHECIDA. De acordo com a jurisprudência notória e atual desta Superior, a ausência ou o atraso no pagamento das verbas rescisórias não configuram, por si sós, dano moral, sobretudo quando não comprovado dano concreto à honra subjetiva do empregado. O Tribunal Regional decidiu no sentido de estar caracterizado o dano moral em virtude da ausência de pagamento das verbas. Essa circunstância está apta a demonstrar a presença do indicador de transcendência política, nos termos do

art. 896-A, § 1º, II, da CLT, a possibilitar o exame do apelo no TST. AGRAVO DE INSTRUMENTO EM RECURSO DE INTERPOSTO SOB A ÉGIDE DA LEI 13.467/2017. DANO MORAL. INADIMPLEMENTO DE VERBAS RESCISÓRIAS. Agravo de instrumento a que se dá provimento para processar o recurso de revista, ante possível configuração de divergência jurisprudencial. RECURSO DE REVISTA INTERPOSTO SOB A ÉGIDE DA LEI 13.467/2017 E 13.015/2014. DANO MORAL. INADIMPLEMENTO DE VERBAS RESCISÓRIAS. REQUISITOS DO ART. 896, § 1º-A, DA CLT ATENDIDOS. A jurisprudência desta Corte distingue os atrasos salariais e a ausência de pagamento das verbas rescisórias, considerando cabível o pagamento de indenização por dano moral no primeiro caso, mas não no segundo, de modo que o atraso ou o não pagamento das verbas rescisórias, por si sós, não configuram ofensa ao patrimônio moral do trabalhador, devendo ser comprovados, por meio de elementos objetivos, os constrangimentos alegados ou a ofensa aos direitos da personalidade, o que não ficou demonstrado no caso dos autos. No caso, o Tribunal Regional manteve a condenação ao pagamento de indenização por dano moral em razão do não adimplemento, por parte da empregadora, das verbas rescisórias. Assim, na linha dos precedentes desta Corte, e nos termos dos arts. 186 e 927 do Código Civil, observa-se que não ficou caracterizada conduta ilícita da geradora de dano extrapatrimonial, não influenciando o aspecto de a inadimplência ter o endosso de confissão ficta aplicada à empresa. Recurso de revista conhecido e provido" (RRAg-1206-68.2019.5.17.0007, 6ª Turma, Relator Ministro Augusto Cesar Leite de Carvalho, DEJT 1/12/2023).

5º PDV — Quitação

Recurso de Revista por divergência a OJ n. 270 da SDI-I do TST (discussão após o Tema nº 152 de Repercussão Geral do STF), que assim estabelece:

PROGRAMA DE INCENTIVO À DEMISSÃO VOLUNTÁRIA. TRANSAÇÃO EXTRAJUDICIAL. PARCELAS ORIUNDAS DO EXTINTO CONTRATO DE TRABALHO. EFEITOS (inserida em 27.9.2002). Transação extrajudicial que importa rescisão do contrato de trabalho ante a adesão do empregado a plano de demissão voluntária implica quitação exclusivamente das parcelas e valores constantes do recibo.

"RECURSO DE REVISTA DA RECLAMANTE. INTERPOSIÇÃO NA VIGÊNCIA DA LEI 13.467/2017. PROGRAMA DE SAÍDA VOLUNTÁRIA — PSV. TEMA Nº 152 DE REPERCUSSÃO GERAL. *DISTINGUISHING*. ACORDO COLETIVO DE TRABALHO E, QUE AUSENTE CLÁUSULA ESPECÍFICA DE QUITAÇÃO GERAL DO CONTRATO DE TRABALHO. INCIDÊNCIA DA OJ 270 DA SDI-I DO TST. PRESENTE A TRANSCENDÊNCIA DA CAUSA. 1. O Tribunal Regional manteve a sentença, em que extinto o processo com a resolução de seu mérito, ao fundamento de que a adesão a Programa de Saída Voluntária (PSV) estabelecido pela empresa mediante acordo coletivo de trabalho tem eficácia de quitação geral do contrato de trabalho tal como estabelecido nas condições gerais do programa de desligamento. 2. Não obstante o atual entendimento da Suprema Corte sobre a matéria, firmado no julgamento do RE-590.415/SC, no caso dos autos não há no acordo coletivo de trabalho cláusula específica prevendo a quitação geral do contrato de trabalho, condição somente inserta nas regras gerais de adesão ao próprio programa, razão pela qual a hipótese não se amolda àquela examinada pelo STF, no sentido de que "a transação extrajudicial que importa rescisão do contrato de trabalho, em razão de adesão voluntária do empregado a plano de dispensa incentivada, enseja quitação ampla e irrestrita de todas as parcelas objeto do contrato de emprego, caso essa condição tenha constado expressamente do acordo coletivo que aprovou o plano, bem como dos demais instrumentos celebrados com o empregado". Aplicável, pois, o entendimento cristalizado na OJ 270 da SDI-I do TST, motivo pelo qual a reforma do acórdão é medida que se impõe. Recurso de revista conhecido e provido" (RR-1001032-53.2019.5.02.0203, 1ª Turma, Relator Ministro Hugo Carlos Scheuermann, DEJT 29/9/2023)

I — AGRAVO. AGRAVO DE INSTRUMENTO. RECURSO DE REVISTA. PLANO DE DEMISSÃO VOLUNTÁRIA. AFASTAMENTO DO ÓBICE DO ART. 896, § 1º-A, DA CLT. De fato, em que pese o reclamante ter transcrito o inteiro teor da decisão regional no início da argumentação do seu recurso de revista, quando abordou cada tema objeto do recurso de revista, indicou apenas os parágrafos da fundamentação do acórdão regional que consubstanciam o prequestionamento da controvérsia objeto do apelo, nos termos do art. 896, § 1º-A, I, da CLT. Destarte, afasta-se o óbice apontado na decisão monocrática e dá-se provimento ao presente agravo para prosseguir na analise dos demais pressupostos de admissibilidade do agravo de instrumento. Agravo conhecido e provido. II — AGRAVO DE INSTRUMENTO DA PARTE RECLAMANTE. RECURSO DE REVISTA. LEI Nº 13.015/2014. ADESÃO A PROGRAMA DE DEMISSÃO VOLUNTÁRIA. AUSÊNCIA DE PREVISÃO EM ACORDO COLETIVO DE QUITAÇÃO GERAL DO CONTRATO DE TRABALHO. Ante a possível contrariedade à OJ 270, da SDI-1, do TST, deve ser provido o agravo de instrumento. Agravo de instrumento conhecido e provido. III — RECURSO DE REVISTA DA PARTE RECLAMANTE. LEI Nº 13.015/2014. ADESÃO A PROGRAMA DE DEMISSÃO VOLUNTÁRIA. AUSÊNCIA DE PREVISÃO EM ACORDO COLETIVO DE QUITAÇÃO GERAL DO CONTRATO DE TRABALHO. A Suprema Corte, ao analisar o RE 590.415/SC, com repercussão geral, fixou o entendimento de que a transação extrajudicial que resulta na rescisão do contrato de trabalho, em face da adesão do empregado a plano de demissão incentivada, enseja quitação geral de todas as parcelas decorrentes do pacto laboral, quando a referida condição encontrar-se prevista, expressamente, em norma coletiva e nos demais instrumentos firmados pelo empregado. No caso concreto, porém, o Tribunal Regional não consigna que o Plano de Demissão Voluntária (PDV) decorreu de norma coletiva de trabalho com cláusula expressa de quitação ampla e irrestrita de todas as parcelas objeto do extinto contato de trabalho. Dessa forma, ausente a condição que permite a interpretação da quitação total do contrato de trabalho por adesão a PDV, não há como aplicar o entendimento fixado pelo Supremo Tribunal Federal no RE 590.415/SC. Nesse contexto, necessário se faz o conhecimento do recurso de revista por contrariedade à OJ 270 da SBDI-1/TST e, no mérito, seu provimento para declarar a invalidade da quitação geral. Recurso de revista conhecido e provido (RR-1001162-72.2015.5.02.0465, 2ª Turma, Relatora Ministra Maria Helena Mallmann, DEJT 17/3/2023).

AGRAVO DE INSTRUMENTO. RECURSO DE REVISTA. PROCESSO SOB A ÉGIDE DA LEI 13.467/2017. PROGRAMA DE DESLIGAMENTO VOLUNTÁRIO (PDV). ADESÃO. EFEITOS. ART. 477-B DA CLT. INTERPRETAÇÃO JURÍDICA A PARTIR DA TESE DE REPERCUSSÃO FIRMADA PELO STF NO RE 590.415/STF. Demonstrado no agravo de instrumento que o recurso de revista preenchia os requisitos do art. 896 da CLT, dá-se provimento ao agravo de instrumento para melhor análise da alegação de contrariedade à OJ 270/ SBDI-1/TST. Agravo de instrumento provido. RECURSO DE REVISTA. PROCESSO SOB A ÉGIDE DA LEI 13.467/2017. PROGRAMA DE DESLIGAMENTO VOLUNTÁRIO (PDV). ADESÃO. EFEITOS. ART. 477-B DA CLT. INTERPRETAÇÃO JURÍDICA A PARTIR DA TESE DE REPERCUSSÃO FIRMADA PELO STF NO RE 590.415/STF. A Lei n. 1 3.467/2017 inseriu o art. 477-B na Consolidação das Leis do Trabalho, tratando dos Planos de Demissão Voluntária ou Incentivada (conhecidos como PDVs ou PDIs) e os efeitos de sua quitação relativamente aos direitos resultantes do vínculo empregatício. Pelo novo dispositivo legal, "plano de Demissão Voluntária ou Incentivada, para dispensa individual, plúrima ou coletiva, previsto em convenção coletiva ou acordo coletivo de trabalho, enseja quitação plena e irrevogável dos direitos decorrentes da relação empregatícia, salvo disposição em contrário estipulada entre as partes". A primeira e mais óbvia conclusão que se alcança com a redação da norma é a de que Planos de Demissão Voluntária ou Planos de Demissão Incentivada (ou epítetos equivalentes) que sejam estruturados unilateralmente pela empresa empregadora não estão abrangidos pela regra do art. 477-B da Consolidação das Leis do Trabalho, não produzindo os efeitos jurídicos de quitação ampla, geral e irrestrita mencionados no preceito celetista. No tocante a tais PDVs ou PDIs meramente unilaterais, arquitetados sem o manto da negociação coletiva trabalhista, aplica-se o critério interpretativo proposto pela antiga OJ 270 da SDI-1 do TST: "A transação extrajudicial que importa rescisão do contrato de trabalho ante a adesão do empregado a plano de demissão voluntária implica quitação exclusivamente das parcelas e valores constantes do recibo". No que tange, porém, ao disposto na nova regra da CLT (planos arquitetados sob o manto negocial coletivo), é necessário se realizar interpretação jurídica a partir das cautelas lançadas na decisão vinculante do Tribunal Pleno do STF, quando decidiu a mencionada matéria (amplitude da quitação conferida em PDVs e/ou PDIs criados por negociação coletiva trabalhista). Naquela decisão, o Supremo Tribunal Federal, no RE n. 590.415-SC, em que foi Relator o Ministro Luís Roberto Barroso, tratando do tema nº 152 de repercussão geral da Corte Máxima, deixou clara a necessidade de o instrumento do PDV/PDI, coletivamente negociado, fazer menção expressa à quitação ampla e irrestrita; deixou também claro ser preciso que os documentos de adesão ao Plano de Demissão Voluntária ou Incentivada subscritos expressamente pelo trabalhador desligado da empresa igualmente façam menção expressa a esse tipo de quitação ampla e irrestrita. Com efeito, a *ratio decidendi* da decisão do Supremo Tribunal Federal apresenta requisitos substanciais para o Plano de Desligamento Incentivado, de maneira a validar a sua quitação rescisória ampla e irrestrita. Tais requisitos não se limitam ao simples exame da formalidade negociai coletiva (ACT ou CCT), porém, de certo modo, também a análise do conteúdo e circunstâncias envolventes do PDV/PDI, de maneira a ficar bem claro que se trata de instrumento razoável e proporcional de extinção do contrato de trabalho. Nesse quadro jurídico, fica clara a conclusão de que, mesmo a partir da vigência do novo art. 477-B da CLT, relativamente aos poderes de quitação dos recibos rescisórios lavrados sob a égide de PDVs/PDis instituídos por ACT ou CCT, apenas se houver referência expressa no instrumento coletivo negociado e nos instrumentos firmados pelo trabalhador, concernentes à sua adesão ao Plano de Desligamento e à sua respectiva rescisão contratual, é que será válida a quitação plena e irrevogável dos direitos decorrentes da relação empregatícia. No caso concreto, infere-se do acórdão regional que o PDV ao qual o Reclamante aderiu foi elaborado por negociação coletiva; porém, consta na decisão recorrida que não havia qualquer menção, no acordo sindical, acerca da "quitação plena e irrevogável" dos direitos trabalhistas da relação de emprego. A hipótese dos autos, portanto, não se amolda ao caso de incidência do art. 477-B da CLT, que evidentemente deve ser interpretado com apoio na *ratio decidendi* extraída da decisão vinculante firmada pelo STF no julgamento do RE 590.415. Assim, impõe-se a reforma da decisão regional e, em consequência, a exclusão da quitação ampla e irrestrita do contrato de trabalho do Autor. Recurso de revista conhecido e provido (RR-10703-57.2019.5.03.0020, 3ª Turma, Relator Ministro Mauricio Godinho Delgado, DEJT 6/6/2024).

6º Pressuposto recursal

Recurso de Revista conhecido e provido por contrariedade à Súmula n. 245 do TST, que determina que a regularidade do depósito recursal deve ser comprovado no prazo alusivo ao recurso.

I — AGRAVO DE INSTRUMENTO. RECURSO ORDINÁRIO DESERTO. GUIA DE RECOLHIMENTO DE DEPÓSITO RECURSAL SEM AUTENTICAÇÃO MECÂNICA VISÍVEL. PRAZO. O recurso de revista deve ser admitido para melhor exame da alegada contrariedade à Súmula n. 245 do TST. Agravo conhecido e provido. II — RECURSO DE REVISTA. RECURSO ORDINÁRIO DESERTO. GUIA DE RECOLHIMENTO DE DEPÓSITO RECURSAL SEM AUTENTICAÇÃO MECÂNICA VISÍVEL. PRAZO. É inservível a guia de recolhimento do depósito recursal sem autenticação bancária visível, porque impede o julgador de aferir qual foi o efetivo valor recolhido pela reclamada. É da empresa recorrente a responsabilidade pela regularidade formal da guia de recolhimento do depósito recursal enviada por meio eletrônico. A comprovação de regularidade no recolhimento do depósito recursal deve-se dar dentro do prazo recursal, nos termos da Súmula n. 245/TST. Recurso conhecido e provido. (RR — 2025-17.2012.5.02.0088, relator Desembargador convocado: Cláudio Soares Pires, Data de Julgamento: 4.11.2015, 3ª Turma, Data de Publicação: DEJT 6.11.2015)

I — AGRAVO. AGRAVO DE INSTRUMENTO EM RECURSO DE REVISTA. ACÓRDÃO REGIONAL PUBLICADO NA VIGÊNCIA DA LEI Nº 13.015/14. DESERÇÃO DO RECURSO ORDINÁRIO. DEPÓSITO RECURSAL. COMPROVANTE DE AGENDAMENTO BANCÁRIO. AUSÊNCIA DE COMPROVAÇÃO DE PAGAMENTO NO PRAZO ALUSIVO AO RECURSO. Hipótese em que a parte logra desconstituir os fundamentos do r. despacho agravado. Agravo conhecido e provido. II — AGRAVO DE INSTRUMENTO EM RECURSO DE REVISTA. ACÓRDÃO REGIONAL PUBLICADO NA VIGÊNCIA DA LEI Nº 13.015/14. DESERÇÃO DO RECURSO ORDINÁRIO. DEPÓSITO RECURSAL. COMPROVANTE DE AGENDAMENTO BANCÁRIO. AUSÊNCIA DE COMPROVAÇÃO DO PAGAMENTO NO PRAZO ALUSIVO AO RECURSO. Agravo de instrumento a que se dá provimento em virtude de provável contrariedade aos termos da Súmula nº 245 do TST. Agravo de instrumento conhecido e provido. III — RECURSO DE REVISTA. ACÓRDÃO REGIONAL PUBLICADO NA VIGÊNCIA DA LEI Nº 13.015/14. DESERÇÃO DO RECURSO ORDINÁRIO. DEPÓSITO RECURSAL. COMPROVANTE DE AGENDAMENTO BANCÁRIO. AUSÊNCIA DE COMPROVAÇÃO DO PAGAMENTO NO PRAZO ALUSIVO AO RECURSO. A Sociedade de Portos e Hidrovias do Estado de Rondônia — SOPH apresentou, por ocasião da interposição do recurso ordinário, apenas comprovante de agendamento bancário do recolhimento do depósito recursal, o que não comprova o efetivo pagamento, na linha da jurisprudência firmada no âmbito desta c. Corte, a teor do disposto nas Súmulas nºs 128 e 245 do TST. Verificado, no caso dos autos, que a comprovação do recolhimento de depósito recursal se deu a destempo, somente por ocasião das contrarrazões apresentadas pela parte aos embargos de declaração opostos pelo autor em que questionava a irregularidade, deve ser reconhecida a deserção do recurso ordinário interposto por Sociedade de Portos e Hidrovias do Estado de Rondônia — SOPH. Precedentes. Recurso de revista conhecido, por contrariedade à Súmula nº 245 do TST, e provido" (RR-658-72.2015.5.14.0005, 3ª Turma, Relator Ministro Alexandre de Souza Agra Belmonte, DEJT 20/11/2020).

7º Revelia

Recurso de Revista conhecido por divergência com a Súmula n. 122 do TST. Foi aplicado por analogia referida súmula que assim estabelece: "A reclamada, ausente à audiência em que deveria apresentar defesa, é revel, ainda que presente seu advogado munido de procuração, podendo ser ilidida a revelia mediante a apresentação de atestado médico, que deverá declarar, expressamente, a impossibilidade de locomoção do empregador ou do seu preposto no dia da audiência.". Neste caso, a ausência foi do reclamante na audiência de instrução, razão pela qual foi considerado confesso pelo Regional, sob o fundamento de que a apresentação de atestado médico dois dias após a audiência é considerado intempestivo.

> CONFISSÃO FICTA. ATESTADO MÉDICO. APRESENTAÇÃO EM JUÍZO DOIS DIAS APÓS AUDIÊNCIA DE INSTRUÇÃO. IMPOSSIBILIDADE DE LOCOMOÇÃO. 1. Não é possível estabelecer, aprioristicamente, que o atestado médico deva ser apresentado na data da audiência, porquanto os problemas de saúde que resultem na impossibilidade de locomoção podem não ocorrer com a precedência necessária à sua apresentação em juízo. 2. Não havendo concessão de prazo para apresentação de justificativa do não comparecimento do reclamante à audiência, tem-se que a juntada aos autos do atestado médico apenas dois dias após a data da audiência revela razoável diligência do autor em comprovar a impossibilidade de locomoção, não podendo tal procedimento ser reputado intempestivo. 3. Por outro lado, comprovada nos autos, conforme consta do acórdão regional, a impossibilidade de locomoção do reclamante, em face da determinação médica de repouso domiciliar, aplica-se, analogicamente, a orientação consagrada na Súmula n. 122 desta Corte superior quanto ao afastamento da confissão ficta. 4. Recurso de Revista conhecido e provido. (RR — 507800-38.2006.5.09.0001, relator Desembargador convocado: Marcelo Lamego Pertence, Data de Julgamento: 2.9.2015, 1ª Turma, Data de Publicação: DEJT 4.9.2015)

Também entendeu o TST que a má interpretação da súmula 122 é causa de conhecimento do recurso de revista por violação ao artigo 5º inciso LV da Constituição Federal que trata dos princípios do contraditório e ampla defesa.

> "I — AGRAVO EM AGRAVO DE INSTRUMENTO. RECURSO DE REVISTA SOB A ÉGIDE DA LEI 13.467/2017. CERCEAMENTO DE DEFESA. AUSÊNCIA DO RECLAMANTE À AUDIÊNCIA. CONFISSÃO FICTA. ATESTADO QUE DEMONSTRA A NECESSIDADE DE REPOUSO DOMICILIAR. Ficou demonstrado o desacerto da decisão monocrática que negou provimento ao agravo de instrumento. Agravo provido para conhecer e prover o agravo de instrumento, determinando o processamento do recurso de revista, no particular. II — AGRAVO DE INSTRUMENTO. RECURSO DE REVISTA SOB A ÉGIDE DA LEI 13.467/2017. CERCEAMENTO DE DEFESA. AUSÊNCIA DO RECLAMANTE À AUDIÊNCIA. CONFISSÃO FICTA. ATESTADO QUE DEMONSTRA A NECESSIDADE DE REPOUSO DOMICILIAR. TRANSCENDÊNCIA POLÍTICA. No caso em tela, o debate acerca da juntada aos autos do atestado médico após a data da audiência, com o registro de determinação de repouso domiciliar ou de circunstâncias que demonstrem a impossibilidade de locomoção, é hipótese que atende à exceção prevista na Súmula 122 do TST. Portanto, detém transcendência política, nos termos do art. 896-A, § 1º, II, da CLT. AGRAVO DE

INSTRUMENTO. RECURSO DE REVISTA SOB A ÉGIDE DA LEI 13.467/2017. CERCEAMENTO DE DEFESA. AUSÊNCIA DO RECLAMANTE À AUDIÊNCIA. CONFISSÃO FICTA. ATESTADO QUE DEMONSTRA A NECESSIDADE DE REPOUSO DOMICILIAR. Agravo de instrumento provido ante possível violação do artigo 5º, LV, da CF. III — RECURSO DE REVISTA SOB A ÉGIDE DA LEI 13.467/2017. CERCEAMENTO DE DEFESA. AUSÊNCIA DO RECLAMANTE À AUDIÊNCIA. CONFISSÃO FICTA. ATESTADO QUE DEMONSTRA A NECESSIDADE DE REPOUSO DOMICILIAR. REQUISITOS DO ART. 896, § 1º-A, DA CLT, ATENDIDOS. O artigo 844, § 1º, da norma consolidada, deixa assente a possibilidade de designação de nova audiência, na ocorrência de motivo relevante para a respectiva ausência na primeira assentada. Por sua vez, o artigo 843, § 2º, da CLT, prevê a possibilidade de representação da parte reclamante por outro empregado que pertença à mesma profissão ou pelo sindicato, se por doença ou qualquer outro motivo poderoso, devidamente comprovado, não lhe for possível comparecer pessoalmente. Dessa forma, ao constar do conteúdo do atestado médico, emitido 2 dias antes da data em que realizada a audiência de instrução, que o autor deveria ficar em repouso domiciliar por 5 dias, em razão do CID "dor lombar baixa", revela-se, por óbvio, que não seria possível comparecer à audiência designada. Assim, embora não conste expressamente a impossibilidade de locomoção, nos termos da Súmula 122 do TST, o atestado médico trazido aos autos se presta ao mesmo fim, e, por conseguinte, é válido para justificar a ausência à audiência de instrução designada. Precedentes. Recurso de revista conhecido e provido" (RR-10480-82.2018.5.03.0168, 6ª Turma, Relator Ministro Augusto Cesar Leite de Carvalho, DEJT 19/4/2024).

"A) AGRAVO DE INSTRUMENTO. RECURSO DE REVISTA. RITO SUMARÍSSIMO. PROCESSO SOB A ÉGIDE DAS LEIS 13.015/2014 E 13.467/2017. AUSÊNCIA DO RECLAMANTE À AUDIÊNCIA DE INSTRUÇÃO. CONFISSÃO FICTA. APRESENTAÇÃO DE DOCUMENTOS MÉDICOS QUE COMPROVAM PROBLEMAS ORTOPÉDICOS. ELEMENTOS SUFICIENTES PARA DEMONSTRAR A IMPOSSIBILIDADE DE LOCOMOÇÃO. VALIDADE. SÚMULA 122/TST. CERCEAMENTO DE DEFESA. CONFIGURAÇÃO. Demonstrado no agravo de instrumento que o recurso de revista preenchia os requisitos do art. 896 da CLT, dá-se provimento ao agravo de instrumento, para melhor análise da arguição de violação do art. 5º, LV, da CF, suscitada no recurso de revista. Agravo de instrumento provido. B) RECURSO DE REVISTA. RITO SUMARÍSSIMO. PROCESSO SOB A ÉGIDE DAS LEIS 13.015/2014 E 13.467/2017. AUSÊNCIA DO RECLAMANTE À AUDIÊNCIA DE INSTRUÇÃO. CONFISSÃO FICTA. APRESENTAÇÃO DE DOCUMENTOS MÉDICOS QUE COMPROVAM PROBLEMAS ORTOPÉDICOS. ELEMENTOS SUFICIENTES PARA DEMONSTRAR A IMPOSSIBILIDADE DE LOCOMOÇÃO. VALIDADE. SÚMULA 122/TST. CERCEAMENTO DE DEFESA. CONFIGURAÇÃO. O entendimento consagrado na Súmula 122/TST não comporta interpretação literal, no sentido de que o atestado médico apto a refutar a confissão ficta deva conter expressamente o termo "impossibilidade de locomoção". Com efeito, ainda que não haja menção expressa da impossibilidade de locomoção, conforme menciona a Súmula 122/TST, havendo no atestado médico dados que evidenciem tal circunstância — como no caso dos autos —, o documento deverá ser acolhido como prova da incapacidade da parte em fazer-se presente à audiência, afastando, por conseguinte, os efeitos da confissão ficta. Julgados desta Corte. Recurso de revista conhecido e provido" (RR-1000897-10.2021.5.02.0320, 3ª Turma, Relator Ministro Mauricio Godinho Delgado, DEJT 14/8/2023).

7.1.2. Divergência jurisprudencial na interpretação de norma coletiva, lei estadual e regulamento de empresa

A segunda hipótese de cabimento está prevista na alínea *"b"* do art. 896 da CLT, consistente na divergência de interpretação de lei estadual, convenção ou acordo coletivo de trabalho, sentença normativa ou regulamento de empresa de observância obrigatória em área territorial que exceda a jurisdição do TRT prolator do acórdão.

Esta hipótese foi inserida no texto legal pela Lei n. 7.701/88, que deu ensejo à ADIN ajuizada pela Procuradoria do Trabalho, sendo julgada improcedente a ADIN, dando origem à Súmula n. 312(249) do TST.

Referida ADIN foi ajuizada pelo fato da previsão de cabimento de Recurso de Revista em caso de divergência com Lei Estadual, pois o art. 22, inciso I da Constituição Federal estabelece que é privativo da União legislar sobre Direito do Trabalho. Contudo, não vingou a tese, pois em que pese não poder editar leis trabalhistas, poderão os Estados regulamentar direitos em empresas públicas ou sociedade de economia mista.

A alteração trazida pela Lei n. 9.756/98(250) manteve a mesma redação quanto à tal hipótese.

Ou seja, a hipótese trata de cabimento do Recurso de Revista por divergência na interpretação de norma (Lei Estadual, norma coletiva ou regulamento de empresa) que possua vigência no âmbito territorial de mais de um Tribunal Regional do Trabalho.

É o exemplo do Estado de São Paulo, único estado da federação dividido em dois Tribunais Regionais (2ª e 15ª). Se a Lei Estadual de SP for interpretada de forma divergente para cada um desses Tribunais, caberá Recurso de Revista. Quanto à norma coletiva, pode-se verificar referida hipótese naquelas categorias Nacionais, na qual a Convenção Coletiva vigora em todo o território Nacional(251), o mesmo ocorre com os Regimentos Internos de empresas, uma vez demonstrada a vigência no âmbito territorial de mais de um Regional, caberá Recurso de Revista.

A ampliação do recurso de revista, por meio da Lei n. 7.701/88, com a criação de mais essa hipótese foi causa de crítica por parte da doutrina, da qual podemos citar Antônio Álvares da Silva, que assim se posicionou:

> "O alargamento do recurso de revista tem dois defeitos fundamentais: como todo recurso, atrasa a prestação jurisdicional e, no caso específico, veste as

---

(249) CONSTITUCIONALIDADE. ALÍNEA *"B"* DO ART. 896 DA CLT (mantida) — Res. n. 121/2003, DJ 19, 20 e 21.11.2003. É constitucional a alínea *"b"* do art. 896 da CLT, com a redação dada pela Lei n. 7.701, de 21.12.1988.

(250) Referida alterou a alínea *"a"* do art. 896 da CLT para excluir "mesmo Tribunal", o que reflete na alínea *"b"*, pois ao final faz menção "na forma da alínea *'a'*".

(251) Como ocorre, por exemplo, com o Sindicato dos Aeronautas, cujas a norma coletiva possui vigência em todo o território Nacional. Se interpretada determinada cláusula por um Regional de uma forma e por outro de outra forma, caberá Recurso de Revista, com base na alínea *"b"* do art. 896 da CLT.

demais fontes de Direito do Trabalho com uma camisa de força de uniformização compulsória feita pelo Judiciário.

A interpretação de lei federal, principal fonte da norma trabalhista, já fora uniformizada pela alínea *a*. Não havia razão de estendê-la para as demais, principalmente quando há outros meios mais eficientes e rápidos de se chegar à unidade interpretativa sem a participação do Judiciário..."(252)

É preciso que a parte recorrente demonstre a divergência, da mesma forma que se exige na alínea *"a"*, e demonstre a abrangência da vigência da norma, conforme preceitua a Orientação jurisprudencial n. 147 da SDI-I do TST, abaixo transcrita:

> 147. LEI ESTADUAL, NORMA COLETIVA OU NORMA REGULAMENTAR. CONHECIMENTO INDEVIDO DO RECURSO DE REVISTA POR DIVERGÊNCIA JURISPRUDENCIAL (nova redação em decorrência da incorporação da Orientação Jurisprudencial n. 309 da SBDI-1) — DJ 20.4.2005. I — É inadmissível o recurso de revista fundado tão somente em divergência jurisprudencial, se a parte não comprovar que a lei estadual, a norma coletiva ou o regulamento da empresa extrapolam o âmbito do TRT prolator da decisão recorrida. (ex-OJ n. 309 da SDI-1 — inserida em 11.8.2003). II — É imprescindível a arguição de afronta ao art. 896 da CLT para o conhecimento de embargos interpostos em face de acórdão de Turma que conhece indevidamente de recurso de revista, por divergência jurisprudencial, quanto ao tema regulado por lei estadual, norma coletiva ou norma regulamentar de âmbito restrito ao Regional prolator da decisão.

Não basta provar a divergência, é necessário também comprovar que o dispositivo (seja de Lei Estadual, de norma coletiva ou de regulamento de empresa) tem vigência em território que extrapola a jurisdição do TRT prolator da decisão recorrida.

Conforme já mencionado, a Lei n. 9.756/98 manteve a redação dada pela Lei n. 7.701/88 quanto a esta hipótese de cabimento de Recurso de Revista (alínea *"b"* do art. 896 da CLT). Contudo, em razão da alteração da alínea *"a"* acabou por alterar também a hipótese da alínea *"b"*.

Isto porque, a alínea *"b"* faz referência expressa a alínea *"a"* do mesmo artigo que sofreu alteração para excluir a possibilidade de recurso de revista por divergência do mesmo tribunal.

Ainda assim permaneceu a discussão quanto a extensão da cláusula final prevista na alínea *"b"* do art. 896 da CLT que estabelece: *"de observância obrigatória em área territorial que exceda a jurisdição do Tribunal Regional do Trabalho prolator da decisão recorrida, interpretação divergente, na forma da alínea* 'a'".

(252) SILVA, Antônio Álvares da. *Do Recurso Extraordinário no Direito Processual Brasileiro*. São Paulo: Revista dos Tribunais, 1999. p. 72.

A pergunta que se fazia era se referida cláusula final aplica-se tão somente ao regulamento de empresa, que vem imediatamente antes, ou a todas as hipóteses? A resposta é dada por Antônio Álvares da Silva:

> "Lei estadual deve ser de pronto excluída pois não pode exceder a área do próprio Estado.
>
> Na redação antiga do art. 896, a questão tinha importância. Se se entendesse que a parte final se referia apenas a regulamento de empresa que excedesse a jurisdição do tribunal prolator da interpretação divergente, então seria permitido interpor recurso de revista de interpretação divergente de toda convenção, acordo e sentença normativa, independentemente de exceder ou não a jurisdição do tribunal prolator da interpretação divergente. Era como se a alínea dissesse o seguinte: cabe recurso para o TST das decisões dos TRTs em grau de recurso ordinário em dissídio individual quando:
>
> a) derem ao mesmo dispositivo de lei estadual, convenção coletiva, acordo coletivo, sentença normativa interpretação divergente da que lhe houver dado o mesmo ou outro TRT (Pleno ou Turma) ou a SDI do TST;
>
> b) derem ao regulamento de empresa, que exceda a jurisdição do tribunal prolator da decisão recorrida, interpretação divergente na forma anterior.
>
> Para a letra *a* a recorribilidade não teria nenhuma restrição. Sempre que houvesse interpretação divergente de cláusula de convenção, acordo, sentença normativa ou lei estadual, haveria possibilidade de interposição de recurso de revista. Quanto ao regulamento de empresa, e somente quanto a este, haveria a restrição da letra *b*: exceder a jurisdição do tribunal prolator da decisão divergente.
>
> É verdade que a possibilidade de interposição de revista de convenção, acordo e sentença normativa seria restrita, quando não excedessem a jurisdição do TRT prolator da decisão recorrida ou divergência, pois só um TRT dela tomaria conhecimento. Mas, se estivesse dividido em Turmas e houvesse divergência entre elas, o recurso de revista poderia ser interposto.
>
> Com a nova redação do art. 896, dada pela Lei n. 9.756/98, a questão tomou outro rumo, visto que a divergência para fundamentar a revista tem que ser de tribunais diferentes e não mais do mesmo TRT.
>
> Controvérsias sobre lei estadual, convenção/acordo coletivos e sentença normativa, que não excedam a jurisdição do TRT, só poderão ser julgadas por um único TRT. Logo não poderão confrontar-se com decisão de outro e, por isso, jamais poderão ser objeto de recurso de revista. Poderão submeter-se, no máximo, a incidente de uniformização da jurisprudência.
>
> Porém, agora, não há mais dúvida de que a cláusula final se estende à convenção/acordo e sentença normativa, quando excederem a jurisdição do

> tribunal prolator da decisão divergente, pois, não a excedendo, não cabe mais recurso de revista, já que fica impossibilitado o julgamento por outro TRT, não havendo possibilidade de decisões conflitantes.
>
> Se a cláusula final se referisse apenas a regulamento de empresa, os demais institutos (convenção/acordo, sentença normativa) sequer precisariam continuar constando da alínea *b*, já que não se prestariam mais a fundamentar qualquer recurso de revista quando não excedessem a jurisdição do TRT.
>
> Portanto não existe dúvida de que toda convenção/acordo e sentença normativa que excederem a base jurisdicional do TRT prolator da decisão divergente ou recorrida poderão ser objeto de recurso de revista.
>
> Abre-se assim, lamentavelmente, mais uma porta de interferência do Estado na negociação coletiva que, em nosso entender, além de inoportuna, é inconstitucional."[(253)]

Contudo, ao contrário do que apregoa o mencionado autor, também se inclui na parte final da alínea *"b"* a Lei Estadual, que apesar de ter vigência em apenas um Estado pode vigorar no âmbito territorial de mais de um Tribunal Regional, como ocorre no Estado de São Paulo.

Sobre esta questão, assim é a doutrina de Odonel Urbano Gonçalves e Pedro Paulo Teixeira Manus:

> "Da leitura da alínea *'b'* do art. 896 da Consolidação das Leis do Trabalho é possível inferir-se que a expressão 'de observância obrigatória em área territorial que exceda a jurisdição do Tribunal Regional' refira-se apenas ao 'regulamento empresarial'. Se assim se entendesse, as demais hipóteses nelas previstas (divergência resultante de interpretação de lei estadual, de convenção coletiva, de acordo coletivo e de sentença normativa) admitiriam o recurso de revista independentemente da jurisdição do Tribunal Regional do Trabalho prolator do acórdão contra o qual se pretendesse recorrer.
>
> No entanto, a jurisprudência do Tribunal Superior do Trabalho vem encorpando-se na direção de que o dissenso previsto na alínea *'b'* do art. 896 da Consolidação das leis do Trabalho caracteriza-se quando a lei estadual, a convenção coletiva de trabalho, o acordo coletivo de trabalho, a sentença normativa e o regulamento empresarial forem de observância obrigatória em área territorial que exceda a jurisdição do Tribunal Regional que proferiu a decisão. A interpretação do Tribunal Superior do Trabalho é restritiva. E assim deve ser porquanto está o intérprete diante de recurso de natureza extraordinária, por excelência procrastinatório da entrega da prestação jurisdicional."[(254)]

---

(253) SILVA, Antônio Álvares da. *Do Recurso Extraordinário no Direito Processual Brasileiro*. São Paulo: Revista dos Tribunais, 1999. p. 73-74.

(254) GONÇALVES, Odonel Urbano; MANUS, Pedro Paulo Teixeira. *Recursos no Processo do Trabalho*. São Paulo: LTr, 1997. p. 68-69.

Sobre o cabimento por divergência de norma regulamentar de empresa, assim é a doutrina de Estevão Mallet:

> "Finalmente, cabe o recurso de revista se a divergência se verifica na interpretação de norma de regulamento de empresa. Por regulamento de empresa entende-se o 'conjunto sistemático de normas escritas, estabelecidas pelo empresário, com ou sem a participação dos trabalhadores, para reger a conduta das pessoas, no âmbito da empresa'. A admissão do recurso de revista, neste caso, representa superação, ao menos em parte, do entendimento que se firmara no Enunciado n. 208, do Tribunal Superior do Trabalho. Justificável, aliás, a nova orientação imposta pela Lei n. 7.701/88, uma vez que, a despeito das inegáveis diferenças existentes entre os regulamentos de empresa e os acordos, convenções e sentenças normativas, há aspectos importantes em que tais textos se identificam. Como nota Barassi, todos são atos jurídicos normativos *'che contengono norme generali ed astratte'*, motivo pelo qual interessam não a um ou a poucos trabalhadores, mas a *'una collettività di lavaratori'*. Necessário, pois, determinar interpretação uniforme para as cláusulas dos regulamentos de empresa, tal como o é para os demais instrumentos referidos na alínea *'b'*, do art. 896, da Consolidação. Mas, mesmo assim, de todas as hipóteses analisadas no presente item, talvez seja essa a de menor interesse prático. A adoção de regulamento interno, sobre não ser, no direito brasileiro, obrigatória, diversamente do que ocorre em outros países, acaba ficando confinada às grandes empresas, não estando incorporada aos usos e costumes trabalhistas brasileiros. Não se trata, pois, de instrumento de utilização frequente, de que decorra a reduzida aplicabilidade da revista na hipótese cogitada. E não está nela abrangido, cumpre dizer, o dissídio surgido na interpretação de avisos ou circulares ou textos equiparáveis que, compondo-se de disposições isoladas, não se confundem com o regulamento de empresa, consoante acima definido."(255)

Antônio Álvares da Silva faz severas críticas quanto ao cabimento do Recurso de Revista por divergência na interpretação de regulamento de empresa, sustentando a sua inconstitucionalidade, sob os seguintes argumentos:

> "Este é outro aspecto inédito do Direito do Trabalho brasileiro. Mostra, mais uma vez, a tendência de um Estado voraz e monopolizador que pensa em unificar tudo sem ponderar que a unificação muitas vezes pode ser pior do que a variedade.
>
> A própria realidade, ora é uma, ora é diversa e neste contraste se mostra a força viva dos fatos e das coisas. Jamais o mundo será reduzido a uma síntese

(255) MALLET, Estêvão. *Do Recurso de Revista no Processo do Trabalho*. São Paulo: LTr, 1995. p.147-148.

> absoluta nem a uma diversidade total. A necessidade de ajuntar ou separar é ditada pela regra das conveniências humanas ao tratar os fenômenos sociais.
>
> O regulamento de empresa é, sem dúvida, uma das fontes autônomas do Direito do Trabalho, pois gera direitos e deveres cujas normas aderem ao contrato de trabalho, à semelhança das que provêm da lei, convenção, acordo e dissídio coletivos.
>
> Inicialmente foi fruto da vontade exclusiva do empregador e imposto unilateralmente pela empresa. Hoje se vai tornando bilateral, discutido com os empregados diretamente ou através de conselhos ou, em âmbito maior, pelas convenções coletivas.
>
> Como ocorre com toda norma, viu-se a necessidade de uniformizar interpretações diferentes que dela proviessem, quando o regulamento atuasse além da jurisdição do Tribunal Regional prolator da sentença.
>
> Esta norma é inusitada e inconstitucional. Pelo fato de um regulamento de empresa ser norma e fonte de Direito do Trabalho, não significa que devam ser uniformizadas pelo Judiciário divergências que dela nasçam.
>
> Trata-se de uma interferência inédita na livre iniciativa, garantida pelo art. 1º, IV, da CF, visto que, ao fazer uma escolha entre duas possibilidades e impô-lo às empresas, nega-se a ela o direito de auto-governo, indispensável à atuação da iniciativa privada, além de avançar indevidamente sobre a propriedade privada e a livre concorrência, princípios igualmente garantidos pela Constituição — art. 170, III e IV. O Judiciário acaba ditando regras para o regulamento empresarial, o que não te precedentes no direito comparado."[256]

O argumento do referido autor se sustentaria *"data maxima venia"* se não houvesse a restrição dada pela parte final da alínea *"b"*, ou seja, é necessária a vigência no âmbito territorial de mais de um Tribunal Regional e o cumprimento dos requisitos exigidos pela alínea *"a"*, dentre os quais destacamos a atualidade e a especificidade.

Ainda que se trata do mesmo assunto em situações distintas não se terá presente a especificidade exigida, razão pela qual não se pode falar em realidades diversas tratadas da mesma forma.

Ainda, quanto a inconstitucionalidade, não se pode perder de vista que a livre-iniciativa e a livre concorrência não podem ser exercida e nem interpretadas como direito absoluto, mas sim em sintonia harmônica com o ordenamento jurídico como um todo, o que pode ser aferido por meio da interpretação divergente, conforme determina o dispositivo em discussão. Por tal motivo, não se pode falar em inconstitucionalidade com

(256) SILVA, Antônio Álvares da. *Do Recurso Extraordinário no Direito Processual Brasileiro*. São Paulo: Revista dos Tribunais, 1999. p. 80-81.

este fundamento. Ademais, como aplicar-se-ia o princípio constitucional da isonomia se a divergência não pudesse ser invocada em sede de Recurso de Revista?

Quanto a divergência com base em norma coletiva, também sustenta Antônio Álvares da Silva a inconstitucionalidade do disposto na alínea *"b"* do art. 896 da CLT, por entender tratar-se de intervenção estatal na organização sindical (1999. p. 78), posto que o art. 8º, inciso I da CF consagra a liberdade sindical.

Entretanto, a liberdade sindical não é absoluta de forma a permitir que os atores da negociação coletiva estabeleçam normas e regras sem qualquer controle. O controle da legalidade do que convencionado entre as partes, ainda que no âmbito coletivo, cabe ao Judiciário e, em final análise, ao Tribunal Superior do Trabalho, em prol da sua função de uniformização e pacificação nacional.

7.1.2.1. Decisão

1º Interpretação divergente de norma coletiva — no caso abaixo, por divergência na interpretação de norma coletiva da categoria dos Aeronautas, foi conhecido o Recurso de Revista e no mérito provido para estabelecer que a inobservância da norma coletiva que estabelece critérios para a dispensa do empregado gera reintegração.

Na instância ordinária a pretensão foi julgada improcedente sob o fundamento de tratar-se de norma programática, o que não gera reintegração.

> AGRAVO DE INSTRUMENTO EM RECURSO DE REVISTA. ACÓRDÃO PUBLICADO ANTES DA VIGÊNCIA DA LEI N. 13.015/2014. AERONAUTA. DISPENSA. CLÁUSULA COLETIVA ESTABELECENDO PROCEDIMENTO EM CASO DE REDUÇÃO DA FORÇA DE TRABALHO. NATUREZA. Evidenciada a existência de divergência jurisprudencial apta, dá-se provimento ao agravo de instrumento a fim de determinar o processamento do recurso de revista. Agravo de instrumento provido. RECURSO DE REVISTA. AERONAUTA. DISPENSA. CLÁUSULA COLETIVA ESTABELECENDO PROCEDIMENTO EM CASO DE REDUÇÃO DA FORÇA DE TRABALHO. NATUREZA. A cláusula coletiva estabelece uma ordem de precedência nas dispensas a serem realizadas pela empresa em caso de redução da força de trabalho, remanescendo a discussão quanto aos efeitos do descumprimento do pactuado. As normas programáticas, como o próprio nome sugere, consubstanciam programas e diretrizes *ad futurum*, que vêm acompanhados de conceitos indeterminados e carecem de outra lei ou, como na hipótese, de outra disposição normativo-coletiva que as regulamente. São, por definição, de aplicação diferida e conferem elasticidade ao ordenamento jurídico, competindo ao órgão estatal ou, *in casu*, às partes convenentes fixar os meios a fim de possibilitar sua plena eficácia. É dizer. Obrigam a implementação do novo comando regulamentar a que se condicionam. No caso dos autos, a cláusula coletiva em exame não detém conteúdo programático; ao contrário, esvazia-se em si mesma, não exigindo posterior edição regulamentar a fim de que atinja a completude de seus efeitos.
>
> Ora, se o sindicato que representa a empresa reclamada entendeu por bem impor tal limitação ao exercício do poder potestativo empresarial de definir a ordem de dispensa de seus empregados em caso de redução da força de trabalho, tal disposição, longe de ostentar natureza meramente programática, criou verdadeira obrigação entre

as partes representadas, dentre as quais figura a recorrente. Admitir a interpretação pretendida pela reclamada seria equivalente a tornar letra morta a disposição livremente negociada entre os sindicatos patronal e obreiro, implicando verdadeira recusa ao reconhecimento da negociação coletiva, que foi elevada ao patamar constitucional pela Carta de 1988 em seu art. 7º, XXVI. Não significa atribuir, por outro lado, interpretação extensiva aos negócios jurídicos, procedimento vedado no ordenamento pátrio (art. 114 do Código Civil), tanto que não foi conferida ao reclamante qualquer estabilidade no emprego, nada impedindo que a reclamada, após obedecer a ordem de dispensas previstas no instrumento coletivo, venha a efetivar a ruptura do contrato do reclamante. Recurso de revista conhecido por divergência jurisprudencial e provido. (PROCESSO n. TST-RR-1861-77.2012.5.02.0015, Desembargador convocado Breno Medeiros, 8ª Turma TST)

Discussão sobre aplicação de norma coletiva de âmbito nacional da Empresa Brasileira de Correios e Telégrafos

"AGRAVO. AGRAVO DE INSTRUMENTO EM RECURSO DE REVISTA. EMPRESA BRASILEIRA DE CORREIOS E TELÉGRAFOS — ECT. CLÁUSULA 51, § 5º, DO ACT 2014/2015. NORMA COLETIVA QUE PREVÊ A CONCESSÃO DE VALE-ALIMENTAÇÃO E VALE CESTA PARA EMPREGADOS AFASTADOS POR AUXÍLIO-DOENÇA ACIDENTÁRIO. TRANSCENDÊNCIA DEMONSTRADA. Ante as razões apresentadas pelo agravante, afasta-se o óbice oposto na decisão monocrática. Agravo conhecido e provido, no tema. AGRAVO DE INSTRUMENTO EM RECURSO DE REVISTA. EMPRESA BRASILEIRA DE CORREIOS E TELÉGRAFOS — ECT. CLÁUSULA 51, § 5º, DO ACT 2014/2015. NORMA COLETIVA QUE PREVÊ A CONCESSÃO DE VALE-ALIMENTAÇÃO E VALE CESTA PARA EMPREGADOS AFASTADOS POR AUXÍLIO-DOENÇA ACIDENTÁRIO. Decisão Regional em que adotado o entendimento de que a cláusula 51, § 5º, do ACT 2014/2015 da ECT — que concede vale alimentação/refeição e vale cesta aos funcionários afastados por auxílio-doença acidentário, nos primeiros 90 dias de afastamento por licença médica até o retorno por motivo de acidente de trabalho — não se aplica ao reclamante, pois a concessão do benefício acidentário se deu quando vigorava outro acordo coletivo. Possível divergência jurisprudencial, nos moldes do art. 896 da CLT, a ensejar o provimento do agravo de instrumento, nos termos do artigo 3º da Resolução Administrativa nº 928/2003. Agravo de instrumento conhecido e provido. RECURSO DE REVISTA. EMPRESA BRASILEIRA DE CORREIOS E TELÉGRAFOS — ECT. CLÁUSULA 51, § 5º, DO ACT 2014/2015. NORMA COLETIVA QUE PREVÊ A CONCESSÃO DE VALE-ALIMENTAÇÃO E VALE CESTA PARA EMPREGADOS AFASTADOS POR AUXÍLIO-DOENÇA ACIDENTÁRIO. EXTENSÃO A EMPREGADO QUE JÁ RECEBIA O BENEFÍCIO PREVIDENCIÁRIO ANTES DO INÍCIO DA VIGÊNCIA DO ACT 2014/2015. POSSIBILIDADE. 1. Cinge-se a controvérsia em saber se é aplicável ou não , ao reclamante, a cláusula 51, § 5º, do ACT 2014/2015 — que concede vale alimentação/refeição e vale cesta aos funcionários afastados por auxílio-doença acidentário, nos primeiros 90 dias de afastamento por licença médica até o retorno por motivo de acidente de trabalho. 2. O Tribunal Regional entendeu que essa cláusula não se aplica ao reclamante, pois a concessão do benefício acidentário se deu a partir de 3/12/2013, quando vigorava outro acordo coletivo. 3. Da leitura da cláusula 51, § 5º, do ACT 2014/2015, constata-se que não há restrição sobre a data do início do gozo do benefício previdenciário, ou seja, não existe previsão no sentido de excluir os empregados que já estivessem recebendo o auxílio-doença acidentário. 4. Decisão do Tribunal Regional contrária a julgados desta Corte Superior, que ao analisar a mesma cláusula 51, § 5º, do ACT 2014/2015, entendeu que tal ato normativo não excluiu os trabalhadores que já gozavam do auxílio-doença acidentário antes da entrada em vigor do ACT 2014/2015. 5. Divergência jurisprudencial demonstrada, nos moldes do art. 896, "b", da CLT. Recurso de revista conhecido e provido" (RR-899-19.2019.5.13.0010, 1ª Turma, Relator Ministro Hugo Carlos Scheuermann, DEJT 16/9/2022).

7.1.3. Violação de Lei Federal e da Constituição Federal

A terceira hipótese está prevista na alínea *"c"* do art. 896 da CLT, que cuida da violação literal de disposição de lei federal ou afronta direta e literal à Constituição Federal.

Estevão Mallet explica que a violação à letra de dispositivo legal tem origem *"no art. 76, da Constituição de 1934, que, disciplinando o recurso extraordinário para a Corte Suprema, estabeleceu o seu cabimento no caso de decisão proferida 'contra literal disposição de tratado ou lei federal'. As Constituições subsequentes, de 1937 e 1946, mantiveram-se presas à ideia de que a ofensa deveria estar ligada à letra da lei, no que não foram seguidas, contudo, nem pela Constituição de 1967 nem tampouco, pela de 1988. Esta última, por exemplo, ao tratar do recurso especial e do extraordinário, alude simplesmente à contrariedade a dispositivo constitucional ou de lei federal, sem exigir contrariedade ligada à letra do dispositivo violado"*.[257]

A evolução da previsão do cabimento nas Constituições Federais (a partir da Constituição de 1967) se mostra adequado, além de harmonizar com o direito comparado. Isto porque, condicionar a literalidade, nada mais é do que prestigiar apenas o método gramatical de interpretação da lei, que é considerado o mais simplista de todos é o mais falho.

A violação deve ser à Lei Federal e não à Portaria. Muito se discutiu sobre a possibilidade de Recurso de Revista por violação à Portaria n. 3.214/78 do Ministério do Trabalho. O TST já se posicionou no sentido de que não é cabível, conforme ementas abaixo transcritas:

> EMBARGOS À SDI — PORTARIA N. 3.214/78 — recurso de revista não conhecido — afronta ao art. 896, *'c'*, da CLT não configurada. Portaria, que não deixa de ser "ato normativo", não viabiliza processamento de recurso de revista, dado que o legislador optou pela locução "lei federal" (art. 896, letra c, da CLT), que tem campo de abrangência restrito, natureza específica e que é fruto de processo de elaboração, formal e material, privativo do Poder Legislativo. Recurso de embargos não conhecido. (RR. n. 302.806-60.1996.5.04.5555, relator Ministro Milton de Moura França, Data de julgamento: 13.9.1999, Subseção I Especializada em Dissídios Individuais, Data da Publicação: 8.10.1999)
>
> RECURSO DE REVISTA. LEI 13.015/2014. HORAS EXTRAS. COMPENSAÇÃO DE JORNADA. NÃO CUMPRIMENTO DOS PRESSUPOSTOS DO § 1º-A DO ART. 896 DA CLT. É inviável o conhecimento do recurso de revista quando não forem preenchidos os requisitos previstos no art. 896, § 1º-A, da CLT. ADICIONAL DE PERICULOSIDADE. CONTATO INTERMITENTE COM INFLAMÁVEIS. Não se constata violação ao art. 193 da CLT, pois o

(257) MALLET, Estêvão. *Do Recurso de Revista no Processo do Trabalho*. São Paulo: LTr, 1995. p. 113.

reclamante trabalhava adentrando recorrentemente o ambiente onde se encontravam armazenados líquidos inflamáveis (Incidência na espécie da Súmula 364 do TST). Acrescente-se que não se pode conhecer de recurso de revista a partir de suposta violação a Portaria do Ministério do Trabalho. Os arestos trazidos não são aptos para ensejar o conhecimento do Recurso de Revista por serem inespecíficos (Súmula 296 desta Corte). Não havendo alteração na sucumbência, os honorários periciais continuam a cargo da reclamada. (...) (RR-592-68.2014.5.04.0373, 5ª Turma, Relator Ministro Joao Batista Brito Pereira, DEJT 20/10/2017).

Não poderá ser uma afronta indireta, reflexa ou disfarçada, como a violação genérica ao inciso II do art. 5º da Constituição Federal. A correta indicação do dispositivo de lei tido como violado é pressuposto de validade para conhecimento do Recurso de Revista, conforme dispõe o item I da Súmula n. 221 do TST, a seguir transcrito:

RECURSO DE REVISTA. VIOLAÇÃO DE LEI. INDICAÇÃO DE PRECEITO. A admissibilidade do recurso de revista por violação tem como pressuposto a indicação expressa do dispositivo de lei ou da Constituição tido como violado.

A correta indicação do dispositivo violado é requisito para o conhecimento do Recurso de Revista, conforme se pode verificar da Orientação Jurisprudencial n. 335[(258)] e da Súmula n. 459[(259)] do TST.

Em setembro de 2012, a Súmula n. 221 foi alterada com o cancelamento do item II cuja redação estabelecia "Interpretação razoável de preceito de lei, ainda que não seja a melhor, não dá ensejo à admissibilidade ou ao conhecimento de recurso de revista ou de embargos com base, respectivamente, na alínea *"c"* do art. 896 e na alínea *"b"* do art. 894 da CLT. A violação há de estar ligada à literalidade do preceito." Referido cancelamento nos faz concluir que interpretação de lei fora do razoável também é violação.

Sobre o referido item II da Súmula n. 221 do TST, assim é a doutrina de Estevão Mallet:

> "Não se compreende, porém, o que venha a ser interpretação que é razoável, mesmo não sendo a melhor. A interpretação dada ou é correta ou errada. Interpretação razoável, se não é a correta, é errada, não podendo, de modo algum, prevalecer. Por isso mesmo é que se criaram tanto o Tribunal Superior do Trabalho, como os demais Tribunais Superiores: para apontar, dentre as diversas interpretações surgidas no dia a dia da aplicação do

(258) 335. CONTRATO NULO. ADMINISTRAÇÃO PÚBLICA. EFEITOS. CONHECIMENTO DO RECURSO POR VIOLAÇÃO DO ART. 37, II E § 2º, DA CF/88 (DJ 4.5.2004). A nulidade da contratação sem concurso público, após a CF/88, bem como a limitação de seus efeitos, somente poderá ser declarada por ofensa ao art. 37, II, se invocado concomitantemente o seu § 2º, todos da CF/88.

(259) Súmula n. 459 do TST. RECURSO DE REVISTA. NULIDADE POR NEGATIVA DE PRESTAÇÃO JURISDICIONAL (atualizada em decorrência do CPC de 2015) — Res. n. 219/2017, DEJT divulgado em 28, 29 e 30.6.2017 — republicada — DEJT divulgado em 12, 13 e 14.07.2017O conhecimento do recurso de revista, quanto à preliminar de nulidade, por negativa de prestação jurisdicional, supõe indicação de violação do art. 832 da CLT, do art. 489 do CPC de 2015 (art. 458 do CPC de 1973) ou do art. 93, IX, da CF/1988.

direito, aquela que é a correta e que deverá ser seguida, porque, como observa com toda propriedade Greco Filho, não pode o comando legal comportar, objetivamente, "duas interpretações contraditórias e igualmente aceitáveis". De interpretação razoável poder-se-ia falar, quando muito, nos casos de julgamento por equidade, não quando se trata de solucionar a lide com aplicação das normas vigentes (CPC, art. 126)."(260)

O mencionado cancelamento é um avanço da jurisprudência, nos mesmos moldes do que ocorrerá na Constituição de 1967, rompendo a tradicional exigência de violação à literalidade, concebida nas constituições anteriores.

A simples interpretação divergente de lei não significa violação, mas uma interpretação fora do razoável pode ser considerada violação de lei. É o que ocorre nas ações de danos morais. De acordo com referido item cancelado, não seria possível ao TST apreciar recursos em que se discute o valor deferido. Com o cancelamento, é possível se falar em Recurso de Revista por violação ao art. 944, parágrafo único do Código Civil.

Neste sentido já vem decidindo o Tribunal Superior do Trabalho(261), o que antes de setembro de 2009 encontrava óbice no item II da Súmula n. 221:

> "AGRAVO. DANO MORAL. VALOR DA INDENIZAÇÃO. PROPORCIONALIDADE. APLICAÇÃO DO ART. 944 DO CÓDIGO CIVIL. PROVIMENTO.
>
> Esta Corte Superior tem, por reiteradas vezes, revisto os valores das condenações arbitradas a título de indenização por dano moral, adequando-os ao mandamento constante do art. 944 do Código Civil, o qual estabelece que a reparação deve ser proporcional ao agravo sofrido pela vítima.
>
> Agravo a que se dá provimento.
>
> AGRAVO DE INSTRUMENTO. DANO MORAL. VALOR DA INDENIZAÇÃO. PROPORCIONALIDADE. VIOLAÇÃO DO ART. 944 DO CÓDIGO CIVIL. PROVIMENTO.
>
> Diante da possibilidade de afronta ao art. 944 do Código Civil, o provimento do agravo de instrumento para o destrancamento do recurso de revista é medida que se impõe.
>
> Agravo de instrumento a que se dá provimento.
>
> (...)
>
> 4. DANO MORAL. VALOR DA INDENIZAÇÃO. PROPORCIONALIDADE. VIOLAÇÃO DO ART. 944 DO CÓDIGO CIVIL. PROVIMENTO.
>
> A conduta do superior hierárquico da reclamante, o qual constantemente a xingava e a maltratava na frente dos seus colegas de trabalho, expondo-a a situações humilhantes e vexatórias, é reprovável, tendo aptidão para causar abalo emocional na empregada e gerar reparação pecuniária por dano moral.

---

(260) MALLET, Estêvão. *Do Recurso de Revista no Processo do Trabalho*. São Paulo: LTr, 1995. p. 114.

(261) RR — 25540-23.2008.5.10.0016. Data de Julgamento: 4.5.2011, relator Ministro: Guilherme Augusto Caputo Bastos, 2ª Turma, Data de Publicação: DEJT 13.5.2011.

Contudo, embora o reclamado detenha capacidade econômica reconhecidamente avantajada, a fixação do quantum indenizatório em R$ 200.000,00 ultrapassa os limites da razoabilidade e da proporcionalidade, em desrespeito ao mandamento constante no art. 944 do Código Civil.

Assim, diante da existência de evidente desproporção entre o evento danoso e o valor da indenização, necessária a redução do quantum indenizatório para o valor de R$ 50.000,00, levando-se em conta parâmetros desta Corte Superior, conforme recentes julgados.

Recurso de revista conhecido e provido."

E não poderia ser diferente, pois a finalidade do Tribunal Superior do Trabalho é de conferir aos jurisdicionados segurança jurídica, razão pela qual o cancelamento do item II da Súmula n. 221 fez com que questões que ainda não se tratam de violação direta de lei possam ser apreciadas em sede de Recurso de Revista diante da ausência de razoabilidade. Neste sentido, também vem se posicionando o Superior Tribunal de Justiça[262], conforme decisão a seguir transcrita:

"RECURSO ESPECIAL. CIVIL. AÇÃO DE INDENIZAÇÃO. DANOS MORAIS. INSCRIÇÃO INDEVIDA NO CADASTRO DE PROTEÇÃO AO CRÉDITO. PROTESTO INDEVIDO DE TÍTULO. RESPONSABILIDADE OBJETIVA. INDENIZAÇÃO. CABIMENTO. *QUANTUM* INDENIZATÓRIO. REDUÇÃO.

Não resta caracterizada qualquer ofensa ao art. 535, II, do Estatuto Processual Civil, se o Tribunal de origem aprecia fundamentadamente os dispositivos invocados pelo embargante. De acordo com a jurisprudência desta Corte, o dano moral decorre do próprio ato lesivo de inscrição indevida junto aos órgãos restritivos de crédito. Precedentes... 3. Constatado evidente exagero ou manifesta irrisão na fixação, pelas instâncias ordinárias do montante indenizatório do dano moral, em flagrante violação aos princípios da razoabilidade e da proporcionalidade, é possível a revisão, desta Corte, da aludida quantificação. Precedentes. 4. Inobstante a efetiva ocorrência do dano e o dever de indenizar, há de se considerar, na fixação do quantum indenizatório, as peculiaridades do caso em questão — vale dizer, o valor do título protestado, o grau de culpa da recorrente, a repercussão do fato danoso, a inexistência de informação sofre o desfazimento concreto de negócio, exceto indicação sobre uma compra à prazo de utensílio doméstico. 5. Consideradas, portanto, as particularidades do caso em questão e os princípios de moderação e da razoabilidade, o valor fixado pelo Tribunal *a quo*, a título de danos morais, mostra-se excessivo, não se limitando à compensação dos prejuízos advindos do evento danoso, pelo que se impõe a respectiva redução a R$ 5.200,00 (cinco mil e duzentos reais). 6. Recurso conhecido parcialmente e, nesta parte, provido.

Conforme já mencionado, desde a Constituição Federal de 1967, foi retirada do ordenamento a interpretação razoável como óbice para o Recurso Extraordinário, o que só em 2012 foi reconhecido pelo TST, com o cancelamento do item II da sua Súmula n. 221.

---

(262) Processo REsp 705663/RJ ; RECURSO ESPECIAL 2004/0166887-0, relator Ministro JORGE SCARTEZZINI (1113) Órgão Julgador R4 — QUARTA TURMA — Data do Julgamento 17.2.2005 Data da Publicação/Fonte DJ 18.4.2005. p. 351.

Ou seja, ainda que não haja violação direta, a parte deve demonstrar a ausência de razoabilidade na interpretação do dispositivo legal e indicá-lo expressamente nas razões recursais.

Sobre a violação da norma na sua extensão, assim é a doutrina de Antônio Álvares da Silva:

> "Este percurso da norma ao fato, junto ao qual ela se plenifica, chama-se aplicação do Direito. A norma é um 'indicador de caminho (Wegweiser) e ele estará em ordem se, nas relações normais, atinge sua finalidade. Os fatos descritos na norma são uma estrutura imperfeita (Grobstruktur), cabendo ao intérprete assumir a garantia da integração, situando nos fatos o que é genericamente descrito'.
>
> A aplicação da lei pode verificar-se de duas maneiras:
>
> a) diretamente, quando o destinatário, cumprimento espontaneamente a norma, guia por ela sua conduta;
>
> b) indiretamente, quando se faz necessária a explicitação do conteúdo para a exata compreensão do sentido. Neste caso, intermedeia-se entre a norma e o fato o fenômeno da interpretação, ou seja, da atividade esclarecedora de seu conteúdo feito pelo jurista e pelo juiz.
>
> Esta é, no sentir de Pawlowsky, a missão fundamental da ciência do direito, ou seja, a criação de 'normas particulares' pelo juiz e pelo jurista para a aplicação do Direito aos casos concretos, quando a norma legal é insuficiente, confusa ou inadequada, pois é através delas que o Direito se torna apto a reger a inumerável gama de variedades dos fatos, criando a regra específica (Normbildung) para a solução do caso concreto através de lei a ele adaptadas pela interpretaçãoo (Rechtsgewinnung) tutelando-se com eficácia os interesses humanos e equacionando os problemas sociais.
>
> (...)
>
> Neste aspecto é que devemos ver a verdadeira função do Judiciário na sociedade moderna. Das interpretações sucessivas, sobe-se a uma cristalização da jurisprudência que, unificada pelos processos de uniformização, é expressa prescritivamente, em linguagem normativa, como se fosse uma segunda natureza da lei.
>
> O juiz passa a ser um legislador de segunda natureza, ao completar o enunciado imperfeito — Grobstruklur — com o acréscimo indispensável dos casos concretos que se vai superpondo sobre a norma com o tempo.
>
> Esta missão, pessoal e intransferível, é um necessário ajuste da impessoalidade de norma ao fato, para que se resolva, com o maior grau de justiça possível, a situação controvertida."[263]

---

(263) SILVA, Antônio Álvares da. *Do Recurso Extraordinário no Direito Processual Brasileiro*. São Paulo: Revista dos Tribunais, 1999. p. 86-88.

Por tal motivo é que interpretação não razoável de preceito de lei pode caracterizar sua violação e, portanto, passível de Recurso de Revista, com base na alínea *"c"* do art. 896 da CLT.

A grande dificuldade é estabelecer quando estamos diante de uma violação ou simples interpretação. A simples interpretação divergente não acarreta violação para fins de Recurso de Revista, mas como já sustentado neste trabalho, o que caracteriza violação é a interpretação fora do razoável.

E, é aí que a doutrina passa a ser relevante para a interposição do Recurso de Revista. Se grande parte da doutrina interpreta determinado dispositivo de uma forma e o Tribunal Regional do Trabalho lhe confere interpretação totalmente diversa, estamos diante de uma violação da norma, por interpretação fora do razoável, o que também pode ser verificado por interpretação contrária a outras decisões judiciais. Nesta hipótese, poder-se-ia invocar decisões do próprio Regional e até de primeiro grau para demonstrar a violação por interpretação fora do razoável.

Ao comentar a redação da alínea *"c"* do art. 896 da CLT, pondera Antônio Álvares da Silva que a violação não está ligada tão somente a literalidade, ao assim dispor:

> "A redação é infeliz e inexata, pois, raciocinando negativamente (e toda negação é um reforço da afirmação), poder-se-ia concluir que há um tipo de violação — a que não seja literal — e um outro tipo de 'afronta', a que não seja direta e literal, tolerados pela lei, o que não é absolutamente verdade.
>
> Por outro lado, ao falar em 'violação literal', poder-se-ia entender que o legislador só permitiu a interpretação literal dos dispositivos para efeito de violação, o que seria a mais absurda e perversa limitação, visto que reduziria o campo de atividade do intérprete e fecharia à fecundidade da interpretação o conteúdo das leis.
>
> A violação e a 'afronta' não precisam de adjetivação nem será por ela que se hão de caracterizar-se. Trata-se de conceito complexo a ser fixado pela interpretação, que leva em conta não só a norma e sua possibilidade semântica, como também o contexto social em que se aplica.
>
> Deduzindo o julgador, depois da atividade interpretativa fundada, que, na aplicação, se transbordaram os limites da norma, a conclusão necessária será que houve violação à lei ou 'afronta' à Constituição. Não se há de perquirir, além desta verificação, por literalidade ou afronta direta porque estes conceitos não existem.
>
> Caso contrário, teríamos, além da primeira etapa, que consiste em verificar a existência da violação (o que já é uma grande tarefa hermenêutica), uma outra, mais difícil ainda: a de saber se ela é indireta e não literal ou direta e literal para tolerar a primeira e rejeitar a segunda."[264]

(264) SILVA, Antônio Álvares da. *Do Recurso Extraordinário no Direito Processual Brasileiro*. São Paulo: Revista dos Tribunais, 1999. p. 98-99.

Contudo, a grande maioria da doutrina é no sentido contrário, ou seja, de que é necessária uma violação à letra da lei, ou seja, algo flagrante, percebível a primeira vista, com o que não concordamos, posto que, conforme visto acima, violação da norma não se limita a sua interpretação literal.

A indicação do dispositivo legal ou constitucional não significa dizer que é necessário utilizar expressões como "contrariar", "violar", "ferir" etc., conforme entendimento pacificado pelo TST, na OJ nº 257(265) da SDI-I do TST. Basta a invocação expressa do dispositivo.

A Súmula n. 400 do Supremo Tribunal Federal, possui a mesma redação do cancelado item II da Súmula n. 221 do TST:

> STF Súmula n. 400 — 3.4.1964 — DJ de 8.5.1964. p. 1.239; DJ de 11.5.1964. p. 1.255; DJ de 12.5.1964. p. 1.279. Decisão que Deu Razoável Interpretação à Lei — Recurso Extraordinário — Cabimento. Decisão que deu razoável interpretação à lei, ainda que não seja a melhor, não autoriza recurso extraordinário pela letra *"a"* do art. 101, III, da Constituição Federal.

Entretanto, com os mesmos fundamentos aqui expostos, referida súmula do STF já vem sofrendo diversas críticas da doutrina e dos Tribunais, conforme revela o Ministro Sálvio Figueiredo, do Superior Tribunal de Justiça: "*O Enunciado n. 400 da Súmula STF é incompatível com a teleologia do sistema recursal introduzido pela Constituição de 1988*".(266)

Porém, é de se notar o que ressalta Estevão Mallet:

> "De qualquer modo, o recurso de revista é pertinente em caso de ofensa tão somente a norma com força de lei, tal como o antigo decreto-lei, e a atual medida provisória, a lei complementar ou a lei ordinária, excluídos, via de consequência, o decreto, a portaria, a instrução e a ordem de serviço. Tendo força de lei e sendo aplicável ao caso, admite-se arguição de ofensa até mesmo a direito estrangeiro. Violação de costume, todavia, não permite o recurso."(267)

Equiparam-se à Lei Federal os Tratados, pois ao serem inseridos no ordenamento jurídico pátrio equiparam-se a lei ordinária, exceto na hipótese do art. 5º, § 3º da CF/88. Portanto, sua violação merece enfrentamento por meio de Recurso de Revista, o que também ocorre com o direito comparado, conforme adverte Estevão Mallet:

(265) 257. RECURSO DE REVISTA. FUNDAMENTAÇÃO. VIOLAÇÃO DE LEI. VOCÁBULO VIOLAÇÃO. DESNECESSIDADE (alterada em decorrência da redação do inciso II do art. 894 da CLT, incluído pela Lei n. 11.496/2007) — Res. n. 182/2012, DEJT divulgado em 19, 20 e 23.4.2012. A invocação expressa no recurso de revista dos preceitos legais ou constitucionais tidos como violados não significa exigir da parte a utilização das expressões "contrariar", "ferir", "violar" etc.

(266) (STJ — 4ª T., Proc. REsp. n. 5.936-PR, rel. Min. Sálvio de Figueiredo, DJU de 7.10.1991. p. 13.971).

(267) MALLET, Estêvão. *Do Recurso de Revista no Processo do Trabalho*. São Paulo: LTr, 1995. p. 114.

"Por outro lado, compreende a expressão 'lei federal', até mesmo, o direito estrangeiro, quando é ele aplicável à relação litigiosa, porque se viola, em última análise, a norma de direito interno que remete para a legislação de outro país".(268)

Evidentemente que a natureza da lei federal violada (se trabalhista, civil ou ainda norma processual) é absolutamente irrelevante, pois não se limita a Justiça do Trabalho discutir questões relacionadas à legislação trabalhista ou a dispositivos processuais previstos na CLT.

Aliás, com a entrada em vigor do novo Código de Processo Civil, necessário será estabelecer quais dispositivos serão aplicáveis ou não ao processo do trabalho. Tarefa não muito simples, que ocasionará diversas discussões nos processos trabalhistas e exigirá posicionamento do Tribunal Superior do Trabalho.

Quando se fala em violação sobre atos jurídicos firmados entre as partes, como por exemplo, o Plano de Cargos e Salários da empresa ou ainda um Regimento Interno, não se pode falar em Recurso de Revista com base na alínea "c" do art. 896 da CLT, pois não se trata de Lei Federal, o que não ocorre quando se viola dispositivo legal que fixa critérios de interpretação da cláusula contratual. Assim é o exemplo de Estevão Mallet:

> "Se, por exemplo, a decisão afirma que as expressões A, B e C traduzem a ideia X, a discussão diz respeito tão somente ao negócio jurídico litigioso, não ensejando o oferecimento de recurso de revista. Contrariamente, se afirma o juiz que o texto literal da cláusula A, que conduz ao resultado Y, deve prevalecer sobre a intenção dos contratantes, que levaria ao resultado Z, o que ocorreu não foi simples má interpretação de dispositivo contratual, mas violação ostensiva da regra do art. 85, do Código Civil, que manda atender, nas declarações de vontade, mais à sua intenção que ao sentido da linguagem. A revista é de cabimento induvidoso no último caso."(269)

Se o acórdão Regional declara expressamente que a interpretação da cláusula regimental se deu de forma diversa da que determina a Lei, será possível Recurso de Revista por violação desta lei.

7.1.3.1. Decisões

Sobre a hipótese da alínea *"c"* do art. 896 da CLT, seguem abaixo algumas decisões do Tribunal Superior do Trabalho que conheceram do Recurso de Revista para análise do mérito.

---

(268) *Ibidem*, p. 120.

(269) MALLET, Estêvão. *Do Recurso de Revista no Processo do Trabalho*. São Paulo: LTr, 1995. p. 124.

1º Acidente do trabalho

TST conheceu o RR tão somente quanto à violação ao art. 950 do Código Civil, no que tange ao pagamento da pensão mensal em parcela única. Segundo o TST a análise da forma de pagamento da indenização por dano material na modalidade lucro cessante (se em parcelas únicas ou mensais) é prerrogativa do magistrado. Contudo, em havendo morte do empregado, a condenação não deve ser em parcela única por falta de previsão legal.

> I. AGRAVO DA RECLAMADA. RECURSO DE REVISTA. REGIDO PELA LEI 13.467/2017. TRANSCENDÊNCIA JURÍDICA RECONHECIDA. ACIDENTE DO TRABALHO. ÓBITO DO EMPREGADO. INDENIZAÇÃO POR DANO MATERIAL DEVIDA AOS DEPENDENTES. PENSÃO. PAGAMENTO EM PARCELA ÚNICA. IMPOSSIBILIDADE. Constatado possível equívoco na decisão monocrática em que não conhecido o recurso de revista da Reclamada, merece provimento o agravo. Agravo provido. II. RECURSO DE REVISTA DA RECLAMADA. REGIDO PELA LEI 13.467/2017. TRANSCENDÊNCIA JURÍDICA RECONHECIDA. ACIDENTE DO TRABALHO. ÓBITO DO EMPREGADO. INDENIZAÇÃO POR DANO MATERIAL DEVIDA AOS DEPENDENTES. PENSÃO. PAGAMENTO EM PARCELA ÚNICA. IMPOSSIBILIDADE. O Tribunal Regional manteve a sentença em que deferido o pagamento, em parcela única, da indenização por danos materiais aos dependentes do *de cujus*, reformando, apenas, para aplicar o redutor de 30%. Nos termos do art. 950, parágrafo único, do Código Civil, a indenização por danos materiais pode ser requerida em parcela única pelo empregado que, em razão de acidente de trabalho, teve a sua capacidade de trabalho reduzida de modo total ou parcial. Portanto, o art. 950, parágrafo único, do Código Civil garante à própria vítima a faculdade de pleitear o pagamento de indenização por danos materiais em parcela única, não sendo pertinente a sua aplicação aos casos em que o acidente de trabalho ocasionou a morte do empregado. Em tais casos, o pagamento de indenização por danos materiais aos dependentes do falecido empregado encontra amparo no art. 948, II, do Código Civil, que garante a "prestação de alimentos às pessoas a quem o morto os devia, levando em conta a duração provável da vida da vítima". Vale ressaltar que a jurisprudência desta Corte Superior já se firmou no sentido de que, nos casos de acidente de trabalho que resultaram na morte do trabalhador, não se aplica o disposto no art. 950, parágrafo único, do Código Civil. Julgados da Subseção I Especializada em Dissídios Individuais e de Turmas desta Corte. Recurso de revista conhecido e provido (Ag-RR-699-38.2017.5.12.0033, 5ª Turma, Relator Ministro Douglas Alencar Rodrigues, DEJT 10/6/2022).

Recurso de Revista conhecido para impor condenação decorrente da responsabilidade civil, por violação ao art. 950 do Código Civil.

> AGRAVO DE INSTRUMENTO. RECURSO DE REVISTA. DO JUÍZO PRIMEIRO DE ADMISSIBILIDADE. Muito embora o juízo primeiro de admissibilidade do Regional seja revestido de caráter provisório, tendo em vista que sujeito ao crivo revisional do TST, quando da interposição de agravo de instrumento, é elaborado de forma ampla, não estando restrito somente à análise dos pressupostos extrínsecos de admissibilidade comuns a todos os recursos, mas alcança também a verificação do preenchimento dos pressupostos intrínsecos do recurso de revista, conforme se depreende do §1º do art. 896 da CLT, não se configurando, inobservância do princípio do duplo grau de jurisdição. INDENIZAÇÃO PELOS DANOS MATERIAIS. DOENÇA OCUPACIONAL. INCAPACIDADE

LABORAL. PENSÃO MENSAL. Aconselhável o provimento do agravo de instrumento para melhor exame do recurso de revista por provável violação ao art. 950 do Código Civil. Agravo de Instrumento provido. II — RECURSO DE REVISTA. INDENIZAÇÃO PELOS DANOS MATERIAIS. DOENÇA OCUPACIONAL. PENSÃO MENSAL. O Tribunal Regional, apesar de registrar as premissas fáticas que levaram ao reconhecimento do nexo causal entre a doença ocupacional acometida pela Reclamante e as atividades desenvolvidas no bojo da relação de emprego junto à Reclamada, além da incapacidade laboral da obreira para o exercício de suas atividades, entendeu a Corte a quo ser indevida a pensão mensal. Conforme se depreende da fundamentação regional, o Laudo Técnico Pericial reconheceu o nexo de causalidade, no sentido de que a atividade laboral (costureira) contribuiu para o agravamento dos sintomas sentidos pela Reclamante (síndrome do túnel do carpo). Também consta a informação, prestada pelo expert, de que a capacidade laboral da Reclamante está comprometida. O Tribunal Regional registra, ainda, que o INSS concedeu à Reclamante o benefício previdenciário. Diante desses e de outros elementos constantes dos autos, o Tribunal Regional concluiu pela demonstração do dano e do nexo de causalidade. Não obstante a tudo isso, a Corte Regional negou o direito ao pensionamento por entender que "apesar do comprometimento de sua capacidade laboral para o cargo que exercia, não ficou configurada a redução do valor do seu trabalho, em razão do gravame à saúde que lhe foi infligido, o que inviabiliza, por falta de substrato fático a indenização por danos materiais." Ocorre que, o art. 950 do Código Civil determina a concessão de pensão às vítimas, que não puderem exercer o seu ofício ou profissão, ou que tenham diminuída a capacidade de trabalho, independentemente de a incapacidade laboral ser de caráter permanente ou temporário, fato observado nos presentes autos. Em outros termos, ainda que a lesão seja temporária, é cabível a indenização, na modalidade de pensão mensal, até que ocorra a convalescença, ante o que preceitua o princípio da restituição integral, que informa a Responsabilidade Civil. No caso concreto, fica ainda mais evidente o direito postulado pela recorrente, na medida em que restou comprovado nos autos o nexo de causalidade entre as atividades desenvolvidas pela obreira na empregadora(costureira) e a doença ocupacional(síndrome do túnel do carpo) de que foi acometida, que lhe acarretou, conforme informações descritas no laudo pericial, "incapacidade total, permanente e multiprofissional para todas as atividades que envolvam exposição aos mesmos fatores biomecânicos e organizacionais da função de costureira e de auxiliar de produção (cf. fls. 691)." Ante tais premissas que evidenciam a presença dos elementos configuradores da responsabilidade civil e com fundamento no art. 950, do CC, merece ser reformado acórdão regional. Precedentes desta Corte. Recurso de Revista conhecido e provido. (RR — 66600-86.2011.5.21.0008, relator Desembargador convocado: Américo Bedê Freire, Data de Julgamento: 30.9.2015, 6ª Turma, Data de Publicação: DEJT 2.10.2015)

1. AGRAVO DO RECLAMANTE. MATÉRIA OBJETO DO AGRAVO DE INSTRUMENTO EM RECURSO DE REVISTA. ACIDENTE DE TRABALHO. PERCENTUAL ARBITRADO PARA O CÁLCULO DA PENSÃO MENSAL DEVIDA A TÍTULO DE DANOS MATERIAIS. INCAPACIDADE TOTAL E PERMANENTE PARA A FUNÇÃO ANTERIORMENTE EXERCIDA. PERCENTUAL DE 100% (CEM POR CENTO) DA REMUNERAÇÃO DO TRABALHO PARA O QUAL SE INABILITOU. Ante as razões apresentadas pelo agravante, afasta-se o óbice oposto no despacho agravado. Agravo conhecido e provido. 2. AGRAVO DE INSTRUMENTO EM RECURSO DE REVISTA DO RECLAMANTE. ACIDENTE DE TRABALHO. PERCENTUAL ARBITRADO PARA O CÁLCULO DA PENSÃO MENSAL DEVIDA A TÍTULO DE DANOS MATERIAIS. INCAPACIDADE TOTAL E PERMANENTE PARA A FUNÇÃO ANTERIORMENTE EXERCIDA. PERCENTUAL DE 100% (CEM POR CENTO) DA REMUNERAÇÃO DO TRABALHO PARA O

QUAL SE INABILITOU. 1. Hipótese em que o Tribunal Regional fixou o percentual para a indenização por danos materiais em 35% da remuneração, não obstante a incapacidade total e permanente para a função anteriormente exercida pelo empregado. 2. Aparente violação ao art. 950 do CC, a ensejar o provimento do agravo de instrumento, nos termos do artigo 3º da Resolução Administrativa 928/2003. Agravo de instrumento conhecido e provido. 3. RECURSO DE REVISTA DO RECLAMANTE. ACIDENTE DE TRABALHO. PERCENTUAL ARBITRADO PARA O CÁLCULO DA PENSÃO MENSAL DEVIDA A TÍTULO DE DANOS MATERIAIS. INCAPACIDADE TOTAL E PERMANENTE PARA A FUNÇÃO ANTERIORMENTE EXERCIDA. PERCENTUAL DE 100% (CEM POR CENTO) DA REMUNERAÇÃO DO TRABALHO PARA O QUAL SE INABILITOU. Estando o empregado incapacitado para os serviços prestados antes do acidente do trabalho, o percentual a ser considerado para a pensão mensal é de 100% (cem por cento) do último salário percebido pelo autor, nos termos do art. 950 do CC. Precedentes da SBDI-1 do TST. Recurso de revista conhecido e provido. (...) (Ag-RR-239800-31.2009.5.02.0042, 1ª Turma, Relator Ministro Hugo Carlos Scheuermann, DEJT 14/6/2024).

I — AGRAVO DO RECLAMANTE. AGRAVO DE INSTRUMENTO EM RECURSO DE REVISTA. 1. RESSARCIMENTO DE DESPESAS. AUSÊNCIA DE COMPROVAÇÃO. RECURSO AMPARADO EM ARESTO INSERVÍVEL E EM DISPOSITIVO LEGAL IMPERTINENTE. 2. DANOS MORAIS. DANOS ESTÉTICOS. PRETENSÃO RECURSAL DE MAJORAÇÃO. RECURSO AMPARADO EM ARESTO INSERVÍVEL. ÓBICES PROCESSUAIS QUE IMPEDEM A ANÁLISE DAS MATÉRIAS, A TORNAR INÓCUA A MANIFESTAÇÃO DESTA CORTE SOBRE EVENTUAL TRANSCENDÊNCIA DA CAUSA. Impõe-se confirmar a decisão monocrática, mediante a qual se denegou seguimento ao agravo de instrumento da parte. Agravo conhecido e não provido, nos temas. 3. ACIDENTE DO TRABALHO. DANOS MATERIAIS. PENSÃO MENSAL. CONTRATO DE TRABALHO EM VIGOR. TERMO INICIAL DO PAGAMENTO DA INDENIZAÇÃO. Ante as razões apresentadas pelo agravante, afasta-se o óbice oposto no despacho agravado. Agravo conhecido e provido, no tema. II — AGRAVO DE INSTRUMENTO EM RECURSO DE REVISTA DO RECLAMANTE. ACIDENTE DO TRABALHO. DANOS MATERIAIS. PENSÃO MENSAL. CONTRATO DE TRABALHO EM VIGOR. TERMO INICIAL DO PAGAMENTO DA INDENIZAÇÃO. TRANSCENDÊNCIA DEMONSTRADA. Decisão Regional em que adotado o entendimento de que o termo inicial para cálculo da pensão seria a rescisão contratual, já que enquanto o contrato permanece vigente o reclamante não terá sofrido redução da remuneração. Aparente violação do art. 950 do CCB, nos moldes do art. 896 da CLT, a ensejar o provimento do agravo de instrumento, nos termos do artigo 3º da Resolução Administrativa nº 928/2003. Agravo de instrumento conhecido e provido. III — RECURSO DE REVISTA DO RECLAMANTE. ACIDENTE DO TRABALHO. DANOS MATERIAIS. PENSÃO MENSAL. CONTRATO DE TRABALHO EM VIGOR. TERMO INICIAL DO PAGAMENTO DA INDENIZAÇÃO. TRANSCENDÊNCIA DEMONSTRADA. 1. No presente caso, o TRT decidiu que o termo inicial para cálculo da pensão seria a rescisão contratual, já que enquanto o contrato permanece vigente o reclamante não terá sofrido redução da remuneração. 2. Entretanto, segundo entendimento jurisprudencial desta Corte, a pensão mensal decorre do direito do empregado à compensação pela redução, total ou parcial, da capacidade laborativa, possuindo natureza indenizatória diversa da remuneração percebida pela contraprestação pelo labor despendido. 3. Portanto, o acórdão do Colegiado regional, ao determinar que a pensão mensal vitalícia seja paga apenas a partir da extinção do contrato de trabalho, destoou do entendimento jurisprudencial assente neste TST, segundo o qual o contrato de trabalho com o recebimento dos salários não afasta o direito ao pensionamento. Configurada violação ao art. 950 do CCB. Nesse contexto, em se tratando de acidente de trabalho típico que causou redução parcial e permanente da capacidade de trabalho, a fixação do termo inicial do pensionamento coincide com a própria data do acidente. Recurso de revista conhecido e provido" (RR-1002574-43.2017.5.02.0473, 1ª Turma, Relator Ministro Hugo Carlos Scheuermann, DEJT 16/12/2022).

Recurso de Revista conhecido por violação ao art. 927, parágrafo único do Código Civil em razão do reconhecimento da responsabilidade civil objetiva do agente de trânsito.

> AGRAVO DE INSTRUMENTO EM RECURSO DE REVISTA. RESPONSABILIDADE CIVIL OBJETIVA. ATIVIDADE DE RISCO. AGENTE DE TRÂNSITO. ACIDENTE. MORTE. VIOLAÇÃO DO ART. 927, PARÁGRAFO ÚNICO, DO CÓDIGO CIVIL. Demonstrada a violação à lei, nos termos da alínea *"c"* do art. 896 da CLT, impõe-se o provimento do agravo de instrumento e o processamento do recurso de revista. Agravo de instrumento provido. RECURSO DE REVISTA. RESPONSABILIDADE CIVIL OBJETIVA. ATIVIDADE DE RISCO. AGENTE DE TRÂNSITO. ACIDENTE. MORTE. VIOLAÇÃO DO ART. 927, PARÁGRAFO ÚNICO, DO CÓDIGO CIVIL. Aplica-se a teoria da responsabilidade civil objetiva, nos termos do art. 927, parágrafo único, do Código Civil, nos casos de acidentes de trabalho relacionados à atividade de risco. A atividade exercida pela então empregada em favor da ré, como agente de trânsito, a coloca sob o risco de acidente acima do que ordinariamente se expõem a grande maioria dos trabalhadores, portanto, configurada a atividade de risco, nos moldes do Enunciado 38, da I Jornada de Direito Civil. Em razão disso, deve-se aplicar, *in casu*, o parágrafo único, do art. 927 do Código Civil (responsabilidade independentemente de culpa). É o que se denomina "risco criado", em que é devida a indenização quando há acidente típico de trabalho, aplicando-se a responsabilidade objetiva ao empregador. Tal Teoria representa uma ampliação do conceito do risco-proveito e, por conta disso, é mais equitativa para a vítima, que não tem de provar que o dano resultou de uma vantagem ou de um benefício obtido pelo causador do dano. Deve este assumir as consequências de sua atividade. O dano sofrido pela então empregada, e, por conseguinte, por sua família, é incontroverso, sobretudo em razão do resultado morte. A atividade da ex-empregada era atividade de risco (agente de trânsito). O acidente ocorreu quando ela estava a serviço da reclamada. Foi a ex-trabalhadora e sua família quem sofreu, pagou pelos riscos da atividade econômica. Por isso, entendo que a reclamada deve responder pelo dano sofrido, independente de culpa. Recurso de Revista conhecido e provido. (RR — 110-83.2013.5.02.0447, relator Desembargador convocado: Cláudio Armando Couce de Menezes, Data de Julgamento: 16.9.2015, 2ª Turma, Data de Publicação: DEJT 25.9.2015)

Recurso de Revista conhecido por violação ao art. 927, parágrafo único, do Código Civil em razão do reconhecimento da responsabilidade civil objetiva de trabalhador cuja atividade envolve manejo de animais.

> DANO MORAL. ACIDENTE DO TRABALHO. RISCO ACENTUADO. RESPONSABILIDADE OBJETIVA DO EMPREGADOR. MANEJO COM GADO. 1. O novo Código Civil Brasileiro manteve, como regra, a teoria da responsabilidade civil subjetiva, calcada na culpa. Inovando, porém, em relação ao Código Civil de 1916, passou a prever, expressamente, a responsabilidade civil objetiva do empregador, com fundamento no risco gerado pela atividade empresarial (art. 927, parágrafo único, do Código Civil). Tal acréscimo apenas veio a coroar o entendimento de que os danos sofridos pelo trabalhador, em razão da execução do contrato de emprego, conduzem à responsabilidade objetiva do empregador, quando a atividade do empregado é considerada de risco. 2. No caso dos autos,

> o acidente de trabalho ocorreu quando o autor efetuava a tarefa de fixar o brinco de identificação na orelha do gado, sendo necessário, para tanto, colocar o animal em um compartimento que se assemelha a uma jaula (brete), usado para reter os bovinos em tratamento veterinário. O reclamante encontrava-se sobre as madeiras que cercavam o "brete" quando o animal se agitou, fazendo com que uma das madeiras atingisse a perna do obreiro. Tal infortúnio ocasionou uma "artrose pós-traumática" no joelho esquerdo da vítima e a perda da capacidade laborativa para as funções que exercia. Atividades que envolvam o manejo de animais revestem-se de risco acentuado, porquanto expõe o trabalhador à probabilidade da ocorrência de vários possíveis sinistros causados pela conduta inopinada do animal, como no caso concreto dos autos. Diversos são os riscos conhecidos e previsíveis que podem advir de movimentos bruscos e dos sustos que podem fazer o animal comportar-se de modo a colocar em risco seu tratador, naquele momento. Apesar de a origem do risco estar no comportamento do gado, tal circunstância não elide, no caso, a responsabilidade do empregador, porquanto o risco gerado decorre da própria atividade do empregado, cujos serviços eram realizados em contato direto com o animal. Tal circunstância enseja o reconhecimento da responsabilidade objetiva do empregador pelos danos morais e materiais daí advindos, na forma do art. 927, parágrafo único, do Código Civil. 3. Recurso de Revista conhecido e provido. (RR — 245-98.2011.5.12.0023, relator Desembargador convocado: Marcelo Lamego Pertence, Data de Julgamento: 21.10.2015, 1ª Turma, Data de Publicação: DEJT 23.10.2015)

Recurso de Revista conhecido por violação ao art. 927, parágrafo único, do Código Civil em razão do reconhecimento da responsabilidade civil objetiva no acidente ocorrido com motorista de caminhão durante deslocamento em rodovia.

> RECURSO DE REVISTA. RESPONSABILIDADE CIVIL. ACIDENTE DE TRABALHO. TEORIA DO RISCO. INCIDÊNCIA. MOTORISTA DE CAMINHÃO. DESLOCAMENTO A SERVIÇO. RODOVIA. 1. O entendimento perfilhado pela SbDI-1 do TST orienta no sentido de que o *caput* do art. 7º da Constituição Federal constitui-se tipo aberto, vocacionado a albergar todo e qualquer direito quando materialmente voltado à melhoria da condição social do empregado. 2. Cede espaço, assim, ao reconhecimento da responsabilidade objetiva do empregador, prevista no art. 927, parágrafo único, do Código Civil, quando a atividade desenvolvida pelo empregado revela-se eminentemente de risco. 3. No âmbito das relações de emprego, o conceito de atividade de risco não se aquilata necessariamente à luz da atividade empresarial em si, conforme o respectivo objeto estatutário: apura-se tendo os olhos fitos também no ofício executado em condições excepcionalmente perigosas, expondo o empregado a risco acima do normal à sua incolumidade física. Segundo a atual doutrina civilista, a vítima, e não o autor (mediato ou imediato) do dano, constitui a essência da norma insculpida no art. 927, parágrafo único, do Código Civil de 2002. 4. Inegável o risco inerente à atividade profissional que submete o empregado, motorista de caminhão, a deslocamentos em rodovias, tendo em vista os alarmantes índices de acidentes de trânsito observados nessas vias e a precariedade das estradas brasileiras. Precedentes. 5. Acidente de trabalho, com morte do empregado, no exercício de atividade profissional que lhe impunha transitar em rodovia implica responsabilidade objetiva do empregador. 6. Recurso de revista dos Reclamantes conhecido e provido. (Processo: RR — 105- 92.2012.5.03.0148. Data de Julgamento: 30.9.2015, relator Ministro: João Oreste Dalazen, 4ª Turma, Data de Publicação: DEJT 9.10.2015)

Recurso de Revista conhecido por violação aos arts. 932, inciso III, e 933 do Código Civil, no que tange à responsabilidade da empresa por acidente decorrente de disparos de arma de fogo por colega durante o serviço, pois o empregador é responsável pelos atos lesivos praticados por seus empregados no exercício da função, ainda que não tenha concorrido com culpa.

> I — AGRAVO DE INSTRUMENTO. RECURSO DE REVISTA. DANOS MORAIS E MATERIAIS — MORTE NO AMBIENTE DE TRABALHO — HOMICÍDIO — DISPARO DE ARMA DE FOGO POR COLEGA DE TRABALHO — CASO FORTUITO — AUSÊNCIA DE NEXO CAUSAL E CULPA DO EMPREGADOR. A tese de violação do art. 932, III, do Código Civil, justifica o processamento do recurso de revista para melhor exame. Agravo provido. (Com ressalva de entendimento pessoal). II — RECURSO DE REVISTA. ACIDENTE DE TRABALHO. HOMICÍDIO COMETIDO POR COLEGA DE TRABALHO. CRIME OCORRIDO QUANDO AUTOR E VÍTIMA SE ENCONTRAVAM EM SERVIÇO. RESPONSABILIDADE CIVIL DO EMPREGADOR. 1. Segundo se extrai do acórdão recorrido, o presente caso envolve a ocorrência de crime de homicídio que resultou em morte do empregado, vítima de disparos de arma de fogo perpetrados por colega de trabalho, cometido no local e em horário de trabalho. 2. Nessa hipótese, a responsabilidade da empresa empregadora é objetiva, ante os exatos termos dos arts. 932, III, e 933 do Código Civil, segundo os quais o empregador é responsável pelos atos lesivos praticados por seus empregados no exercício da função ou em razão dela, ainda que não tenha concorrido com culpa para a ocorrência do evento danoso. Precedentes. Recurso de revista conhecido e provido. (RR — 70100-82.2006.5.13.0001, redatora Ministra: Delaíde Miranda Arantes, Data de Julgamento: 14.10.2015, 2ª Turma, Data de Publicação: DEJT 23.10.2015)

Recurso de Revista conhecido por violação ao art. 186 do Código Civil, no que tange ao reconhecimento da responsabilidade subjetiva da empresa em detrimento da responsabilidade objetiva.

> I. AGRAVO DE INSTRUMENTO EM RECURSO DE REVISTA. INDENIZAÇÃO POR DANO MORAL E ESTÉTICO DECORRENTES DE ACIDENTE DO TRABALHO. Ante a possível violação do art. 186 do Código Civil, dá-se provimento ao agravo de instrumento para determinar o processamento do recurso de revista. Agravo de instrumento provido. II. RECURSO DE REVISTA. INDENIZAÇÃO POR DANO MORAL E ESTÉTICO DECORRENTES DE ACIDENTE DO TRABALHO. O ordenamento jurídico pátrio adotou, como regra, a teoria da responsabilidade subjetiva do empregador por danos causados ao empregado (CF, art. 7º, XXVIII), decorrentes de acidente do trabalho, de maneira que a reparação pretendida pressupõe o concurso dos seguintes requisitos: ação ou omissão do empregador, culpa ou dolo do agente, dano e relação de causalidade. A Corte de origem manteve a condenação da Reclamada ao pagamento de indenização por dano moral e estético decorrentes de acidente do trabalho com fundamento na teoria do risco objetivo, embora não configurado o exercício de atividade empresarial de risco. Ao assim proceder, a Corte Regional negou aplicação ao art. 186 do CC ao caso concreto, dispositivo que, por isso, restou vulnerado. Nada obstante, embora reconhecida a violação legal indicada, em face da responsabilidade objetiva declarada, o provimento do recurso de revista não se revela possível, uma vez que o quadro fático delineado no acórdão regional evidencia a culpa da Reclamada pelo acidente, consubstanciada na ausência de prevenção contra os vazamentos de produtos químicos no setor em que o Reclamante laborava, em total afronta às normas de saúde e segurança do

> trabalho. Presentes os requisitos caracterizadores da responsabilidade subjetiva, deve ser mantida a condenação ao pagamento de indenização por danos morais e estéticos, embora por fundamento distinto do consagrado na instância regional ordinária. Recurso de revista conhecido e não provido. (RR — 687-47.2011.5.02.0054, relator Ministro: Douglas Alencar Rodrigues, Data de Julgamento: 23.9.2015, 7ª Turma, Data de Publicação: DEJT 2.10.2015)

Recurso de Revista do reclamante conhecido por violação ao art. 950 do Código Civil, uma vez que o Regional reduziu o valor da indenização por danos materiais sob o fundamento de que a pensão por morte deve compensar no valor da indenização. Também conhecido por violação ao art. 515, §§ 1º e 2º do CPC/73 (art. 1.013, §§ 1º e 2º do CPC/15), uma vez que um dos fundamentos do Regional para reduzir a condenação não foi discutida em primeira instância e nem constituiu fundamento da petição inicial ou da defesa.

> I — AGRAVO DE INSTRUMENTO DA RECLAMADA. RECURSO DE REVISTA. 1. DANO MATERIAL. ACIDENTE DE TRABALHO FATAL. VALOR DA INDENIZAÇÃO. Estando a pretendida divergência jurisprudencial no corpo do acórdão, é indispensável a juntada da cópia com o inteiro teor da decisão, nos termos da Súmula n. 337 desta Corte. 2. DANO MORAL. ACIDENTE DE TRABALHO FATAL. ATIVIDADE DE RISCO. RESPONSABILIDADE OBJETIVA. CULPA CONCORRENTE DA VÍTIMA. A responsabilidade do empregador por danos decorrentes de acidente de trabalho vem tratada no art. 7º, XXVIII, da Carta Magna, exigindo, em regra, a caracterização de dolo ou culpa. Contudo, no presente caso, restou consignado, no acórdão regional, que o infortúnio se deu em obra de construção civil, ambiente de trabalho notoriamente perigoso. Nesse contexto, e tendo em vista as alarmantes estatísticas de acidentes de trabalho no setor da construção civil, revela-se inafastável o enquadramento da função exercida pelo ex-empregado como atividade de risco, o que autoriza a aplicação da responsabilidade civil objetiva ao empregador, com base no art. 927, parágrafo único, do Código Civil. Frise-se que a responsabilização do empregador de forma objetiva, nos termos do art. 927, parágrafo único, do Código Civil, não afronta o art. 7º, XXVIII, da Constituição Federal porque o *caput* do referido artigo expressamente autoriza o legislador infraconstitucional a aumentar a proteção social do empregado. Trata-se do princípio da progressividade dos direitos sociais, consagrado no art. 7º, *caput*, da Constituição Federal. Agravo de instrumento conhecido e não provido. II — AGRAVO DE INSTRUMENTO DA RECLAMANTE. RECURSO DE REVISTA. ACIDENTE DE TRABALHO FATAL. DANO MATERIAL. VALOR DA INDENIZAÇÃO. REDUÇÃO. CIRCUNSTÂNCIA FÁTICA NÃO VENTILADA EM PRIMEIRA INSTÂNCIA NEM NO RECURSO ORDINÁRIO. EFEITO DEVOLUTIVO. EXTENSÃO. PRINCÍPIO DISPOSITIVO. PRINCÍPIO DO CONTRADITÓRIO. A potencial ofensa ao art. 515, §§1º e 2º, do Código de Processo Civil encoraja o processamento do recurso de revista, na via do art. 896, *"c"*, da CLT. Agravo de instrumento conhecido e provido. III — RECURSO DE REVISTA DA RECLAMANTE. 1. ACIDENTE DE TRABALHO FATAL. RESPONSABILIDADE OBJETIVA. TEORIA DO RISCO. CULPA CONCORRENTE DA VÍTIMA. VALOR DA INDENIZAÇÃO. A medida da indenização por dano material a ser paga, tanto nas hipóteses de responsabilidade civil subjetiva como objetiva, encontra disciplina a partir do art. 944 do Código Civil e não no art. 927, parágrafo único, do mesmo diploma legal. Recurso de revista não conhecido. 2. ACIDENTE DE TRABALHO FATAL. DANOS MATERIAIS. INDENIZAÇÃO. LUCROS CESSANTES. CUMULAÇÃO COM O BENEFÍCIO PREVIDENCIÁRIO. POSSIBILIDADE. A indenização por danos materiais e o benefício previdenciário não se confundem e possuem naturezas

distintas, estando a cargo de titulares diversos. Não há óbice à sua cumulação. Recurso de revista conhecido e provido. 3. ACIDENTE DE TRABALHO FATAL. DANO MATERIAL. VALOR DA INDENIZAÇÃO. REDUÇÃO. CIRCUNSTÂNCIA FÁTICA NÃO VENTILADA EM PRIMEIRA INSTÂNCIA E NO RECURSO ORDINÁRIO. EFEITO DEVOLUTIVO. EXTENSÃO. PRINCÍPIO DISPOSITIVO. PRINCÍPIO DO CONTRADITÓRIO. Como a questão levada em consideração pela Corte Regional para reduzir a quantia da reparação não foi suscitada ou discutida em primeira instância e não constituiu fundamento da petição inicial ou da defesa, não poderia ser considerada pelo colegiado revisor para redução do valor devido à reclamante. Nessa hipótese, não há que se falar em efeito devolutivo em profundidade, que encontra disciplina no art. 515, §§ 1º e 2º, do CPC. Recurso de revista conhecido e provido. (ARR — 164500-08.2009.5.01.0037, relator Ministro: Alberto Luiz Bresciani de Fontan Pereira, Data de Julgamento: 16.9.2015, 3ª Turma, Data de Publicação: DEJT 18.9.2015)

2º Dano moral

Recurso de Revista conhecido por violação ao art. 5º, inciso X da Constituição Federal e impõe condenação em indenização por danos morais a empregado vítima de assalto no local de trabalho.

AGRAVO DE INSTRUMENTO. RECURSO DE REVISTA. SUMARÍSSIMO. DANO MORAL. EMPREGADO FRENTISTA NO PERÍODO NOTURNO. SETE ASSALTOS EM DOIS ANOS. ATIVIDADE DE RISCO. RESPONSABILIDADE OBJETIVA. 1. Na hipótese, a Corte *a quo* excluiu da condenação a indenização por danos morais — no importe de R$ 8.000,00 (oito mil reais) — deferida ao reclamante. Registrou que "os assaltos ocorridos na reclamada, por si só, não têm o condão de ocasionar dano moral ao reclamante. É necessário, para sua ocorrência, o malferimento à dignidade humana, seja por lesão à igualdade e liberdade, seja por lesão à integridade psicofísica da pessoa, o que não ocorre no caso dos autos". E concluiu que, "apesar de o recorrente afirmar que houve negligência por parte da empresa em proporcionar aos trabalhadores seguras condições para o trabalho, não restou demonstrada a ocorrência de nenhum ato, omissivo ou comissivo, imputável à empregadora e que pudesse ter sido causa ou concausa do assalto relatado na inicial". 2. Nesse contexto, e considerando o exercício de atividade de risco, a atrair a aplicação da responsabilidade objetiva, bem como que o dano moral é um dano *in re ipsa*, o recurso de revista tem trânsito garantido, por violação do art. 5º, X, da Lei Maior. Agravo de instrumento conhecido e provido. RECURSO DE REVISTA. SUMARÍSSIMO. DANO MORAL. EMPREGADO FRENTISTA NO PERÍODO NOTURNO. SETE ASSALTOS EM DOIS ANOS. ATIVIDADE DE RISCO. RESPONSABILIDADE OBJETIVA. 1. Na hipótese, a Corte *a quo* excluiu da condenação a indenização por danos morais — no importe de R$ 8.000,00 (oito mil reais) — deferida ao reclamante pelo Juízo de primeiro grau. Registrou que "que os assaltos ocorridos na reclamada, por si só, não têm o condão de ocasionar dano moral ao reclamante. É necessário, para sua ocorrência, o malferimento à dignidade humana, seja por lesão à igualdade e liberdade, seja por lesão à integridade psicofísica da pessoa, o que não ocorre no caso dos autos". E concluiu que "apesar de o recorrente afirmar que houve negligência por parte da empresa em proporcionar aos trabalhadores seguras condições para o trabalho, não restou demonstrada a ocorrência de nenhum ato, omissivo ou comissivo, imputável à empregadora e que pudesse ter sido causa ou concausa do assalto relatado na inicial". 2. É entendimento assente no âmbito desta Corte que recai sobre a empresa a responsabilidade objetiva pelos danos sofridos por seus empregados, se a atividade for de risco. 3. No caso, é incontroverso nos autos que o empregado exercia a função de frentista em um posto de gasolina, no turno noturno (das 18h às 6h), depreendendo-se do acórdão regional que o local de trabalho foi alvo de sete assaltos no período de dois anos, a demonstrar que o posto de combustível era particularmente visado por criminosos e que se ativar no local impunha aos trabalhadores risco considerado superior ao ordinário, bem como a autorizar a aplicação da teoria da responsabilidade objetiva. 4. Acresça-se que o dano moral é um dano *in re ipsa*, que prescinde de comprovação, sendo suficiente, no caso, a demonstração de que o empregado estava exposto ao risco de sofrer violência ou grave ameaça face à realização das atividades laborais. 5. Violação ao art. 5, X, da Constituição Federal que se reconhece. Precedentes. Recurso de revista conhecido e provido. (RR — 2011-88.2013.5.03.0114, relator Ministro: Hugo Carlos Scheuermann, Data de Julgamento: 10.6.2015, 1ª Turma, Data de Publicação: DEJT 19.6.2015)

Recurso de Revista conhecido por violação ao art. 927, parágrafo único do Código Civil e impõe condenação em indenização por danos morais a empregado bancário vítima de assalto no local de trabalho.

"A) AGRAVO DE INSTRUMENTO. RECURSO DE REVISTA. PROCESSO SOB A ÉGIDE DA LEI 13.015/2014 E ANTERIOR À LEI 13.467/2017. 1. PRELIMINAR DE NULIDADE POR NEGATIVA DE PRESTAÇÃO JURISDICIONAL. Ante o possível conhecimento e provimento do recurso de revista da Reclamante, são aplicáveis, à hipótese, os arts. 794 da CLT; e 282, § 2º, CPC/2015 (art. 249, § 2º, CPC/1973), rejeitando-se, portanto, a preliminar. Agravo de instrumento desprovido. 2. BANCÁRIO. DANO MORAL. ASSALTO SOFRIDO DURANTE O TRABALHO NO BANCO RECLAMADO. RESPONSABILIDADE CIVIL DO EMPREGADOR. ATIVIDADE DE RISCO (ART. 927, PARÁGRAFO ÚNICO, CÓDIGO CIVIL DE 2002). 3. DOENÇA OCUPACIONAL. RESPONSABILIDADE CIVIL. CULPA PRESUMIDA. INDENIZAÇÃO POR DANOS MORAIS E MATERIAIS. Demonstrado no agravo de instrumento que o recurso de revista preenchia os requisitos do art. 896 da CLT, dá-se provimento ao agravo de instrumento em relação aos temas "doença ocupacional — indenização por danos morais e materiais" e "assalto — indenização por danos morais", para melhor exame das alegadas violações dos arts. 186 e 927, parágrafo único, do CCB, respectivamente, suscitadas no recurso de revista. Agravo de instrumento provido quanto aos temas. B) RECURSO DE REVISTA. PROCESSO SOB A ÉGIDE DA LEI 13.015/2014 E ANTERIOR À LEI 13.467/2017. 1. BANCÁRIO. DANO MORAL. ASSALTO SOFRIDO DURANTE O TRABALHO NO BANCO RECLAMADO. RESPONSABILIDADE CIVIL DO EMPREGADOR. ATIVIDADE DE RISCO (ART. 927, PARÁGRAFO ÚNICO, CÓDIGO CIVIL DE 2002). A jurisprudência do TST considera objetiva a responsabilidade por danos morais resultantes do evento "assalto" e seus consectários, relativamente a empregados que exerçam atividade de alto risco, tais como bancários, motoristas de carga, motoristas de transporte coletivo e outros (art. 927, parágrafo único, CCB). No caso dos autos, é fato incontroverso que a Reclamante trabalhava na agência bancária do Banco Reclamado, sendo vítima de assalto durante a jornada de trabalho. Assim, independentemente da culpa do Reclamado pelo infortúnio, não cabe à trabalhadora assumir o risco do negócio, mormente em se considerando que o referido assalto ocorreu quando a empregada prestava serviços para o empregador. Nesse cenário, evidencia-se a responsabilidade objetiva do Banco Réu pelo dano psicológico sofrido pela trabalhadora e, consequentemente, o dever de indenizar o dano moral sofrido. A decisão regional, portanto, ao indeferir a pretensão, deixou de dar efetividade ao parágrafo único do art. 927 do CCB, em face de ser considerada como de risco a atividade desempenhada pela Obreira, segundo a jurisprudência desta Corte. Releva agregar a decisão proferida pelo Supremo Tribunal Federal, em 12/3/2020, em sede de repercussão geral, no julgamento do Recurso Extraordinário nº RE 828.040, de Relatoria do Ministro Alexandre de Moraes, no sentido de reconhecer a constitucionalidade (à luz do art. 7º, XXVIII, da Lei Maior) da responsabilização civil objetiva do empregador, no caso de acidente de trabalho, nos moldes previstos no art. 927, parágrafo único, do Código Civil — pontuando-se que o respectivo acórdão foi publicado em 26/6/2020. Recurso de revista conhecido e provido no aspecto. 2. DOENÇA OCUPACIONAL. RESPONSABILIDADE CIVIL DO EMPREGADOR. CULPA PRESUMIDA. INDENIZAÇÃO POR DANOS MORAIS E MATERIAIS. A indenização resultante de acidente do trabalho e/ou doença profissional ou ocupacional supõe a presença de três requisitos: a) ocorrência do fato deflagrador do dano ou do próprio dano, que se constata pelo fato da doença ou do acidente, os quais, por si sós, agridem o patrimônio moral e emocional da pessoa trabalhadora (nesse sentido, o dano moral, em tais casos, verifica-se pela própria circunstância da ocorrência do malefício físico ou psíquico); b) nexo causal ou concausal, que se evidencia pelo fato de o malefício ter ocorrido em face das condições laborativas; c) culpa empresarial, excetuadas as hipóteses de responsabilidade objetiva. Embora não se possa presumir a culpa em diversos casos de dano moral — em que a culpa tem de ser provada pelo autor da ação —, tratando-se de doença ocupacional, profissional ou de acidente do trabalho, essa culpa é presumida, em virtude de o empregador ter o controle e a direção sobre a estrutura, a dinâmica, a gestão e a operação do estabelecimento em que ocorreu o malefício. É do empregador, evidentemente, a responsabilidade pelas indenizações por dano moral, material ou estético, decorrentes de lesões vinculadas à infortunística do trabalho, sem prejuízo do pagamento, pelo INSS, do seguro social. Na hipótese, é incontroverso que a Autora é portadora de doença psiquiátrica diagnosticada e de moléstias em membros superiores (tenossinovite em punhos, cotovelos e ombros, bilateral mais intensa à direita), apuradas na prova pericial, e que está aposentada por invalidez desde 6/4/2001. Consta na decisão recorrida que a prova técnica realizada na ação acidentária "acena para o nexo causal entre a moléstia dos membros superiores e o trabalho executado" e que "as dificuldades encontradas no ambiente de trabalho — assalto, insensibilidade de seu gerente frente à situação, volume de trabalho excessivo, inquéritos repetidos — somado ao caráter limitante e crônico da LER contribuíram de maneira definitiva para a evolução do quadro [psiquiátrico] apresentado pela autora". Além disso, o perito médico do Juízo da 38ª Vara do Trabalho consignou que "'analisadas as atribuições exercidas pela Autora, bem como baseado nos Antecedentes Ocupacionais, História Pregressa Familiar, Interrogatório Dirigido, Hábitos, Exame Físico, Declaração Médica e conteúdo dos Autos, concluo que a Autora é portadora de quadro psíquico decorrente dos episódios vivenciados enquanto funcionária da Ré. 1, caracterizando a doença como ocupacional". Acerca da patologia psíquica, o Tribunal concluiu que "não obstante os transtornos psicológicos que a reclamante possa ter sofrido, não existem elementos que viabilizem o reconhecimento de culpa ou dolo da empregadora, porquanto não demonstrado que a ré deixou de zelar pela integridade física do empregado ou que não tenha adotado as medidas de segurança que estavam ao seu alcance, àquela época, para o adequado exercício das funções". No tocante às patologias dos membros superiores, o TRT consignou que, "a despeito dos fundamentos adotados na origem e da prova técnica realizada na ação acidentária, que acena para o nexo causal entre a moléstia dos membros superiores e o trabalho executado, de igual modo, não restou comprovado que a ré tenha descumprido normas de segurança e medicina do trabalho, agido com culpa ou dolo no infortúnio experimentado pela reclamante ou deixado de tomar as medidas necessárias para minimizar os problemas diagnosticados". Assim, por entender não comprovada a culpa do Reclamado

> pelo adoecimento psíquico e físico da empregada, a Corte de Origem reformou a sentença para julgar improcedente o pleito autoral. Contudo, considerando-se as premissas fáticas transcritas no acórdão recorrido, a matéria comporta enquadramento jurídico diverso, pois, como visto, o adoecimento psíquico e físico são incontroversos. Com efeito, no cenário descrito no acórdão regional, constata-se que a doença psíquica e a patologia física estão relacionadas ao trabalho e aos riscos a ele inerentes, cabendo ao Reclamado zelar pela segurança no ambiente laboral. Desse modo, uma vez constatado o caráter ocupacional da patologia e o dano, e considerando-se que o empregador tem o controle e a direção sobre a estrutura, a dinâmica, a gestão e a operação do estabelecimento em que ocorreu o malefício, desponta a premissa da culpa presumida do Reclamado e, consequentemente, a configuração dos elementos que caracterizam a responsabilidade civil (dano, nexo causal e culpa empresarial) do empregador e ensejam o dever de indenizar pelos danos suportados pela Autora. Recurso de revista conhecido e provido no particular" (RRAg-2252-74.2010.5.02.0056, 3ª Turma, Relator Ministro Mauricio Godinho Delgado, DEJT 17/5/2024).

Recurso de Revista conhecido por violação aos arts. 29, § 4º da CLT e 5º, inciso X, da Constituição Federal e impôs condenação por danos morais em razão da anotação na CTPS pelo empregador dos atestados médicos da empregada.

> RECURSO DE REVISTA INTERPOSTO NA VIGÊNCIA DA LEI N. 13.015/2014. INDENIZAÇÃO POR DANOS MORAIS. ANOTAÇÃO NA CTPS. ATESTADOS MÉDICOS. A anotação na CTPS dos atestados médicos apresentados pelo empregado durante o contrato de trabalho configura ato ilícito praticado pelo empregador, na medida em que traduz expresso descumprimento do art. 29, § 4º, da CLT, bem como da Portaria 41/2007 do MTE, que confirma a vedação prevista no dispositivo e, ainda, identifica as situações que causam dano à imagem do trabalhador (art. 5º, X, da CF), dentre as quais, os registros referentes à saúde do trabalhador. Por se tratar de dano evidente, na medida em que restringe e dificulta a reinserção do empregado no mercado de trabalho, enseja o dever de reparação. Recurso de revista conhecido e provido. (RR — 766-58.2014.5.20.0009, relator Ministro: Aloysio Corrêa da Veiga, Data de Julgamento: 16.12.2015, 6ª Turma, Data de Publicação: DEJT 18.12.2015)

Abaixo, duas decisões que conheceram do recurso de revista para impor condenação por danos morais, sendo a primeira por violação ao artigo 29, § 4º da CLT, artigo 5º, inciso X da Constituição Federal, e artigo 186 do Código Civil, em razão da anotação na CTPS de que o empregado foi reintegrado por determinação judicial e a segunda por violação ao artigo 5º, inciso X da Constituição Federal, em razão de constar na CTPS do empregado que as anotações ali registradas decorreram de determinação judicial.

> I) AGRAVO DE INSTRUMENTO EM RECURSO DE REVISTA DO RECLAMANTE — INDENIZAÇÃO POR DANO MORAL — REGISTRO NA CTPS — REINTEGRAÇÃO AO EMPREGO EM RAZÃO DE DECISÃO JUDICIAL — DANO MORAL CONFIGURADO. Diante da possível violação dos arts. 5º, X, da CF, 29, § 4º, da CLT e 186 do CC, que não foram observados pela decisão regional, no que tange à indenização por dano moral decorrente da anotação na CTPS de que a reintegração do Reclamante ao emprego decorreu de decisão judicial proferida em reclamação trabalhista, dá-se provimento ao agravo de instrumento para determinar o processamento do recurso de revista. Agravo de instrumento

provido. II) RECURSO DE REVISTA — INDENIZAÇÃO POR DANO MORAL — REGISTRO NA CTPS — REINTEGRAÇÃO AO EMPREGO EM RAZÃO DE DECISÃO JUDICIAL — DANO MORAL CONFIGURADO. 1. A SBDI-1 desta Corte firmou entendimento, do qual guardo reserva, no sentido de que o registro na CTPS de que o trabalhador foi reintegrado ao emprego em razão de decisão judicial configura ato ilícito do empregador, mostrando--se devida a indenização por dano moral. 2. No caso em análise, o Tribunal Regional manteve a sentença que indeferiu o pleito de indenização por dano moral, registrando que a anotação na CTPS de que a reintegração do Reclamante ao emprego decorreu de decisão judicial proferida em reclamação trabalhista não têm caráter desabonador de suas condutas, sendo o registro de um fato ocorrido, não configurando, portanto, ato ilícito apto a ensejar reparação indenizatória. 3. Nesse contexto, merece reforma a decisão recorrida, a fim de deferir ao Reclamante a indenização por danos morais, uma vez que configurada a ilicitude da conduta do Empregador no caso concreto. Recurso de revista conhecido e provido. (RR-99-32.2015.5.20.0011, 4ª Turma, Relator Ministro Ives Gandra Martins Filho, DEJT 19/10/2018).

A) AGRAVO DE INSTRUMENTO. RECURSO DE REVISTA. PROCESSO SOB A ÉGIDE DA LEI 13.015/2014 E ANTERIOR À LEI 13.467/2017. INDENIZAÇÃO POR DANO MORAL. ANOTAÇÃO EM CTPS CONSTANDO EXPRESSAMENTE QUE TAL REGISTRO FORA FEITO POR ORDEM JUDICIAL. DESRESPEITO AOS PRINCÍPIOS FUNDAMENTAIS DA DIGNIDADE DA PESSOA HUMANA, DA INVIOLABILIDADE PSÍQUICA (ALÉM DA FÍSICA) DA PESSOA HUMANA, DO BEM-ESTAR INDIVIDUAL (ALÉM DO SOCIAL) DO SER HUMANO, TODOS INTEGRANTES DO PATRIMÔNIO MORAL DA PESSOA FÍSICA. DANO MORAL CARACTERIZADO. Demonstrado no agravo de instrumento que o recurso de revista preenchia os requisitos do art. 896 da CLT, ante a constatação de violação, em tese, ao teor do art. 5º, X, da CF. Agravo de instrumento provido. B) RECURSO DE REVISTA. PROCESSO SOB A ÉGIDE DA LEI 13.015/2014 E ANTERIOR À LEI 13.467/2017. INDENIZAÇÃO POR DANO MORAL. ANOTAÇÃO EM CTPS CONSTANDO EXPRESSAMENTE QUE TAL REGISTRO FORA FEITO POR ORDEM JUDICIAL. DESRESPEITO AOS PRINCÍPIOS FUNDAMENTAIS DA DIGNIDADE DA PESSOA HUMANA, DA INVIOLABILIDADE PSÍQUICA (ALÉM DA FÍSICA) DA PESSOA HUMANA, DO BEM-ESTAR INDIVIDUAL (ALÉM DO SOCIAL) DO SER HUMANO, TODOS INTEGRANTES DO PATRIMÔNIO MORAL DA PESSOA FÍSICA. DANO MORAL CARACTERIZADO. A conquista e afirmação da dignidade da pessoa humana não mais podem se restringir à sua liberdade e intangibilidade física e psíquica, envolvendo, naturalmente, também a conquista e afirmação de sua individualidade no meio econômico e social, com repercussões positivas conexas no plano cultural — o que se faz, de maneira geral, considerado o conjunto mais amplo e diversificado das pessoas, mediante o trabalho e, particularmente, o emprego. O direito à indenização por dano moral encontra amparo no art. 5º, V e X, da Constituição da República e no art. 186 do CCB/2002, bem como nos princípios basilares da nova ordem constitucional, mormente naqueles que dizem respeito à proteção da dignidade humana, da inviolabilidade (física e psíquica) do direito à vida, do bem-estar individual (e social), da segurança física e psíquica do indivíduo, além da valorização do trabalho humano. O patrimônio moral da pessoa humana envolve todos os bens imateriais, consubstanciados em princípios. Afrontado esse patrimônio moral, em seu conjunto ou em parte relevante, cabe a indenização por dano moral, deflagrada pela Constituição de 1988. Na hipótese, consta do acórdão recorrido que o Município Reclamado fez constar na CTPS do Obreiro que as " anotações efetuadas nesta CTPS, pelo Município de São Pedro do Piauí, sob o regime celetista, foram por determinação judicial proferida nos autos do processo trabalhista nº 0001338-15.2013.5.22.0002". Ora, compreende-se que a conduta do Reclamado é abusiva e desnecessária e está em nítido confronto com a regra descrita

> no art. 29, § 4º, da CLT, que veda ao empregador efetuar anotações desabonadoras à conduta do empregado em sua Carteira de Trabalho e Previdência Social. Os prejuízos advindos do ato são claros, como a provável restrição de oportunidades em empregos futuros e a dificuldade de reinserção no mercado de trabalho. Atente-se que o dano e o sofrimento psicológico vivenciados, nas circunstâncias relatadas, é evidente, pois a mácula inerente às anotações acompanhará o Autor durante toda a sua vida profissional e, obviamente, lhe causará transtornos de natureza íntima, principalmente quando for necessária a apresentação da CTPS na procura de novo emprego. Cuida-se de verdadeiro dano decorrente do próprio fato e não há necessidade de prova de prejuízo concreto, até porque a tutela jurídica, neste caso, incide sobre um interesse imaterial (art. 1º, III, da CF). Nessa situação, é devido o pagamento da indenização por danos morais, em razão do preenchimento dos requisitos legais exigidos (dano, nexo causal e culpa empresarial). Recurso de revista conhecido e provido"(RR-429-44.2016.5.22.0106, 3ª Turma, Relator Ministro Mauricio Godinho Delgado, DEJT 16/3/2018).

Recurso de Revista conhecido por violação aos arts. 186 e 927 do Código Civil e impõe condenação em indenização por danos morais a um motorista que era obrigado a dormir no caminhão, porque a empresa não lhe fornecia ajuda para pernoite. Assim estabelecem referidos dispositivos: "Art. 186. Aquele que, por ação ou omissão voluntária, negligência ou imprudência, violar direito e causar dano a outrem, ainda que exclusivamente moral, comete ato ilícito". "Art. 927. Aquele que, por ato ilícito (arts. 186 e 187), causar dano a outrem, fica obrigado a repará-lo. Parágrafo único. Haverá obrigação de reparar o dano, independentemente de culpa, nos casos especificados em lei, ou quando a atividade normalmente desenvolvida pelo autor do dano implicar, por sua natureza, risco para os direitos de outrem."

> RECURSO DE REVISTA. INDENIZAÇÃO POR DANOS MORAIS. MOTORISTA DE CAMINHÃO. PERNOITE DENTRO DA CABINE DO VEÍCULO. 1. No caso, o reclamante não recebia nenhuma verba para fazer frente às pernoites que passava na estrada, sendo obrigado, assim, a dormir na cabine do caminhão. 2. Tal contexto revela conduta no mínimo negligente por parte da empresa, que, ao deixar de prestar ajuda de custo nas viagens do autor, acabou por expô-lo a riscos desnecessários, principalmente no que se refere à segurança (diante da crescente criminalidade nas rodovias do país) e higiene (pois, como é cediço, não há dentro dos caminhões instalações sanitárias adequadas às necessidades pessoais de seus motoristas), em total contramão à legislação pátria, cada vez mais preocupada em diminuir os perigos inerentes ao meio ambiente de trabalho. 3. Resta patente, desse modo, que a conduta omissiva da empresa implicou em desrespeito à dignidade do reclamante, daí surgindo o dano moral passível de reparação. Precedente desta Turma. 4. Assim, considerando a natureza do dano, o tempo de duração do contrato de trabalho (9 meses) e o valor da remuneração que era paga ao reclamante (R$ 620,00), aliados aos postulados da razoabilidade e proporcionalidade, reputa-se justa e moderada a fixação do *quantum debeatur* em R$ 5.000,00 (cinco mil reais). Recurso de revista conhecido e parcialmente provido. (RR — 63900-45.2008.5.17.0141, relatora Ministra: Delaíde Miranda Arantes, Data de Julgamento: 17.6.2015, 2ª Turma, Data de Publicação: DEJT 26.6.2015)

Recurso de Revista conhecido por violação aos arts. 186, 187 e 927 do Código Civil por entender atentatório à dignidade humana ofensas praticadas por prepostos da empresa ao xingar as trabalhadoras por e-mail. Em e-mail aberto a todos, a reclamante foi chamada de "anta", o que caracteriza dano moral.

> RECURSO DE REVISTA. DANOS MORAIS. OFENSA PRATICADA POR PREPOSTOS DA RECLAMADA CONTRA A IMAGEM DAS RECLAMANTES, POR MEIO DE CORRESPONDÊNCIA ELETRÔNICA. FALTA DE RESPEITO E URBANIDADE POR PARTE DE PREPOSTOS DO EMPREGADOR. ALEGADA A VIOLAÇÃO DOS ARTS. 186, 187 E 927 DO CÓDIGO CIVIL E A DIVERGÊNCIA JURISPRUDENCIAL. PROVIMENTO. Conforme quadro fático delineado no acórdão, restou incontroverso que circulou entre os prepostos da reclamada correspondência eletrônica, em que as autoras foram chamadas de "antas". Assim, diverso do entendimento do Regional que confirmou a sentença de improcedência do pedido de indenização, houve ato ultrajante e atentatório à dignidade da pessoa humana, cabendo a reparação de danos extrapatrimoniais, em razão do que dispõem os 186, 187 e 927 do Código Civil. Recurso de Revista conhecido e provido. (RR — 1050-43.2011.5.05.0024, relator Desembargador convocado: Cláudio Armando Couce de Menezes, Data de Julgamento: 16.9.2015, 2ª Turma, Data de Publicação: DEJT 2.10.2015)

Recurso de Revista conhecido por violação ao art. 5º, inciso X da Constituição Federal, para impor condenação por danos morais em razão do reclamante ter que transportar, diariamente, dinheiro da reclamada, sendo que o transporte de valores não é inerente à função normal para a qual foi contratado.

> I — AGRAVO DE INSTRUMENTO. RECURSO DE REVISTA. RECLAMANTE. TRANSPORTES DE VALORES. INDENIZAÇÃO POR DANO MORAL. Agravo de instrumento a que se dá provimento para determinar o processamento do recurso de revista, ante uma provável ofensa ao art. 5º, X da CF. II — RECURSO DE REVISTA. RECLAMANTE. TRANSPORTES DE VALORES. INDENIZAÇÃO POR DANO MORAL. O caso é de empregada que exerce tarefa de transporte de valores durante a jornada de trabalho, atividade que somente pode ser desempenhada por profissional habilitado, conforme dispõe a Lei n. 7.102/83. Com efeito, entende esta Corte superior que o empregador, ao descumprir a lei (e, portanto, praticar ato ilícito), expõe o empregado a risco, sendo cabível o ressarcimento pelo dano causado, mediante indenização, ante o que dispõe o art. 927 do Código Civil. Na jurisprudência mais recente desta Corte superior entende-se que é devido o pagamento de indenização quando o empregado desempenha a atividade de transporte de valores, que não é inerente à função normal para a qual foi contratado. Não é proporcional o montante de R$ 100 mil pedido pela reclamante (empregada de farmácia), devendo-se determinar o pagamento de R$ 10 mil. Recurso de revista a que se dá provimento parcial. (RR — 374-74.2013.5.05.0461, relatora Ministra: Kátia Magalhães Arruda, Data de Julgamento: 13.5.2015, 6ª Turma, Data de Publicação: DEJT 22.5.2015)

> AGRAVO DE INSTRUMENTO. RECURSO DE REVISTA. ACÓRDÃO REGIONAL PUBLICADO SOB A ÉGIDE DA LEI Nº 13.467/2017. DANO MATERIAL/LUCROS CESSANTES E DANO MORAL — ACIDENTE DE TRABALHO EM ALTURA — RESPONSABILIDADE CIVIL OBJETIVA. Ante a possível violação do artigo 927, parágrafo único, do Código Civil, recomendável o processamento do recurso de revista. Agravo de instrumento provido. RECURSO DE REVISTA. ACÓRDÃO REGIONAL PUBLICADO SOB A ÉGIDE DA LEI Nº 13.467/2017. DANO MATERIAL/LUCROS CESSANTES E DANO MORAL — ACIDENTE DE TRABALHO EM ALTURA — RESPONSABILIDADE CIVIL OBJETIVA. A pretensão recur-

sal está adstrita ao direito às indenizações por dano material/lucro cessante e por dano moral decorrentes de acidente de trabalho. *In casu*, depreende-se do acórdão regional, que o reclamante sofreu acidente de trabalho em 16/9/2014, quando, no exercício de suas atividades, manuseando latas sobre a plataforma, caiu de uma altura de aproximadamente 1,3 metros, por cima do seu punho esquerdo. Recebeu benefício previdenciário no período de afastamento e retornou à empresa no dia 17/12/2014, ressaltando, o TRT que o trabalhador foi considerado apto para retornar ao trabalho. O TRT manteve o indeferimento do pedido de condenação no pagamento das indenizações postuladas, sob o entendimento de que ausente conduta ilícita do empregador, eis que "o evento danoso não teve a participação da recorrida", tendo em vista que "o acidente ocorreu por desatenção do obreiro (culpa exclusiva da vítima)", não havendo nexo de causalidade, concluindo, ainda, que "o caso não constitui hipótese de responsabilidade objetiva". Todavia, do próprio quadro fático-probatório descrito no acórdão recorrido, verifica-se que a controvérsia deve ser analisada à luz da responsabilidade objetiva, ante o risco acentuado a que estava exposto o reclamante (art. 927, parágrafo único, do CC c/c art. 7º, *caput*, da CF), eis que é evidente que a atividade em altura, em cima de uma plataforma, deixa o trabalhador exposto a um risco mais elevado do que o risco ordinário, ao qual a coletividade é submetida, ante a possibilidade de quedas, o que aumenta o risco de acidentes. Não há dúvida, portanto, que o trabalho em altura constitui atividade de risco a ensejar a responsabilidade objetiva. Trata-se, evidentemente, de atividade, que, pela sua natureza, expõe o empregado que a exerce a risco permanente, ensejando a responsabilidade objetiva. Embora o quadro fático descrito no acórdão recorrido também tenha demonstrado que o acidente ocorreu por desatenção do reclamante, entendo que a conduta imprudente do empregado poderia até ensejar uma culpa concorrente (refletindo na valoração do dano), mas não é capaz de romper o nexo de causalidade, tendo em vista que sua atividade era de risco. É que, tratando-se o labor em altura do autor em atividade de risco, a culpa exclusiva da vítima capaz de afastar o nexo de causalidade é apenas aquele completamente apartado do risco inerente à atividade desempenhada. O risco a que está permanentemente exposto o trabalhador no exercício do seu labor em altura integra o próprio conceito do risco da atividade desenvolvida pelo empregado. A empregadora, ao submeter a vítima ao desempenho de uma atividade em altura, ou seja, de risco acentuado, assume, voluntariamente, o risco inerente ao próprio negócio, eis que expõe, diferenciadamente, a vida e a integridade física do trabalhador cuja força de trabalho contrata e dirige. Portanto, o fato da culpa do acidente ter sido atribuída ao reclamante não afasta o nexo causal no presente caso. Precedentes da SBDI-1/TST. Assim, no presente caso, presentes o risco da atividade desenvolvida e o nexo de causalidade, cabe examinar os danos. O dano moral resta presente, tendo em vista que este abrange todo o sofrimento físico e psicológico experimentado em razão da própria lesão física sofrida. Vale dizer, o dano moral é presumível, em face da própria lesão física sofrida no pulso esquerdo do autor, uma vez que a lesão opera-se no campo subjetivo do indivíduo. Quanto ao dano material/lucros cessantes durante o período de afastamento decorrente do acidente que sofreu no pulso esquerdo, verifica-se que o TRT, embora tenha registrado ser "incontroverso que o obreiro sofreu acidente de trabalho em 16/9/2014 (CAT, ID 9edda00) e que retornou à empresa no dia 17/12/2014", entendeu não ter configurado o dano, eis que "o empregado recebeu benefício previdenciário no período de afastamento e 'que utilizou plano de saúde para tratar acidente que sofreu no pulso esquerdo' (audiência, ID 2de7131)". A questão que se coloca, portanto, é a dos lucros cessantes, a partir do recebimento de benefício previdenciário. E sobre o tema, há muito a SBDI-1 consolidou o entendimento de que não é possível a compensação de benefício pago pelo INSS com a pensão prevista no artigo 950 do Código Civil, ante a distinção entre a natureza e o objetivo de tais institutos. Portanto, no presente caso, presentes o risco da atividade desenvolvida, o nexo de causalidade e os danos moral e material/lucros cessantes, imperiosa é a responsabilização objetiva das reclamadas e a condenação no pagamento das correspondentes indenizações. Deste modo, considerando que a decisão da Corte Regional manteve o indeferimento do pedido de condenação no pagamento das referidas indenizações, por entender não ser o caso de responsabilidade objetiva, ofendeu o art. 927, parágrafo único, do Código Civil. Recurso de revista conhecido e provido. INDENIZAÇÃO POR DANOS MORAIS — TRANSPORTE IRREGULAR DE VALORES — EMPREGADO NÃO HABILITADO. A jurisprudência desta Corte firmou o entendimento de que é devido o pagamento de indenização por danos morais ao trabalhador que efetua o transporte de valores, sem que possua qualificação ou treinamento para tanto, em razão da exposição indevida à situação de risco. No caso concreto, o Tribunal Regional, ao entender que não enseja reparação civil o transporte de numerário por trabalhador não habilitado, contrariou a jurisprudência desta Corte Superior. Recurso de revista conhecido e provido" (RRAg-16051-52.2016.5.16.0003, 2ª Turma, Relatora Ministra Liana Chaib, DEJT 7/6/2024).

Recurso de Revista conhecido por violação ao artigo 5º, incisos V e X da Constituição Federal para reconhecer a responsabilidade civil do empregador e impor condenação em danos morais em razão da imposição de circulação em trajes íntimos.

(...) RESPONSABILIDADE CIVIL DO EMPREGADOR. DANOS MORAIS CAUSADOS AO EMPREGADO. CARACTERIZAÇÃO. IMPOSIÇÃO DE CIRCULAÇÃO EM TRAJES ÍNTIMOS NO LOCAL DE TRABALHO. TROCA DE UNIFORME. TRANSCENDÊNCIA SOCIAL RECONHECIDA. Agravo de instrumento provido para determinar o processamento do recurso de revista, em face de haver sido demonstrada possível afronta ao artigo 5º, X e V, da CF/88 . RECURSO DE REVISTA DA RECLAMANTE . LEI Nº 13.467/2017. RESPONSABILIDADE CIVIL DO EMPREGADOR. DANOS MORAIS CAUSADOS AO EMPREGADO. CARACTERIZAÇÃO. IMPOSIÇÃO DE CIRCULAÇÃO EM TRAJES ÍNTIMOS NO LOCAL DE TRABALHO. TROCA DE UNIFORME. TRANSCENDÊNCIA SOCIAL RECONHECIDA. A responsabilidade civil do empregador pela reparação decorrente de danos morais causados ao empregado pressupõe a existência de três requisitos, quais sejam: a conduta (culposa, em regra), o dano propriamente dito (violação aos atributos da personalidade) e o nexo causal entre esses dois elementos. Esta Corte Superior, em processos envolvendo a reclamada, tem decidido que a existência de barreira sanitária, com a exigência de troca de vestimentas pelos empregados ao transitar entre as áreas protegidas, não configura lesão à intimidade apta a ensejar o direito a indenização por dano moral, desde que fique registrada a possibilidade de uso de trajes por cima das roupas íntimas (tais como bermudas, shorts ou tops), com o fim de evitar o excesso de exposição dos trabalhadores. No caso, o Tribunal Regional consignou que: "É certo que as normas de higienização impostas ao reclamante e aos demais obreiros determinam a retirada de roupas de passeio dentro do vestiário feminino (setor sujo) e o deslocamento com roupas íntimas até a barreira sanitária (setor limpo) para colocar os uniformes esterilizados (...). Desse modo, a determinação de deslocamento dentro do vestiário feminino com peças íntimas, embora cause um certo constrangimento aos empregados, não denota abuso do poder diretivo por parte da reclamada". Portanto, dos termos consignados no acórdão regional, depreende-se que a autora precisava estar em trajes íntimos enquanto transitava da área "suja" para a área "limpa" e vice-versa. Tal situação, indubitavelmente, gera constrangimento desnecessário à empregada, que era obrigada a ver-se exposta, dia após dia, na presença de seus colegas, em clara lesão à sua intimidade. Recurso de revista conhecido e provido. (...) (RRAg-10269-67.2017.5.18.0102, 7ª Turma, Relator Ministro Claudio Mascarenhas Brandão, DEJT 12/4/2024).

Recurso de revista conhecido por violação ao artigo 5º, inciso X da Constituição Federal, para reconhecer dano moral em razão da restrição ao uso do banheiro pelo empregador.

I — AGRAVO DE INSTRUMENTO EM RECURSO DE REVISTA DA RECLAMANTE 1 — DIFERENÇAS DAS PARCELAS PIV (PRÊMIO DE INCENTIVO VARIÁVEL) E EXTRA BÔNUS. CRITÉRIOS DE CÁLCULO. ÔNUS DA PROVA. TRANSCENDÊNCIA NÃO RECONHECIDA. 1.1. A Corte de origem registrou que os critérios de cálculo da parcela PIV são legais (discriminados no regulamento e com possibilidade de acompanhamento pelo reclamante) e que a reclamada apresentou documentos em que constam os percentuais de atingimento total das metas e histórico de indicadores do reclamante, os quais não foram desconstituídos pela reclamante. Desse modo, não há como divergir da Corte local, pois a reclamada comprovou a legalidade dos critérios de apuração e que a parcela foi corretamente quitada. A decisão *a quo* está fundamentada na prova dos autos, circunstancia que atrai a aplicação da Súmula 126 do TST. Precedentes. Agravo de instrumento não provido. 2 — INDENIZAÇÃO POR DANO MORAL. LIMITAÇÃO AO USO DE BANHEIRO. INFLUÊNCIA NO CÁLCULO DO PIV. TRANSCENDÊNCIA POLÍTICA RECONHECIDA. Demonstrada possível violação do artigo 5º, X, da Constituição Federal, impõe-se o provimento do agravo de instrumento para determinar o processamento do recurso de revista. Agravo de instrumento provido. II — RECURSO DE REVISTA DA RECLAMANTE. INDENIZAÇÃO POR DANO MORAL. LIMITAÇÃO AO USO DE BANHEIRO. INFLUÊNCIA NO CÁLCULO DO PIV. TRANSCENDÊNCIA POLÍTICA RECONHECIDA. 1. Na hipótese, o Tribunal Regional registrou que havia controle indireto pela empregadora das pausas para ir ao banheiro dos seus empregados, sendo que o excesso de intervalo influenciava na produtividade do empregado, o que poderia acarretar a redução do PIV. 2. A conduta de limitar o uso dos banheiros diante da influência negativa sobre o cálculo do PIV (Prêmio de Incentivo Variável) evidencia prática que tem por objetivo restringir o uso daquelas dependências, induzindo o trabalhador a negligenciar suas necessidades fisiológicas sob pena de ver reduzida sua remuneração. 3. Assim, a limitação ao uso de banheiro configura abuso do poder diretivo do empregador e ofensa à dignidade e à privacidade do trabalhador, a caracterizar dano moral passível de reparação. Precedentes. Recurso de revista conhecido e provido (RR-219-78.2020.5.09.0020, 8ª Turma, Relatora Ministra Delaide Alves Miranda Arantes, DEJT 19/2/2024).

3º Valor do dano moral

Segundo o TST, o cabimento do RR para análise do valor do dano moral, pressupõe à indicação dos arts. 5º, incisos V e X, 7º, inciso XXVIII da Constituição Federal e 944 do Código Civil, em conjunto ou separadamente.

INDENIZAÇÃO POR DANOS MORAIS. REVISTA ÍNTIMA. REDUÇÃO DO VALOR ARBITRADO (R$ 14.070). O entendimento prevalente nesta Corte é no sentido de que a discussão a respeito do quantum indenizatório do dano moral pressupõe a indicação de violação dos arts. 5º, incisos V e X, 7º, inciso XXVIII, da Constituição Federal e 944 do Código Civil, em conjunto ou separadamente. Neste caso, no entanto, o recurso de revista está fundamentado, exclusivamente, em divergência jurisprudencial, o que revela ausência de fundamentação. Recurso de revista não conhecido. (PROCESSO n. TST-RR-105900-92.2006.5.01.0006, relator Ministro José Roberto Freire Pimenta)

II — AGRAVO DE INSTRUMENTO EM RECURSO DE REVISTA DA AUTORA. ACÓRDÃO DO REGIONAL PUBLICADO NA VIGÊNCIA DA LEI 13.467/2017. VALOR DA INDENIZAÇÃO POR DANOS EXTRAPATRIMONIAIS. ASSÉDIO SEXUAL. SUPERIOR HIERÁRQUICO. TRANSCENDÊNCIA POLÍTICA RECONHECIDA. Do exame da decisão recorrida em contraponto às razões recursais apresentadas pela parte, visualiza-se potencial violação dos arts. 5º, V, da Constituição Federal e 944 do Código Civil. A controvérsia enseja o reconhecimento da transcendência política, nos termos do art. 896-A, § 1º, II, da CLT. Agravo de instrumento conhecido e provido para determinar o processamento do recurso de revista quanto ao tema. ACÚMULO DE FUNÇÕES. TRANSCENDÊNCIA AUSENTE. Não há, no trecho transcrito, elementos fáticos suficientes para afastar a conclusão a que chegou o TRT, no sentido de que não comporta acúmulo de funções o desempenho das atividades para as quais a autora foi contratada como auxiliar de vendedora com as atividades de vendedora, quando precisava substituir a trabalhadora Josiane, porquanto apenas desempenhou as tarefas compatíveis com sua função. Destarte, a reforma da decisão esbarra no óbice intransponível previsto na Súmula nº 126/TST, o que impede o conhecimento do apelo. Sendo assim, ante a adoção de óbice processual intransponível, que impeça o exame de mérito da matéria, constata-se que o recurso de revista não detém transcendência com relação aos reflexos de natureza política, social ou jurídica, previstos no artigo 896-A, § 1º, II, III e IV, da CLT, maculando a pretensão recursal. Agravo de instrumento conhecido e desprovido. ÍNDICE DE CORREÇÃO MONETÁRIA APLICÁVEL AOS DÉBITOS TRABALHISTAS. TRANSCENDÊNCIA POLÍTICA RECONHECIDA. A matéria detém transcendência, nos termos do art. 896-A, § 1º, II, da CLT. Em face de possível violação do art. 39 da Lei 8.177/91, dá-se provimento ao agravo de instrumento para melhor exame do recurso de revista. Agravo de instrumento conhecido e provido. III — RECURSO DE REVISTA DA AUTORA. ACÓRDÃO DO REGIONAL PUBLICADO NA VIGÊNCIA DA LEI 13.467/2017. VALOR DA INDENIZAÇÃO POR DANOS EXTRAPATRIMONIAIS. ASSÉDIO SEXUAL. SUPERIOR HIERÁRQUICO. Esta Corte adota o entendimento de que o valor das indenizações por danos extrapatrimoniais só pode ser modificado nas hipóteses em que as instâncias ordinárias fixaram importâncias fora dos limites da proporcionalidade e da razoabilidade, ou seja, porque o valor é exorbitante ou é irrisório. Constata-se, no caso, que o valor da indenização por dano extrapatrimonial arbitrado em R$ 8.000,00 (oito mil reais) é ínfimo dentro dos critérios de proporcionalidade e razoabilidade, se considerada especialmente a gravidade do dano perpetrado contra os direitos da personalidade da autora. Isso porque se infere da decisão proferida pelo TRT que, conforme prova dos autos, constatou-se ter a autora sofrido assédio sexual no local de trabalho por superior hierárquico. A prova testemunhal, inclusive, indica com clareza de detalhes que, além da autora, outras funcionárias da empresa também sofreram assédio pelo mesmo superior: " ele ia atrás da depoente quando ela ia tomar café e encostava o corpo dele no dela (...) várias vezes viu Daniel encostar o corpo, passar a mão (acariciar o ombro) e se aproximar (parecendo que ia beijar) da autora, de Lisiane e de Vanessa, por exemplo; 10. uma vez viu a autora empurrar Daniel em razão disso; 11. Lisiane e Vanessa ficavam 'neutras' quando Daniel fazia isso; 12. a autora mostrava desconforto; 13. uma vez viu a autora chorando depois que Daniel 'encoxou' e passou a mão na autora; (...)Daniel não era profissional; 5. Ele dizia para a depoente que quando batiam a meta a equipe saía para comemorar; 6. depois de um tempo, ele começou a convidar a depoente para sair, para ir ao cinema, época em que ela só tinha 17 anos; 7. ela negava os convites; 8. no intervalo para o café, ele dizia para a depoente que ela estava bonita e, no corredor, esfregava o corpo dele no dela quando iam passar; 9. ele também aproximava o rosto do rosto da depoente; (...)percebia desconforto/constrangimento entre as empregadas quando Daniel fazia brincadeiras, mas não percebia nenhuma atitude delas; 13. a depoente decidiu pedir para sair do réu em razão desses comportamentos de Daniel" (págs. 538-539). O que se observa de tais excertos é que a prática de assédio sexual pelo superior hierárquico dentro da empresa era reiterada, o que certamente tornou o ambiente de trabalho prejudicial à saúde psicológica das trabalhadoras que tinham que lidar rotineiramente com o abusador. Constata-se, pois, que as condutas praticadas pelo empregado, que se valia da sua condição de superior hierárquico em relação à autora, claramente visavam a obter vantagem ou favorecimento sexual. Trata-se de ofensa gravíssima, inclusive tipificada pelo Código Penal Brasileiro, em seu art. 216. Em casos como esse, de tamanha gravidade decorrente de ambiente de trabalho inadequado e hostil, a empresa não pode se abster de tomar medidas para fiscalizar o ocorrido ou mesmo punir o ofensor, pois é de sua responsabilidade (art. 932, III, do CCB) manter o zelo e a proteção da segurança física e psicológica de suas colaboradoras dentro do ambiente de trabalho, prezando por adequadas e salubres condições de trabalho. Assim, considerando os critérios legais, tais como o porte econômico da ré e a alta gravidade das ofensas praticadas, uma vez que foi consignado nos depoimentos que o superior hierárquico, além das investidas verbais, chegava inclusive a tocar no corpo da autora, bem como que o contrato de trabalho se estendeu por quase 3 anos (fato incontroverso), entendo que o valor da indenização, em observância aos princípios da razoabilidade e da proporcionalidade, deve ser majorado para R$ 100.000,00 (cem mil reais). Recurso de revista conhecido por violação dos arts. 5º, V, da Constituição Federal e 944 do Código Civil e provido. (...) (RRAg-1401-72.2017.5.12.0036, 7ª Turma, Relator Ministro Alexandre de Souza Agra Belmonte, DEJT 21/6/2024).

Decisões do TST que determinaram o rearbitramento do valor do dano moral, por violação ao art. 944 do Código Civil.

I — Agravado de instrumento em recurso de revista. Revista íntima... II — Recurso de revista. 1. Indenização por danos morais. Assédio moral. Tratamento ofensivo humilhante. Não configuração. O Colegiado *a quo* registrou que — foi comprovado apenas um fato isolado, ocorrido a longa data (5 ou 6 anos), que, a despeito de desrespeitoso e infeliz, é insuficiente para revelar perseguição ou capaz de submeter o reclamante a situação humilhante e constrangedora. Concluiu que — o fato de a reclamada confessar que tal gerente é uma pessoa rígida e exigente não implica em confusão de corriqueiras ofensas ou perseguição -. Intangível essa premissa fática, a alegação autoral de que era constantemente ofendido e submetido a tratamento humilhante reveste — se de natureza fático-probatória e sua apreciação encontra óbice na Súmula n. 126 do TST. Recurso de revista não conhecido. 2. Recurso de revista. Revista íntima. Indenização por danos moral. Exposição do corpo do trabalhador desnudo. Majoração do valor. Consta da decisão regional que os trabalhadores eram expostos diariamente em trajes mínimos e sujeitos a revista íntima para verificar se portavam algum objeto. Nesse caso, a constatação de ofensa à intimidade não pressupõe o contato físico entre o empregado vistoriado e o vigilante, sendo suficiente a realização do procedimento abusivo atinente à revista visual, em que o trabalhador é constrangido a exibir suas roupas íntimas, dia após dia, não sendo atenuante o fato de o vistoriador ser do mesmo sexo do empregado, pois, ainda que parcial, existe a exposição do corpo do empregado, caracterizando, portanto, invasão à sua intimidade. Nesse sentido, o valor fixado pela

Corte regional a título de indenização por danos morais mostra- se desproporcional ao quadro fático delineado, senão excessivamente módico e irrisório. Na espécie, justifica-se a excepcional intervenção desta Corte a fim de revisar o quantum indenizatório estipulado pelo regional, majorando-se de 2.000,00 (dois mil) para R$ 20.000,00 (vinte mil reais) a quantia arbitrada. Recurso de revista provido. (TST — 7ª T. — RR 3031 — 40.2011.5.03.0032 — Rel. Min. Arnaldo Bóson Paes — DEJT 24.10.2014)

RECURSO DE REVISTA. 1. RESCISÃO POR JUSTA CAUSA. A utilização de equipamentos patronais para a administração de interesses privados não é, por si só, causa para a ruptura do vínculo trabalhista por justa causa, sobretudo ante a constatação de que não houve qualquer reprimenda intermediária e gradual por parte do empregador, configurando-se a dispensa por justa causa, nesse caso, um exercício abusivo do poder disciplinar (aplicação de penalidade desproporcional *per saltum*). Registre-se que o fato de o empregador ter investigado a empregada no curso do gozo de afastamento previdenciário e ter descoberto que ela mantinha a administração de seus interesses privados durante o período de convalescência em nada modifica o entendimento aqui delineado. Incólume, pois, o art. 482, *"d"*, da CLT, ante a não configuração da hipótese de justa causa sob comento. Incidência da Súmula n. 296, I, do TST. Não conhecido. 2. HORAS EXTRAS. CARGO DE CONFIANÇA. AUSÊNCIA DE COMPROVAÇÃO. Ante a ausência de comprovação do exercício de cargo de confiança incompatível com o controle de jornada (art. 62, II, da CLT) e tendo em vista a obrigação patronal de proceder ao referido controle, e de produzir a prova documental que lhe aproveita em juízo, é aplicável ao caso concreto a prescrição da Súmula n. 338, I, do TST, pelo que correta a decisão do Regional naquilo em que considerou a jornada alegada na inicial para condenar a reclamada ao pagamento de horas extras e demais consectários. Incidência da Súmula n. 333 do TST. Não conhecido. 3. DANOS MORAIS. ASSÉDIO MORAL. CONFIGURAÇÃO. QUANTUM INDENIZATÓRIO. PROPORCIONALIDADE. O único aresto transcrito pela recorrente para contestar a tese de configuração do dano moral é inespecífico, a teor do que dispõe a Súmula n. 296, I, do TST. Contudo, no tocante à proporcionalidade do quantum indenizatório, a parte logrou demonstrar que a indenização arbitrada (R$ 70.000,00 — setenta mil reais) afigura-se excessiva para o agravo sofrido pela obreira, consistente em assédio moral caracterizado pela demanda excessiva de trabalho e pela forma como foi conduzida a sua dispensa, por meio de investigação de sua conduta em período de afastamento previdenciário. Nesse contexto, tendo em vista as peculiaridades do caso concreto, que não autorizam o discrímen valorativo arbitrado pelo Regional no quantum indenizatório, e tendo por base os valores usualmente fixados em hipóteses análogas, é de se reduzir a indenização para R$ 10.000,00 (dez mil reais), montante proporcional ao dano moral sofrido pela vítima. Conhecido e provido. 4. FÉRIAS NÃO GOZADAS. PAGAMENTO EM DOBRO. O único aresto transcrito pela parte é inespecífico, porquanto se limita à tese de que o fracionamento irregular de férias é mera infração administrativa e não impõe a repetição em dobro do período de férias gozado, ao passo que a decisão do Regional embasa-se na cominação de demandas de serviços durante o período de férias da reclamada e na ausência de prova do correto fracionamento do período para impor a condenação em epígrafe. Incidência da Súmula n. 296, I, do TST. Não conhecido. 5. HONORÁRIOS ADVOCATÍCIOS. SÚMULA N. 219 DO TST. Não tendo sido preenchidos os requisitos prescritos pela Lei n. 5.584/1970, é de reformar a decisão do Regional, que condenou a reclamada ao pagamento da verba honorária, em desatenção ao disposto na Súmula n. 219 do TST, que rege as hipóteses de concessão de honorários advocatícios na Justiça do Trabalho. Recurso de revista conhecido e provido. (RR — 447-94.2011.5.04.0024, relator Ministro: Emmanoel Pereira, Data de Julgamento: 19.8.2015, 5ª Turma, Data de Publicação: DEJT 28.8.2015)

I — AGRAVO DE INSTRUMENTO. RECURSO DE REVISTA DA RECLAMADA — INDENIZAÇÃO POR DANO MORAL. NOTIFICAÇÃO EXTRAJUDICIAL ENVIADA PELA EX-EMPREGADORA AO TRABALHADOR E À SUA NOVA EMPREGADORA. VALOR DA INDENIZAÇÃO (R$ 500.000,00). 1 — No caso, o TRT registrou que a reclamada enviou notificação extrajudicial ao ex-empregado e à sua nova empregadora, com relato de suspeitas e indícios da participação do reclamante em um plano de captação de empregados qualificados e clientes da ex-empregadora. 2 — Não há registro de represálias ou perda de emprego do trabalhador em função da notificação, situação que, aparentemente, torna excessivo o valor da indenização deferida (R$500.000,00). 3 — Está demonstrada a necessidade do processamento do recurso de revista por provável afronta ao art. 944, caput, e parágrafo único, do Código Civil. Agravo de instrumento a que se dá provimento. II — RECURSO DE REVISTA DA RECLAMADA — INDENIZAÇÃO POR DANO MORAL. CONFIGURAÇÃO. 1 — O TRT, com base no conjunto fático-probatório, concluiu que ocorreu o dano, a conduta culposa e o nexo de causalidade entre o dano e os fatos registrados, e que há necessidade de reparação, diante do ato ilícito praticado pela reclamada que expôs o reclamante a situação constrangedora e vexatória perante a atual empregadora, repercutindo negativamente na sua imagem profissional. 2 — O TRT registrou que "No presente caso, o envio de cópia da "notificação extrajudicial" à Diretora de Recursos Humanos da PricewaterhouseCoopers, calcada em "suspeitas" e "indícios" da participação do obreiro em um "plano de ação" desenvolvido pela equipe da concorrente (Price), voltado à captação de empregados qualificados e estratégicos da primeira ré Everis Brasil, sem sombra de dúvidas o expôs a situação constrangedora e vexatória perante a sua atual empregadora, repercutindo negativamente na sua imagem profissional e, portanto, atingindo fartamente a imagem, a honra, a dignidade e a moral do laborista, plenamente patenteado o abuso de seu por meio dos remédios jurídicos próprios. 3 — Partindo-se das premissas fáticas consignadas no acórdão do Regional, conclui-se que de fato ocorreu o dano, haja vista que a reclamada expôs o reclamante à situação constrangedora e vexatória perante a nova empregadora, ficando configurado o abuso de direito, e não mero exercício regular de direito. 4 — Nos termos em que foi colocado, o acórdão recorrido deu a exata subsunção dos fatos ao comando inserto nos arts. 186 e 927 do Código Civil. 5 — Recurso de revista de que não se conhece. INDENIZAÇÃO POR DANO MORAL. NOTIFICAÇÃO EXTRAJUDICIAL ENVIADA PELA EX-EMPREGADORA AO TRABALHADOR E À SUA NOVA EMPREGADORA. VALOR DA INDENIZAÇÃO (R$ 500.000,00). 1 — Em relação ao valor arbitrado à indenização por danos morais, salienta-se que se levam em consideração os critérios da proporcionalidade, da razoabilidade, da justiça e da equidade (arts. 5º, V, da CF/88, 944 do CCB e 8º da CLT), visto que não há norma legal que estabeleça a forma de cálculo a ser utilizada para resolver a controvérsia. 2 — Nos termos do art. 944 do Código Civil, a indenização mede-se pela extensão do dano. Por sua vez, o parágrafo único do referido dispositivo estabelece que, se houver excessiva desproporção entre a gravidade da culpa e o dano, o juiz poderá reduzir, equitativamente, a indenização. 3 — Constou no acórdão recorrido que a conduta do empregador foi abusiva, pois "No presente caso, o envio de cópia da "notificação extrajudicial" à Diretora de Recursos Humanos da PricewaterhouseCoopers, calcada em "suspeitas" e "indícios" da participação do obreiro em um "plano de ação" desenvolvido pela equipe da concorrente (Price), voltado à captação de empregados qualificados e estratégicos da primeira ré Everis Brasil, sem sombra de dúvidas o expôs a situação constrangedora e vexatória perante a sua atual empregadora, repercutindo negativamente na sua imagem profissional e, portanto, atingindo fartamente a imagem, a honra, a dignidade e a moral do laborista." 4 — O Colegiado justificou a fixação da indenização por danos morais em montante de R$ 500.000,00 devido à conduta reprovável e à capacidade econômica do empregador e ao patamar salarial superior do reclamante. 5 — No entanto, entendo que a manutenção do valor da indenização por danos morais, em R$ 500.000,00, não observou o princípio da proporcionalidade, considerando-se que no caso em exame não constou que o reclamante tenha sofrido retaliações ou prejuízo em seu novo emprego. O dano referiu-se apenas ao constrangimento sofrido pelo empregado. 6 — Assim, levando-se em conta os critérios da proporcionalidade, da razoabilidade, da justiça e da equidade, deve o montante da indenização por danos morais ser reduzido para R$ 100.000,00 (cem mil reais). 7 — Recurso de revista que se conhece e a que se dá provimento. (RR — 153600-92.2009.5.02.0083, relatora Ministra: Kátia Magalhães Arruda, Data de Julgamento: 23.9.2015, 6ª Turma, Data de Publicação: DEJT 13.11.2015)

AGRAVO DE INSTRUMENTO EM RECURSO DE REVISTA. ACÓRDÃO PUBLICADO ANTES DA VIGÊNCIA DA LEI N. 13.015/2014. MULTA DO ART. 477, § 8º, DA CLT. Em razão de provável caracterização de ofensa ao art. 477, § 8º, da CLT, dá-se provimento ao agravo de instrumento para determinar o prosseguimento do recurso de revista. Agravo de instrumento provido. RECURSO DE REVISTA. INDENIZAÇÃO POR DANO MORAL. VALOR ARBITRADO. O v. acórdão, lastreado pelo conjunto probatório dos autos, verificou que o reclamante, cuja função era de coordenador de curso superior, foi compelido pela reclamada a fazer cobranças de mensalidades, em sala de aula, aos alunos inadimplentes do curso que coordenava. Além disso, restou comprovado que o reclamante deveria vender livros aos alunos. Assim, o E. TRT concluiu que houve a exposição indevida do reclamante, pois submetido a situações vexatórias, constrangedoras, na medida em que recebia muitos e-mails ofensivos e reclamações de familiares dos alunos em decorrência dessas atividades que extrapolaram as funções concernentes a de um coordenador de curso superior. O dano moral decorrente da ofensa à honra subjetiva do reclamante revela-se *in re ipsa*, ou seja, presume-se, sendo desnecessário qualquer tipo de prova para demonstrar o abalo moral decorrente do constrangimento a que tinha que se submeter no desempenho de suas atividades. Presentes, portanto, os elementos caracterizadores do da indenização por dano moral, razão pela qual não se vislumbra ofensa a qualquer dispositivo apontado a respeito da questão. Porém, quanto ao pedido sucessivo relativo ao valor da indenização, o recurso comporta conhecimento. Com efeito, a revisão do montante fixado nas instâncias ordinárias a título de indenização por danos morais somente é realizada nesta extraordinária nos casos de considerável desproporção entre o dano e a gravidade da culpa, em que o montante fixado for considerado excessivo ou irrisório, não atendendo à finalidade reparatória. No caso, o e. TRT negou provimento ao recurso ordinário da reclamada e deu provimento ao do reclamante para, reputando insuficiente o valor arbitrado em primeiro grau, no importe de R$ 10.000,00, majorá-lo para R$ 30.000,00. Ocorre que, ao assim proceder, o e. TRT o fez em desconformidade com os princípios da razoabilidade e da proporcionalidade, bem como a gravidade da lesão e o caráter pedagógico da condenação, ofendendo, portanto o art. 944 do Código Civil. Recurso de revista conhecido e parcialmente provido, no aspecto. MULTA DO ART. 477, 8ª, DA CLT. A multa do art. 477, § 8º, da CLT, incide quando o pagamento das verbas trabalhista for efetuado fora do prazo legal. Entrementes, o reconhecimento em juízo de diferenças de verbas não autoriza a aplicação da aludida multa. Precedentes. Recurso de revista conhecido e provido, no aspecto. (RR — 802-16.2012.5.15.0137, relator Desembargador convocado: Breno Medeiros, Data de Julgamento: 26.8.2015, 8ª Turma, Data de Publicação: DEJT 4.9.2015)

A) AGRAVO DE INSTRUMENTO EM RECURSO DE REVISTA. DANO MORAL. VALOR DA INDENIZAÇÃO. Diante da possível violação do art. 944 do Código Civil, impõe-se prover o agravo de instrumento para determinar o prosseguimento do recurso de revista. Agravo de instrumento conhecido e provido. B) RECURSO DE REVISTA. 1. DANO

MORAL. CONFIGURAÇÃO. O Regional, amparado na prova produzida nos autos, cujo teor é insuscetível de reexame nesta etapa processual (Súmula n. 126/TST), concluiu evidenciados os requisitos para a responsabilização civil da reclamada. Assim, restam ilesos os arts. 818 da CLT e 333, I, do CPC, porquanto o Tribunal de origem não decidiu a controvérsia com base no ônus da prova, e sim no livre exame do contexto fático dos autos. Recurso de revista não conhecido. 2. DANO MORAL. VALOR DA INDENIZAÇÃO. A indenização fixada deve possuir o escopo pedagógico para desestimular a conduta ilícita, além de proporcionar uma compensação ao ofendido pelo sofrimento e pela lesão ocasionados, sem deixar de observar o equilíbrio entre os danos e o ressarcimento, na forma preconizada pelo art. 944 do Código Civil, segundo o qual a indenização é medida pela extensão do dano. *In casu*, o valor de R$ 150.000,00 (cento e cinquenta mil reais) fixado pela decisão regional revelou-se excessivo e desproporcional diante das circunstâncias dos autos, merecendo redução para R$ 50.000,00 (cinquenta mil reais). Recurso de revista conhecido e provido. (RR — 750-17.2013.5.10.0010, relatora Ministra: Dora Maria da Costa, Data de Julgamento: 9.9.2015, 8ª Turma, Data de Publicação: DEJT 11.9.2015)

RECURSO DE REVISTA. LEI N. 13.015/2014. RESPONSABILIDADE PELO ACIDENTE DO TRABALHO. FISCAL DE CAIXA. LOCOMOÇÃO NO INTERIOR DA LOJA. USO DE PATINS/ROLLER. ATIVIDADE DE RISCO. RESPONSABILIDADE OBJETIVA. 1 — Recurso de revista na vigência da Lei n. 13.015/2014. 2 — O juízo primeiro de admissibilidade não analisou o recurso de revista de acordo com o art. 896, § 1º-A, da CLT. 3 — Atendidos os requisitos do art. 896, § 1º-A, da CLT. 4 — A responsabilidade objetiva só se aplica excepcionalmente, como no caso de ser a atividade empresarial ou a dinâmica laboral (independentemente da atividade da empresa), de risco especialmente acentuado para os trabalhadores envolvidos (teoria do risco). Nesse contexto, o dever de indenizar configura-se de forma mais ampla, na medida em que o ambiente de trabalho tende a criar para o empregado, como regra geral, risco de lesão mais acentuado do que o percebido na generalidade de situações normalmente vivenciadas pelos trabalhadores. 5 — Foi consignado pelo Tribunal Regional que a reclamante, ao se locomover no interior da loja com o uso de patins/roller — sem nenhum treinamento específico para tanto —, sofreu acidente do trabalho quando se desiquilibrou e caiu no chão, o que lhe ocasionou hematoma na coxa esquerda, fratura em décimo arco costal esquerdo e tromboembolismo pulmonar. Desse modo, não há como se afastar o risco na atividade desenvolvida pela empregada que laborava como fiscal de caixa e era obrigada a se deslocar de um ponto a outro da loja sobre duas rodas. 6 — Recurso de revista de que não se conhece. DANOS MORAIS. ACIDENTE DO TRABALHO. RESPONSABILIDADE OBJETIVA. 1 — Atendidos os requisitos do art. 896, § 1º-A, da CLT. 2 — No caso dos autos, o reclamado foi condenado pelo acidente do trabalho com base na responsabilidade objetiva, uma vez que a atividade exercida pela reclamante como fiscal de caixa e a obrigatoriedade de se locomover no interior da loja com o uso de patins/roller, traz em si um risco de lesão mais acentuado do que o percebido comumente por outros trabalhadores. Assim, ao contrário da responsabilidade subjetiva, nesse caso, não há de perquirir se houve ou não culpa do empregador pelo evento danoso, uma vez que o dever de indenizar existe tão somente pela ocorrência do dano. Nesse contexto, remanesce o dever de indenizar por danos morais. 3 — Recurso de revista de que não se conhece. DANOS MORAIS. REDUÇÃO DO VALOR DA INDENIZAÇÃO. 1 — Atendidos os requisitos do art. 896, § 1º-A, da CLT. 2 — O pedido de indenização por dano moral tem como causa conduta ilícita praticada pelo empregador que ocasionou à empregada acidente do trabalho em decorrência do fato de que havia a obrigatoriedade da reclamante — fiscal de caixa — se locomover no interior da loja com o uso de patins/roller, sem que ao menos houvesse treinamento para tanto, o que lhe provocou uma queda, que por sua vez lhe ocasionou hematoma na coxa esquerda, fratura em décimo arco costal esquerdo e tromboembolismo pulmonar. Contudo, o TRT registrou que, apesar do infortúnio, a reclamante continuou a trabalhar após o acidente, que não houve maiores sequelas e o INSS atestou a sua capacidade laboral. 3 — Observa-se que na fixação do montante da indenização por danos morais levam-se em consideração os critérios da proporcionalidade, da razoabilidade, da justiça e da equidade (arts. 5º, V, da Constituição Federal, 944 do Código Civil e 8º da CLT), visto que não há lei que estabeleça a forma de cálculo a ser utilizada para resolver a controvérsia. 4 — De acordo com o STF, até mesmo as leis especiais que trataram da indenização por danos morais em hipóteses específicas, como eram os casos da Lei de Imprensa e do Código Brasileiro de Telecomunicações, não encontram legitimidade na Constituição Federal. Cita-se o Precedente RE 447584/RJ, DJ 16.32007, Ministro Cezar Peluso. 5 — Assim, o montante da indenização varia de acordo com o caso examinado e a sensibilidade do julgador, e ocorre de maneira necessariamente subjetiva. 6 — No caso dos autos, o Tribunal Regional ao manter a sentença que arbitrou o valor da condenação em R$ 100.000,00 (cem mil reais) a título de indenização por dano moral não observou o princípio da proporcionalidade, considerando-se a natureza e a extensão do dano e dos fatos narrados pela Corte regional, justificando a excepcional intervenção desta Corte no feito. 7 — Assim, a redução do valor arbitrado a título de danos morais para R$ 20.000,00 (vinte mil reais), é medida que se impõe. 8 — Recurso de revista de que se conhece e a que se dá provimento. (RR — 418-62.2012.5.09.0091, relatora Ministra: Kátia Magalhães Arruda, Data de Julgamento: 18.11.2015, 6ª Turma, Data de Publicação: DEJT 27.11.2015)

AGRAVO REGIMENTAL. INDENIZAÇÃO POR DANOS MORAIS. VALOR. Infirmados os fundamentos expendidos na decisão mediante a qual se denegou seguimento ao agravo de instrumento, dá-se provimento ao recurso para determinar o processamento do agravo de instrumento interposto pela reclamada. AGRAVO DE INSTRUMENTO. INDENIZAÇÃO POR DANOS MORAIS. VALOR. RECURSO DE REVISTA. Demonstrada a afronta ao art. 944 do Código Civil, nos moldes da alínea c do art. 896 da Consolidação das Leis do Trabalho, dá-se provimento ao agravo de instrumento a fim de determinar o processamento do recurso de revista. RECURSO DE REVISTA. INDENIZAÇÃO POR DANOS MORAIS. VALOR. 1. Diante da ausência de critérios objetivos norteando a fixação do quantum devido a título de indenização por danos morais, cabe ao julgador arbitrá-lo de forma equitativa, pautando-se nos princípios da razoabilidade e da proporcionalidade, bem como nas especificidades de cada caso concreto, tais como: a situação do ofendido, a extensão e gravidade do dano suportado e a capacidade econômica do ofensor. 2. No caso dos autos, o egrégio Tribunal Regional, ao reduzir a indenização por danos morais de R$ 150.000,00 (cento e cinquenta mil reais) para R$ 10.000,00 (dez mil reais), subdimensionou, *data venia*, os referidos critérios de fixação do quantum indenizatório. Com efeito, a capacidade financeira da segunda reclamada, empresa nacionalmente reconhecida no segmento da exportação de minérios, e a gravidade da conduta de ambas as rés — que, mesmo tendo ciência dos riscos presentes no local de trabalho e até de ocorrência anterior de ataque semelhante, nenhuma providência adotaram a fim de evitar a exposição de seus empregados ao risco —, autorizam a majoração do valor arbitrado a título de indenização por danos morais, sob pena de resultar configurado um valor ínfimo e desproporcional. Destaquem-se, ainda, o incontestável abalo psicológico infligido à autora, decorrente da situação de terror a que submetida, como evidenciam seu depoimento pessoal e o da testemunha que a acompanhava no momento do ataque pelo animal selvagem, devidamente transcritos no acórdão recorrido. Com efeito, não se pode desprezar a angústia e o sofrimento a que submetida a reclamante, que, além de sofrer escoriações em razão do ataque, testemunhou o brutal ataque a sua colega, lançando-se a esforço físico para evitar que a onça arrastasse sua colega para a mata, tendo com isso provavelmente salvado a sua vida. 3. Num tal contexto, considerando-se a capacidade financeira das reclamadas, a gravidade do abalo psicológico suportado pela reclamante e a omissão das rés quanto à adoção de medidas preventivas, mesmo diante da ciência de ataque semelhante; observando-se, ainda, os princípios constitucionais que orientam o intérprete (especialmente o da proporcionalidade e o da razoabilidade), arbitro à indenização por danos morais o valor de R$ 100.000,00 (cem mil reais). 4. Recurso de revista conhecido e parcialmente provido. (RR — 2319-84.2012.5.08.0126, relator Ministro: Lelio Bentes Corrêa, Data de Julgamento: 13.5.2015, 1ª Turma, Data de Publicação: DEJT 22.5.2015)

DANOS MORAIS. BANCÁRIA. SEQUESTRO. CÁRCERE PRIVADO DA SUA FAMÍLIA. MONTANTE INDENIZATÓRIO. MAJORAÇÃO DE R$ 20.000,00 PARA R$ 300.000,00. No caso em tela, consta da decisão de origem que a reclamante foi vítima de extorsão mediante sequestro, sendo sua família (esposo e filhos) feita refém e que, após a ação criminosa, a trabalhadora, consoante a perícia realizada, desenvolveu transtorno pós-traumático, em razão do que está incapacitada para o exercício da função de bancária. Registra-se que, quanto ao valor da indenização, devem ser observados, nos termos da doutrina e da jurisprudência, a extensão do fato inquinado (número de pessoas atingidas, de assistentes ou de conhecedoras para efeito de repercussão); a permanência temporal (o sofrimento é efêmero, pode ser atenuado ou tende a se prolongar no tempo por razão plausível); a intensidade (o ato ilícito foi venial ou grave, doloso ou culposo); os antecedentes do agente (a reincidência do infrator deve agravar a reparação a ser prestada ao ofendido); a situação econômica do ofensor e a razoabilidade do valor, considerando-se, ainda, que, no tocante à situação econômica das partes, deve-se atentar para que a sanção surta algum efeito prático com a necessária repercussão pedagógica na política administrativa da empresa responsável, demonstrando "para o infrator e para a sociedade a punição exemplar daquele que desrespeitou as regras básicas de segurança, higiene e saúde do trabalhador". Nesse contexto, tendo em vista o ínfimo valor arbitrado à indenização por danos morais, conclui-se que a decisão regional não se coaduna com o disposto no art. 944 do Código Civil, motivo pelo qual deve ser majorado o valor da indenização por danos morais para R$ 300.000,00 (trezentos mil reais). Recurso de revista conhecido e parcialmente provido. MANUTENÇÃO DA GRATIFICAÇÃO DE FUNÇÃO DE CAIXA. FALTA DE PREQUESTIONAMENTO DOS DISPOSITIVOS INVOCADOS. A reclamante se insurge contra a decisão regional pela qual se excluiu da condenação a determinação do juízo de primeiro grau para que a reclamada se abstenha de suprimir a gratificação de caixa. Ampara sua pretensão nos mesmos fundamentos do tema anterior, quais sejam os arts. 5º, incisos V e X, da Constituição Federal, 186, 187, 927, caput, e parágrafo único, e 944 do Código Civil e a divergência jurisprudencial. Todavia, a decisão regional, quanto a esse tema, não foi proferida à luz desses dispositivos, mas com espeque na Súmula n. 372, item I, desta Corte, contra a qual a recorrente não se insurge, o que demonstra a falta de prequestionamento, nos termos da Súmula n. 297, itens I e II, do Tribunal Superior do Trabalho e do art. 896, § 1º A, inciso I, da CLT. Recurso de revista não conhecido. (RR — 612-75.2012.5.03.0076, relator Ministro: José Roberto Freire Pimenta, Data de Julgamento: 9.12.2015, 2ª Turma, Data de Publicação: DEJT 18.12.2015)

RECURSO DE REVISTA INTERPOSTO NA VIGÊNCIA DA LEI 13.467/2017 E IN 40 DO TST. DANO ESTÉTICO. DANO MORAL. *QUANTUM* INDENIZATÓRIO. VALOR EXORBITANTE. INOBSERVÂNCIA DE RAZOABILIDADE E PROPORCIONALIDADE. TRANSCENDÊNCIA

RECONHECIDA. O debate acerca do valor da indenização no que se refere à proporcionalidade e razoabilidade detém transcendência política, nos termos do art. 896-A, § 1º, II, da CLT. Nos termos do artigo 944 do Código Civil, cabe ao Juiz fixar o valor da indenização em caso de dano sofrido pela vítima. Contudo, deve pautar-se pelos princípios da proporcionalidade e razoabilidade, a fim de evitar o arbitramento de valor exorbitante ou irrisório. *In casu*, o Regional consignou incontroversa a ocorrência de acidente de trabalho típico, em 22/4/2017, pois o autor, ao manusear uma serra elétrica, perdeu um dedo e lesionou intensamente outro dedo, além de ter sofrido ferimentos na mão esquerda, os quais deixaram cicatrizes visíveis e extensas. Destacou a existência de culpa da empresa pela falta de adoção de medidas preventivas necessárias, bem como pela existência de desvio de função, já que o demandante, embora contratado como ferreiro, manuseava equipamentos estranhos a essa atividade — o que culminou no acidente sofrido. Por essa razão, a Corte de origem condenou a recorrente ao pagamento de indenização por danos moral e estético, no importe de R$ 30.000,00 cada, além de condená-la ao pagamento de R$ 50.000,00 a título de dano material, valores que, somados, totalizam R$110.000,00. Todavia, verifica-se que o capital social da empresa é de R$ 100.000,00, de modo que o valor arbitrado a título de indenização por danos moral e estético, quando acrescido à indenização por dano material, ultrapassa o capital social da sociedade empresarial, o que potencialmente pode levá-la à ruina financeira. Nesse diapasão, constatada a condenação em valores que exorbitaram a capacidade econômica do ofensor, viável a redução do montante indenizatório estipulado. Recurso de revista conhecido e provido. (...) (RR-1324-68.2017.5.11.0011, 6ª Turma, Relator Ministro Augusto Cesar Leite de Carvalho, DEJT 7/6/2024).

RECURSO DE REVISTA ANTERIOR À LEI 13.015/2014. REFORMA DA DECISÃO DESTA TURMA PELA SBDI-1 DO TST COM DETERMINAÇÃO DE RETORNO DOS AUTOS PARA O EXAME DO RECURSO DE REVISTA DAS RECLAMADAS APENAS QUANTO AO VALOR DA INDENIZAÇÃO PELO DANO MORAL COLETIVO. A SBDI-1 do TST restabeleceu o acórdão prolatado pelo TRT quanto às situações em que a Corte de origem entendeu como configuradoras de dano moral coletivo, quais sejam, imposição de jornada extraordinária aos empregados, sem anotação nos cartões de ponto e sem pagar horas extras com o respectivo adicional; não concessão de pausa para satisfação de necessidades básicas, vedando o uso dos banheiros; submissão dos empregados a xingamentos e palavras pejorativas; e obrigação ao canto e à dança de hino motivacional, e determinou o retorno dos autos a esta Turma para fixação do valor. O *caput* do art. 944 do Código Civil determina que "a indenização mede-se pela extensão do dano". Já o parágrafo único do referido dispositivo legal autoriza que o juiz reduza, equitativamente, a indenização nas hipóteses em que "houver excessiva desproporção entre a gravidade da culpa e o dano". No caso em exame, o Tribunal Regional fixou o valor da indenização em R$ 11.150.000,00 (onze milhões cento e cinquenta mil reais). A jurisprudência desta Corte, via de regra, não admite a majoração ou a redução do valor da indenização por danos morais nesta instância extraordinária, exceto quando se tratar de situação na qual se evidencia a fixação do *quantum* indenizatório em valor excessivamente módico ou exorbitante, desatendendo aos princípios da razoabilidade e da proporcionalidade, o que ocorreu na hipótese em exame. Considerando as particularidades do caso, o valor fixado pela Corte Regional se mostra exorbitante e a condenação ao pagamento dessa quantia se revela desproporcional aos fins compensatórios e punitivos pretendidos. Recurso de revista conhecido e provido, para reduzir o valor da indenização para R$ 300.000,00 (trezentos mil reais) (RR-1310-54.2011.5.10.0001, 8ª Turma, Relator Ministro Sergio Pinto Martins, DEJT 20/5/2024).

Decisão abaixo conheceu do Recurso de Revista por violação ao art. 5º, inciso V, da Constituição Federal, a fim de majorar o valor da indenização por danos morais.

> I — AGRAVO DE INSTRUMENTO. RECURSO DE REVISTA INTERPOSTO NA VIGÊNCIA DA LEI N. 13015/2014. RECLAMANTE. DANO MORAL. VALOR DA INDENIZAÇÃO. FORAM PREENCHIDOS OS REQUISITOS DO ART. 896, § 1º-A, da CLT. Demonstrada a possível violação ao art. 5º, V, da CF. Agravo de instrumento a que se dá provimento. II — RECURSO DE REVISTA. LEI N. 13.015/2014. DANO MORAL. VALOR DA INDENIZAÇÃO. FORAM PREENCHIDOS OS REQUISITOS DO ART. 896, § 1º-A, da CLT. 1 — Nessa matéria, deve ser observado o critério de proporcionalidade entre o montante fixado e a gravidade dos fatos ocorridos. 2 — No caso dos autos, não se sustenta a conclusão do TRT de que o montante dos danos morais deveria ser de R$ 5 mil. 3 — A conduta da empresa foi muito grave, a lesão foi considerável e a ilicitude não se limitava à reclamante, pelo contrário, ocorria ordinária e reiteradamente em relação aos demais empregados na mesma situação: "reduzir os dias de licença prescritos por médicos que não fossem da empresa, impedindo a realização de tratamento fisioterápico e, ao mesmo tempo, de rebaixar os trabalhadores afastados por doença ocupacional para a inatividade em setores de atribuições insignificantes", colocando-os em funções irrelevantes a ponto de levá-los à ociosidade. 4 — Isso se torna mais sério quando se constata que as agravadas são a FUNDAÇÃO ANA LIMA E OUTRA (HAPVIDA ASSISTÊNCIA MÉDICA LTDA), as quais, condenadas solidariamente desde a sentença, atendem o público na área da saúde, e, portanto, deveriam ter zelo pelos problemas médicos dos próprios trabalhadores que lhe prestavam serviços. 5 — Por outro lado, são fatos públicos e notórios constantes na rede mundial de computadores (internet), no site da própria HAPVIDA (<http://www.hapvida.com.br/internas.php?p=65>. Acesso em: 1º out. 2015, 19h37), que: "Com 35 anos de história e uma estratégia balizada na verticalização dos serviços médico-hospitalares, o Sistema Hapvida atende 3 milhões de clientes em todo o território nacional. Hoje, o Hapvida é a maior operadora de saúde do Norte e Nordeste, com a maior rede de atendimento próprio das regiões, uma das duas maiores operadoras com capital próprio e genuinamente nacional e a terceira maior do País, em número de beneficiários. Atualmente, são 16.500 colaboradores diretos envolvidos na operação de 20 hospitais próprios, 70 Hapclínicas, 15 Prontos Atendimentos, 60 centros de diagnóstico por imagem e 56 laboratórios com diversos postos de coleta distribuídos nos 11 estados onde a operadora atua com rede própria. A empresa também desenvolve ações por meio da Fundação Ana Lima, braço social do Hapvida Sistema de Saúde. Na lista de projetos da entidade, o Hapvida nos Bairros, Sopão da Vida Projeto Ilhas e Medicina Preventiva". 6 — Nesse contexto, verifica-se que a fixação do montante da indenização por danos morais em R$ 5.000,00 se mostra desproporcional, devendo ser majorado para R$ 20 mil. 7 — Recurso de revista a que se dá provimento parcial. (RR — 1948-50.2011.5.07.0008, relatora Ministra: Kátia Magalhães Arruda, Data de Julgamento: 21.10.2015, 6ª Turma, Data de Publicação: DEJT 23.10.2015)
>
> I — AGRAVO DE INSTRUMENTO EM RECURSO DE REVISTA INTERPOSTO NA VIGÊNCIA DA LEI 13.467/2017. INDENIZAÇÃO POR DANOS MORAIS. REVISÃO DO VALOR ARBITRADO. Demonstrada transcendência social e possível violação do art. 5º, V, da Constituição Federal, impõe-se o provimento do agravo de instrumento para determinar o processamento do recurso de revista. Agravo de instrumento provido. II — RECURSO DE REVISTA INTERPOSTO NA VIGÊNCIA DA LEI 13.467/2017. INDENIZAÇÃO POR DANOS MORAIS. REVISÃO DO VALOR ARBITRADO. No caso concreto, a Corte de origem adotou os seguintes parâmetros para fixação do valor do dano moral no montante de R$ 10.000,00 (dez mil reais): idade da vítima (64 anos), condições financeiras das

partes, extensão do dano (incapacidade total) e tempo em que a autora ficou afastada do trabalho (2 ou 3 meses), histórico profissional da reclamante e o caráter punitivo e pedagógico do dano. A reparação do dano moral deve ser fixada observando-se as peculiaridades do caso concreto e os princípios da razoabilidade e da proporcionalidade, de modo que o valor da condenação, caso elevado, não se constitua em fonte de enriquecimento sem causa, tampouco de valor diminuto a ponto de não atender ao seu caráter punitivo e pedagógico. Na hipótese dos autos, tendo como base os parâmetros adotados pelo Tribunal Regional, não se reputa adequado o valor arbitrado no acórdão recorrido, notadamente tendo em vista a capacidade econômica do demandado e a gravidade da lesão, razão pela qual se majora o valor da indenização por danos morais para R$ 20.000,00 (vinte mil reais). Recurso de revista conhecido e provido" (RR-RR-1650-83.2011.5.09.0014, 2ª Turma, Relatora Ministra Delaide Miranda Arantes, DEJT 8/11/2019).

Decisão abaixo conheceu do Recurso de Revista por violação ao art. 5º, inciso V, da Constituição Federal, a fim de reduzir o valor da indenização por danos morais.

INDENIZAÇÃO POR DANOS MORAIS E DANOS ESTÉTICOS. VALOR ARBITRADO. EXCESSO. RECURSO CONHECIDO E PROVIDO. O Tribunal Regional majorou para R$ 50.000,00 a indenização por danos morais e estéticos decorrentes ao acidente de trabalho e para R$ 40.000,00 a indenização arbitrada para os danos morais decorrentes do tratamento desrespeitoso ao empregado, decisão que revela ofensa ao preceito do art. 5º, inciso V, da Constituição da República, pois desproporcional à gravidade das ofensas perpetradas, autorizando a redução das respectivas indenizações para R$ 15.000,00 e R$ 20.000,00, atendendo ao escopo fundamental da indenização e aos princípios da razoabilidade e proporcionalidade estabelecidos na Constituição da República. (TST-RR-37100-93.2009.5.15.0013, recorrente GERDAU AÇOS LONGOS S.A. e recorrido ADRIANO COSTA ARAÚJO. 5ª Turma, Desembargador convocado José Rêgo Júnior)

Já no caso abaixo, por violação ao artigo 5º, inciso X da Constituição Federal, foi conhecido o recurso de revista para reduzir o valor da indenização por danos morais.

(...) 3. *QUANTUM* INDENIZATÓRIO. DANO MORAL. DOENÇA OCUPACIONAL. CONCAUSA. INCAPACIDADE LABORATIVA PARCIAL E PERMANENTE. TRANSCENDÊNCIA POLÍTICA CONFIGURADA. Constatado possível equívoco na decisão monocrática, impõe-se a reforma da decisão agravada. Agravo provido. II. AGRAVO DE INSTRUMENTO EM RECURSO DE REVISTA REGIDO PELA LEI 13.467/2017. *QUANTUM* INDENIZATÓRIO. DANO MORAL. DOENÇA OCUPACIONAL. CONCAUSA. INCAPACIDADE LABORATIVA PARCIAL E PERMANENTE. TRANSCENDÊNCIA POLÍTICA CONFIGURADA. Constatada possível ofensa ao artigo 5º, X, impõe-se o provimento do Agravo de Instrumento para determinar o processamento do Recurso de Revista. Agravo de instrumento conhecido e provido. III. RECURSO DE REVISTA REGIDO PELA LEI 13.467/2017. *QUANTUM* INDENIZATÓRIO. DANO MORAL. DOENÇA OCUPACIONAL. CONCAUSA. INCAPACIDADE LABORATIVA PARCIAL E PERMANENTE. TRANSCENDÊNCIA POLÍTICA CONFIGURADA. 1. O Tribunal Regional manteve o *quantum* arbitrado para compensar o dano moral em R$ 70.220,40 (setenta mil duzentos e vinte reais e quarenta centavos). 2. O arbitramento da compensação por danos de ordem moral encerra atividade judicial gravada de alta complexidade, tendo em conta a natureza ideal, e não patrimonial, dos valores inerentes à personalidade humana (arts. 5º, V e X, da CF c/c os arts. 223-B a 223-D da

CLT). Nesse âmbito, não se cogita de "reparação integral" (CC, art. 944), mas de "compensação satisfatória" (CF, art. 5º, V e X), que deve ser arbitrada à luz de fatores vários, entre os quais o padrão socioeconômico das partes envolvidas (CLT, art. 223-G). Nessa complexa atividade, devem ser expostas de forma ampla as razões que justificam os valores arbitrados (CF, art. 93, IX c/c o art. 489, II, do CPC), permitindo aos litigantes e aos demais órgãos da jurisdição a construção dialética da melhor resposta para os casos concretos. Embora possam ser analisados julgados proferidos em casos similares, para efeito de apuração da média fixada por outros órgãos judiciais, faz-se necessário considerar, além dos parâmetros referidos em lei (CLT, art. 223-G), as razões que justificaram os valores arbitrados nas instâncias da jurisdição ordinária. Além disso, a intervenção dos órgãos da jurisdição extraordinária, nesse âmbito de valoração da compensação merecida, apenas se legitimará quando evidenciado o arbitramento de valores manifestamente irrisórios ou exorbitantes, que se distanciam dos princípios da razoabilidade e da proporcionalidade, suscetíveis de ensejar o enriquecimento ilícito do ofendido ou que sejam inaptos para desestimular a reiteração da prática ilícita causadora do dano. 3. Na espécie, o julgador de origem chegou ao valor de R$ 70.220,40 multiplicando o último salário básico do Autor (de março de 2015) por 30 vezes, após destacar a inexistência de parâmetros legais de arbitramento à época dos fatos e a impertinência de aplicação da Lei 13.467/2017 ao caso. Depreendem-se dos autos que o Autor foi admitido pela CSN em 13/5/2008, está com o contrato de trabalho suspenso desde 14/4/2015 (auxílio doença acidentário) e recebeu como última remuneração o importe de R$ 2.410,90 da CSN, cujo capital social é de R$ 4.540.000.000,00 (quatro bilhões e quinhentos e quarenta milhões) de reais. 4. Todavia, o acórdão regional não se harmoniza com a jurisprudência produzida por esta Corte quanto à média das indenizações por dano moral mantidas ou fixadas, quando do exame de causas em que examinadas premissas que se assemelham ao caso concreto. 5. Caso em que o montante fixado revela-se exorbitante, atraindo a atuação desta Corte uniformizadora de jurisprudência para melhor adequação do julgado aos princípios da razoabilidade e da proporcionalidade. Assim, faz-se necessário reduzir a indenização compensatória para R$ 50.000,00 (cinquenta mil reais), preservando-se os objetivos de sancionar o infrator, compensar a dor moral da vítima e afastar o enriquecimento indevido, especialmente porque, do analítico exame dos fatos da causa, conquanto grave a natureza da ofensa, não ostenta caráter gravíssimo, como assinalado pelo Regional. Recurso de revista de que se conhece, por ofensa ao artigo 5º, X, da Constituição Federal, e a que se dá provimento. Recurso de revista conhecido e provido (RR-100993-81.2016.5.01.0343, 5ª Turma, Relator Ministro Douglas Alencar Rodrigues, DEJT 15/12/2023).

4º Revista a pertences pessoais

O TST conheceu dos Recursos para afastar a condenação por danos morais, sendo o primeiro por violação ao artigo 186 da CLT e o segundo por violação ao artigo 5º, inciso X da Constituição Federal, por entender que a revista aos pertences do empregado sem contato físico não enseja em danos morais.

... Revista realizada em bolsas e pertences dos empregados. Dano moral. Não configuração. Esta Corte tem entendido que o poder diretivo e fiscalizador do empregado permite a realização de revista em bolsas e pertences dos empregados, desde que procedida de forma impessoal, geral e sem contato físico ou exposição do funcionário a situação humilhante e vexatória. Desse modo, a revista feita exclusivamente nos pertences dos empregados não configura, por si só, ato ilícito, sendo indevida a reparação por dano moral. No caso dos autos, o Regional não informou a existência de eventual abuso de direito, mas apenas concluiu, com base nos fatos narrados, pela existência de dano moral por entender que a prática realizada pela empresa, *a priori* e por si só, expunha o empregado a situação vexatória e constrangedora, passível de reparação. Estando essa conduta amparada pelo poder diretivo do empregador, à vista do quando fático delineado pelas instâncias Ordinária, e constatando-se não ter havido abuso de direito, de ser reformada a decisão em que se reconheceu a existência de dano moral bem como condenou o reclamado ao pagamento a ele correspondente. Recurso de revista conhecido e provido... (TST — 2ª T. — RR 445-52.2011.5.19.0010 — Rel. Min. José Roberto Freire Pimenta — DEJT 13.3.2015)

... Recurso de revista da reclamada. Dano moral. Revista. Objetivos pessoais do empregado. Provimento. A jurisprudência deste colendo Tribunal Superior do Trabalho inclina-se no sentido de que a revista em objetos pessoais — bolsas e sacolas — dos empregados da empresa, realizada de modo impessoal, geral, sem contato físico ou exposição de sua intimidade, não submete o trabalhador a situação vexatória ou caracteriza humilhação, vez que decorre do poder diretivo e fiscalizador do empregador, revelando-se lícita a prática desse ato. Precedentes. Recurso de revista de que se conhece e a que se dá provimento. (TST — 5ª T. — RR 480-14.2012.5.09.0088 — Rel. Min. Guilherme Augusto Caputo Bastos — DEJT 30.5.2014)

5º Competência em razão do lugar

Recurso de Revista conhecido por violação ao art. 5º, inciso XXXV da Constituição Federal, para entender como competente em razão do lugar o local do domicílio do autor, em detrimento da regra prevista no art. 651 da CLT.

AGRAVO DE INSTRUMENTO EM RECURSO DE REVISTA. COMPETÊNCIA TERRITORIAL. CONTRATAÇÃO E PRESTAÇÃO DE SERVIÇO EM LOCAL DIVERSO DO DOMICÍLIO DO TRABALHADOR. 1. O Tribunal Regional manteve a sentença em que acolhida a exceção de incompetência em razão do lugar e determinada a remessa dos autos para São Paulo — SP. Para tanto, decidiu que "Tendo a contratação e a prestação de serviços ocorrido em São Paulo-SP, é incompetente o juízo de Crateús-CE". Afastou a competência do lugar do domicílio do autor, asseverando que "não coincide nem com o da contratação nem com o da prestação dos serviços". 2. Não obstante o reclamante tenha sido contratado e prestado serviços em São Paulo-SP, e considerando a dimensão intercontinental do Brasil, em que a cidade de Cratéus, no Ceará, local do domicílio do reclamante, está distante mais de mil quilômetros de São Paulo — SP, constata-se que a decisão recorrida, no caso, ao reputar incompetente o juízo do foro do domicílio do reclamante, negou-lhe o acesso à Justiça. 3. Por se divisar a violação do art. 5º, XXXV, da CF/88, prudente o provimento deste agravo de instrumento para dar processamento ao recurso de revista. Agravo de instrumento conhecido e provido. RECURSO DE REVISTA. COMPETÊNCIA TERRITORIAL. CONTRATAÇÃO E PRESTAÇÃO DE SERVIÇO EM LOCAL DIVERSO DO DOMICÍLIO DO TRABALHADOR. OPÇÃO DO DEMANDANTE PELO LOCAL DO DOMICÍLIO. POSSIBILIDADE. 1. O Tribunal Regional manteve a sentença em que acolhida a exceção de incompetência em razão do lugar e determinada a remessa dos autos para São Paulo — SP. Para tanto, decidiu que "Tendo a contratação e a prestação de serviços ocorrido em São Paulo-SP, é incompetente o juízo de Crateús-CE". Afastou a competência do lugar do domicílio do autor, asseverando que "não coincide nem

> com o da contratação nem com o da prestação dos serviços". 2. Conforme disposto no *caput* do art. 651 da CLT, a regra é a de que "a competência das Juntas de Conciliação e Julgamento é determinada pela localidade onde o empregado, reclamante ou reclamado, prestar serviços ao empregador, ainda que tenha sido contratado noutro local ou no estrangeiro" e, nos termos do § 3º desse mesmo dispositivo consolidado, "Em se tratando de empregador que promove realização de atividades fora do lugar do contrato de trabalho, é assegurado ao empregado apresentar reclamação no foro da celebração do contrato ou no da prestação dos respectivos serviços". 3. No entanto, o entendimento adotado No TST é o da aplicação do princípio protetivo do trabalhador, de modo que, aplicando tal diretriz ao caso concreto, conclui-se pela possibilidade de se demandar no foro do domicílio do trabalhador, de modo a se dar efetividade ao princípio constitucional de acesso ao Poder Judiciário, insculpido no art. 5º, XXXV, da Carta da República de 1988. 4. No caso dos autos, não obstante o reclamante tenha sido contratado e prestado serviços em São Paulo-SP, e considerando a dimensão intercontinental do Brasil, em que a cidade de Cratéus, no Ceará, local do domicílio do reclamante, está distante mais de mil quilômetros de São Paulo — SP, constata-se que a decisão recorrida, no caso, ao reputar incompetente o juízo do foro do domicílio do reclamante, negou-lhe o acesso à Justiça, o que autoriza, como vem entendendo esta e. Corte, o conhecimento do recurso de revista por violação do art. 5º, XXXV, da Lei Maior. Precedentes. Recurso de revista conhecido e provido. (RR — 1227-13.2012.5.07.0025, relator Ministro: Hugo Carlos Scheuermann, Data de Julgamento: 17.6.2015, 1ª Turma, Data de Publicação: DEJT 26.6.2015)
>
> I — AGRAVO DE INSTRUMENTO. RECURSO DE REVISTA. LEI Nº 13.015/2014. COMPETÊNCIA EM RAZÃO DO LUGAR. ARREGIMENTAÇÃO NO DOMICÍLIO DO EMPREGADO. CONTRATAÇÃO E PRESTAÇÃO DE SERVIÇOS EM LOCALIDADES DIVERSAS. EMPRESA DE ÂMBITO NACIONAL. Ante a possível violação do artigo 5º, XXXV, da CF, deve ser provido o agravo de instrumento. Agravo de instrumento conhecido e provido. II — RECURSO DE REVISTA. LEI Nº 13.015/2014. COMPETÊNCIA EM RAZÃO DO LUGAR. ARREGIMENTAÇÃO NO DOMICÍLIO DO EMPREGADO. CONTRATAÇÃO E PRESTAÇÃO DE SERVIÇOS EM LOCALIDADES DIVERSAS. EMPRESA DE ÂMBITO NACIONAL. O Tribunal Regional manteve a competência da Vara do Trabalho da cidade do Rio de Janeiro/RJ sob o fundamento de que contratação do autor não ocorreu no foro de seu domicílio. Em razão dos princípios da proteção ao trabalhador e do acesso à Justiça, bem como para possibilitar a observância da ampla defesa e do contraditório, o entendimento desta Corte Superior evoluiu no sentido de que o foro do domicílio do empregado, nos casos em que a contratação e a prestação de serviços tenham se efetivado em lugares distintos, apenas será considerado competente quando lhe for mais favorável do que a regra do artigo 651 da CLT e a empresa possuir atuação nacional. *In casu*, extrai-se do acórdão que a arregimentação se iniciou no domicílio do autor, na Cidade de Xanxerê/SC, foi contratado na Cidade do Rio de Janeiro e prestou serviços em Angola. Notoriamente a Empresa Norberto Odebrecht possui atuação em âmbito nacional, com capacidade financeira suficiente para arcar com os custos do processo em qualquer lugar onde as ações trabalhistas são ajuizadas, sem prejuízo do exercício do contraditório e da ampla defesa. Precedentes. Recurso de revista conhecido e provido (RR-93-92.2021.5.12.0025, 2ª Turma, Relatora Ministra Maria Helena Mallmann, DEJT 2/12/2022).

Recurso de Revista conhecido por violação ao art. 651, § 3º da CLT que permite o empregado escolher o foro de qualquer um dos locais da prestação de serviços.

AGRAVO DE INSTRUMENTO EM RECURSO DE REVISTA. CONFLITO DE COMPETÊNCIA EM RAZÃO DO LUGAR. MOTORISTA DE ÔNIBUS INTERESTADUAL. Em razão de provável ofensa ao art. 651, § 3º, da CLT, dá-se provimento ao agravo de instrumento para determinar o prosseguimento do recurso de revista. Agravo de instrumento conhecido e provido. RECURSO DE REVISTA. NEGATIVA DE PRESTAÇÃO JURISDICIONAL. INDEFERIMENTO DE PROVA ORAL. A matéria não foi examinada na forma do art. 249, § 2º, do CPC. INCOMPETÊNCIA EM RAZÃO DO LUGAR. LOCAL DA PRESTAÇÃO DOS SERVIÇOS EM DIVERSAS LOCALIDADES. A Corte Regional manteve a r. decisão que acolheu a preliminar de incompetência em razão do lugar, com fundamento no art. 651, *caput*, da CLT. O § 3º do art. 651 da CLT excepciona a regra geral prevista no caput do artigo, de que a competência das Varas do Trabalho é fixada pelo local da prestação dos serviços. Referida exceção se dá quando o empregador promover a realização das suas atividades empresariais em lugar diverso ao da contratação, circunstância que faculta ao empregado ajuizar a reclamação trabalhista no foro da celebração do contrato ou no local da prestação dos serviços. No caso, depreende-se do acórdão impugnado que o reclamante foi contratado na cidade de Petrolina/PE, como motorista de ônibus interestadual, fazendo o itinerário PETROLINA/PE-JUAZEIRO/BA-FLORIANO/PI. A reclamação trabalhista foi ajuizada em Juazeiro — BA. Logo, o e. TRT, ao declarar a incompetência da Vara do Trabalho de Juazeiro/BA, local da prestação de serviços, incorreu em ofensa ao art. 651, § 3º, da CLT. Recurso de revista conhecido por violação do art. 651, § 3º da CLT e provido. (RR — 999-82.2010.5.05.0342, relator Ministro: Alexandre de Souza Agra Belmonte, Data de Julgamento: 17.6.2015, 3ª Turma, Data de Publicação: DEJT 19.6.2015)

AGRAVO DE INSTRUMENTO. LEI 13.467/2017. EXCEÇÃO DE INCOMPETÊNCIA EM RAZÃO DO LUGAR. AÇÃO AJUIZADA EM UM DOS LOCAIS EM QUE HOUVE PRESTAÇÃO DOS SERVIÇOS. TRANSCENDÊNCIA POLÍTICA RECONHECIDA. A controvérsia diz respeito à exceção de incompetência territorial da Justiça do Trabalho, na forma do art. 651 da CLT. O TRT manteve a sentença que, acolhendo a exceção de incompetência territorial, remeteu os autos, apresentados em Belo Horizonte/MG, para Brasília/DF, porque a prestação dos serviços ocorreu, nos últimos 20 anos, em Brasília. A causa apresenta transcendência política, nos termos do art. 896-A, § 1º, II, da CLT, porque a decisão do TRT contraria a jurisprudência desta Corte no sentido que, havendo prestação de serviço em várias localidades, na esteira do § 3º do art. 651 da CLT, e à luz princípio do acesso à Justiça (artigo 5º, XXXV, da CF/88), cabe ao demandante escolher em qual delas irá ajuizar a ação. Diante da potencial ofensa ao art. 651, § 3º, da CLT, o agravo de instrumento deve ser provido para processar o recurso de revista. Agravo de instrumento provido. RECURSO DE REVISTA. LEI 13.467/2017. EXCEÇÃO DE INCOMPETÊNCIA EM RAZÃO DO LUGAR. AÇÃO AJUIZADA EM UM DOS LOCAIS EM QUE HOUVE PRESTAÇÃO DOS SERVIÇOS. TRANSCENDÊNCIA POLÍTICA RECONHECIDA. O art. 651 da CLT e seus parágrafos dispõem que, em regra, a competência em razão do lugar será determinada pelo local da prestação dos serviços. Na hipótese dos autos, consta do acórdão regional que, não obstante o reclamante tenha trabalho nos últimos 20 anos em Brasília, também prestou serviços em Belo Horizonte/MG durante a contratualidade. Logo, tendo a ação sido ajuizada em Belo Horizonte/MG, local onde também prestou serviços ao reclamado, deve ser reconhecida a competência territorial daquela Vara, nos termos do 3º do art. 651 da CLT, o qual nada diz a respeito da obrigatoriedade de a demanda ser apresentada na última localidade em que os serviços foram prestados. Havendo prestação de serviços em várias locais, à luz princípio do acesso à jurisdição (artigo 5º, XXXV, da CF/88), cabe ao demandante escolher em qual delas irá ajuizar a ação. Precedentes. Transcendência política reconhecida Recurso de revista conhecido e provido" (RR-10283-09.2020.5.03.0023, 8ª Turma, Relator Ministro Aloysio Correa da Veiga, DEJT 26/8/2022).

6º Direito de imagem

Recurso de Revista conhecido por uso indevido da imagem de ex-empregado, por violação ao art. 5º, inciso X da Constituição Federal e art. 20 do Código Civil, em razão da divulgação do nome do professor em site eletrônico da instituição.

> I — AGRAVO DE INSTRUMENTO DO RECLAMANTE. RECURSO DE REVISTA. 1. DIVULGAÇÃO DO NOME DO PROFESSOR NO SITE ELETRÔNICO DA INSTITUIÇÃO DE ENSINO APÓS A RESCISÃO CONTRATUAL. DIREITO À IMAGEM. DANO MORAL. Ante a demonstração de divergência jurisprudencial específica, dá-se provimento ao agravo de instrumento. II — RECURSO DE REVISTA DO RECLAMANTE. 1. NEGATIVA DE PRESTAÇÃO JURISDICIONAL. Não prospera a arguição de negativa de prestação jurisdicional, pois o TRT se manifestou, de forma expressa, acerca do tema objeto dos embargos de declaração, concluindo não existir diferenças a título de FGTS. O simples fato de a decisão ter sido contrária à pretensão do reclamante não configura negativa de prestação jurisdicional. Recurso de revista não conhecido. 2. DIVULGAÇÃO DO NOME DO PROFESSOR NO SITE ELETRÔNICO DA INSTITUIÇÃO DE ENSINO APÓS A RESCISÃO CONTRATUAL. DIREITO À IMAGEM. DANO MORAL. Nos termos do quadro fático expressamente delineado pelo TRT, o nome do reclamante continuou a ser divulgado no site eletrônico da instituição de ensino como um dos componentes do seu corpo docente, mesmo após a rescisão contratual, sem que houvesse autorização do trabalhador. A jurisprudência do Tribunal Superior do Trabalho se consolidou no sentido de que os fatos narrados configuram vulneração ao direito de imagem. Os arts. 5º, X, da Constituição Federal e 20 do Código Civil autorizam concluir que a ausência de autorização para o uso comercial da imagem do indivíduo resulta, por si só, dano moral indenizável. Recurso de revista conhecido e provido. III — RECURSO DE REVISTA DA RECLAMADA. 1. FÉRIAS. 2. MULTA DO ART. 477 DA CLT. 3. GRATIFICAÇÃO DE DEDICAÇÃO INTEGRAL. 4. COORDENADOR DE CARREIRA DOCENTE. DIFERENÇAS SALARIAIS. 5. FUNÇÃO DE SECRETÁRIO GERAL. DIFERENÇAS SALARIAIS. 6. DESCONTOS FISCAIS. 7. MULTA PELA OPOSIÇÃO DOS SEGUNDOS EMBARGOS DE DECLARAÇÃO. Não prosperam as arguições da parte recorrente, pois não houve a demonstração de divergência jurisprudencial válida, de violação literal a dispositivo de lei ou da Constituição Federal, nem de contrariedade à súmula ou orientação jurisprudencial desta Corte, conforme preceituado no art. 896 e incisos da CLT. Recurso de revista não conhecido. (RR — 2098500-83.2006.5.09.0001, relatora Ministra: Maria Helena Mallmann, Data de Julgamento: 27.5.2015, 5ª Turma, Data de Publicação: DEJT 5.6.2015)

Recurso de Revista por violação ao direito de imagem e à honra de professora a de ensino superior, que, após demiti-la num processo de dispensa coletiva, a reclamada publicou em jornais locais notícia sobre o assunto, indicando os motivos do seu desligamento. Recurso conhecido por violação ao art. 5º, inciso X da Constituição Federal.

> RECURSO DE REVISTA. DANO MORAL. PUBLICAÇÃO DE NOTA NA IMPRENSA ACERCA DOS MOTIVOS DA DISPENSA DA EMPREGADA. VIOLAÇÃO DA HONRA E DA IMAGEM. 1. O Tribunal Regional do Trabalho consignou expressamente que a reclamada, após dispensar 49 de seus empregados, entre os quais a ora recorrente, publicou nos jornais de circulação na cidade nota esclarecendo os motivos da dispensa coletiva. Destacam-se, dentre os critérios adotados na seleção dos empregados cujos contratos de emprego seriam rescindidos, a referência a docentes que "não vestiam a camisa" e

"difamavam a instituição", bem como que "tiveram conceitos baixos nas avaliações dos coordenadores dos cursos e dos alunos", e "não se adequaram às novas tecnologias do ensino superior." 2. A mácula à imagem e à honra objetiva da trabalhadora resulta configurada tanto do ponto de vista social como na vida profissional, porquanto as ideias de desqualificação técnica, deslealdade e não confiabilidade, decorrentes da nota publicada, bastam para dificultar a reinserção da obreira no mercado de trabalho, dentro do âmbito de veiculação da publicação. 3. Recurso de Revista conhecido e provido. (RR — 56100-41.2008.5.15.0037, relator Desembargador convocado: Marcelo Lamego Pertence, Data de Julgamento: 23.9.2015, 1ª Turma, Data de Publicação: DEJT 25.9.2015)

Recurso de Revista conhecido por violação ao art. 20 do Código Civil, par impor condenação por violação ao direito de imagem a uma engenheira de negócios, por entender que houve abuso do poder diretivo na inclusão do seu nome na página da internet da empresa como uma das principais executivas, sem o seu consentimento, após a extinção do contrato de trabalho.

AGRAVO DE INSTRUMENTO EM RECURSO DE REVISTA DO RECLAMANTE. USO INDEVIDO DO NOME E DA IMAGEM DO EMPREGADO. INDENIZAÇÃO. CCB, ART. 20. A jurisprudência predominante nesta Corte consolidou-se no sentido de que o uso da imagem e do nome do empregado, sem o devido consentimento deste, gera o direito à indenização. Vislumbrada aparente afronta ao art. 20 do Código Civil, o Agravo de Instrumento merece provimento. Agravo de Instrumento do reclamante conhecido e provido. AGRAVO DE INSTRUMENTO EM RECURSO DE REVISTA DA RECLAMADA. MULTA DO ART. 477, §8º, DA CLT. VÍNCULO DE EMPREGO. RECONHECIMENTO EM JUÍZO. O Acórdão recorrido, ao apreciar a matéria pertinente à multa do art. 477, §8º, da CLT, deferindo o seu pagamento, adotou entendimento consonante com a iterativa, notória e atual jurisprudência desta Corte. A negativa de seguimento ao Recurso de Revista, portanto, encontra apoio nas regras do art. 896, §7º, da CLT e Súmula n. 333 do TST. Agravo de Instrumento conhecido e desprovido. RECURSO DE REVISTA (RECLAMANTE). USO INDEVIDO DO NOME E DA IMAGEM DO EMPREGADO. INDENIZAÇÃO. CCB, ART. 20. Tem o empregado direito ao recebimento de indenização por danos morais, quando houver a indevida utilização de seu nome e imagem. Recurso de Revista conhecido e provido. (ARR — 1206-78.2012.5.02.0024, relator Desembargador convocado: José Ribamar Oliveira Lima Júnior, Data de Julgamento: 16.12.2015, 4ª Turma, Data de Publicação: DEJT 18.12.2015)

Recurso de Revista conhecido por violação ao artigo 5º, inciso X da Constituição Federal, em razão da violação do direito de imagem decorrente da prática de sujeitar o empregado a utilizar camisa estampando as logomarcas dos produtos vendidos em seu estabelecimento.

RECURSO DE REVISTA — APELO SOB A ÉGIDE DA LEI Nº 13.467/2017 — DANO MORAL — DIREITO DE IMAGEM — PROPAGANDA DAS LOGOMARCAS DOS PRODUTOS VENDIDOS PELO SUPERMERCADO NA CAMISA DO EMPREGADO. 1. A utilização da imagem do empregado, bem extrapatrimonial, sem a devida autorização e contraprestação, configura ato ilícito, independentemente do fim a que se destina, porquanto viola o patrimônio jurídico personalíssimo do indivíduo. 2. A garantia ao resguardo da própria imagem tem fundamento nos direitos da personalidade, que são absolutos e oponíveis a todos. O direito à imagem teve seu *status* elevado ao plano fundamental no art. 5º, X, da Constituição Federal e o dever de indenizar exsurge da utilização da imagem da pessoa, sem a sua autorização para tanto. 3. A jurisprudência do TST entende que a prática empresarial de sujeitar o empregado a utilizar camisa estampando as logomarcas dos produtos vendidos em seu estabelecimento configura violação do direito de imagem, sujeita à indenização reparatória. Precedentes desta Corte Superior. Recurso de revista conhecido e provido (RR-938-41.2014.5.05.0001, 2ª Turma, Relatora Desembargadora Convocada Margareth Rodrigues Costa, DEJT 19/8/2022).

7º Rescisão contratual/estabilidade

Recurso de Revista por violação ao art. 10, inciso II, *"b"*, do ADCT que estabelece a vedação da dispensa arbitrária ou sem justa causa da empregada gestante, o que não ocorre quando a rescisão se dá por pedido de demissão.

RECURSO DE REVISTA — PROCESSO ELETRÔNICO — ESTABILIDADE DA GESTANTE — PEDIDO DE DEMISSÃO. Quando a rescisão contratual ocorre por iniciativa da empregada, não se cogita de direito à estabilidade a que alude o art. 10, II, *"b"*, do ADCT, pois não se trata de dispensa arbitrária ou sem justa causa. Recurso de Revista conhecido e provido. (RR — 436-83.2011.5.09.0749, relator Ministro: Márcio Eurico Vitral Amaro, Data de Julgamento: 10.6.2015, 8ª Turma, Data de Publicação: DEJT 12.6.2015)

Recurso de revista também conhecido por violação ao art. 10, inciso II, "b" do ADCT por ser inaplicável ao regime de trabalho temporário a garantia de estabilidade provisória à gestante.

I — AGRAVO DE INSTRUMENTO EM RECURSO DE REVISTA DA PRIMEIRA RECLAMADA INTERPOSTO SOB A SISTEMÁTICA DA LEI Nº 13.467/2017 — ESTABILIDADE PROVISÓRIA DA GESTANTE — CONTRATO TEMPORÁRIO DE TRABALHO — LEI Nº 6.019/1974 — INAPLICABILIDADE — TRANSCENDÊNCIA POLÍTICA RECONHECIDA Por vislumbrar violação ao art. 10, II, "b", do ADCT, dá-se provimento ao Agravo de Instrumento para determinar o processamento do Recurso de Revista. II — RECURSO DE REVISTA DA PRIMEIRA RECLAMADA INTERPOSTO SOB A SISTEMÁTICA DA LEI Nº 13.467/2017 — ESTABILIDADE PROVISÓRIA DA GESTANTE — CONTRATO TEMPORÁRIO DE TRABALHO — LEI Nº 6.019/1974 — INAPLICABILIDADE — TRANSCENDÊNCIA POLÍTICA RECONHECIDA Conforme a tese firmada pelo Tribunal Pleno desta Corte no IAC 5639-31.2013.5.12.0051, é inaplicável ao regime de trabalho temporário, disciplinado pela Lei nº 6.019/1974, a garantia de estabilidade provisória à empregada gestante, prevista no artigo 10, II, "b", do Ato das Disposições Constitucionais Transitórias. Recurso de Revista conhecido e provido (RRAg-190-32.2022.5.07.0014, 4ª Turma, Relatora Ministra Maria Cristina Irigoyen Peduzzi, DEJT 1/7/2024).

Estabilidade do dirigente sindical cuja norma coletiva amplia o número de dirigentes detentores de estabilidade. Recurso de Revista conhecido e provido por violação ao art. 7º inciso XXVI da Constituição Federal.

AGRAVO DE INSTRUMENTO — RECURSO DE REVISTA — ESTABILIDADE — DIRIGENTE SINDICAL. Ante a razoabilidade da tese de violação ao art. 7º, XXVI, da Constituição

Federal, recomendável o processamento do recurso de revista, para exame das matérias veiculadas em suas razões. Agravo provido. RECURSO DE REVISTA — ESTABILIDADE — DIRIGENTE SINDICAL. Cinge-se a controvérsia no direito à estabilidade do dirigente sindical garantida por negociação coletiva que ampliou o número mínimo de dirigentes sindicais detentores da estabilidade provisória no emprego, para 20 integrantes, seguindo os termos de normas coletivas anteriores e que, embora tenha sido criada posteriormente à dispensa do reclamante, consta cláusula de vigência, compreendendo, assim, o momento em que o autor foi dispensado. Entendo que os acordos e convenções coletivas, a despeito do seu caráter híbrido, ostentam a natureza jurídica de contrato, por meio do qual os sujeitos, dotados de capacidade jurídica, manifestam a sua vontade no sentido de estabelecerem as cláusulas que irão reger a relação capital e trabalho. Assim, uma vez celebrado o acordo ou convenção há que se respeitar as suas cláusulas, bem como o contexto jurídico em que elas foram firmadas, sob pena de ofensa ao ato jurídico perfeito consagrado no art. 5º, XXXVI, da Constituição Federal. Portanto, verificado que as partes manifestaram formalmente a sua vontade, no sentido de estabelecerem expressamente a vigência do acordo coletivo, há que se respeitar a referida cláusula de vigência, ainda mais em se tratando de instrumento coletivo garantidor e renovador de condição mais benéfica ao empregado. Resolvida a questão acerca da vigência retroativa do acordo coletivo, segue-se a questão da validade da negociação coletiva que amplia o número de dirigentes sindicais detentores da estabilidade provisória no emprego, previsto no art. 522 da Consolidação das Leis do Trabalho. Entendo que se impõe às partes e ao próprio Judiciário a observância da cláusula de negociação coletiva em questão, firmada entre as empresas e o Sindicato profissional, até porque diz respeito à pactuação de condição de trabalho mais favorável ao empregado: extensão do número de dirigentes sindicais detentores da estabilidade provisória no emprego e, negar validade ao seu conteúdo seria limitar o terreno da liberdade de negociação consagrada no art. 7º, XIV e XXVI, da Constituição Federal. Cabe salientar que o disposto no art. 522 da Consolidação das Leis do Trabalho foi recepcionado pela Constituição Federal e estabeleceu um patamar mínimo de proteção ao empregado, nada impedindo a pactuação coletiva de condição mais favorável ao empregado, o que é o caso dos autos. Recurso de revista conhecido e provido. TUTELA ANTECIPADA (alegação de violação aos arts. 8º, III, da Constituição Federal, 659, X, da Consolidação das Leis do Trabalho e 273 do Código de Processo Civil). Não demonstrada a violação à literalidade de preceito constitucional ou de dispositivo de lei federal, não há que se determinar o seguimento do recurso de revista com fundamento na alínea "c" do art. 896 da CLT. Recurso de revista não conhecido. DANO MORAL (alegação de violação ao art. 8º, III, da Constituição Federal). Não demonstrada a violação à literalidade de preceito constitucional, não há que se determinar o seguimento do recurso de revista com fundamento na alínea *"c"* do art. 896 da CLT. Recurso de revista não conhecido. (RR — 80600-83.2009.5.24.0071, relator Ministro: Renato de Lacerda Paiva, Data de Julgamento: 22.6.2015, 2ª Turma, Data de Publicação: DEJT 26.6.2015)

Recurso de Revista por violação ao art. 483, alínea *"e"* da CLT para reconhecer que o término do contrato de trabalho se deu na modalidade de rescisão indireta, em razão da ocorrência de assédio moral.

I. AGRAVO DE INSTRUMENTO DA RECLAMANTE. INTERPOSTO ANTES DA VIGÊNCIA DA Lei n. 13.015/2014. RESCISÃO INDIRETA DO CONTRATO DE TRABALHO. ASSÉDIO MORAL. ART. 483, *"E"*, DA CLT. Hipótese em que a Corte Regional, nada obstante a comprovação de assédio moral, altera a sentença, na qual reconhecida a rescisão indireta do contrato de trabalho. Possível violação do art. 483, *"e"*, da CLT configurada. Agravo de instrumento conhecido e provido.

II. RECURSO DE REVISTA DA RECLAMANTE. 1. RESCISÃO INDIRETA DO CONTRATO DE TRABALHO. ASSÉDIO MORAL. ART. 483, *"E"*, DA CLT. O art. 483 da CLT, ao estabelecer as hipóteses autorizadoras da rescisão indireta do contrato de trabalho, prevê a conduta patronal no sentido de praticar, ainda que por meio de prepostos, ato lesivo da honra e da boa fama contra o empregado ou pessoas de sua família. No caso, registrou a Corte de origem que "a reclamante era constantemente exposta a situações constrangedoras que ultimaram por macular sua imagem no meio ambiente de trabalho, repercutindo no seu âmago. Tais circunstâncias já seriam suficientes para aplicação da pena máxima à reclamada." Nesse contexto, a manifestação de vontade exposta pela operária, formalmente voltada à dissolução injustificada do pacto, não subsiste eficaz (CLT, art. 9º), sendo irrelevante a circunstância de que a ação foi proposta dois meses após o encerramento do pacto, pois não se aplica, nesses casos, com o mesmo rigor, o requisito da imediatidade observado nos casos de falta grave cometida pelo trabalhador. Violado o art. 483, *"e"*, da CLT. Precedentes. Recurso de revista conhecido e provido. (7ª Turma, relator Ministro Douglas Alencar Rodrigues, autos n. 80100-77.2008.5.02.0034, publicado no DOU em 17.3.2016)

Recurso de revista por violação ao artigo 483, alínea "d"da CLT, por entender que é causa de rescisão indireta do contrato irregularidade no pagamento do adicional de insalubridade, tempo à disposição e das horas extras.

I — AGRAVO EM AGRAVO DE INSTRUMENTO DA RECLAMANTE. RECURSO DE REVISTA SOB A ÉGIDE DA LEI 13.467/2017. TRANSCENDÊNCIA NÃO ANALISADA. AGRAVO PROVIDO. Em melhor exame, percebe-se a necessidade de análise da transcendência no tema. Agravo provido para prosseguir na análise do agravo de instrumento. II — AGRAVO DE INSTRUMENTO EM RECURSO DE REVISTA INTERPOSTO PELA RECLAMANTE SOB A ÉGIDE DA LEI 13.467/2017 E DA IN 40 DO TST. RESCISÃO INDIRETA DO CONTRATO DE TRABALHO. ARTIGO 483 DA CLT. IRREGULARIDADE NO PAGAMENTO DO ADICIONAL DE INSALUBRIDADE, DO TEMPO À DISPOSIÇÃO E DAS HORAS EXTRAS. TRANSCENDÊNCIA POLÍTICA CONFIGURADA. A decisão regional contraria a jurisprudência do TST, cabendo o reconhecimento da transcendência política. Ante possível violação do art. 483, d, da CLT, impõe-se o provimento do agravo de instrumento para determinar o processamento do recurso de revista. Agravo de instrumento provido. III — RECURSO DE REVISTA SOB A ÉGIDE DA LEI 13.467/2017. RESCISÃO INDIRETA DO CONTRATO DE TRABALHO. ARTIGO 483 DA CLT. IRREGULARIDADE NO PAGAMENTO DO ADICIONAL DE INSALUBRIDADE, DO TEMPO À DISPOSIÇÃO E DAS HORAS EXTRAS. O acórdão regional entendeu que a irregularidade no pagamento do tempo à disposição, do adicional de insalubridade e de horas extras e reflexos não são suficientemente graves a justificar a aplicação do instituto da rescisão indireta para resolver o contrato de trabalho. Essa decisão está dissonante da jurisprudência do TST, o que enseja o reconhecimento da transcendência política. Esta Corte tem entendido que a irregularidade no pagamento do adicional de insalubridade e das horas extras configura ato faltoso do empregador, cuja gravidade é suficiente para acarretar a rescisão indireta do contrato de trabalho. Recurso de revista conhecido e provido (RR-10253-08.2020.5.18.0103, 6ª Turma, Relator Ministro Augusto Cesar Leite de Carvalho, DEJT 21/6/2024).

Recurso de revista conhecido por violação ao artigo 483, alínea "d" da CLT, para reconhecer a rescisão indireta do contrato em razão da existência e irregularidade no recolhimento dos depósitos do FGTS.

> I. AGRAVO. AGRAVO DE INSTRUMENTO EM RECURSO DE REVISTA. REGIDO PELA LEI 13.015/2014. 1. RESCISÃO INDIRETA DO CONTRATO DE TRABALHO. IRREGULARIDADE NO RECOLHIMENTO DOS DEPÓSITOS DE FGTS. PARCELAMENTO JUNTO À CEF. PROVIDÊNCIA IRRELEVANTE PARA DESCONSTITUIÇÃO DA FALTA GRAVE. Constatado possível equívoco na decisão monocrática, impõe-se a reforma da decisão agravada (...) II. AGRAVO DE INSTRUMENTO EM RECURSO DE REVISTA. REGIDO PELA LEI 13.015/2014. 1. RESCISÃO INDIRETA DO CONTRATO DE TRABALHO. IRREGULARIDADE NO RECOLHIMENTO DOS DEPÓSITOS DE FGTS. PARCELAMENTO JUNTO À CEF. IRRELEVANTE PARA DESCONSTITUIÇÃO DA FALTA GRAVE. Demonstrada possível ofensa ao artigo 483, "d", da CLT, impõe-se o provimento do agravo de instrumento para determinar o processamento do recurso de revista. Agravo de instrumento provido. III. RECURSO DE REVISTA REGIDO PELA LEI 13.015/2014. RESCISÃO INDIRETA DO CONTRATO DE TRABALHO. IRREGULARIDADE NO RECOLHIMENTO DOS DEPÓSITOS DE FGTS. PARCELAMENTO JUNTO À CEF. IRRELEVANTE PARA DESCONSTITUIÇÃO DA FALTA GRAVE. Caso em que o Tribunal Regional afastou a rescisão indireta do contrato de trabalho reconhecida na origem, ao fundamento de que "a gravidade da conduta patronal de não recolher os depósitos do FGTS não é forte o suficiente para inviabilizar a manutenção da relação de emprego e justificar a rescisão indireta do contrato de trabalho". Registrou, ainda, que "a ré comprovou o parcelamento de valores junto ao órgão gestor do fundo". Esta Corte tem firmado jurisprudência no sentido de que o atraso e/ou a ausência nos recolhimentos dos depósitos do FGTS configura falta grave patronal, suficiente para ensejar o reconhecimento da rescisão indireta do contrato de trabalho, nos termos do art. 483, "d", da CLT. Outrossim, a regularização dos débitos relativos ao FGTS mediante parcelamento junto à CEF, não implica no afastamento da falta grave ensejadora da rescisão indireta. Julgados. A Corte Regional, ao afastar o reconhecimento da rescisão indireta no caso dos autos, proferiu decisão contrária ao entendimento majoritário desta Corte Superior, incorrendo em violação do artigo 483, "d", da CLT. Recurso de revista conhecido e provido (RRAg-1183-47.2016.5.12.0014, 5ª Turma, Relator Ministro Douglas Alencar Rodrigues, DEJT 22/3/2024).

8º Julgamento *ultra petita*

Recurso de Revista conhecido por violação aos arts. 128 e 460 do CPC de 1973, no qual foi dado provimento ao Recurso para afastar a condenação das verbas que não foram expressamente pleiteadas. Referidos artigos do CPC de 1973 correspondem aos arts. 141[270] e 492[271] respectivamente do CPC de 2015.

(270) Art. 141 CPC/15 — O juiz decidirá o mérito nos limites propostos pelas partes, sendo-lhe vedado conhecer de questões não suscitadas a cujo respeito a lei exige iniciativa da parte.

(271) Art. 492. É vedado ao juiz proferir decisão de natureza diversa da pedida, bem como condenar a parte em quantidade superior ou em objeto diverso do que lhe foi demandado. Parágrafo único — A decisão deve ser certa, ainda que resolva relação juridical condicional.

> I — AGRAVO DE INSTRUMENTO. JULGAMENTO *ULTRA PETITA*. Autoriza-se o processamento do recurso de revista, considerando potencial violação aos arts. 128 e 460, do CPC. Agravo de instrumento conhecido e provido.
>
> II — RECURSO DE REVISTA. JULGAMENTO *ULTRA PETITA*. 1. O eg. Tribunal Regional, ao analisar a petição inicial, afirmou a inocorrência de julgamento *ultra petita*, posto ter verificado que, na causa de pedir, o reclamante formulou o pedido de reflexos do adicional de periculosidade no adicional nas férias +1/3, 13º salário, horas extraordinárias, adicional noturno, DSR, FGTS+40% e aviso-prévio, ainda que não constante do rol de pedidos, nos termos da petição inicial. 2. O exame da petição inicial, a fls. 15, revela que o reclamante, na causa de pedir, também apresenta o demonstrativo matemático dos valores relativos aos reflexos, deixando, no entanto, de incluir as horas extraordinárias e o adicional noturno. 3. Ao apresentar esse demonstrativo, na *causa petendi*, sem os adicionais de horas extraordinárias e noturno, nem formular pedido correspondente, a pretensão, nos termos em que deduzida, inibe a condenação levada a efeito. Configurados, pois, o julgamento fora dos limites da lide e, por conseguinte, a violação aos arts. 128 e 460, do CPC. Recurso de revista conhecido e provido. (PROCESSO N. TST-RR-1458-91.2010.5.15.0088, 1ª Turma, relator desembargador convocado ALEXANDRE TEIXEIRA DE FREITAS BASTOS CUNHA)

Recurso de revista conhecido por violação ao artigo 840, §1º da CLT, em razão do regional afastar a limitação dos valores pedidos na petição inicial, que não fez ressalva quanto à mera estimativa ou requerimento para apuração em liquidação de sentença.

> AÇÃO TRABALHISTA AJUIZADA NA VIGÊNCIA DA LEI Nº 13.467/17. ARTIGO 840, § 1º, DA CLT. PEDIDOS COM INDICAÇÃO DE VALORES LÍQUIDOS E ESPECÍFICOS. AUSÊNCIA DE RESSALVAS OU REQUERIMENTO PARA APURAÇÃO EM LIQUIDAÇÃO DE SENTENÇA. DECISÃO QUE AFASTA A LIMITAÇÃO QUANTIFICADA DO PEDIDO. JULGAMENTO *ULTRA PETITA*. CARACTERIZAÇÃO. TRANSCENDÊNCIA JURÍDICA RECONHECIDA. Em reexame, impõe-se o reconhecimento da transcendência jurídica e o provimento do agravo para prosseguir na análise do agravo de instrumento. Agravo conhecido e provido, no particular. II — AGRAVO DE INSTRUMENTO. PROVIMENTO. AÇÃO TRABALHISTA AJUIZADA NA VIGÊNCIA DA LEI Nº 13.467/17. ARTIGO 840, § 1º, DA CLT. PEDIDOS COM INDICAÇÃO DE VALORES LÍQUIDOS E ESPECÍFICOS. AUSÊNCIA DE RESSALVAS OU REQUERIMENTO PARA APURAÇÃO EM LIQUIDAÇÃO DE SENTENÇA. DECISÃO QUE AFASTA A LIMITAÇÃO QUANTIFICADA DO PEDIDO. JULGAMENTO *ULTRA PETITA*. CARACTERIZAÇÃO. 1. A parte agravante logrou demonstrar o equívoco no provimento jurisdicional, tendo em vista que a parte autora, em sua petição inicial, estipulou os valores a serem pagos de forma líquida, na forma prevista no artigo 840, § 1º, da CLT. 2. Logo, dá-se provimento ao agravo para realizar novo julgamento do recurso de revista, no particular. Agravo de instrumento conhecido e provido. III — RECURSO DE REVISTA. VIGÊNCIA DA LEI Nº 13.467/2017. AÇÃO TRABALHISTA AJUIZADA NA VIGÊNCIA DA LEI Nº 13.467/17. ART. 840, § 1º, DA CLT. PEDIDOS COM INDICAÇÃO DE VALORES LÍQUIDOS E ESPECÍFICOS. AUSÊNCIA DE RESSALVAS OU REQUERIMENTO PARA APURAÇÃO EM LIQUIDAÇÃO DE SENTENÇA. DECISÃO QUE AFASTA A LIMITAÇÃO QUANTIFICADA DO PEDIDO. JULGAMENTO "*ULTRA PETITA*". CARACTERIZAÇÃO. 1. O art. 840, § 1º, da CLT, com redação dada pela Lei nº 13.467/17, estabelece que a petição inicial da ação trabalhista deverá veicular pedido certo, determinado e com indicação de seu valor . 2. Em algumas situações, porém, há dificuldades para que o valor indicado pela parte autora seja exato e represente o limite concreto de sua pretensão e a principal delas reside na circunstância de

que a prova documental que possibilitará a apuração correta do valor da pretensão estar na posse da parte ré. 3. Em razão dessa peculiaridade, tem-se admitido a natureza meramente estimativa do valor indicado na petição inicial, quando a natureza da pretensão assim o justificar e desde que o autor, explicitando sua dificuldade, esclareça que é estimativo o valor indicado. 4. No caso dos autos, entretanto, cada pedido de condenação formulado pela parte autora na petição inicial apresenta valor específico e líquido, inclusive centavos, sem qualquer referência a valores estimativos ou apuração de valores em sede de liquidação de sentença. 5. Assim, o Tribunal Regional, ao afastar a limitação quantificada da pretensão, violou o art. 492, *caput*, do CPC, *verbis*: "É vedado ao juiz proferir decisão de natureza diversa da pedida, bem como condenar a parte em quantidade superior ou em objeto diverso do que lhe foi demandado" e contrariou a jurisprudência dominante nesta Corte Superior. Recurso de revista conhecido e provido" (RR-10702-97.2020.5.15.0054, 1ª Turma, Relator Ministro Amaury Rodrigues Pinto Junior, DEJT 28/6/2024).

9º Audiência trabalhista

Foi conhecido Recurso de Revista por violação ao art. 385, § 2º do CPC, que estabelece que é vedado a quem ainda não depôs assistir ao interrogatório da outra parte. Como não foi observado referido dispositivo, o TST anulou o processo desde a realização da audiência.

> 2. PRELIMINAR DE NULIDADE POR CERCEAMENTO DO DIREITO DE DEFESA. REQUERIMENTO DE RETIRADA DO PREPOSTO DA SALA DE AUDIÊNCIA DURANTE O DEPOIMENTO DO RECLAMANTE. INDEFERIMENTO. PREJUÍZO À CONFISSÃO DO PREPOSTO. ART. 385, § 2º, DO CPC/2015. APLICABILIDADE AO PROCESSO DO TRABALHO. CERCEAMENTO DE DEFESA CONFIGURADO. Consoante disposto no art. 385, § 2º, do CPC/15 (art. 344, parágrafo único, do CPC/73), de aplicação subsidiária ao processo do trabalho, é vedado a quem ainda não depôs assistir ao interrogatório da outra parte. Desse modo, compreende-se que não constitui cerceamento de defesa, nem violação ao princípio da publicidade, a determinação para que o preposto se retire da sala de audiência a fim de não presenciar o depoimento do Reclamante, sobretudo diante da probabilidade de influência no conteúdo do depoimento daquele que foi ouvido por último, além da possibilidade de não obtenção de confissão real do preposto. Sabe-se, ainda, que a teoria das nulidades, no processo do trabalho, acolhe o princípio da transcendência, segundo o qual só existirá nulidade a ser declarada quando "resultar dos atos inquinados manifesto prejuízo às partes litigantes" (art. 794 da CLT). No caso em exame, o juízo de origem, ao não determinar a saída do preposto da Reclamada da sala de audiências durante a oitiva da Reclamante, deixou de observar o disposto no art. 385, § 2º, do CPC/2015, além de inviabilizar a obtenção de confissão real do preposto, em claro prejuízo ao Reclamante, sobretudo quanto ao reconhecimento do pretendido vínculo empregatício. A propósito, o fundamento utilizado pelo TRT para manter a rejeição do reconhecimento do vínculo empregatício foi justamente a ausência de provas, pela Parte Autora, dos fatos constitutivos de seu direito, notadamente diante da impossibilidade de se extrair confissão das respostas do preposto da Reclamada. Diante desse quadro fático delineado, fica evidenciado o cerceio de defesa do direito do Reclamante por não lhe ser dada a possibilidade de dilação probatória, com os meios processuais disponíveis para aferição do direito pretendido. Assim, é necessária a reabertura da instrução processual a fim de que se esgote a produção probatória de forma a possibilitar

a ampla defesa pelo Reclamante. Recurso de revista conhecido e provido, quanto ao tema" (RR-517-81.2018.5.05.0463, 3ª Turma, Relator Ministro Mauricio Godinho Delgado, DEJT 17/11/2023).

10º Pressupostos recursais

Foi conhecido Recurso de Revista por violação aos incisos XXXVI e LV do art. 5º da Constituição da República, no que tange a validade da representação processual.

RECURSO DE REVISTA. INTERPOSIÇÃO NA VIGÊNCIA DA LEI N. 13.015/2014. ADMISSIBILIDADE. PRELIMINAR. NULIDADE DO ACÓRDÃO DO REGIONAL. NEGATIVA DE PRESTAÇÃO JURISDICIONAL. Deixa-se de pronunciar a nulidade da decisão do Regional por negativa de prestação jurisdicional, com fundamento no art. 249, § 2º, do CPC, por vislumbrar a prolação de decisão de mérito favorável a quem a alega. RECURSO ORDINÁRIO. IRREGULARIDADE DE REPRESENTAÇÃO. JUNTADA CONCOMITANTE DE PROCURAÇÕES. INAPLICABILIDADE DA ORIENTAÇÃO JURISPRUDENCIAL N. 349 DA SBDI-1 DESTA CORTE. É assente nesta Corte Superior que a "juntada de nova procuração aos autos, sem ressalva de poderes conferidos ao antigo patrono, implica revogação tácita do mandato anterior", entendimento, inclusive, consagrado na Orientação Jurisprudencial n. 349 da SDI-1 do TST. Portanto, o elemento que fixa a validade do mandato, para o processo, é a data da juntada do instrumento aos autos e não a data de sua outorga. A decisão Regional não conheceu do recurso ordinário da reclamada, por ter juntado duas procurações, sendo que a outorgada mais recentemente, teria revogado a primeira e implicado na irregularidade de representação do recurso. Fere o contraditório e a ampla defesa a decisão Regional que não conhece do recurso ordinário da reclamada, se constatado que houve nova juntada de procuração nos autos, constituindo poderes ao seu patrono, subscritor do recurso ordinário, considerando, ainda, o princípio da instrumentalidade do processo em face do direito material. Recurso de revista conhecido e provido. (RR — 1358-25.2013.5.18.0161, relator Ministro: Emmanoel Pereira, Data de Julgamento: 24.6.2015, 5ª Turma, Data de Publicação: DEJT 1º.7.2015)

AGRAVO DE INSTRUMENTO. RECURSO DE REVISTA. REGULARIDADE DE REPRESENTAÇÃO DO SUBSCRITOR DO RECURSO ORDINÁRIO. SUBSTABELECIMENTO COM DATA ANTERIOR À DA PROCURAÇÃO. JUNTADA NA MESMA DATA. AFRONTA AO ART. 5º, XXXVI, DA CONSTITUIÇÃO DA REPÚBLICA. PROVIMENTO. Deve ter seguimento recurso de revista interposto contra acórdão regional que não conhece de recurso ordinário por irregularidade de representação quando, apesar do substabelecimento ter data anterior à da procuração substabelecida, a juntada aos autos foi feita na mesma data, pelo que deve ser considerada para fins de aferição da regularidade a data da juntada, pois a Subseção I da Seção Especializada em Dissídios Individuais — SBDI-I deste Colendo Tribunal Superior do Trabalho tem decidido que, conforme o princípio da instrumentalidade contido no art. 244 do CPC, e com base na análise conjunta do item IV da Súmula n. 395 e da Orientação Jurisprudencial n. 349 da SBDI-1, ambas desta Corte, no sentido de que, ainda que o substabelecimento seja anterior à procuração, sua juntada na mesma data confere validade ao mandato, pois suficiente para ratificar a intenção da parte na outorga de poderes, incorrendo o acórdão regional em possível afronta ao art. 5º, XXXVI, da Constituição da República. Precedentes. Agravo de instrumento provido. II — RECURSO DE REVISTA. REGULARIDADE DE REPRESENTAÇÃO DO SUBSCRITOR DO RECURSO ORDINÁRIO. SUBSTABELECIMENTO COM DATA ANTERIOR À DA PROCURAÇÃO. JUNTADA NA MESMA DATA. AFRONTA AO ART. 5º, XXXVI, DA CONSTI-

TUIÇÃO DA REPÚBLICA. CONHECIMENTO. PROVIMENTO. Incorre em afronta ao art. 5º, XXXVI, da Constituição da República o acórdão regional que não conhece de recurso ordinário por irregularidade de representação quando, apesar do substabelecimento ter data anterior à da procuração substabelecida, a juntada aos autos foi feita na mesma data, pelo que deve ser considerada para fins de aferição da regularidade a data da juntada, pois a Subseção I da Seção Especializada em Dissídios Individuais — SBDI-I deste Colendo Tribunal Superior do Trabalho tem decidido que, conforme o princípio da instrumentalidade contido no art. 244 do CPC, e com base na análise conjunta do item IV da Súmula n. 395 e da Orientação Jurisprudencial n. 349 da SBDI-1, ambas desta Corte, no sentido de que, ainda que o substabelecimento seja anterior à procuração, sua juntada na mesma data confere validade ao mandato, pois suficiente para ratificar a intenção da parte na outorga de poderes. Precedentes. Recurso de revista conhecido e provido. (RR-523-06.2012.5.02.0262, relator Desembargador convocado: José Maria Quadros de Alencar, 1ª Turma, DEJT 7.11.2014)

11 — Alteração contratual

Foi conhecido do Recurso de Revista por violação ao art. 468 da CLT, em razão da supressão unilateral prejudicial ao trabalhador.

RECURSO DE REVISTA INTERPOSTO SOB A ÉGIDE DA LEI N. 13.015/2014. PRÊMIO POR ASSIDUIDADE. CESTA BÁSICA. EXTENSÃO AOS EMPREGADOS COM CONTRATO DE TRABALHO SUSPENSO POR PERCEPÇÃO DE BENEFÍCIO PREVIDENCIÁRIO. NORMA COLETIVA. Conforme se extrai do acórdão recorrido, houve "a concessão de cestas básicas, a partir de fevereiro/2013, a empregados afastados". Assim, ao contrário da conclusão a que chegou o Regional, a concessão espontânea da parcela pela empresa faz presumir que a norma coletiva que instituiu o benefício aplicava-se indiscriminadamente a empregados na ativa ou com contrato de trabalho suspenso. Assim, referido benefício incorporou-se ao contrato desses empregados, sendo sua supressão unilateral alteração prejudicial, a violar o disposto no art. 468 da CLT. Recurso de revista conhecido e provido. (RR — 832-52.2013.5.12.0023, relator Ministro: Alberto Luiz Bresciani de Fontan Pereira, Data de Julgamento: 14.10.2015, 3ª Turma, Data de Publicação: DEJT 16.10.2015)

I) AGRAVO DE INSTRUMENTO DA RECLAMANTE ADICIONAL DE INSALUBRIDADE. BASE DE CÁLCULO. SALÁRIO-MÍNIMO. ALTERAÇÃO CONTRATUAL LESIVA. ARTIGO 468 DA CLT. RETORNO DOS AUTOS PARA POSSÍVEL JUÍZO DE RETRATAÇÃO, NA FORMA DO ARTIGO 1.030, II, DO CPC. PROVIMENTO. Demonstrada possível violação do artigo 468 da CLT, o provimento do agravo de instrumento para o exame do recurso de revista é medida que se impõe. Juízo de retratação exercido para dar provimento ao Agravo de instrumento. II) RECURSO DE REVISTA DA RECLAMANTE ADICIONAL DE INSALUBRIDADE. BASE DE CÁLCULO. SALÁRIO-MÍNIMO. ALTERAÇÃO CONTRATUAL LESIVA. ARTIGO 468 DA CLT. RETORNO DOS AUTOS PARA POSSÍVEL JUÍZO DE RETRATAÇÃO, NA FORMA DO ARTIGO 1.030, II, DO CPC. PROVIMENTO. Esta Corte Superior tem entendimento pacífico de que, quando o empregador paga deliberadamente o adicional de insalubridade sobre o salário base do empregado, não há falar em substituir o referido índice pelo salário mínimo, com o intuito de observar o comando da Súmula Vinculante nº 4 do STF. Isso porque, tratando-se de liberalidade da empresa, qualquer modificação da base de cálculo diversa configuraria alteração contratual lesiva, prevista no artigo 468 da CLT, além de afronta aos princípios constitucionais da irredutibilidade salarial e do direito adquirido. Precedentes de Turmas e da SBDI-1. No presente caso, o egrégio

Tribunal Regional ao determinar a fixação do salário mínimo como base de cálculo do adicional de insalubridade, sem indicação de parâmetro legal ou norma coletiva, em detrimento da base de cálculo contratual mais benéfica que já vinha sendo adotada pela reclamada (salário-base da reclamante), contrariou o entendimento desta Corte Superior, incorrendo em violação do artigo 468 da CLT. Recurso de revista conhecido e provido (RR-921-75.2016.5.20.0014, 8ª Turma, Relator Ministro Guilherme Augusto Caputo Bastos, DEJT 29/4/2024).

12 — Sucessão/grupo econômico

Recurso de Revista por violação aos arts. 10 e 448 da CLT, que condenou empresa por entender presente a sucessão trabalhista em razão da alienação da carteira de clientes, ainda que de forma compulsória por intervenção da Agência Nacional de Saúde. O que caracteriza a sucessão é "a transferência do principal patrimônio jurídico: o cadastro de clientes".

A) AGRAVO DE INSTRUMENTO. RECURSO DE REVISTA. PROCESSO SOB A ÉGIDE DA LEI N. 13.015/2014. SUCESSÃO TRABALHISTA. RESPONSABILIDADE SOLIDÁRIA. AQUISIÇÃO DA CARTEIRA DE CLIENTES ENTRE OPERADORAS DE PLANO DE SAÚDE. Demonstrado no agravo de instrumento que o recurso de revista preenchia os requisitos do art. 896 da CLT, dá-se provimento ao agravo de instrumento, para melhor análise da violação dos arts. 10 e 448 da CLT, suscitada no recurso de revista. Agravo de instrumento provido. B) RECURSO DE REVISTA. SUCESSÃO TRABALHISTA. RESPONSABILIDADE SOLIDÁRIA. AQUISIÇÃO DA CARTEIRA DE CLIENTES ENTRE OPERADORAS DE PLANO DE SAÚDE. A sucessão de empregadores é figura regulada pelos arts. 10 e 448 da CLT. Consiste no instituto justrabalhista em virtude do qual se opera, no contexto da transferência de titularidade de empresa ou estabelecimento, uma completa transmissão de créditos e assunção de dívidas trabalhistas entre alienante e adquirente envolvidos. A generalidade e imprecisão dos arts. 10 e 448 da CLT têm permitido à jurisprudência proceder a uma adequação do tipo legal sucessório a situações fático-jurídicas novas surgidas no mercado empresarial dos últimos anos no país. Essas situações novas, que se tornaram comuns no final do século XX, em decorrência da profunda reestruturação do mercado empresarial brasileiro (em especial o mercado financeiro, de privatizações e outros segmentos), conduziram a jurisprudência a reler os dois preceitos celetistas, encontrando neles um tipo legal mais amplo do que o originalmente concebido pela doutrina e jurisprudência dominantes. De par com isso, tem-se que a sucessão trabalhista verifica-se segundo fórmulas variadas de modificações empresariais. Distintas são, pois, as situações-tipo de sucessão de empregadores, todas submetendo-se à regência dos arts. 10 e 448 da CLT. O essencial, para a CLT, é que as modificações intra ou interempresariais não afetem os contratos de trabalho dos respectivos empregados. Com efeito, ressalte-se ser, em princípio, indiferente à ordem justrabalhista a modalidade de título jurídico utilizada para o trespasse efetuado. Qualquer título hábil a operar transferência de universalidade no Direito brasileiro (logo, compra e venda, arrendamento, etc.) é compatível com a sucessão de empregadores. No caso concreto, restou assentado pelo Regional que as empresas envolvidas (sucessora e sucedidas) têm como objeto empresarial a administração de planos de saúde próprios ou de terceiros e que foi transferida para a Reclamada GREEN LINE a clientela das empresas SERMA e PRÓ-SAÚDE, havendo, pois, a transferência do principal patrimônio jurídico: o cadastro de clientes. Assim, o fato de a alteração ter nascido de um contrato comercial a partir da intervenção da Agência Nacional de Saúde não retira a proteção dos empregados inscülpida nos arts. 10 e 448 da Consolidação das Leis do Trabalho, em decorrência da sucessão operada. Precedentes desta Corte. Recurso de revista conhecido e provido. (RR — 1906-68.2011.5.02.0063, relator Ministro: Mauricio Godinho Delgado, Data de Julgamento: 28.10.2015, 3ª Turma, Data de Publicação: DEJT 6.11.2015)

Recurso de Revista conhecido por violação ao art. 2º, § 2º da CLT, para afastar o reconhecimento de grupo econômico pelo fato de duas empresas possuírem um sócio em comum.

AGRAVO DE INSTRUMENTO. FORMAÇÃO DE GRUPO ECONÔMICO. EXISTÊNCIA DE SÓCIO EM COMUM. PROVIMENTO. Ante uma possível violação do art. 2º, § 2º, da CLT, dá-se provimento ao agravo de instrumento para determinar o processamento do recurso de revista. Agravo de instrumento a que se dá provimento. RECURSO DE REVISTA. FORMAÇÃO DE GRUPO ECONÔMICO. EXISTÊNCIA DE SÓCIO EM COMUM. CONHECIMENTO. A jurisprudência desta Corte, inclusive em precedente da SBDI-1 (E-ED-RR-214940-39.2006.5.02.0472), julgado em 22.5.2014, ao interpretar o teor do art. 2º, § 2º, da CLT, pacificou o entendimento de que a mera existência de sócios em comum e de relação de coordenação entre as empresas não constitui elemento suficiente para a caracterização do grupo econômico. Na hipótese dos autos, o egrégio Tribunal Regional consignou que a existência de sócio em comum caracteriza a formação de grupo econômico entre as duas primeiras reclamadas, pois demonstra a unidade de comando econômico. Com efeito, o entendimento adotado pelo egrégio Tribunal Regional é frontalmente contrário ao que restou consolidado por esta colenda Corte. Recurso de revista de que se conhece e a que se dá provimento. (RR — 191700-17.2007.5.15.0054, relator Ministro: Guilherme Augusto Caputo Bastos, Data de Julgamento: 25.3.2015, 5ª Turma, Data de Publicação: DEJT 31.3.2015)

Recurso de revista em fase de execução, conhecido por violação ao artigo 5º, inciso II da Constituição Federal, por má interpretação do artigo 2º, § 2º da CLT.

I. AGRAVO. AGRAVO DE INSTRUMENTO EM RECURSO DE REVISTA. REGIDO PELA LEI 13.015/2014. PROCESSO EM FASE DE CUMPRIMENTO DE SENTENÇA. GRUPO ECONÔMICO. CONTRATO DE TRABALHO ENCERRADO ANTES DA VIGÊNCIA DA LEI 13.467/2017. AUSÊNCIA DE RELAÇÃO HIERÁRQUICA ENTRE AS EMPRESAS. RELAÇÃO DE COORDENAÇÃO. SOLIDARIEDADE INEXISTENTE. ARTIGO 2º, § 2º, DA CLT. Constatado possível equívoco na decisão monocrática, em que negado provimento ao agravo de instrumento da Executada, ora Agravante, o agravo merece provimento. Agravo provido. II. AGRAVO DE INSTRUMENTO. PROCESSO EM FASE DE CUMPRIMENTO DE SENTENÇA GRUPO ECONÔMICO. CONTRATO DE TRABALHO ENCERRADO ANTES DA VIGÊNCIA DA LEI 13.467/2017. AUSÊNCIA DE RELAÇÃO HIERÁRQUICA ENTRE AS EMPRESAS. RELAÇÃO DE COORDENAÇÃO. SOLIDARIEDADE INEXISTENTE. ARTIGO 2º, § 2º, DA CLT. 1. Caso em que o Tribunal Regional, após analise das provas dos autos, reputou suficientemente caracterizado o grupo econômico entre as empresas, consignado o liame de coordenação entre os Réus e a existência de sócio em comum. 2. Cumpre ressaltar que o caso presente trata de processo em fase de cumprimento de sentença em que as verbas discutidas na ação principal são relativas ao período de 25/07/2003 (marco prescricional) a 14/12/2006 — antes do advento da Lei 13.467/2017. 3. Antes da vigência da Lei 13.467/2017 prevalecia no âmbito desta Corte Superior o entendimento de que a mera existência de sócios em comum e de relação de coordenação entre as empresas não constituem fatores suficientes para a configuração de grupo econômico, revelando-se imprescindível a existência de vínculo hierárquico entre elas, isto é, de efetivo controle de uma empresa líder sobre as demais. 4. Considerando que o Tribunal de origem reconheceu a existência de grupo econômico com fundamento na coordenação interempresarial e na existência de sócio em comum, afigura-se possível a tese de contrariedade à tese jurídica pacificada pelo TST em reiteradas decisões, bem como de violação do artigo 5º, II, da CF/88. Agravo de instrumento provido. III. RECURSO DE REVISTA. PROCESSO EM FASE DE CUMPRIMENTO DE SENTENÇA. 1. NEGATIVA DE PRESTAÇÃO JURISDICIONAL. INCIDÊNCIA DO § 2º DO ARTIGO 249 DO CPC/73. Deixa-se de declarar a nulidade diante do possível provimento do recurso de revista, segundo o que dispõe o artigo 249, § 2º, do CPC/73 (art. 282, § 2º, do CPC/2015) . 2. GRUPO ECONÔMICO. CONTRATO DE TRABALHO ENCERRADO ANTES DA VIGÊNCIA DA LEI 13.467/2017. AUSÊNCIA DE RELAÇÃO HIERÁRQUICA ENTRE AS EMPRESAS. RELAÇÃO DE COORDENAÇÃO. SOLIDARIEDADE INEXISTENTE. ARTIGO 2º, § 2º, DA CLT. VIOLAÇÃO DO ART. 5º, II, DA CF/88 CONFIGURADA. 1. Caso em que o Tribunal Regional, após analise das provas dos autos, reputou suficientemente caracterizado o grupo econômico entre as empresas, consignado o liame de coordenação entre os Réus e a existência de sócio em comum. 2. Dispõe o artigo 2º, § 2º, da CLT que "Sempre que uma ou mais empresas, tendo, embora, cada uma delas, personalidade jurídica própria, estiverem sob a direção, controle ou administração de outra, constituindo grupo industrial, comercial ou de qualquer outra atividade econômica, serão, para os efeitos da relação de emprego, solidariamente responsáveis a empresa principal e cada uma das subordinadas". 3. Cumpre ressaltar que o caso presente trata de processo em fase de cumprimento de sentença em que as verbas discutidas na ação principal são relativas ao período de 25/07/2003 (marco prescricional) a 14/12/2006 — antes do advento da Lei 13.467/2017. 4. Esta Corte, interpretando o mencionado dispositivo, antes da vigência da Lei 13.467/2017, pacificou entendimento de que a mera existência de sócios em comum e/ou a relação de coordenação entre as empresas não constituem elementos suficientes à configuração de grupo econômico, sendo imprescindível a existência de vínculo hierárquico entre elas, consubstanciado no efetivo controle de uma empresa líder sobre as demais. 5. Conclui-se, pois, que ao manter a responsabilidade solidária da Recorrente, com amparo no reconhecimento da existência de grupo econômico configurado a partir da relação de coordenação entre as empresas reclamadas e da existência de sócio em comum, o Tribunal Regional procedeu à interpretação do artigo 2º, § 2º, da CLT dissonante da consolidada no âmbito desta Corte Superior. Violação do art. 5º, II, da CF/88 configurada. Recurso de revista conhecido e provido. (RR-1798-58.2015.5.02.0076, 5ª Turma, Relator Ministro Douglas Alencar Rodrigues, DEJT 30/9/2022).

13 — Cerceamento de defesa

Recurso de Revista por cerceamento de defesa, em razão do reclamante ter sido impedido de produzir prova oral. Conhecido por violação ao art. 5º, inciso LV da Constituição Federal.

RECURSO DE REVISTA INTERPOSTO ANTES DA VIGÊNCIA DA Lei n. 13.015/2014. CERCEAMENTO DE DEFESA. INDEFERIMENTO DA PRODUÇÃO DE PROVA TESTEMUNHAL COMO DECORRÊNCIA DA PRESUNÇÃO DE VERACIDADE CONFERIDA AOS DOCUMENTOS DA DEFESA NÃO IMPUGNADOS. O Juízo de primeiro grau, constatando a ausência de manifestação do reclamante acerca dos documentos da defesa, indeferiu o direito

> da parte à produção de prova testemunhal, por considerar que já havia no processo prova documental suficiente ao deslinde da controvérsia acerca das horas extraordinárias. Tal conduta, no entanto, figurou como óbice ao exercício do direito à ampla defesa. Não cabe ao magistrado indeferir a produção de prova testemunhal pela parte, por reputá-la desnecessária, porque a ausência de manifestação do reclamante acerca da prova documental (controles de jornada) não acarreta a sua confissão quanto ao direito material discutido, mas tão somente possui aptidão para ensejar o reconhecimento de serem verdadeiros os dados consignados em tais documentos, sob a forma de presunção relativa. Dessa maneira, a ausência de manifestação do autor acerca dos documentos juntados com a contestação não desobriga o Juízo da análise do valor dos demais elementos de prova, não havendo exclusão do dever jurisdicional de posicionamento sobre a extensão da prova, sobre a tese a que ela se presta e sobre os fatos que ela comprova. Tal entendimento é reforçado pelo fato de que, no caso concreto, a decisão de mérito desfavorável trouxe como fundamento a credibilidade da prova documental juntada aos autos pelo réu, cuja desconstituição era justamente o objeto da prova oral que se pretendia produzir. Imperioso, pois, o reconhecimento de que o indeferimento da produção de prova testemunhal configurou cerceamento do direito de defesa do autor (art. 5º, LV, da Constituição Federal). Recurso de revista conhecido e provido. (RR — 737-72.2012.5.05.0016, relator Ministro: Aloysio Corrêa da Veiga, Data de Julgamento: 7.10.2015, 6ª Turma, Data de Publicação: DEJT 9.10.2015)

Recurso de revista conhecido por violação ao artigo 5º, inciso LV da Constituição Federal, em razão da nulidade de citação.

> AGRAVO. AGRAVO DE INSTRUMENTO EM RECURSO DE REVISTA. ACÓRDÃO PUBLICADO NA VIGÊNCIA DA LEI Nº 13.467/2017. CERCEAMENTO DE DEFESA. NULIDADE DE CITAÇÃO. TRANSCENDÊNCIA JURÍDICA RECONHECIDA. Agravo a que se dá provimento para examinar o agravo de instrumento em recurso de revista. Agravo provido. AGRAVO DE INSTRUMENTO EM RECURSO DE REVISTA. ACÓRDÃO PUBLICADO NA VIGÊNCIA DA LEI Nº 13.467/2017. CERCEAMENTO DE DEFESA. NULIDADE DE CITAÇÃO. TRANSCENDÊNCIA JURÍDICA RECONHECIDA. Em razão do reconhecimento da transcendência jurídica da matéria, viabilizando-se o debate em torno da interpretação do alcance dado ao art. 5º, LV, da Constituição Federal, dá-se provimento ao agravo de instrumento para determinar o prosseguimento do recurso de revista. Agravo de instrumento provido. RECURSO DE REVISTA. ACÓRDÃO PUBLICADO NA VIGÊNCIA DA LEI Nº 13.467/2017. CERCEAMENTO DE DEFESA. NULIDADE DE CITAÇÃO. TRANSCENDÊNCIA JURÍDICA RECONHECIDA. A citação realizada no endereço incorreto acarreta a nulidade da citação inicial e de todos os atos processuais, a partir da citação inválida, pois não alcança a finalidade de chamar o réu a juízo para se defender. Conforme se extrai, o e. TRT, com amparo no conjunto fático-probatório produzido nos autos, consignou que a empresa reclamada "estava estabelecida em novo endereço, a saber, Rua Barão de Teffé, 50, Jardim Ana Maria, Jundiaí, SP", contudo, "as notificações emitidas em 19/6/2019, 11/7/2019 e 15/5/2020 (fls. 41, 43 e 59, respectivamente) foram encaminhadas para o antigo endereço da pizzaria, qual seja, Rua do Retiro, 1713, Jardim Paris, Jundiaí, SP". Concluiu-se, portanto, que, no caso dos autos, não houve citação da reclamada, devendo ser reconhecida a nulidade processual. Recurso de revista conhecido e provido (RR-11479-55.2018.5.15.0021, 5ª Turma, Relator Ministro Breno Medeiros, DEJT 28/6/2024).

14 — Jornada de trabalho e intervalos

Recurso de Revista conhecido por violação ao art. 72 da CLT, reconhecendo o direito ao intervalo de dez minutos a cada 90 minutos trabalhados garantidos aos digitadores. Ao prover o recurso do trabalhador, ao caixa bancário que desenvolve atividade de digitação de dados de forma preponderante em sua jornada. Assim estabelece o art. 72 da CLT: "Nos serviços permanentes de mecanografia (datilografia, escrituração ou cálculo), a cada período de 90 (noventa) minutos de trabalho consecutivo corresponderá um repouso de 10 (dez) minutos não deduzidos da duração normal de trabalho." Segundo o TST, "Exigir exclusividade é praticamente fazer letra morta da norma, uma vez que dificilmente um empregado permanecerá 100% da jornada digitando. O objetivo maior da concessão do intervalo pretendido é propiciar períodos de descanso, destinados à recuperação da energia produtiva e evitar a ocorrência da fadiga, que é a sensação de fraqueza, falta de energia e exaustão. É o efeito do esforço continuado, que provoca redução reversível da capacidade do organismo e degradação qualitativa desse trabalho, causada pelo conjunto complexo de fatores, cujos efeitos são cumulativos."

> RECURSO DE REVISTA EM FACE DE DECISÃO PUBLICADA ANTES DA VIGÊNCIA DA LEI N. 13.015/2014. CAIXA BANCÁRIO. DIGITAÇÃO PREPONDERANTE NA JORNADA DE TRABALHO. PRESUNÇÃO *HOMINIS*. APLICAÇÃO ANALÓGICA DO INTERVALO PREVISTO NO ART. 72 DA CLT. O reconhecimento de que o caixa bancário desenvolve atividade de digitação de dados de forma preponderante em sua jornada caracteriza o que se denomina de presunção *hominis*, concebida como aquela que se fundamenta na experiência da vida, a partir da compreensão dos fatos na visão do homem médio. Qualquer um sabe perfeitamente que, embora as atividades bancárias tenham sido facilitadas pela informatização, as tarefas afetas ao caixa continuam exigindo que o empregado constantemente faça uso do teclado para digitar valores. Exigir exclusividade é praticamente fazer letra morta da norma, uma vez que dificilmente um empregado permanecerá 100% da jornada digitando. O objetivo maior da concessão do intervalo pretendido é propiciar períodos de descanso, destinados à recuperação da energia produtiva e evitar a ocorrência da fadiga, que é a sensação de fraqueza, falta de energia e exaustão. É o efeito do esforço continuado, que provoca redução reversível da capacidade do organismo e degradação qualitativa desse trabalho, causada pelo conjunto complexo de fatores, cujos efeitos são cumulativos. Ordinariamente, portanto, como as regras normais de experiência dão conta de que as tarefas afetas ao caixa bancário exigem que o empregado faça uso da digitação para inserção de dados e números de documentos, existe aqui presunção *hominis*, *iuris tantum*, de que isso ocorre de forma preponderante em sua jornada. O ônus de provar o contrário, ou ainda, que a atividade de digitação era intercalada com outras, em frequência tal que equivaleria à própria pausa, é do banco (art. 333, II, do CPC). Aplica-se a máxima "o ordinário se presume e o extraordinário se prova", conforme nos ensinou Nicola Framarino Dei Malatesta. Recurso de revista de que se conhece e a que se dá provimento. (RR — 100499-71.2013.5.17.0152, relator Ministro: Cláudio Mascarenhas Brandão, Data de Julgamento: 9.9.2015, 7ª Turma, Data de Publicação: DEJT 18.9.2015)

Recurso de revista conhecido por violação ao artigo 7º, inciso XXVI da Constituição Federal, em razão da inobservância do que previsto em norma coletiva no que tange aos turnos ininterruptos de revezamento.

I — AGRAVO EM AGRAVO DE INSTRUMENTO EM RECURSO DE REVISTA — REGÊNCIA PELA LEI Nº 13.467/2017 — RECLAMAÇÃO INDIVIDUAL E AÇÃO COLETIVA AJUIZADA PELO SINDICATO NA QUALIDADE DE SUBSTITUTO PROCESSUAL. LITISPENDÊNCIA. AUSÊNCIA DE IDENTIDADE DE PARTES. SÚMULA 333 DO TST — EQUIPARAÇÃO SALARIAL. ART. 896, "C", DA CLT E SÚMULA 126 DO TST — INTERVALO INTRAJORNADA. FERROVIÁRIOS. APLICAÇÃO DO ART. 71 DA CLT. ART. 896, "C", DA CLT E SÚMULA 333 DO TST — FRAÇÃO DE HORAS. ART. 896, "C", DA CLT — ADICIONAL NOTURNO. JORNADA MISTA. SÚMULA 333 DO TST — FERIADOS. ART. 896, "C", E § 1º-A, III, DA CLT E SÚMULA 337 DO TST. Mantida a decisão monocrática por meio da qual foi negado seguimento ao agravo de instrumento da reclamada, ainda que por fundamento diverso. Agravo a que se nega provimento. TURNOS ININTERRUPTOS DE REVEZAMENTO. CARACTERIZAÇÃO. PREVISÃO EM NORMA COLETIVA. ELASTECIMENTO DA JORNADA PARA 8 HORAS. VALIDADE. PRESTAÇÃO DE HORAS EXTRAS. Constatada violação do inciso XXVI do artigo 7º da Constituição da República, impõe-se o provimento do agravo a fim de prover o agravo de instrumento e determinar o processamento do recurso de revista. Agravo provido, no particular. II — RECURSO DE REVISTA — REGÊNCIA PELA LEI Nº 13.467/2017 — TURNOS ININTERRUPTOS DE REVEZAMENTO. CARACTERIZAÇÃO. PREVISÃO EM NORMA COLETIVA. ELASTECIMENTO DA JORNADA PARA 8 HORAS. VALIDADE. PRESTAÇÃO DE HORAS EXTRAS. O Supremo Tribunal Federal, ao deliberar sobre o Recurso Extraordinário com Agravo nº 1.121.633, de relatoria do Ministro Gilmar Mendes (Tema 1.046 da Tabela de Repercussão Geral), estabeleceu tese jurídica nos seguintes termos: "São constitucionais os acordos e as convenções coletivos que, ao considerarem a adequação setorial negociada, pactuam limitações ou afastamentos de direitos trabalhistas, independentemente da explicitação especificada de vantagens compensatórias, desde que respeitados os direitos absolutamente indisponíveis". Assim, é válida a norma coletiva que estabelece limitações ou supressões de direitos trabalhistas, desde que esses direitos não sejam absolutamente indisponíveis, o que não é o caso dos autos, pois a própria Constituição prevê, em seu artigo 7º, XIV, a possibilidade de negociação coletiva sobre jornada de trabalho em turnos ininterruptos de revezamento. Recurso de revista conhecido e provido (RRAg-10621-30.2017.5.03.0009, 8ª Turma, Relator Ministro Sergio Pinto Martins, DEJT 8/7/2024).

15 — Ônus da prova

Recurso de Revista conhecido por violação aos arts. 818 da CLT e 333, inciso I, do CPC (corresponde ao art. 373 do CPC/15), no que tange ao ônus da prova. Entendeu o Regional que a natureza jurídica do valor pago a título de ajuda de custa era da reclamada. Contudo, o TST reformou a decisão sob o fundamento de que o ônus da prova de que a verba tinha natureza salarial era do empregado, em razão do disposto no art. 457, § 2º da CLT.

AJUDA DE CUSTO. NATUREZA JURÍDICA. O cerne da questão passa pela análise da natureza jurídica da verba denominada ajuda de custo. Para tanto, faz-se necessário observar a causa de pedir posta na inicial, a fim de melhor aclarar o debate. Verifica-se que o autor se limita a alegar que os pagamentos realizados nos meses de fevereiro, maio e setembro de 2009 constituíram complemento salarial, sem qualquer justificativa para a respectiva inclusão na sua remuneração. Nesse diapasão, o pleito tal como formulado não conduz ao reconhecimento de que referidos pagamentos visavam à contraprestação do trabalho. Diante disso, num primeiro momento, a ajuda de custo não teria cunho salarial, tendo em vista que o art. 457, § 2º, da CLT deixa nítida a sua natureza indenizatória. Sendo assim, caberia ao reclamante comprovar que tinha outra destinação. Contudo, a Corte de origem concluiu que o ônus da prova cabia à reclamada, "considerando a regra geral de que todos os valores pagos ao empregado devem integrar sua remuneração". No caso, mostra-se indevida a inversão do encargo probatório entre as partes. Recurso de revista de que se conhece e a que se dá provimento. (RR — 33-42.2010.5.01.0242, relator Ministro: Cláudio Mascarenhas Brandão, Data de Julgamento: 5.8.2015, 7ª Turma, Data de Publicação: DEJT 7.82015)

Recurso de Revista conhecido por violação ao art. 818 da CLT quanto ao ônus da prova, por entender que o Regional "não levou em consideração os elementos probatórios constantes do próprio acórdão que, demonstram a culpa por parte da recorrida, decidindo de forma contraria às provas constantes dos autos."

I — AGRAVO DE INSTRUMENTO EM RECURSO DE REVISTA. TRABALHADOR AUTÔNOMO. INDENIZAÇÃO POR DANO MATERIAL DECORRENTE DE ACIDENTE DE TRABALHO. RESPONSABILIDADE DO TOMADOR. Ante a possível violação do art. 818 da CLT, impõe-se a reforma do r. despacho agravado, para melhor análise do recurso denegado. Agravo de instrumento conhecido e provido. II — RECURSO DE REVISTA. TRABALHADOR AUTÔNOMO. INDENIZAÇÃO POR DANO MATERIAL DECORRENTE DE ACIDENTE DE TRABALHO. RESPONSABILIDADE DO TOMADOR. 1. Inicialmente esclareço que a competência, que não é discutida, é da Justiça do Trabalho, por força do art. 114, I, da Constituição Federal, alterado pela Emenda Constitucional n. 45/2004. 2. O eg. Tribunal Regional excluiu a responsabilidade da empresa pelo fato de o ser o *de cujus* trabalhador autônomo. 3. Esclareço que o fato de ser o *de cujus* profissional autônomo, por si só, não afasta a responsabilidade da empresa tomadora do serviço, devendo ser analisada a existência do nexo de causalidade entre o acidente sofrido e a culpa da tomadora de serviço para que se configure a existência do dano moral, bem como por consequência o dever de indenizar. 4. Percebe-se, contudo, que o serviço que demandou a contratação (limpeza do telhado) era de risco, pelo que deveria a recorrida ter contratado uma empresa especializada. Ao contrário, contratou um prestador de serviços gerais, uma espécie de "faz tudo", assumindo o risco. 5. Não bastasse o risco da atividade, limpeza do telhado, para a qual o trabalhador fora contratado, o acidente ocorreu porque a estrutura de sustentação do telhado, que era antiga e tinha mais de 30 anos, cedeu em face de deterioração, causando o acidente. E cabe ao proprietário do bem imóvel a responsabilidade pelos danos por ele causados a outrem. 6. No presente caso, está configurado o nexo de causalidade, visto que o trabalhador autônomo sofreu o acidente no momento em que prestava serviço nas dependências da recorrida. Já no tocante à culpa da recorrida, esta também está configurada, tendo em vista a situação em que se encontrava o telhado e o que fora concluído pelo laudo pericial como fatores que contribuíram para a ocorrência do acidente, demonstrando de forma clara a existência da culpa da recorrida. 7. Dessa forma, o eg. Tribunal Regional, ao afastar a responsabilidade da empresa, não levou em consideração tais circunstâncias nem os elementos probatórios constantes do próprio acórdão que demonstram, além de risco da atividade, o nexo de causalidade e a ocorrência de culpa por parte da recorrida. 8. Assim, percebe-se que o eg. Regional não deu o melhor enquadramento aos fatos constantes dos autos, visto que presentes elementos comprobatórios que conduzem para a responsabilidade da tomadora do serviço, tendo decidido de forma contrária às provas constantes dos autos. 9. Uma vez conhecido o recurso de revista, cumpre a esta c. 3ª Turma julgar a causa, aplicando o direito à espécie, conforme entendimento do Supremo Tribunal Federal (Súmula n. 457 do STF), o disposto no art. 5º, LXXVIII, da Constituição Federal e a observação do estado da causa, se madura ou não. E não se verificando a existência de questões fáticas ou probatórias a serem dirimidas, remanescendo apenas a matéria de direito que já fora acima decidida, deve ser restabelecida integralmente a sentença que condenara a recorrida ao pagamento de indenização por danos morais e materiais. Recurso de revista conhecido por violação do art. 818 da CLT e provido. (RR — 22-33.2013.5.03.0054, relator Ministro: Alexandre de Souza Agra Belmonte, Data de Julgamento: 15.4.2015, 3ª Turma, Data de Publicação: DEJT 17.4.2015)

16 — Prescrição

Recurso de Revista conhecido por violação aos arts. 440 da CLT e 198, inciso I, do Código Civil, no que tange a prescrição no menor de idade. Segundo o TST, o art. 440 da CLT aplica-se ao empregado menor e não ao menor herdeiro de um trabalhador, vítima falta de acidente do trabalho. Neste caso é aplicável o art. 198, inciso I do CC.

AGRAVO DE INSTRUMENTO DA SEGUNDA RECLAMADA. PRESCRIÇÃO. HERDEIRO MENOR. SUSPENSÃO. POSSÍVEL VIOLAÇÃO DOS ARTS. 440 DA CLT E 198, I, CC. PROVIMENTO. Ante a possibilidade de ofensa aos arts. 440 da CLT e 198, I, do CC, o provimento do agravo de instrumento para o exame do recurso de revista é medida que se impõe. Agravo de instrumento a que se dá provimento. RECURSO DE REVISTA. PRESCRIÇÃO. HERDEIRO MENOR. SUSPENSÃO. POSSÍVEL VIOLAÇÃO DOS ARTS. 440 DA CLT E 198, I, CC. PROVIMENTO. A jurisprudência pacífica desta Corte Superior é de que a prescrição prevista no art. 7º, XXIX, da Constituição Federal aplica-se aos casos em que a lesão se deu após a Emenda Constitucional n. 45/2004, que deslocou a competência para o exame de matéria para a Justiça do Trabalho. Desse modo, tendo na hipótese o acidente de trabalho fatal de que foi vítima o empregado ocorrido em 2006, não há dúvida de que incide a prescrição trabalhista, inexistindo, aliás, nos autos controvérsia no particular. Dito isso, é de sabença que não há lei trabalhista que discipline a prescrição incidente nas ações que envolvam menor herdeiro de empregado falecido, sendo que o preceito insculpido no art. 440 da CLT, ao estabelecer a suspensão da prescrição, o faz apenas para o empregado menor de 18 anos. Assim, nas demandas trabalhistas envolvendo interesse de menor herdeiro de empregado aplica-se a legislação comum, no caso, o art. 198, I, do Código Civil, que determina a suspensão do prazo prescricional para os menores absolutamente incapazes, ou seja, para os menores de 16 anos. Precedentes. Na hipótese, extrai-se do v. acórdão recorrido que o egrégio Tribunal Regional, aplicando a regra do art. 440 da CLT, afastou a prescrição da pretensão autoral, por considerar que, embora o acidente que vitimou o empregado tenha se dado em 20.9.2006, o reclamante, filho herdeiro do falecido, somente adquiriu a maioridade (18 anos) em 18.4.2012, data que passaria a correr o prazo prescricional, então suspenso. Entendeu que, ajuizada a reclamação em 23/05/2012, não haveria prescrição a ser declarada. Ocorre que, como já realçado, não se aplica à espécie a suspensão do prazo prescricional prevista no art. 440 da CLT, uma vez não se tratar a demanda envolvendo empregado menor, senão menor herdeiro de empregado. Assim, não há falar na suspensão da prescrição para o reclamante até a idade de 18 anos. Para o caso, incide a regra do art. 198, I, do CC, de modo que a suspensão da prescrição se deu até os 16 anos, ou seja, até 18.4.2010, quando se encontrava na condição de absolutamente incapaz. A partir de então, passou a correr a prescrição bienal prevista no art. 7º, XXIX, da Constituição Federal, a qual findou em 18.4.2012. Desse modo, ajuizada a reclamação trabalhista em 23/05/2012, portanto, quando já ultrapassados dois anos do início da contagem do prazo prescricional suspenso, tem-se como prescrita a pretensão do reclamante. Recurso de revista de que se conhece e a que se dá provimento. AGRAVO DE INSTRUMENTO DA PRIMEIRA RECLAMADA. Em razão do provimento do recurso de revista da segunda reclamada, declarando a prescrição da pretensão do reclamante, resta prejudicado o exame do recurso da primeira reclamada. (ARR — 963-31.2012.5.03.0114, relator Ministro: Guilherme Augusto Caputo Bastos, Data de Julgamento: 20.5.2015, 5ª Turma, Data de Publicação: DEJT 29.5.2015)

Recurso de revista conhecido por violação ao artigo 206, § 3º, V do Código Civil, para afastar a prescrição bienal e reconhecer a prescrição trienal em ação de responsabilidade civil ajuizada por sucessores em nome próprio em razão do falecimento de ex-empregado.

I — AGRAVO. AGRAVO DE INSTRUMENTO EM RECURSO DE REVISTA. REGIDO PELA LEI 13.467/2017. INDENIZAÇÃO POR DANO MATERIAL REFLEXO, INDIRETO OU EM RICOCHETE. AÇÃO AJUIZADA PELA SUCESSORA DO EX-EMPREGADO FALECIDO EM DECORRÊNCIA DO ACIDENTE DE TRABALHO. DIREITO PLEITEADO EM NOME PRÓPRIO. PRESCRIÇÃO CIVIL. HERDEIRO MENOR. SUSPENSÃO DO PRAZO PRESCRICIONAL. ART. 198, I, DO CÓDIGO CIVIL. TRANSCENDÊNCIA POLÍTICA. Constatado possível equívoco na decisão monocrática, impõe-se a reforma da decisão agravada. Agravo provido. II — AGRAVO DE INSTRUMENTO EM RECURSO DE REVISTA. INDENIZAÇÃO POR DANO MATERIAL REFLEXO, INDIRETO OU EM RICOCHETE. AÇÃO AJUIZADA PELA SUCESSORA DO EX-EMPREGADO FALECIDO EM DECORRÊNCIA DE ACIDENTE DE TRABALHO. DIREITO PLEITEADO EM NOME PRÓPRIO. PRESCRIÇÃO CIVIL. HERDEIRO MENOR. SUSPENSÃO DO PRAZO PRESCRICIONAL. ART. 198, I, DO CÓDIGO CIVIL. TRANSCENDÊNCIA POLÍTICA. Demonstrada possível ofensa ao artigo 206, § 3º, V, do CC, impõe-se o provimento do agravo de instrumento para determinar o processamento do recurso de revista. Agravo de instrumento provido. III — RECURSO DE REVISTA. REGIDO PELA LEI 13.467/2017. INDENIZAÇÃO POR DANO MATERIAL REFLEXO, INDIRETO OU EM RICOCHETE. AÇÃO AJUIZADA PELA SUCESSORA DO EX-EMPREGADO FALECIDO EM DECORRÊNCIA DE ACIDENTE DE TRABALHO. DIREITO PLEITEADO EM NOME PRÓPRIO. PRESCRIÇÃO CIVIL. HERDEIRO MENOR. SUSPENSÃO DO PRAZO PRESCRICIONAL. ART. 198, I, DO CÓDIGO CIVIL. TRANSCENDÊNCIA POLÍTICA. No presente caso, a Autora pleiteia indenização por danos materiais decorrentes de acidente do trabalho típico que vitimou seu genitor. A Autora era menor de idade à época do fato. Discute-se, portanto, a suspensão da prescrição aplicável ao herdeiro menor, bem como a prescrição aplicável à pretensão de indenização por danos materiais em ação ajuizada pelos sucessores, em nome próprio, em razão do falecimento do trabalhador, decorrente de acidente do trabalho típico. O Tribunal Regional entendeu que a prescrição não corre contra o absolutamente incapaz, conforme art. 198 do CC. Esclareceu que a suspensão da prescrição do art. 440 da CLT somente se aplica ao empregado menor de idade e não ao herdeiro menor. Consignou que, após completar 16 anos, começa a contagem do prazo prescricional de dois anos previsto no art. 7º, XXIX, da CF, tendo em vista que a ação foi ajuizada após a EC 45/2004. Manteve o reconhecimento da prescrição, pois a herdeira menor completou 16 anos em 18/07/2017, quando passou a correr a prescrição bienal, que foi atingida em 18/7/2019, sendo que o ajuizamento da ação somente ocorreu em 4/5/2020. Acerca da suspensão do herdeiro menor, a jurisprudência desta Corte firmou-se no sentido de que a suspensão da prescrição prevista no art. 440 da CLT aplica-se somente ao trabalhador menor de 18 anos, ao passo que aos menores herdeiros do trabalhador falecido, aplica-se subsidiariamente o art. 198, I, do Código Civil, segundo a qual não corre a prescrição contra herdeiros menores absolutamente incapazes, dentre os quais se encontram os menores de 16 anos. Nesse aspecto, encontra-se correta a decisão regional. Todavia, no âmbito desta Corte Superior, encontra-se pacificado o entendimento de que a prescrição aplicável à pretensão de indenização por danos morais em ação ajuizada pelos sucessores, em nome próprio, decorrente do falecimento de ex-empregado em razão de doença ocupacional e/ou acidente de trabalho, é a trienal disposta no art. 206, § 3º, V, do Código Civil, e que o direito de reparação dos danos de ricochete só nasce para os sucessores na data do falecimento do ex-empregado. Assim, tendo ocorrido a morte do trabalhador em 23/5/2017, após a vigência do Código Civil de 2002, é aplicável o prazo prescricional civil trienal, na forma do seu art. 206, § 3º, V. Nessa esteira de raciocínio, conclui-se que, ao declarar a prescrição trabalhista bienal prevista no art. 7º, XXIX, da Constituição Federal, o Tribunal Regional proferiu decisão dissonante da consolidada no âmbito desta Corte Superior. Logo, não há prescrição a ser declarada, na medida em que a ação foi ajuizada em 4/5/2020, ou seja, dentro do prazo de 3 anos contados da data em que a Autora completou 16 anos (18/7/2017). Recurso de revista conhecido e provido (RR-10446-63.2020.5.15.0052, 5ª Turma, Relator Ministro Douglas Alencar Rodrigues, DEJT 28/10/2022).

17 — Vínculo de emprego

Recurso de Revista conhecido por violação ao art. 9º da CLT, ao reconhecer a fraude na contratação de trabalhador como pessoa jurídica "PEJOTA" logo após a rescisão do contrato de trabalho como empregado.

RECURSO DE REVISTA INTERPOSTO PELO RECLAMANTE UNICIDADE CONTRATUAL. DISPENSA FRAUDULENTA. IMEDIATA CONTRATAÇÃO COMO PESSOA JURÍDICA PARA O DESEMPENHO DAS MESMAS FUNÇÕES. "PEJOTIZAÇÃO". PERCEPÇÃO DE VERBAS RESCISÓRIAS. INEXISTÊNCIA DE ÓBICE AO RECONHECIMENTO DA UNICIDADE CONTRATUAL. 1. O art. 453 da Consolidação das Leis do Trabalho, ao fixar regra para a contagem do tempo de serviço do empregado na empresa em períodos descontínuos, excetua, expressamente, o caso de recebimento de indenização legal. Referida indenização, contudo, não se confunde com a percepção de verbas rescisórias em face de rescisão contratual fraudulenta. 2. No caso concreto, foi reconhecida a prática simulada denominada "pejotização", tendo sido o reclamante dispensado do emprego e imediatamente recontratado como pessoa jurídica, sem qualquer alteração das condições de trabalho — o que, em observância ao princípio da primazia da realidade, autoriza a descaracterização da relação contratual autônoma e o reconhecimento da continuidade da prestação laboral sob vínculo empregatício. 3. Num tal contexto, o pagamento das verbas rescisórias decorrentes da ruptura do suposto primeiro contrato de emprego não impede o reconhecimento da continuidade da prestação laboral, nem, por conseguinte, da unicidade contratual. 4. Incidência do disposto no art. 9º da Consolidação das Leis do Trabalho, segundo o qual "*serão nulos de pleno direito os atos praticados com o objetivo de desvirtuar, impedir ou fraudar a aplicação dos preceitos contidos na presente Consolidação*". 5. Recurso de revista conhecido e provido.

Recurso de Revista por violação aos arts. 3º e 9º da CLT, no qual foi dado provimento ao recurso de revista do reclamante para reconhecer vínculo de empregado e declarar nulo a contratação por meio de pessoa jurídica e por cooperativa.

> RECURSO DE REVISTA DO RECLAMANTE. RELAÇÃO DE EMPREGO CARACTERIZADA. PERÍODO DE PRESTAÇÃO DE SERVIÇOS POR MEIO DE PESSOA JURÍDICA CONSTITUÍDA PELO RECLAMANTE. DISSIMULAÇÃO DO VÍNCULO EMPREGATÍCIO, ORA POR COOPERATIVA, ORA POR PESSOA JURÍDICA (*PEJOTIZAÇÃO*). O Direito do Trabalho, classicamente e em sua matriz constitucional de 1988, é ramo jurídico de inclusão social e econômica, concretizador de direitos sociais e individuais fundamentais do ser humano (art. 7º, CF). Volta-se a construir uma sociedade livre, justa e solidária (art. 3º, I, CF), erradicando a pobreza e a marginalização e reduzindo as desigualdades sociais e regionais (art. 3º, IV, CF). Instrumento maior de valorização do trabalho e especialmente do emprego (art. 1º, IV, art. 170, *caput* e VIII, CF) e veículo mais pronunciado de garantia de segurança, bem-estar, desenvolvimento, igualdade e justiça às pessoas na sociedade econômica (Preâmbulo da Constituição), o Direito do Trabalho não absorve fórmulas diversas de fórmulas diversas de precarização do labor, como a parassubordinação e a informalidade. Registre-se que a subordinação enfatizada pela CLT (arts. 2º e 3º) não se circunscreve à dimensão tradicional, subjetiva, com profundas, intensas e irreprimíveis ordens do tomador ao obreiro. Pode a subordinação ser tipo objetivo, em face da realização, pelo trabalhador, dos objetivos sociais da empresa. Ou pode ser simplesmente do tipo estrutural, harmonizando-se o obreiro à organização, dinâmica e cultura do empreendimento que lhe capta os serviços. Presente qualquer das dimensões da subordinação (subjetiva, objetiva ou estrutural), considera-se configurado esse elemento fático-jurídico da relação de emprego. No caso concreto, dados incontroversos evidenciam clara estratégia de dissimular vínculo empregatício, seja por cooperativa, seja por *pejotização*. É incontroverso também que a fraude já havia sido atestada por entidade estatal de fiscalização. Por outro lado, a Reclamada não se desincumbiu do encargo de comprovar que a relação jurídica se desenvolveu sob forma diversa daquela estabelecida no art. 3º da CLT, incidindo a presunção de reconhecimento do vínculo empregatício, por serem os fatos modificativos ônus probatório de réu (Súmula n. 212/TST; art. 818 da CLT; art. 333, II, do CPC). Ressalte-se que circunstancial flexibilidade de horário ou de assiduidade não traduz autonomia e ausência de subordinação, principalmente à luz dos modernos e atualizados conceitos de subordinação objetiva e de subordinação estrutural. Recurso de revista conhecido e provido. (ARR — 41600-81.2006.5.02.0075, relator Ministro: Mauricio Godinho Delgado, 3ª Turma, DEJT 17.5.2013)

Recurso de Revista conhecido por violação ao art. 3º da CLT, no que tange ao reconhecimento de vínculo empregatício entre manicure e salão de beleza. Para o TST, restou configurado contrato de parceira e não relação de emprego.

> AGRAVO DE INSTRUMENTO EM RECURSO DE REVISTA. ACÓRDÃO PUBLICADO NA VIGÊNCIA DA LEI N. 13.015/2014. VÍNCULO DE EMPREGO. MANICURE. Caracterizada uma potencial ofensa ao art. 3º da CLT, dá-se provimento ao agravo de instrumento para determinar o prosseguimento do recurso de revista. Agravo de instrumento provido. RECURSO DE REVISTA. VÍNCULO DE EMPREGO. MANICURE. O ganho de comissões no percentual de 60% dos serviços prestados revela-se totalmente

incompatível com a relação empregatícia, ao passo que inviabiliza o ganho de lucro pela entidade que seria supostamente a empregadora, com o labor dispensado pelo prestador de serviços, apontado como suposto empregado. Por outro lado, o simples fato de, em regra, o agendamento dos serviços ser feito pela recepcionista do salão não implica em existência de subordinação jurídica, cumprindo salientar que a autora detinha flexibilidade na organização de sua agenda, escolhendo os horários nos quais poderia trabalhar. A celebração de contrato de atividade tipo parceria é prática rotineira nesse ramo de prestação de serviços (salão de beleza), em que o proprietário do mesmo coloca à disposição dos profissionais (manicure, massagista, depiladora, cabeleireiro, entre outros), além do espaço físico, sua carteira de clientes e suas instalações com os móveis para serem por eles utilizados no desempenho de tais atividades. Nesse contexto, não resta caracterizado o vínculo de emprego. Recurso de revista conhecido e provido. (RR — 1315-96.2014.5.03.0185, relator Desembargador convocado: Breno Medeiros, Data de Julgamento: 16.12.2015, 8ª Turma, Data de Publicação: DEJT 18.12.2015)

Recurso de revista conhecido por violação aos artigos 2º e 3º da CLT, para reconhecer o vínculo empregatício entre motorista de aplicativo e plataforma UBER.

RECURSO DE REVISTA. INTERPOSIÇÃO NA VIGÊNCIA DA LEI Nº 13.467/2017. RECONHECIMENTO DE RELAÇÃO DE EMPREGO — MOTORISTA DE APLICATIVO — EMPRESA-PLATAFORMA DIGITAL (UBER DO BRASIL TECNOLOGIA LTDA.) — PRESENÇA DE ELEMENTOS FÁTICO-JURÍDICOS PREVISTOS NOS ARTIGOS 2º E 3º DA CLT — REENQUADRAMENTO JURÍDICO DOS FATOS. No presente caso, o Tribunal Regional entendeu que estava ausente a subordinação jurídica e, em razão disto, não reconheceu a relação de emprego entre as partes. A conclusão adotada levou em consideração, especialmente, as seguintes premissas fáticas, todas consignadas no acórdão recorrido: (i) "o recorrente, como motorista, agia com independência, prestando serviços de forma liberal para diversos clientes passageiros, por intermédio da plataforma tecnológica fornecida pela empresa recorrida, não estando submetido a horário ou mesmo a exclusividade."; (ii) "inexistia a obrigatoriedade de prestação de contas, relatórios de atividades executadas ou coisas semelhantes que traduzam a existência da subordinação. Em verdade, foi caracterizada autonomia do recorrente em definir sua rotina de trabalho, a forma de prestação dos serviços, quais clientes aceitar, sendo possível até mesmo a prestação de serviços por intermédio de sistemas concorrentes"; e (iii) "o motorista arca com as despesas do veículo, inclusive seguro". O quadro fático consignado pelo TRT permite a esta Corte fazer o reenquadramento jurídico para reconhecer o vínculo de emprego vindicado, sem que se cogite do óbice previsto na Súmula/TST nº 126. Isso porque, a decisão, tal como prolatada, contraria precedente recente desta 2ª Turma, no sentido de que o modelo de gestão do trabalho de empresas de plataforma-aplicativo (gamificação) exige uma releitura dos requisitos da relação de emprego, à luz dos novos arranjos produtivos, que passa ao largo da conceituação clássica e tradicional considerada pela decisão recorrida para afastar o vínculo empregatício. Nesse sentido, cite-se nova modalidade de subordinação, denominada "subordinação pelo algoritmo", que está presente no citado modelo de gestão do trabalho de empresas de plataforma-aplicativo. Recurso de revista conhecido e provido" (RR-462-26.2023.5.21.0006, 2ª Turma, Relatora Ministra Liana Chaib, DEJT 1/7/2024).

7.2. Rito sumaríssimo

O cabimento do Recurso de Revista no rito sumaríssimo está previsto no § 9º do art. 896 da CLT, com redação dada pela Lei n. 13.015/14 e assim dispõe:

> § 9º Nas causas sujeitas ao procedimento sumaríssimo, somente será admitido recurso de revista por contrariedade a súmula de jurisprudência uniforme do Tribunal Superior do Trabalho ou a súmula vinculante do Supremo Tribunal Federal e por violação direta da Constituição Federal.

Referida lei, além de transferir a previsão legal do § 6º para o § 9º, alterou o texto e incluiu a possibilidade de Recurso de Revista por divergência com Súmula vinculante do STF, como fez também na alínea *"a"* do art. 896 da CLT.

O rito sumaríssimo foi instituído no ordenamento pela Lei n. 9.957/2000, que acresceu os arts. 852-A e seguintes na CLT e estabeleceu um procedimento mais célere para ações de até quarenta salários mínimos, com exceção das demandas em que são partes a Administração Pública direta, autárquica ou fundacional (parágrafo único, art. 852-A da CLT).

Destacamos aqui algumas características desse procedimento que o tornam mais célere: 1º apreciação da demanda deverá ocorrer em 15 dias do ajuizamento (art. 852-B, III, da CLT); 2º Na ata de audiência serão registrados resumidamente os atos essenciais, as afirmações fundamentais das partes e as informações úteis à solução das causas trazidas pela prova testemunhal (art. 852-F da CLT); 3º Sobre os documentos apresentados por uma das partes manifestar-se-á imediatamente a parte contrária, sem interrupção da audiência, salvo absoluta impossibilidade, a critério do juiz (art. 852-H, § 1º, da CLT); 4º As testemunhas, até o máximo de duas para cada parte, comparecerão à audiência de instrução e julgamento independentemente de intimação (art. 852-H, § 2º, da CLT); 5º Só será deferida intimação de testemunha que, comprovadamente convidada, deixar de comparecer. Não comparecendo a testemunha intimada, o juiz poderá determinar sua imediata condução coercitiva (art. 852-H, § 3º, da CLT); 6º As partes serão intimadas a manifestar-se sobre o laudo, no prazo comum de cinco dias (art. 852-H, § 6º, da CLT); 7º Interrompida a audiência, o seu prosseguimento e a solução do processo dar-se-ão no prazo máximo de trinta dias, salvo motivo relevante justificado nos autos pelo juiz da causa (art. 852-H, § 7º, da CLT); 8º A sentença mencionará os elementos de convicção do juízo, com resumo dos fatos relevantes ocorridos em audiência, dispensado o relatório (art. 852-I da CLT); 9º Os Recursos Ordinários serão imediatamente distribuídos, uma vez recebido no Tribunal, devendo o relator liberá-los no prazo máximo de dez dias, e a Secretaria do Tribunal ou Turma colocá-los imediatamente em pauta para julgamento, sem revisor (art. 895, § 1º, inciso II, CLT), terá parecer oral do representante do Ministério Público presente à sessão de julgamento, se este entender necessário o parecer, com registro na certidão (art. 895, § 1º, inciso III, CLT) e terá acórdão consistente unicamente na certidão de julgamento, com a indicação suficiente do processo e parte dispositiva, e das razões de decidir do voto prevalente. Se a sentença for confirmada pelos próprios fundamentos, a certidão de julgamento, registrando tal circunstância, servirá de acórdão (art. 895, § 1º, inciso IV, CLT).

Ou seja, o legislador procurou simplificar os atos processuais, desde o primeiro grau de jurisdição até a instância extraordinária. Contudo, ao nosso ver, o fez utilizando de critérios equivocados. Ao excluir o cabimento de Recurso de Revista por violação de lei, retirou do Tribunal Superior do Trabalho uma de suas importantes funções, que é o controle da legalidade.

De fato, sem essa possibilidade, com a limitação imposta, o processo tende a terminar mais rápido, mas impor celeridade sem o mínimo de cautela, ignorando a razão de ser de uma instância extraordinária não nos parece o melhor caminho a ser percorrido.

Referida limitação ao cabimento do Recurso de Revista só é possível em processos iniciados após a edição da Lei n. 9.957/00, conforme já pacificou o TST, por meio da Orientação Jurisprudencial n. 260 da SDI-I:

> OJ n. 260 SDI-I — AGRAVO DE INSTRUMENTO. RECURSO DE REVISTA. PROCEDIMENTO SUMARÍSSIMO. LEI N. 9.957/00. PROCESSOS EM CURSO (inserida em 27.09.2002)
>
> I — É inaplicável o rito sumaríssimo aos processos iniciados antes da vigência da Lei n. 9.957/00.
>
> II — No caso de o despacho denegatório de recurso de revista invocar, em processo iniciado antes da Lei n. 9.957/00, o § 6º do art. 896 da CLT (rito sumaríssimo), como óbice ao trânsito do apelo calcado em divergência jurisprudencial ou violação de dispositivo infraconstitucional, o Tribunal superará o obstáculo, apreciando o recurso sob esses fundamentos.

Ao comentar o § 9º o art. 896 da CLT, assim ressalta Manoel Antonio Teixeira Filho:

> "Curiosamente, a norma legal em exame não prevê, no procedimento sumaríssimo, o cabimento do recurso de revista por violação à lei."(272)

Assim que entrou em vigor a Lei n. 9.957/00, surgiu uma discussão na doutrina e na jurisprudência sobre a possibilidade de Recurso de Revista no sumaríssimo por divergência com Orientação Jurisprudencial, até que o Tribunal Superior do Trabalho pacificou a questão, no sentido de que não será admissível, conforme Súmula n. 442(273), abaixo transcrita:

> PROCEDIMENTO SUMARÍSSIMO. RECURSO DE REVISTA FUNDAMENTADO EM CONTRARIEDADE A ORIENTAÇÃO JURISPRUDENCIAL. INADMISSIBILIDADE. ART. 896, § 6º, DA

(272) TEIXEIRA FILHO, Manoel Antonio. *Comentários à Lei n. 13.015/2014*. São Paulo: LTr, 2015. p. 59.

(273) Referida súmula foi editada antes da vigência da Lei n. 13.015/14, razão pela qual não incluiu em seu texto a possibilidade de Recurso de Revista no sumaríssimo por contrariedade com súmula vinculante do STF.

CLT, ACRESCENTADO PELA LEI N. 9.957, DE 12.1.2000 (conversão da Orientação Jurisprudencial n. 352 da SBDI-1) — Res. n. 185/2012, DEJT divulgado em 25, 26 e 27.9.2012. Nas causas sujeitas ao procedimento sumaríssimo, a admissibilidade de recurso de revista está limitada à demonstração de violação direta a dispositivo da Constituição Federal ou contrariedade a Súmula do Tribunal Superior do Trabalho, não se admitindo o recurso por contrariedade a Orientação Jurisprudencial deste Tribunal (Livro II, Título II, Capítulo III, do RITST), ante a ausência de previsão no art. 896, § 6º, da CLT.

Tal limitação imposta pela Lei, de impossibilidade de Recurso de Revista por divergência com orientação jurisprudencial, também merece crítica, pois estas também refletem o posicionamento da correta interpretação da norma, ainda que de um determinado órgão fracionário do TST, razão pela qual deveriam ser consideradas para o cabimento do Recurso de Revista no sumaríssimo.

Nos parece um grande equívoco no legislador ao estabelecer o rito sumaríssimo, foi definir os processos que mereçam um procedimento mais célere pelo valor da causa, pois muitas vezes a complexidade não se verifica pelo valor, mas sim pelo direito pleiteado.

Já o rito sumário ou rito de alçada previsto na Lei n. 5584/70 também poderá ser objeto de Recurso de Revista. Contudo, apenas em se tratando de matéria constitucional, conforme dispõe o art. 2º, § 4º da referida lei.

Art. 2º Nos dissídios individuais, proposta a conciliação, e não havendo acordo, o Presidente, da Junta ou o Juiz, antes de passar à instrução da causa, fixar-lhe-á o valor para a determinação da alçada, se este for indeterminado no pedido.

(...)

§ 4º Salvo se versarem sobre matéria constitucional, nenhum recurso caberá das sentenças proferidas nos dissídios de alçada a que se refere o parágrafo anterior, considerado, para esse fim, o valor do salário mínimo à data do ajuizamento da ação.

Aliás, em se tratando de rito sumário, a limitação ao efeito devolutivo inicia-se na instância ordinária, pois o Recurso Ordinário também está limitado a matéria constitucional. Sobre esta questão, segue abaixo ementa de acórdão proferido pelo Tribunal Superior do Trabalho:

AÇÃO MONITÓRIA — NÃO RECEBIMENTO DO RECURSO ORDINÁRIO — VALOR DE ALÇADA. 1. Nos termos do § 4º do art. 2º da Lei n. 5.584/70, nos dissídios de alçada, somente os processos que versem sobre matéria constitucional estão sujeitos ao duplo grau de jurisdição. 2. Não versando o recurso ordinário da Confederação Autora sobre matéria constitucional, correta a decisão regional que não conheceu do apelo, por se tratar de processo de alçada. 3. Ademais, o fato de a ação tramitar pelo rito monitório não afasta a incidência da Lei n. 5.584/70, não havendo de se falar em revogação tácita dessa norma pela Lei n. 9.957/00, uma vez que o valor da alçada recursal foi expressamente recepcionado pela Constituição Federal de 1988, conforme se depreende do conteúdo da Súmula n. 356 do TST. Agravo de Instrumento desprovido (TST, AIRR

n. 90.440-10.2007.5.04.0471, relatora Juíza convocada: Maria Doralice Novaes, Data do Julgamento: 16.12.2009, 7ª Turma, Data de Publicação: 18.12.2009.

O rito sumário aplica-se somente ao dissídio individual trabalhista de natureza contenciosa e não a procedimentos especiais previstos no CPC, ainda que atribuído valor da causa de até dois salários mínimos. Nesse sentido:

> AGRAVO. PROVIMENTO. AÇÃO DE PRODUÇÃO ANTECIPADA DE PROVAS. RECURSO ORDINÁRIO. CABIMENTO. INAPLICABILIDADE DAS RESTRIÇÕES DO RITO SUMÁRIO (LEI Nº 5.584/70) CONSIDERANDO TRATAR-SE DE AÇÃO QUE NÃO POSSUI EXPRESSÃO ECONÔMICA. TRANSCENDÊNCIA JURÍDICA RECONHECIDA Tratando-se de matéria sobre a qual inexiste jurisprudência consolidada no âmbito do Tribunal Superior do Trabalho, impõe-se reconhecer a transcendência jurídica do recurso de revista nos termos do art. 896-A, IV, da CLT e dar provimento do agravo para prosseguir na análise do agravo de instrumento. Agravo conhecido e provido. AGRAVO DE INSTRUMENTO. PROVIMENTO. AÇÃO DE PRODUÇÃO ANTECIPADA DE PROVAS. RECURSO ORDINÁRIO. CABIMENTO. INAPLICABILIDADE DAS RESTRIÇÕES DO RITO SUMÁRIO (LEI Nº 5.584/70) CONSIDERANDO TRATAR-SE DE AÇÃO QUE NÃO POSSUI EXPRESSÃO ECONÔMICA. Ante a potencial violação do art. 382, § 4º, do CPC, dá-se provimento ao agravo de instrumento para processar o recurso de revista. Agravo de instrumento conhecido e provido. RECURSO DE REVISTA INTERPOSTO NA VIGÊNCIA DA LEI Nº 13.467/2017. AÇÃO DE PRODUÇÃO ANTECIPADA DE PROVAS. SENTENÇA DE IMPROCEDÊNCIA. RECURSO ORDINÁRIO. CABIMENTO. VALOR ATRIBUÍDO À CAUSA INFERIOR A DOIS SALÁRIOS MÍNIMOS. INAPLICABILIDADE DAS RESTRIÇÕES DO RITO SUMÁRIO (LEI Nº 5.584/70) CONSIDERANDO TRATAR-SE DE AÇÃO QUE NÃO POSSUI EXPRESSÃO ECONÔMICA. TRANSCENDÊNCIA JURÍDICA RECONHECIDA 1. No caso, diante do pedido (exibição de documentos) formulado na presente ação de produção antecipada de prova, a sentença originalmente recorrida assinalou que " não se vislumbra a necessidade de exibição de documentos para que o trabalhador possa exercer o direito de ação (...) Não se vislumbra óbice ao acesso à Justiça, no caso, nem há uma especificação de documento essencial para propositura de ação ou para estimativa de valores dos pedidos". 2. Interposto recurso ordinário pelo autor, o Tribunal Regional não o conheceu ao fundamento de que o valor atribuído à causa (R$ 50,00) atrairia a incidência dos óbices próprios ao rito sumário (art. 2º, § 4º, da Lei nº 5.584/70), onde não se admite recurso salvo se versar sobre matéria constitucional. 3. Importante salientar que a produção antecipada de prova é um procedimento especial previsto no CPC, não se confundindo com os dissídios individuais trabalhistas de natureza contenciosa. Ademais, não se trata de ação com expressão econômica de modo que a utilização do valor atribuído à causa para atrair a incidência dos critérios restritivos próprios do procedimento sumário do processo do trabalho (art. 2º da Lei nº 5.584/70) revela-se imprópria com vistas a obstar a admissão do recurso ordinário. 4. O próprio CPC, em seu art. 382, § 4º, é claro ao assinalar que "neste procedimento, não se admitirá defesa ou recurso, salvo contra decisão que indeferir totalmente a produção da prova pleiteada pelo requerente originário". 5. Em tal contexto, reverenciando os princípios do contraditório e da ampla defesa, bem como considerando a especificidade do procedimento alusivo à produção antecipada de prova, o qual admite recurso na hipótese em que a decisão indeferir totalmente a prova pleiteada, deve ser reformada a decisão que não conheceu do recurso ordinário interposto pelo autor. Recurso de revista conhecido e provido. (RR-228-30.2021.5.09.0012, 1ª Turma, Relator Ministro Amaury Rodrigues Pinto Junior, DEJT 19/4/2024).

7.2.1. Decisões

Sobre a hipótese do § 9º do art. 896 da CLT, seguem abaixo algumas decisões do Tribunal Superior do Trabalho que conheceram do Recurso de Revista para análise do mérito.

1º conhecimento do RR por contrariedade à Súmula n. 171 do TST que trata das férias proporcionais.

> RECURSO DE REVISTA. RITO SUMARÍSSIMO. RECURSO DE REVISTA. FÉRIAS PROPORCIONAIS. DISPENSA POR JUSTA CAUSA. Conforme dispõe a Súmula n. 171 desta Corte, "salvo na hipótese de dispensa do empregado por justa causa, a extinção do contrato de trabalho sujeita o empregador ao pagamento da remuneração das férias proporcionais, ainda que incompleto o período aquisitivo de 12 (doze) meses (art. 147 da CLT)". Recurso de revista conhecido e provido. (RR — 2169-89.2012.5.15.0003, relatora Ministra: Dora Maria da Costa, Data de Julgamento: 24.6.2015, 8ª Turma, Data de Publicação: DEJT 30.6.2015)

2º Recurso de Revista em rito sumaríssimo por contrariedade à Súmula n. 423 do TST que estabelece: "Estabelecida jornada superior a seis horas e limitada a oito horas por meio de regular negociação coletiva, os empregados submetidos a turnos ininterruptos de revezamento não têm direito ao pagamento da 7ª e 8ª horas como extras".

> AGRAVO DE INSTRUMENTO EM RECURSO DE REVISTA. PROCEDIMENTO SUMARÍSSIMO. TURNOS ININTERRUPTOS DE REVEZAMENTO. JORNADA DE TRABALHO EM ESCALA DE 12 HORAS SEGUIDAS DE POSTERIOR COMPENSAÇÃO. PREVISÃO COLETIVA COLETIVA. Constatada na decisão regional possível contrariedade à Súmula n. 423, do TST, deve ser provido o agravo de instrumento, viabilizando-se o trânsito da revista, nos moldes do art. 896, *"a"*, da CLT. Agravo de instrumento conhecido e provido. RECURSO DE REVISTA. PROCEDIMENTO SUMARÍSSIMO. TURNOS ININTERRUPTOS DE REVEZAMENTO. JORNADA DE TRABALHO EM ESCALA DE 12 HORAS SEGUIDAS DE POSTERIOR COMPENSAÇÃO. PREVISÃO EM NORMA COLETIVA. I. Constatado que a autora trabalhava submetida a turnos ininterruptos de revezamento, a adoção de jornada em escala de 12 horas diárias, ainda que compensada em outro dia da mesma semana, não afasta o direito à percepção das horas extras a partir da 9ª diária. Dedução lógica do entendimento cristalizado na Súmula n. 423 deste sodalício. II. A despeito da validade das normas coletivas que estipulam jornadas em escalas com 12 horas de trabalho seguidas de posterior compensação, paira nesta Corte o entendimento de que em se tratando de empregados que estejam submetidos a turnos ininterruptos de revezamento a jornada diária não poderá ultrapassar a 8ª hora. No caso, a decisão vergastada revela que havia dias na semana em que a reclamante trabalhava 12 horas. Recurso de revista conhecido e provido. (PROCESSO n. TST-RR-677-02.2013.5.08.0010, 7ª Turma, relator: ANDRÉ GENN DE ASSUNÇÃO BARROS Desembargador convocado)

3º Recurso de Revista no rito sumaríssimo por violação ao art. 5º, inciso LIV e LV da Constituição Federal, que consagra o princípio do devido processo legal, ampla defesa e contraditório.

AGRAVO EM AGRAVO DE INSTRUMENTO. RECURSO DE REVISTA SOB A ÉGIDE DA LEI 13.467/2017. RITO SUMARÍSSIMO. DESERÇÃO DO RECURSO ORDINÁRIO. GARANTIA POR MEIO DE APÓLICE DE SEGURO. RECURSO ORDINÁRIO INTERPOSTO APÓS A VIGÊNCIA DO ATO CONJUNTO Nº1/TST.CSJT.CGJT, DE 16/10/2019. AUSÊNCIA DE COMPROVAÇÃO DE REGISTRO DA APÓLICE NA SUSEP. Demonstrado o desacerto do despacho agravado quanto à possível violação do art. 5º, LIV e LV, da CF. Agravo provido. AGRAVO DE INSTRUMENTO. RECURSO DE REVISTA SOB A ÉGIDE DA LEI 13.467/2017. RITO SUMARÍSSIMO. DESERÇÃO DO RECURSO ORDINÁRIO. GARANTIA POR MEIO DE APÓLICE DE SEGURO. RECURSO ORDINÁRIO INTERPOSTO APÓS A VIGÊNCIA DO ATO CONJUNTO Nº1/TST.CSJT.CGJT, DE 16/10/2019. AUSÊNCIA DE COMPROVAÇÃO DE REGISTRO DA APÓLICE NA SUSEP. TRANSCENDÊNCIA POLÍTICA RECONHECIDA. No caso em tela, o debate acerca da ausência de comprovação de registro da apólice na Susep detém transcendência política nos termos do art. 896-A, § 1º, II, da CLT. Transcendência política reconhecida. Fica autorizada a admissibilidade da revista em face da demonstração da possível violação do art. 5º, LIV e LV, da CF. Agravo de instrumento provido para determinar o processamento do recurso de revista. RECURSO DE REVISTA SOB A ÉGIDE DA LEI 13.467/2017. RITO SUMARÍSSIMO. DESERÇÃO DO RECURSO ORDINÁRIO. GARANTIA POR MEIO DE APÓLICE DE SEGURO. RECURSO ORDINÁRIO INTERPOSTO APÓS A VIGÊNCIA DO ATO CONJUNTO Nº1/TST.CSJT.CGJT, DE 16/10/2019. AUSÊNCIA DE COMPROVAÇÃO DE REGISTRO DA APÓLICE NA SUSEP. Esta Sexta Turma possui o entendimento de que a ausência de comprovação de registro da apólice na SUSEP pode ser superada com a indicação do número de registro e demais dados da apólice, na forma do art. 5º, §2º, do ATO CONJUNTO TST.CSJT.CGJT Nº 1/2019. No caso dos autos, a reclamada juntou a apólice do seguro garantia e a certidão de regularidade da sociedade seguradora perante a SUSEP. Todavia, não fez a juntada de documento relativo à comprovação de registro da apólice na SUSEP. Logo não se há falar em deserção do recurso ordinário. Recurso de revista conhecido e provido (RR-907-26.2022.5.19.0009, 6ª Turma, Relator Ministro Augusto Cesar Leite de Carvalho, DEJT 7/6/2024).

4º Recurso de Revista no rito sumaríssimo por divergência com a Súmula n. 437 do TST, que estabelece: "

I — Após a edição da Lei n. 8.923/94, a não concessão ou a concessão parcial do intervalo intrajornada mínimo, para repouso e alimentação, a empregados urbanos e rurais, implica o pagamento total do período correspondente, e não apenas daquele suprimido, com acréscimo de, no mínimo, 50% sobre o valor da remuneração da hora normal de trabalho (art. 71 da CLT), sem prejuízo do cômputo da efetiva jornada de labor para efeito de remuneração. II — É inválida cláusula de acordo ou convenção coletiva de trabalho contemplando a supressão ou redução do intervalo intrajornada porque este constitui medida de higiene, saúde e segurança do trabalho, garantido por norma de ordem pública (art. 71 da CLT e art. 7º, XXII, da CF/1988), infenso à negociação coletiva. III — Possui natureza salarial a parcela prevista no art. 71, § 4º, da CLT, com redação introduzida pela Lei n. 8.923, de 27 de julho de 1994, quando não concedido ou reduzido pelo empregador o intervalo mínimo intrajornada para repouso e alimentação, repercutindo, assim, no cálculo de outras parcelas salariais. IV — Ultrapassada habitualmente a jornada de seis horas de trabalho, é devido o gozo do intervalo intrajornada mínimo de uma hora, obrigando o empregador a remunerar o período para descanso e alimentação não usufruído como extra, acrescido do respectivo adicional, na forma prevista no art. 71, *caput* e § 4º da CLT."

> RECURSO DE REVISTA. PROCEDIMENTO SUMARÍSSIMO. 1. INTERVALO INTRAJORNADA. REDUÇÃO AUTORIZADA POR NORMA COLETIVA. INVALIDADE. A decisão regional merece reforma para adequar-se ao entendimento consagrado nesta Corte Superior por meio da Súmula n. 437, II, do TST. Ademais, diversamente do que concluiu o Regional, não se pode considerar válida a redução do intervalo intrajornada diante da Portaria nº 42/2007 do MTE, porquanto tal portaria é genérica, não podendo ser utilizada como único fundamento para a autorização. Recurso de revista conhecido e provido. 2. HORAS EXTRAS. MINUTOS RESIDUAIS. NORMA COLETIVA. O presente feito tramita pelo procedimento sumaríssimo e, tendo em vista a determinação do art. 896, § 9º, da CLT, é inviável o conhecimento do recurso de revista por violação de dispositivo de lei ou por divergência jurisprudencial. Nesse contexto, verifica-se que o recurso de revista não está adequadamente fundamentado nos termos do mencionado dispositivo celetista. Recurso de revista não conhecido. (PROCESSO n. TST-RR-10246-49.2012.5.15.0145, 8ª Turma, Ministra relatora DORA MARIA DA COSTA)

5º Recurso de Revista no sumaríssimo por violação ao art. 114, inciso III da Constituição Federal, no que tange à Competência da Justiça do Trabalho. O Tribunal Superior do Trabalho declarou a competência da Justiça do Trabalho para julgar ação de um empregado contra o Sindicato da categoria por ofensas publicadas pela entidade contra os trabalhadores que não aderiram à greve da categoria.

> AGRAVO DE INSTRUMENTO. RECURSO DE REVISTA. SUMARÍSSIMO. AÇÃO ENTRE SINDICATO E TRABALHADOR. INDENIZAÇÃO POR DANO MORAL. COMPETÊNCIA DA JUSTIÇA DO TRABALHO. O art. 114, III, da CF prevê regra de competência da Justiça do Trabalho em razão da matéria e em razão da pessoa. Assim, tratando-se a hipótese dos autos de ação entre Sindicato e trabalhador, é competente a Justiça do Trabalho para julgar a demanda, conforme expressa previsão constitucional. Demonstrada a possível violação do art. 114, III, da Constituição Federal. Agravo de Instrumento provido. RECURSO DE REVISTA. AÇÃO ENTRE SINDICATO E TRABALHADOR. INDENIZAÇÃO POR DANO MORAL. COMPETÊNCIA DA JUSTIÇA DO TRABALHO. A Justiça do Trabalho é competente para julgar a demanda entre Sindicato e trabalhador sindicalizado, conforme expressa previsão do art. 114, III, da Contituição Federal. Recurso de revista conhecido e provido. (RR — 1193-56.2013.5.01.0482, relator Desembargador convocado: Gilmar Cavalieri, Data de Julgamento: 2.9.2015, 2ª Turma, Data de Publicação: DEJT 11.9.2015)

7.3. Da necessária ampliação das hipóteses de cabimento do recurso de revista

Contudo, muito mais do que controlar a correta aplicação da Lei e da Constituição Federal, é papel fundamental de um órgão superior velar pela observância dos direitos fundamentais, consagrados pela Constituição Federal, por meio de seus princípios.

Os princípios têm valor normativo e não apenas interpretativo ou argumentativo.

Os princípios dão harmonia ao sistema e servem de guia para o intérprete, de forma a condensar valores e dar unidade ao sistema.

A lesão ao princípio é indubitavelmente a mais grave das inconstitucionalidades porque sem princípio não há ordem constitucional e sem ordem constitucional não há garantia para as liberdades cujo exercício somente se faz possível fora do reino do arbítrio e dos poderes absolutos.[(274)]

E, diante da importância dos princípios constitucionais, em especial o princípio da dignidade humana, não se pode falar em Recurso de natureza extraordinária para se levar ao Tribunal Superior discussões quanto a inobservância de tais princípios.

Tanto o Tribunal Superior do Trabalho quanto o Superior Tribunal de Justiça já chegaram a adentrar ao mérito de alguns Recursos, com base em princípios (apesar do fundamento ter sido violação de lei), o que é louvável e demonstra a evolução da Justiça para a necessidade de abrir as portas dos Tribunais Superiores para discussão de questões que envolvam o princípio da dignidade humana ou outros princípios fundamentais daí decorrentes.

A doutrina já se posicionou pela possibilidade dos Tribunais Superiores analisarem ações que envolvam danos morais, apesar de, tecnicamente, não se tratar de uma hipótese prevista em lei. Neste sentido, assim é a doutrina de Rui Stocco:

> "Padece, ainda, o novo Código Civil de disposição que estabeleça critério para a fixação da compensação por dano moral, coerente, aliás, com a ausência de disciplina específica nessa área, como acima enfatizado.
>
> O estabelecimento de valores para compensar as ofensas morais admitidas em juízo constitui atualmente uma questão angustiante, pois fica no exclusivo poder discricionário do julgador, através de critérios subjetivos e aleatórios.
>
> Aliás, o Colendo Superior Tribunal de Justiça — talvez preocupado com essa exacerbação nas pretensões indenitárias a título de dano moral — e, considerando, ainda a fixação por alguns julgadores de valores absolutamente ínfimos e aviltantes ou de importâncias extremamente exageradas, evoluiu no sentido de rever e fixar o quantum do dano moral em sede de recurso especial.
>
> A esse respeito salientou Cássio M. C. Penteado Júnior, em artigo de doutrina, que essa Corte Superior vem se orientando no sentido do 'controle do valor da indenização, nas demandas por dano moral, tendo-o como uma questão jurídica (conforme voto do Ministro Costa Leite no REsp 53.321) passível portanto, de apreciação em grau de recurso especial, afastando eventuais conotações de conteúdo material ou de prova que, a teor da Súmula n. 7, escapariam do julgamento do Colegiado'."[(275)].

(274) BONAVIDES, Paulo. *Curso de Direito Constitucional.* São Paulo: Malheiros, 2008. p. 256.

(275) STOCCO, Rui. *A responsabilidade civil. O Novo Código Civil* — Estudos em homenagem ao prof. Miguel Reale. São Paulo: LTr, 2003. p. 832.

Admitir Recurso de natureza extraordinária apenas quando se viola norma expressa e positivada é limitar o controle da legalidade e da constitucionalidade a um positivismo já ultrapassado pelo direito moderno. Valores e princípios devem ser protegidos pelo Judiciário de maneira uniforme, ou seja, "de cima para baixo". É preciso que os Tribunais Superiores estabeleçam critérios para se tutelar tais direitos, a uma, porque em final análise é o órgão de controle da Constituição Federal, a duas, porque desta forma elimina a litigiosidade existente sobre os diversos assuntos envolvendo o trabalho e o capital.

A pacificação de temas importantes das relações trabalhistas é fundamental para se impor segurança jurídica nas relações entre os particulares e também para evitar que a Justiça do Trabalho se torne uma verdadeira loteria, onde a sorte é lançada e a expectativa individual alimentada por anos a fio.

Sobre esta questão, assim é a doutrina de Estevão Mallet, ao analisar a alínea *"c"* do art. 896 da CLT, que exige a violação à dispositivo legal ou constitucional para cabimento do Recurso de Revista:

> "Que dizer, porém, da decisão contrária a costume, a princípio geral de direito ou, ainda, que deixa de aplicar analogicamente determinada regra legal? Pontes de Miranda enfaticamente equipara à lei o costume, os princípios gerais de direito e, até mesmo, as regras sobre analogia, servindo, a infração de quaisquer dessas normas, no entender do renomado jurista, como fundamento para a propositura de ação rescisória. Ora, se servem para justificar a revisão do que passou em julgado, deveriam servir também, com muito mais razão, para autorizar o oferecimento de recurso de natureza extraordinária. Contra semelhante entendimento levanta-se, todavia, quase toda a doutrina, não reconhecendo, nos casos referidos, hipóteses de recorribilidade. E, se a orientação por último assinalada é a mais prestigiada no processo comum, mostra-se de acerto irrecusável no processo do trabalho. Basta considerar a evolução histórica por que passou o recurso de revista. Quando editada a Consolidação, admitia-se a revista no caso de 'violação expressa de direito' e posteriormente, ao tempo da Lei n. 861, houve referência formal à ofensa a princípio geral de direito como causa de recurso. Mas tudo está hoje superado. O legislador modificou a redação do art. 896, da Consolidação: onde antes se lia violação expressa de direito ou violação de princípio geral de direito, agora há apenas violação de literal disposição de lei federal. E a mudança não foi gratuita; teve em vista justamente restringir o cabimento do recurso de revista. Forçoso, portanto, reconhecer sua inadmissibilidade por ofensa a costume, a princípio de direito ou mesmo a regra sobre analogia"[(276)].

(276) MALLET, Estêvão. *Do Recurso de Revista no Processo do Trabalho*. São Paulo: LTr, 1995. p. 120.

Contudo, entendemos que os princípios consagrados pela Constituição Federal, não podem ficar obstados do controle da constitucionalidade por um Tribunal Superior, principalmente nas relações de trabalho.

Ou seja, fazer valer os princípios fundamentais é permitir seu controle por meio de um Tribunal de uniformização, no caso da Justiça do Trabalho, o TST.

No centro do direito quem deve estar é a pessoa humana. Mesmo quando se fala de interesse público, o indivíduo está inserido nesse contexto como elemento principal, enquanto membro de uma coletividade.

A Constituição de 1988 destaca, já no seu primeiro artigo, a dignidade como princípio fundamental da pessoa humana:

> Art. 1º A República Federativa do Brasil, formada pela união indissolúvel dos Estados e Municípios e do Distrito Federal, constitui-se em Estado Democrático de Direito e tem como fundamentos:
>
> I — a soberania;
>
> II — a cidadania;
>
> III — a dignidade da pessoa humana;
>
> IV — os valores sociais do trabalho e da livre iniciativa.

Todos os homens são titulares, em condições de igualdade, de um conjunto de direitos existenciais. Esses direitos independem de particularidades individuais. Mesmo aquela pessoa que não tem consciência, em razão de demência, senilidade ou debilidade, mesmo aquela pessoa que não consegue se expressar por mudez, ou qualquer outra circunstância, mesmo aquela pessoa que ainda não possui compreensão do mundo porque recém nasceu, todas elas continuam sendo pessoas, ainda que tenham cessado de funcionar normalmente ou não tenham ainda adquirido a capacidade funcional.

Esses direitos são imprescritíveis, porque não perdem sentido nem validade em razão do tempo. São irrenunciáveis, porque ninguém pode deles abrir mão. Invioláveis, porque não podem ser desrespeitados. Universais, porque pertencem a todos os indivíduos, sem qualquer distinção. Efetivos, porque o Poder Público tem o dever de os garantir. E são interdependentes e complementares, porque não devem ser interpretados isoladamente.

O respeito à dignidade humana esta constitui princípio fundamental. E, como o direito não se restringe ao texto legal, entende-se que um princípio fundamental geral não precisa estar contemplado em lei, nem depende de iniciativa do governo ou do Estado, porque o próprio princípio é uma fonte primária do Direito, para aplicação da Justiça.

A Constituição Federal foi erguida na base da dignidade humana, o que pode ser verificado não só pelo texto do art. 1º, mas também no art. 3º, inciso I, quando menciona que a República Federativa do Brasil é composta de uma "sociedade livre, justa e solidária" — características de um povo cuja dignidade é respeitada.

Mais ainda, no art. 226, § 7º, a Constituição reza que o planejamento familiar é fundado nos princípios da dignidade da pessoa humana. "*§ 7º Fundado nos princípios da dignidade da pessoa humana e da paternidade responsável, o planejamento familiar é livre decisão do casal, competindo ao Estado propiciar recursos educacionais e científicos para o exercício desse direito, vedada qualquer forma coercitiva por parte de instituições oficiais ou privadas.*" No art. 227, "*caput*", determina que é dever da família, da sociedade e do Estado assegurar à criança e ao adolescente, com absoluta prioridade, o direito à dignidade. "*Art. 227. É dever da família, da sociedade e do Estado assegurar à criança, ao adolescente e ao jovem, com absoluta prioridade, o direito à vida, à saúde, à alimentação, à educação, ao lazer, à profissionalização, à cultura, à dignidade, ao respeito, à liberdade e à convivência familiar e comunitária, além de colocá-los a salvo de toda forma de negligência, discriminação, exploração, violência, crueldade e opressão. (Redação dada Pela Emenda Constitucional n. 65, de 2010)*". No art. 230, "*caput*", remete à família, à sociedade e ao Estado, o dever de amparar as pessoas idosas, defendendo sua dignidade. "*Art. 230. A família, a sociedade e o Estado têm o dever de amparar as pessoas idosas, assegurando sua participação na comunidade, defendendo sua dignidade e bem-estar e garantindo-lhes o direito à vida*".

Cumpre notar que, apesar de o conceito de dignidade humana ter sua origem no pensamento de Immanuel Kant (no século XIX, quando utilizou em sua obra "Fundamentação da metafísica dos costumes", a expressão "dignidade da natureza humana" — conforme Luiz Antônio Rizzato Nunes[(277)]) e constar da Declaração Universal dos Direitos Humanos, de 1948,[(278)] a primeira constituição brasileira a assinalar o princípio da dignidade foi a de 1967, no seu art. 157: "*A ordem econômica tem por fim realizar a justiça social, com base nos seguintes princípios: I — liberdade de iniciativa; II — valorização do trabalho como condição da dignidade humana*".

Muito embora, é preciso que se diga, constasse da Constituição de 1934, no seu art. 115, a seguinte expressão: "Título IV, Da Ordem Econômica e Social. Art. 115 — A ordem econômica deve ser organizada conforme os princípios da Justiça e as necessidades da vida nacional, de modo que possibilite a todos existência digna. Dentro desses limites, é garantida a liberdade econômica."

---

(277) NUNES, Luiz Antônio Rizzatto. *O princípio constitucional da dignidade da pessoa humana:* doutrina e jurisprudência. São Paulo: Saraiva, 2002.

(278) Considerando que o reconhecimento da dignidade inerente a todos os membros da família humana e de seus direitos iguais e inalienáveis é o fundamento da liberdade, da justiça e da paz no mundo (...), Considerando que os povos das Nações Unidas reafirmaram, na Carta, sua fé nos direitos humanos fundamentais, na dignidade e no valor da pessoa humana e na igualdade de direitos dos homens e das mulheres, e que decidiram promover o progresso social e melhores condições de vida em uma liberdade mais ampla, (...) a Assembleia Geral proclama: Artigo I — Todas as pessoas nascem livres e iguais em dignidade e direitos. São dotadas de razão e consciência e devem agir em relação umas às outras com espírito de fraternidade.

Nas relações de trabalho, resguardadas as prerrogativas do empregador de controlar e fiscalizar seus empregados, a Justiça do Trabalho procura sempre fazer imperar a salvaguarda da dignidade, de forma que, uma vez desrespeitada tem-se a violação da Constituição Federal naquilo que há de mais importante, razão pela qual a violação a um princípio constitucional fundamental, torna-se necessária a possibilidade de cabimento do Recurso de Revista.

Mencionamos aqui o princípio da dignidade humana como exemplo de princípio merecedor de cabimento de Recurso de Revista, mas podemos citar muitos outros, como o princípio da não discriminação, também fundamental e essencial para se fazer valer a ordem constitucional.

De acordo com a Constituição de 1988, todos são iguais perante a lei, sem distinção de qualquer natureza, garantindo-se aos brasileiros e aos estrangeiros residentes no País a inviolabilidade do direito à vida, à liberdade, à igualdade. Ao mesmo tempo, homens e mulheres são iguais em direitos e obrigações (art. 5º, *caput*, e inciso I).

A Constituição Cidadã de 1988 consagrou o inciso IV do seu art. 3º à questão da discriminação:

> Art. 3º Constituem objetivos fundamentais da República Federativa do Brasil:
>
> I — construir uma sociedade livre, justa e solidária;
>
> II — garantir o desenvolvimento nacional;
>
> III — erradicar a pobreza e a marginalização e reduzir as desigualdades sociais e regionais;
>
> IV — promover o bem de todos, sem preconceitos de origem, raça, sexo, cor, idade e quaisquer outras formas de discriminação.

O art. 5º reforça o conceito, ao estabelecer que (XLI) a lei punirá qualquer discriminação atentatória dos direitos e liberdades fundamentais.

O princípio da não discriminação tem parentesco próximo com o princípio da igualdade. E são princípios complementares, porque a obrigação de respeitar a igualdade impede, consequentemente, a discriminação. Tem origem formal na Declaração dos Direitos do Homem e do Cidadão, o documento produzido pela Revolução Francesa, em 1789, que prescreve, já em seu art. 1º: "*Os homens nascem e são livres e iguais em direitos. As distinções sociais só podem fundamentar-se na utilidade comum*".

O princípio da igualdade é chamado de direito humano de segunda geração. O seu reconhecimento tem as raízes históricas mais marcantes na Revolução Mexicana de 1917, na Constituição da República de Weimar, de 1919, e afinal na Declaração Universal dos Direitos Humanos, de 1948.

A diretriz geral do princípio da não discriminação é obstar tratamento diferenciado a qualquer pessoa, em virtude de fatos injustamente desqualificantes. Por tratamento diferenciado, entenda-se que podem se revestir de caráter positivo (por meio de mecanismos de tutela do princípio da igualdade, como políticas públicas destinadas a eliminar situações de desigualdade maior) ou negativo (utilizar, por exemplo, critérios desiguais a pessoas que, em tese, são titulares de direitos e obrigações iguais). E por fatores injustamente desqualificantes podemos entender manifestações de intolerância, geralmente preconceituosas, quanto à raça, origem, condição econômica ou social, gênero, deficiência ou orientação sexual.

A discriminação pode ocorrer de forma direta, explícita, evidente. A história da humanidade é rica em exemplos de práticas discriminatórias. Estão aí, na literatura, nos filmes, no teatro, manifestações decorrentes de concepções racistas, como os integrantes da Ku Klux Khan dos estados norte-americanos do Sul, nas décadas de 1950 e 1960. Também há manifestações fundadas em estereótipos e preconceitos, como na questão da mulher, dos loucos e dos homossexuais.

Vemos ocorrer práticas semelhantes no âmbito das relações de trabalho, como é o caso da preferência — e às vezes exigência — de empregadores nos critérios de admissão fundados em raça, sexo, religião, nacionalidade, opinião política ou origem social. Na vigência do contrato de trabalho, verifica-se a discriminação na diferenciação estabelecida pelos critérios de promoção, atribuição de salários ou responsabilidades, privilegiando gênero masculino e raça ariana — está mais do que comprovado que as mulheres ganham menos do que os homens e que os pardos, negros e estrangeiros ganham menos do que os brancos. Da mesma maneira, em caso de necessidade de cortes de pessoal, os mais idosos, as mulheres e os solteiros costumam ser os grupos escolhidos para descarte.

A discriminação pode ocorrer também na forma indireta, em que a própria lei, ou documentos administrativos ou empresariais, prejudicam determinados grupos ou pessoas, por meio de tratamento desproporcional ou desigual.

E, afinal, a forma oculta aparece sob disfarces que dissimulam a intenção discriminatória.

O mundo se preocupa com a discriminação. Por exemplo, a proibição de qualquer discriminação com base na nacionalidade está consignada no art. 12º do tratado que instituiu a Comunidade Europeia. Mais tarde, o Tratado de Amsterdã introduziu um novo art. 13º no tratado da Comunidade Europeia, para aumentar a garantia de não discriminação.

Na legislação brasileira, a primeira menção formal ao princípio da não discriminação pode ser encontrada na lei n. 5.473, de 10 de julho de 1968, que comanda:

> Art. 1º São nulas as disposições e providências que, direta ou indiretamente, criem discriminações entre brasileiros de ambos os sexos, para o provimento de cargos sujeitos a seleção, assim nas empresas privadas, como nos quadros de funcionalismo público federal, estadual ou municipal, do serviço autárquico, de sociedade de economia mista e de empresas concessionárias de serviço público.

Este princípio, ao contrário da dignidade da pessoa humana permite a apreciação pelo Tribunal Superior do Trabalho por meio do sistema vigente, em razão da existência de um significado número de leis que protegem os discriminados, mas o que se sustenta nesta tese é que não haveria necessidade de embasamento em letra de lei, mas tão somente a invocação de princípio fundamental consagrado pela Constituição Federal.

O Brasil é membro fundador da OIT — Organização Internacional do Trabalho, entidade internacional vinculada à ONU. Criada em 1919, a OIT fez parte do Tratado de Versalhes, que pôs fim à Primeira Guerra Mundial, e é responsável pela formulação e aplicação das normas internacionais do trabalho. Um dos princípios da OIT é de que o trabalho deve ser fonte de dignidade, e que todos os seres humanos têm o direito de perseguir o seu bem estar material em condições de liberdade e dignidade, segurança econômica e igualdade de oportunidades. A Organização Internacional do Trabalho tratou da discriminação em matéria de emprego e profissão já na sua Convenção n. 111, de 1958: "Art. 1º discriminação no trabalho é toda distinção, exclusão ou preferência fundada na raça, cor, sexo, religião, opinião política, ascendência nacional ou origem social que tenha por efeito destruir ou alterar a igualdade de oportunidades ou de tratamento em matéria de emprego ou profissão".

Em 1998, a Conferência Internacional do Trabalho, na sua 87ª Sessão, adotou a Declaração dos Direitos e Princípios Fundamentais no Trabalho, que define, entre outras, a eliminação da discriminação em matéria de emprego e ocupação.

Do ponto de vista das relações de trabalho, o princípio da não discriminação está previsto na CLT, em nada menos do que 219 arts. (5º e 224 a 441) que protegem o trabalhador contra abusos e discriminação de seus empregadores. Diz o art. 5º da CLT: "*A todo trabalho de igual valor corresponderá salário igual, sem distinção de sexo*". No art. 461 da mesma lei, o preceito se complementa: "*Sendo idêntica a função, a todo trabalho de igual valor, prestado ao mesmo empregador, na mesma localidade, corresponderá igual salário, sem distinção de sexo, nacionalidade ou idade*".

A Lei n. 9.029/95 é outro dispositivo protetivo do trabalhador, ao dispor, no seu art. 1º: "*Fica proibida a adoção de qualquer prática discriminatória e limitativa para efeito de acesso a relação de emprego, ou sua manutenção, por motivo de sexo, origem, raça, cor, estado civil, situação familiar ou idade, ressalvadas, neste caso, as hipóteses de proteção ao menor previstas no inciso XXXIII do art. 7º da Constituição Federal.*" A mesma lei, no art. 2º, lista as práticas discriminatórias que configuram crimes:

> Art. 2º Constituem crime as seguintes práticas discriminatórias:
>
> I — a exigência de teste, exame, perícia, laudo, atestado, declaração ou qualquer outro procedimento relativo à esterilização ou a estado de gravidez;
>
> II — a adoção de quaisquer medidas, de iniciativa do empregador, que configurem;
>
> a) indução ou instigamento à esterilização genética;

> b) promoção do controle de natalidade, assim não considerado o oferecimento de serviços e de aconselhamento ou planejamento familiar, realizados através de instituições públicas ou privadas, submetidas às normas do Sistema Único de Saúde (SUS).
>
> Pena: detenção de um a dois anos e multa.
>
> Parágrafo único. São sujeitos ativos dos crimes a que se refere este artigo:
>
> I — a pessoa física empregadora;
>
> II — o representante legal do empregador, como definido na legislação trabalhista;
>
> III — o dirigente, direto ou por delegação, de órgãos públicos e entidades das administrações públicas direta, indireta e fundacional de qualquer dos Poderes da União, dos Estados, do Distrito Federal e dos Municípios.

Especificamente para proteção da mulher trabalhadora foi aprovada a Lei n. 9.799/99, que determina:

> Art. 373 — Ressalvadas as disposições legais destinadas a corrigir as distorções que afetam o acesso da mulher ao mercado de trabalho e certas especificidades estabelecidas nos acordos trabalhistas, é vedado:
>
> I — publicar ou fazer publicar anúncio de emprego no qual haja referência ao sexo, à idade, à cor ou situação familiar, salvo quando a natureza da atividade a ser exercida, pública e notoriamente, assim o exigir;
>
> II — recusar emprego, promoção ou motivar a dispensa do trabalho em razão de sexo, idade, cor, situação familiar ou estado de gravidez, salvo quando a natureza da atividade seja notória e publicamente incompatível;
>
> III — considerar o sexo, a idade, a cor ou situação familiar como variável determinante para fins de remuneração, formação profissional e oportunidades de ascensão profissional;
>
> IV — exigir atestado ou exame, de qualquer natureza, para comprovação de esterilidade ou gravidez, na admissão ou permanência no emprego;
>
> V — impedir o acesso ou adotar critérios subjetivos para deferimento de inscrição ou aprovação em concursos, em empresas privadas, em razão de sexo, idade, cor, situação familiar ou estado de gravidez;
>
> VI — proceder o empregador ou preposto a revistas íntimas nas empregadas ou funcionárias.
>
> Parágrafo único. O disposto neste artigo não obsta a adoção de medidas temporárias que visem ao estabelecimento das políticas de igualdade entre homens e mulheres, em particular as que se destinam a corrigir as distorções que afetam a formação profissional, o acesso ao emprego e as condições gerais de trabalho da mulher.

E, também, na própria Constituição Federal, registre-se clara complementaridade ao princípio da isonomia. O trabalhador é juridicamente tutelado pela Constituição, por exemplo, no inciso XIII do art. 5º ("é livre o exercício de qualquer trabalho, ofício ou profissão, atendidas as qualificações profissionais que a lei estabelecer"), e também no art. 6º, quando considera o trabalho como um dos direitos sociais. No art. 7º, o princípio da não discriminação é colocado nos seguintes termos:

> Art. 7º São direitos dos trabalhadores urbanos e rurais, além de outros que visem à melhoria de sua condição social:
>
> (...)
>
> XXX — proibição de diferença de salários, de exercício de funções e de critério de admissão por motivo de sexo, idade, cor ou estado civil;
>
> XXXI — proibição de qualquer discriminação no tocante a salário e critérios de admissão do trabalhador portador de deficiência;
>
> XXXII — proibição de distinção entre trabalho manual, técnico e intelectual ou entre os profissionais respectivos;
>
> (...)
>
> XXXIV — igualdade de direitos entre o trabalhador com vínculo empregatício permanente e o trabalhador avulso.

Enfim, no que tange à discriminação muitas são as normas, mas reiteramos aqui o mencionado anteriormente de que não haveria necessidade de norma expressa. A violação ao princípio já é suficiente para se tratar da matéria em sede de Tribunal Superior.

Em suma, sustentamos que além das hipóteses previstas expressamente em Lei, necessário se admitir o cabimento do Recurso de Revista por violação à princípios constitucionais. Passamos a análise das hipóteses previstas para cabimento do Recurso de Revista.

7.4. Recurso de revista na execução

De acordo com o art. 896, § 2º da CLT, na execução só é cabível recurso de revista por violação à Constituição Federal, das decisões proferidas pelos Regionais, em execução de sentença ou em Embargos de Terceiros. Assim estabelece referido dispositivo:

> § 2º Das decisões proferidas pelos Tribunais Regionais do Trabalho ou por suas Turmas, em execução de sentença, inclusive em processo incidente de embargos de terceiro, não caberá Recurso de Revista, salvo na hipótese de ofensa direta e literal de norma da Constituição Federal.

Sobre esta hipótese, o Tribunal Superior do Trabalho editou a Súmula n. 266, que assim determina:

> "RECURSO DE REVISTA. ADMISSIBILIDADE. EXECUÇÃO DE SENTENÇA (mantida) — Res. n. 121/2003, DJ 19, 20 e 21.11.2003
>
> A admissibilidade do recurso de revista interposto de acórdão proferido em agravo de petição, na liquidação de sentença ou em processo incidente na execução, inclusive

os embargos de terceiro, depende de demonstração inequívoca de violência direta à Constituição Federal."

Odonel Urbano Gonçales e Pedro Paulo Teixeira Manus assim justificam a restrita hipótese de cabimento do recurso de revista na execução:

> "No processo de execução não há controvérsia a solucionar. A parte credora já passou pelas arguras e vicissitudes do processo de conhecimento e tem nas suas mãos prestação jurisdicional que lhe outorga determinado direito. Apenas que a parte devedora resiste em não saldar. Daí a necessidade da ação de execução, para que o Estado, detentor da jurisdição, pelos meios suasórios previstos na lei, faça valer seu poder de império.
>
> O recurso de revista, no processo de conhecimento, é admitido excepcionalmente. Com maior razão há de ser restringida sua interposição no processo executório. Recurso e princípio da celeridade são antinômicos. É preciso considerar o direito do credor! A ampla defesa do devedor, levada a exagero, acaba dando margem a que este tripudie sobre o direito do credor, valendo-se do Judiciário."[279]

Segundo referido dispositivo, a violação deve ser direta, não podendo ser reflexa ou indireta. Contudo, advertem Francisco Ferreira Jorge Neto e Jouberto de Quadros Pessoa Cavalcante:

> "Contudo, o TST, em alguns julgados, tem mitigado o rigor do óbice sumular e legal, para admitir excepcionalmente, nos casos de recurso de revista em execução de sentença, o conhecimento do recurso por "vulneração ao comando constitucional", quando violada de forma gritante na fase de execução norma legal que impõe exempressamente conduta ao juiz."[280]

E, mencionados autores exemplificam tal posicionamento do TST por meio da seguinte decisão:

> EXECUÇÃO DE SENTENÇA. JUROS DE MORA. FAZENDA PÚBLICA. PERCENTUAL MÁXIMO DE 6% AO ANO. LEI N. 9.494/97. VIOLAÇÃO CONSTITUCIONAL CONFIGURADA. SÚMULA N. 266 DO TST. 1. O recurso de revista em execução de sentença só é admissível com base em violação literal e direta de preceito constitucional (CLT, art. 896, § 2º, e Súmula n. 266 do TST). A adjetivação do dispositivo consolidado não é supérflua, justamente para evitar a utilização da vala comum do princípio da legalidade (CF, art. 5º, II) como válvula de escape a toda e qualquer pretensão de reforma de decisão regional calcada

(279) GONÇALVES, Odonel Urbano; MANUS, Pedro Paulo Teixeira. *Recursos no Processo do Trabalho.* São Paulo: LTr, 1997. p. 62.

(280) JORGE NETO, Francisco Ferreira; CAVALCANTE, Jouberto de Quadros. *Direito Processual do Trabalho.* 5. ed. São Paulo: Atlas. p. 938.

em afronta a norma legal. 2. Mesmo sendo reflexa a ofensa ao art. 5º, II, da Carta Magna (conforme reconhecido pela jurisprudência do STF), esta Corte tem mitigado o rigor do óbice sumular e legal, para admitir excepcionalmente, nos casos de recurso de revista em execução de sentença, o conhecimento do apelo por vulneração ao comando constitucional, quando violada de forma gritante na fase de execução norma legal que impõe expressamente conduta ao juiz, como na hipótese do art. 1º-F da Lei n. 9.494/97, que estabelece que os juros de mora, na condenações impostas à Fazenda Pública para pagamento de verbas remuneratórias devidas a servidores e empregados públicos, não poderão ultrapassar o percentual de 6% ao ano. 3. No caso, trata-se de acórdão regional que manteve decisão de embargos à execução acerca da aplicação de juros de mora no percentual de 1% ao mês, ficando caracterizada a violação ao art. 5º, II, da Constituição Federal, por desrespeito ao princípio da legalidade. Recurso de revista conhecido em parte e provido. (TST — 4ª T. — RR 1257/1995-015-04-00 — Rel. Min. Ives Gandra Martins Filho — j. 22.3.2006 — DJ 5.5.2006)

A Lei n. 13.015/14 acrescentou ao art. 896 da CLT o § 10 de forma a ampliar o cabimento do recurso de revista na execução fiscal.

§ 10. Cabe recurso de revista por violação a lei federal, por divergência jurisprudencial e por ofensa à Constituição Federal nas execuções fiscais e nas controvérsias da fase de execução que envolvam a Certidão Negativa de Débitos Trabalhistas (CNDT), criada pela Lei n. 12.440, de 7 de julho de 2011.

Ou seja, nas execuções fiscais, é possível o cabimento também por violação a lei federal e por divergência jurisprudencial, além da ofensa à Constituição Federal.

Apesar do dispositivo não mencionar qual divergência jurisprudencial justifica o recurso de revista, entendemos que, nesta hipótese, deve ser observado a alínea *"a"* do art. 896 da CLT.

Sobre esta hipótese, assim é a doutrina de Claudio Brandão:

> "O novo dispositivo, porém, em primeiro lugar, consolida a jurisprudência do TST quanto aos limites de cabimento do recurso de revista em execução fiscal, pois, em se tratando de ação baseada em título executivo extrajudicial, não possui como pressuposto a segurança oriunda de decisão judicial transitada em julgado que, por sua vez, decorre de cognição exauriente na qual se assegurou o direito ao contraditório e à ampla defesa.
>
> Por isso, nessa espécie de ação, admitem-se a ampla cognição e defesa do devedor, o que tornava incompatível a limitação prevista no § 2º do art. 896 da CLT, que apenas admite recurso de revista em caso de ofensa direta e literal de norma da Constituição Federal...
>
> (...)
>
> Essa interpretação baseia-se na compreensão segundo a qual a incidência do óbice mencionado impediria que, nesse tipo de ação, o TST exercesse a

> sua função imperativa e uniformizadora do ordenamento e, mais, deixaria as decisões proferidas pelos TRTs fora do controle da legalidade e de constitucionalidade, papeis que também desempenha em face do cabimento do recurso de revista por violação de lei federal ou ofensa à Constituição Federal.
>
> Portanto, em se tratando de execução fiscal, é cabível o recurso de revista em três hipóteses: a) violação a lei federal; b) divergência jurisprudencial; c) violação da Constituição Federal."(281)

Estevão Mallet destaca a "providência fiscalista" no referido dispositivo, instituído pela Lei n. 13.105/14, ao destacar:

> "De fato, passa a Fazenda Pública a dispor de recorribilidade mais lata para a cobrança de seus créditos, o que não encontra amparo suficiente no interesse público. Já o executado terá a sua recorribilidade delimitada pela condição jurídica do exequente. Quando autor seja a Fazenda Pública, poderá o executado recorrer de revista com fundamento em simples divergência jurisprudencial. Quando, no mesmo contexto, exequente for o empregado, o recurso de revista terá seu cabimento restringido. Por fim, o terceiro, que pode perder seu patrimônio, todo ele inclusive, na execução, não terá como chegar ao Tribunal Superior do Trabalho quando não houver ofensa "direta e literal de norma da Constituição Federal", se não for exequente a Fazenda Pública. De igual modo, a definição da responsabilidade passiva na execução, no âmbito do grupo ou da sucessão de empregadores, será decidida, na grande maioria das vezes sem possibilidade de reexame pelo Tribunal Superior do Trabalho. Não faz sentido.
>
> No fundo, ou bem se mantém o regime anterior, ao menos igual para todos, ou — como parece mais acertado — se estabelece na execução a mesma recorribilidade prevista para a fase de conhecimento. Distinguir execução de conhecimento tem cada vez menos razão de ser, especialmente diante do processo sincrético. É na execução que se concretiza o comando sentencial e se realizam atos de apreensão e expropriação, com tanta relevância jurídica. A recorribilidade limitada, posta na execução, obriga a jurisprudência a criar construções hermenêuticas bastante ousadas, para contornar decisões que contrariam a lei ou criam divergência jurisprudencial, sem ofender direta ou literalmente a Constituição. Para citar exemplo paradigmático — entre vários que haveria para referir —, foi o que se deu no caso da exigência, por alguns tribunais regionais, de depósito recursal em agravo de petição. A fim de não chancelar solução contrária à Instrução Normativa n. 3/93, chegou o

(281) BRANDÃO, Cláudio. *Reforma do Sistema Recursal Trabalhista — Comentários à Lei n. 13.015/2014*. São Paulo: LTr, 2015. p. 75-76.

Tribunal Superior do Trabalho a vislumbrar "ofensa literal e direta do preceito contido no art. 5º, inciso LV, da Constituição Federal", onde ocorre, em rigor, mera má aplicação da lei."(282)

As controvérsias em execução relacionadas à Certidão Negativa de Débitos Trabalhistas — CNDT, criada pela Lei n. 12.440/11 e regulamentada pela Resolução Administrativa n. 1.470/11, alterada pelos Atos TST.GP n. 772/11 e 1/12, deve-se à importância da referida certidão para a participação em processos licitatórios. Até a alteração legislativa, referida questão não era submetida ao Tribunal Superior do Trabalho, por se tratar de questão reflexa e não violação direta.

7.4.1. Decisões

O Tribunal Superior do Trabalho, por violação ao art. 114 da Constituição Federal, conheceu o recurso de revista na execução e declarou a competência da Justiça do Trabalho para julgar o pedido de devolução de valores descontados a mais no Imposto de Renda de Pessoa Física (IRPF) sobre as verbas trabalhistas de uma agente administrativa do Instituto Nacional do Seguro Social (INSS).

> I — AGRAVO DE INSTRUMENTO. RECURSO DE REVISTA INTERPOSTO NA VIGÊNCIA DA LEI N. 13.015/2014. EXECUÇÃO. RECLAMANTE. DEVOLUÇÃO DE VALORES DE IMPOSTO DE RENDA RECOLHIDOS A MAIOR. INCOMPETÊNCIA DA JUSTIÇA DO TRABALHO. 1 — O recurso de revista foi interposto sob a vigência da Lei n. 13.015/2014 e foram atendidos os requisitos previstos no art. 896, § 1º-A, I, II e III, da CLT. 2 — Tratando-se de pedido de devolução de imposto de renda retidos a maior, matéria relativa ao contrato de trabalho, a Justiça do Trabalho é competente para julgar o feito, ao teor do art. 114 da Constituição Federal. 3 — Assim, ante uma provável violação do art. 114 da Constituição Federal, deve ser provido o agravo de instrumento para determinar o processamento do recurso de revista. Agravo de instrumento a que se dá provimento. II — RECURSO DE REVISTA INTERPOSTO NA VIGÊNCIA DA LEI N. 13.015/2014. EXECUÇÃO. RECLAMANTE. DEVOLUÇÃO DE VALORES DE IMPOSTO DE RENDA RECOLHIDOS A MAIOR. INCOMPETÊNCIA DA JUSTIÇA DO TRABALHO. 1 — O recurso de revista foi interposto sob a vigência da Lei n. 13.015/2014 e foram atendidos os requisitos previstos no art. 896, § 1º-A, I, II e III, da CLT. 2 — Trata-se de pedido de restituição de valores de incorretamente descontados a título de imposto de renda por ocasião do pagamento das rubricas apuradas na reclamação trabalhista, portanto, matéria relativa ao contrato de trabalho. Assim, a Justiça do Trabalho é competente para julgar o feito, ao teor do art. 114 da Constituição Federal. 3 — Recurso de revista de que se conhece e a que se dá provimento. (RR — 30300-12.1990.5.01.0302, relatora Ministra: Kátia Magalhães Arruda, Data de Julgamento: 28.10.2015, 6ª Turma, Data de Publicação: DEJT 3.11.2015)

Recurso de revista conhecido na execução, por violação à coisa julgada, em razão da redução da multa prevista em acordo homologado judicialmente.

(282) MALLET, Estevão. Reflexões sobre a Lei n. 13.015/14. *Revista LTr*, 79-01/43-44.

RECURSO DE REVISTA — PROCESSO DE EXECUÇÃO — ACORDO HOMOLOGADO JUDICIALMENTE. DESCUMPRIMENTO. IMPOSSIBILIDADE DE REDUÇÃO DA CLÁUSULA PENAL. VIOLAÇÃO À COISA JULGADA. Viola a coisa julgada a redução do percentual da cláusula penal fixada em acordo homologado judicialmente, quando o acordo judicial é descumprido e a situação do atraso de poucos dias no pagamento não é excepcionada no acordo formulado pelas partes. Recurso de Revista conhecido e provido. (RR — 133400-33.2013.5.17.0010, relator Ministro: Márcio Eurico Vitral Amaro, Data de Julgamento: 4.11.2015, 8ª Turma, Data de Publicação: DEJT 6.11.2015)

Recurso de Revista conhecido por violação ao art. 5º, inciso XXXVI da Constituição Federal. Trata-se de ação de execução da qual na fase de conhecimento o reclamante obteve reintegração por 12 meses e, após o período a empresa procedeu o desligamento. Para o Regional, a empresa descumpriu o que determinado na fase de conhecimento, o que foi afastado pelo TST.

AGRAVO DE INSTRUMENTO EM RECURSO DE REVISTA. EXECUÇÃO. DOENÇA OCUPACIONAL. REDUÇÃO DA CAPACIDADE LABORATIVA. DETERMINAÇÃO DE REINTEGRAÇÃO. COISA JULGADA. NOVA DISPENSA NO CURSO DA FASE DE EXECUÇÃO. 1. Depreende-se do acórdão regional que o reclamante ajuizou reclamação trabalhista em 12.04.2002, requerendo a sua reintegração. Constatado que o reclamante, ao tempo da primeira dispensa, em 12.6.2001, encontrava-se acometido de doença ocupacional, que lhe reduziu a capacidade laborativa, foi deferida antecipação de tutela a fim de que o trabalhador fosse imediatamente reintegrado em função compatível com suas limitações, constando dos autos mandado de reintegração cumprido em 16.08.2005 (fl. 173). 2. Incontroverso, contudo, que após o julgamento do recurso de revista e baixa dos autos para liquidação da sentença transitada em julgado, o reclamante peticionou, em 15.10.2012, denunciando nova dispensa sem justa causa (fl. 428). 3. Diante desse quadro fático, o Tribunal Regional deu provimento ao agravo de petição do reclamante, declarando a nulidade da sua nova dispensa e determinando a sua reintegração, por entender que a reclamada descumpriu o quanto determinado no título executivo. 4. Nesse contexto, o agravo de instrumento merece ser provido, para melhor exame de ofensa ao art. 5º, XXXVI, da Constituição da República. Agravo de instrumento conhecido e provido. RECURSO DE REVISTA. EXECUÇÃO. DOENÇA OCUPACIONAL. REDUÇÃO DA CAPACIDADE LABORATIVA. DETERMINAÇÃO DE REINTEGRAÇÃO. COISA JULGADA. NOVA DISPENSA NO CURSO DA FASE DE EXECUÇÃO. 1. Depreende-se do acórdão regional que o reclamante ajuizou reclamação trabalhista em 12.4.2002, requerendo a sua reintegração. Constatado que o reclamante, ao tempo da primeira dispensa, em 12.6.2001, encontrava-se acometido de doença ocupacional, que lhe reduziu a capacidade laborativa, foi deferida antecipação de tutela a fim de que o trabalhador fosse imediatamente reintegrado em função compatível com suas limitações, constando dos autos mandado de reintegração cumprido em 16.8.2005 (fl. 173). 2. Incontroverso, contudo, que após o julgamento do recurso de revista e baixa dos autos para liquidação da sentença transitada em julgado, o reclamante peticionou, em 15.10.2012, denunciando nova dispensa sem justa causa (fl. 428). 3. Diante desse quadro fático, o Tribunal Regional deu provimento ao agravo de petição do reclamante, declarando a nulidade da sua nova dispensa e determinando a sua reintegração, por entender que a reclamada descumpriu o quanto determinado no título executivo. 4. Observou o Colegiado *a quo* que, "tanto a r. sentença quanto o acórdão reconheceram que a incapacidade do reclamante é definitiva, bem como não limitaram a estabilidade provisória aos (doze) meses (art. 118 da Lei n. 8.21.3/91)", e concluiu que "não há necessidade de nova ação para garantir um direito já reconhecido", pois "se a incapacidade foi reconhecida como definitiva por sentença, somente por outra sentença é que poderá ser destituída, podendo a reclamada valer-se da ação revisional para este fim". 5. Cumprida a ordem de reintegração pela reclamada, a discussão acerca da validade da nova dispensa, ainda que no curso da execução, não prescinde do ajuizamento de nova reclamação trabalhista, porquanto ausente determinação no título executivo, conferindo estabilidade ao reclamante enquanto durar a incapacitação parcial para o trabalho. Recurso de revista conhecido e provido. (RR — 52201-96.2002.5.17.0002, relator Ministro: Hugo Carlos Scheuermann, Data de Julgamento: 9.9.2015, 1ª Turma, Data de Publicação: DEJT 18.9.2015)

Recurso de revita conhecido por violação ao art. 5º, inciso XXII da Constituição Federal, por violação ao direito de propriedade em razão da penhora sobre dois apartamentos construídos num lote de terreno penhorado para pagamento de dívida trabalhista.

AGRAVO DE INSTRUMENTO. EXECUÇÃO. PENHORA EM BENS (APARTAMENTOS) DIVERSOS DAQUELE ORIGINARIAMENTE OBJETO DE CONSTRIÇÃO JUDICIAL (LOTE DE TERRENO). BEM DE FAMÍLIA. AQUISIÇÃO DE BOA-FÉ, ANTERIOR À PRÓPRIA PENHORA DO BEM ORIGINÁRIO. POSSÍVEL VIOLAÇÃO A DISPOSITIVO CONSTITUCIONAL, ATINENTE AO DIREITO DE PROPRIEDADE (ART. 5º, XXII, DA CRFB/88). 1. Em que pese a restrição imposta pelo art. 896, § 2º da CLT e a questão do bem de família ser regida especificamente pela legislação infraconstitucional esta Corte tem admitido a análise da matéria quando, no caso concreto, houver interpretação restritiva que implique afronta aos princípios do direito à propriedade (art. 5º, XXII da Constituição da Constituição Federal). 2. Deve ser provido o agravo de instrumento para melhor exame do recurso de revista, por estar demonstrada a provável violação do art. 5º, XXII, da Constituição Federal. 3. Agravo de instrumento a que se dá provimento. RECURSO DE REVISTA — FRAUDE À EXECUÇÃO — EFICÁCIA SUBJETIVA DA DECISÃO QUE A DECLARA — ART. 472 DO CPC — EXTENSÃO A TERCEIROS — IMÓVEL — NECESSIDADE DE REGISTRO DA PENHORA DECORRENTE DA CONSTRIÇÃO DO BEM OBJETO DE EXECUÇÃO — ART. 167, I, DA LEI N. 6.015/73 — INEXISTÊNCIA — BOA-FÉ DO ADQUIRENTE DA PROPRIEDADE — PRESERVAÇÃO — SÚMULA N. 375 DO STJ. 1. Em que pese o fato de haver nos autos da ação de execução (carta precatória) decisão acerca da alienação do imóvel, é fato igualmente incontroverso que a penhora e alienação originárias referiram-se a um terreno, justamente onde foi edificado um prédio de apartamentos, dentre os quais os dois (aptos. 201/202) ora em comento, adquiridos da parte executada em 21.6.1993, data na qual não havia, nos assentamentos do imóvel (registro de compra e venda) qualquer anotação da penhora dos lotes do terreno (até porque a penhora só ocorreu no mês de agosto do mesmo ano, ou seja, após a alienação), o que indica, de forma induvidosa a boa-fé do adquirente e de diversas outras famílias que igualmente compraram apartamentos no local. Em casos como o que ora se examina, a jurisprudência do TST vem, reiteradamente, preservando a boa-fé daquele que adquire o imóvel. 2. Nos termos do art. 472 do Código Civil, a eficácia subjetiva da coisa julgada somente atinge as partes da relação processual. Por isso, a decisão que declara a existência de fraude à execução, para valer contra terceiros, deve ser registrada no registro de imóveis, consoante o disposto no art. 167, I, da Lei n. 6.015/73. Não realizada a mencionada providência, merece proteção o direito à propriedade (art. 5º, XXII, da Constituição Federal) do adquirente de imóvel em cuja matrícula não consta o referido ato judicial, nos termos da Súmula n. 375 do STJ e das jurisprudências do citado Tribunal e do TST. 3. Recurso de revista conhecido e provido. (RR — 1871-80.2012.5.03.0052, relator Desembargador convocado: José Rêgo Júnior, Data de Julgamento: 25.3.2015, 5ª Turma, Data de Publicação: DEJT 31.3.2015)

Recurso de Revista conhecido por violação à coisa julgada (art. 5º, inciso XXXVI da Constituição Federal), com a imposição de multa de 50% em razão do não pagamento da correção monetária das parcelas de acordo firmado em juízo.

RECURSO DE REVISTA INTERPOSTO NA VIGÊNCIA DA LEI N. 13.015/2014. EXECUÇÃO. DESCUMPRIMENTO DO ACORDO HOMOLOGADO EM JUÍZO. OFENSA À COISA JULGADA COMPROVADA. A discussão destes autos gira em torno da aplicabilidade ou não da cláusula penal prevista no acordo entabulado entre as partes e homologado judicialmente, consistente na incidência de multa de 50% sobre o valor pendente de pagamento para o caso de descumprimento dos termos ali pactuados. No acordo homologado em Juízo, ficou expressamente consignado que o valor correspondente à primeira parcela deveria ser atualizado pelo índice IDTR, e as parcelas restantes, pelo IGP-M. Ocorre que, segundo constou das razões de revista do reclamante, a reclamada não cumpriu o acordo homologado em Juízo, pois teria efetivado o pagamento das parcelas sem aplicar os índices de correção monetária acordados. O Regional, em que pese tenha reconhecido que a reclamada, de fato, não aplicou os índices de correção monetária previstos no acordo mencionado, adotou o entendimento de que, "ainda que haja diferenças a favor do trabalhador em razão da atualização, é certo que a empresa pagou tempestivamente as parcelas do acordo" e, em razão disso, concluiu que "as cláusulas penas interpretam-se restritivamente, não havendo razões para aplicar a multa prevista no acordo em decorrência da inobservância tão somente da atualização". No entanto, conforme registrado pelo autor, se a reclamada não efetivou o pagamento das parcelas em conformidade com os termos do acordo homologado, ou seja, com a aplicação da atualização monetária prevista no item "c" da Cláusula 2ª, ela descumpriu o pactuado e, por isso, é devida a multa preconizada na Cláusula 4ª do Acordo mencionado. Nesse contexto, o Regional, ao deixar de aplicar a multa prevista no acordo homologado judicialmente, a despeito de ser incontroverso o pagamento das parcelas sem a atualização monetária acordada, acabou por violar a coisa julgada prevista no art. 5º, inciso XXXVI, da Constituição Federal. Recurso de revista conhecido e provido. (RR — 266-60.2010.5.01.0041, relator Ministro: José Roberto Freire Pimenta, Data de Julgamento: 9.12.2015, 2ª Turma, Data de Publicação: DEJT 18.12.2015)

Recurso de Revista conhecido por violação à coisa julgada (art. 5º, inciso XXXVI da Constituição Federal), em razão da execução de verba não abrangida em título executivo judicial:

AGRAVO. EXECUÇÃO. ADICIONAL NOTURNO E DA HORA NOTURNA REDUZIDA. HORAS DE LABOR EM PRORROGAÇÃO DE JORNADA. TÍTULO EXECUTIVO QUE NÃO ABRANGE AS HORAS PRORROGADAS. ACRÉSCIMO APENAS EM EXECUÇÃO. IMPOSSIBILIDADE. VIOLAÇÃO DA COISA JULGADA. TRANSCENDÊNCIA POLÍTICA RECONHECIDA. A parte agravante logra êxito em desconstituir os fundamentos da decisão agravada. Assim, afastados os óbices apontados na referida decisão, o agravo interno deve ser provido para prosseguir no exame do recurso de revista. Agravo conhecido e provido. AGRAVO

DE INSTRUMENTO. EXECUÇÃO. ADICIONAL NOTURNO E DA HORA NOTURNA REDUZIDA. HORAS DE LABOR EM PRORROGAÇÃO DE JORNADA. TÍTULO EXECUTIVO QUE NÃO ABRANGE AS HORAS PRORROGADAS. ACRÉSCIMO APENAS EM EXECUÇÃO. IMPOSSIBILIDADE. VIOLAÇÃO DA COISA JULGADA. Constatada possível violação do art. 5º, XXXVI, da Constituição Federal, dá-se provimento ao agravo de instrumento para determinar o processamento do recurso de revista. Agravo de instrumento conhecido e provido. RECURSO DE REVISTA. EXECUÇÃO. ADICIONAL NOTURNO E DA HORA NOTURNA REDUZIDA. HORAS DE LABOR EM PRORROGAÇÃO DE JORNADA. TÍTULO EXECUTIVO QUE NÃO ABRANGE AS HORAS PRORROGADAS. ACRÉSCIMO APENAS EM EXECUÇÃO. IMPOSSIBILIDADE. VIOLAÇÃO DA COISA JULGADA. 1. O Tribunal Regional determinou a retificação da conta de liquidação, com o acréscimo do adicional noturno e a observância da hora reduzida em relação às horas prorrogadas após as 5 horas da manhã. 2. Certo é que a jurisprudência desta Corte Superior é firme no sentido de se deferir o adicional noturno quando do labor em prorrogação de jornada cumprida integralmente em horário noturno, mas não é possível acrescentar à condenação, apenas na execução, verbas que, conforme relata o próprio Tribunal Regional, não constam do título exequendo. 3. Nessa situação, a Corte Regional não procedeu à mera interpretação do sentido e alcance do título executivo, tendo, na verdade, acrescido parcela que lá não estava consignada, procedimento que atenta contra a coisa julgada. Recurso de revista conhecido e provido. (RR-20341-64.2017.5.04.0018, 1ª Turma, Relator Ministro Amaury Rodrigues Pinto Junior, DEJT 29/4/2024).

7.5. Recurso de revista repetitivo

A Lei n. 13.015/14 alterou a CLT e estabeleceu os chamados Recursos de Revista repetitivos, prevista no art. 896-C da CLT.(283)

(283) Art. 896-C. Quando houver multiplicidade de recursos de revista fundados em idêntica questão de direito, a questão poderá ser afetada à Seção Especializada em Dissídios Individuais ou ao Tribunal Pleno, por decisão da maioria simples de seus membros, mediante requerimento de um dos Ministros que compõem a Seção Especializada, considerando a relevância da matéria ou a existência de entendimentos divergentes entre os Ministros dessa Seção ou das Turmas do Tribunal.

§ 1º O Presidente da Turma ou da Seção Especializada, por indicação dos relatores, afetará um ou mais recursos representativos da controvérsia para julgamento pela Seção Especializada em Dissídios Individuais ou pelo Tribunal Pleno, sob o rito dos recursos repetitivos.

§ 2º O Presidente da Turma ou da Seção Especializada que afetar processo para julgamento sob o rito dos recursos repetitivos deverá expedir comunicação aos demais Presidentes de Turma ou de Seção Especializada, que poderão afetar outros processos sobre a questão para julgamento conjunto, a fim de conferir ao órgão julgador visão global da questão.

§ 3º O Presidente do Tribunal Superior do Trabalho oficiará os Presidentes dos Tribunais Regionais do Trabalho para que suspendam os recursos interpostos em casos idênticos aos afetados como recursos repetitivos, até o pronunciamento definitivo do Tribunal Superior do Trabalho.

§ 4º Caberá ao Presidente do Tribunal de origem admitir um ou mais recursos representativos da controvérsia, os quais serão encaminhados ao Tribunal Superior do Trabalho, ficando suspensos os demais recursos de revista até o pronunciamento definitivo do Tribunal Superior do Trabalho.

§ 5º O relator no Tribunal Superior do Trabalho poderá determinar a suspensão dos recursos de revista ou de embargos que tenham como objeto controvérsia idêntica à do recurso afetado como repetitivo.

§ 6º O recurso repetitivo será distribuído a um dos Ministros membros da Seção Especializada ou do Tribunal Pleno e a um Ministro revisor.

O processamento do Recurso de Revista repetitivo também é estabelecido pelo Ato TST.SEGJUDGP n. 491/11, em seus arts. 9º a 22(284).

§ 7º O relator poderá solicitar, aos Tribunais Regionais do Trabalho, informações a respeito da controvérsia, a serem prestadas no prazo de 15 (quinze) dias.

§ 8º O relator poderá admitir manifestação de pessoa, órgão ou entidade com interesse na controvérsia, inclusive como assistente simples, na forma da Lei n. 5.869, de 11 de janeiro de 1973 (Código de Processo Civil).

§ 9º Recebidas as informações e, se for o caso, após cumprido o disposto no § 7º deste artigo, terá vista o Ministério Público pelo prazo de 15 (quinze) dias.

§ 10. Transcorrido o prazo para o Ministério Público e remetida cópia do relatório aos demais Ministros, o processo será incluído em pauta na Seção Especializada ou no Tribunal Pleno, devendo ser julgado com preferência sobre os demais feitos.

§ 11. Publicado o acórdão do Tribunal Superior do Trabalho, os recursos de revista sobrestados na origem:

I — terão seguimento denegado na hipótese de o acórdão recorrido coincidir com a orientação a respeito da matéria no Tribunal Superior do Trabalho; ou

II — serão novamente examinados pelo Tribunal de origem na hipótese de o acórdão recorrido divergir da orientação do Tribunal Superior do Trabalho a respeito da matéria.

§ 12. Na hipótese prevista no inciso II do § 11 deste artigo, mantida a decisão divergente pelo Tribunal de origem, far-se-á o exame de admissibilidade do recurso de revista.

§ 13. Caso a questão afetada e julgada sob o rito dos recursos repetitivos também contenha questão constitucional, a decisão proferida pelo Tribunal Pleno não obstará o conhecimento de eventuais recursos extraordinários sobre a questão constitucional.

§ 14. Aos recursos extraordinários interpostos perante o Tribunal Superior do Trabalho será aplicado o procedimento previsto no art. 543-B da Lei n. 5.869, de 11 de janeiro de 1973 (Código de Processo Civil), cabendo ao Presidente do Tribunal Superior do Trabalho selecionar um ou mais recursos representativos da controvérsia e encaminhá-los ao Supremo Tribunal Federal, sobrestando os demais até o pronunciamento definitivo da Corte, na forma do § 1º do art. 543-B da Lei nº 5.869, de 11 de janeiro de 1973 (Código de Processo Civil).

§ 15. O Presidente do Tribunal Superior do Trabalho poderá oficiar os Tribunais Regionais do Trabalho e os Presidentes das Turmas e da Seção Especializada do Tribunal para que suspendam os processos idênticos aos selecionados como recursos representativos da controvérsia e encaminhados ao Supremo Tribunal Federal, até o seu pronunciamento definitivo.

§ 16. A decisão firmada em recurso repetitivo não será aplicada aos casos em que se demonstrar que a situação de fato ou de direito é distinta das presentes no processo julgado sob o rito dos recursos repetitivos.

§ 17. Caberá revisão da decisão firmada em julgamento de recursos repetitivos quando se alterar a situação econômica, social ou jurídica, caso em que será respeitada a segurança jurídica das relações firmadas sob a égide da decisão anterior, podendo o Tribunal Superior do Trabalho modular os efeitos da decisão que a tenha alterado.

(284) Art. 9º Quando a Turma do Tribunal Superior do Trabalho entender necessária a adoção do procedimento de julgamento de recursos de revista repetitivos, seu Presidente deverá submeter ao Presidente da Subseção de Dissídios Individuais I a proposta de afetação do recurso de revista, para os efeitos do caput do art. 896-C da CLT. Parágrafo único. O Presidente da Subseção submeterá a proposta ao colegiado no prazo máximo de 30 dias de seu recebimento, após o que: I — acolhida a proposta, por maioria simples, o colegiado também decidirá se a questão será analisada pela própria SbDI-1 ou pelo Tribunal Pleno; II — na hipótese do inciso I, o processo será distribuído a um Relator e a um Revisor do órgão jurisdicional correspondente, para sua tramitação nos termos do art. 896-C da CLT; II — rejeitada a proposta, os autos serão devolvidos à Turma respectiva, para que o julgamento do recurso de revista prossiga regularmente. Art. 10. Compete ao Presidente do respectivo Tribunal Regional do Trabalho determinar a suspensão de que trata o § 3º do art. 896-C da CLT dos recursos interpostos contra as sentenças em casos idênticos aos afetados como recursos repetitivos. Art. 11. Selecionados os recursos, o Relator, na Subseção Especializada em Dissídios Individuais ou no Tribunal Pleno, constatada a presença do pressuposto do *caput* do art. 896-C da CLT, proferirá decisão de afetação, na qual: I — identificará com precisão a questão a ser submetida a julgamento; II — poderá determinar a suspensão dos recursos de revista ou de embargos de que trata o § 5º do art. 896-C da CLT; III — requisitará aos Presidentes ou Vice-Presidentes dos Tribunais Regionais do Trabalho a remessa de até dois recursos de revista representativos da controvérsia; IV — poderá conceder vista ao Ministério Público e às partes, nos termos e para os efeitos do § 9º do art. 896-C da CLT. Art. 12. Se, após receber os recursos de revista selecionados pelo Presidente ou Vice-Presidente do Tribunal Regional do Trabalho, não se proceder à sua afetação, o relator, no Tribunal Superior do Trabalho, comunicará o fato ao Presidente ou Vice-Presidente

Tratou a lei de estabelecer o chamado recurso de revista repetitivo, quando houver multiplicidade de recursos de revista fundado em idêntica questão de direito.

Será necessário um número considerável de processos em que se discute a mesma questão, que podem ser selecionados pelo próprio TRT ou pelo TST, no qual o presidente da turma ou da seção especializada poderá afetar um ou mais recursos repetitivos para julgamento na SDI ou no Tribunal Pleno, e expedir comunicação aos demais presidentes das turmas e das seções especializadas, que poderão afetar outros processos para julgamento conjunto.

Se a turma do TST entender necessária instaurar o procedimento para julgamento do recurso repetitivo, o Presidente da turma submeterá ao Presidente da SDI-I a proposta de afetação, que deverá submeter ao colegiado em 30 dias. Se acolhida a proposta, por maioria simples, o colegiado decidirá se a questão será analisada pela própria SDI-I ou pelo Tribunal Pleno. Se rejeitada a proposta, os autos serão devolvidos para a respectiva Turma para julgamento do Recurso de Revista.

---

que os houver enviado, para que seja revogada a decisão de suspensão referida no art. 896-C, § 4º, da CLT. Art. 13. É vedado ao órgão colegiado decidir, para os fins do art. 896-C da CLT, questão não delimitada na decisão de afetação. Art. 14. Os recursos afetados deverão ser julgados no prazo de um ano e terão preferência sobre os demais feitos. § 1º Não se dando o julgamento no prazo de um ano, cessam automaticamente a afetação e a suspensão dos processos. § 2º Ocorrendo a hipótese do parágrafo anterior, é permitido a outro Relator, nos termos do art. 896-C da CLT, afetar dois ou mais recursos representativos da controvérsia. Art. 15. Quando os recursos requisitados do Tribunal Regional do Trabalho contiverem outras questões além daquela que é objeto da afetação, caberá ao órgão jurisdicional competente decidir esta em primeiro lugar e depois as demais, em acórdão específico para cada processo. Art. 16. Para instruir o procedimento, pode o Relator fixar data para, em audiência pública, ouvir depoimentos de pessoas com experiência e conhecimento na matéria. Art. 17. O conteúdo do acórdão paradigma abrangerá a análise de todos os fundamentos suscitados à tese jurídica discutida, favoráveis ou contrários. Art. 18. As partes deverão ser intimadas da decisão de suspensão de seu processo, a ser proferida pelo respectivo Relator. Art. 19. A parte poderá requerer o prosseguimento de seu processo se demonstrar distinção entre a questão a ser decidida no processo e aquela a ser julgada no recurso afetado. § 1º A outra parte deverá ser ouvida sobre o requerimento, no prazo de cinco dias. § 2º Da decisão caberá agravo, nos termos do Regimento Interno dos respectivos Tribunais. Art. 20. Decidido o recurso representativo da controvérsia, os órgãos jurisdicionais respectivos declararão prejudicados os demais recursos versando sobre idêntica controvérsia ou os decidirão aplicando a tese. Art. 21. Publicado o acórdão paradigma: I — o Presidente ou Vice-Presidente do Tribunal de origem negará seguimento aos recursos de revista sobrestados na origem, se o acórdão recorrido coincidir com a orientação do Tribunal Superior do Trabalho; II — o órgão que proferiu o acórdão recorrido, na origem, reexaminará a causa de competência originária ou o recurso anteriormente julgado, na hipótese de o acórdão recorrido contrariar a orientação do Tribunal Superior; III — os processos suspensos em primeiro e segundo graus de jurisdição retomarão o curso para julgamento e aplicação da tese firmada pelo Tribunal Superior. § 1º Para fundamentar a decisão de manutenção do entendimento, o órgão que proferiu o acórdão recorrido demonstrará fundamentadamente a existência de distinção, por se tratar de caso particularizado por hipótese fática distinta ou questão jurídica não examinada, a impor solução jurídica diversa. § 2º Mantido o acórdão divergente pelo Tribunal de origem, o recurso de revista será remetido ao Tribunal Superior do Trabalho, após novo exame de sua admissibilidade pelo Presidente ou Vice-Presidente do Tribunal Regional. § 3º Realizado o juízo de retratação, com alteração do acórdão divergente, o Tribunal de origem, se for o caso, decidirá as demais questões ainda não decididas, cujo enfrentamento se tornou necessário em decorrência da alteração. § 4º Quando for alterado o acórdão divergente na forma do parágrafo anterior e o recurso versar sobre outras questões, caberá ao Presidente do Tribunal Regional, depois do reexame pelo órgão de origem e independentemente de ratificação do recurso ou juízo de admissibilidade, determinar a remessa do recurso ao Tribunal Superior do Trabalho para julgamento das demais questões. Art. 22. O Tribunal Superior do Trabalho deverá manter e dar publicidade às questões de direito objeto dos recursos repetitivos já julgados, pendentes de julgamento ou já reputadas sem relevância, bem como daquelas objeto das decisões proferidas nos termos do § 13 do art. 896 da CLT.

Aprovada a proposta, será designado relator e revisor. O relator irá proferir decisão de afetação, a qual conterá a identificação precisa da questão submetida a julgamento, que traçará os limites do julgamento; procederá a suspensão dos recursos de revista ou de embargos em que se discute a matéria; requisitará aos Presidentes ou Vice-Presidentes dos Regionais a remessa de até dois recursos de revista que tratam da mesma matéria; após receber os recursos, se o Tribunal Superior não proceder a sua afetação, comunicará ao Regional para que revogue a suspensão. O Ministro relator poderá: a) solicitar aos Regionais informações sobre as controvérsias, os quais deverão ser prestadas em 15 (quinze) dias; b) admitir manifestação de pessoa, órgão ou entidade com interesse na controvérsia, inclusive como assistente simples; c) fixar data para, em audiência pública, ouvir depoimentos de pessoas com experiência e conhecimento na matéria; após isso, será concedido prazo para o Ministério Público se manifestar no prazo de 15 dias.

Após o processamento do recurso repetitivo, os recursos denegados na origem terão seguimento denegado na hipótese de o acórdão recorrido coincidir com a orientação a respeito da matéria no Tribunal Superior do Trabalho (inciso I, § 11, art. 896-C da CLT) ou serão novamente examinados pelo Tribunal de origem na hipótese de o acórdão recorrido divergir da orientação do Tribunal Superior do Trabalho a respeito da matéria (inciso II, § 11, art. 896-C da CLT). Nesta segunda hipótese, se o Tribunal Regional manter a decisão divergente far-se-á o exame de admissibilidade do recurso de revista (§ 12, art. 896-C da CLT).

É o que consta também do art. 21 do mencionado Ato do TST. Segundo o § 1º do referido artigo, o Tribunal de origem deverá, na fundamentação da manutenção do entendimento, demonstrar a existência de distinção, por se tratar de caso particularizado por hipótese fática distinta ou questão jurídica não examinada, a impor solução jurídica diversa. Se realizado o juízo de retratação, o Tribunal de origem, se for o caso resolverá as demais questões não decididas, cujo enfrentamento se tornou necessário em decorrência da alteração. Nesta hipótese, se o recurso de revista versar sobre outras questões, caberá ao Presidente do TRT.

Importante destacar o disposto no art. 998, parágrafo único do Código de Processo Civil de 2015, que assim dispõe:

> "Art. 998 — O recorrente poderá, a qualquer tempo, sem a anuência do recorrido ou dos litisconsortes, desistir do recurso.
>
> Parágrafo único — A desistência do recurso não impede a análise de questão cuja repercussão geral já tenha sido reconhecida e daquela objeto de julgamento de recursos extraordinários ou especiais repetitivos."

A novidade está no parágrafo único, pois o *caput* corresponde ao disposto no art. 501 do CPC de 1973. Significa dizer que a parte pode desistir do recurso de revista mas a questão jurídica derivada poderá ser apreciada.

Sobre esta questão, o Fórum Permanente de Processualistas Civis editou o Enunciado n. 352, nos seguintes termos:

"É permitida a desistência do recurso de revista repetitivo, mesmo quando eleito como representativo da controvérsia, sem necessidade de anuência da parte adversa ou dos litisconsortes; a desistência, contudo, não impede a análise de questão jurídica objeto de julgamento do recurso repetitivo."[(285)]

O § 16 do art. 896-C da CLT estabelece a chamada *distinguishing*, segundo o qual a decisão firmada em recursos repetitivos não será aplicada aos casos em que se demonstrar que a situação de fato ou de direito é distinta das presentes no processo julgado sob o rito dos recursos repetitivos. Já o § 17 do mesmo artigo estabelece a chamada *overruling*, segundo o qual caberá revisão das decisões firmadas nos recursos repetitivos, quando alterar a situação econômica, social ou jurídica. Contudo, por segurança jurídica será respeitada as relações firmadas com base na decisão anterior, podendo o Tribunal Superior do Trabalho modular os efeitos da decisão que a tenha alterado.

Sobre o *overruling* e o *distinguishing*, assim é a doutrina de Alexandre Agra Belmonte:

> "No caso do *overruling*, a necessidade de mudança da jurisprudência ocorre em virtude de alguma alteração do ordenamento jurídico que a fundamentava ou de evolução fática histórica.
>
> Assim, prevê o art. 896-C, § 17, da Lei n. 13.015/2014, que diante de alterações econômicas, sociais e jurídicas, o precedente firmado pode ser revisto.
>
> No *overruling*, em respeito à segurança jurídica, é possível ainda se recorrer do *prospective overuling* (mudança de regra prospectiva, apenas para o futuro, também denominada de modulação de efeitos), quando, apesar de reconhecer a mudança de regra, o tribunal deixa de aplicá-la ao caso concreto, mas sinalizando para a mudança da norma de interpretação em relação aos fatos futuros.
>
> Hipótese distinta é a do *distinguishing* (dissonância entre a norma de interpretação e a norma de decisão quando o caso concreto em julgamento apresenta particularidades que não permitem aplicar adequadamente a jurisprudência do tribunal, importando no seu afastamento).
>
> Logo, não havendo identidade entre o caso a ser julgado e o precedente fixado, em virtude de situação de fato ou de direito, dar-se-á o *distinguising*, aplicável inclusive para evitar a suspensão do processo (art. 896-C, § 16, da Lei n. 13.015/2014)."[(286)]

---

(285) BUENO, Cássio Scarpinella. *Novo Código de Processo Civil Anotado*. São Paulo: Saraiva. p. 640.

(286) BELMONTE, Alexandre Agra. Breves comentários ao novo sistema recursal trabalhista (Lei n. 13.015/2014). *Revista LTr*, São Paulo, vol. 79, p. 25, jan. 2015.

O art. 896-C, §§ 4º e 5º da CLT estabelecem que ficaram suspensos os demais recursos de revista e de embargos que tratam da mesma matéria, porém, também é possível a suspensão de outros recursos, principalmente o recurso ordinário. Neste sentido, assim é a doutrina de Francisco Ferreira Jorge Neto e Jouberto de Quadros Pessoa Cavalcante:

> "Apesar da Lei n. 13.015 (art. 896-C, §§ 4º e 5º, CLT) mencionar apenas a suspensão dos recursos de revista por parte da Presidência do TRT, entendemos que a mesma pode ser decretada para outros tipos de recurso. Neste sentido temos o disposto no art. 21, III (Ato TST.SEGJUDGP n. 491), o qual estabelece que publicado o acórdão paradigma, os processos suspensos em primeiro e segundo graus de jurisdição retomarão o curso para julgamento e aplicação da tese firmada pelo Tribunal Superior. Por outro lado, a Lei n. 13.015 não é explícita quanto a não concordância da parte no tocante a suspensão do processo. Apesar da Lei n. 13.015 ser omissa, não o é o regulamento do TST (arts. 18 e 19, Ato TST. SEGJUDGP n. 491), visto que: (1) as partes deverão ser intimadas da decisão da suspensão de seu processo, a ser proferida pelo respectivo Relator; (2) a parte poderá requerer o prosseguimento do seu processo se demonstrar a distinção entre a questão a ser decidida no processo e aquela a ser julgada no recurso afetado. A outra parte deverá ser ouvida sobre o requerimento, no prazo de cinco dias; (3) da decisão caberá agravo, nos termos do Regimento interno dos respectivos tribunais."[287]

O art. 14 do Ato 491/14 do TST estabelece prazo de um ano para julgar os recursos afetados. Passado esse prazo cessam automaticamente a afetação e a suspensão dos recursos e permite que outro relator afete dois ou mais recursos representativos da controvérsia.

Também pela nova sistemática da Lei n. 13.015/14, poderá o Tribunal Superior do Trabalho determinar o retorno dos autos ao Regional para uniformizar a jurisprudência, conforme estabelece o § 4º do art. 896 da CLT, abaixo transcrito:

> "§ 4º Ao constatar, de ofício ou mediante provocação de qualquer das partes ou do Ministério Público do Trabalho, a existência de decisões atuais e conflitantes no âmbito do mesmo Tribunal Regional do Trabalho sobre o tema objeto de recurso de revista, o Tribunal Superior do Trabalho determinará o retorno dos autos à Corte de origem, a fim de que proceda à uniformização da jurisprudência."

---

(287) JORGE NETO, Francisco Ferreira; CAVALCANTE, Jouberto de Quadros Pessoa. A sistemática recursal e suas inovações (Lei n. 13.105/2014): O recurso de revista e de embargos no TST. *Revista LTr*, São Paulo, vol. 79, p. 306, mar. 2015.

Sobre referida previsão legal e a possibilidade do retorno dos autos para novo julgamento, assim é a doutrina de Claudio Brandão:

> "Ao receber o recurso de revista, a primeira providência a ser adotada pelo Ministro Relator — e deverá fazê-lo de plano, uma vez superados os pressupostos extrínsecos — será consultar os sítios dos TRTs na internet para constatar a existência de decisões conflitantes sobre o tema objeto do recurso, a questão jurídica posta ao exame o TST. Caso encontre pelo menos uma, deverá determinar o retorno dos autos para que seja adotada a providência determinada no parágrafo anterior, qual seja, proceda à uniformização de sua jurisprudência.
>
> Note-se que não se trata de faculdade a ele atribuída, mas imposição inafastável, o que se extrai da expressão "determinará" constante do dispositivo. Essa providência é extremamente importante, na medida em que viabiliza a "pacificação jurídica" da Corte Regional, e igualmente pode ser requerida por qualquer das partes ou pelo Ministério Público do Trabalho, o que reforça, ainda mais, a sua importância.
>
> O encarregado primário dessa verificação é o Presidente ou Vice-Presidente do TRT, destinatário do comando impositivo ("deverá ser determinada"). Se ainda assim não o fizer, incumbirá ao Ministro Relator, em caráter substitutivo e vinculante.
>
> Em ambos os casos, a decisão é irrecorrível."(288)

De acordo com o § 5º do art. 896 da CLT, "*A providência a que se refere o § 4º deverá ser determinada pelo Presidente do Tribunal Regional do Trabalho, ao emitir juízo de admissibilidade sobre o recurso de revista, ou pelo Ministro Relator, mediante decisões irrecorríveis*". Sobre referido dispositivo, assim é a doutrina de Estevão Mallet:

> "A devolução do caso ao Tribunal Regional, diante da divergência de interpretações, pode ser determinada, segundo o § 5º do art. 896, 'pelo Presidente do Tribunal Regional do Trabalho, ao emitir juízo de admissibilidade sobre o recurso de revista, ou pelo Ministro Relator, mediante decisões irrecorríveis'. Mais precisamente, deve-se entender que a providência pode ser ordenada no âmbito do primeiro juízo de admissibilidade, realizado no Tribunal Regional, por seu presidente ou por quem as suas vezes fizer, ou no Tribunal Superior do Trabalho, seja pelo relator, seja pelo próprio colegiado. Não se imagina, mesmo diante do silencio da lei, escape à competência da Turma determinar o retorno da causa ao Tribunal Regional. Se ela pode

---

(288) BRANDÃO, Cláudio. *Reforma do Sistema Recursal Trabalhista — Comentários à Lei n. 13.015/2014*. São Paulo: LTr, 2015. p. 57-58.

julgar o recurso, pode, com muito mais razão, determinar providência antecedente. Aplica-se bem ao caso a máxima segundo a qual *cui licet quod est plus, licet utique quod est minus.*

Em qualquer caso, a decisão tomada é, por expressa previsão legal, irrecorrível. Ordenada a devolução pelo relator no Tribunal Superior do Trabalho, por exemplo, afastada fica a apresentação de recurso de agravo. Ressalva-se, no entanto, a interposição de embargos de declaração, recurso admissível mesmo contra pronunciamentos geralmente tidos por irrecorríveis, e que pode ser útil no caso para delimitar melhor o teor da devolução ordenada."[289]

Tais dispositivos demonstram que a finalidade da Lei n. 13.015/14 é tornar efetiva a uniformização nos Regionais.

(289) MALLET, Estevão. Reflexões sobre a Lei n. 13.015/14. *Revista LTr*, 79-01/49.

8. Efeitos dos Recursos

Recurso é um remédio para que determinado processo seja submetido a nova apreciação. Vicente Greco Filho diz que *"A finalidade do recurso é o pedido de reexame de uma decisão, para reformá-la, invalidá-la, esclarecê-la ou integrá-la. Em geral, na maioria dos casos, pretende-se com o recurso a reforma ou a modificação de uma decisão, para que outro tribunal (de regra) substitua a decisão por outra que atenda aos interesses do recorrente. Mas, se a decisão recorrida estiver viciada, o recurso pode ter por objeto o pedido de declaração de sua invalidade, a fim de que se renove a decisão do mesmo órgão jurisdicional recorrido, desde que se corrija o vício que levou à nulidade".*(290)

Já o efeito de um recurso é a consequência que pode decorrer tanto da própria interposição do recurso quanto daquilo que poderá ocorrer durante o período de julgamento desse recurso. Está cristalizada, na doutrina, e no próprio Código de Processo Civil, uma classificação que engloba dois efeitos, o devolutivo e o suspensivo. Senão vejamos:

> Código de Processo Civil:
>
> Art. 520. A apelação será recebida em seu efeito devolutivo e suspensivo. Será, no entanto, recebida só no efeito devolutivo, quando interposta de sentença que:
>
> I — homologar a divisão ou a demarcação;
>
> II — condenar à prestação de alimentos;
>
> IV — decidir o processo cautelar;
>
> V — rejeitar liminarmente embargos à execução ou julgá-los improcedentes;
>
> VI — julgar procedente o pedido de instituição de arbitragem.
>
> VII — confirmar a antecipação dos efeitos da tutela;

Segundo Vicente Greco Filho: "*O primeiro e mais importante efeito dos recursos é impedir a preclusão ou o trânsito em julgado da decisão. Com o recurso, é possível a reforma da decisão, o que não seria admitido se a parte deixasse de apresentar o meio idôneo de demonstrar o seu inconformismo, que é o recurso adequado*".(291)

---

(290) GRECO FILHO, Vicente. *Direito Processual Civil Brasileiro*. Vol. 2. São Paulo: Saraiva, 1997. p. 264.

(291) *Ibidem*, p. 280.

Mas há outros efeitos a considerar, no parecer de outros juristas. Nelson Nery Jr., por exemplo, diz isto:

> "Ocorre que outros fenômenos processuais atinentes à relação da interposição do recurso (com a eficácia da decisão recorrida; e com o julgamento do próprio recurso) não se subsumem àquela dicotomia, reclamando tratamento dogmático da doutrina do processo civil. Nominamos esses fenômenos como *efeito expansivo, efeito translativo* e *efeito substitutivo* dos recursos."(292)

Fiquemos com a classificação proposta por Nelson Nery Júnior, segundo o qual cinco são os efeitos dos recursos: devolutivo, suspensivo, expansivo, translativo e substitutivo.

É possível se falar também em efeito regressivo, que é aquele que permite o juízo de retratação, como ocorre no agravo de instrumento. Este efeito é denominado por alguns de efeito devolutivo impróprio.

8.1. Efeitos dos recursos em geral

Primeiramente, é preciso que se diga que os efeitos podem variar de acordo com o recurso a ser estudado. Ou seja, os efeitos que decorrem de um recurso ordinário não são necessariamente os mesmos que se produzem no agravo de instrumento. Mais do que isso, é possível que o recurso ordinário apresente efeitos diferentes, dependendo do conteúdo da decisão a ser impugnada.

O principal efeito é de que adia o trânsito em julgado da decisão impugnada, conforme já mencionado, através do chamado efeito devolutivo(293). Segundo Júlio César Bebber: *"O efeito devolutivo consiste na delimitação de conhecimento imposta pelo recurso ao órgão recursal."*(294)

Segundo o mesmo autor, tem essa denominação *"porque na antiguidade o poder de decidir era do soberano que o delegava a juízes. Proferida a decisão, a parte poderia interpor recurso. Interposto esse, cabia ao soberano decidi-lo, devolvendo-se a ele, então, o poder antes delegado. Contemporaneamente o efeito devolutivo não diz nada mais respeito à devolução de competência delegada, mas à fragmentação da competência funcional."*(295)

Estevão Mallet faz a seguinte crítica à definição do efeito devolutivo como aquele que transfere para órgão superior a matéria impugnada:

---

(292) NERY JR., Nelson. *Teoria Geral dos Recursos*. São Paulo: Revista dos Tribunais, 2004. p. 428.

(293) Segundo Alcides de Mendonça Lima, citado por Júlio César Bebber, a melhor definição para este efeito seria efeito de transferência.

(294) BEBBER, Júlio César. *Recursos no Processo do Trabalho*, São Paulo: LTr, 2011. p. 198.

(295) *Ibidem*, p. 199.

> "O devolutivo consiste em devolver, normalmente a outro juízo, mas excepcionalmente ao mesmo juízo, o conhecimento da causa. Não se deve defini-lo, porém, como transferência a outro órgão 'da matéria apreciada no grau inferior de jurisdição', uma vez que nem sempre implica o recurso novo julgamento por órgão distinto ou mudança de grau de jurisdição. Os embargos de declaração constituem recurso, mas não transferem a causa para juízo diverso, o mesmo se podendo dizer dos embargos da Lei n. 6.830/80, bem como dos antigos embargos previstos na Consolidação, cabíveis contra certas decisões das Juntas de Conciliação e Julgamento. De se lembrar, com Mendonça Lima, que 'não se pode ser rigoroso e considerar devolução apenas quando o julgamento se desloca para outro órgão, que não aquele que proferiu a decisão impugnada. Para configurar-se a devolução basta, pois, a possibilidade de novo julgamento da causa, ainda que apenas pelo mesmo órgão que emitiu a decisão questionada'."(296)

Por isso é que o efeito devolutivo é classificado também como próprio e impróprio. Próprio quando destinado a um órgão hierarquicamente superior; impróprio quando analisado pelo mesmo órgão prolator. O efeito devolutivo impróprio é denominado por alguns como efeito regressivo.(297)

Em regra, o efeito devolutivo dilata a duração do processo e retarda a coisa julgada. Há quem sustente a existência do chamado efeito obstativo, em razão da postergação da coisa julgada. Contudo, comungamos do posicionamento de Júlio César Bebber de que *"o adiamento da coisa julgada não passa de uma decorrência lógica do efeito devolutivo"*.(298)

O efeito devolutivo é corolário do princípio da demanda, prevista no art. 2º do CPC e do que estabelece o disposto no art. 492 também do CPC, segundo o qual o juiz está vinculado aos limites do pedido. A devolução pode ser gradual ou imediata. A primeira ocorre quando a *"investidura do poder de processar e julgar o recurso ao órgão recursal estiver na dependência da prática de certos atos no juízo recorrido"*(299), como ocorre com o recurso ordinário e o de revista, por exemplo, que são interpostos no juízo *a quo*, que exercerá o primeiro juízo de admissibilidade. A segunda (imediata) *"sempre que houver pronta investidura do órgão recursal do poder de processar e julgar o recurso"*(300), ou seja, independe de atos a serem praticados em outro juízo que não aquele que irá julgar o recurso, como se verifica, por exemplo, no recurso de Embargos de Declaração.

Efeito regressivo ou devolutivo impróprio, segundo Júlio César Bebber: *"é encontrado em todos os recursos que oportunizam ao juízo prolator da decisão impugnada reformá-la*

(296) MALLET, Estêvão. *Do Recurso de Revista no Processo do Trabalho*. São Paulo: LTr, 1995. p. 151-152

(297) BUENO, Cássio Scarpinelli. *Curso sistematizado de direito processual civil*. São Paulo: Saraiva: 2008. p. 77.

(298) BEBBER, Júlio César. *Recursos no Processo do Trabalho*, São Paulo: LTr, 2011. p. 200.

(299) *Ibidem*, p. 201.

(300) *Ibidem*, p. 202.

ou alterá-la. Isso ocorre com os recursos: ordinário e agravo de petição (CLT, 895 e 897 a) interpostos contra decisões que liminarmente indeferem a petição inicial (CPC, 295 e 296) ou desde logo indeferem o pedido com base em precedentes do juízo (CPC, 285-A, § 1º); embargos de declaração (CPC, 537) que tenham por escopo sanar vícios (417) ou infringir o julgado (CLT, 897-A); o agravo de instrumento (CLT, 897, b; TST-IN n. 16/99, IV); embargos infringentes (CLT, 894, I; Lei n. 7.701/88, 2º, II, c). Em todos esses casos, interposto o recurso poderá o juiz reformar ou alterar sua decisão"[(301)].

A rigor, não se deve considerar o regressivo como um efeito de recurso, já que se trata apenas de uma subclassificação do efeito devolutivo, como bem explica Júlio César Bebber: "*próprio* quando a matéria for devolvida ao conhecimento do órgão jurisdicional hierarquicamente superior ao que tiver prolatado a decisão impugnada (duplo grau), *impróprio* quando a matéria for devolvida ao conhecimento do mesmo órgão jurisdicional que tiver prolatado a decisão impugnada (duplo exame)"[(302)]. Ou seja, trata-se apenas de regra de competência definida segundo opção de política legislativa, no dizer do mesmo autor.

Em regra o efeito devolutivo é amplo, limitado porém às matérias levadas de primeiro grau de jurisdição. Exceção são os recursos em que o efeito é restrito, como ocorre com os recursos de natureza extraordinária (Recurso de Revista, Embargos e Recurso Extraordinário).[(303)]

De acordo com o art. 1013 do CPC de 2015 só será analisado o que for expressamente devolvido. Trata-se do que a doutrina denomina de *"tantum devolutum quantum appellatum"*. Contudo, algumas matérias, ainda que não devolvidas expressamente, podem ser objeto de apreciação pelo Tribunal Superior, em razão do chamado efeito translativo. Trata-se de questões de ordem pública, ainda que não decididas ou não arguidas pelas partes. É o caso da não arguição de incompetência absoluta pelo réu e não apreciação pelo juízo de primeiro grau. Neste caso, é lícito ao Tribunal conhecer de ofício, ao apreciar o recurso ordinário interposto, ainda que tal matéria não tenha sido objeto de impugnação.

De outro lado, é possível afirmar que questões de ordem pública podem ser arguidas pelas partes a qualquer momento na instância ordinária[(304)]. Tal fato decorre de que sobre elas não ocorre preclusão, conforme estabelecia o art. 516[(305)] do CPC de 1973, sem correspondente no atual CPC, mas de acordo com Cássio Scarpinella Bueno "Importante

(301) BEBBER, Júlio César. *Recursos no Processo do Trabalho*, São Paulo: LTr, 2011. p. 203.

(302) BEBBER, Júlio César. *Recursos no Processo do Trabalho*, São Paulo: LTr, 2011. p. 202.

(303) Por essa razão que parte da doutrina classifica o conhecimento dos recursos como pleno ou limitado. O primeiro quando há efeito devolutivo amplo; o Segundo, quando o efeito devolutivo é limitado.

(304) O Tribunal Superior do Trabalho tem entendido que ainda que se trate de matéria de incompetência absoluta, só será apreciada em sede de instância extraordinária, se a material tiver sido prequestionada. É o que se extrai da OJ n. 62 da SDI-I "PREQUESTIONAMENTO. PRESSUPOSTO DE ADMISSIBILIDADE EM APELO DE NATUREZA EXTRAORDINÁRIA. NECESSIDADE, AINDA QUE SE TRATE DE INCOMPETÊNCIA ABSOLUTA. É necessário o prequestionamento como pressuposto de admissibilidade em recurso de natureza extraordinária, ainda que se trate de incompetência absoluta."

(305) Art. 516. Ficam também submetidas ao tribunal as questões anteriores à sentença, ainda não decididas.

destacar que o art. 516 do CPC atual não é repetido pelo novo CPC, porque sua essência está absorvida pelo §1º do art. 1013."[306]

O efeito devolutivo pode ser verificado em sua profundidade, conforme estabelece o § 1º do art. 1.013[307] do CPC de 2015 e a Súmula n. 393[308] do TST. Ou seja, o juízo na instância ordinária não está obrigado a refutar cada um dos fundamentos trazidos pelas partes, bastando para que se tenha prestação jurisdicional a devida fundamentação das razões do seu julgamento, o que não ocorre em se tratando de instância extraordinária, conforme será abordado em capítulo específico.

Uma vez julgado, com a devida fundamentação das razões da conclusão, é lícito à parte devolver a matéria ao órgão superior e por outros fundamentos ser apreciado pelo segundo grau. É o que se extrai do chamado efeito devolutivo em profundidade, conforme ressalta Costa Machado: "... *não importa para o fim da transferência de competência que a decisão do órgão monocrático não as tenha apreciado, não as tenha enfrentado expressamente na motivação — porque o juiz pode ter considerado irrelevantes para o julgamento do pedido —, de sorte que tais questões poderão ser validamente decididas pelo tribunal com vista à dação ou negação de provimento ao recurso.*"[309]

Neste sentido é a doutrina de Estevão Mallet:

> "Havendo devolução ampla, abre-se ao juízo *ad quem* a possibilidade de, em primeiro lugar, reapreciar a causa em todos os seus aspectos, compreendido, pois, novo julgamento não só das questões de direito, como também das de fato. Admite-se, assim, que o juízo do recurso reaprecie tanto o enquadramento jurídico subjacente à decisão, como os próprios fatos por ela examinados e considerados ou não provados. Ademais, se o recurso possui efeito devolutivo amplo, investe-se o juízo *ad quem* de competência para apreciar e decidir "todas as questões suscitadas e discutidas no processo, ainda que a sentença não as tenha julgado por inteiro", como dispõe o § 1º, do art. 515, do CPC. É justamente por força dessa regra que não há como transformar a omissão da sentença em óbice a que seja a matéria examinada em sede recursal. A circunstância de não haver a sentença apreciado certo

(306) BUENO, Cássio Scarpinella. *Novo Código de Processo civil anotado. São Paulo: Saraiva, 2015. P.651.*

(307) Art. 1.013. A apelação devolverá ao tribunal o conhecimento da matéria impugnada.§ 1º Serão, porém, objeto de apreciação e julgamento pelo tribunal todas as questões suscitadas e discutidas no processo, ainda que não tenham sido solucionadas, desde que relativas ao capítulo impugnado.

(308) RECURSO ORDINÁRIO. EFEITO DEVOLUTIVO EM PROFUNDIDADE. ART. 1.013, § 1º, DO CPC DE 2015. ART. 515, § 1º, DO CPC DE 1973. (nova redação em decorrência do CPC de 2015) — Res. n. 208/2016, DEJT divulgado em 22, 25 e 26.4.2016I — O efeito devolutivo em profundidade do recurso ordinário, que se extrai do § 1º do art. 1.013 do CPC de 2015 (art. 515, § 1º, do CPC de 1973), transfere ao Tribunal a apreciação dos fundamentos da inicial ou da defesa, não examinados pela sentença, ainda que não renovados em contrarrazões, desde que relativos ao capítulo impugnado. II — Se o processo estiver em condições, o tribunal, ao julgar o recurso ordinário, deverá decidir desde logo o mérito da causa, nos termos do § 3º do art. 1.013 do CPC de 2015, inclusive quando constatar a omissão da sentença no exame de um dos pedidos.

(309) MACHADO, Costa. *Código de Processo Civil Interpretado.* Barueri: Manole, 2013. p. 961-962.

> ponto da lide não impede, de modo algum, seu questionamento quando do oferecimento do recurso. O § 1º, do art. 515, é claro ao admitir o julgamento pelo tribunal de questão não decidida na sentença. A única exigência é que haja sido a questão, pelo menos suscitada; não necessariamente que haja sido decidida. Aliás, tratando-se de questão que caiba ao juiz apreciar de ofício ou que possa ser levantada a qualquer tempo — como é o caso da prescrição, para dar um exemplo — nem mesmo é preciso haja sido ela suscitada, para que a possa apreciar o tribunal. Finalmente, tendo o pedido ou a defesa mais de um fundamento e acolhido apenas um deles, recurso com efeito devolutivo amplo dá ao tribunal poderes para apreciar os demais fundamentos, não acolhidos ou, até mesmo, não apreciados. É o que preceitua o § 2º, do art. 515, em regra aplicável não apenas ao recurso de apelação, mas à generalidade dos recursos com efeito devolutivo amplo. Suponha-se, por exemplo, que, contestando reclamatória proposta por antigo representante comercial, alegue a reclamada a inexistência de relação empregatícia com o reclamante, bem como a ocorrência de prescrição da pretensão condenatória, pelo transcurso de mais de dois anos desde a rescisão do contrato de representação comercial. Julgada improcedente a reclamação pela Junta, ante a conclusão de inexistirem os elementos suficientes à caracterização do contrato de trabalho, não há, até por falta de interesse, pronunciamento sobre a prescrição arguida. Caso seja a sentença impugnada por recurso ordinário, devolve-se ao tribunal não só o exame da existência ou não de relação de emprego entre os litigantes, como também, caso mereça provimento o recurso, a apreciação da prescrição. Nem mesmo é preciso que tenha sido reiterada a alegação na resposta ao recurso do reclamante, visto como 'a devolução produz-se de qualquer maneira, *ex vi legis*'."(310)

Já o efeito suspensivo é aquele que impede a execução imediata do julgado. A doutrina distingue o efeito suspensivo em próprio e impróprio, conforme é a doutrina de Daniel Amorim Assumpção Neves:

> "O efeito suspensivo previsto em lei, que de nada depende para ser gerado, é chamado de efeito suspensivo próprio, enquanto o efeito suspensivo obtido no caso concreto, a depender do preenchimento de determinados requisitos, porque em regra o recurso não o tem, é chamado de efeito suspensivo impróprio. Dessa forma, existem dois critérios para a concessão de efeito suspensivo:
>
> 1º Critério: *ope legis*, no qual a própria lei se encarrega da previsão de tal efeito como regra e;

(310) MALLET, Estêvão. *Do Recurso de Revista no Processo do Trabalho*. São Paulo: LTr, 1995. p. 154-155.

2º Critério: *ope judicis*, no qual caberá ao juiz no caso concreto, desde que preenchidos os requisitos legais, a concessão do efeito suspensivo."[(311)]

No processo do trabalho, os recursos possuem apenas efeito devolutivo[(312)], exceto recurso ordinário em Dissídio Coletivo, no qual o Presidente do Tribunal Superior do Trabalho poderá atribuir efeito suspensivo pelo prazo improrrogável de 120 dias (Lei n. 7.701/88, art. 7º, § 6º e art. 9º).

O meio processual apto a obter efeito suspensivo é por meio de um simples requerimento dirigido ao tribunal, conforme preceitua a Súmula n. 414, item I[(313)] do TST.

Seja no dissídio individual, seja no coletivo, o efeito suspensivo será sempre impróprio, pois o critério adotado pelo legislador é o chamado *ope judicis*.

Ou seja, em regra, toda e qualquer decisão proferida em primeira ou segunda instância é passível de execução imediata, por meio de execução provisória. Referida regra processual impõe celeridade aos processos, pois permite que em ações em que o resultado obtido em primeiro grau que dificilmente será reformado em segundo grau, como questões já pacificadas pelo TST, seja possível à parte vencedora antecipar a fase de liquidação e penhora de bens mediante execução provisória.

Tal procedimento se mostra eficaz quando se trata de pendência de recurso na instância ordinária, pois há de se observar o duplo grau de jurisdição, o que não ocorre quando se trata de instância extraordinária, onde seria necessário estabelecer um efeito rescisório, conforme será abordado em capítulo próprio deste trabalho.

Júlio César Bebber, em crítica à doutrina tradicional que define efeito suspensivo como aquele que impede a execução imediata do julgado, diz que prefere valer-se "*da ideia de que ele apenas mantém (prolonga) o impedimento já existente*"[(314)], citando como partidários de seu entendimento os juristas Carlos Barbosa Moreira e Nelson Nery Júnior.

E conclui o mencionado autor:

> "Sempre que a lei desejou impedir a imediata produção de efeitos da decisão, previu a possibilidade de sua impugnação por meio de recurso dotado de efeito suspensivo. Nesses casos, então, a decisão já 'nasce amordaçada de seu efeito normal'. Publicada, não produz efeitos. Caso o recurso:

---

(311) NEVES, Daniel Amorim Assumpção. *Novo Código de Processo Civil — Lei n. 13.105/2015*. São Paulo: Método, 2015. p. 530.

(312) Art. 899 CLT — Os recursos serão interpostos por simples petição e terão efeito meramente devolutivo, salvo as exceções previstas neste Título, permitida a execução provisória até a penhora.

(313) I — A tutela provisória concedida na sentença não comporta impugnação pela via do mandado de segurança, por ser impugnável mediante recurso ordinário. É admissível a obtenção de efeito suspensivo ao recurso ordinário mediante requerimento dirigido ao tribunal, ao relator ou ao presidente ou ao vice-presidente do tribunal recorrido, por aplicação subsidiária ao processo do trabalho do art. 1.029, § 5º, do CPC de 2015.

(314) BEBBER, Júlio César. *Recursos no Processo do Trabalho*, São Paulo: LTr, 2011. p. 220.

a) não seja interposto, libera-se a eficácia da decisão. Nesse caso, a produção de efeitos da decisão fica sob a condição suspensiva da não interposição de recurso;

b) seja interposto, mantém-se o estado da ineficácia da decisão. A ineficácia da decisão e o consequente impedimento à execução que já existiam, restam, portanto, prolongados no tempo."(315)

Martha Rosinha destaca também o chamado efeito obstativo, pois é imanente a todos os recursos, porque a interposição do recurso obsta a formação da coisa julgada, *"não obstante o resultado que daí advirá (juízo de admissibilidade pelo órgão inferior ou pelo superior; improvimento ou provimento do recurso, tanto na reforma ou na anulação da decisão recorrida), evita-se com o ato recursal que a decisão recorrida se torne firme de pronto."*(316) Diz ainda a autora que o efeito obstativo não se confunde com o efeito suspensivo, porque o segundo diz respeito à eficácia da decisão, enquanto que o primeiro diz respeito à formação da coisa julgada. Argumenta a autora: *"... tanto que, ainda em caso de recurso não dotado de efeito suspensivo, haverá efeito obstativo, impedindo a formação da coisa julgada."*(317) Portanto, segundo ela, deve-se entender que o efeito obstativo deve ser alçado à categoria de efeito recursal autônomo e não mero desdobramento do efeito devolutivo.

Com tal posicionamento concorda Júlio César Bebber, ao mencionar: *"A interposição do recurso (em regra) dilata o tempo da duração do processo e, por isso, retarda o acontecimento da coisa julgada. Há quem veja nisso um efeito específico que é destacado e denominado de efeito obstativo."*(318) Neste sentido é a doutrina de Cândido Rangel Dinamarco(319) e Cássio Scarpinelli Bueno(320).

Para Estevão Mallet o efeito suspensivo suspende toda a eficácia da decisão e não apenas a eficácia executiva, ao dispor:

> "Se porventura possui o recurso efeito suspensivo, ou é tal efeito atribuído pelo juiz, nos casos em que a lei lhe dá competência para tanto, não produz a decisão, antes de julgado o recurso, nenhum de seus efeitos. A suspensividade não está ligada — é importante deixar claro esse ponto, muitas vezes descurado pela doutrina — apenas à eficácia executiva da decisão, apanhando todos os eventuais efeitos que poderiam ser por ela produzidos."(321)

---

(315) BEBBER, Júlio César. *Recursos no Processo do Trabalho*. São Paulo: LTr, 2011. p. 221.

(316) ROSINHA, Martha. *Os efeitos dos recursos*. Porto Alegre: Livraria do Advogado, 2012. p. 59.

(317) BEBBER, Júlio César. *Recursos no Processo do Trabalho*. São Paulo: LTr, 2011. p. 60.

(318) *Ibidem*, p. 59.

(319) DINAMARCO, Cândido Rangel. Efeitos dos recursos. *Revista Ajuris*, ano XXVII, v. 85, p. 394, 2002.

(320) BUENO, Cásio Scarpinelli. *Curso de Sistematização de direito processual civil*. São Paulo: Saraiva, 2008, v. 5, p. 72.

(321) MALLET, Estêvão. *Do Recurso de Revista no Processo do Trabalho*. São Paulo: LTr, 1995. p. 153-154.

O efeito expansivo ou extensivo decorre do fato de que uma vez interposto o recurso por um dos litisconsortes, a todos aproveita, salvo se distintos ou opostos seus interesses, conforme preceitua o art. 1.005[(322)] do CPC.

Segundo Costa Machado referido dispositivo é uma exceção ao princípio da personalidade, segundo o qual o recurso só aproveita ao recorrente e ao princípio da independência dos litigantes.[(323)]

Importante destacar a doutrina de Daniel Amorim Assumpção Neves sobre o Projeto de Lei inicial do novo CPC quanto a esta questão:

> "No projeto de lei aprovado na Câmara, havia previsão leal no sentido de serem julgados conjuntamente os recursos de litisconsortes sobre a mesma questão de fato ou de direito e, não sendo possível a reunião para julgamento conjunto, a primeira decisão favorável relativa a um dos litisconsortes, desde que de matéria comum aos demais, estender-se-ia a todos, ou seja, uma eficácia expansiva subjetiva não a todos os litisconsortes simples do processo, mas apenas aos que recorreram da mesma questão de fato ou de direito.
>
> Tratava-se, na realidade, de uma antecipação dos efeitos do julgamento de seus próprios recursos, o que preservaria a harmonização dos julgados. A norma não consta do texto final do Novo CPC aprovado pelo Senado.
>
> Em mais uma norma constante do projeto de lei aprovado na Câmara e retirada do texto final do Novo CPC pelo Senado, havia expressa menção ao aproveitamento do litisconsorte que não havia recorrido diante do provimento do recurso de litisconsorte unitário. A ausência de norma expressa nesse sentido se justifica pela própria natureza do litisconsórcio necessário, sendo suficiente para se chegar a tal conclusão a previsão contida no art. 117 do Novo CPC..."[(324)]

Por fim, o efeito substitutivo é inerente ao recurso pois está ligado diretamente à sua finalidade, qual seja, substituir uma decisão já proferida, conforme consta do art. 512 do CPC de 1973 e do art. 1008 do CPC de 2015. Daí porque, ao ser ajuizada ação rescisória em face de um acórdão, a sua rescisão abrange a sentença, anteriormente proferida, a qual fora substituída após a apreciação do Recurso.

---

(322) Art. 1.005 CPC — O recurso interposto por um dos litisconsortes a todos aproveita, salvo se distintos ou opostos os seus interesses.

Parágrafo único — Havendo solidariedade passiva, o recurso interposto por um devedor aproveitará aos outros, quando as defesas opostas ao credor lhes forem comuns.

(323) MACHADO, Costa. *Código de Processo Civil Interpretado.* Barueri: Manole, 2013. p. 952.

(324) NEVES, Daniel Amorim Assumpção. *Novo Código de Processo Civil — Lei n. 13.105/2015.* São Paulo: Método, 2015. p. 534.

8.2. Efeitos do recurso de revista

Da mesma forma que o recurso ordinário, o recurso de revista é dotado tão somente de efeito devolutivo. Ou seja, permite a execução do julgado por meio da execução provisória.

Dizemos isto porque o art. 899 da CLT preceitua que os recursos serão interpostos por simples petição e terão, como regra geral, efeito meramente devolutivo.

Especificamente, quanto ao recurso de revista há previsão expressa no § 1º do art. 896 da CLT, que assim estabelece: "*O recurso de revista, dotado de efeito apenas devolutivo, será interposto perante o Presidente do Tribunal Regional do Trabalho, que, por decisão fundamentada, poderá recebê-lo ou denegá-lo.*"

Consideramos importante ressaltar que apenas os pontos impugnados nas razões recursais serão objeto de análise do órgão *ad quem*, competente para julgar o recurso. Ou seja, serão devolvidas para apreciação do órgão recursal, apenas aquelas questões jurídicas delimitadas no recurso. Esta é a razão pela qual não se pode admitir interposição genérica, sem registro da motivação ou das razões recursais. Embora o art. 899 da CLT siga o princípio infraconstitucional da simplicidade, estipulando que o recurso trabalhista pode ser interposto por meio de simples petição, o recorrente não pode olvidar dos princípios constitucionais do contraditório e da ampla defesa e deve fundamentar adequadamente seu inconformismo, observando o disposto no art. 1.010 do CPC.

Toda e qualquer matéria pode ser devolvida ao Tribunal Regional do Trabalho por meio do recurso ordinário. Trata-se de aplicação do efeito devolutivo amplo. Em se tratando de Recurso de Revista tal efeito passa a ser limitado, ou seja, não é possível se devolver ao Tribunal Superior toda e qualquer matéria discutida até então.

Uma das causas do efeito devolutivo limitado é não permitir ao Tribunal Superior a análise da questão em sua profundidade, como ocorre no Recurso de natureza ordinária, o que na prática poderá causar algumas situações de difícil solução, conforme aponta Estevão Mallet:

> "Além disso, o recurso de revista devolve ao Tribunal Superior do Trabalho apenas o conhecimento da questão nele versada e não de outras questões suscitadas, discutidas e decididas ou não no processo, que não hajam sido também ventiladas no recurso. Assim, questões preliminares e prejudiciais à decisão tomada, se não fazem parte do recurso interposto, não comportam apreciação pelo Tribunal Superior do Trabalho. É o que sublinha Barbosa Moreira ao discorrer sobre o recurso extraordinário, em termos válidos, porém, para qualquer recurso dotado de efeito devolutivo limitado. Anota o processualista brasileiro: 'se o julgado do tribunal *a quo* tiver sido impugnado apenas em parte, só no tocante a essa parte se devolve o conhecimento ao Supremo Tribunal Federal. Caso o acórdão recorrido se haja pronunciado

sobre questão preliminar (rejeitando, por exemplo, a arguição de prescrição), o recurso interposto no concernente à questão principal não estende seus efeitos à preliminar'. Suponha-se, para dar outro exemplo, que em ação proposta por sindicato, como substituto processual dos empregados de certa categoria, alegue a empresa demandada a ilegitimidade do sindicato para estar em juízo, bem como a inexistência do direito reclamado. A Junta de Conciliação e Julgamento rejeita a preliminar de ilegitimidade, mas decreta a improcedência da reclamação, acolhendo a tese da defesa, de inexistência do direito deduzido. O recurso ordinário do sindicato devolverá ao Tribunal, por força do disposto no § 1º, do art. 515, do CPC, os dois fundamentos da defesa. Em consequência, se, a juízo do Tribunal, existir o direito reclamado, será de rigor julgar a questão da legitimidade do sindicato. Até aqui, porém, nenhuma novidade, já que sobre isso se falou linhas acima. O importante é que o mesmo não ocorre em recurso de devolução limitada, como o recurso de revista. Por isso, se o Tribunal Regional mantiver a sentença recorrida, eventual recurso de revista apresentado pelo sindicato levará ao Tribunal Superior do Trabalho o conhecimento apenas da questão da existência ou não do direito reclamado. Não estará em julgamento, pois, a legitimidade ou não da substituição processual. Essa conclusão, que é a tecnicamente correta, cria um problema de ordem prática, que assim se resume: como deve a empresa proceder para que o Tribunal Superior do Trabalho aprecie a questão da legitimidade da substituição processual pelo sindicato? Pode ela, vencedora no mérito, não tendo, em princípio, interesse para recorrer, apresentar também recurso de revista, questionando apenas o julgamento da preliminar? O problema torna-se especialmente agudo se, por hipótese, a orientação do Tribunal Superior, externada em outros casos, for desfavorável à empresa no tocante à matéria de mérito, mas favorável na parte alusiva à preliminar. Estaria a empresa fadada a amargar a derrota, sem dispor de recurso algum para evitar a condenação que se anuncia? Note-se que a dificuldade surge justamente por haver a empresa obtido ganho de causa no Tribunal Regional, com o reconhecimento da ilegitimidade do sindicato. Como se vê, a limitação do efeito devolutivo em certos recursos conduz a um paradoxo: o Tribunal não pode apreciar questões não trazidas no recurso e, por outro lado, a parte que poderia levar ao Tribunal outras questões está impedida de o fazer, porque vencedora e, em consequência, carecedora do interesse para recorrer."[325]

Penso que a solução para o problema apontado pelo mencionado autor é a interposição do Recurso Adesivo condicionado, pois ao contrário do que prescreve, há interesse

(325) MALLET, Estêvão. *Do Recurso de Revista no Processo do Trabalho*. São Paulo: LTr, 1995. p. 157-158.

recursal, diante da sucumbência jurídica existente na questão. Apesar de entender pela ausência de interesse para recorrer, Estevão Mallet chega a mesma conclusão, ao dispor:

> "Aceito o cabimento de recurso de revista condicionado, está claro que sua interposição há de se dar sob a forma de recurso adesivo, com observância das regras próprias dessa figura — a serem mais adiante tratadas — uma vez que apenas com a interposição de recurso pelo vencido ou por outro legitimado é que se viabiliza a reforma da decisão favorável ao vencedor, tornando relevante a reapreciação da preliminar ou prejudicial rejeitada pelo Tribunal Regional."(326)

Conforme já tratado neste trabalho, a Organização Judiciária trabalhista é dividida em três instâncias, sendo duas delas instâncias ordinárias e uma extraordinária. A instância ordinária serve para observar o duplo grau de jurisdição, de forma a controlar o exercício do poder como também de se buscar a melhor justiça. Já tratamos neste trabalho e reiteramos aqui que entendemos ser o duplo grau de jurisdição princípio constitucional, eis que decorre do Estado Democrático de Direito, no qual não se pode admitir atos do poder público que não sejam passíveis de controle. E, na esfera judicial, o controle se dá por meio de recurso.

Contudo, o que se consagra na Constituição Federal é o direito da parte ao duplo grau de jurisdição, inexistindo, em tese, o que podemos chamar de direito a uma "terceira" instância. Não há no ordenamento jurídico "terceira" instância, mas sim uma instância de natureza extraordinária, o que significa dizer que o direito da parte termina com o duplo grau.

É fato que a reforma do julgado pelo Tribunal Superior vai atingir o direito da parte, mas o que será analisado naquela instância não é o direito da parte, mas sim questões que estão "acima" das partes e que podem atingir seu direito de forma reflexa. Vale dizer, a finalidade do TST é uniformizar jurisprudência e velar pela aplicação da Lei e da Constituição Federal.

Por esse motivo é que o efeito devolutivo no Recurso de Revista é limitado às hipóteses previstas em lei e ao cumprimento dos pressupostos e requisitos específicos, conforme já detalhado em capítulos específicos. Mas fato é que o mero inconformismo não permite a interposição do Recurso de Revista.

E, é exatamente em razão desta finalidade do Recurso de Revista, qual seja, de analisar questões que não dizem respeito ao direito subjetivo da parte, é que pensamos ser necessário adotar um novo efeito a este recurso, baseado nos princípios da duração razoável do processo, devido processo legal e duplo grau de jurisdição.

---

(326) *Ibidem*, p. 160.

Da análise dos referidos princípios, dos quais podemos afirmar como decorrência lógica o princípio da efetividade[(327)], temos que não se pode admitir que a prestação jurisdicional se prolongue em diversas instâncias, razão pela qual defendemos aqui a necessidade de adoção de um efeito rescisório para o Recurso de Revista, de forma que uma vez julgado pelo Tribunal Regional do Trabalho, a execução seja imediata, direta e definitiva, sendo que eventual reforma pelo Tribunal Superior do Trabalho trará efeito rescisório no julgado executado ou que está sendo executado.

Evidente que em casos extremos, será possível a parte valer-se de tutela provisória, para suspender a execução, como ocorre na Ação Rescisória[(328)].

Ou seja, a sistema recursal existente faz com que o Tribunal Superior do Trabalho, em que pese a limitação do efeito devolutivo, exerça função de terceira instância e não instância extraordinária. Neste sentido, é a crítica de Odonel Urbano Gonçalves e Pedro Paulo Teixeira Manus:

> "A criação de verdadeira terceira instância alonga desmesuradamente o trânsito em julgado da decisão. A par disso, cria-se complexa teia recursal, incompreensível para as partes que, paradoxalmente, na Justiça do Trabalho, têm o *jus postulandi*."[(329)]

O projeto de Lei do Senado n. 606/2011, previa a possibilidade de execução imediata das decisões dos Tribunais Regionais, conforme descreve Pedro Paulo Teixeira Manus, em seu artigo publicado no sítio *Conjur*[(330)], em 28.7.2014, cujo trecho segue abaixo transcrito:

> "Já o PLS n. 606/2011, cria um novo artigo na CLT (879-A), cujo § 5º prevê a execução definitiva das decisões dos tribunais regionais, ainda que haja interposição de recurso de revista no TST, ou recurso extraordinário no STF.

---

(327) Efetividade, para nós, é o ponto de equilíbrio do processo. O processo só será equilibrado se observados os três princípios constitucionais mencionados.

(328) Art. 969 do CPC e Súmula n. 405 do TST.

Art. 969. A propositura da ação rescisória não impede o cumprimento da decisão rescindenda, ressalvada a concessão de tutela provisória.

Súmula n. 405 do TST. AÇÃO RESCISÓRIA. TUTELA PROVISÓRIA (nova redação em decorrência do CPC de 2015) — Res. n. 208/2016, DEJT divulgado em 22, 25 e 26.4.2016. Em face do que dispõem a MP 1.984-22/2000 e o art. 969 do CPC de 2015, é cabível o pedido de tutela provisória formulado na petição inicial de ação rescisória ou na fase recursal, visando a suspender a execução da decisão rescindenda.

(329) GONÇALVES, Odonel Urbano; MANUS, Pedro Paulo Teixeira. *Recursos no Processo do Trabalho*. São Paulo: LTr, 1997. p. 43.

(330) Disponível em: <http://www.conjur.com.br/2014-jul-28/reflexoes-trabalhistas-projetos-dao-celeridade-tramitacao-recursos>.

> Isso significa dizer que sendo julgado procedente o pedido, ainda que parcialmente, a execução da sentença será imediata após a decisão regional, não sendo necessário aguardar decisão do recurso de revista, dos embargos para a SDI-I do TST e eventual decisão do STF em recurso extraordinário.
>
> O efeito prático desta mudança legislativa do PLS n. 606/2011 é que torna sem sentido o recurso de revista, os embargos para a SDI-I do TST e o recurso extraordinário que tenham finalidade única de procrastinar a solução do processo, como acontece com a maioria dos recursos que os tribunais superiores examinam.
>
> Pesquisando o site do TST constata-se que no ano de 2012 o tribunal recebeu 161,8 mil recursos de agravo de instrumento, o que representa um número espantoso. Mas, acreditamos que mais espantoso é saber que o índice de provimento pelas turmas do TST aos agravos de instrumento foi da ordem de 8,6%, apenas.
>
> Em outras palavras, significa dizer que os interessados abarrotam o TST com milhares de agravos de instrumento de decisões regionais que não recebem recursos de revista e mais de 90% destes agravos são protelatórios. São utilizados como uma forma legal de resistir indevidamente ao cumprimento da sentença.
>
> A inspiração do TST ao enviar a proposta ao Congresso Nacional, que originou o PLS n. 606/2011, foi projeto no mesmo sentido de autoria do então presidente do Supremo Tribunal Federal, ministro Antonio Cezar Peluso, cujo objetivo era a execução definitiva das decisões dos tribunais de justiça e tribunais regionais federais, mesmo com a interposição de recurso especial ou extraordinário e que originou a PEC n. 209/2012, ainda em tramitação na Câmara Federal.
>
> A iniciativa louvável do ministro Peluso sofreu forte rejeição de parte da comunidade jurídica, que se colocou contra a celeridade no cumprimento das decisões judiciais.
>
> Constatamos, infelizmente, que a política possível é de pequenas mudanças na tramitação dos recursos, sendo difícil politicamente viabilizar a necessária mudança de mentalidade, a fim de evitar que o processo sirva ao devedor mais do que ao credor, sendo utilizado como meio de resistência indevida ao comando judicial."

Como menciona o professor, referido Projeto de Lei inspirou a PEC n. 209/12, de autoria do então Ministro Antônio César Peluso. Além dos efeitos práticos mencionados pelo professor de que tal medida acabaria com recursos protelatórios, a medida se impõe para fazer valer o princípio constitucional da efetividade, que decorre de outros princípios, já mencionados neste trabalho, como a duração razoável dos processos, o devido processo legal e o duplo grau de jurisdição.

O efeito rescisório que se pretende implantar aos recursos de natureza extraordinária nada mais é do que adequar o processo do trabalho aos princípios constitucionais do processo, medida que se impõe sob pena do arcaico sistema prevalecer sobre a instrumentalidade do processo.

O legislador, nos últimos anos, já percebeu que o sistema processual vigente é ultrapassado, o que motivou diversas reformas no Código de Processo Civil, com mais ênfase na execução. Tudo de forma a adequar o sistema processual aos princípios constitucionais do processo e, mais ainda, à evolução do direito processual[(331)].

O processo do trabalho que sempre primou pela celeridade e efetividade na prestação jurisdicional tem se mantido estático e refratário a mudanças[(332)]. É preciso adequar os procedimentos existentes aos princípios constitucionais, como aqui se defende quanto ao processamento do Recurso de Revista. Não se pode atribuir ao Recurso de Revista efeitos como se ordinário fosse.

O sistema recursal vigente, no qual não se atribui efeito diferenciado para recursos de natureza extraordinária (mas tão somente limita o efeito devolutivo, o que é insuficiente), faz com que se implemente no Brasil 4 graus de jurisdição (Vara do Trabalho, Tribunal Regional do Trabalho, Tribunal Superior do Trabalho e Supremo Tribunal Federal), o que contraria todo o sistema processual construído pela Constituição Federal de 1988, reiterada com a Emenda Constitucional n. 45/04 que incluiu o inciso LXXVIII[(333)] no art. 5º, que trata expressamente da duração razoável do processo.

Tal providência não significa que passou a ser princípio constitucional após a EC n. 45/04, pois é inerente ao devido processo legal a duração razoável do processo.

Nesta linha de ideias, no sentido de que o processo deve se adequar à Constituição Federal e abandonar resquícios do passado de que o processo deve servir ao devedor de forma demasiada, é que se impõe uma reformulação do processamento do Recurso de Revista, e isto passa, em primeiro lugar, por remodelar os efeitos deste recurso, impondo-lhe o que aqui denominamos de efeito rescisório.

Antônio Álvares da Silva, ao tratar da natureza do Recurso de natureza extraordinária, assim estabelece:

> "Já nos recursos extraordinários, além dos requisitos formais, há outros intrínsecos que precisam ser ultrapassados para que dele se conheça. O

---

(331) Tal fato pode ser exemplificado na fase de cumprimento da sentença, alterado pela Lei n. 11.232/05, onde se instituiu o chamado sincretismo processual, adequando o processo civil a evolução do instituto, pois resta pacificado que o processo de execução não é um processo autônomo, mas sim uma fase processual. Por esse motive, não se pode falar em "citação" na execução e sim intimação do advogado constituído nos autos.

(332) Como se justificar audiência UNA, concebida por uma legislação de 1943 frente aos princípios constitucionais do processo, em especial do contraditório? O reclamante tem conhecimento dos termos da defesa no momento da instrução, em total desvantagem processual. Mais ainda, como se admitir que um processo aguarde meses para a primeira audiência? Não seria o que caso de alterar o procedimento para se impor celeridade? Tudo isso exemplifica a falta de adequação do processo do trabalho aos princípios constitucionais e também à evolução do direito processual.

(333) LXXVIII a todos, no âmbito judicial e administrativo, são assegurados a razoável duração do processo e os meios que garantam a celeridade de sua tramitação.

afunilamento da recorribilidade se dá pela limitação do objeto do recurso, limitando a área de sua abrangência.

Primeiro se examina as condições intrínsecas de interposição (violação de lei, interpretação diversa, por exemplo), que se incluem no *iudicium rescindens*. Superadas estas questões prévias ao conhecimento, é que se entra no mérito da questão discutida no recurso, isto é, no *iudicium rescisorium*.

Já uma parte da doutrina italiana faz a distinção baseada na diferença entre impugnação e recurso. Há recurso quando se estende a instância a outro órgão superior. Não há coisa julgada, nem, consequentemente, outro processo, mas tão só novo julgamento da lide.

Já na impugnação, forma-se primeiro a coisa julgada, encerrando-se o processo. Num momento posterior e dentro dos estritos limites que a lei aponta, impugna-se a sentença."[(334)]

Essa é a finalidade do Recurso de natureza extraordinária, razão pela qual não se pode atribuir simples efeito devolutivo, como se recurso ordinário fosse.

(334) SILVA, Antônio Álvares da. *Do Recurso Extraordinário no Direito Processual Brasileiro*. São Paulo: Revista dos Tribunais, 1999. p. 19.

9. Teoria da causa madura no recurso de revista

Conforme já disposto, o Recurso de Revista objetiva a análise do direito envolvido em determinado processo, sendo que nos termos da Súmula 126 do Tribunal Superior do Trabalho não há análise de fatos e provas, ou seja, o Tribunal Superior do Trabalho, ao julgar o Recurso de Revista, analisa somente o direito.

A teoria da causa madura está fundamentada nos §§ 3º e 4º do artigo 1.013 do Código de Processo Civil e determina que o Tribunal deverá decidir o mérito da questão caso seja reformada sentença que decidiu nos termos do artigo 485 do Código de Processo Civil, ou seja, decisões que não resolvem o mérito, além da hipótese de decretar a nulidade da sentença que não foi congruente aos pedidos ou a causa de pedir, omissão no julgado ou em sua fundamentação e, por fim, quando for reformada a decisão de decadência ou a prescrição.

Assim, conforme abarcado por Humberto Theodoro Júnior,[(335)] "o novo Código ampliou a possibilidade de julgamento de mérito da causa pelo tribunal, bastando que esta esteja 'em condições de imediato julgamento'. É o que costuma chamar de 'causa madura', entendida como tal aquela cujo objeto já foi suficientemente debatido na instância de origem, mesmo que nela não se tenha decidido o mérito".

Importante ressalvar, nos termos da compreensão do Desembargador Valdir Florindo,[(336)] que "diferentemente do Código de Processo Civil anterior, o atual determina que o tribunal 'deverá' decidir o mérito quando possível, nos termos do artigo 1.013, §§ 3º e 4º. À vista disto, não se trata de questão discricionária, e sim impositiva por tratar-se de matéria de ordem pública".

Além disso, o mesmo autor explicita que a teoria da causa madura tem sua fundamentação no "Princípio do Aproveitamento Máximo dos Recursos, em que favorece o julgamento do mérito e evita a repetição de atos processuais". Acrescente-se também

(335) JÚNIOR, Humberto Theodoro. *Novo Código de Processo Civil Anotado*. Editora Forense. 20. ed. P. 114.

(336) FLORINDO, Valdir. Aplicação da teoria da causa madura no julgamento de recurso de revista. *Revista LTr: Legislação do Trabalho*. Publicação Mensal de Legislação. Doutrina e Jurisprudência. Ano 88. Fevereiro/2024.São Paulo — SP.

que a teoria encontra seu objetivo no conceito do Princípio da Celeridade e da Economia Processual, como disposto por Daniel Amorim Assumpção Neves:[(337)]

> "Na realidade, o objetivo da norma não é a proteção do interesse particular do recorrente, e sim a otimização do julgamento de processos, em nítido ganho de celeridade e economia processual. Ainda que se critique a forma legal para a obtenção desse objetivo, é inegável que o propósito da norma é o oferecimento de uma tutela jurisdicional em menor tempo, com o que se presume prestar-se tutela jurisdicional de melhor qualidade. O propósito da norma, portanto, é de ordem pública, porque o seu objetivo não é a proteção do interesse das partes, mas sim o interesse na prestação de um serviço jurisdicional de melhor qualidade."

Outrossim, ainda que os §§ 3º e 4º do artigo 1.013 do Código de Processo Civil tratem sobre o recurso em face de sentença, há possibilidade da aplicação da referida teoria nos Tribunais Superiores.

Caso a matéria debatida no acórdão regional se enquadre nos §§ 3º e 4º do artigo 1.013 do Código de Processo Civil e seja eminentemente de direito, há possibilidade de seu julgamento pelo Tribunal Superior do Trabalho.

Assim, é o julgado da 3ª Turma do Tribunal Superior do Trabalho que, ao verificar a nulidade do acórdão regional por negativa de prestação jurisdicional, não anulou a decisão com retorno dos autos ao Regional, pois tratou-se de "causa que versa sobre questão exclusivamente de direito e por se encontrar, de fato, em condições de imediato julgamento":

> "A) EMBARGOS DE DECLARAÇÃO DA CONSTRUTORA CELI LTDA. PROCESSO SOB A ÉGIDE DA LEI 13.015/2014 E ANTERIOR À LEI 13.467/2017. RECURSO DE REVISTA COM AGRAVO. Constatado, portanto, que a Turma Julgadora incorreu nas hipóteses previstas no art. 1.022, CPC/2015 — c/c o art. 897-A da CLT, devem ser providos os embargos de declaração, para reabrir o exame do recurso de revista com agravo. Embargos de declaração providos, com efeito modificativo. B) AGRAVO DE INSTRUMENTO DO SINDICATO DOS ENGENHEIROS DE SERGIPE. RECURSO DE REVISTA. ENGENHEIROS EMPREGADOS. ENQUADRAMENTO SINDICAL. A Vice-Presidência do TRT de Origem julgou prejudicada a análise da matéria "enquadramento sindical", por considerar a relação intrínseca com o tema recebido, "negativa de prestação jurisdicional". Em tais circunstâncias, entende-se que o primeiro juízo de admissibilidade recursal incorreu em omissão sobre a matéria declarada prejudicada, cabendo à Parte requerer a manifestação a respeito da admissibilidade do apelo quanto àquele tema — procedimento não observado. Agravo de instrumento desprovido. C) RECURSO DE REVISTA DO SINDICATO DOS ENGENHEIROS DE SERGIPE. NEGATIVA DE PRESTAÇÃO JURISDICIONAL. CONFIGURAÇÃO. CAUSA EM CONDIÇÕES DE IMEDIATO JULGAMENTO (ART. 1.013, § 3º, III, DO CPC/2015). ENQUADRAMENTO SINDICAL CONFORME OS TERMOS DO ART. 511,

(337) NEVES, Daniel Amorim Assumpção. *Manual de Direito Processual Civil*. Editora Método. 2. ed. P. 609.

§ 3º, DA CLT. CATEGORIA PROFISSIONAL DIFERENCIADA. A Vice-Presidência do TRT recebeu o recurso de revista do Sindicato Autor, quanto ao tema "nulidade do julgado por negativa de prestação jurisdicional", por entender que a Turma Julgadora naquela Corte de origem deixou de examinar aspectos relevantes a respeito do tema "engenheiros empregados — enquadramento sindical". Assim, segundo consta no despacho de admissibilidade do recurso de revista, não teriam sido enfrentados argumentos relativos à incidência da regra da unicidade sindical, à classificação dos profissionais engenheiros como categoria diferenciada, bem como à forma legal de representação sindical desses trabalhadores. De fato, houve omissão do Tribunal Regional, uma vez que, mesmo após a oposição dos embargos de declaração pelo Sindicato, não se pronunciou sobre o pedido de esclarecimento das questões suscitadas, relevantes para a efetiva e completa tutela jurisdicional. O recurso merece conhecimento, no aspecto, contudo, deixa-se de declarar a nulidade do julgado para se analisar o mérito do recurso , já que se trata de causa que versa sobre questão exclusivamente de direito e por se encontrar, de fato, em condições de imediato julgamento — teoria da causa madura, art. 1.013, § 3º, III, do CPC/2015. Com efeito, a controvérsia gira em torno do enquadramento sindical dos engenheiros empregados da Empresa Autora, para fins de cumprimento de instrumentos normativos ou medidas judiciais e administrativas oriundas da atuação do Sindicato dos Engenheiros do Estado de Sergipe — SENGE/SE, Réu na presente demanda. No que tange à representação sindical, a Constituição Federal fixa que os sindicatos de trabalhadores devem se estruturar por categoria profissional (art. 8º, II), sendo que esta fórmula envolve duas variantes, a categoria profissional típica e a categoria profissional diferenciada, em conformidade com o art. 511, §§ 2º e 3º, da CLT. O critério de enquadramento por categoria diferenciada faz com que a entidade representativa seja tida como sindicato horizontal, já que abrange empregados exercentes do mesmo ofício em empresas distintas situadas na base territorial da entidade. Em tais casos, o critério de agregação não é a similitude laborativa em função da vinculação a empregadores que tenham atividades econômicas idênticas, similares ou conexas, mas sim a profissão dos trabalhadores, conforme art. 511, § 3º, da CLT. Em relação aos trabalhadores engenheiros, note-se que a CLT os identifica como profissionais liberais, para fins de enquadramento sindical (conforme quadro de profissões que fixa o plano básico do enquadramento sindical, previsto no art. 577), mas a jurisprudência desta Corte não os afasta da regra de agregação prevista no art. 511, § 3º, da CLT (categoria profissional diferenciada). Assim, uma vez que tais profissionais exercem atividades reguladas por estatuto específico (Lei nº 4.950-A/66), a agregação em categoria profissional independe da vinculação a certo tipo de empregador, acontecendo em conformidade com suas funções diferenciadas que dão norte às condições de vida singulares. Observa-se, nos julgados desta Corte, que a jurisprudência não restringiu o conceito do termo "profissional liberal" aos trabalhadores que desempenham suas funções por conta própria, sem vínculo de emprego. Ao contrário, infere-se desses precedentes que a expressão "profissional liberal" tem ligação com a ideia de liberdade do trabalhador no desempenho de atividades de natureza técnico-científica, a qual incide mesmo numa relação contratual com subordinação jurídica. No caso concreto, portanto, os empregados engenheiros da Empresa Autora exercem função diferenciada por força de estatuto profissional próprio (Lei nº 4.950-A/66) e, em razão disso, devem receber o enquadramento sindical conforme a regra do art. 511, § 3º, da CLT (categoria profissional diferenciada), recaindo sobre o SENGE, Sindicato dos Engenheiros do Estado de Sergipe, a representação sindical desses trabalhadores. Recurso de revista conhecido e provido" (ED-RRAg-747-71.2017.5.20.0001, 3ª Turma, Relator Ministro Mauricio Godinho Delgado, DEJT 21/6/2024).

Assim também é o julgado da 8ª Turma do Tribunal Superior do Trabalho, ao verificar que decidiu com base na teoria da causa madura questão relativa ao pagamento de honorários sucumbenciais:

"AGRAVO DE INSTRUMENTO DA RECLAMANTE. INTERPOSTO NA VIGÊNCIA DA LEI Nº 13.467/2017. RECLAMANTE BENEFICIÁRIA DA JUSTIÇA GRATUITA. CONDENAÇÃO EM HONORÁRIOS ADVOCATÍCIOS. RECURSO ORDINÁRIO POSTULANDO A DECLARAÇÃO DE INCONSTITUCIONALIDADE DO ARTIGO 791-A DA CLT E A SUSPENSÃO DO PROCESSO ATÉ JULGAMENTO DA ADI Nº 5766. SUPOSTA INOVAÇÃO RECURSAL. TRANSCENDÊNCIA JURÍDICA RECONHECIDA. A causa possui transcendência jurídica, nos termos do artigo 896-A, § 1º, IV, da CLT, tendo em vista que ainda não há, nesta Corte Superior, jurisprudência uniforme sobre a configuração de inovação recursal em relação a pedidos de declaração de inconstitucionalidade de lei e de suspensão do feito até julgamento a ser proferido pelo STF. RECLAMANTE BENEFICIÁRIA DA JUSTIÇA GRATUITA. CONDENAÇÃO EM HONORÁRIOS ADVOCATÍCIOS. RECURSO ORDINÁRIO POSTULANDO A DECLARAÇÃO DE INCONSTITUCIONALIDADE DO ARTIGO 791-A DA CLT E A SUSPENSÃO DO PROCESSO ATÉ JULGAMENTO DA ADI Nº 5766. SUPOSTA INOVAÇÃO RECURSAL. NÃO CONFIGURAÇÃO. PROVIMENTO. Diante de potencial violação do artigo 5º, XXXV, da Constituição Federal, merece ser provido o agravo de instrumento para determinar o processamento do recurso de revista. Agravo de instrumento a que se dá provimento. RECURSO DE REVISTA DA RECLAMANTE. RECLAMANTE BENEFICIÁRIA DA JUSTIÇA GRATUITA. CONDENAÇÃO EM HONORÁRIOS ADVOCATÍCIOS. RECURSO ORDINÁRIO POSTULANDO A DECLARAÇÃO DE INCONSTITUCIONALIDADE DO ARTIGO 791-A DA CLT E A SUSPENSÃO DO PROCESSO ATÉ JULGAMENTO DA ADI Nº 5766. SUPOSTA INOVAÇÃO RECURSAL. NÃO CONFIGURAÇÃO. TEORIA DA CAUSA MADURA. PROVIMENTO. O direito de contrapor-se à aplicabilidade do artigo 791-A, § 4º, da CLT surgiu para a reclamante apenas após a sua condenação na r. sentença, ao pagamento de honorários advocatícios. Desse modo, cabia à Corte Regional examinar as questões apresentadas pela autora, no recurso ordinário, relativas à declaração de inconstitucionalidade de lei e de suspensão do feito até julgamento a ser proferido pelo STF, não havendo falar em inovação recursal. Ademais, no que se refere à suspensão do processo, não existe óbice à mera formulação de pedido nesse sentido, amparado em pendência de julgamento a ser proferido pelo STF em controle concentrado de constitucionalidade, incumbindo ao órgão julgador analisar o pleito e decidir pelo seu deferimento — ou não —, de forma fundamentada. Assim, deve ser afastado o não conhecimento do recurso ordinário da reclamante, no particular. Afigura-se desnecessário, contudo, determinar o retorno dos autos ao Tribunal Regional para a análise da matéria relativa aos honorários advocatícios de sucumbência, por aplicação da teoria da causa madura (artigo 1.013, §3º, III, do CPC) e do princípio da razoável duração do processo (artigo 5º, LXXVIII, da Constituição Federal). Cabível desde logo, portanto, o pronunciamento sobre o mérito da pretensão, por envolver matéria de direito, inclusive já com tese firmada no âmbito do Supremo Tribunal Federal. A exigência dos honorários de sucumbência, da parte beneficiária da justiça gratuita, nos termos previstos no artigo 791-A, § 4º, da CLT foi objeto da Ação Declaratória de Inconstitucionalidade nº 5766/DF, tendo o Supremo Tribunal Federal, quando do seu julgamento, em 20/10/2021, declarado a inconstitucionalidade da expressão "desde que não tenha obtido em juízo, ainda que em outro processo, créditos capazes de suportar a despesa". Para a Suprema Corte não pode prevalecer a presunção absoluta de que a obtenção de créditos na ação judicial é suficiente para afastar a hipossuficiência econômica do empregado, de forma a autorizar a compensação imediata com os valores obtidos na demanda. Nessa toada, prevaleceu a tese de que cabe ao credor a prova de que a hipossuficiência do trabalhador não mais subsiste, para realizar a cobrança dos honorários da sucumbência do beneficiário da justiça gratuita, cuja exigibilidade ficará suspensa pelo período de dois anos, conforme dicção do artigo 791-A, § 4º, da CLT, porém, não pode ser compensado dos créditos auferidos na mesma ou em outra ação judicial. No caso concreto, o Juízo de 1º Grau concedeu à reclamante o benefício da justiça gratuita e a condenou ao pagamento dos honorários advocatícios de sucumbência, determinando a aplicação da redação integral do § 4º do 791-A, da CLT, que inclui a utilização dos créditos recebidos pela reclamante neste ou em outro processo, o que contraria a tese vinculante do STF proferida na ADI nº 5766. Recurso de revista conhecido e provido" (RR-35-73.2019.5.12.0053, 8ª Turma, Relator Ministro Guilherme Augusto Caputo Bastos, DEJT 17/4/2023).

Mas, além disso, a jurisprudência atual do Tribunal Superior do Trabalho compreende que também há possibilidade de julgamento do mérito com a aplicação da teoria da causa madura, mas apenas caso não tenha necessidade de produção de prova oral e se houver o devido prequestionamento de toda questão no Recurso de Revista, seja pela fundamentação do acórdão regional, seja pela oposição de Embargos de Declaração, nos termos da Súmula 297 do Tribunal Superior do Trabalho.

Nessa hipótese o Tribunal Superior do Trabalho já compreendeu que não há contrariedade à Súmula 126 do Tribunal Superior do Trabalho, pois os fatos estão estampados no acórdão regional e, portanto, trata-se de reenquadramento jurídico e não reanálise de fatos e provas. Nesse sentido, é a decisão da Subseção I Especializada em Dissídios Individuais:

"AGRAVO EM RECURSO DE EMBARGOS EM EMBARGOS DE DECLARAÇÃO EM EMBARGOS DE DECLARAÇÃO EM RECURSO DE REVISTA. ACÓRDÃO PUBLICADO NA VIGÊNCIA DA LEI Nº 13.015/2014. ACIDENTE DO TRABALHO. EMPREGADO QUE SE ATIVAVA EM PLATAFORMA DE PETRÓLEO FLUTUANTE. RESPONSABILIDADE CIVIL DO EMPREGADOR. DANOS MORAIS, ESTÉTICOS E MATERIAIS. ADOÇÃO DA TEORIA DA RESPONSABILIDADE OBJETIVA PELA TURMA. PENSÃO MENSAL. ALEGAÇÃO DE CONTRARIEDADE À SÚMULA 126 DO TST. Consolidou-se nesta Subseção o entendimento de que, em regra, não mais se conhece do recurso de embargos por contrariedade a súmula ou orientação jurisprudencial de natureza processual, exceto na excepcional hipótese em que a decisão embargada contenha afirmação ou manifestação contrária ao teor do verbete processual indicado como contrariado. No caso, o Tribunal Regional indeferiu o pleito de indenização por danos morais e materiais à compreensão de que "ainda que a prova técnica tenha concluído pelo nexo de causalidade, não se pode afirmar que há responsabilidade objetiva do empregador por dano material decorrente de acidente de trabalho". Ficou registrado pela Corte local que "embora estivesse o obreiro no exercício de suas funções e as circunstâncias que envolveram o evento, não transparece a culpa do empregador. Data venia do r. entendimento de primeiro grau, o ônus da prova incumbe ao reclamante, na forma dos artigos 818, da CLT, e 333, I, do CPC, do qual não se desincumbiu a contento". A c. Primeira Turma, no exame das circunstâncias acerca do acidente de trabalho sofrido pelo empregado durante o exercício de atividades em plataforma de petróleo flutuante, conheceu do recurso de revista do reclamante, por violação do artigo 927, parágrafo único, do Código Civil e, no mérito, deu-lhe provimento para reconhecer a responsabilidade civil da reclamada pelo acidente de trabalho, seja pela teoria do risco da atividade, seja pela culpa da empregadora pela omissão, decorrente da não observância do dever geral de cautela. Com supedâneo no artigo 927, paragrafo único, do Código Civil, conclui a Turma " as atividades desempenhadas pelo obreiro caracterizam-se como atividade de risco. Nesse particular, constata-se, a toda evidência, que o trabalho realizado em plataforma de petróleo flutuante afigura-se como atividade de risco, haja vista que as atividades desempenhadas pelo reclamante o deixavam mais sujeito a acidentes do que o trabalhador comum ". A c. Turma, ao concluir em sentido diverso daquele proferido pelo Regional, não alterou o substrato fático delineado pelo Tribunal de origem, mas apenas procedeu à sua subsunção a um determinado entendimento jurisprudencial. Quando em exame das mesmas premissas constantes do acórdão regional e lastreada nos limites por elas estabelecidos no acórdão regional acerca do mesmo fato, a Turma consigna entendimento diverso sobre a adoção da teoria do risco para caracterização da responsabilidade objetiva, não se está a contrariar a Súmula 126 do TST, haja vista ter empreendido novo enquadramento jurídico ao substrato fático delineado ao caso concreto. Ainda que não seja a melhor técnica avançar na análise do mesmo fato sob a ótica da responsabilidade subjetiva, a adoção da teoria do risco constituiu fundamento central autônomo e subsiste por si só. Sobre esse aspecto, consigne-se a assertiva da c. Turma ao responder os embargos de declaração sobre a indicada violação da Súmula 126 do TST, de que se tratou de "'mero reforço argumentativo, outro fundamento legal para a responsabilização do empregador em relação aos danos sofridos pelo reclamante, no desempenho das atividades laborais" (pp. 388/389, eSIJ), qual fosse, "culpa por omissão decorrente não observância do dever geral de cautela'". Fundado o provimento jurisdicional emanado da e. Turma em questão eminentemente jurídica, não há como se reconhecer a excepcional hipótese de cabimento dos embargos por contrariedade à Súmula 126 do TST, por não se tratar de reexame de fatos e provas, não se verificando a circunstância de a decisão embargada conter afirmação ou manifestação contrária ao teor do indicado verbete processual. E nesse aspecto, os arestos apresentados encontram óbice na Súmula 296, I, do TST, pois se referem à possibilidade de reconhecimento excepcional de violação de súmula de natureza processual em casos em que a Turma adota premissa fática constante da sentença contrária à descrita pelo Regional ou com premissa revelada apenas na sentença e não esclarecida pelo Regional. Considerando que a Súmula 296, I, do TST consagra a especificidade do aresto na interpretação diversa de um mesmo dispositivo legal a partir de fatos idênticos, restam desatendidas suas exigências. No que se refere ao valor da pensão mensal, insta consignar que a c. Turma deu efeito modificativo aos embargos de declaração opostos pelo reclamante para determinar, expressamente, que a pensão mensal vitalícia que lhe fora deferida equivalha a sua última remuneração, atualizada de acordo com os índices gerais de reajuste salarial da categoria. Assentou a c. Turma que a quantificação deve se dar como forma de reparação patrimonial que fosse condizente o mais próximo do valor do dano sofrido, tendo invocado o artigo 950, *caput*, do Código Civil e precedentes desta Corte. Esclareceu que em atenção à teoria da causa madura, aos princípios da economia e celeridade processuais e havendo desnecessidade de dilação probatória, pode o TST julgar o mérito da controvérsia, sem se incorrer em supressão de instância. A parte reclamada, em embargos de declaração que se seguiram, sustentou que o efeito modificativo dado pela Turma violou a Súmula 126 do TST, haja vista a necessidade de retorno dos autos "à origem para que sejam analisados os demais tópicos do recurso ordinário da Reclamada, hábeis a redimensionar a condenação". A egrégia Turma, ao deferir a pensão mensal em valor equivalente à última remuneração, não se opõe aos termos da Súmula 126 do TST, porquanto não alterada qualquer premissa constante do acórdão regional. E nesse aspecto, o recurso veio aparelhado em divergência jurisprudencial. Contudo, o único aresto paradigma encontra obstáculo na Súmula 296, I, do TST. O modelo não traz tese acerca da supressão de instância e as premissas de que " não foi registrada explicitamente pela decisão recorrida a graduação quanto à gravidade do dano a fim de delimitar a proporcionalidade a ser adotada no que diz respeito ao valor da pensão " e de que " restou consignado apenas a existência de incapacidade parcial definitiva para as atividades laborais que o autor desenvolvia ou da do valor da indenização " não guardam identidade com o quadro delineado no acórdão embargado. Assim, calcado o paradigma em óbice processual e, portanto, sem tese de mérito sobre a matéria, não pode ser confrontado com a hipótese dos autos. As alegações da parte acerca da supressão de instância não vieram fundamentadas em permissivos do artigo 894, II, da CLT. Não viabiliza o processamento do recurso de embargos a indicação de violação constitucional, porquanto tal fundamento não encontra amparo no art. 894, II, da CLT. Agravo conhecido e desprovido " (Ag-E-ED-ED-RR-8820-10.2010.5.01.0000, Subseção I Especializada em Dissídios Individuais, Relator Ministro Breno Medeiros, DEJT 30/4/2021).

Assim também restou julgado pela 7ª Turma do Tribunal Superior do Trabalho, ao analisar o mérito do julgado sobre o reconhecimento de vínculo de emprego com a tomadora de serviços, diante de matéria em condição de imediato julgamento:

(...) EM ATIVIDADE-FIM. POSSIBILIDADE. AUSÊNCIA DE VÍNCULO DIRETO COM A TOMADORA DOS SERVIÇOS. MATÉRIA PACIFICADA NO SUPREMO TRIBUNAL FEDERAL. TEMA Nº 725 DE REPERCUSSÃO GERAL. APLICAÇÃO DA TEORIA DA CAUSA MADURA. MATÉRIA EM CONDIÇÃO DE IMEDIATO JULGAMENTO. Na forma autorizada pelo artigo 1.013, § 4º, do CPC, em observância ao princípio da celeridade processual e estando a "causa madura", torna-se necessário adentrar no mérito da ação. O debate acerca da licitude da terceirização em atividade-fim já não comporta maiores digressões, a partir da jurisprudência pacífica do Supremo Tribunal Federal. Trata-se do tema nº 725 de repercussão geral, assim definido: "1. É lícita a terceirização de toda e qualquer atividade, meio ou fim, não se configurando relação de emprego entre a contratante e o empregado da contratada. 2. Na terceirização, compete à contratante: i) verificar a idoneidade e a capacidade econômica da terceirizada; e ii) responder subsidiariamente pelo descumprimento das normas trabalhistas, bem como por obrigações previdenciárias, na forma do art. 31 da Lei 8.212/1993". Por outro lado, o reconhecimento de subordinação objetiva ou estrutural não se enquadra na vedação contida no item III da Súmula nº 331, tampouco constitui distinguishing à hipótese analisada pela Excelsa Corte, já que se trata de elemento característico da terceirização de atividade-fim. Assim, impõe-se reconhecer a licitude da terceirização. Recurso de revista conhecido e provido" (RR-190-30.2015.5.06.0006, 7ª Turma, Relator Ministro Claudio Mascarenhas Brandao, DEJT 29/5/2024).

Com a aplicação da teoria da causa madura, a 5ª Turma do Tribunal Superior do Trabalho compreendeu por afastar o reconhecimento de deserção e julgar o mérito para afastar a responsabilidade solidária das empresas:

"I — AGRAVO DE INSTRUMENTO DE VIALUZ — VIAÇÃO LUZIÂNIA LTDA. (5ª RECLAMADA) e VIAÇÃO NOVA LTDA. (6ª RECLAMADA). REGIDO PELA LEI 13.015/2014. RECURSO ORDINÁRIO INTERPOSTO POR MEIO DE PETIÇÃO CONJUNTA. DESERÇÃO DO RECURSO ORDINÁRIO DA 6ª RECLAMADA. SÚMULA 128, III, DO TST. Diante de possível violação do artigo 509 do CPC, dá-se provimento ao agravo de instrumento para determinar o processamento do recurso de revista. Agravo de instrumento conhecido e provido. II. RECURSO DE REVISTA INTERPOSTO NA VIGÊNCIA DA LEI 13.015/2014. 1. RECURSO ORDINÁRIO. PETIÇÃO CONJUNTA da 5ª e 6ª RECLAMADAS. DESERÇÃO DO RECURSO ORDINÁRIO DA 6ª RECLAMADA. SÚMULA 128, III, DO TST. INAPLICABILIDADE. EFEITO DEVOLUTIVO EM PROFUNDIDADE. PROSSEGUIMENTO NO EXAME DA CONTROVÉRSIA. POSSIBILIDADE. Caso em que o Tribunal de origem não conheceu do recurso ordinário da 6ª Reclamada, ao fundamento de que a 5ª Reclamada, responsável pelo preparo, pediu exclusão da lide. Aplicou o disposto na Súmula 128, III, do TST. 2. Ocorre, todavia, que as Reclamadas interpuseram o recurso ordinário em conjunto e, em que pese tenham postulado a exclusão da lide, o juízo singular lhes atribuiu responsabilidade solidária, por entender configurado grupo econômico. As Reclamadas constituem litisconsórcio unitário e seus interesses não são opostos, mas comum, de modo que a procedência ou não da ação as afetará de igual maneira, circunstância que atrai o disposto no artigo 1005 do CPC, segundo o qual "O recurso interposto por um dos litisconsortes a todos aproveita, salvo se distintos ou opostos os seus interesses". De igual modo, o parágrafo único do referido preceito de lei dispõe que "Havendo solidariedade passiva, o recurso interposto por um devedor aproveitará aos outros, quando as defesas opostas ao credor lhes forem comuns". Afastada a deserção e estando o feito em condições de imediato julgamento, mostra-se viável à análise do mérito, em face dos princípios da celeridade e da razoável duração do processo (art. 5º, LXXVIII, da CF), que encontra correspondência no plano infraconstitucional na teoria da "causa madura" (art. 1.013 e parágrafos do CPC/2015). Julgados desta Corte. 2. GRUPO ECONÔMICO. CONTRATO DE TRABALHO ENCERRADO ANTES DA VIGÊNCIA DA LEI 13.467/2017. AUSÊNCIA DE RELAÇÃO HIERÁRQUICA ENTRE AS EMPRESAS. RELAÇÃO DE COORDENAÇÃO. SOLIDARIEDADE INEXISTENTE. ARTIGO 2º, § 2º, DA CLT. 1. O Tribunal Regional manteve a condenação solidária da 5ª e 6ª Reclamadas ao fundamento de que a constatação da existência de sócios em comum e da relação de coordenação entre as empresas revelavam-se elementos suficientemente aptos à caracterização de grupo econômico. 2. A Jurisprudência do Tribunal Superior do Trabalho entende que o reconhecimento de grupo econômico, com base exclusivamente na coordenação entre as empresas envolvidas, representa imposição de responsabilidade solidária não prevista no artigo 2º, § 2º da CLT. O TST pacificou entendimento de que é imprescindível a existência de vínculo hierárquico entre elas, consubstanciado no efetivo controle de uma empresa líder sobre as demais, para imposição da correspondente responsabilidade solidária. Precedentes. 3. O vínculo hierárquico entre as Demandadas não restou evidenciado no caso dos autos, o que impõe o conhecimento do recurso de revista por violação do artigo 2º, § 2º, da CLT. Recurso de revista conhecido e provido" (RR-11192-51.2014.5.18.0053, 5ª Turma, Relator Ministro Douglas Alencar Rodrigues, DEJT 04/8/2023).

Por conseguinte, a teoria da causa madura aplica-se no julgamento do Recurso de Revista quando há o debate de questões de direito e também quando há discussão quanto ao correto enquadramento jurídico dos fatos reconhecidos pelo acórdão regional. Caso haja necessidade de análise de fatos e provas não analisados pelo acórdão regional, o processo deve retornar ao Tribunal de origem para novo julgamento, pois não se trata de hipótese de aplicação da teoria da causa madura.

10. Conclusão

No presente trabalho pretendeu-se demonstrar que o descongestionamento do Poder Judiciário passa por uma reestruturação do processo como um todo, em especial do sistema recursal, pois o Tribunal Superior do Trabalho funciona como terceira instância e não como instância extraordinária, como deveria.

A limitação do efeito devolutivo é necessária, mas não suficiente para que essa verdadeira função do Tribunal Superior do Trabalho seja exercida. É preciso a adoção de um procedimento diverso daquele preconizado nos dias de hoje, como a possibilidade da execução definitiva das decisões proferidas pelos Regionais, criando-se um efeito diferenciado ao Recurso de Revista, o qual denominamos de efeito rescisório, em que o Recurso de Revista teria função similar a de uma Ação Rescisória.

E, como tal, em casos extremos seria possível a concessão de liminar para suspender a execução, como ocorre na ação rescisória.

Isto porque, permitir que a parte utilize de recursos de natureza extraordinária tão somente limitando o efeito devolutivo, faz com que o Tribunal Superior do Trabalho deixe de exercer a sua função de instância extraordinária. É preciso que o sistema recursal seja repensado com base nos princípios constitucionais do processo, em especial o devido processo legal, a duração razoável e o duplo grau de jurisdição.

De acordo com tais princípios, forçoso concluir que o direito da parte se esgota nos Regionais. O que se discute no Tribunal Superior do Trabalho são questões *ultra* partes, razão pela qual não se justifica aguardar o trânsito em julgado após apreciação por este Tribunal. Tal medida só faz com que o Recurso de Revista seja utilizado como instrumento de postergação da coisa julgada, passando o TST a funcionar como terceira instância e não instância extraordinária.

Conforme defendido neste trabalho, o duplo grau de jurisdição decorre do Estado Democrático de Direito, em que todo ato do poder público deve ser passível de controle. E o meio pelo qual os jurisdicionados possuem para controlar o ato proferido pelo Estado-juiz é o recurso. Daí porque defendemos tratar-se de princípio constitucional.

O direito da parte é ao duplo grau de jurisdição, pois conforme defendido neste trabalho, duplo grau não encontra previsão expressa na Constituição Federal, mas decorre do princípio devido processo legal, segundo o qual não se pode admitir ato do Estado que não seja passível de controle. E o controle do Estado juiz se dá por meio do recurso.

Ou seja, o direito da parte é ao duplo grau e não a um terceiro ou quarto grau de jurisdição, razão pela qual uma vez julgada pelo Tribunal Regional, encerra-se ali a discussão quanto a melhor justiça para seu caso, permanecendo questões ultra partes que não impedem a execução imediata do julgado.

Não há garantia individual ao "terceiro grau", até porque inexiste, pois conforme já mencionado, não se confunde "terceiro grau" com instância extraordinária. E, ao se tratar de recurso de natureza extraordinária a adoção de um efeito diferenciado se torna necessário para que seja observada a tão almejada efetividade.

Criar "obstáculos" ao processamento do recurso de revista por meio de instruções normativas, como a de n. 23, criada pela Resolução n. 118/2003 do TST, ou ainda mediante requisitos específicos criado pela jurisprudência, não nos parece a melhor solução, pois são mecanismos insuficientes para tornar o TST um verdadeiro órgão de natureza extraordinária. A restrição ao efeito devolutivo é necessária, mas insuficiente.

Mais ainda, é inerente à finalidade do TST analisar não apenas questões ligadas a literalidade da lei, mas questões de interesse social que muitas vezes não estão previstas em leis, mas decorrem de princípios constitucionais como a dignidade humana, não discriminação etc... Nestas hipóteses também estaria o TST possibilidade de analisar um recurso de revista.

O próprio TST já caminhou neste sentido em diversos processos, o que é louvável, no qual analisa matéria que, tecnicamente, não se trata de violação literal de lei, em que pese tenha este como fundamento, o que faz com que a parte prejudicada possa interpor outro recurso (Embargos à SDI), postergando-se assim, ainda mais, a coisa julgada e criando instâncias ordinárias inexistentes.

É preciso reservar ao TST questões que justifiquem a atuação de uma instância extraordinária, o que evidentemente não se limita ao positivismo estabelecido pelo art. 896 da CLT. A tarefa não é fácil, mas restará facilitada com o esgotamento do efeito devolutivo na instância ordinária.

Por isso, o que se defende neste trabalho não é a simples limitação do cabimento e processamento do Recurso de Revista, o que é causa de distanciamento do TST de sua real função, mas sim sua reformulação, não só para estabelecer outras hipóteses para seu processamento, como a violação a princípios, como também para limitar seus efeitos, a fim de transformá-lo em um autêntico recurso de natureza extraordinária.

O congestionamento dos Tribunais no Brasil, em especial do TST é um dos mais graves entraves ao crescimento do país, pois litigar se tornou um grande "negócio" para o empregador, que tem "ao seu lado" e a seu favor a morosidade, trazida no equívoco da existência de três graus de jurisdição.

A Justiça tem importante papel para preservar o Estado Democrático de Direito. Contudo, o grande número de processos e a demora em se obter um resultado final definitivo, é causa de incentivo a litigiosidade. É preciso descongestionar o Judiciário reduzindo os mecanismos de disponibilidade para externar o inconformismo da parte.

Tal providência é necessária e salutar, mas não é a solução para todos os problemas que envolvem o processo do trabalho. Sabemos a necessidade de se alterar o processo de conhecimento, no qual, muitas vezes, a parte aguarda meses para a realização de uma primeira audiência, o que não se justifica, posto que seria possível adotar outras formas de procedimento a fim de tornar o processo mais célere e efetivo, como também alterar a fase de execução. Contudo, tais entraves não são objeto deste trabalho, que se limitou a analisar um dos pontos de congestionamento do processo do trabalho, que é o Recurso de Revista para o TST.

Em outras palavras, o elevado número de recursos previstos no ordenamento jurídico é um convite à litigiosidade. É um alimento à cultura da judicialização excessiva existente no Brasil. Essa cultura começa a ser implantada nos bancos acadêmicos, na formação do operador do direito, o que se faz necessário romper para se chegar ao ideal de país, pois acreditamos que o número de litígios é proporcional ao desenvolvimento de uma nação.

É lamentável verificar o grande esforço dos magistrados, que se desdobram diariamente sobre diversos processos versando sobre a mesma matéria. Mesmo sabendo o resultado final, o reclamado interpõe um, dois ou mais recursos, com a finalidade tão somente de retardar o trânsito em julgado. A solução para tal problema não passa somente pela cristalização do incidente de uniformização, conforme pretendeu a Lei n. 13.015/14, mas sim por estabelecer um processamento recursal que atenda às exigências da Constituição Federal.

Essa é a nossa proposta, transformar o Recurso de Revista em uma ferramenta para discussão de verdadeiras questões de natureza extraordinária.

11. Exemplos de Petições de Recurso de Revista

Conforme visto, o recurso de revista é eminentemente técnico, em razão dos diversos requisitos e pressupostos específicos. Por esse motivo, é importante que o advogado ao elaborar a petição tenha em mente a natureza extraordinária do recurso. Ou seja, o que motiva a elaboração de um recurso ordinário (que é a justiça da decisão) deve "ficar de lado" quando da elaboração do recurso de revista.

Este exige a demonstração analítica da hipótese de cabimento, razão pela qual adotamos como procedimento dividi-lo em três partes (o recurso ordinário é dividido em duas partes — petição de interposição e razões).

No recurso de revista, além da petição de interposição, as razões serão divididas em duas partes. A primeira parte, na qual será tratado dos pressupostos e requisitos específicos, como o prequestionamento, especificidade etc. Já a parte final das razões, será abordado a hipótese de cabimento propriamente dita, ou seja, a violação ao artigo de lei ou da constituição, divergência etc.

A seguir, no exemplo 1, há uma petição de recurso de revista por violação aos arts. 944, parágrafo único do Código Civil e 5º, incisos V e X, da Constituição Federal, no que tange ao valor arbitrado de danos morais. No exemplo 2, segue uma petição de recurso de revista por duplo fundamento, violação ao art. 7º, inciso XIV, da Constituição Federal e divergência com a Súmula n. 427 do TST. No exemplo 3 segue uma petição de recurso de revista por violação ao art. 941, § 3º do CPC.

Todos os exemplos aqui demonstrados foram extraídos de processos reais em que os recursos foram conhecidos pelo Tribunal Superior do Trabalho, seja por meio do processamento direito do recurso de revista, seja por meio do processamento via agravo de instrumento.

Exemplo 1:

Excelentíssimo Senhor Doutor Desembargador Presidente do Egrégio Tribunal Regional do Trabalho da 15ª Região — CAMPINAS

Recurso de Revista

Autos do processo n. __________

"A", por seu advogado, nos autos da reclamação trabalhista que lhe move *"B"*, respeitosamente, vem ante Vossa Excelência, tempestivamente, com fundamento no art. 896, alínea *"c"* da CLT, interpor <u>RECURSO DE REVISTA</u> ao Egrégio Tribunal Superior do Trabalho.

Para tanto, requer a juntada aos autos do incluso comprovante do depósito recursal complementar no importe de R$ ________ e custas complementares no importe de R$ _________, bem como segue nas razões o cumprimento do disposto no art. 896, § 1º-A da CLT e da Resolução n. 118/2003 do Pleno do TST, a fim de que seja recebido o presente recurso, na forma da lei, devolvendo-se o tema objeto deste ao Egrégio Tribunal *"ad quem"*.

Ainda, informa a tempestividade do presente recurso, eis que a publicação da decisão dos Embargos de Declaração se deu em _____ (fl. _____).

Termos em que
pede deferimento

LOCAL, DATA.

ADVOGADO

Autos n. __________

Recorrente: ________

Recorrido: _________

Razões do Recurso de Revista

Egrégio Tribunal Superior do Trabalho,
Senhores Ministros,

1. Por primeiro, Senhores Julgadores, para melhor entendimento do recurso, pede permissão a Recorrente para tecer um breve resumo do que processado até aqui.

2. A douta decisão proferida pela ___a Turma do Tribunal *"a quo"* entendeu por bem DAR PROVIMENTO PARCIAL ao recurso do recorrido para majorar a indenização por danos morais e estéticos para R$ ...... e NEGAR PROVIMENTO ao recurso da recorrente.

Entretanto, não pode concordar a recorrente, donde decorre o vertente recurso.

Do cabimento do revista

3. O presente recurso é cabível nos exatos termos do art. 896, alínea "c", da CLT, pois violou o art. 944, parágrafo único do Código Civil e art. 5º, incisos V e X da Constituição Federal, no que tange à condenação de indenização por danos morais em elevado valor.

Nos termos da Resolução n. 118/2003 do Pleno deste Tribunal, informa que a procuração em nome deste patrono encontra-se à fl. ____ e a procuração do recorrido à fl. ____. Ainda, informa que o depósito recursal efetuado quando da interposição do Recurso Ordinário encontra-se à fl.____ e as custas foram recolhidas à fl.____.

Ainda, informa a tempestividade do presente recurso, tendo em vista que a publicação da decisão dos Embargos de Declaração se deu em _______.

4. Por fim, a questão aqui tratada, restou amplamente discutida na fase ordinária, o que a torna prequestionada, conforme se verifica no tópico abaixo.

Presente também a transcendência exigida para a análise da matéria, conforme também tratado em tópico a seguir.

DA TRANSCENDÊNCIA.

5. Nos termos do art. 896-A, § 1º, da CLT, o presente caso oferece transcendência, em especial a denominada jurídica, diante da violação a texto de lei, bem como a transcendência inerente aos recursos de natureza extraordinária, consistente em função precípua deste Tribunal Superior de controle da legalidade.

Tratando-se de responsabilidade civil e arbitramento do valor das indenizações, mister se faz a apreciação da matéria por este Tribunal Superior em prol da necessária pacificação do entendimento jurisprudencial, conforme se verifica das seguintes decisões do TST neste sentido:

(...)

DO PREQUESTIONAMENTO DO ART. 5º, INCISOS V E X DA CONSTITUIÇÃO FEDERAL E ART. 944, PARÁGRAFO ÚNICO DO CÓDIGO CIVIL E DO CUMPRIMENTO DO DISPOSTO NO ART. 896, § 1º-A DA CLT

6. Quanto ao valor arbitrado do dano moral, merece conhecimento o presente recurso por violação ao art. 5º, incisos V e X, da Constituição Federal e art. 944, parágrafo único, do Código Civil.

Referidos dispositivos restaram presquestionados no item 22 das razões recursais fl. ____, que assim dispôs:

> "22 Desta forma, sendo mantida a condenação do pagamento de indenização por danos morais, requer a reforma do julgado para efeito de que a indenização seja arbitrada levando-se em consideração o princípio da razoabilidade, previsto no art. 5º inciso V e X da Constituição Federal e no art. 944, parágrafo único do Código Civil, em no máximo 2 salários mínimos."

7. Sobre referida questão, assim decidiu o Tribunal Regional do Trabalho (fl. ____):

> "O valor da compensação por danos morais deve levar em conta os mesmos parâmetros utilizados anteriormente, mas considerando-se a finalidade pedagógica da medida, a capacidade econômica do ofensor, a razoabilidade e proporcionalidade do valor fixado (art. 5º, V e X, da CF)."

8. Assim, nos termos da Súmula n. 297 do TST c/c OJ n. 118 da SDI-I deste Tribunal e § 1º-A do art. 897 da CLT, restam prequestionados referidos dispositivos.

DA POSSIBILIDADE DO TRIBUNAL SUPERIOR DO TRABALHO ANALISAR O ARBITRAMENTO DO VALOR DAS INDENIZAÇÕES

9. Quanto a possibilidade dos Tribunais Superiores analisarem questões referentes ao valor da indenização, pede vênia para transcrever ementa de acórdão proferido pelo TST:

"AGRAVO. DANO MORAL. VALOR DA INDENIZAÇÃO. PROPORCIONALIDADE. APLICAÇÃO DO ART. 944 DO CÓDIGO CIVIL. PROVIMENTO.

Esta Corte Superior tem, por reiteradas vezes, revisto os valores das condenações arbitradas a título de indenização por dano moral, adequando-os ao mandamento constante do art. 944 do Código Civil, o qual estabelece que a reparação deve ser proporcional ao agravo sofrido pela vítima.

Agravo a que se dá provimento.

AGRAVO DE INSTRUMENTO. DANO MORAL. VALOR DA INDENIZAÇÃO. PROPORCIONALIDADE. VIOLAÇÃO DO ART. 944 DO CÓDIGO CIVIL. PROVIMENTO.

Diante da possibilidade de afronta ao art. 944 do Código Civil, o provimento do agravo de instrumento para o destrancamento do recurso de revista é medida que se impõe.

Agravo de instrumento a que se dá provimento.

RECURSO DE REVISTA.

1. NULIDADE POR NEGATIVA DE PRESTAÇÃO JURISDICIONAL. VIOLAÇÃO DOS ARTS. 93, IX, DA CONSTITUIÇÃO FEDERAL E 832 DA CLT. NÃO DEMONSTRAÇÃO. NÃO CONHECIMENTO.

O Colegiado Regional manifestou-se, expressamente, sobre a questão ventilada pelo reclamado em embargos de declaração, fazendo consignar que a prova oral produzida nos autos foi devidamente analisada e valorada, tendo dela emergido a comprovação do dano moral noticiado pela autora.

Dessa forma, não há falar em omissão, nem em negativa de prestação jurisdicional, porquanto respeitados os ditames dos arts. 93, IX, da Constituição Federal, e 832 da CLT.

Recurso de revista não conhecido.

2. DANO MORAL. ÔNUS E VALORAÇÃO DA PROVA. VIOLAÇÃO DOS ARTS. 818 DA CLT, 131 E 333, I, DO CPC. NÃO DEMONSTRAÇÃO. NÃO CONHECIMENTO.

O Colegiado Regional consignou que a reclamante desvencilhou-se dos ônus probatórios que lhe foram impostos, porquanto comprovou que era constantemente humilhada, desqualificada e desmoralizada pelo seu superior hierárquico, o qual a xingava e maltratava diante de seus colegas, expondo-lhe a situações vexatórias e humilhantes, tendo tal conduta violado a honra e a moral da autora. Convenceu-se, a partir da análise das provas dos autos, que se encontravam presentes os elementos caracterizadores do dano moral alegado pela reclamante, apto a ensejar a indenização pleiteada.

Nesse contexto, incólumes os arts. 818 da CLT e 333, I, do CPC, porque respeitada a regra de distribuição dos ônus da prova prevista nos referidos preceitos.

Também não se cogita em ofensa ao art. 131 do CPC, porquanto observada a disposição contida no mencionado dispositivo, o qual estabelece que o juiz tem plena liberdade para valorar a prova, sendo-lhe exigido apenas que apresente os motivos que formaram o seu convencimento, o que sucedeu na hipótese dos autos.

Recurso de revista não conhecido.

3. EMBARGOS DE DECLARAÇÃO. INTENTO PROTELATÓRIO. APLICAÇÃO DA MULTA PREVISTA NO ART. 538, PARÁGRAFO ÚNICO, DO CPC. NÃO CONHECIMENTO.

Ressalvadas as circunstâncias em que a parte logre demonstrar patente arbitrariedade na cominação da multa por embargos protelatórios e, portanto, a sua ilegalidade, não é possível a esta colenda Corte Superior afastar a penalidade prevista no parágrafo único do art. 538 do CPC, pois a conveniência de sua aplicação se situa no âmbito discricionário do julgador. Precedentes.

Em sendo assim, não há como constatar patente arbitrariedade na cominação de multa por oposição de embargos de declaração, quando das alegações depreende-se que a parte pretendeu, por meio da via inadequada, o novo julgamento do feito, trazendo questionamento sobre a prova oral que levou à conclusão de que o dano moral alegado pela autora foi devidamente demonstrado, bem como sobre o quantum *fixado para a correspondente indenização, matéria debatida à exaustão no acórdão impugnado.*

Recurso de revista não conhecido, no particular.

4. DANO MORAL. VALOR DA INDENIZAÇÃO. PROPORCIONALIDADE. VIOLAÇÃO DO ART. 944 DO CÓDIGO CIVIL. PROVIMENTO.

A conduta do superior hierárquico da reclamante, o qual constantemente a xingava e a maltratava na frente dos seus colegas de trabalho, expondo-a a situações humilhantes e vexatórias, é reprovável, tendo aptidão para causar abalo emocional na empregada e gerar reparação pecuniária por dano moral.

Contudo, embora o reclamado detenha capacidade econômica reconhecidamente avantajada, a fixação do quantum indenizatório em R$ 200.000,00 ultrapassa os limites da razoabilidade e da proporcionalidade, em desrespeito ao mandamento constante no art. 944 do Código Civil.

Assim, diante da existência de evidente desproporção entre o evento danoso e o valor da indenização, necessária a redução do quantum *indenizatório para o valor de R$ 50.000,00, levando-se em conta parâmetros desta Corte Superior, conforme recentes julgados.*

Recurso de revista conhecido e provido." (RR — 25540-23.2008.5.10.0016 Data de Julgamento: 4.5.2011, relator Ministro: Guilherme Augusto Caputo Bastos, 2ª Turma, Data de Publicação: DEJT 13.5.2011). (grifamos)

10. Neste diapasão, importante ressaltar a doutrina de Rui Stoco[338] ao abordar o tema *"A ausência de critérios para a fixação da compensação por dano moral"* abaixo transcrito:

> "Padece, ainda, o novo Código Civil de disposição que estabeleça critério para a fixação da compensação por dano moral, coerente, aliás, com a ausência de disciplina específica nessa área, como acima enfatizado.
>
> O estabelecimento de valores para compensar as ofensas morais admitidas em juízo constitui atualmente uma questão angustiante, pois fica no exclusivo poder discricionário do julgador, através de critérios subjetivos e aleatórios.
>
> Aliás, o Colendo Superior Tribunal de Justiça — talvez preocupado com essa exacerbação nas pretensões indenitárias a título de dano moral — e, considerando, ainda a fixação por alguns julgadores de valores absolutamente ínfimos e aviltantes ou de importâncias extremamente exageradas, evoluiu no sentido de rever e fixar o *quantum* do dano moral em sede de recurso especial.
>
> A esse respeito salientou Cássio M. C. Penteado Júnior[339], em artigo de doutrina, que essa Corte Superior vem se orientando no sentido do "controle do valor da indenização, nas demandas por dano moral, tendo-o como uma questão jurídica (conforme voto do Ministro Costa Leite no REsp n. 53.321) passível portanto, de apreciação em grau de recurso especial, afastando eventuais conotações de conteúdo material ou de prova que, a teor da Súmula n. 7, escapariam do julgamento do Colegiado"[340].

11. Desta forma, por se tratar, no presente caso, de condenação por danos morais em valor exagerado, é de rigor o conhecimento do presente recurso, por violação aos por violação ao arts. 944, parágrafo único, do Código Civil, e 5º, incisos V e X, da Constituição Federal.

---

(338) STOCCO, Rui. *A responsabilidade civil.* O Novo Código Civil — Estudos em homenagem ao prof. Miguel Reale. São Paulo: LTr, 2003. p. 832.

(339) Cássio M. C. Penteado Júnior. *Tribuna do Direito.* São Paulo, jun. 1999.

(340) *O novo Código Civil:* estudos em homenagem ao professor Miguel Reale. Ives Gandra da Silva Martins Filho, Gilmar Ferreira Mendes, Domingos Franciulli Netto (Coords.). São Paulo: LTr, 2003.

DA VIOLAÇÃO AO ART. 5º, INCISOS V e X da CONSTITUIÇÃO FEDERAL E ART. 944 PARÁGRAFO ÚNICO DO CÓDIGO CIVIL, NO QUE TANGE AO VALOR DA CONDENAÇÃO POR DANOS MORAIS

12. No que tange ao dano moral, o Tribunal *"a quo"* majorou o valor arbitrado em primeiro grau para R$ ______.

Conforme dito alhures, é pacífico o entendimento de que a fixação do dano deve ser matéria analisada pelos Tribunais Superiores, em razão da observância dos princípios da razoabilidade e da proporcionalidade, conforme estabelece o art. 944, parágrafo único, do Código Civil, abaixo transcrito:

"Art. 944 — A indenização mede-se pela extensão o dano.

Parágrafo único — Se houver excessiva desproporção entre a gravidade da culpa e o dano, poderá o juiz reduzir, equitativamente, a indenização."

13. Além do mais, o art. 5º incisos V e X, da Constituição Federal estabelecem o direito a indenização, que devem ser interpretados de acordo com os princípios da proporcionalidade e razoabilidade, razão pela qual a condenação que não observa tais princípios viola sua literalidade.

Assim estabelece o art. 5º, inciso V e X, da Constituição Federal:

"art. 5º Todos são iguais perante a lei, sem distinção de qualquer natureza, garantindo-se aos brasileiros e aos estrangeiros residentes no País a inviolabilidade do direito à vida, à liberdade, à igualdade, à segurança e à propriedade, nos termos seguintes:

(...)

V — é assegurado o direito de resposta, proporcional ao agravo, além da indenização por dano material, moral ou à imagem

(...)

X — são invioláveis a intimidade, a vida privada, a honra e a imagem das pessoas, assegurado o direito a indenização pelo dano material ou moral decorrente de sua violação."

14. Em outras palavras, a desproporção no arbitramento de indenização por danos morais constitui afronta art. 944 *"caput"*, e parágrafo único do Código Civil e ao disposto no art. 5º, incisos V e X da Constituição Federal, justificando, portanto, o cabimento do presente recurso com fulcro no art. 896, alínea *"c"* da CLT.

15. Assim, conclui-se pelo cabimento do presente Recurso de Revista, vez que o Tribunal *"a quo"*, ao fixar o valor da condenação em danos morais, comete flagrante violação aos princípios da razoabilidade e da proporcionalidade, estabelecido nos mencionados dispositivos legais. Abusividade que, apenas do vertente remédio legal, como é do entendimento uníssono, pode ser corrigida.

Desta forma, requer a reforma da decisão do Tribunal *"a quo"* a fim de reduzir a condenação da indenização por danos morais em valor a ser arbitrado por Vossas Excelência, o que se requer no máximo _______.

Conclusão

16. Diante do exposto, não pode vingar a douta decisão da _____ Turma do Egrégio Tribunal Regional do Trabalho da 15ª Região, nos termos em que vazada, razão pela qual requer seja CONHECIDO e PROVIDO o presente recurso, a fim de REFORMÁ-LA, para reduzir o valor da condenação danos morais, por violação ao art. 944, parágrafo único do Código Civil e art. 5º, incisos V e X da Constituição Federal.

Brasília, DATA

Advogado

OAB

Exemplo 2:

Excelentíssimo Senhor Doutor Desembargador Presidente do Egrégio Tribunal Regional do Trabalho da 2ª Região — SÃO PAULO

Recurso de Revista

Autos do processo n. ___________

"A", por seu advogado, nos autos da reclamação trabalhista que lhe move *"B"*, respeitosamente, vem ante Vossa Excelência, tempestivamente, com fundamento no art. 896, alíneas *"a"* e *"c"* da CLT, interpor RECURSO DE REVISTA ao Egrégio Tribunal Superior do Trabalho.

Para tanto, requer a juntada aos autos do incluso comprovante do depósito recursal complementar no importe de R$ _________ e custas complementares no importe de R$ _________, bem como segue nas razões o cumprimento do disposto no art. 896, § 1º-A da CLT e da Resolução n. 118/2003 do Pleno do T.S.T., a fim de que seja recebido o presente recurso, na forma da lei, devolvendo-se o tema objeto deste ao Egrégio Tribunal *"ad quem"*.

Ainda, informa a tempestividade do presente recurso, eis que a publicação da decisão dos Embargos de Declaração se deu em ____ (fl. ___).

Termos em que
pede deferimento

LOCAL, DATA.

ADVOGADO

Autos n. ___________

Recorrente: _________

Recorrido: _________

Razões do Recurso de Revista

Egrégio Tribunal Superior do Trabalho,
Senhores Ministros,

1. Por primeiro, Senhores Julgadores, para melhor entendimento do recurso, pede permissão a Recorrente para tecer um breve resumo do que processado até aqui.

2. A douta decisão proferida pela ___ª Turma do Tribunal *"a quo"* NEGAR PROVIMENTO ao recurso da reclamada e DAR PROVIMENTO PARCIAL ao recurso do reclamante para "*deferir como extras as horas correspondentes à 7ª e 8ª horas diárias, laboradas em regime de turnos ininterruptos de revezamento*"

Diante de omissões no julgado, ambas as partes opuseram Embargos de Declaração, ao final rejeitados.

Entretanto, não pode concordar a recorrente, donde decorre o vertente recurso.

DO CABIMENTO DO RECURSO DE REVISTA

3. O presente recurso é cabível nos exatos termos do art. 896 alíneas *"a"* e *"c"* da CLT, eis que (a) violou literal disposição do art. 7º inciso XIV da Constituição Federal, no que tange aos turnos ininterruptos de revezamento e; (b) contrariou o disposto na Súmula n. 423 do Tribunal Superior do Trabalho, também no que tange aos turnos ininterruptos de revezamento.

Nos termos da Resolução n. 118/2003 do Pleno deste Tribunal, informa que a procuração em nome deste patrono encontra-se à fl. ____ e a procuração do recorrido à fl. ____. Ainda, informa que o depósito recursal efetuado quando da interposição do Recurso Ordinário encontra-se à fl.____ e as custas foram recolhidas à fl.____.

Ainda, informa a tempestividade do presente recurso, tendo em vista que a publicação da decisão dos Embargos de Declaração se deu em _______.

4. Por fim, a questão aqui tratada, qual seja, a validade da fixação dos turnos ininterruptos por negociação coletiva, restou amplamente discutida na fase ordinária, o que a torna prequestionada.

Presente também a transcendência exigida para a análise da matéria, conforme também tratado em tópico a seguir.

DA TRANSCENDÊNCIA — VALIDADE DA NEGOCIAÇÃO COLETIVA PARA JORNADA EM TURNOS ININTERRUPTOS DE REVEZAMENTO

5. Nos termos do art. 896-A, § 1º, da CLT, o presente caso oferece transcendência quanto a validade da negociação coletiva para jornada em turnos ininterruptos de revezamento, em especial a denominada política, prevista no inciso II do § 1º do referido dispositivo legal, introduzido por força da Lei n. 13.467/17, eis que a instância recorrida desrespeitou jurisprudência sumulada por este Tribunal Superior do Trabalho (Súmula n. 423), de forma que cumprido o pressuposto específico da transcendência.

6. Para comprovar a transcendência, cumpre ressaltar que em dois outros feitos, envolvendo a mesma questão do presente feito, o Tribunal Superior do Trabalho entendeu por bem conhecer dos Recursos de Revista por violação ao art. 7º, inciso XIV da Constituição Federal e contrariedade à Súmula n. 423 do TST.

O primeiro acórdão é da lavra do Ministro Márcio Eurico Vitral Amaro (fls.____)(341) e o segundo do Ministro João Batista Brito Pereira (doc. ____)(342). Abaixo a transcrição das emendas dos referidos acórdãos:

> "TURNOS ININTERRUPTOS DE REVEZAMENTO. ELASTECIMENTO DA JORNADA. PREVISÃO EM NORMA COLETIVA. Esta Corte, em observância do art. 7º, XIV, da Constituição da República, já firmou entendimento no sentido de ser possível o elastecimento da jornada de trabalho realizada em turnos ininterruptos de revezamento, se previsto em norma coletiva e limitado a 2 (duas) horas, não fazendo jus os empregados à percepção das sétimas e oitava horas como extra (Súmula n. 423 do TST). Recurso de Revista conhecido e provido."

> "TURNOS ININTERRUPTO DE REVEZAMENTO. ELASTECIMENTO DA JORNADA. ACORDO COLETIVO. HORAS EXTRAS. Súmula n. 423 DO TST. "Estabelecida jornada superior a seis horas e limitada a oito horas por meio de regular negociação coletiva, os empregados submetidos a turnos ininterruptos de revezamento não têm direito ao pagamento da 7ª e 8ª horas como extras" (Súmula n. 423 do TST)..."

7. É importante destacar que referidas decisões foram proferidas em processos idênticos ao presente caso, oriundos da mesma unidade da recorrente, razão pela qual por violação ao art. 7º, inciso XIV, da Constituição Federal e contrariedade à Súmula n. 423 do TST, mister se faz o conhecimento do presente recurso.

DO PREQUESTIONAMENTO DO DISPOSTO NO ART. 7º, INCISO XIV, DA CONSTITUIÇÃO FEDERAL E DA SÚMULA N. 423 do TST E DO CUMPRIMENTO DO DISPOSTO NO ART. 896, § 1º-A DA CLT.

(341) Fabiano José Benedito x Gerdau Aços Longos S/A, autos n. 110700-51.2009.5.15.0045

(342) Gilmar Camargo x Gerdau Aços Longos S/A, autos n. 125700-24.2009.5.15.0132

8. Quanto a validade da fixação dos turnos ininterruptos por negociação coletiva, prevista no art. 7º inciso XIV da Constituição Federal e Súmula n. 423 do TST, restou amplamente prequestionada na instância ordinária.

Assim fundamentou o acórdão Regional (fl. ___):

"A princípio, reconheço como lícita a negociação coletiva que flexibilizou a jornada de 06 para 8 horas em turnos ininterruptos de revezamento, visto que o art. 7º, inciso XIV, da Carta Magna permite às categorias profissionais a alteração desses parâmetros condicionados à tutela sindical, via negociação coletiva (art. 7º, inciso XXVI da CF).

Neste sentido, a Súmula n. 423 do c. TST, *in verbis*:

"TURNOS ININTERRUPTOS DE REVEZAMENTO. FIXAÇÃO DE JORNADA DE TRABALHO MEDIANTE NEGOCIAÇÃO COLETIVA. VALIDADE. (CONVERSÃO DA ORIENTAÇÃO JURISPRUDENCIAL N. 169 DA SBDI-1). Estabelecida jornada superior a seis horas e limitada a oito horas por meio de regular negociação coletiva, os empregados submetidos a turnos ininterruptos de revezamento não têm direito ao pagamento da 7ª e 8ª horas como extras."

9. Assim, à teor da Súmula n. 297 do TST e § 1º-A do art. 897 da CLT, restaram prequestionados o disposto no art. 7º, inciso XIV, da Constituição Federal e a Súmula n. 423 do TST.

DA VIOLAÇÃO AO ART. 7º, INCISO XIV, DA CONSTITUIÇÃO FEDERAL E DA DIVERGÊNCIA COM A SÚMULA N. 423 DO TST

10. Entendeu o Tribunal *"a quo"* pela invalidade da norma coletiva que fixou o labor de turnos ininterruptos de revezamento em 8 horas diárias, sob o seguinte fundamento (fl.____): ... *(transcrição)* ...

Contudo, deverá ser reformada a decisão *"a quo"* eis que os acordos coletivos foram firmados nos termos do art. 7º, inciso XIV, da Constituição Federal e Súmula n. 423 do TST.

Os fundamentos da decisão guerreada não se sustentam pois os acordos coletivos foram firmados nos termos do mencionado dispositivo constitucional, sendo admitidos como válidos pela Súmula n. 423 deste Tribunal Superior, sem a ressalva conferida pela decisão recorrida.

11. Importante destacar que incontroversamente não há horas extras habituais no presente caso, conforme a própria decisão regional reconhece ao dispor fl.____: ... TRANSCRIÇÃO.

Ou seja, incontroverso que o labor se estendeu até a oitava hora.

12. Assim, a decisão regional, ao desconsiderar os acordos coletivos juntados aos autos, violou a literalidade do art. 7º, inciso XIV da Constituição Federal, bem

como contrariou o entendimento deste Tribunal, insculpido no Verbete de n. 423, que não limita a negociação coletiva, conforme entendeu necessário o acórdão Regional.

Estabelecem referido dispositivo constitucional e referida súmula:

"Art. 7º XIV — jornada de seis horas para o trabalho realizado em turnos interruptos de revezamento, salvo negociação coletiva."

"Súmula n. 423 TST — Estabelecida jornada superior a seis horas e limitada a oito horas por meio de regular negociação coletiva, os empregados submetidos a turnos ininterruptos de revezamento não têm direito ao pagamento das 7ª e 8ª horas como extras."

Também não se pode perder de vista a representatividade do sindicato da categoria do recorrido, o que presumi que o pactuado se traduz em norma mais benéfica, pois deve ser analisada sob a luz da teoria do conglobamento.

13. Nos termos das Súmulas ns. 296 e 23 do TST, presente o requisito especificidade entre o acórdão recorrido e a Súmula n. 423 do TST, pois em ambos os casos a mesma matéria foi tratada com conclusões divergentes, eis que de acordo com o Tribunal Superior do Trabalho é válida norma coletiva que fixa jornada de 8 horas para labor em turnos ininterruptos de revezamento e, de acordo com o acórdão recorrido é inválida.

Presente, portanto, a divergência específica e atual.

14. Desta forma, mister se faz reformar a decisão do Tribunal Regional do Trabalho a fim de afastar a condenação das horas extras, decorrentes do labor em turnos ininterruptos de revezamento por violação ao art. 7º inciso XIV da Constituição Federal e contrariedade à Súmula n. 423 do TST.

Conclusão

15. Diante do exposto, não pode vingar a douta decisão da ___ Turma do Egrégio Tribunal Regional do Trabalho da 2a Região, nos termos em que vazada, razão pela qual requer seja CONHECIDO e PROVIDO o presente recurso, a fim de REFORMAR a decisão Regional para afastar a condenação das horas extras, pelo labor em turnos ininterruptos de revezamento, por violação ao art. 7º inciso XIV da Constituição Federal e por contrariedade à Súmula n. 423 do TST.

Brasília, DATA

ADVOGADO

OAB

Exemplo 3:

Excelentíssimo Senhor Doutor Desembargador Presidente do Egrégio Tribunal Regional do Trabalho da 2ª Região — SÃO PAULO

Recurso de Revista

Autos do processo n. ___________

"A", por seu advogado, nos autos da reclamação trabalhista que lhe move em face de *"B"*, respeitosamente, vem ante Vossa Excelência, tempestivamente, com fundamento no art. 896, alínea *"c"* da CLT, interpor RECURSO DE REVISTA ao Egrégio Tribunal Superior do Trabalho.

Para tanto, requer a juntada aos autos do incluso comprovante do depósito recursal complementar no importe de R$ _________ e custas complementares no importe de R$ _________, bem como segue nas razões o cumprimento do disposto no art. 896, § 1º-A, da CLT e da Resolução n. 118/2003 do Pleno do TST, a fim de que seja recebido o presente recurso, na forma da lei, devolvendo-se o tema objeto deste ao Egrégio Tribunal "*ad quem*".

Ainda, informa a tempestividade do presente recurso, eis que a publicação da decisão dos Embargos de Declaração se deu em ____ (fl. ___).

Termos em que
pede deferimento

LOCAL, DATA.

ADVOGADO

Autos n. ___________

Recorrente: _________

Recorrido: _________

Razões do Recurso de Revista

Egrégio Tribunal Superior do Trabalho,
Senhores Ministros,

1. Por primeiro, Senhores Julgadores, para melhor entendimento do recurso, pede permissão a Recorrente para tecer um breve resumo do que processado até aqui.

2. A douta decisão proferida pela ___ª Turma do Tribunal *"a quo"* entendeu por bem não acolher a preliminar da nulidade e, no mérito, NEGAR PROVIMENTO ao recurso da recorrente, mantendo sua responsabilidade subsidiária.

Entretanto, não pode concordar a recorrente, donde decorre o vertente recurso.

Do cabimento do revista

3. O presente recurso é cabível nos exatos termos do art. 896 alínea *"c"* eis que violou o art. 941, § 3º, do CPC ao não declarar o voto vencido.

Nos termos da Resolução n. 118/2003 do Pleno deste Tribunal, informa que a procuração em nome deste patrono encontra-se à fl.____ e a procuração do recorrido à fl.____. Ainda, informa que o depósito recursal efetuado quando da interposição do Recurso Ordinário encontra-se à fl.____ e as custas foram recolhidas à fl.____.

Ainda, informa a tempestividade do presente recurso, tendo em vista que a publicação da decisão dos Embargos de Declaração se deu em ______.

4. Por fim, as questões aqui tratadas restaram amplamente discutidas na fase ordinária, o que as tornam prequestionadas, conforme se verá nos tópicos abaixo.

Presente também a transcendência exigida para a análise da matéria, conforme também tratado em tópico a seguir.

DA TRANSCENDÊNCIA QUANTO À MATÉRIA DEVOLVIDA NESTE RECURSO — AUSÊNCIA DE DECLARAÇÃO DO VOTO VENCIDO

5. Nos termos do art. 896-A, § 1º, da CLT, o presente caso oferece transcendência, ante a violação ao art. 941, § 3º, do CPC, em razão da não declaração do voto vencido, conforme já decidiu este Tribunal Superior, em acórdão da lavra do Ministro Breno Medeiros (doc. 03 anexo), que assim dispôs:

> O § 1º do art. 896-A dispõe serem indicadores de transcendência, entre outros, o elevado valor da causa, o desrespeito da instância recorrida à jurisprudência sumulada do Tribunal Superior do Trabalho ou do Supremo Tribunal Federal e a postulação, por reclamante-recorrente, de direito social constitucionalmente assegurado, em nada não obstando, no entanto, que esta Corte conclua por hipóteses outras que ensejem o reconhecimento da transcendência, desde que dentro das quatro vertentes já mencionadas.
>
> Assim, ainda que o legislador tenha elencado como hipótese de transcendência jurídica a existência de questão nova em torno da interpretação da legislação trabalhista, o que, de fato, não é o caso, uma vez que a matéria referente ao tema "juntada do voto vencido" já é bastante conhecida no âmbito desta Corte, certo é que algumas Turmas deste Tribunal vêm decidindo a questão de forma conflitante (TST-ARR-1583-70.2016.5.13.0002, 5ª Turma)

6. No mesmo sentido foi a decisão da 6ª Turma deste Tribunal Superior, em acórdão da lavra da desembargadora convocada dra. Cilene Ferreira Amaro Santos (doc. 04 em anexo):

> A exigência de que o voto vencido seja apresentado está em consonância com o sistema estabelecido pela Lei n. 13.015/2014, que exige entre os requisitos formais do recurso de revista, a transcrição do trecho que "consubstancia o prequestionamento"

(art. 896, § 1º-A, I, da CLT), bem como que seja realizado o confronto analítico com todos os fundamentos da decisão recorrida (art. 896, § 1º-A, III, da CLT). Se o voto vencido não é apresentado, isso constitui cerceamento do direito de defesa, porque impede a parte de discutir amplamente as ocorrências do julgamento.

Outro ponto a ser observado é que o Tribunal Superior do Trabalho, como instância extraordinária, não reexamina fatos e prova, mas pode dar novo enquadramento jurídico à situação. Dessa forma, essencial a juntada do voto vencido para possibilitar a ampla análise das ocorrências dos autos. Dessa forma, apresenta-se a transcendência política de que trata o art. 896-A, § 1º, II, da CLT. (TST-RR-1230-90.2016.5.21.0007, 6ª Turma)

7. Desta forma, todas as matérias aqui discutidas oferecem transcendência, razão pela qual deverá ser determinado o regular processamento do presente recurso.

DO PREQUESTIONAMENTO DO ART. 941, § 3º, DO CPC E DO CUMPRIMENTO DO DISPOSTO NO ART. 896, § 1º-A DA CLT

8. Quanto aos termos do art. 941, § 3º, do CPC, diante da omissão do julgado quanto à declaração do voto vencido, opuseram as recorrentes embargos de declaração objetivando sua observância, nos seguintes termos (Id. e3d9bf1, fl. 1.422):

9. Por fim, conforme se verifica, a Excelentíssima Senhora Desembargadora Dra. .... manifestou seu voto contrário à maioria, no que tange à prescrição total.

Logo, tendo em vista que o voto vencido integra a decisão do colegiado, é a presente para requerer que se digne Vossa Excelência de remeter os autos à desembargadora vencida a fim de que declare seu voto nos autos, para que deste as partes tenham claro e amplo conhecimento na forma da lei e também para fins de prequestionamento, conforme, aliás, determinar o art. 941, § 3º, do CPC, abaixo transcrito:

Art. 941. Proferidos os votos, o presidente anunciará o resultado do julgamento, designando para redigir o acórdão o relator ou, se vencido este, o autor do primeiro voto vencedor.

(...)

§ 3º O voto vencido será necessariamente declarado e considerado parte integrante do acórdão para todos os fins legais, inclusive de pré-questionamento.

10. Se não bastasse expressa determinação no CPC, necessário se faz sua declaração em prol do princípio da motivação insculpido no art. 93 inciso IX da Constituição Federal, o que ora se requer, de forma a prover a íntegra jurisdição aqui invocada.

11. Nem se argumente de que pelo fato de inexistir recurso contra decisão não unânime, seria desnecessário a declaração do voto vencido, pois o fundamento não é a recorribilidade do ato, mas sim o controle pelo qual o Poder é exercido. Esse é

o fundamento do princípio da motivação previsto no art. 93, Inciso IX, da Carta Magna.

12. Contudo, ao julgar os embargos de declaração, assim julgou o regional (id. 78f7c51, fl. 1.442):

No mais, a CLT tem regramento próprio sobre as decisões judiciais no art. 832, *caput* e parágrafos, de modo que não tem aplicação o § 3o do art. 941 do Código de Processo Civil. Porém, ainda que se queira aplicá-lo, fato é que ele exige apenas que o voto vencido seja declarado, tal como foi no presente caso à fl. 1.389. Pelo princípio da colegialidade, para fins de prequestionamento, o que prevalece é o voto vencedor, daí o regramento lacônico sobre o voto vencido, que não representa a posição colegiada.

13. Assim, a teor da Súmula 297 deste Tribunal restou prequestionada o disposto no art. 941, § 3º do CPC.

DA VIOLAÇÃO DO ART. 941, § 3º, DO CPC

14. Estabelece o disposto no art. 941, § 3º, do CPC que:

Art. 941. Proferidos os votos, o presidente anunciará o resultado do julgamento, designando para redigir o acórdão o relator ou, se vencido este, o autor do primeiro voto vencedor.

(...)

§ 3º O voto vencido será necessariamente declarado e considerado parte integrante do acórdão para todos os fins legais, inclusive de pré-questionamento.

15. Conforme tratado no tópico anterior, diante da omissão quanto ao voto vencido, opuseram as recorrentes embargos de declaração e ao julgá-los, fundamentou o Regional que referido dispositivo não é aplicado ao processo do trabalho e, ainda, que o voto vencido restou declarado às fls. 1389 dos autos.

Pede vênia para transcrever o conteúdo contido na referida fl ......:

"Votação por maioria. Vencida a Exma. Sra. Desembargadora ..... quanto à prescrição."

16. Ora, informar que houve divergência não supre a necessidade de declaração do voto, conforme determina expressamente o dispositivo legal invocado. E isso porque, a exigência de declaração do voto vencido está relacionada com o princípio constitucional da motivação e, portanto, ao devido processo legal.

O princípio da motivação das decisões judiciais é um consectário do princípio do devido processo legal, eis que em um Estado Democrático de Direito não se admite que os atos do Poder Público sejam expedidos em desapreço à garantia da ordem política.

17. Sobre referida questão, importante resgatar a doutrina de Maria Thereza Gonçalves Pero:

> "O preceito constitucional da obrigatoriedade da motivação dos atos judiciais e o princípio do devido processo legal mantêm entre si uma relação de interdependência muito grande, representando, ambos, a concretização de um princípio político maior, que é o da controlabilidade sobre o modo como o Poder é exercido no moderno Estado de Direito." (*A Motivação da Sentença Civil*, Editora Saraiva, ano 2001, p. 14.)

E, num Estado Democrático de Direito, é através de decisões fundamentadas que se avalia a atividade jurisdicional, o que inclui o voto vencido conforme determina expressamente o dispositivo legal aqui violado.

18. Sobre este tema, assim nos ensina Manoel Antonio Teixeira Filho, *"in verbis"*:

> "O requisito da fundamentação tem um certo objetivo político, pois se destina a evitar a arbitrariedade judicial. Ausente essa exigência, o juiz poderia decidir não segundo a norma jurídica aplicável, mas de acordo com a sua consciência, a sua conveniência, levando em conta, para isso, a condição social da parte, a sua ideologia política, a sua religião e o mais. Como advertiu Franco Lancelloti, não é suficiente que o juiz faça a justiça: é necessário que demonstre como fez justiça. Essa demonstração é realizada por meio de fundamentação adequada, vale dizer, das razões jurídicas que o juiz invocou para decidir a favor desta ou daquela parte." (*O Procedimento Sumaríssimo no Processo do Trabalho*, LTr, 1ª edição, 3ª tiragem, p. 118)

19. Em suma, a decisão Regional negou-se a prestar a jurisdição às recorrentes, ao deixar de declarar o voto divergente e por conseguinte não restou claro e amplo o conhecimento da decisão prolatada que se presta inclusive para fins de prequestionamento, razão pela qual deverá ser declarada nula.

20. Nem se argumente que a declaração do voto é uma faculdade do juiz e não uma obrigatoriedade, sob pena de violação ao devido processo legal, bem como o princípio da legalidade, além de contrariar texto expresso de lei (art. 941, § 3º, do CPC).

Ora, se o voto vencido integra a decisão do colegiado, a omissão na sua declaração a torna nula, por falta de motivação, principalmente pelo fato do recorrente ter apresentado embargos declaratórios a fim de suprir tal omissão.

21. Esta questão já restou enfrentada por este Tribunal Superior, o qual pede vênia para destacar três julgados, não com a finalidade do conhecimento do recurso por divergência, por se tratar de acórdãos de turma, mas sim com a finalidade de embasara a tese aqui defendida. São eles:

O primeiro deles, já citado no tópico da transcendência deste recurso, é da lavra do ministro Breno Medeiros (doc. 03 anexo), o qual assim fundamenta:

> O e. Regional considerou que a juntada das razões do voto vencido no acórdão principal trata-se de uma mera faculdade do julgador, "assegurando-se ao Magistrado, quando vencido, o direito de apresentar, por escrito, justificativa de voto, desde que assim o requeira durante o julgamento ou logo em seguida à proclamação do resultado".
>
> Todavia, o art. 941, § 3º, do CPC, dispõe expressamente que o voto vencido é parte integrante do acórdão principal, inclusive, para fins de prequestionamento da matéria, exigindo-se, portanto, a sua inclusão no voto principal, in verbis.
>
> "Art. 941. Proferidos os votos, o presidente anunciará o resultado do julgamento, designando para redigir o acórdão o relator ou, se vencido este, o autor do primeiro voto vencedor.
>
> (...)
>
> § 3º O voto vencido será necessariamente declarado e considerado parte integrante do acórdão para todos os fins legais, inclusive de pré-questionamento.
>
> Assim, ante o disposto no art. 941, § 3º, do CPC e tendo o acórdão regional sido publicado na vigência deste, é necessário que os termos do voto vencido conste do acórdão principal, por ser parte integrante deste, notadamente para fins de prequestionamento. (TST-ARR-1583-70.2016.5.13.0002, 5ª Turma)

O segundo é da lavra da desembargadora convocada Cilene Ferreira Amaro Santos (doc. 04 anexo)[(343)], também já citado neste recurso no tópico da transcendência, o qual possui a seguinte ementa:

> RECURSO DE REVISTA LEI N. 13.467/2017. CERCEAMENTO DO DIREITO DE DEFESA. RECUSA DE JUNTADA DO VOTO VENCIDO. TRANSCENDÊNCIA. O processamento do recurso de revista na vigência da Lei n. 13.467/2017 exige que a causa ofereça transcendência com relação aos reflexos gerais de natureza econômica, política, social ou jurídica, a qual deve ser analisada de ofício e previamente pelo Relator (arts. 896-A, da CLT, 246 e 247 do RITST). A matéria diz respeito ao cerceamento do direito de defesa arguido pela parte reclamante, em razão da ausência de juntada do voto vencido que negava provimento ao recurso interposto pela reclamada e entendia pela manutenção da sentença quanto aos valores indenizatórios arbitrados. O Tribunal Regional entendeu que a decisão da Turma é a que gera a coisa julgada, seja unânime ou majoritária, sendo mera faculdade do Desembargador que divergiu do voto prevalecente em juntar aos autos o voto vencido, caso em que deve registrar tal intenção ao tempo da proclamação do resultado do julgamento em sessão, fato que não ocorreu. O art. 941, § 3º, do CPC é claro no sentido de que o "voto vencido será necessariamente declarado e considerado parte integrante do acórdão para todos os fins legais, inclusive de pré-questionamento", portanto, exige a juntada do voto vencido como parte integrante do acórdão, inclusive para a finalidade de prequestionamento. O art. 896-A, § 1º, II, da CLT prevê como indicação de transcendência política, entre outros, o "o desrespeito da instância recorrida à jurisprudência sumulada do Tribunal Superior do Trabalho ou do

(343) TST-RR-1230-90.2016.5.21.0007, 6a Turma.

Supremo Tribunal Federal". Como o dispositivo não é taxativo, deve ser reconhecida a transcendência política quando há desrespeito ao entendimento pacificado no Tribunal Superior do Trabalho. O art. 168, III, do RITST, prevê como elemento essencial do acórdão "a fundamentação vencedora e, igualmente, o voto vencido". Considerando a aprovação do regimento interno em sessão do Tribunal Pleno desta Corte, pode-se afirmar que é entendimento pacificado a necessidade de juntada do voto vencido, como parte integrante da fundamentação do acórdão. Transcendência política reconhecida. Demonstrada a violação do art. 941, § 3º, do CPC. Recurso de revista de que se conhece e a que se dá provimento. (TST-RR-1230-90.2016.5.21.0007, 6ª Turma)

O terceiro é da lavra da Ministra Kátia Magalhães Arruda (doc. 05 anexo), que assim fundamenta:

Conforme se extrai do mencionado dispositivo legal, o voto vencido passa necessariamente a ser considerado como parte integrante do acórdão principal, inclusive, para fins de prequestionamento da matéria.

Tal determinação se coaduna perfeitamente com os preceitos estabelecidos pela sistemática processual estabelecida pela Lei n. 13.015/2014, a qual determina ser ônus da parte transcrever todos os trechos do acórdão recorrido que demonstrem a amplitude do prequestionamento da matéria, e, ainda, nesse particular, apresentar impugnação específica demonstrando analiticamente porque o recurso de revista deveria ser conhecido.

Ao contrário do que ocorre com o recurso ordinário, cujo efeito devolutivo é amplo, o recurso de revista tem devolução restrita, motivo pelo qual a nova sistemática recursal (Novo CPC e Lei n. 13.015/2014) impõe à parte o ônus de demonstrar o prequestionamento desejado por meio de teses jurídicas e premissas fático-probatórias constantes, inclusive, no voto vencido, a fim de permitir ao recorrente a oportunidade de buscar enquadramento jurídico diverso daquele emitido pelo voto vencedor na análise da matéria, já que houve divergência de entendimento pelo órgão colegiado de segunda instância. (TST-ARR 479-95.2016.5.06.0371, 6ª Turma)

22. Assim, requer seja declarada a nulidade do julgado, devolvendo-se o feito ao Tribunal *"a quo"*, a fim de que profira na íntegra a jurisdição aqui invocada, por violação ao art. 941, § 3º, do CPC.

Conclusão

23. Diante do exposto, não pode vingar a douta decisão da ___ª Turma do Egrégio Tribunal Regional do Trabalho da 15ª Região, nos termos em que vazada, razão pela qual requer seja CONHECIDO e PROVIDO o presente recurso, a fim de ANULAR a decisão do Tribunal *a quo*, para determinar o retorno dos autos ao TRT para que proceda a inclusão do voto vencido, por violação ao art. 941, § 3º, do CPC

Brasília, DATA

ADVOGADO

OAB

Referências Bibliográficas

ARAÚJO, Luiz Alberto David; NUNES JR., Vidal Serrano. *Curso de Direito Constitucional.* 7. ed. São Paulo: Saraiva, 2003.

ARRUDA, Samuel Miranda. *O direito fundamental à razoável duração do processo.* Brasília: Brasília Jurídica, 2006.

ARRUDA, Kátia Magalhães; MILHOMEM, Rubem. *A Jurisdição Extraordinária do TST na Admissibilidade do Recurso de Revista.* São Paulo: LTr, 2012.

ASSIS, Araken de. *Manual dos Recursos.* 5. ed. São Paulo: Revista dos Tribunais, 2013. v. 1.

BARBOSA, Rui. *Oração aos Moços.* 16. ed. Rio de Janeiro: Ediouro, 1999

BATALHA, Wilson de Souza Campos. *Tratado de Direito Judiciário do Trabalho.* São Paulo: LTr, 1977.

BASTOS, Celso Ribeiro; MARTINS, Ives Gandra. *Comentários à Constituição do Brasil promulgada em 5 de outubro de 1988.* São Paulo: Saraiva, 1989.

BEBBER, Júlio César. *Recursos no processo do trabalho.* São Paulo: LTr, 2011.

BELMONTE, Alexandre Agra. Breves comentários ao novo sistema recursal trabalhista (Lei n. 13.015/2014). *Revista LTr,* São Paulo, vol. 79, jan. 2015.

BEZERRA LEITE, Carlos Henrique. *Curso de Direito Processual do Trabalho.* São Paulo: LTr, 2010.

BOBBIO, Norberto. *O Positivismo Jurídico:* lições de Filosofia do Direito. São Paulo: Ícone, 1995.

BONAVIDES, Paulo. *Curso de Direito Constitucional.* São Paulo: Malheiros, 2008.

BRANDÃO, Claudio. *O defeito formal nos recursos de revista e de embargos* — possibilidade de correção. Revista LTr, São Paulo, vol. 79, jan. 2015.

______. *Reforma do Sistema Recursal Trabalhista — Comentários à Lei n. 13.015/2014.* São Paulo: LTr, 2015.

BRASIL. *Código de Processo Civil (1973). Vade Mecum.* 5. ed. São Paulo: Revista dos Tribunais, 2010.

______. *Consolidação das Leis do Trabalho (1943).* 38. ed. São Paulo: LTr, 2011.

______. *Constituição (1988).* A Constituição da República Federativa do Brasil. 45. ed. São Paulo: Saraiva, 2011.

______. *Constituição do Império do Brazil (25 de março de 1824).* Disponível em: <http://www.planalto.gov.br/ccivil_03/constituição/constituicao24.htm>. Acesso em: 6 jun. 2014.

______. *Constituição da Republica dos Estados Unidos do Brasil (24 de fevereiro de 1891).* Disponível em: <http://www.planalto.gov.br/ccivil_03/constituição/constituicao91.htm>. Acesso em: 10 jun. 2014.

______. *Constituição da República dos Estados Unidos do Brasil (de 16 de julho de 1934).* Disponível em: <http://www.planalto.gov.br/ccivil_03/constituição/constituicao34.htm>. Acesso em: 12 jun. 2014.

______. *Decreto n. 848, de 11 de outubro de 1890.* Disponível em: <https://www.planalto.gov.br/ccivil_03/decreto/1851-1899/d848.htm>. Acesso em: 28 maio 2014.

______. *Decreto-lei n. 1.237, de 2 de maio de 1939.* Disponível em: <http://www.2.camara.gov.br/legin/fed/declei/1930-1939/decreto-lei-1237-2-maio-1939-349344-publicacaooriginal-1-pe.html>. Acesso em: 10 jun. 2014.

______. *Decreto-lei n. 5.452, de 1 de Maio de 1943 — Publicação Original.* Disponível em: <http://http://www2.camara.gov.br/legin/fed/declei/1940-1949/decreto-lei-5452-1-maio--1943-415500-publicacaooriginal-1-pe.html>. Acesso em: 8 jun. 2014.

______. *Emenda Constitucional de 3 de Setembro de 1926 — Publicação Original.* Disponível em: <http://www2.camera.gov.br/legin/fed/emecon_sn/1920-1929/emendaconstitucional-35085-3-setembro-1926-532729-publicacaooriginal-15088-pl.html>. Acesso em: 11 jun. 2014.

______. *TRT 1ª Região — Decreto n. 6.596 — de 12 de dezembro de 1940.* Disponível em: <http://portal2.trtrio.gov.br:7777/portal/page?_pageid=73,5714538&_dad=portal&_schema=PORTAL>. Acesso em: 10 jun. 2014.

BUENO, Cássio Scarpinelli. *Curso sistematizado de direito processual civil.* São Paulo: Saraiva, 2008, v. 5.

______. *Novo Código de Processo Civil anotado.* São Paulo: Saraiva, 2015.

CARNELUTTI, Francesco. *Instituciones del processo civil.* Buenos Aires: EJEA, 1973.

CARRION, Valentin. *Comentários à Consolidação das Leis do Trabalho.* São Paulo: Saraiva, 2011.

CASTELO, Jorge Pinheiro. Da admissibilidade do Recurso de Revista a ofensa de lei. *Suplemento Trabalhista LTr* 108/85.

CINTRA, Antônio Carlos Araújo; GRINOVER, Ada Pellegrini; CÂNDIDO, Rangel Dinamarco. *Teoria Geral do Processo.* São Paulo: Malheiros, 2006.

COELHO, Vicente de Faria. *Recurso de Revista.* Rio de Janeiro: Editora Nacional de Direito, 1957.

COSTA, Coqueijo. *Direito Processual do Trabalho.* São Paulo: Forense, 1986.

DALAZEM, João Orestes. Artigo: Recusto de Revista — Lei n. 9.756/98. *Síntese Trabalhista*, jul. 1.999.

DINAMARCO, Cândido Rangel. Efeito dos recursos. *Revista Ajuris*, ano XXVII, v. 85, mar. 2002.

DINIZ, José Janguiê Bezerra. *Os recursos no processo trabalhista:* teoria, prática e jurisprudência. São Paulo: LTr, 2005.

DUARTE, Ronnie Preuss. *Garantia de Acesso à Justiça — Os direitos processuais fundamentais.* Coimbra: Coimbra Editora, 2007.

ECO, Humberto. *Como se faz uma tese.* 19. ed. São Paulo: Perspectiva, 2006.

FARIA, Luiz Miyasato de. *Princípio da razoável duração do processo e medidas e celeridade processual.* São Paulo: LTr, 2013.

FERREIRA FILHO, Manoel Gonçalves. *Comentários à Constituição brasileira de 1988.* São Paulo: Saraiva, 1990. v. 1.

FLORINDO, Valdir. Aplicação da teoria da causa madura no julgamento de recurso de revista. *Revista LTr: Legislação do Trabalho.* Publicação Mensal de Legislação. Doutrina e Jurisprudência. Ano 88. Fevereiro/2024.São Paulo — SP.

FRANÇA, Vladimir da Rocha. Eficiência administrativa. *Revista de Direito Administrativo.* Rio de Janeiro, Renovar, n. 220, abr./jul. 2000.

GATTO, Joaquim Henrique. *O duplo grau de jurisdição e a efetividade do processo.* São Paulo: Livraria Editora do Advogado, 2010.

GIGLIO, Wagner D.; CORRÊA, Claudia Giglio Veltri. *Direito processual do trabalho.* 15. ed. São Paulo: Saraiva, 2005.

GONÇALVES, Odonoel Urbano; MANUS, Pedro Paulo Teixeira. *Recursos no processo do trabalho.* São Paulo: LTr, 1997.

GRECO FILHO, Vicente. *Direito processual civil brasileiro.* Vol. 2. São Paulo: Saraiva, 1997.

GRINOVER, Ada Pellegrini. *Os princípios constitucionais e o Código de Processo Civil.* São Paulo: Bushatsky, 1975.

HOBSBAWM, Eric J. *A era das revoluções — 1789 a 1848*, 11. ed. Rio de Janeiro: Paz e Terra, 1998.

JOBIM, Marco Félix. *O direito à duração razoável do processo:* responsabilidade civil do Estado em decorrência da intempestividade processual. São Paulo: Livraria do Advogado, 2012.

JORGE NETO, Francisco Ferreira; CAVALCANTE, Jouberto de Quadros. *Direito Processual do Trabalho.* 5. ed. São Paulo: Atlas.

JORGE NETO, Francisco Ferreira; CAVALCANTE, Jouberto de Quadros Pessoa. *Direito Processual do Trabalho.* Tomo II. São Paulo: Lumen Juris, 2009.

______. *Direito Processual do Trabalho.* São Paulo: Atlas, 2012.

______. A sistemática recursal e suas inovações (Lei n. 13.105/2014): O recurso de revista e de embargos no TST. *Revista LTr*, São Paulo, vol. 79, mar. 2015.

KOHLER, Frederico Augusto Leopoldino. *A razoável duração do processo.* São Paulo: Juspodivm, 2013.

KOURY, Luiz Roman Neves. Recurso de Revista e Embargos — Nova configuração legal e a sua regulamentação pelo TST. *Revista LTr*, São Paulo, vol. 79, mar. 2015.

LAKATOS, Eva Maria; MARCONI, Marina de Andrade. *Fundamentos da metodologia científica.* 5. ed. São Paulo: Atlas, 2003.

LIMA, Carolina Alves de Souza Lima. *O princípio constitucional do duplo grau de jurisdição.* Barueri: Manole, 2003.

LOPES, Dimas Ferreira. Direito processual na história. Celeridade do processo como garantia constitucional. FIUZA, Cézar (Coord.). *Estudo histórico-comparativo:* Constituições brasileira e espanhola. Belo Horizonte: Mandamentos, 2002.

LOPES, José Reinaldo de Lima. *Curso de História do Direito.* São Paulo: Método, 2009.

LUHMANN, Niklas. *Sociologia do direito.* Rio de Janeiro: Tempo Brasileiro, 1983.

MACHADO, Costa. *Código de Processo Civil Interpretado.* Barueri: Manole, 2013.

MACIEL, José Alberto Couto. *Advocacia no Tribunal Superior do Trabalho.* São Paulo: LTr, 1984.

MACIEL, José Fábio Rodrigues. *História do Direito:* Direito Romano, Justiniano. São Paulo: Saraiva, 2010.

MALLET, Estêvão. *Do Recurso de Revista no Processo do Trabalho.* São Paulo: LTr, 1995.

MALLET, Estevão. Reflexões sobre a Lei n. 13.015/14. *Revista LTr* 79-01/41.

MANCUSO, Rodolfo de Camargo. *Recurso Extraordinário e Recurso Especial.* São Paulo: Revista dos Tribunais, 1993.

MARINONI, Luís Guilherme. Direito fundamental à duração razoável do processo. Artigo publicado pela *Estação Científica* (Ed. Especial Direito), Juiz de Fora, V. 01, n. 04, out./nov. 2009.

______. *Curso de Processo Civil — Teoria Geral do Processo.* v. 1. São Paulo: Revista dos Tribunais, 2008.

______; ARENHART, Sérgio Cruz. *Curso de Processo Civil, Processo de Conhecimento.* Vol. 2. São Paulo: Revista dos Tribunais, 2008.

MARTINS, Sérgio Pinto. *Direito Processual do Trabalho.* São Paulo: Atlas, 2012.

MATHIAS, Carlos Fernando. *Notas para uma história do judiciário no Brasil.* Brasília: Fundação Alexandre de Gusmão, 2009.

MATTOS, Sérgio Luís Wetzel de. *Devido Processo Legal e Proteção de Direitos.* Porto Alegre: Livraria do Advogado, 2009.

MEDEIROS, Breno e DE ASSIS, Pedro. *Recurso de Revista descomplicado.* Brasília: Editora Venturolli, 2024.

MIRANDA, Pontes de. *Comentários ao Código de Processo Civil — Tomo VII.* São Paulo: Forense, 1975.

MELLO, Celso Antonio Bandeira de. *Curso de Direito Administrativo.* São Paulo: Malheiros, 1996.

MOREIRA, José Carlos Barbosa. *Comentários ao Código de Processo Civil.* vol. 5. Rio de Janeiro: Forense, 2003.

NASCIMENTO, Amauri Mascaro. *Curso de Direito Processual do Trabalho.* São Paulo: Saraiva, 2013.

NERY JUNIOR, Nelson. *Teoria Geral dos Recursos.* São Paulo: Revista dos Tribunais, 2004.

______. *Princípios do Processo Civil na Constituição Federal.* São Paulo: Revista dos Tribunais, 2010.

NEVES, Daniel Amorim Assumpção. *Novo Código de Processo Civil — Lei n. 13.105/2015*. São Paulo: Método, 2015.

NEVES, Daniel Amorim Assumpção. *Manual de Direito Processual Civil*. Editora Método. 2. edição.

NUNES, Luiz Antônio Rizzatto. *O princípio constitucional da dignidade da pessoa humana: doutrina e jurisprudência*. São Paulo: Saraiva, 2002.

NUNES, Luiz Antônio Rizzatto. *Manual da monografia jurídica*. 8. ed. São Paulo: Saraiva, 2010.

OLIVEIRA, Francisco Antônio de. *Manual de Processo do Trabalho*. São Paulo: Revista dos Tribunais, 2005.

PARIZ, Ângelo Aurélio Gonçalves. *O Princípio do Devido Processo Legal — Direito Fundamental do Cidadão*. Coimbra: Almedina, 2009.

PEREIRA JUNIOR, Mauro Bley. *Recurso de Revista*. Curitiba: Consulex, 1991.

PEREIRA, Micheli. O mau funcionamento do Poder Judiciário como empecilho ao Desenvolvimento Econômico Brasileiro. *Revista da Academia Brasileira de Direito Constitucional*, n. 2, jan/. jun. 2010. Disponível em: <http://www.abdconst.com.br/revista2/ResumoMau.pdf>.

PINHEIRO, Armando Castelar. *Judiciário e Economia no Brasil*. São Paulo: Sumaré, 2000.

______. Judiciário, Reforma e Economia: A Visão dos Magistrados. In: PINHEIRO, A. Castelar (Org.). *Reforma do Judiciário:* Planos, Propostas e Perspectivas. Rio de Janeiro: Booklink Publicações, 2003.

PINTO, Nelson Luiz. *Manual dos Recursos Cíveis*. São Paulo: Malheiros, 2002.

PINTO, José Augusto Rodrigues. *Manual dos recursos nos dissídios do trabalho*. São Paulo: LTr, 2006.

PISTORI, Gerson Lacerda. *Dos Princípios do Processo*. São Paulo: LTr, 2001.

PORTANOVA, Rui. *Princípios do Processo Civil*. Porto Alegre: Livraria do Advogado, 2013.

PORTELA, André; ZYLBERSTAJN, Eduardo. *A dimensão econômica das decisões judiciais*. São Paulo: Fecomércio-SP, 2014.

RAMOS, Brasilino Santos. *Razoável duração do processo e efetividade da tutela dos direitos fundamentais do trabalhador*. São Paulo: LTr, 2012.

ROSINHA, Martha. *Os efeitos dos recursos*. Porto Alegre: Livraria do Advogado, 2012.

RUSSOMANO JUNIOR, Victor. *Recursos Trabalhistas de Natureza Extraordinária*. Curitiba: Juruá, 2010.

SÁ, Djanira Maria Radamés de. *Duplo Grau de Jurisdição:* Conteúdo e Alcance Constitucional. Porto Alegre: Saraiva. 1999.

SARAIVA, Renato. *Curso de Direito Processual do Trabalho*. São Paulo: Método, 2010.

SCHIAVI, Mauro. *Manual de Direito Processual do Trabalho*. São Paulo: LTr, 2011.

______. *Recursos no Processo do Trabalho*. São Paulo: LTr, 2013.

SICA, Heitor Vitor Mendonça. Recurso intempestivo por prematuridade? In: NERY JR., Nelson; WAMBIER, Teresa Arruda Alvim (Coords.). *Aspectos Polêmicos e Atuais dos Recursos Cíveis*. São Paulo: Revista dos Tribunais, 2007.

SILVA, Antônio Álvares da. *A Transcendência no Recurso de Revista*. São Paulo: LTr, 2002.

SILVA, Antônio Álvares da. *O Novo Recurso de Revista na Justiça do Trabalho*. São Paulo: LTr, 1999.

______. A Instrução Normativa n. 3 do Tribunal Superior do Trabalho. *Suplemento Trabalhista LTr* 058/93.

______. *Do Recurso Extraordinário no Direito Processual Brasileiro*. São Paulo: Revista dos Tribunais, 1999.

SILVA, Homero Batista Mateus da. *Curso de Direito do Trabalho Aplicado — volume 8 — Justiça do Trabalho*. São Paulo: Revista dos Tribunais, 2015.

SILVA, José Afonso da. *Do recurso extraordinário no direito processual brasileiro*. São Paulo: RT, 1963.

SIMÓN, Sandra Lia. O devido processo legal e a tutela dos interesses metaindividuais. *Revista do Ministério Público do Trabalho*, Brasília, n. 15, mar. 1998.

SOUTO MAIOR, Jorge Luiz. *Direito Processual do Trabalho*. São Paulo: LTr, 1998.

STOCCO, RUI. Artigo: A responsabilidade Civil. In: *O Novo Código Civil, Estudos em Homenagem ao prof. Miguel Reale*. São Paulo: LTr, 2003.

TEIXEIRA FILHO, Manoel Antonio. *Sistema dos Recursos Trabalhistas*. São Paulo: LTr, 2011.

______. *Curso de Direito Processual do Trabalho*. Vol. II. São Paulo: LTr, 2009.

______. Comentários à Lei n. 13.015/2014. *Revista LTr*, São Paulo, 2015.

THEODORO JR., Humberto. Os princípios do Direito Processual Civil e o processo do trabalho. In: *Compêndio de Direito Processual do Trabalho — obra em memória de Celso Agrícola Barbi*. São Paulo: LTr, 2002.

THEODORO JR, Humberto. *Novo Código de Processo Civil Anotado*. Editora Forense. 20. edição.

VEIGA, Maurício de Figueiredo Corrêa da. Admissibilidade do Defeito Formal que não seja Reputado Grave e a Obrigatoriedade do Cotejo Analítico de Teses. In: BELMONTE, Alexandre Agra (Coord.). *A Nova Lei de Recursos Trabalhistas — Lei n. 13.015/14*. São Paulo: LTr, 2015.

VIANA, Oliveira. *Direito do trabalho e democracia social — o problema da incorporação do trabalhador no Estado*. Rio de Janeiro: José Olímpio, 1951.

VILLELA, Fábio Goulart. *Recurso de Revista*. Rio de Janeiro: Maria Augusta Delgado, 2006.

WAMBIER, Teresa Arruda Alvim, NERY JÚNIOR, Nelson (Coords.). *Aspectos polêmicos e atuais dos recursos cíveis de acordo com a Lei n. 9.756/98*. São Paulo: RT, 1999.

WAMBIER, Teresa Arruda Alvim. Súmula vinculante: figura do *common law*? *Revista de Doutrina da 4ª Região*, Porto Alegre, n. 44, out. 2011. Disponível em: <http://www.revistadoutrina.trf4.jus.br/artigos/edicao044/teresa_wambier.html>. Acesso em: 9 jun. 2014.